FRANZ KUROWSKI

DIE FRIESEN

FRANZ KUROWSKI

DIE FRIESEN

DAS VOLK AM MEER

NIKOL
VERLAG

Entwurf der vier Karten: Dr. Heinz Ramm
Zeichnung: Tanno Ramm

Covergestaltung: Thomas Jarzina, Holzkirchen
Printed in the Czech Republic

ISBN: 978-3-86820-18-8

www.nikol-verlag.de

Inhaltsverzeichnis

Kartenübersicht

Handelsgebiet der Friesen um 650 bis um 850 (Seite 47)
Entwurf Dr. H. Ramm aufgrund eigener Studien und nach B. A. Vermaseren: Atlas der algemene en vaderlandse geschiedenis, 22. druk, Groningen 1981; Encyclopedia van Friesland. Hrsg. J. Brouwer u.a., Amsterdam: Elzevier 1958 H. Jankuhn: Der fränkisch-friesische Handel zur Ostsee im frühen Mittelalter. In: Vierteljahrschrift für Sozial- und Wirtschaftsgeschichte, Bd. 40, 1953; u.a.m.

Die Friesen und die Kreuzzüge (Seite 78)
Diese acht Kreuzzüge sahen friesische Koggen und friesische Kämpfer im Einsatz. Quellen und Literatur- sowie Kartenwerke verschiedener Art fanden Berücksichtigung. Unter anderem die Fncyclopedia van Friesland von J. H. Brouwer; T. D. Wiarda: Von den Kreuzzügen der Friesen nach Palästina. In: Ostfriesische Mannigfaltigkeiten, 3. Jg. 1786, Aurich; H. Brassat: Die Teilnahme der Friesen an den Kreuzzügen ultra mare, vornehmlich im 12. Jhdt. Beiträge zur Geschichte der deutschen Seefahrt im 12. Jhdt. Diss. Berlin 1970 u.a.m.

Friesischer Handel im 11. Jahrhundert (Seite 78)
Diese Karte gibt Aufschluß über die wichtigsten Handelswege im Osten die bis hinunter nach Basra und weiter führten. Aber auch nach Byzanz und nach Kreta führten diese Handelswege.

Ostfriesland und seine staatlichen Beziehungen um 1685 (Seite 317)
Die Beziehungen reichten von den Spanischen Niederlanden bis nach Kurbrandenburg, von Bayern bis Berlin. Die Karte zählt sämtliche Länder, Fürstentümer und Herzogtümer auf, zu denen Ostfriesland in irgendeiner Form in Verbindung stand.

Die Sieben friesischen Seelande (Seite 425)
(Nach dem Traktat von 1417)
Nach K. v. Richthofen: Untersuchungen über Friesische Rechtsgeschichte. Teil II, Band 1, Berlin 1882; in: Friesische Rechtsquellen, Berlin 1840.
Der Traktat von 1417 stellt die Bearbeitung eines älteren Textes (1. Jhdt.?) dar, welcher die Sieben Seelande auf rein friesische Gebiete bezogen enthält. Der Bearbeiter von 1417 verzeichnet auch diejenigen nichtfriesischen Landschaften, die eine irgendwie geartete freie Volksverfassung besitzen oder besessen haben.
Als das vornehmste Land zählte er das 6. Seeland, wohl wegen des Upstalsbooms, der zentralen Thingstätte aller Friesen im 12. bis 14. Jhdt. Er führt übrigens bewegte Klage über die Bösartigkeit und „schlimmen Taten“ des Häuptlings Keno II. tom Brok, durch die das 6. Seeland zugrunde gerichtet worden sei.

Friesische Vorgeschichte

Erste Spuren menschlicher Besiedlung in Friesland

Die geschriebene Geschichte Frieslands ist nicht älter als 1200 Jahre. Vor dieser Zeit sind nur aus römischen Quellen mehr oder weniger gesicherte Nachrichten über die Friesen, ihr Wesen und Wirken erhalten.

Bei Tacitus und Plinius finden wir die ersten geschichtlichen Überlieferungen über die Friesen und ihr Land am Meer, ihre Wohngebiete und Wohnstätten. Davor ist aber die Geschichte der Friesen unbekannt, und erst die Spatenforschung hat das Dunkel um ihre Herkunft und über das Leben an der Küste erhellt.

Diese Spatenforschung erbrachte den Beweis, daß es auch eine friesische Urgeschichte gab, selbst wenn darüber keine Keilschriftenziegel, Papyrusrollen und andere Schriftstücke vorhanden sind.

In der letzten Zwischeneiszeit lebten ganz sicher Menschen an der friesischen Küste, wie die Spatenforschung zweifelsfrei beweist. Professor Dr. Zylmann hat beispielsweise in seiner ostfriesischen Urgeschichte die erste Besiedlung der ostfriesischen Küste in die Periode der *mittleren Steinzeit* datiert, wenngleich die Funde aus diesem Zeitabschnitt spärlich sind. Im Gebiet des ausgetrockneten Broekzeteler Meeres ostwärts von Aurich wurden entsprechende Funde gemacht. Es ist sicher, daß weitere Spuren der Vorgeschichte Frieslands erschlossen werden können.

Aus dem Beginn der *Jungsteinzeit* sind uns mehrere Funde hinterlassen worden. So im Oberledinger Land, im Mormerland, bei Aurich, Uplengen und vor allem im Brokmer-, Norder- und Harlingerland.

Aus dem Hauptgebiet der ostfriesischen Geest nördlich und ostwärts Leer bis zum Abfall der erhöhten Geest in die Marsch, im Raume des Norder- und Harlingerlandes, kennen wir reiche Funde.

In den Museen zu Leer, Emden und Norden, aber auch in einer Reihe Privatsammlungen sind aus dieser Zeit Steinbeile, Steinhämmer, Dolche, Urnen und Becher erhalten. Von allen diesen Funden ist der Glockenbecher von Logabirum einer der wertvollsten. Er befindet sich im Museum zu Leer.

Die in größerer Zahl auch in Ostfriesland vorhandenen Steingräber - die sogenannten Hünengräber - sind bereits sehr früh in diesem steinarmen Land abgerissen und zum Bau der ersten Steinkirchen verwandt worden. Von dem Hünengrab etwa 4 km nördlich Aurich bei Tannenhausen sind beispielsweise nur noch drei Ecksteine erhalten geblieben.

Der riesige Foßkutt bei der Kirche von Burhafe ist mit Sicherheit aus einem Steingrab entnommen. Auch der Boomaat, ein Findling, der in den Kirchturm von Remels eingebaut ist, gehörte zu einem jungsteinzeitlichen Großsteingrab.

In der nachfolgenden *Bronzezeit* ging man dazu über, die Leichen zu verbrennen und die Asche in Urnen zu bestatten, manchmal auch in Grabfeldern.

Die steinzeitlichen Waffen machten Bronzewaffen Platz. Bronzene Geräte kamen in Gebrauch, die Töpferei wurde verbessert. Daß um diese Zeit in Ostfriesland bereits das Gold bekannt war, ist durch die beiden aus Terheide stammenden goldenen Opferschalen und die berühmte Sonnenscheibe von Moordorf erwiesen.

Die in Rispel bei Wittmund gefundenen Hügelgräber der Bronzezeit, die glücklicherweise unberührt gefunden wurden, stellen unter Beweis, daß auch in Ostfriesland zur Bronzezeit die damals betriebene Kunst bekannt war *und* ausgeübt wurde.

In die Bronzezeit fallen auch die Moorfunde. Darunter befinden sich Leichen, die zur Strafe ins Moor versenkt worden waren. Die Moorsäure, ein wirksames Konservierungsmittel, hat diese Toten mitsamt ihrer Kleidung und allen anderen Beigaben naturgetreu erhalten. Hieran konnte beispielsweise nachgewiesen werden, daß die Küstenbewohner der Nordsee eine ausgezeichnete Webtechnik beherrschten.

Der Moorfund von Etzel, den Torfgräber 1817 in Ostfriesland machten, bestätigt dies zweifelsfrei. Im Museum zu Emden befindet sich jene Leiche, die 1907 im Moorhusener Moor gefunden worden war. Aus dem Moor von Georgsfeld holte man den berühmten Holzpflug von Walle, einen Hakenpflug. Es ist der bisher *älteste bekannte Pflug der Welt.* Ein jungsteinzeitlicher Bauer hatte ihn um 2000 vor Christus bereits geführt. Dies zeigt, daß die Bauern der Bronzezeit an der ostfriesischen Küste seßhaft waren und bereits den Pflug zu führen verstanden.

Die Balkenwege durch das Moor – die sog. Knüppeldämme –, von denen man zunächst annahm, daß ausschließlich die Römer sie angelegt haben, waren bedeutend älter, wie die Pollenanalyse feststellte.

Die *ältere Eisenzeit* wiederum datiert in der Geest ab etwa 700 vor Christus. Auch zu dieser Zeit wurden die Leichen verbrannt und in

Urnen beigesetzt, denen man Waffen mitgab.

Es ist als gesichert anzusehen, daß in jener Zeit, da die Küste der Nordsee noch in Höhe der Doggerbank verlief, die Kimbern und Teutonen in diesem Gebiet wohnten und erst um 200 vor Christus von dort nach Süden auswichen, als die Nordsee ihre Küstenlinie nach Süden verlagerte.

In dieser Zeit, etwa 200 bis 300 vor Christus, entstanden an der Küste die ersten Warfen oder Wurten, jene künstlich aufgeworfenen Wohnhügel, die nur durch Gemeinschaftsarbeit ganzer Sippen entstanden sein konnten.

An den Ufern der Ems ebenso wie an der Nordsee ragten bald Warfen empor, weil die Menschen dieser Zeit und dieses Gebietes erkannt hatten, daß das Meer zwar nahm, aber auch gab. Das Meer brachte die Marsch, und die Marsch war fruchtbar. Dieses Gebiet wollte sich der Mensch untertan machen. Um das zu erreichen, mußte er in der Marsch wohnen. Dies ging aber nur, wenn er sich vor den im Herbst, Winter und Frühjahr eintretenden höheren Überflutungen schützte. Das geschah zunächst in Gestalt der Warfen.

Auf den Warfen war im allgemeinen Platz für 2 bis 3 Häuser. Es gab allerdings auch solche, die Platz für ein ganzes Dorf boten. In Friesland existierten bald mehrere Ortschaften, die sich Warf, Terp, Wiede oder Wurt nannten.

Als schließlich Fluten einsetzten, die höher emporwuchsen als die Warfen, mußten diese von nun an ständig erhöht werden. Zu diesen Warfenerhöhungen kam schließlich – um das Jahr 1000 deutlich erkennbar – der Deichbau.

Durch die Warfenforschung, die wir einigen Experten verdanken, gelang es, ein einwandfreies Bild vom Leben und der Umgebung ihrer Bewohner zu gewinnen.

Einer der bekanntesten Warfenforscher, der niederländische Wissenschaftler Prof. Dr. A. E. van Giffen, hat sowohl im Raume Groningen als auch in Ostfriesland bei Emden und im Reiderland Warfenforschung betrieben. Prof. Dr. Jacob-Friesen aus Hannover setzte diese Arbeit fort. Eine Anzahl weiterer Forscher auf diesem Gebiet, so Dr. H. Schroller, O. Rink, Dr. W. Haarnagel und andere konnten aus der Warfenforschung immer neue wichtige Erkenntnisse über das Leben ostfriesischer Menschen, über ihre Waffen, Geräte und Haushaltsgegenstände gewinnen.

Die Bewohner dieser Warfen töpferten beispielsweise zuerst mit der freien Hand. Als die Römer die Töpferscheibe nach ganz Friesland gebracht hatten, wurde sie auch hier benutzt.

So ist, oftmals nur mühsam zu verfolgen, aber dennoch zweifelsfrei erkennbar die ostfriesische Urgeschichte aus der mittleren Steinzeit von etwa 10000 vor Christus bis in die Warfenzeit hinein und von dort weiter bis ins Jahr 1000 nach Christus in gesicherter Folge nachvollzogen worden.

Das geschriebene Wort, das in der Römerzeit von etwa 100 vor Christus bis 300 nach Christus Einzeldarstellungen über Ostfriesland gibt, wird von der Eroberung Ostfrieslands durch die Franken mehr und mehr zur gesicherten Kenntnis und Erkenntnis über das Leben der Ostfriesen, des freien Volkes am Meer, von dem man bereits um das Jahr 1000 nach Christus sagte:

„Deus mare, Friso litora fecit –
Gott schuf das Meer, der Friese die Küste."

Das germanische Volk der Friesen

Der germanische Volksstamm der Friesen war ein Teil der Stammesgruppe der Ingwäonen, die dem Gotte ING huldigten. Diese wiederum bildeten mit den Istwäonen und den Erminonen eine der drei für die germanische Sprachentwicklung bedeutungsvollen Stammesgruppen vor der Völkerwanderungszeit.

Die an der Nordseeküste siedelnden Ingwäonen umfaßten die Stämme der späteren Chauken, Sachsen und Friesen. Die Friesen siedelten im Küstengebiet nördlich und nordostwärts der Zuidersee bis zur Ems und trennten sich um etwa 98 nach Christus in die Großen Friesen ostwärts des Vlie und die Kleinen Friesen westlich dieses Flusses.

Der Grieche Pytheas von Massilia, der um das Jahr 325 vor Christus seine Entdeckungsfahrten unternahm und dabei zur Deutschen Bucht und nach Mittelnorwegen gelangte, gilt auch als Entdecker der Nordseeküste. Er berichtete von seiner Reise zu den Tutonen (Teutonen):

„An einem Wattgebiet des Ozeans namens Metuonis, das eine Ausdehnung von 6000 Stadien hat, liegt von diesem entfernt die Insel Abalus, wo im Frühjahr der Bernstein angetrieben wird." (Siehe dazu: E. H. Berger: Geschichte der wissenschaftlichen Erdkunde der Griechen, 1903).

Die Insel Abalus war Helgoland, und mit dem Watt meinte Pytheas die südliche Nordsee und ihre Küste.

Die bereits im 1. Jahrhundert vor Christus beginnende erneute Verlandung der Nordseeküste hatte eine große Siedlungswelle zur

Folge, die das gesamte südliche Nordseegebiet erfaßte. Die neuen Bewohner dieser Küstenstriche errichteten ihre Wohnsitze zunächst auf dem flachen Boden des Hinterlandes. Später hinzukommende Siedler mußten sich mit jenem Land zufrieden geben, das zweimal am Tage teilweise von Wasser überflutet wurde. Sie errichteten ihre Häuser auf Erdhügeln, die sie im Laufe der Zeit mehr und mehr erhöhten. Es waren Friesen, die dieses Land in Besitz nahmen. Aus Jütland kommend, hatten sie wahrscheinlich ab 200 vor Christus schon die Marschen und den Seestrand von der Ems bis zur Rhein- und Scheldemündung besiedelt. Bereits damals bauten sie Warfen und legten darauf ihre Siedlungen an.

Auf der ersten Friesentagung in Jever stellte Prof. Bremer-Halle im Jahre 1954 die Hypothese auf, der Ursitz der Friesen sei an der schleswig-holsteinischen Küste zu suchen. Von dort aus sei noch in urgeschichtlicher Zeit ein Teil der Friesen nach dem niederländischen Friesland abgezogen.

In der späteren Ostwanderung seien diese Friesen mit ihren vordersten Wandergruppen wieder in ihrer Urheimat eingetroffen. Die heutigen Nordfriesen setzten sich somit aus den sitzengebliebenen Urfriesen *und* den zurückkehrenden Rückwanderern zusammen.

Zur Zeit des römischen Geschichtsschreibers Tacitus haben die Friesen den Raum der heutigen Provinzen Groningen und Friesland bewohnt. Ihre damalige Hauptstadt war Leeuwarden, die östliche Grenze verlief an der Ems entlang.

Erst mit dem Zusammenbruch des Römischen Reiches dehnten sie sich weiter nach Westen aus und gelangten bis zum Swin bei Brügge, der die Westgrenze ihres Wohngebietes bildete.

In den Flußmündungen von Schelde, Rhein und Maas waren ihre bevorzugten Lebensräume, und um 700 wurde Utrecht die erste friesische Bischofsstadt.

Die vorfriesischen Marschsiedler aber sollen nach Dr. Peters Kelten gewesen sein.

Der Eintritt der Friesen in die Geschichte begann mit den ersten sicheren Nachrichten über sie. Griechen und Römer gaben durch ihre schriftlichen Berichte die Beweise für das Vorhandensein der Friesen in ganz Friesland bekannt.

Nach den römischen Quellen bewohnten die Friesen kurz nach Christi Geburt das Gebiet westlich der Ems, während die Chauken ostwärts dieses Flusses siedelten. Die großen Römerzüge nach Norddeutschland um und kurz nach der Zeitwende gaben mit den Berichten darüber auch Momentaufnahmen des friesischen Lebens preis.

Drusus, der Vater des Germanicus, hatte bereits mit den Friesen Freundschaftsverträge abgeschlossen, als er von 12–9 vor Christus seine Offensive gegen Germanien startete. Damit stellte er auch die Friesen unter römischen Schutz und verpflichtete sie gleichzeitig zu Hilfsdiensten für sich.

Noch zu seinen Lebzeiten mußten die Friesen ihr Bündnis mit Rom durch ihren Einsatz unter Beweis stellen. Allerdings ging es nicht um eine Heerfolge, sondern um eine ganz andere Hilfeleistung.

Als Drusus mit seiner neugebauten Flotte „über See fahrend in das Land der Chauken eingefallen war, geriet er in eine gefährliche Situation, da seine Schiffe infolge der Ebbe des Ozeans auf dem Trockenen sitzenblieben. Damals wurde Drusus von den Friesen, die zu Land mit ihm gezogen waren, um seinen Kampf gegen die Chauken zu unterstützen, gerettet. Sie kehrten zurück, denn es war Winter." (Siehe Cassius Dio Cocceianus: Geschichte Roms)

Kurz darauf stürzte Drusus auf dem Rückweg von seinem Vorstoß zur Elbe vom Pferd. Das auf ihn fallende Reittier zermalmte ihm den Oberschenkelknochen. Dreißig Tage später war Drusus tot.

Sein Sohn Tiberius, später Germanicus genannt, brach 15 nach Christus auf, um die Niederlage des Varus gegen die Cherusker zu rächen und Arminius in seine Schranken zu verweisen. Letzterer eilte von Stamm zu Stamm, von Sippe zu Sippe und versuchte, alle Germanen unter seiner Führung zum Kampf gegen die römischen Legionen aufzurufen.

Germanicus war es, der eine zwar nicht neue, aber um so wirksamere Taktik hier wieder aufleben ließ, indem er zur Zersplitterung der feindlichen Streitkräfte den Cäcina mit 40 Kohorten durch das Gebiet der Brukterer zum Emsstrom schickte, während die Reiterei unter Oberst Pedo durch das Gebiet der Friesen vorstieß. Die Friesen ließen die Reiterei passieren.

16 nach Christus erreichten die römischen Legionen während ihres letzten Vorstoßes Jemgum. Dieser letzte Vorstoß, bei dem Germanicus einen Teil seines Heeres per Schiff über den Drususkanal und die Nordsee bis zur Emsmündung brachte, gehörte zu den ersten Begegnungen kriegerischer Art zwischen Friesen und Römern.

Das von Germanicus befehligte Heer landete unverständlicherweise am linken Einfluß der Ems, anstatt über See bis zum rechten Flußufer weiterzusegeln und damit den Flußübergang zu vermeiden.

Auf der Ems kam es zu schweren römischen Verlusten, als die

Legionäre nach dem Brückenschlag übersetzten und die Friesen am gegenüberliegenden Ufer den Kampf eröffneten. Es gelang den Verteidigern des rechten Emsufers, einige Verwirrung unter den Römern zu stiften.

„Ein Teil der Nachhut, die sich auf der Brücke befand, als die Friesen den Kampf eröffneten", schrieb Tacitus über dieses Ringen, „sprang ins Wasser und ertrank." (Siehe Tacitus: Annalen II, 8).

Dennoch gelang der Marsch des Germanicus bis zur Weser, wo der römische Feldherr zwar bei Idistavisto siegte, aber diesen Sieg nicht ausnutzen konnte.

Man schrieb das Jahr 28 nach Christus, als der erste Friesenaufstand losbrach. Darüber berichtete Tacitus in seinen Annalen:

„In demselben Jahr brachen die Friesen, ein Volk jenseits des Rheins, den Frieden, mehr infolge unserer Habsucht als aus Trotz gegen unsere Herrschaft. Drusus hatte ihnen in Rücksicht auf ihre dürftigen Verhältnisse einen mäßigen Tribut auferlegt: sie sollten für Heerzwecke Rinderhäute liefern."

Den Römern erschienen die gelieferten Häute als zu gering. Dies war bei den kleineren ostfriesischen Kühen nicht verwunderlich. Derjenige Beamte, der die eingelieferten Häute registrieren mußte, verlangte aber Häute in der Größe von Auerochsenhäuten. Diese zu liefern war unmöglich, so daß es zu folgenden, ebenfalls von Tacitus geschilderten Zwischenfällen kam:

„Die Bedingung, die auch andere Völker nur schwer hätten erfüllen können, war um so drückender für die Friesen; denn wenn auch ihre Wälder reich an mächtigen Ungetümen sind, waren ihre zahmen Rinder jedoch klein. So lieferten die Friesen zu Anfang ihre Rinder; dann mußten sie auch ihre Frauen oder Kinder oder beides an Tribut leisten."

Dies wurde den Friesen schließlich zuviel. Bereits zu dieser Zeit waren ihr Rechtsbewußtsein und ihr Stolz groß. Das harte meernahe Dasein mit seinen Stürmen und Flutwellen bestehen nur Menschen von eiserner Härte. Sie griffen nun auch in dieser aussichtslosen Situation zu ihren Waffen.

„Die römischen Soldaten", weiß Tacitus zu berichten, „die zur Erhebung des Tributs nach Friesland kamen, wurden von den Friesen angegriffen und ans Kreuz geschlagen."

Die Legionen, voran die Sturmkohorten, griffen nun an. Nach einer erbitterten Schlacht mit hohen Opfern an Toten und Verwundeten, auf die in der Regel ebenfalls der Tod wartete, wurde dieser friesische Aufstand zwar niedergeschlagen, doch waren die römischen Verluste derart hoch, daß man sie verheimlichen mußte, um nicht zu neuen Feldzügen gegen weitere Aufständische gezwungen zu werden, die ebenfalls zu den Waffen greifen würden.

So waren zum Beispiel nahe dem friesischen heiligen Hain bei Baduhema einige römische Verbände in einen Hinterhalt geraten und von den Friesen buchstäblich abgeschlachtet worden. 900 Römer sollen hier den Tod gefunden haben.

Ein anderer römischer Truppenverband war eingeschlossen worden, und als sein Schicksal besiegelt war, stürzte sich der überwiegende Teil dieses Verbandes, 400 ausgebildete und kampfkräftige Legionäre, in seine Schwerter.

„Seitdem hat der Name der Friesen unter den Germanen einen hellen Klang." (Siehe Tacitus: a.a.O.)

Daß Friesen spätestens seit dieser Zeit auch im römischen Heer dienten und weit im römischen Imperium herumkamen, wird aus verschiedenen Beweisen klar. So befindet sich in Rom der Grabstein für den Friesen Aurelius Verus, einen Ritter der Leibgarde des Kaisers Augustus. Am salernischen Weg liegt ein weiteres Grabmal für den Friesen Bassus, einen verdienten Offizier der Leibgarde Kaiser Neros. (Siehe dazu: Ostfriesische Mannigfaltigkeiten, 2. Jgg. 1785, S. 307)

Plinius an der Nordseeküste

Es war der römische Schriftsteller und Geograph Plinius der Ältere, der von 23 bis 79 nach Christus lebte und die Nordseeküste sowie das Gebiet des heutigen Ostfriesland mit eigenen Augen sah.

Im Jahre 47 nach Christus nahm er als Reiteroffizier und Kriegsberichterstatter am Feldzug des Corbulus gegen die Chauken teil. Seine Schilderung gibt uns eine erste authentische Darstellung vom Aussehen der damaligen Nordseeküste, ihrer Menschen und Lebensumstände. Sie lautet:

„Gesehen haben wir im Norden die Völkerschaften der Chauken, die die größeren und die kleineren heißen. In großartiger Bewegung ergießt sich dort zweimal im Zeitraum eines jeden Tages und einer Nacht das Meer über eine unendliche Fläche und offenbart einen ewigen Streit der Natur in einer Gegend, von der es zweifelhaft ist, ob sie zum Lande oder zum Meer gehört.

Dort bewohnt ein beklagenswertes Volk hohe Erdhügel, die mit den Händen nach dem Maß der höchsten Flut errichtet sind. In ihren erbauten Hütten gleichen sie Seefahrern, wenn das Wasser das sie umgebende Land bedeckt, und Schiffbrüchigen, wenn es zurückgewichen ist und ihre Hütten gleich gestrandeten Schiffen allein dort liegen.

Von ihren Hütten aus machen sie nach dem Zurückweichen des Meeres Jagd auf die zurückgebliebenen Fische.

Ihnen ist es nicht vergönnt, Vieh zu halten, sich von Milch zu ernähren wie ihre Nachbarn, ja nicht einmal mit wilden Tieren zu kämpfen, da jedes Buschwerk fehlt.

Aus Schilfgras und Binsen flechten sie Stricke, um Netze für die Fischerei daraus zu machen. Und indem sie den mit den Händen ergriffenen Schlamm mehr im Winde als in der Sonne trocknen, erwärmen sie ihre Speise und die vom Nordwind erstarrten Glieder durch Erde."

Gemeint ist Torf, der den Friesen auf den Warfen bereits zu damaliger Zeit als Brennmaterial und - wie später zu lesen sein wird - als Grundstoff für die Salzgewinnung diente.

Plinius fährt in der Beschreibung der Lebensumstände der Friesen dieses Gebietes im Nordseewatt und an dessen Grenzen fort: „Zum Trinken dient ihnen nur Regenwasser, das im Vorhof des Hauses in Gruben gesammelt wird. Und diese Völker sagen, wenn sie heute vom römischen Volk besiegt werden sollten, seien sie dann Knechte. In Wirklichkeit aber ist es bei ihnen so: Das Schicksal schont viele, um sie zu strafen!"

Plinius berichtete auch von den friesischen Inseln: „Von der Halbinsel Tastris aus sind den Römern 23 Inseln durch den Krieg bekannt geworden. Von ihnen sind die berühmtesten die Burcana, die von den übrigen Bohneninsel genannt wird. Ebenso die Glaesaria, die so nach dem Bernstein von unseren Soldaten genannt wird, die aber bei den Barbaren Austeravia heißt und außerdem noch Actania genannt wird."

Das Leben am Meer

Die ersten Fischer, die Plinius beschreibt, um einen ganz bestimmten Effekt zu erzielen, „fingen mit der Hand oder mit Netzen und Reusen Fische, die sie an die im Hinterland wohnenden Bauern verkauften oder tauschten. Sie stellten dem Butt nach, indem sie keilförmig gegeneinander gestellte senkrecht stehende Schilf- und Rohrwände errichteten, über welche der Fisch bei Flut mühelos hinüberschwimmen konnte. Wenn dann bei Ebbe das Wasser ablief, ragten diese Wände aus dem Wasser heraus, und der Fisch war dahinter gefangen.

Er schwamm zu den schmalen Durchlässen und in die dort stehenden, aus Weidenzweigen geflochtenen Reusen hinein."

Tatsächlich wurden der Butt und auch andere Fische aus den bei eintretender Ebbe noch wassergefüllten Mulden mit der Hand gefischt, wie Plinius es sah. Dies nannte man das Buttgrubbeln.

Überall an der Küste wurde auch Salz gewonnen, und die Insel Bant vor der Küste war sehr bald ein Zentrum der Salzsiederei und entwikkelte sich bis zum Mittelalter hin zu einer Salzsiederstätte, von der aus dieses wichtige Gewürz zur Haltbarmachung von Fleisch und anderen Lebensmitteln in alle Himmelsrichtungen verkauft wurde.

Die im Watt lebenden Sippen erfanden eine besondere Art der Salzgewinnung. Diese Gewinnung ging folgendermaßen vonstatten:

Zunächst wurde salzhaltiger Seetorf aus dem Watt ausgegraben und auf eine umdeichte, überhöhte Fläche geschafft. Hier wurde der Torf mit den Füßen zerstampft, getrocknet, zu Haufen aufgeschichtet und verbrannt.

Die Asche, die oftmals bis zur Hälfte schon aus Salz bestand, wurde in kleineren Salzbuden mit Seewasser aufgelöst und filtriert, um die Aschenreste herauszuholen. Aus der so gewonnenen Salzsole wurde das Wasser durch Auskochen abgeschieden. Was übrigblieb, war ein reines, scharfes Salz, das allerorten gesuchte und berühmte „friesische Salz".

Im Hinterland dieser Wattbewohner, die Plinius beschrieb, lebten bereits zur Zeit dieses Kriegsberichterstatters Bauern und Viehzüchter in der Marsch. Dies ist aus Knochenfunden erhärtet. Dort baute man bereits Gerste und Hafer, Raps und Bohnen an, züchtete man Pferde und Rinder, Ziegen und Schafe. In friesischen Grabhügeln der Frühgeschichte und den aufgefundenen Flachgräberfeldern wurden immer wieder Geräte zum Spinnen und Weben der Wolle gefunden. Mäntel aus friesischer Wolle waren bereits zu dieser Zeit begehrte Handelsware und wurden später zu Hunderten in Friesland hergestellt und in alle Welt verkauft, wie die Funde in den Handelsniederlassungen und die geschriebene Überlieferung beweisen. Über diese Bewohner der Marsch hat Plinius soviel wie nichts berichtet. Schon damals gab man den Sensationsmeldungen den Vorzug.

Dennoch hat der Bericht des Plinius, so einseitig er auch ist, das karge Leben der Wattbewohner Frieslands und insbesondere Ostfrieslands dramatisch genau überliefert und uns das karge Leben dieser Menschen im Meer, ihre Sitten und Gebräuche dargestellt.

Als es zur Zeit des von 54 bis 68 nach Christus amtierenden römischen Kaisers Nero zwischen den in Friesland sitzenden Besatzungstruppen und einigen friesischen Häuptlingen zu einem Streit kam, weil die Häuptlinge Verritus und Malorix das anscheinend herrenlose, aber von den römischen Besatzern in Anspruch genommene Land besetzten und Siedler dort ansiedelten, wollten die beiden Häuptlinge diese Streitfrage durch Kaiser Nero persönlich entschieden wissen.

Doch sehr bald stellte sich heraus, daß niemand diesen Vorfall weitermelden wollte. Nunmehr reisten Verritus und Malorix mit einer kleinen Begleitung zu Pferde nach Rom und suchten dort um eine Audienz bei Kaiser Nero nach.

Während sie noch warten mußten, besuchten sie das Theater des Pompeius. „Sie hatten am Schauspiel kein Vergnügen", weiß Tacitus auch darüber zu berichten, „weil sie nichts davon verstanden. Sie interessierten sich aber für die Bedeutung der unterschiedlichen Ränge.

Als sie einige Personen in fremdländischer Tracht auf den Rängen der Senatoren entdeckten, fragten sie, was dies für Leute seien. Als sie vernahmen, daß diese Ehre den Delegationen solcher Völker erwiesen werde, die sich durch Tapferkeit und Freundschaft gegen die Römer ausgezeichnet hätten, riefen sie aus, kein Volk der Erde übertreffe in Waffentüchtigkeit und Treue die Germanen, stiegen die Stufen hinunter und setzten sich unter die Senatoren."

„Dies Benehmen wurde von den Zuschauern freundlich aufgenommen als eine Gemütswallung von Menschen der guten alten Zeit und ein edler Ehrgeiz."

Nero verlieh diesen beiden friesischen Häuptlingen das römische Bürgerrecht, befahl aber, die von den Friesen bereits bestellten Äcker der römischen Provinzverwaltung zurückzugeben.

Ein Teil der Friesen verbündete sich um 68 nach Christus mit den Batavern und beteiligte sich an deren Aufstand unter Julius Civilis gegen die Römer, die die Bataver bereits im ersten Jahrhundert vor Christus unterworfen hatten.

Diese Bataver wohnten übrigens auf der Insel Batavorum, dem späteren „Venedig der Friesen".

Julius Civilis, fürstlicher Herr und Häuptling der Bataver, war angeblich in eine Verschwörung gegen Nero verstrickt. Er wurde gefangen, in Ketten gelegt und nach Rom expediert, um dort dem Kaiser Rede und Antwort zu stehen. Seinen Freispruch verdankte er

Kaiser Galba, dem sehr schnell gestürzten ehemaligen Kampfgenossen.

Julius Civilis kehrte nach Germanien zurück und reiste nunmehr zu allen Germanenstämmen, um sie unter seiner Führung zu einem germanischen Großreich zu vereinigen und die Römer aus dem Lande zu jagen. Er konnte sich dank der tatkräftigen Hilfe der germanischen Priesterin Veleda der Bundesgenossenschaft einer Reihe Stämme, darunter auch der Friesen, versichern.

Es gelang im Handstreich, die römische Flotte im Rheindelta in eigene Hand zu bekommen. Der energische Civilis konnte mehr und mehr germanische Stämme unter sich vereinigen. Römische Kastelle am Rhein und an der Aare fielen den aufständischen Germanen in die Hände. Unter den Rebellen nahmen die Friesen als geachtete Kämpfer einen hohen Rang ein. Rom stand fast vor dem Ende in Germanien und schien aller dortigen Erwerbungen verlustig zu gehen.

Unter dem großen Legionärsführer Petilius Ceralis gelang es den Römern, die verlorengegangenen Kastelle einschließlich Trier, das von den aufständischen Treverern gehalten wurde, zurückzugewinnen.

Zwar versuchte Civilis, mit einer großen Zahl von Friesen in seinem Verbande im Jahre 70 nach Christus Trier zurückzugewinnen, doch dieser handstreichartige Überfall mißlang; viele Friesen kamen dabei zu Tode.

Ceralis zog nach Norden und verwüstete das Land der Bataver völlig. Zum Glück für Civilis kannte er auch den neuen Kaiser Vespasian aus seiner Legionärszeit, so daß der Friede auf der Basis eines status quo ante hergestellt werden konnte. Dadurch entgingen die Bataver und auch die Friesen einer schweren Bestrafung.

Daß die Fluten der Nordsee auch zu damaliger Zeit schon besonders tückisch sein konnten, sollten die 2. und 14. germanische Legion erfahren, die unter dem Legaten Vitellius von einem Unternehmen des Jahres 68 nach Christus aus dem Landesinnern zur Küste zurückkehrten, um, an dieser entlangmarschierend, ihren Einschiffungshafen an der Ems zu erreichen und zu den rheinischen Garnisonen zurückzukehren.

Der Marsch verlief zunächst reibungslos. Dann aber setzte eine Hochflut ein. Der Boden verschwand den Legionen unter den Füßen. Die einzelnen Manipeln gerieten durcheinander. Sie wateten durch knietiefes Wasser, das noch weiter anstieg und ihnen schließlich bis zur Schulter reichte. Viele verloren in Bodensenkungen ihren Halt und ertranken.

Schließlich gelang es Vitellius, seine Truppe auf höhergelegenes

Land zu führen, wo sie die ganze Nacht ohne Licht, Feuer und Verpflegung stehend verbringen mußte.

„Der anbrechende Tag zeigte ihnen wieder Land, und sie gelangten an den Strom, wohin Cäsar mit der Flotte gefahren war.“ (Siehe: Tacitus: a.a.O.)

Vitellius wurde übrigens am 2. und 3. Januar 69 nach Christus von allen Legionen Germaniens zum Kaiser ausgerufen.

Mit dem Ende der römischen Macht und der römischen Expansionsbestrebungen sank das Gebiet der südlichen Nordsee wieder in das Dunkel der Urgeschichte zurück, um erst mit der karolingischen Geschichtsschreibung und durch die Quellengeschichte der Christianisierung erneut ins allgemeine Bewußtsein zurückzukehren.

Übrigens war bereits zu römischer Zeit der Handel an der friesischen Küste größer als vermutet. So hatten die Friesen ihren Fischfang an der Küste an eine römische Gesellschaft verpachtet und lieferten den Römern die ersten friesischen Wollmäntel.

Friesische Führer der Sage

Es gilt als gesichert, daß die Friesen im zweiten nachchristlichen Jahrhundert bis zur Ems siedelten und daß sich ihnen nach Osten die Chauken anschlossen, deren Name in späterer Zeit völlig verschwand. Ob dieses Verschwinden ihres Namens mit dem Verschwinden auch des Volkes gleichzusetzen ist, konnte nicht geklärt werden.

Diese Namen können sich wie andere auch in der ersten Zeit der Völkerwanderung verändert haben. Es ist durchaus möglich, daß die Chauken während ihrer Wanderung nach Südwesten, die den Friesen den Weg nach Ostfriesland hinein freimachte, in den Franken aufgingen. Ein Teil der Chauken ist auf alle Fälle im Lande geblieben und in den Friesen aufgegangen.

Die erste genauere Mitteilung über die Siedlungsgebiete der Chauken und Friesen machte der griechische Geschichtsschreiber Ptolemäus um die Mitte des zweiten nachchristlichen Jahrhunderts. In seiner Geographie II berichtete er:

„Das Küstenland bis zur Ems bewohnen die Friesen. Nach diesen kommen die Kleinen Chauken bis zur Weser - also im Bereich von Ostfriesland und Nord-Oldenburg - dann die Großen Chauken bis zur Elbe.“

Die Frage aber, ob in dieser Zeit oder sogar bereits vorher die Friesen aus ihrem Kernland, dem niederländischen Friesland, nach

Osten zurückgekehrt sein könnten, um ein von den Ampsivariern verlassenes Gebiet an der Nordseeküste zu besetzen, blieb ungeklärt. Ptolemäus jedenfalls berichtet, daß um 50 nach Christus noch die Kleinen Chauken in Ostfriesland ansässig waren.

Diese Chauken gerieten aus bisher ungeklärter Ursache in Bewegung und fielen ab 47 nach Christus unter der Führung des Gannascus aus dem germanischen Stamm der Cannefaten in das untere Germanien ein. Hier wurden sie von Corbulus zurückgeworfen. Sie erschienen 70 nach Christus noch als Bundesgenossen der Römer und kämpften für diese Seite an Seite mit den angeworbenen Friesen, wie Tacitus in seiner Histor. IV zu berichten weiß.

Die erste in der friesischen Geschichte auftauchende Führerpersönlichkeit mit Namen Ariovist wurde auch der „friesische König“ genannt. Unter seiner Führung erschienen die Friesen zum ersten Mal als selbständiger Stamm.

Als Ariovist den römischen Besatzern zu stark wurde, griffen diese den Friesenkönig und seine kleine friesische Truppe 163 nach Christus an, besiegten sein Heer und überwältigten ihn mit seinem Anhang im Großraum Leyden. Dort errichteten die siegreichen Römer nun ein Kastell, um die Friesen unter ständiger Kontrolle halten zu können. Es galt, sie nicht wieder so üppig ins Kraut schießen zu lassen.

Im dritten Jahrhundert nach Christus expandierten die Friesen. Sie griffen ihre Nachbarn an, so auch die Bataver, und wurden zum Schrecken der Küsten. Dies ließ immer wieder die Römer gegen sie einschreiten.

In einer offiziellen Festrede auf den römischen Herrscher Caesar Constantinus I. (305–306), der auch am Rhein gekämpft hatte, werden Friesen ausdrücklich unter den gefangenen aufrührerischen Barbaren genannt.

Die Erstarkung des Volkes der Friesen konnte in der Folgezeit nicht mehr aufgehalten werden. Der nächste seiner Führer, der den Namen Sibbelt getragen haben soll, wurde um das Jahr 400 zum friesischen Herzog gewählt. Von ihm und seiner Frau Rosine stammte Ritzard ab, einer der folgenden Friesenherzöge, der sich ebenfalls friesischer König nannte.

Alle diese Führerpersönlichkeiten sind sagenumwoben, ihre Taten sind nicht belegt. Das gleiche gilt auch für jenen friesischen Edlen Engistus – Hängst –, der 435 Britannien erobert haben soll. Auch diese Geschichte ist nur Legende.

Zur Zeit der Merowinger, also im fünften Jahrhundert nach Christus, fiel Dorestad, das zuvor den Batavern gehört hatte, in friesische

Hände. Von diesem Zeitpunkt an entwickelte sich dieser Handelsplatz an der Lekmündung zu einem der Haupthäfen und Handelsumschlagplätze des frühen Mittelalters.

Gleichzeitig damit setzte der Aufstieg der Friesen zum bedeutendsten Handelsvolk an der Küste ein; er dauerte bis zum Entstehen der Hanse an.

Als die Franken nach Gallien hineinstießen und die ehemals von ihnen bewohnten Landstriche sich leerten, stießen die Friesen nach und besetzten sie.

Erst vom Beginn des 6. Jahrhunderts an befand sich Friesland mit Sicherheit in den Händen von friesischen Herzögen und Königen. In der Mitte dieses Jahrhunderts mußten sich die Friesen gleich den Batavern gegen die zur Nordseeküste vordringenden Franken verteidigen. Durch die Franken traten sie erneut und für immer in die Geschichte ein.

Franken kontra Friesen

Radbod, Herzog der Friesen, und die Franken – Eine Übersicht

Einer der ersten wirklich bekannten und durch schriftliche Zeugnisse belegten Herzöge der Friesen war Aldegill, der um das Jahr 642 die ersten Deiche anlegen ließ, um seine großen Warfen zu sichern. Im Jahre 677 wurde er noch einmal erwähnt.

Ihm folgte Ritzard II., der in den Frankenkämpfen gegen König Lothar II. mit vielen seiner friesischen Kämpfer den Tod fand.

Zu Aldegill kam Wilfried, der Erzbischof von York, als er vor der Wut des northumbrischen Königs Ecfried fliehen mußte. Ein Sturm verschlug ihn während dieser Flucht an die nordfriesische Küste. Er wurde von Aldegill freundlich aufgenommen, durfte den ganzen Winter über im Lande bleiben und den Friesen die neue Lehre vom Gottessohn Jesus Christus predigen. Er soll übrigens die erste Missionierung der Friesen eingeleitet und Tausende Friesen getauft haben.

Diese frühe Christianisierung wurde jedoch jäh unterbrochen, als Herzog Radbod, auch Redbad genannt, Aldegill als neuer Führer der Friesen folgte. Radbod widersetzte sich allen weiteren Bekehrungsversuchen seines Volkes, die insbesondere von Irland aus durch die Bischöfe Wigbert und Willibrord unternommen wurden.

Da Radbod darüber hinaus die Friesen wieder einigen konnte und schließlich mit dem Aufbau einer schlagkräftigen friesischen Truppe begann, versetzte er die in seiner unmittelbaren Nachbarschaft lebenden Franken in Unruhe. Radbod behauptete ihnen gegenüber nicht nur sein Recht, sondern trieb auch fränkische Trupps aus seinem Herrschaftsbereich hinaus und bekämpfte alle jene, die nicht freiwillig aus seinem Land verschwanden, mit der blanken Waffe.

Um nunmehr einen Vorwand zum Einfall in Friesland zu haben, beschlossen die Franken, die sich Friesland unter den Nagel reißen wollten, die Bischöfe und ihre Missionstätigkeit in Friesland mit dem Schwert in der Faust zu unterstützen. Dabei konnte es nicht ausbleiben, daß man friesische Angriffe auf Priester stoppen, die Friesen erschlagen und ihr Land besetzen mußte; so hoffte man wenigstens, und diese fränkische Rechnung ging auch prompt auf.

Die Franken – Freie oder Kühne –, ein germanischer Stamm aus der Stammesgruppe der Istwäonen, der 285 nach Christus in der Geschichtsschreibung auftauchte, hatten im dritten Jahrhundert nach Christus eine Reihe Stämme und Völker am Mittel- und Niederrhein unter ihrer Führung vereinigt. Der Kernstamm der Franken, die Salier, geht wahrscheinlich ebenfalls auf die Chauken zurück, die in der Geschichte der Friesen ebenfalls eine große Rolle spielten.

Die im 4. Jahrhundert als Bundesgenossen und Statthalter Roms in Nordbrabant angesiedelten Franken breiteten sich nach dem Abzug der römischen Legionen in Richtung Flandern und zur Nordsee hin aus. Ihr Vorstoß nach Gallien im 5. Jahrhundert legte den Grundstein zur Bildung des Frankenreiches. Um 500 traten sie zum Christentum über. Unter ihrem Führer Chlodwig wurden einige Teilreiche zum Frankenreich vereinigt.

Nach der Unterwerfung der Alemannen und Thüringer wandten sie sich unter ihrem König Pippin II. (Pippin von Heristal) auch nach Norden, um zur Küste zu gelangen und Handelsstützpunkte zu gewinnen. Dort aber, wohin sie zielten, saßen die Friesen.

Herzog Radbod, der in den beiden Residenzen der friesischen Herzöge und Könige, Utrecht und Stavoren, lebte, hatte während seiner Herrschaftszeit, etwa ab 680, Friesland weiter ausgedehnt. Unter seiner Führung erstreckte sich das Reich der Friesen über einen breiten Küstenstreifen der Nordsee vom Flusse Sinkfal bei Brügge bis zur Weser. Kerngebiet seines Reiches war das Land zwischen dem Vlie – dem heutigen Ijsselmeer – und der Ems.

Dieses erste friesische Königtum befand sich stets in der Gefahr, durch die Franken ausgelöscht zu werden. Die fränkischen Hausmeier hatten es auf diesen Landesteil direkt an der Küste im besonderen abgesehen, nicht zuletzt deshalb, weil aus diesem meernahen friesischen Raum die Handelsbeziehungen zum Norden und die Absicherung des Frankenreiches gegenüber Angriffen aus dem Norden möglich war.

Um Radbod und seine gut gerüsteten Truppen zu schlagen und das friesische Reich unter seine Herrschaft zu bringen, raffte Pippin II. ein großes Heer zusammen und marschierte nach Friesland ein.

Nach einigen Vorhutgeplänkeln kam es 689 bei Wyk by Duurstede – Dorestad, ein damals bereits in voller Blüte stehender Handelsplatz – zwischen Lek und Rhein zum Kampf. Dorestad war jener Handelsplatz, den sich die Franken unter allen Umständen einverleiben wollten, weil er die Handelsmetropole des gesamten Nordsee-Anrainergebietes schlechthin war.

Diese Schlacht gilt als eine der verlustreichsten, die Friesen und Franken jemals zu bestehen hatten. Radbod mußte schließlich der Übermacht des fränkischen Heeres weichen. Nicht zuletzt auch deshalb, weil die Franken seit ihrer Vasallenzeit unter den Römern ganz ausgezeichnet im Kriegshandwerk ausgebildet und vorzüglich gerüstet waren. Diese schwerwiegende Niederlage der Friesen hatte den Verlust des südlichen und südwestlichen Teiles des friesischen Reiches zur Folge.

Die Friesen mußten das weite Küstengebiet von Sinkfal bis zur Insel Texel räumen. Damit verloren sie die jetzigen niederländischen Provinzen Zeeland, Süd- und Nordholland.

Utrecht, Radbods Hauptresidenz, ging ebenfalls verloren. Dort wurde nunmehr der Pontifikalsitz von Bischof Willibrord eingerichtet und dieser zum ersten Erzbischof der Friesen ernannt. Pippin II. betraute den Erzbischof mit der großen Aufgabe, die Friesen zum Christentum zu bekehren.

Radbod mußte sich mit seinen Vertrauten und Freunden und allen führenden Kriegern auf die Insel Foset oder Fostenland zurückziehen. Die meisten Historiker halten sie für die Insel Bant, eine kleine Insel zwischen Borkum und Juist, andere wiederum plädieren für Ameland. Wieder andere geben ihrer Überzeugung Ausdruck, daß es nur Helgoland gewesen sein könne, wohin Radbod entkommen war. Helgoland war ein friesisches Heiligtum. Wie auch immer: die Friesen waren geschlagen, sie hatten den südwestlichen Teil ihres Reiches verloren, Herzog Radbod war geflohen.

Dies bedeutete jedoch nicht, daß dieser energiegeladene Führer der Friesen den Kampf aufgegeben hätte. Er, der von den christlichen Geschichtsschreibern fälschlicherweise als „Scherge der Normannen" und grausamer Tyrann geschildert wird, wartete nur auf seine Stunde. Nach wie vor verbot er durch Sendboten kategorisch jede Art der Missionierung nicht nur in dem Landesteil, der noch unter seiner Herrschaft stand, sondern auch in Westfriesland, das die Franken besetzt hatten. Dort eröffnete Pippins II. Weisung zwar die Missionierung, doch diese schritt nur sehr zögernd fort, und oftmals wurden Helfer der Missionare einfach umgebracht.

Die langen „Königswege", die unter Radbods Regime in ganz Friesland angelegt wurden, ermöglichten es den Missionaren, das gesamte Friesland zu bereisen. Radbod selbst war nun auf den ostfriesischen Teil seines Reiches begrenzt. Die Zeit jener fünf Friesenherzöge, die über das gesamte Friesland vom Sinkfal bis zur Weser geherrscht hatten, war offenbar für immer vorbei.

Herzog Radbods Gegenschlag

Unmittelbar nach Pippins II. Tod, Anfang 714, als die ersten Nachrichten über den Nachfolgestreit um das Frankenreich Radbod erreichten, sah dieser seine große Stunde gekommen, auf die er ständig hingearbeitet hatte. Seine Herolde ritten über Land und riefen alle wehrfähigen Männer zum Kampf auf.

Bald hatte Herzog Radbod ein starkes friesisches Heer um sich versammelt. Damit drang er nach Westen in den fränkisch besetzten Teil Frieslands ein. Eine fränkische Garnison nach der anderen wurde genommen. Wer sich nicht ergab, der wurde niedergemacht.

Radbods Truppen eroberten die wichtigsten Handelsbasen zurück, darunter auch Dorestad, wo die Franken inzwischen nahe der Handelsniederlassung ein festes Kastell errichtet hatten. Dieses Kastell blieb als einziges fränkisches Bauwerk stehen, weil es den Handelsplatz schützte.

Die friesischen Kampftruppen drangen in das Gebiet südlich des Vlie ein. In ungestümem Vorstoß drängten die Friesen ihre Gegner weiter und weiter zurück. Erst nahe bei Köln kam dieser Vorstoß im Jahre 714 zum Stehen.

Hier stellten sich die Franken mit einer aus aller Herren Länder zusammengewürfelten Kriegsschar den Friesen entgegen. Karl Martell führte diese Verteidiger. Dieser, ein natürlicher Sohn Pippins II., war zunächst nach dem Tode seines Vaters durch Theudoald, den Enkel Pippins II., als Nachfolger auf den fränkischen Thron verdrängt worden. Nach einem haßerfüllten, erbitterten Kampf um die Macht gewann Karl Martell schließlich die Position des Hausmeiers. Bei Köln sah er sich vor seiner entscheidenden Aufgabe. Verlor er den Kampf gegen die Friesen, dann war es auch mit seiner soeben erst errungenen Vorherrschaft zu Ende. Dies glaubte man wenigstens. Doch alle, die diese Voraussage trafen, sollten sich getäuscht sehen.

In der Schlacht gegen die Friesen erlitt Karl Martell seine erste und zugleich einzige Niederlage. Die friesischen Kämpfer waren den fränkischen Söldnern an Einsatzmut um ein Vielfaches überlegen. Sie kämpften für den Erhalt ihres Reiches und die Söldner der Franken um Geld. Das fränkische Legionärsheer wurde vernichtend geschlagen.

Radbod, der Sieger, vereinigte das wiedergewonnene westliche Friesland erneut mit seinem Restreich. Die bisher in diesem Raum errichteten Kirchen wurden abgerissen oder niedergebrannt, die Priester und Missionare vertrieben oder getötet. Die alten Götterhaine und

Tempel kamen wieder zu Ehren. Das alte Friesland erstrahlte in neuem Glanz.

Diesmal erwählte Radbod Utrecht zu seinem ständigen Regierungssitz. Der berühmte Friesenmissionar Winfried oder Bonifatius, der 716 mit mehreren Gehilfen nach Friesland kam, in Utrecht mit Radbod zusammentraf und diesen darum bat, weiter missionieren zu dürfen, konnte den Friesenherzog und nunmehr wieder friesischen König nicht umstimmen und mußte unverrichteter Dinge abziehen.

Radbods Tochter Eila soll den Sachsenherzog Edelhard geheiratet haben. Damit wäre Radbod der Großvater von Albion, dem Kampfgefährten Wittekinds, gewesen.

Herzog Radbod starb 719, und erst nach seinem Tode hatten die Christenmissionare wieder eine größere Chance in Friesland. Doch vorerst war es noch nicht so weit, denn Radbods Nachfolger, Herzog Poppo, hielt ebenso wie sein Vorgänger am alten Götterglauben der Germanen fest.

Die Überlieferung läßt den Friesenherzog Radbod unter dem Rabbelsberg in der Gemeinde des Amtes Esens begraben sein. Die christliche Legende über den „Heidenfürsten" Radbod sagt, daß dieser zur Strafe wegen seiner Verweigerung der Taufe in einem Graben bei Medenblick ertrunken sei. Seine Eingeweide lägen noch dort, während sein übriger Leichnam in der alten Residenzstadt Stavoren beigesetzt worden sei.

Die religiöse Welt der Friesen war der christlichen Lehre so fremd, wie nur etwas dem anderen fremd sein konnte. Im Rudolphsbuch heißt es über die Religion der Friesen:

„Want i alle heyden worden ende mit riuche des divels knechte – Weil ihr alle Heiden wart, seid ihr mit Recht des Teufels Knechte."

Von Heiden im Sinne eines Nichtglaubens konnte jedoch keine Rede sein, denn bereits der Schreiber des Missionars Willibrord berichtete über den friesischen Gott Forsete, der auf der Insel Forsetesland (Fosetesland) verehrt wurde. Dort gehörte ihm alles Land. Aus der einzigen Inselquelle, die geweiht war, durfte man nur schweigend trinken.

Bischof Adam von Bremen nannte im 11. Jahrhundert die „Meerbewohner des östlichen Frieslandes voller Torheit, weil sie in Ehrfurcht ihre heiligen Haine besuchten und dort heidnische Gebräuche pflegten."

Zur Zeit des Friesenapostels Liudger standen in den Tempeln der Friesen geschnitzte oder steinerne Götterbilder. Das Tempelhaus stand unter besonderem Schutz, Tempelräuber mußten mit der Todesstrafe rechnen, wenn sie gefaßt wurden. Tempelschändern schnitt man zunächst kurzerhand die Ohren ab, dann wurden sie ins Meer versenkt.

Es ist nicht bekannt, ob diese Tempel aus Holz oder aus Grassoden bestanden haben. Die christlichen Missionare haben alle friesischen Kultstätten so vollständig zerstört, daß uns davon nichts überliefert werden konnte.

Sicher ist, daß in früherer Zeit auch Menschenopfer dargebracht wurden. Es waren jedoch keine Verbrecher, die dieses Schicksal erlitten, sondern durch das Los bestimmte Friesen.

Die schwere Niederlage bei Köln ließ Karl Martell, der dadurch in eine Regierungskrise gestürzt, aber nicht abgesetzt wurde, nicht ruhen. Er versuchte zunächst durch eine Reihe Erfolge an anderer Stelle die Niederlage gegen die Friesen wettzumachen. Dann bereitete er sich zum Schlag gegen die Friesen vor, um ihnen seine einzige Niederlage heimzuzahlen.

Es war Frühjahr 734, als er ein großes Heer aufbot und damit in das westliche Friesland einmarschierte. An der Bordenna, einem kleinen Bach, der sich ostwärts der Insel Terschelling in die Nordsee ergießt, kam es zur Schlacht. In diesem Kampf fiel ein Großteil der friesischen Streitkräfte. Herzog Poppo wurde im Zweikampf von einem fränkischen Adeligen erschlagen.

Dieser Sieg der Franken riß das westliche Friesland abermals aus dem friesischen Reich heraus und gliederte es in das Frankenreich ein. Der Laubach – die heutige Lauwers – bildete nunmehr die Grenze zwischen Ostfriesland und dem Frankenreich, womit Holland fränkisch geworden war. Die Provinz Groningen und alles Land, das ostwärts davon an der Küste lag, war noch nicht erobert.

Karl der Große und die Friesen

Mit dem Regierungsantritt Karls des Großen kam es zwischen Friesen und Sachsen auf der einen und den Franken auf der anderen Seite zu weiteren blutigen Auseinandersetzungen. Friesenherzog Surbold, der Poppo in der Regierung gefolgt war, hatte sich mit dem Sachsenherzog Wittekind verbündet. Nunmehr erhoben sich die noch freien und unabhängigen Friesen gemeinsam mit den Sachsen gegen die Franken.

Der Aufstand breitete sich sehr rasch aus, und schließlich stand auch das fränkisch besetzte Friesland vom Vlie bis zum Laubach in Flammen. Jenes Land also, das seit fünfzig Jahren unter fränkischer Herrschaft stand.

Karl der Große, Pippins des Jüngeren Sohn, hatte 768 die Herrschaft im Frankenreich angetreten. Mit einem Feldzug gegen die Sachsen, der 772 begann, versuchte er dieses wehrhafte Volk endgültig unter das fränkische Joch zu zwingen.

Mit starken Truppenverbänden drang er ins Sachsenland ein, eroberte die Eresburg und ließ die Irminsul, jenes sächsische Stammesheiligtum in Gestalt einer hölzernen Säule, das Sinnbild der den Himmel tragenden Weltsäule, vernichten.

Im Jahre 774 wurden die Franken durch sächsisch-friesische Truppen bei Fritzlar geschlagen. In den folgenden Kämpfen aber blieb Karl, der den längeren Atem hatte, siegreich, und 775–776 schienen die Sachsen bereits völlig am Ende. Dies war jedoch nur eine Art Erholungspause für die sächsischen Krieger, denn 782 schlugen sie – auch diesmal durch friesische Freiwillige verstärkt – bei Süntel ein fränkisches Heer.

Nach der Schlacht am Süntel zog Karl der Große im Oktober 782 nach Sachsen. Er ließ sich vom sächsischen Adel, der den Aufstand Wittekinds niedergeschlagen hatte, alle Parteigänger des Sachsenherzogs Wittekind nennen und nach den Unterlagen der Reichsannalen 4500 von ihnen bei Verden an der Aller niedermachen. Wittekind und seine engsten Gefolgsleute waren nicht unter den Toten, denn sie hatten sich zu den Dänen in Sicherheit gebracht.

Dieser Meuchelmord führte zu einem neuen Aufstand der Sachsen. Wittekind kehrte zurück, friesische Truppen eilten ihm zu Hilfe, und im Mai 783 kam es zwischen den Aufständischen und dem Heer der Franken zum Kampf. Es gelang Karl dem Großen, die drei Heerhaufen der Sachsen vor ihrer Vereinigung einzeln zu stellen. Die Engern wurden am Osning geschlagen, die Westfalen wenig später an der Hase.

Der friesische Herzog Surbold fiel im Kampf gegen die fränkische Übermacht. Nicht weniger als 6000 Kämpfer beider Seiten verloren in diesem Kampf ihr Leben.

Das Grabmal Surbolds soll alle Gräber auf dem Hümmling an Größe übertroffen haben. Von Surbold geht seit dieser Zeit in der Umgebung des Kampfplatzes jener Spruch um:

> „Hünenkönig Surbold liegt begraben im
> Börgerwold, in 'nen vergoldeten Hushold.“

In der friesischen Überlieferung ist nach Surbold noch ein Radbod II. als friesischer Herzog erwähnt. Dieser wurde aus dem nunmehr vollständig von Franken besetzten Friesland auf die Insel Fosetland vertrieben, die auch seinem Vorgänger Radbod I. als Zufluchtsort gedient hatte.

Damit ging das Zeitalter der friesischen Herzöge zu Ende. Zu Ende ging auch die Zeit des gesamten Friesland. In der Folgezeit soll mehr oder weniger exakt nur von Ostfriesland die Rede sein, weil dieses Gebiet als einziges übrigblieb und immer wieder seine Selbständigkeit verfocht.

Die Franken beherrschten das Land. Sie holten Missionare herein, um Friesland zu einem christlichen Land zu machen.

Karl der Große, der nunmehr auch Herrscher über Friesland war, ließ die friesischen Volksrechte im Jahre 802–803 in der „Lex Frisionium" aufzeichnen. Dabei kam es ihm jedoch nicht so sehr darauf an, dieses friesische Volksrecht zu erhalten und es weiter als Rechtsquelle für Friesland zu benutzen, als vielmehr darauf, dieses Volksrecht zu fränkisieren und mit seiner und der fränkischen Auffassung von Recht und Gesetz zu verbinden.

Die Christianisierung Frieslands

Gefährliche Friesenmissionierung

Mit der Christianisierung der Friesen ging die politische Expansion der Franken in Friesland Hand in Hand. Mancher Bericht aus den Lebensbeschreibungen der Missionare wirft ein grelles Schlaglicht auf die Tatsache, daß hinter den Priestern mit der neuen Lehre die Franken mit dem Schwert standen.

Die alte friesische Art der Leichenbestattung in Brandgräbern hörte offiziell auf, denn Karl der Große hatte bereits 786 auf dem Reichstag zu Paderborn die weitere Ausübung der Leichenverbrennung unter Strafe gestellt. In Kaiser Karls Gesetz, das nun auch für die Friesen gültig war, hieß es im Paragraphen 7:

„Wenn jemand den Körper eines verstorbenen Mannes nach dem Brauch der Heiden durch Feuer verzehren läßt und seine Gebeine zu Asche macht, der werde mit dem Tode bestraft."

Dies hinderte jedoch einige Friesen nicht daran, mit der Leichenverbrennung fortzufahren.

Willibrord, ein aus Northumbrien stammender Mönch und Missionar, der unter dem Schutz der fränkischen Staatsgewalt stand und von fränkischen Adeligen mit Geld unterstützt wurde, hatte bereits um 690 mit der Missionierung der Westfriesen begonnen. Nach seiner Weihe zum Erzbischof der Friesen 695 in Rom durch Papst Sergius sollte er in Westfriesland mit Sitz in Utrecht eine erste friesische Kirchenprovinz ins Leben rufen.

Willibrord zog sich übrigens den Zorn der Friesen in besonderer Weise zu, als er auf Fosetesland (Fositesland u.a.) in der heiligen Quelle drei Heiden taufte und das dort weidende Heilige Vieh schlachtete.

Er wurde ergriffen und vor Radbods Gericht geführt. König Radbod befahl, daß das Los über ihn geworfen werde. Dreimal nacheinander entschied das Los für Willibrord. Damit entging er dem Tode, denn auch die Entscheidung des Loses war heilig.

Fosete (Forsite) stand bei den Friesen als Gott der Fruchtbarkeit, der auf geheiligtem Acker verehrt wurde, in höchstem Ansehen.

Die Missionare errichteten an den ehemals geheiligten Stätten der Friesen ihre Kirchen. Die Friesen nannten sie „Tziercka", was soviel wie Kirche bedeutete. Alte friesische Kultstätten befanden sich an den frühen Kirchenstandorten in Alt Leer, Emden (Große Kirche), Victorbur, Burhafe, Westerholt und anderen Orten.

Der Tod Pippins II. und die Rückeroberung Westfrieslands durch Radbod vereitelte – wie vorher dargestellt – anfangs den Plan des Aufbaues einer friesischen Kirchenprovinz.

Damit war zunächst auch die Missionierung von Friesland für längere Zeit aufgeschoben. Erst der Sieg Karl Martells über die Friesen gab den Missionaren neue Hoffnung in Friesland.

Als Gehilfe von Willibrord war der Missionar Bonifatius seit 716 auf dem Festlande tätig. Er wurde als Vertreter der angelsächsischen Mission in Friesland eingesetzt und arbeitete ab 721 selbständig. 722 wurde er zum Bischof geweiht. 732 erhielt er die Weihen zum Erzbischof, zunächst ohne festen Sprengel. Nach seiner erfolgten Ernennung zum Legatus Germanicus im Jahre 738 und dem Tode von Willibrord ein Jahr später ging er daran, die Christianisierung weiter nach Osten vorzutreiben. Bis zu dieser Zeit war faktisch die Missionierung nicht über die Zuidersee hinaus nach Osten gelangt und Utrecht das einzige friesische Bistum in der Kirchenprovinz Köln geblieben.

Bonifatius begann nunmehr mit der Missionstätigkeit in Ostfriesland, wo er ohne wesentliche Unterstützung durch Karl Martell, also von der fränkischen Landeskirche unabhängig wirkte.

Zu seinen Gehilfen zählte er in dieser schweren Zeit seine Schüler Sturm, Lul (der spätere Gregor von Utrecht), Burchard, Willibald und eine Reihe anderer.

Die Friesenmissionierung ging nur sehr zögernd vor sich, so daß Bonifatius schließlich nach Thüringen, Hessen und Bayern weiterzog, wo es größeren Lorbeer zu ernten gab. 746 wurde er Erzbischof von Mainz. Als er versuchte, die fränkische Kirche zu reformieren, zeigten ihm die fränkischen Adeligen die kalte Schulter. Er trat in den Hintergrund zurück und wandte sich abermals der Friesenmission zu, denn hier, das wußte er, hatte er versagt, und diese Scharte wollte er auswetzen.

Dazu kam es jedoch nicht mehr, denn bei Dokkum wurde er von „friesischen Heiden" erschlagen.

Willehad und Liudger in Ostfriesland

Der Angelsachse Willehad, ebenfalls Vertreter der angelsächsischen Mission, predigte seit 765 bei den Friesen und blieb etwa fünf Jahre dort. Ab 780 ging er auf Weisung Karls des Großen nach Sachsen.

Ihm folgte der 742 in Friesland selbst geborene Liudger, der zu einer herausragenden Persönlichkeit der Missionierung und zum „Bewahrer der geistlichen Macht in Friesland“ werden sollte.

Dieser ging nach dem Tode seines Lehrers Gregor von Utrecht im Jahre 775 mit einigen Begleitern zunächst nach Deventer und drang von hier aus ins Innere von Friesland vor.

„Hier zerstörten sie die Tempel der Heidengötter und schafften die Verehrung der friesischen Götzenbilder ab.“

Liudger gelangte auch nach Dokkum, das nach dem Tode von Bonifatius als besonders heidnisch verschrien war. 777 wurde er, der bis dahin als Diakon wirkte, zum Priester geweiht.

Als sich die Friesen mit den Sachsen gegen die Herrschaft der Franken empörten, ging Liudger zunächst nach Rom. Drei Jahre später, Anfang 787, wurde er auf dem Monte Cassino, wo er die Regeln der Benediktiner erlernen sollte, durch Karl den Großen mit der Missionierung seiner friesischen Gaue betraut.

Liudger wurden fünf friesische Gaue, und zwar Hugmerchi, Hunesga, Fivelga, Emisga und Federitga, sowie „östlich der Ems eine Insel, welche Bant heißt“, als Missionierungsgebiet übertragen.

Die Lage dieser fünf Gaue und weiterer Gebiete, die ihm unterstanden, war folgende:

An der Ems entlang bis zur Bucht von Sielmönken, die damals noch bis Hinte in die Krummhörn einschnitt, zog sich der Emisga hin, das Gebiet der Bewohner der Emsmarschen.

Nördlich der Sielmönker Bucht lag der Federitga, wahrscheinlich nach einer dort wachsenden Sumpfpflanze benannt. Auch das Gebiet um Norden hat wahrscheinlich zu diesem Gau gehört.

Zwischen der alten Hilgenrieder Bucht und der Falster erstreckte sich das Gebiet Nordeni oder Nordwidu. Möglicherweise ist dies eine aus dem Worte Wald abgeleitete Landschaftsbezeichnung.

Ostwärts davon bis zur Crildumer Bucht lag der Wanga, der damals noch ausgedehnter war als das spätere Wangerland. Diese Bezeichnung deutet auf fruchtbare Weiden hin.

Die Crildumer Bucht und das Leerhafer Tief im Norden wie die Made im Süden grenzten den Asterga ab.

Südöstlich der Made, über den späteren Jadebusen bis zur Weser, im

Süden bis nach Wapel erstreckte sich Hriustri, auch Riustri genannt. Dies ist das spätere Gebiet Rüstringen.

Wie weit alle besiedelten Gebiete zwischen der Ems und der Weser durch diese genannten Gaue erfaßt wurden, ob der Asterga beispielsweise auch Aurich einschloß, ist nicht geklärt.

Die Geestplatte von Aurich, das sei an dieser Stelle eingeblendet, war fast völlig vom Moor umschlossen. Sie wurde von der Moorzone, die sich von Südosten nach Nordwesten bis Berum, Westerholt und Ochtersum breit durch Ostfriesland hinzog, abgeschnitten. Infolge seiner Unwegsamkeit hat dieses Moor trennender gewirkt, als beispielsweise die Unterems den Emsgau vom Groningerland getrennt hatte.

Im Jahre 791 missionierte Liudger auf Helgoland. Er mußte dort aber bereits ein Jahr später durch den Aufstand der Ostfriesen fliehen und auf das Festland zurückkehren. Von hier aus ging er noch 792 nach Westsachsen.

Während seiner Missionstätigkeit in Ostfriesland gründete Liudger auch die Kirche von Leer. Nach den spärlichen Quellen soll sie zwischen 787 und 793 errichtet worden sein.

Auf Helgoland hatte Liudger das Foseteheiligtum zerstört. Die Lebensbeschreibung des Altfrid, der als Bischof von Hildesheim und vorheriger Leiter der Klosterschule zu Corvey wirkte, berichtet dazu:

„Liudger hat Sorge getragen, die Fluten der göttlichen Lehre weiterzuleiten. Er begab sich auf den Rat seines Königs nach einer Insel an der friesisch-dänischen Grenze, die von dem heidnischen Gotte Fosete den Namen Fosetesland trug. Als sein Schiff sich der Insel näherte, nahm er das Kreuz in seine Hand und rief Gott mit Lobpreis und Bitte an.

Die im Schiffe waren, sahen eine dunkle Nebelwolke von der Insel aufsteigen, dann aber verschwinden, so daß eine überaus heitere Helle zurückblieb. Da rief der Mann Gottes aus:

‚Seht ihr wohl, wie durch Gottes Barmherzigkeit der Feind verscheucht ist, der zuvor diese Insel mit Nebel verhüllte?‘

Dann ging er an Land, zerstörte die Heiligtümer des Fosete, errichtete an ihrer Stelle christliche Kirchen und taufte die Bewohner in derselben heiligen Quelle, in der einstmals der heilige Willibrord drei Menschen getauft hatte.

Auch den Sohn eines dortigen Edelings, Landric, hob Liudger aus der Taufe und erzog ihn zu einem Mitarbeiter der Friesenmission.“ (Siehe: Past. Lic. Kochs: Mittelalterliche Kirchengeschichte Ostfrieslands).

Über die Bekehrung des Skopen Bernlef – einer jener berufsmäßigen Sänger der germanischen Heldensagen – ist ebenfalls ein Bericht erhalten geblieben. Nach diesem traf der Sänger im Hause einer frommen Frau mit Namen Meinswit mit Liudger zusammen. Bernlef sang Lieder der germanischen Heldensage zur Laute. Die Überlieferung weiß zu berichten:

„Bernlef war blind, und Liudger, der spürte, daß ein schwerer Schatten auf der Seele des Sängers lastete, drang in diesen, sich durch eine Beichte zu reinigen. Bernlef lehnte dies ab.

Als sich die beiden am anderen Morgen zu Pferde begegneten, sprang Liudger von seinem Reittier, ergriff die Zügel des Pferdes des Sängers und nahm Bernlef, der nun keinen Widerstand mehr leistete, die Beichte ab.

Danach gab er dem Sänger mit Gottes Hilfe das Augenlicht zurück. Den Dank Bernlefs lehnte Liudger ab:

‚Danke nicht mir, sondern Gott! Er hat dir das Augenlicht wiedergegeben. Laß aber, solange du lebst, niemanden erfahren, was dir geschehen ist.‘

Liudger stellte den also Geheilten in den Missionsdienst. Bernlef übersetzte die Psalmen ins Friesische und vertonte sie.“

Der Aufstand der friesischen Häuptlinge Eilrat und Unno zwang Liudger zur schnellen Flucht. Immerhin hatte er nach friesischer Auffassung einiges auf dem Kerbholz. Nunmehr übernahm Bernlef die Arbeit seines Herren. Er vollzog in aller Heimlichkeit einige Nottaufen und legte nach Liudgers Rückkehr Rechenschaft darüber ab.

Liudger leitete die Diözese Münster und wurde 805 Bischof in diesem neugegründeten Bistum. Unter seiner Leitung wurde auch das Kloster Werden gegründet. Damit wurde diese frühere Reichsabtei von einem Friesen geleitet. Sie war um 700 herum Standort des Angelsachsen Suitbert gewesen, der an der unteren Ruhr missionierte.

Die späteren Äbte des Klosters Werden besaßen mehrere Güter in Ostfriesland, wie dies in ihren Regesten und Dokumenten verbrieft ist, aus denen wir wichtige Informationen über Ostfriesland erhalten haben. In den Werdener Urbaren aus dem 9. Jahrhundert taucht immer wieder der Name Ostfriesland auf. Doch zurück zur Christianisierung dieses Landes.

Als weiterer wegbereitender Missionar trat in dieser Zeit der Angelsachse Willehad auf. Er arbeitete zunächst wie Liudger im westlichen Friesland, dem Groningerland. Willehad erhielt durch Karl den Großen einen neuen Arbeitsbereich mit dessen Auftrag, die Sachsen und Friesen der unteren Weser zu bekehren.

Der sächsische Aufstand 782, der sich nicht nur gegen die Fremdherrschaft der Franken sondern auch gegen den fremden Gott richtete, griff auch auf die Friesen über und breitete sich über die Lauwers nach Westen bis zum Flie hin aus. Willehad mußte vom rechten Weserufer nach Utriustri – dem späteren Butjadingen – fliehen. Er entkam von dort aus zu Schiff, das gesamte Friesland umsegelnd und umrudernd. Sein Missionshelfer, Benjamin mit Namen, war nicht so schnell. Er wurde von den Aufständischen ergriffen und erschlagen. Damit war auch Willehad ausgeschaltet. Liudger, der zu dieser Zeit gerade in Dokkum lehrte, mußte ebenfalls fliehen.

Auch westlich der Lauwers waren die Friesen, die ja seit 754 durch Bonifatius bekehrt werden sollten, nicht wirklich Christen geworden, wie ja schon die Erschlagung des Missionars in Dokkum bestätigte. Der Aufstand riß alle Friesen bis zum Flie mit. Dies wiederum machte deutlich, daß weder die weltliche Herrschaft der Franken noch die geistliche der Christen in Friesland geduldet wurde.

Allerdings fehlte den Friesen in dieser Zeit der große Führer, wie ihn die Sachsen in Gestalt von Wittekind hatten. Das Volk der Friesen bestand nicht aus einer einzigen homogenen Gemeinschaft, sondern aus einer Reihe von selbständigen größeren Gruppen; das minderte seine politische und militärische Bedeutung.

Auch Karl der Große wußte dies und richtete deshalb seinen Kampf in der Hauptsache gegen die Sachsen, um seine Kräfte nicht zu zersplittern. Als er die Sachsen 783 und 784 geschlagen hatte, erlosch auch die Aufruhrflamme in Ostfriesland. Liudger und Willehad konnten 785 dorthin zurückkehren und ihre Arbeit wieder aufnehmen.

Diesen beiden Hauptmissionaren wies Karl der Große ihre Gebiete zu. Liudger erhielt – wie vorher dargestellt – jene fünf Gaue und die Insel Bant, Willehad wiederum wurden die im Unterweserbereich liegenden sächsischen Gebiete und in Ostfriesland Rüstringen, der Ostergau, Wanga und Nordendi übertragen.

Während Willehads Missionsgebiet 787 in das soeben eingerichtete Bistum Bremen überging, wurde Liudgers Missionsgebiet dem Münsterischen Bistum zugeschlagen, dessen erster Bischof Liudger 802 wurde.

Dadurch wurde auch der trennenden Moorzone Rechnung getragen, die sich quer durch die ostfriesische Halbinsel hinzog.

Bevor sich jedoch in Ostfriesland (ebenso in allen übrigen Gauen) die christliche Lehre durchsetzte, vergingen Jahrhunderte. In dieser Zeit kam es zu Schenkungen auch der friesischen Bauern an jene christlichen Lehrer, die inzwischen zu Heiligen erhoben worden waren.

Dies führte dazu, daß die dem heiligen Liudger zugedachten Güter und Höfe an das Kloster Werden mit der Grabkirche des Liudger fielen. Beiderseits der Ems verfügte es bald über große Ländereien. Auch in der Krummhörn hatte das Kloster weitere Besitztümer.

Fulda wiederum, das Kloster des heiligen Bonifatius, hatte in Friesland im Raume der Bucht von Sielmönken und westlich der Lauwers auf diese Weise Besitz erhalten.

Die der Bremer Kirche zugewandten Schenkungen, die dem heiligen Willehad gewidmet waren, lagen im Harlingerland, in Rüstringen und Östringen verstreut.

Dennoch durchdrang das Christentum in Ostfriesland nicht alles Volk, wie behauptet wurde. Noch im 12. Jahrhundert waren christliche Dörfer nicht die Regel. Sogenannte „heidnische Bräuche" wurden noch im 11. Jahrhundert in aller Öffentlichkeit betrieben. In den heiligen Hainen verehrten noch Friesen in ganz Ostfriesland die alten Götter. Die Christianisierung ging durch die Jahrhunderte hindurch weiter und wurde eigentlich nie vollendet.

Die alten Bräuche und die vorbildliche Verteidigungskraft der Sachsen, die mit dem 792 neu beginnenden Sachsenkrieg aufflackerte, sah auch wieder die Friesen an der Seite ihrer sächsischen „heidnischen" Bundesgenossen.

In Rüstringen überfielen Sachsen und Friesen einen Truppenverband, der von dem fränkischen Grafen Theoderich geführt wurde. Dieser war von Karl dem Großen zu einem Feldzug gegen die Awaren in Marsch gesetzt worden.

Im Jahre darauf (793) wurden in Liudgers Kirchensprengel die christlichen Holzkirchen angezündet, die Priester vertrieben und die heidnischen Bräuche wieder offen praktiziert. Dies dauerte allerdings nur wenige Jahre, ehe „die Sonne der Gerechtigkeit" die „Schatten des Irrtums wieder vertrieb." (Siehe Altfridi: Vita Liudgeri – Diekamp).

Dennoch konnten die Ostfriesen ihre Eingliederung in den fränkischen Reichsverband nicht verhindern und damit auch nicht ihre endgültige Christianisierung aufhalten.

Friesland und das Reich

Die karolingischen Grafen

Das karolingische Reich, in dem viele Stämme mit den unterschiedlichsten Sprachen und Sitten vereinigt und durch das Königtum zusammengehalten wurden, war auch für die Friesen zu einer Art von verbindendem Element geworden und wurde dennoch auch zum Sinnbild friesischer Freiheit.

Karl der Große hatte neben Friesland auch Sachsen, Thüringen, Westfalen, Hessen, die Slawengebiete und Holstein seiner Herrschaft und dem Christentum gewonnen. Nach seinem Tode kam es bei den solcherart gewaltsam Bekehrten zu einem Abfall von diesem auferzwungenen Glauben. Die alten Heidengötter, Hammon, Suentebueck, Vitelubbe, Radegast und andere wurden wieder aufgestellt.

Diese Abfallbewegung weitete sich mehr und mehr aus, so sehr die Priester auch dagegen angingen.

Als Ludwig II., Sohn Ludwigs des Frommen, zur Regierung kam, nahm der Abfall vom Christentum besonders stark zu. Die neuen Heiden gingen mit Gewalt gegen die Priester vor.

Um die gleiche Zeit aber wurde Karl der Große als Stifter der friesischen Freiheit bekannt und rückte in dieser Eigenschaft erstmals in das Bewußtsein der Friesen ein. (Siehe Heinrich Schmidt: Politische Geschichte Ostfrieslands.)

Friesland war in das Frankenreich einbezogen worden, ohne daß es ihm möglich gewesen wäre, sich als eine Einheit, als *ein* geschlossenes Land, einzubringen. Zwar gab es auch in Ostfriesland eine Reihe bedeutender Familien, dennoch war keine davon so stark und beherrschend, daß sie ganz Friesland hätte unter sich vereinigen können, wie dies noch zur Zeit Radbods möglich war. Es gab in Ostfriesland keinen jener Herzöge, die die Führung ihres friesischen Reiches an sich rissen und ihren ganzen Besitz geschlossen als Friesland in das Reich hätten einbringen können.

Die Lex Frisionium, das Stammesrecht der Friesen aber, das unmittelbar nach 800 aufgezeichnet wurde, war ebenfalls nicht friesisches Recht schlechthin und damit ein Zeugnis gesamtfriesischer Zusammengehörigkeit, sondern wurde durch die Juristen Karls des Großen zusammengestellt. Dementsprechend waren in ihm neben friesischen Abschnitten auch solche von fränkischem Ursprung enthalten. Am ehesten faßte diese Lex Frisionium noch alles Friesische zusammen, was sich unter fränkischer Herrschaft befand, um es in den fränkischen Staatsverband zu integrieren.

Die fränkischen Eroberungen Frieslands, des Landes an der Küste, dienten dem Zweck, hier ein freies Volk als Untertanen zu gewinnen. Ein Volk, das an keinen anderen Herrscher gebunden war als an den Kaiser und König. Nur diesem Herren zahlten sie ihren Zins, leisteten sie ihre Heerfolge, niemand anderem.

Als beispielsweise 873 Normanneneinfälle in den Westergo von Westerlauwern stattfanden und die Eindringlinge von den dort wohnenden Friesen Steuern und Abgaben verlangten, erklärten diese, daß sie nur an König Ludwig Zins zahlen würden und an sonst niemanden. Nur dem König zahlten sie die „Huslotha" und leisteten ihm Heerfolge, aber auch nur im eigenen Lande.

Friesen, das waren freie Bauern, die nur dem König verpflichtet waren.

Vertreter der Königsherrschaft in Friesland aber waren die von den Karolingern eingesetzten Grafen. Sie hatten im Lande das Heeresaufgebot zu führen, den Rechtsfrieden aller vom König abhängenden Menschen zu gewährleisten, die Märkte und Handelswege sichern, den Königszins einzuziehen sowie die Gerichtsbußen zu verhängen.

Diese gräflichen Verwaltungen waren 792 eingeführt worden. Bereits im darauffolgenden Jahr war ein friesischer Graf mit einem Kriegsaufgebot in das Land der Awaren geschickt worden. Durch eine gesetzgeberische Zusammenfassung des friesischen Rechtes in der Lex Frisionium wurde dann vermutlich auf dem Reichstag zu Aachen 802 die neue Einteilung des Landes abgeschlossen.

Wenn bis 826 noch Ludwig der Fromme dem Dänen Harald die Grafschaft Rüstringen verleihen konnte, so hatten im späteren 10. und 11. Jahrhundert in Östringen die sächsischen Billunger, in Rüstringen die Grafen von Stade die gräflichen Rechte inne. Sie amtierten im Namen des Königs.

In der zweiten Hälfte des 11. Jahrhunderts tauchten die Grafen von Oldenburg als „Vizegrafen" der Stedinger auf, während gleichzeitig in Östringen nach wie vor die Billunger herrschten. Westlich der Moorzone an der Ems wiederum sind für das spätere 10. Jahrhundert die Grafen von Werl als Inhaber der Grafenrechte im Emsgau bekannt. Sie sind auch für das gesamte 11. Jahrhundert dort nachzuweisen.

Im Jahre 1063 übertrug Heinrich IV. die Grafenrechte im Emsgau an Erzbischof Adalbert von Bremen. Über die Grafen von Zütphen kamen diese Grafenrechte dann im 12. Jahrhundert an die Grafen von Calvelage-Ravensberg. Jutta von Ravensberg verkaufte sie 1252 an die Bischöfe von Münster.

In Jever war zur Zeit der Billunger im 11. Jahrhundert bereits eine frühe Kirche und ein Zentrum der gräflichen Macht in Östringen entstanden. Die Billunger ließen sogar in Jever Münzen prägen. Von Jever aus startete der Billunger Graf Ordulf wahrscheinlich in der Mitte des 11. Jahrhunderts seinen Feldzug gegen die Besitzungen der bremischen Kirche in Fresia.

Schulzen als Vertreter der Grafen

In einigen friesischen Siedlungsgebieten war von der Macht der Grafen nichts zu spüren, weil diese Gebiete in der „regio maritima" – hinter Gewässern und Mooren – lagen. Dadurch konnten die Grafen nicht immer persönlich ihre Rechte wahrnehmen. Sie setzten deshalb zunächst dort, dann auch in anderen Teilen des Landes Schulzen ein, die auf friesisch Skelta oder Fransa genannt wurden.

Dieses Schulzenamt ist in den friesischen Landrechten des 11. und 13. Jahrhunderts verbrieft. Wie lange vorher bereits Schulzen im Amt waren und wo dies der Fall hätte sein können, ist nicht bekannt.

Eines aber scheint sicher: wer Schulze werden oder sich durchsetzen wollte, der mußte Macht und Besitz sein eigen nennen und in seiner Gemeinde angesehen sein. Alles dies schuf erst die Autorität, die notwendig war, das Amt auszufüllen und zu beherrschen.

Die Schulzen in den Dritteln und Vierteln der Landesgemeinden wurden von den Gemeinden selbst eingesetzt. Ihre Macht reichte also auch über Dörfer und Siedlungsgemeinschaften hinaus. Sie bedeuteten jene Ordnungselemente, die das Leben in den Gemeinden prägten. Im Liudthing und dem Recht der Liuda, das aus den 24 Landrechten bekannt wurde, sind das Gericht und die Gerichtsgemeinde der Schulzensprengel gemeint.

Der Begriff der Rechtsgenossen, der sich zu dieser Zeit herauskristallisierte, bezeichnete jene Männer, die verpflichtet waren, an der Gerichtsversammlung teilzunehmen. Es waren dies jene Persönlichkeiten, „die ihr eigen Gut unberaubt innehatten", alle Besitzer der freien Hofstellen also, die von keinem Grundherren abhängig waren, die als „Hausmänner" in ihren eigenen Häusern saßen.

Die sog. „Eigenbeerbten" oder „Eigenerfden", kurz alle Grund und Boden besitzenden friesischen Bauern, *das* waren die freien Friesen, und wer zu diesen Geschlechtern zählte, der gehörte eben dazu. Reiche Verwandtschaft sicherte auch ihnen mehr Ansehen und teilweise sogar mehr Macht.

Bei diesen freien Friesen war das Volksrecht maßgebend. Die Rechtsfindung ging davon aus, und der Rechtssprecher war der Asega. In jedem Schulzensprengel gab es solche Asegas, in den meisten größeren mehrere, weil die Bauernschaften jeweils schon einen Asega stellten.

Diese Asegas hatten ihren eigenen Rechtskodex und den darin eingeräumten Ermessensspielraum im Landrecht der Küren. Dieses Landrecht wurde beschlossen und gehalten durch die Übereinstimmung der Rechtsgenossen.

In diesem Landrecht hatte sogar noch die Fehde ihren Platz und wurde als Blutrache anerkannt, denn Recht und Gewalt lagen dicht beieinander und waren nicht voneinander zu trennen. Die Realisierung des Rechts durch Schwert und Gewalttat waren durchaus übliche Mittel. Allerdings gab es auch andere Rechtsnormen, die jene Personen, die nicht imstande waren, sich zu verteidigen, vor Gewalttaten schützten. So gab es beispielsweise den Hausfrieden, den Gerichtsfrieden, den Heerfrieden und den Marktfrieden. Für die Kirche und deren Vertreter, Geistliche und Prediger, gab es ebenso einen Sonderfrieden wie für Witwen und Waisen; vor allem aber galt dieser Sonderfriede für alleinstehende Frauen und unmündige Kinder.

Die letzten Sonderregelungen waren Ergebnisse der Christianisierung und erlangten mit der Gottesfriedenbewegung, die im 11. Jahrhundert aus Frankreich kam, ihren Höhepunkt.

Den aktuellen Frieden zu sichern, oblag den Schulzen. Mit Hilfe seiner Liuda – oder Rechtsgemeinde – konnte er diese Aufgabe meistern. Der Schulze wiederum war zur Ohnmacht verurteilt, wenn nicht die Bereitschaft und der gute Wille der Rechtsgenossen zur Friedenswahrung vorhanden war.

Wenden wir uns nunmehr Ereignissen zu, die noch zur Zeit Karls des Großen das gesamte Friesland, ja, die gesamte Nordseeküste erschütterten. Lassen wir jene Angriffe auf die Nordseeküste an uns vorüberziehen, die immer wieder die Friesen in der Abwehr eines starken und raubgierigen Feindes sahen: die Überfälle der Normannen.

Die Normannen kommen

Wer waren die Normannen?

Wie bereits die Bibel berichtete: „Von Mitternacht (Norden) wird das Böse ausbrechen über alle, die im Lande wohnen“ (siehe: Jeremias 1 , 14); damit waren zwar nicht die Normannen gemeint, doch kamen sie aus dem Norden, die Normannen oder Wikinger. Ihre Geißel schwangen sie als erstes über Lindisfarne.

Sie kamen auf schnellen Schiffen und galten als die „Hunnen der Nordsee“. Sie raubten, was ihnen gefiel, und zogen mit ihrer Beute wieder davon. So war es jedenfalls im Anfang ihrer Raubzüge; später sollte es anders werden.

Solcherart raubend, plündernd und auch sengend, erreichten sie die Nordseeküste, England und Frankreich. Die Schiffe, die sie fuhren, waren mit Drachenköpfen am Bug geschmückt. Sie wurden zu Menetekeln der Vernichtung. Wenn sie vor der Küste auftauchten und es standen nicht genug Abwehrkräfte zur Verfügung, dann half nur noch schnelle Flucht. So war es in England, in Frankreich und auch in Friesland. Sie kamen aus Dänemark und später auch aus Norwegen und wurden Nörmän – Normänner genannt. Wer aber waren diese Nörmän?

Es gibt eine Reihe Bezeichnungen für diese plündernden Nordgermanen. Sie selbst nannten sich Wikinger: „Ipsi vero pyratae quos illi Wichingos appellant, nostri Ascomannos.“ (Siehe: Adam von Bremen: Hamburgische Kirchengeschichte).

Die endgültige Bedeutung dieses Wortes Wikinger ist nicht geklärt. Die Sachsen nannten übrigens die aus Norden kommenden und in überraschenden Vorstößen in ihr Land einfallenden Räuber Ascomanni, was nach Adam von Bremen die „Eschenmänner“ bedeutet.

Sie waren jedoch im gesamten sächsischen Raum auch als die „Dani“ bekannt. Es waren ja auch Dänen, die den Hauptanteil der angreifenden Ascomanni bildeten (die ihren Namen möglicherweise nach den Eschenspeeren führten, die sie zum Kampf benutzten).

Widukind aus Corvey nennt sie hauptsächlich Dani und nur in vereinzelten Fällen Northmanni.

In den Quellen des westfränkischen Reiches wiederum wurden sie überwiegend „Northmanni“ genannt. Dies führte in der früheren Geschichtsschreibung zu dem Fehlschluß, die Wikingerzüge seien vor allem von Norwegen ausgegangen, weil Normaend der skandinavische Name für Norweger ist.

Adam von Bremen zieht jedoch zur Unterscheidung für die raubenden Wikinger den Namen Ascomanni vor. Die Normannen kamen im 9. und 10. Jahrhundert in der Hauptsache aus Dänemark. Ihre Führer waren entweder dänische Könige, die von Rivalen entthront waren, oder Brüder und nahe Anverwandte dieser Könige.

Die Normannen waren jedoch *keine* Seeräuber. Ihrer Schiffe bedienten sie sich lediglich als Fortbewegungsmittel und nicht dazu, etwa andere Schiffe zu kapern und aufzubringen. Wenn sie kämpften, dann zu Lande. Ihre Züge über das Meer waren anfangs reine Beutesuche. Später erst entwickelten sie sich zu den bekannten Eroberungszügen. Ihre Spezialität waren Angriffe an mehreren Stellen gleichzeitig. Ihre Überraschungstaktik gründete sich auf die nordische Überlegenheit im Schiffsbau.

Das normale normannische Schiff hatte 32 Ruder, das Schiff von Olaf Tryggvason deren 68. Knut der Große soll während seines Englandzuges ein Schiff mit 120 Rudern mitgeführt haben.

Die meisten Schiffe faßten 40 bis 60 Männer einschließlich der Ruderer. Ein normannisches Langschiff, die sog. Schnigge, hatte 40 Ruder und eine Gesamtbesatzung von etwa 90 Mann, ein normales Schiff von 30 Rudern nicht mehr als 50 Mann Besatzung. Diese Zahl war eher geringer, weil solche Langschiffe einen Kiel hatten, der aus *einem* Stück gefertigt war. Die dazu benutzten Eichenbäume aber waren nicht länger als 20 Meter. Das bekannte Schiff von Gokstad soll nicht mehr als 32 Mann Besatzung und Krieger gefaßt haben.

Die größten normannischen Heere, deren Zahl in den englischen Quellen des 9. Jahrhunderts auftaucht, hatten demzufolge nie mehr als 1000 Mann. Eine größere Zahl hätte nicht versorgt werden können, vor allem nicht im Winter.

Die Zahl von 600 Schiffen, mit denen die Normannen 845 über die Elbe nach Hamburg, der damaligen Hammaburg, gekommen sein sollen, ist reinste Utopie, denn wenn man 50 Mann je Schiff nimmt, wären auf diesen 600 Schiffen 30000 Normannen nach Hamburg gelangt. Dies ist infolge der geringen Bevölkerungsdichte der Heimatländer dieser seefahrenden Räuber unmöglich. Ebenso ist es mit den 350 Schiffen, die in die Themse eingedrungen sein sollen, und jenen 350, die von Kent aus Boulogne angegriffen hätten.

Diese überraschenden starken Schiffsangriffe der Normannen entsprangen dennoch dem starken Anwachsen der Bevölkerung Skandinaviens in der großen Völkerwanderung um 500 nach Christus. Die Häuptlinge im Norden, als Seekönige dazu berechtigt, schickten oftmals alle ihre Sippen über das Meer nach Süden zur Landnahme. Sie wußten durch ihre Handelsverbindungen, die sie mit den Städten und Stapelplätzen des Südens unterhielten, von den dort auf sie wartenden riesigen Schätzen. In der nordischen Handelsfaktorei Birka auf der Insel Björkö im schwedischen Mälarsee konnte man Waren aus jener südlichen Welt und auch aus Friesland sehen. Zu diesen reichen Stätten brachen die Normannen nunmehr auf.

Doch dies war nicht so gefahrlos, wie man es sich vorstellen mochten. Noch in seinem Krönungsjahr eilte Karl der Große nach Friesland, um die Normannen dort an der Küste abzufangen. Es galt vor allem, die Küstenabwehr zu organisieren. Karl der Große ließ Leuchttürme errichten und friesische Männer zur Heerfolge ausheben, die in diesem Falle gern gewährt wurde, ging es doch um die Verteidigung des eigenen Grund und Bodens. Wo die Friesen standen, dort wurde in der Anfangszeit der landende Feind zurückgeschlagen. Doch dann fand er immer neue Landungsorte und drang schließlich auch nach Friesland ein.

Die letzten Lebensjahre Karls des Großen, der 814 starb, sahen stärkere Angriffe der Normannen oder Wikinger gegen die Küstengebiete des karolingischen Reiches. Zunächst waren dies Raubzüge kleinerer Gruppen beutegieriger Dänen. Später folgten die ersten großangelegten Feldzüge mit dem Ziel, auch auf fränkisch-friesischem Boden normannische Herrschaft zu errichten.

Der Dänenkönig Gotfrid stieß zwei Jahre nach dem Tode Liudgers auf einer seiner abenteuerlichen frühen Fahrten auf jenen Küstenschutz, den Karl der Große hatte errichten lassen. Die Friesen, die dem Kaiser Heerfolge leisteten, stellten sich den ihre Küste angreifenden Normannen entgegen. So gelang es zunächst, dieser ersten Raubzüge Herr zu werden.

Erst nach dem Tode des Kaisers und mit den verstärkt einsetzenden Raubzügen gelang es den Normannen, die nord- und ostfriesische Küste zu erreichen und an bestimmten Stellen stoßartig ins Land einzudringen. Ludwig der Fromme, Karls Nachfolger, war nicht in der Lage, den Schutz des Frieslands zu gewährleisten.

Die Normannen drangen an verschiedenen Stellen ins Land ein. Sie plünderten die Städte, töteten die Männer oder nahmen sie als Sklaven mit nach Norden. Die Kirchen wurden dem Erdboden gleichgemacht, jene Dörfer, die sich als widerspenstig erwiesen, erstürmt und in Brand gesteckt. Die Küstenlandschaft Ostfrieslands, in welcher Friesen angesiedelt waren, verödete an einigen Stellen ganz.

Die Normannen richteten an einigen Stellen ihrerseits feste Plätze ein, um von dort aus das Umland zu beherrschen, Tributzahlungen einzuziehen und sogar Friesen zur Heerfolge zu zwingen. Fast der gesamte nördliche und nordöstliche Teil von Ostfriesland fiel den normannischen Dänen zu. Doch geschah das nicht allein infolge der Durchschlagskraft ihrer Raubzüge, nein, dieser Raum war von karolingischen Herrschern gewissermaßen *auch* als Pufferzonen gegen die Dänen eingesetzt.

In Rüstringen, das wegen seiner Lage am wenigsten von den Normannenüberfällen betroffen war, hatte Ludwig der Fromme im Jahre 826 den Dänen Harald Klak als Lehnsmann eingesetzt. Klak eroberte auch bald den gesamten Osten von Friesland und vererbte diesen an seinen Sohn Gotfrid.

Aus der Lebensbeschreibung von Ludwig dem Frommen, die Ermoldus Nigellus verfaßt hat, wissen wir mehr über diese Belehnung von Harald Klak. Nigellus beschreibt den Dänen als Vasallen des Kaisers, der von diesem reichliche Gaben erhalten und darauf gesonnen habe, sich die ganze Herrschaft anzueignen. Die Priester und die heiligen Bücher, die ihm ebenfalls mitgegeben wurden, benötigte Harald Klak nach Nigellus' Beschreibung nicht. Er baute im Frankenreich sein eigenes Normannenreich aus, und die Franken ließen in der Folgezeit sogar die normannische Herrschaft in ihrem eigenen Reich zu. So räumte Karl der Dicke dem „Godofrid" die Stellung eines Herzogs der Friesen ein, womit er den Bock zum Gärtner machte. Zwar war Godofrids Herrschaft nicht von langer Dauer, dennoch veranlaßte sie die Normannen zu immer neuen Einfällen in Friesland, gegen die man sich kaum zur Wehr setzte.

Das Frankenreich hatte die Friesen in so langen erbitterten Kämpfen niedergerungen und sich einverleibt, nun war es nicht mehr imstande, die Sicherheit Frieslands zu gewährleisten. Die Friesen und vor allem die Ostfriesen mußten nun zur Selbsthilfe greifen. Kleine normannische Räubergruppen wurden gestellt und niedergemacht, doch dies brachte kein Ende der verheerenden Überfälle.

Harald hatte übrigens die Herrschaft über den Gau Hriustri – Rüstringen übernommen, um diese Grafschaft als Sprungbrett zur Rückgewinnung der dänischen Krone zu nutzen.

Das normannische Ziel war in der Folgezeit das südliche Friesland ebenso wie die Flußmündungen des Rheins, der Maas und der Schelde

Handelsgebiet der Friesen
um 650 bis um 850
0 50 100 150 200
Kilometer
Friesischer Handelsweg
Friesische Kaufmannsniederlassung außerhalb des Stammesgebietes
Absatzgebiete
NORWEGER
SCHWEDEN
Uppsala
Birka 800-950 (975)
Skiringsal
GAUTEN
Gotland
Ripen
DÄNEN
Fositesland
Haithabu 720-990
Krinkberg
Rerik
Hamburg
Wollin
York
ANGELN
SACHSEN
FRIESEN
Leeuwarden
Emden
Groningen
Bremen
Bardowik
SACHSEN
SLAVEN
London
Utrecht
Deventer
Domburg
Dorestad
Münster
Magdeburg
Duisburg
Kl. Werden
Maastricht
Köln
Quentowic
Kl. Fulda
Bavais
Andernach
FRANKEN
Mainz
Worms
St. Denis
Paris
Strassburg
ALEMANNEN
BAYERN
Rom
Friesen im Haslital
tr
Die Friesen in Rom
Friesenkirche St. Michaelis u. St. Magni, 854 urkdl. erw.
Friesland
Rom
Trani
Auffindung der Gebeine des Hl. Magnus
846 half die Bruderschaft (schola) der Friesen Rom gegen die Sarazenen verteidigen

mit den dort angelegten Häfen, von denen einer Dorestad, die große friesische Handelsniederlassung, war.

Als sich im Jahre 829 Gerüchte verdichteten, daß die Dani in das sächsische Nordelbegebiet einfallen wollten, traf Kaiser Ludwig der Fromme seine Abwehrmaßnahmen. Die gefürchteten Überfälle aus Norden („Nordmannos velle Transalbinam Saxoniae regionem“) fanden jedoch nicht statt, wenn man von einer Reihe kleiner schneller Abstauber-Überfälle absehen will.

Im Jahre 835 erreichten die Normannen das friesische Handelszentrum Dorestad. Hier konzentrierte sich in der Folgezeit der Einsatz der Wikinger oder Normannen, die beinahe in ständig gleichbleibendem Abstand, wenn man in Dorestad glaubte, wieder auf der Höhe zu sein, zurückkehrten, raubten und brannten.

Hier die Abfolge dieser Einsätze gegen die friesische Handelsmetropole in der Lekmündung.

Dorestad – Ziel normannischer Raubzüge

Nach dem 5. und 6. Jahrhundert mit seiner geringen Besiedlung im Nordseeraum wurde ab dem 7. Jahrhundert im südlichen Nordseegebiet mehr und mehr gesiedelt. Die Landnahme verstärkte sich bis ins 8. Jahrhundert hinein.

Die neuen Siedler nahmen entweder alte verlassene Warfen in Besitz oder richteten sich auf neu aufgeschichteten Erdhügeln ein. Sie errichteten nunmehr nicht nur Einzelwarfen und höchstenfalls Sippenwarfen, sondern auch ganze Dorfwarfen. Es waren dies bogenförmig dem Lauf der Priele folgende Hügelwarfen, die mit Straßendörfern besetzt wurden. Die Häuser dieser Warfendörfer waren klein. Sie standen mit ihren Giebelseiten zur Straße, und zwar auf ihren beiden Seiten.

Für landwirtschaftlich genutzte Gebäude waren sie zu klein. Es waren – dies wird auch durch die Funde erhärtet – Häuser für Handwerker und Händler. Für solche Siedlungen wurde der Ausdruck Wik verwendet. Es waren jene Handelsplätze, die an Prielen und Buchten im Küstengebiet errichtet wurden.

Diese Handelssiedlungen waren bereits im 7. Jahrhundert sehr einflußreich. Von ihnen aus erfolgte die Versorgung nicht nur ganz Frieslands mit den verschiedensten Handelswaren, sondern auch die Belieferung ferner Handelszentren im Norden und im Osten. Der Handelsschiffsverkehr der Friesen war bereits zu dieser Zeit zwischen Friesland und Jütland sowie nach Irland eine Domäne der erfahrenen friesischen Handelsfahrer.

Hundert Jahre später waren die Friesen auch im Handel mit den Ostsee-Anrainerländern führend, wobei das Handelszentrum Haithabu als Zwischenstation diente.

Die friesischen Schiffe unterschieden sich sehr von den Fahrzeugen der aus Norden kommenden Nordmänner. Das Schiff von Roggenstede beispielsweise, das im Jahre 1891 in einem Tief südlich Dornum-Westeraccum gefunden wurde, war ein seegehendes typisch friesisches Schiff, das aus starkem Eichenholz gefertigt war. Es war flach gebaut und hatte acht Meter Länge und eine Breite von 1,37 Metern. Der Lotsenkommandant Laarmann, der es fand und auch untersuchte, berichtete:

„Es scheint ausgeschlossen, daß dieses Schiff Binnenschiffahrt betrieben hat. Es ist vielmehr anzunehmen, daß es dem Verkehr über das Watt mit den Inseln gedient hat und auf einer solchen Fahrt sein Ende fand."

Das bekannteste Wik mit seiner Handelssiedlung war Dorestad am Lek. Es war wie alle anderen ein Stapelplatz der wandernden Kaufleute aus Friesland, die die damalige Nordseeküste befuhren und ihre Waren zu diesem Platz brachten, um sie dort zu verkaufen oder gegen andere Waren zu tauschen. Der für diese Fahrten entwickelte Schiffstyp wies bereits geschlossene Laderäume auf.

Dorestad, an der Gabelung des Alten Rhein und des Lek liegend, hatte eine von Norden nach Süden verlaufende Ausdehnung von 1000 Meter und war damit das längste Wik an der Nordseeküste. Die in Ost-West-Richtung verlaufende Breite lag zwischen 90 und 150 Meter.

Die Straße verlief in Nord-Süd-Richtung über das ganze Wik. Sie war auf ihrer Westseite dicht bei dicht mit Häusern bebaut, die parallel zur Straße standen. Diese Siedlungsform ergab sich durch die Lage am Strand. Anderswo war die Form durch die Uferwälle der Flüsse vorgezeichnet, wie später Emden zeigen sollte.

Bereits lange vor der fränkischen Zeit wurden hier die ersten friesischen Erzeugnisse verkauft. Es waren dies Tuche und Wollmäntel in verschiedenen Farben, landwirtschaftliche Erzeugnisse, überwiegend Käse und Getreide, getrockneter Fisch und vor allem auch Salz.

Aus dem Süden wurden über die verschiedensten Stationen herangeschaffte Seidenstoffe aller Art in Dorestad gelagert und verkauft. Währungen vieler Länder ließen sich in dieser Handelsmetropole umsetzen. Die Dorestader Münze prägte ihre eigenen Münzen, die überall anerkannt und benutzt wurden.

Das fränkische Kastell, nach der Inbesitznahme Dorestads durch die Franken dort errichtet und etwas außerhalb der Händlerstadt gelegen, reichte aus, um fränkische, normannische und friesische Räuber fernzuhalten, vorerst wenigstens.

Händler aus Birka, einem normannischen Handelsplatz auf der Insel Björkö im Mälarsee, aus Haithabu, solche aus Kaupang im Oslofjord und von anderswoher gaben sich mit Kauffahrern aus Byzanz in Dorestad ein Stelldichein, um die wunderbaren warmen friesischen Mäntel mit den farbenfrohen Mustern einzukaufen, derer sich sogar Könige und Kaiser bedienten, um gut und sicher angezogen zu sein. Ziegenhaardecken gegen die nordische Kälte wanderten von Dorestad nach Dänemark, Schweden und Norwegen.

Wenn auch die Verbindung zwischen Dorestad und Haithabu schwierig war, die Händler beider Seiten fanden dennoch einen Weg über Schlei und Treene nach der Nordsee und umgekehrt von der Treene über die Schlei nach Haithabu und damit zur Ostsee. Wie sie im einzelnen die Hollingstedter Landenge überwanden, ob sie ihre flachen Kähne auf Rollen zogen oder die Lasten auf Wagen umluden, ist nicht überliefert. Es dürfte beides versucht und durchgeführt worden sein.

Waren aus England, Mailand und Genua, von Venedig und Byzanz fanden ihren Weg nach Dorestad, dem friesischen Venedig am Lek, das noch vor Venedig blühte. In dieser Handelsmetropole waren nur wenige Familien heimisch, zumeist Stauer und Stapelplatzarbeiter. Hinzu kamen Handwerker, die alle anfallenden Arbeiten verrichteten. Bürgertum wie in anderen Städten gab es hier nicht. In Dorestad wurde ausschließlich Handel getrieben, und dementsprechend waren die Häuser klein und die Lagerschuppen primitiv. Dieser Hafen war der Haupttreffpunkt vieler Händler, die auf großen Komfort weniger Wert legten als auf gute Geschäfte, und letztere waren in Dorestad zu machen.

Dorestad, das war eine jener Zwischenstationen des Handels, die das weite Umland mit allem versorgte, was die an diesen Umschlagplatz angeschlossene Welt zu bieten verstand. In Tönsberg und Drontheim, in Bergen und schließlich – nach dem Niedergang von Birka – auch in Sigtuna am südlichen Mälarsee war der Handel das beherrschende Element. Alle Händler, die auf sich hielten, standen mit Dorestad in Verbindung. Hier wurde Silber umgesetzt, in einfacher von einem dicken Draht abgeschnittener Form und ungeprägt, aber auch in Gestalt von Münzen.

Hier gab es auch Wein und Bernstein. Nicht umsonst hatten die friesischen Mäntel einen guten Ruf, und dieser Ruf veranlaßte Karl den Großen, friesische Mäntel an seine Zeitgenossen als Geschenke zu versenden. So auch an den Regenten Harun al Raschid. Fränkische

Hofbeamte erhielten alljährlich aus der Staatskasse einen neuen Mantel aus Friesland. Das Kloster Fulda war einer der Hauptabnehmer friesischer Mäntel. Es bezog alljährlich zwischen 700 und 800 davon, um sie mit Gewinn weiterzuverkaufen und natürlich auch an alle Mönche auszugeben.

Die Zehnten für das Kloster Werden aus den friesischen Besitzungen wurden in Wolle, Ziegenhaardecken und friesischen Mänteln abgeliefert. Das „Fries" Tuch wurde zu einem anerkannten Tuchmaß in Nordeuropa. Es stammt aus der friesischen Tuchherstellung.

Die ganze Siedlung wurde nach einer gewissen Anfangszeit mit einem Holzzaun umgeben. Dieser markierte den durch friesisches und vor allem fränkisches Gesetz geschützten Raum. Er konnte aber nicht jene Eindringlinge abhalten, die erstmals 834 mit schnellen Schiffen an der Küste landeten, dann in Richtung Dorestad zogen und den Handelsplatz überfielen.

Dem Angriff gegen Dorestad vorausgegangen war bereits eine lange Reihe von kleineren und größeren Normannenraubzügen. Die Normannen waren schon in den Rhein hineingefahren, und drangen auch von der Eidermündung aus ins Landesinnere vor und suchten die erreichbaren Handelsplätze heim.

König Godfred von Dänemark, der es verstanden hatte, dieses Reich erstmals zu einem größeren zusammenhängenden Gebilde zu vereinigen, war der Anlaß dazu, daß Karl der Große – in dem Dänen einen großen Rivalen erkennend – seine Truppen nach Hollingstedt marschieren ließ, um von dort aus möglicherweise zum Sprung nach Dänemark anzusetzen.

König Godfred wiederum, dem dies nicht verborgen geblieben war, ließ 808 antreten und eroberte zunächst den Handelsplatz Rerik, der von wendischen Händlern errichtet worden war und nahe dem Burgwall von Alt Gaarz an der Ostsee lag. Danach begann er mit dem Bau des Danewerkes, eines 17 Kilometer langen Verteidigungswalles gegenüber Hollingstedt, mit der Schlei im Osten und der Treene im Westen. Damit hatte er an der strategisch günstigsten Stelle die Heerstraße nach Jütland gesperrt, über die auch die Franken hätten ziehen müssen, wenn sie wirklich Dänemark zum Ziele nehmen würden. Außerdem verfügte Godfred damit über eine Ausgangsbasis für seine Raubzüge nach Haithabu und zur Nordsee.

Im Gegenzug ließ Karl der Große 810 bei Itzehoe auf dem Esesfeld einen fränkischen Stützpunkt als Bollwerk gegen Godfreds Nordmänner errichten, der ebenfalls als Ausgangsbasis für den Angriff nach Norden diente.

Godfred ließ sofort alle verfügbaren Schiffe – es sollen 200 gewesen sein – ausrüsten, mit kampfesmutigen Männern besetzen und nach Friesland segeln.

Der Angriff erfolgte so überraschend, daß es ihm gelang, sich an verschiedenen Küstenplätzen festzusetzen und einzurichten. Von hier aus wollte Godfred den Weg nach Aachen antreten, um Kaiser Karls Hauptstadt zu erobern.

So weit kam es allerdings nicht, denn Godfred wurde ermordet. Die Fama weiß von fränkischen Drahtziehern zu berichten, die viel Gold aufwandten, um die Mörder zu dingen. Doch dies ist durch nichts belegt.

Dieser Angriff gegen die Küste brachte eigentlich die Bevölkerung von Ostfriesland zum erstenmal mit den Nordmännern in Berührung. Es war ein durchaus unerfreulicher Kontakt, denn neben den Requirierungen verlangten die Eindringlinge auch Kontributionen.

Die Gefahr schien gebannt, als nach dem Tode Karls des Großen und dem Regierungsantritt Ludwigs des Frommen der von den Söhnen Godfreds entthronte König Harald die Grafschaft Rüstringen als Lehen erhielt. Damit schienen die Nordmännner offensichtlich in ihre Schranken verwiesen.

Diese Hoffnung trog allerdings, denn als Ludwig der Fromme 833 auf dem „Lügenfeld" zu Colmar nach dem Abfall seines Heeres kapitulieren mußte und der Bürgerkrieg im gesamten Frankenreich tobte, sahen die Nordmänner ihre Stunde gekommen.

Die große friesische Handelsmetropole Dorestad war das Ziel jener 834 zur friesischen Küste vorstoßenden Normannenscharen. Diese landeten zwischen Norden und Dorestad und gingen daran, die Küste und das Hinterland zu plündern.

In den ersten Wochen des Jahres 835 ging Dorestad in Flammen auf, als die Normannen auf ihren schnellen Schiffen in den Hafen einliefen und an Land stürmten. Dic wenigen beherzten Männer, die sich den Angreifern in den Weg stellten, wurden von den Eschenspeeren der Angreifer durchbohrt oder mit ihren Keulen erschlagen. Einigen wenigen gelang es, sich in das Kastell zu flüchten, das die Nordmänner aber einfach links liegenließen.

Die Nordmänner erstürmten die Handelshäuser und Lager, raubten Silber, Münzen, Stoffe, fertige Mäntel, Seidenballen, Gewürze und - Menschen. Und noch waren die Feuer nicht erloschen, welche die lange Handelsstraße in Schutt und Asche legten, als sich die schnellen Drachenschiffe auch schon wieder entfernten.

Diese schnellen Piratenschiffe tauchten überall auf, um leichte Beute zu machen und blitzartig wieder zu verschwinden. Und da dieser Überfall auf Dorestad so glatt von der Hand gegangen war, kamen die Nordmänner auch 836 wieder dorthin. Inzwischen hatte sich dieser Handelsplatz wieder aufgerichtet und war mit Waren vollgestopft worden.

Auch diesmal wurde gebrandschatzt, erschlagen und geraubt. Wieder gerieten Kaufleute in Gefangenschaft und mußten von ihren Angehörigen ausgelöst werden.

In den nächsten Jahren wiederholten sich diese Überfälle mit schöner Regelmäßigkeit. Die Kaufleute sahen diese Überfälle offenbar als eine Tributleistung an die Normannen an. Die leichten Hütten waren rasch erneuert. Die wertvollsten Stücke wurden seit dieser Zeit vergraben und erst dann ausgegraben, wenn der Handel perfekt war.

Entlang der friesischen Küste mehrten sich die Stützpunkte der Nordmänner. Da sie von nun an aus dem Lande leben mußten, verheerten sie es nicht mehr, sondern wandten sich von hier aus anderen Zielen zu, denen sie dieses Schicksal bereiten konnten. So äscherten sie Antwerpen ein und tauchten auf Walcheren auf. Sie sollen – so weiß die Sage zu berichten – einmal sogar Köln angegriffen haben.

Als Ludwig der Fromme 840 starb, teilten seine Söhne das Reich unter sich auf. König Ludwig der Deutsche erhielt alles Land zwischen Eider und Weser. Von der Weser bis zur Schelde regierte von nun an Kaiser Lothar. Der dritte Sohn wurde mit dem Reich zwischen Schelde und Pyrenäen ausgestattet. Dies war Karl der Kahle.

Alle drei bekriegten einander erbittert, und dies gab den Nordmännern eine Schonzeit, die sie folgerichtig nutzten. Mit einer inzwischen auf das doppelte vergrößerten Flotte stürzten sie sich auf das nunmehr ungeschützte Frankenland. Dorestad war bereits 840 nach den Fuldaer Annalen ein wikingisches Lehen, und es ist nicht zu weit hergeholt, wenn man sagt, daß um die Zeit nach 840 Friesland großenteils unter normannischer Herrschaft stand, auch wenn dies nur vorübergehend war. Dies trifft auf alle Fälle für jene Landesteile zu, die die Normannen bei ihren Anlandungen als Ausgangsbasis zu ihren Streifzügen ins Landesinnere nutzten.

Zu ihrem schlimmsten Schlag aber rüsteten die Normannen im Jahre 844, als sie sich anschickten, ihr größtes Heer zusammenzustellen und zur Südküste der Nordsee zu rudern.

Man schrieb bereits das Jahr 845, als eine normannische Flotte von 600 Schiffen (diese Zahl ist um eine Null zu groß ausgefallen) von See herankam und, elbeaufwärts segelnd und rudernd, die fränkische Burganlage der Hammaburg einschloß.

Graf Bernharius, der Befehlshaber von Hammaburgensis civitas, war gerade nicht anwesend. Der Erzbischof wollte mit den Einwohnern der Stadt und deren Umgebung zunächst die Hammaburg verteidigen. Als aber die Übermacht der Normannen erkannt wurde, floh er und nahm die heiligen Reliquien mit.

Die Einwohner flüchteten ebenfalls. Einige fielen den Normannen in die Hände, andere starben an den Entbehrungen der Flucht. Stadt und Umgebung wurden von den Normannen in Besitz genommen und geplündert. Die Sieger blieben 36 Stunden in der Stadt. Nachdem sie alles geplündert hatten, zündeten sie sie an. Diesem Feuer fiel neben der Bischofskirche und der sich dort befindenden claustra monasterii, einer großartigen, aufs feinste geschriebenen Bibel, die Ludwig der Fromme Anskar geschenkt hatte, auch eine große Zahl wertvoller Bücher zum Opfer.

Als Führer der Angreifer wird in den Annalen Bertiniani ein Rex „Oricus“ genannt. Dabei muß es sich um den König Horich I. (813–854) gehandelt haben.

In diesem Jahr wurde jedoch nicht nur Hamburg angegriffen, sondern auch Paris. Ob dabei dieselbe Flotte eingesetzt war oder ob der Pariser Vorstoß nur einer der berüchtigten normannischen Nebenangriffe war, ist nicht klar. In den Fuldaer Annalen heißt es darüber:

„Normanni regnum Karli vastantes per seuanam usque Parisios navigio venerunt et tam ab ipso quam incolis terrae accepta pecunia copiosa cum pace discesserunt. In Frisia quoque tribus proeliis conflixerunt: in primo quidem victi in secundis vero duobus superiores effecti magnam hominum multitudinem prostraverunt. Castellum etiam in Saxonia, quod vocatur Hammaburg, populati nec inulti reversi sunt.“ (Siehe: Annales Fuldenses, 845 Scr. Germ. S. 35).

Bei dem Angriff auf Paris war Horich I. ebenfalls mit beteiligt, wie die Xantener Annalen aussagen. Diese aber erwähnen nur die Kämpfe in Frankreich und Friesland, nicht jenen Angriff auf die Hammaburg.

Adam von Bremen und sein „Ausschreiber“, Albert von Stade, haben als Dreh- und Angelpunkte norddeutscher Geschichtsschreibung für Generationen ihnen folgender Autoren dienen müssen. Ihre

Irrtümer wurden bis auf den heutigen Tag dementsprechend übernommen.

Als Folge der Zerstörung der Hammaburg wurde das Erzbistum Hamburg 847 aufgelöst. Sein Gebiet wurde auf die Bistümer Bremen und Verden aufgeteilt. Residenz der Erzbischöfe wurde Bremen. Anskar aber muß wenig später nach Hamburg zurückgekommen sein. Übrigens wurde im Jahre 858 Hamburg ausdrücklich als Handelsplatz für Sklaven erwähnt.

Nach den Kämpfen des Jahres 845 hatte Ludwig der Deutsche eine Gesandtschaft an Horich I. geschickt. Sie wurde von dem sächsischen Edlen Cobbo geleitet. Diese Gesandtschaft forderte dem Vernehmen nach Horich I. auf, Genugtuung für die Zerstörung Hamburgs zu geben. Die Normannen, gerade erst von einer abgebrochenen Belagerung erfolglos zurückgekehrt, hatten den Abbruchsgrund, eine ruhrartige Seuche, gleich mitgebracht. Diese Seuche wurde als Rache des Christengottes gedeutet, was der Bußfertigkeit Horichs I. förderlich war. Übrigens war auch der gefährliche und weithin gefürchtete Ragnar Lodbrok dieser Seuche erlegen.

König Horich I. gab allen sächsischen und auch den übrigen gefangenen Christen die Freiheit. Noch im selben Herbst erschien eine dänische Gesandtschaft auf dem Reichstag zu Paderborn und übergab Ludwig dem Deutschen die materielle Entschädigung für den Überfall auf Hamburg. Sie brachten außerdem – ein Novum in der Raubgeschichte der Normannen – den Großteil des erbeuteten Gutes zurück.

848 erschien eine weitere dänische Gesandtschaft auf dem Reichstag Ludwigs zu Mainz.

Die weiteren Raubzüge der Normannen in das Gebiet zwischen Weser und Elbe nach 845 sind nur in ihren Umrissen überliefert.

In den Xantener Annalen befaßt sich eine einzige Nachricht aus dem Jahre 851 mit einem Normannenüberfall. Doch dieser Angriff ging nicht von Horich I. aus, sondern von seinen beiden Neffen Heriold und Guttorm. Horich I. nahm ab Herbst 845 gute Beziehungen zu den östlichen Sachsen und zu Bischof Anskar von Hamburg auf.

Die Normannen, die aus Dänemark im zeitigen Frühjahr des Jahres 851 lossegelten und in Friesland und England einfielen, waren von den genannten Neffen Horichs I. in Marsch gesetzt worden. Diese hatten zuvor 850 Horich I. zur Teilung seiner Macht gezwungen. Horich gelang es aber, sie noch im selben Jahr aus seinem Staatsgebiet zu vertreiben. Damit waren sie – gemäß der normannischen Tradition – gezwungen, auf Raubfahrt zu gehen, wie die Annales Fuldenses zu berichten wissen:

„Gudurm, filius fratris eius (gemeint ist Horich I.), qui eatenus ab eo regno pulsus piratico more vixit."

Sie also unternahmen 851 den Einfall nach Sachsen, und im darauffolgenden Jahr wurde der Normanne Heriald (möglicherweise einer jener Neffen Horichs I.), der vor dem Zorn seines Onkels zu König Ludwig geflohen war und mehrere Jahre als Christ bei den Franken gelebt hatte, von den Grafen im Norden und den „custodes Danici limitis" des Verrats geziehen und getötet.

Eine Normannenflotte lief ebenfalls 851 in die Themse ein. Sie eroberte London und Canterbury. Sie wurde von König Athelwulf geschlagen.

Im Jahre 858 und dann wieder 862 wurden die Normannen erneut aktiv. Der Einfall von 858 galt Bremen. Die Angreifer eroberten die Stadt und nahmen den Körper des heiligen Willehad, der im neuen Dom von Anskar geweiht worden war, mit sich fort, wie Adam von Bremen zu berichten weiß.

Diesem Angriff war in Dänemark eine blutige Auseinandersetzung vorausgegangen. 854 wurde dort eine neuerliche Revolution gegen König Horich I. angezettelt, die diesmal durchschlug. Horich I. wurde abgesetzt, und sein Enkel Horich II. folgte auf ihn als neuer dänischer König.

Der Normanne Rorich, der Friesland von König Lothar II. zu Lehen bekommen hatte, unternahm 855 den vergeblichen Versuch, sich des dänischen Thrones zu bemächtigen (Siehe dazu Walter Vogel: Die Normannen). Im Jahre 857 erhielt er die ausdrückliche Zustimmung Lothars II. – seines Lehnsherren – zur Wiederholung dieses Angriffs. Horich II. aber einigte sich friedlich mit ihm und trat ihm das Land zwischen der Eider und dem Meer – das heutige Nordfriesland – ab, wie die Annales Fuldenses mit folgenden Worten bestätigten:

„Roric Nordmannus, qui praeerat Dorstado, cum consensu domini sui Hlutharii regis classem duxit in fines Danorum et Consentiente Horico Danorum rege partem regni, quae est inter mare Egidorum, cum sociis suis possedit."

Dieser Rorich war es auch, der 858 in Sachsen wütete, denn Horich II. war für einen solchen Feldzug noch zu jung.

Weiterhin wissen wir, diesmal aus den Annales Bertiniani, von dem Einfall der Normannen des Jahres 862 in das nördliche Frankenland:

„Dani magnam regni eius partem cede et igni vastantes praedantur."

Mit „eius" war Lothar II. gemeint. Da Friesland zum Reiche Lothars gehörte, wird dieser Angriff abermals das Land zwischen Weser und Elbe getroffen haben, das verwüstet und verbrannt wurde.

Diese „incursiones et depraedationes barbarorum“ des Jahres 862 müssen ebenfalls von Rorich ausgegangen sein. Dieser muß aus seinem jütischen Herrschaftsgebiet, das er erstritten hatte, in sein friesisches Lehen zurückgekehrt sein, das er während der Zeit seiner Abwesenheit von dort nicht etwa aufgegeben, sondern einem seiner Vasallen anvertraut hatte.

Horich II. jedenfalls war nicht der Angreifer, denn er sandte Geschenke an den Papst und war den Christen freundlich gesinnt.

Sachsen wurde nun lange Zeit nicht mehr von den Normannen heimgesucht. 873 wurde noch einmal der Friede mit den Dänen bestätigt. Sechs Jahre später aber kam es abermals zu einem Großeinsatz der Normannen in Sachsen.

Dieser Kampf setzte 880 voll ein, als bereits Ende 879 normannische Scharen gen England gerudert waren, sich in der Themse festgesetzt und „East Anglia“ besetzt hatten. Diese neuangekommenen Normannen bildeten den Kern des großen Heeres, das noch 879 ans Festland übersetzte und sich im Großraum Gent niederließ, nachdem es Flandern tüchtig zur Ader gelassen hatte.

Jene Truppen, die 880 dann in Sachsen einfielen, kamen ebenfalls aus England und von der Westküste des Festlandes. Sie waren lediglich zu spät eingetroffen.

Der Kampf gegen die Sachsen setzte 880 ein. Führer der Verteidiger war Herzog Brun, ein Bruder von Luitgard, die mit Ludwig dem Jüngeren, Sohn Ludwigs des Deutschen, verheiratet war. Ludwig der Deutsche wiederum herrschte zu dieser Zeit über die Sachsen ebenso wie über die Franken, über Thüringen, Lothringen und Friesland.

Am 2. Februar 880 begann das große Ringen. Wo es stattfand, ist noch immer nicht eindeutig geklärt. Es gilt aber heute als sicher, daß Siegfried, der 873 gemeinsam mit seinem Bruder Halfdan König von Dänemark war, Führer der Normannen gewesen ist.

Vermutlicher Ort der Schlacht war Ebbekestorpe, Ebsdorf, mit dem gleichnamigen Kloster. Siegfried war möglicherwiese ein Sohn des berühmten Normannenführers Ragnar Lodbrok.

Sachsenherzog Brun, der mit seiner engsten Umgebung in der Schlacht mitfocht, fiel im Zweikampf. Mit ihm fanden an diesem 2. Februar 880 auch die Bischöfe von Hildesheim und Minden den Tod.

Gleichzeitig mit diesem Schlag gegen die Sachsen drangen – in Verfolg der Doppelstrategie der Normannen – normannische Schiffe auch zur Schelde vor. Sie wurden durch ein Heer unter Ludwig dem Jüngeren bei Timéon geschlagen.

Siegfried war in Sachsen nur zum Teil erfolgreich; deshalb sann er darauf, noch einmal zu zeigen, wessen eine normannische Schar unter seiner Führung fähig war. Doch bevor er 887 nach Friesland zurückkehrte, wo er im Kampf den Tod fand, hatte jenes Ereignis stattgefunden, das als die „Schlacht bei Norden" in die friesische Geschichte einging.

Die Schlacht bei Norden

Es war das Jahr 884, als die Normannen, die sich im Winter 883 auf 884 in Duisburg verschanzt hatten, im Frühjahr erneut antraten. Graf Heinrich, der aus der Maingegend stammte, zog ihnen mit einem ostfränkischen Heer, in dem übrigens auch Friesen dienten, entgegen und stellte sie noch auf Hollands Boden. Hier kam es zum Kampf. Gottfried, einer der beiden Führer des normannischen Heeres, der diesen Angriff durchziehen sollte, wurde in eine Falle gelockt und mitsamt seiner Begleitung erschlagen.

Mit dem Bischof von Würzburg als geistlichem „Aufrichter des Heeres" folgte Graf Heinrich den Normannen und belagerte sie, als sie sich wieder auf Duisburg zurückgezogen hatten, in dieser Stadt.

Graf Heinrich geriet am 28. August 886 mit einigen seiner Vertrauten bei der Belagerung von Paris in einen Hinterhalt und wurde erschlagen. Doch zurück zu jenem normannischen Heer, das in Ostfriesland einfiel!

Im Jahre 884 brachen die Normannen abermals auch in Sachsen ein. Die Fuldaer Annalen berichten darüber:

„Als Gottfried von Graf Heinrich getötet worden war, eröffneten die normannischen Hilfstruppen einen Plünderungszug nach Sachsen. Ihnen stellten sich nur wenige wehrfähige Männer entgegen; sie mußten vor der Schlagkraft und Übermacht der Normannen zurückweichen.

Die Normannen verfolgten sie und entfernten sich rasch sehr weit von ihren an der Küste zurückgelassenen Schiffen.

In dieser Phase des Kampfes erschien eine friesische Flotte aus Testerbant (Destarbenzone). Die kleinen friesischen Schiffe kamen aus dem Rücken ihrer Gegner, griffen die wenigen bei den Normannenschiffen zurückgebliebenen Kämpfer an und machten sie nieder.

Als die Sachsen, die sich vor den Normannen auf der Flucht befanden, davon erfuhren, daß sich im Rücken ihrer Gegner die Friesen als Helfer in den Kampf geworfen hatten, blieben sie stehen und machten gegen ihre Verfolger Front.

Die Normannen, solcherart zwischen zwei Feuer geratend, wurden eingeschlossen und dann in einem gemeinsamen Angriff von zwei Seiten vernichtend geschlagen. Nur wenige entkamen diesem Desaster.

Die Friesen nahmen die feindlichen Schiffe in Besitz und fanden darin schon ‚eine riesige Beute an Gold, Silber und wertvollem Hausgerät. Sie wurden allesamt zu reichen Leuten'." (Siehe Annales Fuldensis 885 a.a.O.).

Diese Schlacht wurde später die Schlacht bei Norden genannt. Sie fand dicht unter der Küste statt. In den Res gestae Aelfredi von Asser heißt es darüber:

„Eodem quoque anno magnus paganorum exercitus de Germania in regionem Antiquorum Saxonum, quae Saxonice dicitur Eald Seaxum, supervenit. Contra quos, adunatis viribus, iidem Saxones et Frisones bis in uno illo anno viriliter pugnavere. In quibus duobus bellis Christiani, divina opitulante misericordia victoriam habuere." (Siehe: Asserius: nach der Angelsächsischen Chronik „Two of the Saxon Chronicles", S. 78).

Übrigens ist der Zeitpunkt der Schlacht bei Norden nicht einwandfrei belegt. Während Dümmler sie auf den Dezember 884 datiert, hält Kurze den 6. Januar 885 für den Tag des Kampfes. Neueste Forschungen haben dafür den Oktober 884 ermittelt.

Von einer Beteiligung der Sachsen an diesem friesischen Sieg kann man nach der Erkenntnis der Wissenschaft nur deshalb sprechen, weil Erzbischof Rimbert von Bremen mit seinem aus Sachsen bestehenden Gefolge rechtzeitig zur Stelle war und einen gewissen Anteil am Sieg hatte. Später wurde ihm dann getreulich von der christlichen Geschichtsschreibung der Löwenanteil daran zugeschrieben. In diesen christlichen Geschichtswerken liest sich die Sache so, daß Erzbischof Rimbert sich auf einer Art von Feldherrnhügel befunden habe, um von dort aus „allen sichtbar" Gott um Hilfe anzuflehen und daneben auch noch den Einsatz der Friesen zu lenken.

Wie auch immer: die Normannen wurden in der Schlacht bei Norden vernichtend geschlagen. Die Zahl der Toten, die genannt wurde – 10 000 Mann – ist allerdings um mindestens eine Null zu hoch ausgefallen, wie dies bei den Siegesmeldungen des Mittelalters üblich war. Damals galt jede Kräftegruppierung, die 100 Männer überschritt, schon als Heer, und über 1000 galten gleichsam als „Unzählige".

Dieser letzte Bericht aus Corvey stellt dar, daß viele der Feinde beim Durchqueren der winterlich hochgehenden Gewässer getötet worden seien.

In diesem Falle des Kampfes um die Verteidigung der Heimat war die Heerfolge der Friesen zur Anwendung gekommen. Die Verteidigung ihres eigenen Bodens war eben Sache der Bauern.

Nach diesen drei schweren normannischen Niederlagen zwischen 883 und 885 ließen die Angriffe auf Sachsen und Friesland stark nach.

Erst im Jahre 994 erfolgte wieder ein Raubzug der Normannen in das Elbe- und Wesergebiet. Wie schon vorher, so war auch dieser Angriff kein einzelner Schlag, sondern nur Teil einer normannischen Gesamtoperation, deren Hauptstoß gegen England zielte. Bereits 990 kamen die Voraustruppen aus dem Norden herunter. Der volle Angriff aber setzte 991 ein und führte nach zwanzigjährigen Kämpfen zur Unterwerfung von ganz England. (Siehe F. M. Stenton: Anglo Saxon England, Oxford 1950).

Der Grund für dieses erneute berserkerhafte Losschlagen lag in den neuerlich ausgebrochenen Thronwirren in Skandinavien. Bereits in den Jahren 851 bis 858 war dies ja der Hauptgrund für die normannischen Beutezüge gewesen.

Nunmehr hatte sich Sven Gabelbart gegen seinen Vater König Harald Blauzahn verschworen und diesen gestürzt. In der Schlacht der Truppen beider Männer wurde Harald Blauzahn verwundet und floh nach Jumme, wo er starb.

Sven hatte als neuer König einige weitere Kämpfe gegen die Slawen zu bestehen. Als er danach geschwächt war, griffen die Truppen König Eriks des Siegreichen (Sagersaell) von Schweden Svens Truppen an. Sven Gabelbart wurde geschlagen und setzte sich in Richtung England ab. Dort griff er 994 gemeinsam mit Olaf Tryggvason London an und eroberte die Stadt.

Eine Nebengruppe Eriks des Siegreichen ging an die friesische Küste. Es war dies gewissermaßen ein Ausläufer der Truppen Eriks, die Südjütland besetzten, sie heckten auch diesen Handstreich aus, wurden jedoch abgewehrt.

Eine andere Version der neuerlichen Verheerung der friesischen Küste verweist auf Sven Gabelbart als den Verursacher. Und zwar schrieb Helmold von Bosau in einer überzeugenden Darstellung, daß Sven Gabelbart, nachdem er mit Hilfe seiner Freunde König von Dänemark geworden war, eine riesige Menge beutelustiger Normannen um sich versammelt habe, die aus dem gesamten Norden zusammengeströmt seien. Nach Verlust seiner Herrschaft sei Sven Gabelbart dann mit diesen Kämpfern in die Schiffe gegangen, um zunächst die Randstaaten der Nordsee heimzusuchen. Er ließ bis zur Elbmündung rudern, dann an Land gehen und Beute machen. Danach sei er mit noch mehr Anhängern nach England gerudert, um sich dort festzusetzen.

Auf dem Geestrücken bei Cuxhaven, nämlich dort auf dem nördlich gelegenen Galgenberg, machte die Spatenforschung Funde, die darauf hindeuten, daß dies vielleicht ein fester Platz der Wikinger oder Normannen war.

Auf einem Friedhof aus sächsischer Zeit, auf dem die Bestattungen seit der Christianisierung um 800 aufgehört hatten, wurde eine Erdaufschüttung vorgenommen, die durch Holzverstrebungen und die Verwendung von Lehm eine große Festigkeit erlangte. Um sie herum lief ein 3,6 Meter tiefer Graben. Dadurch entstand eine Plattform auf einer überragenden Höhe, die von einem Ringgraben umgeben war. Es handelt sich um einen in Niedersachsen unbekannten Turmhügel, wie er von den Normannen angelegt wurde.

100 Meter westlich dieser Verteidigungsanlage fand man Wohngruben, deren Keramik jener von Haithabu entspricht. Auch Specksteinscherben, die aus Skandinavien stammten, wurden hier ausgegraben. Nach Ansicht des Forschers Karl Waller war hier eine Siedlung der Normannen angelegt worden, die den vorherigen Zweck der Anlage nicht gekannt hatten. Waller verbindet diese Siedlung mit der Belehnung des aus Dänemark vertriebenen Königs Harald Klak mit der benachbarten friesischen Landschaft Rüstringen. (Siehe: Karl Waller: Eine frühgeschichtliche Siedlung an der Elbemündung; ZS für Vorgeschichte, Bd. 22).

Das Lehen, das Harald gegeben worden war, kann durchaus das in den Reichsannalen erwähnte Rüstringen sein. Aus diesen Reichsannalen und der Vita Anskarii des Rimbert ergibt sich, daß Harald Klak an Weser und Elbe eine Flankenstellung gehabt hatte und daß er an der dazwischen gelegenen Nordspitze von Hadeln einen befestigten Stützpunkt anlegen ließ, den bewußten Turmhügel des Galgenberges.

Einige Jahre später erhielt Harald zusammen mit seinem Bruder Rorich Dorestad als Lehen von Ludwig dem Frommen.

Ständige bis ins 10. Jahrhundert andauernde normannische Überfälle kleiner Gruppen mit den damit verbundenen Brandschatzungen und Tributforderungen und der Gefangennahme friesischer Menschen suchten auch das östliche Friesland heim, ohne daß dies die weitere Besiedlung des Landes verhindert oder verzögert hätte. Es konnte sogar dann und wann eine friesische Beteiligung an den Überfällen der Normannen registriert werden. Erst in späterer Zeit wurden die Normannenüberfälle in der Nachbesinnung darauf zu einer Periode friesischer Unfreiheit hochstilisiert. Dies vor allem in einigen historischen

Handschriften aus Klöstern und Bistümern. Damit wurde – bewußt oder unbewußt, das steht dahin – der „heidnischen", aus dem Norden kommenden Gewalt und Unterdrückung die aus dem Süden kommende Freiheit des Christentums und das karolingische Königtum entgegengestellt. Im Verfolg dieser Bestrebungen machte man schließlich auch aus dem heidnischen Friesenkönig Radbod einen heidnischen Normannen, was nicht stimmt.

In der friesischen Geschichte jedenfalls bildeten die Nordmänner ebenfalls einige Male Stoff zur weiteren Sagenbildung. So sollen die Normannen in der Odyssee der Nordsee, dem Gudrunliede, fortleben. Mehrfach wurde zu klären versucht, daß das Land Hettels, des Königs der Hegelinge *und* der Friesen, im ostfriesischen Harlingerland liegen müsse. Das in diesem Epos genannte „Givers uf den sant" hat man mit Jever verknüpft oder als Upjever zu erkennen vermeint. Daß das Hegelingerland in Ostfriesland lag, ist zwar möglich, aber wissenschaftlich nicht erwiesen.

Der Plietenberg bei Leer sei – so wird vermutet – ebenfalls ein Werk der Nordmänner gewesen. Und zwar hätten diese hier ein riesiges Grab für einen ihrer Könige angelegt. Unter dem Hügel von 12 Metern Höhe soll sich ein Normannenschiff befinden, das jenem Schiff aus dem Grabhügel bei Oseberg in Norwegen entsprechen würde. Es ist eine der Aufgaben der friesischen Geschichtsforschung, das Dunkel um den Plietenberg zu erhellen. (Dieser Plietenberg, auch Plytenberg genannt, war spätestens seit 1577 die südliche Deichmarke für den niederemsischen Deich. Auf ihm fanden die Deichversammlungen statt; dort wurde „gepleitet", das heißt besprochen, was in den Deich angelegenheiten zu geschehen hatte).

Von anderen Stellen wird dieser Hügel auch als heidnische Kult- und Thingstätte reklamiert und vermutet, daß sich in diesem Hügel die Asche großer germanischer und friesischer Führer befinde, die dort beigesetzt worden seien.

Stichgrabungen haben jedoch erhärtet, daß es sich bei diesem Hügel um nichts anderes handeln kann als um aufgeschichtete Grasplachen, die für den Deichbau verwendet werden sollten. Allerdings ist diese Version umstritten. Um Gewißheit zu haben, müßte die ganze Erhebung abgetragen werden, argumentieren die Gegner der Grasplachen-Theorie und erklären, daß diese Grasplachen *auf* den Hügel gelegt wurden, um sie vor dem Hochwasser zu sichern und daß *darunter doch* ein Schiff oder Kultgegenstände verborgen sein müßten.

Von diesem Plietenberg führt der „Konrebbersweg" – auch alter Weg genannt – nach Norden durch die Niederung Ostfrieslands zu anderen Kultstätten der „Heiden", an denen später vorzugsweise christliche Kirchen errichtet wurden.

Etwa 100 Jahre nach dem Ende von Dorestad als friesisches Handelszentrum wurde übrigens bereits die Ursiedlung von Emden begonnen. Auch sie liegt auf einem schmalen, langgestreckten Warfenhügel, der etwa 250 Meter lang und 50 bis 70 Meter breit ist. Auf der Kuppe dieser Warf verlief in Längsrichtung die Straße. An ihrem Ende wurde die erste christliche Kirche aus Holz errichtet. Auch diese Anlage der Warf deutet darauf hin, daß Emden bereits in frühgeschichtlicher Zeit ein Handelsplatz war. Daß sich später hier Handwerker und dann auch Bürger ansiedelten, machte den Platz zur Stadt.

Dorestad ist jedoch nicht, wie nach dem vorangegangenen Text anzunehmen wäre, durch die Normanneneinfälle vernichtet worden, sondern dadurch, daß der Hafen zu abgelegen war und man bessere, zentralere Plätze fand. Der Handel verlagerte sich zunächst nach Tiel in Westfriesland und schließlich nach Emden. Letzteres war durch seine ideale Lage an der Ems ein guter Hafen für den Überseeverkehr.

Von dieser Tatsache her entwickelte sich Emden aus der Wiksiedlung zur Stadtsiedlung. Die Wanderhändler ließen sich hier nieder und zogen weitere Handwerkerfamilien nach. Die Emdener Hausbauten des 10. und 11. Jahrhunderts zeigen deutlich, daß hier – entgegen den Gewohnheiten auf den Stapelplätzen – auch Handwerker, Gewerbetreibende und reiche Kaufleute ihr Dauerdomizil aufgeschlagen hatten.

Von Emden aus wurde der Handel mit den Bewohnern der friesischen Warfen angekurbelt. Dort wurde jenes friesische Tuch hergestellt, das in Emden Käufer fand.

Haithabu wiederum lebte noch etwa 100 Jahre länger als Dorestad, ehe Heinrich I., der erste deutsche König, es 934 eroberte. Nach dem Jahre 1000 stieß eine Truppe unter der Führung von König Harald von Norwegen bis nach Haithabu vor und ließ auch diesen großen Handelsplatz in Flammen aufgehen.

Die Bürger von Norden aber und jene ostfriesischen Kämpfer, die 884 die Normannen geschlagen und beinahe für immer vertrieben hatten, bemächtigten sich wieder jenes Landes, das ihnen die Räuber aus dem Norden entrissen hatten. Es bildete sich hier eine Gesellschaft heraus, die diese Ländereien verwaltete und verteilte: die Theelacht.

Mit den Normanneneinfällen in der ersten Hälfte des 9. Jahrhunderts kam es zum Stillstand, wenig später zum Niedergang der Christianisierung im Norden Deutschlands. Erst in der zweiten Hälfte und zum Ende des 9. Jahrhunderts klang diese Gegentendenz wieder ab, als es den beiden Bischöfen Ratbod und Balderich gelang, durch eigenen Einsatz dem Christentum in Norddeutschland und damit auch in Sachsen und Friesland zum Durchbruch zu verhelfen.

Bischof Ratbod verwaltete von 899 bis 917 das Bistum Utrecht. Nach ihm übernahm Bischof Balderich dieses Amt; ihm ist die kontinuierliche Weiterführung der Aufgaben seines Vorgängers ganz besonders gelungen, da er bis 975 an der Spitze dieses Bistums stand und ein ganzes Menschenalter lang in christlicher Mission tätig war.

Königliche Hilfe unterstützte ihn in diesem Auftrag. Hinzu kam die enger werdende Verbindung zum Deutschen Reich, die sich besonders unter den Sachsenkaisern mit Otto dem Großen (936–973) an der Spitze bewährte. Dies kam nicht von ungefähr, denn Ottos Bruder Bruno war Erzbischof von Köln, und als Anerkennung jener Hilfe, die Otto der Große von den meisten Bischöfen in Deutschland erfuhr, übertrug der König Reichsämter an Bischöfe, so auch an Balderich.

Otto I., 961 in Rom von Johann XII. zum Kaiser gekrönt, bestätigte auch die karolingischen Schenkungsurkunden für die römische Kirche, womit die Bischöfe, die in Friesland das Sagen hatten, in ihren alten Rechten blieben.

Bereits im 11. Jahrhundert in Ansätzen, mehr aber noch im 12. Jahrhundert und sehr deutlich im 13. Jahrhundert traten daneben in Ostfriesland regionale Gruppen auf, die als Landrechtsgemeinden firmierten und ihre alten karolingischen Bezeichnungen fortführten. So die zwischen der Made und der Weser wohnenden Hriustri – die Rüstringer –, die Östringer oder Osterländer, die Astergarder und die Wangerländer. Der Emisga liegt gleich den Emisgerländern ostwärts der unteren Ems, und der Federitga in der Krummhörn bis zur Sielmönker Bucht wurde zum Federgau.

Einige Landbezeichnungen sind in ihrem Ursprung nicht zu ermitteln, so beispielsweise das Brokmerland mit den Brokmannen, ein Rodungsgebiet des 12. Jahrhunderts. Noch älter ist der Pagus Nordi, das spätere Norderland, und das zwischen Norderland und Wangerland gelegene Herloga – das Harlingerland.

Diese Landesgemeinden, die über ein verbindliches Landrecht verfügten, entwickelten sich aufgrund ihrer besonderen Bemühungen, den gräflichen Herrschaftsansprüchen zu entkommen.

Als Ergebnis dieser Bemühungen, von fremder Bevormundung und Besteuerung freizukommen, sind mit Sicherheit die „gemeinfriesischen siebzehn Küren" entstanden, die im letzten Drittel des 11. Jahrhunderts aufkamen und aus dieser Zeit bezeugt sind.

Damit wurden die friesischen Freiheiten gegenüber den Machtbestrebungen fremder Herrschaften abgesteckt. Der Graf war nach diesen Gesetzestexten und auch in den Augen der friesischen Freien nichts anderes als ein Bote des Kaisers. Diese Tatsache und die Bemühungen der über Friesland herrschenden Grafen, ihrerseits den Herrn zu zeigen, ließen immer wieder beide Seiten aufeinanderprallen.

Im letzten Drittel des 11. Jahrhunderts und im gesamten 12. Jahrhundert kam es immer wieder zu oftmals schweren Zusammenstößen beider Seiten. Dies nicht zuletzt aufgrund der Tatsache, daß die Grafen ihre vom Kaiser übertragenen Rechte in Friesland und besonders in Ostfriesland auch wahrnehmen, zu ihren Gunsten auswerten wollten und immer wieder versuchten, ihre Herrschaft zu erweitern.

So zog beispielsweise 1058 der Billunger Bernhard II., Herzog von Sachsen und Graf zu Östringen, gegen die Ostfriesen seiner Grafschaft zu Felde, um den Zins einzutreiben, den die Friesen ihm nach seiner Auffassung schuldig waren.

Erzbischof Adalbert von Bremen begleitete den Billunger. Der Erzbischof war es, der mit „geschickter Zunge" mit den Friesen verhandelte. Schon waren die Friesen halb dazu bereit, den fälligen Zins auf Stottern zu zahlen, denn in einem Male war die fällige Summe nicht aufzutreiben. Als Bernhard nun die Sache überzog und auf der Gesamtzahlung beharrte, drehten die Friesen durch. Sie griffen nunmehr „pro libertate", wie Bernhard berichtete, also zur Verteidigung ihrer Freiheit zu den Waffen.

Die Östringer waren ein kräftiger Schlag, und mit ihren einfachen Waffen schlugen sie die Sachsen in die Flucht und erschlugen jene, die nicht rasch genug Fersengeld gaben.

Das Lager des Herzogs wurde erreicht und geplündert. Ebenso erging es dem Lager des Bischofs und seines Anhangs. Damit waren offenbar für alle Zeit die gräflichen Zinsansprüche ausgeräumt, denn von nun an forderten die Billunger keinen Zins mehr von den Östringern, weil dies offenbar zu teuer wurde.

Der Graf von Werl, der 1092 ebenfalls gegen die Morsaten auszog, mußte das gleiche Schicksal in Kauf nehmen. Dieser friesische pagus Morsati war eine vom Moor umgebene Siedlungsinsel auf der Auricher

Geest. Aber nach den vorhandenen Urkunden dürfte es richtiger sein, daß die Grafen von Werl es bei diesen Auseinandersetzungen mit Bewohnern des südlichen Ostfriesland – dem späteren Overlediger- und Mormerland – zu tun hatten.

Diese Bauern konnten im unwegsamen Gebiet des Moores zu Fuß gegen die berittenen Werler Kriegsknechte antreten und vernichteten die Truppe, die von Graf Konrad und seinem Sohn Hermann angeführt wurde. Beide, Graf und Sohn, wurden dabei im Zweikampf erschlagen. Damit waren auch die Werler ihre ostfriesische Grafschaft losgeworden.

1101 wurde auch Heinrich von Northeim „a vulgaribus Fresonibus" (von gewöhnlichen Friesen) in die Flucht geschlagen. Neben einer Reihe von Kriegsknechten fiel auch Heinrich von Northeim.

Wenig später wurde sogar König Heinrich V. (1106–1125) die schuldige Steuer verweigert. (Siehe Ekkehardi Chronica, Rez I.: bei Schmale-Ott).

Mit Heinrich V. starb das fränkische (Salische) Kaisergeschlecht aus. Der Aufstand der sächsischen und thüringischen Fürsten gegen ihn, der zur Schlacht am Welfesholz führte – Heinrich V. verlor sie –, sah eine große Zahl friesischer Männer dabei.

Um 1150 unternahmen die Truppen des westfälischen Grafen von Calvelage-Ravensberg einen Angriff gegen Ostfriesland. Sie eroberten einen Teil des Landes und richteten sich darin für etwa 100 Jahre ein. In Leer unterhielten sie ihren Hof.

1253, dies sei vorgetragen, wurde diese Grafschaft im Emsgau dem Bischof von Münster übertragen.

Die friesische Haltung um die Wende zum 12. Jahrhundert war gegen *jede* Herrschaft gerichtet, die von außen ausgeübt wurde. Dadurch wurden die gräflichen Rechtspositionen in Friesland erschüttert und die friesische Eigenständigkeit betont. in einer aus dem Emsigerland überkommenen Rechtsformel wurde dies besonders deutlich gemacht. Darin heißt es:

„*Der* Schulze soll im Meer ertränkt werden, der nach Sachsen geht, den hohen Helm und den roten Schild ins Land holt und hier Burgen niederbrennt und Männer erschlägt." (Siehe W.J. Buma und W. Ebel: Altfriesische Rechtsquellen. Texte und Übersetzungen, Band 1: Das Rüstringer Recht; Band 2: Das Brokmer Recht; Band 3: Das Emsiger Recht, Göttingen 1965).

Der Feind kam also aus Sachsen und war ein „sareda riddere" – ein gerüsteter Ritter. Und ein solcher Ritter war in friesischen Augen nichts anderes als ein Vollstrecker ungerechtfertigter herrschaftlicher

Forderungen. Die Friesen waren in dieser Hinsicht das, was Adam von Bremen eine „barbara gens“ nannte. Ritter aber, das lehrte die böse friesische Erfahrung, kamen aus Sachsen. Damit waren die Sachsen nunmehr zu Erbfeinden geworden, jener Stamm ausgerechnet, der noch 200 Jahre vorher immer mit der Hilfe der Friesen rechnen durfte, wenn es gegen die Franken oder auch gegen die Normannen ging.

Die Harlinger Fehde

Wie rasch in Friesland neben dem Frieden die streitige Fehde ausbrechen und über Jahrzehnte anhalten konnte, zeigt sich in einem Ereignis des Jahres 1148. Anläßlich eines Begräbnisses entstand zwischen zwei jungen Männern aus Östringen und dem Wangerland ein Streit. Der junge Wangerländer erschlug seinen Östringer Widersacher im Zweikampf.

Die Angehörigen des toten Östringers schickten Boten ins Wangerland, um den Totschläger zur Zahlung des Wergeldes aufzufordern, das für eine Tötung im Streit gefordert war. Die Boten wurden nackt ausgezogen, verprügelt und zurückgeschickt. Einige von ihnen wurden gar erschlagen, als sie sich gegen solchen Tort zur Wehr setzten.

Nunmehr kam es zum offenen Kampf. Die Östringer Landrechtsgenossen leisteten dem Geschädigten Fehdehilfe. Sie drangen mit einem wildentschlossenen Trupp junger Männer ins Wangerland ein und plünderten einige der reichen Bauernhöfe. Bei dem damit entbrennenden Streit wurden abermals einige Männer beider Seiten getötet, so daß der Kampf der beiden Landschaften unter- und gegeneinander ausuferte. Nun gab es keine Möglichkeit mehr, die Sache mit Geld aus der Welt zu schaffen. Nun mußten die Waffen sprechen und die Entscheidung erzwingen.

Die Wangerländer merkten sehr bald, daß sie unterliegen mußten. Sie gingen nun eine Reihe benachbarter Landschaften um Hilfe an. In der Östringer Chronik heißt es darüber:

„Do hebbenn de Wangers dem gantzenn Freslande, also de Ostfreslande sehr geklaget ere Wehmodicheit, unnd hulpe vann eme begert.“ (Siehe: Dr. Almuth Salomon: Geschichte des Harlingerlandes bis 1600). Diese Hilfe ward ihnen auch von den Harlingern gewährt. Auch die Brokmänner, die Männer aus dem Lengener Land und jene von Aurich versprachen Hilfe. Alle zusammen aber wandten sich nunmehr an Sachsen, den erklärten Feind. Das heißt, sie baten den Grafen von Oldenburg, der in Östringen die gräflichen Rechte ausübte, ihnen gegen die Östringer beizustehen. Als Gegenleistung versprachen sie, ihm in Östringen zur Festigung seiner Macht zu verhelfen.

1153 zog der Graf von Oldenburg dann auch mit einer größeren Zahl Kriegsknechte nach Östringen. Sie wurden von den abwehrbereiten Östringern empfangen und mit blutigen Köpfen heimgeschickt. Diese Niederlage veranlaßte übrigens Papst Hadrian IV. (1154–1159) zu der sarkastischen Bemerkung, daß die militärische Kraft des Reiches, personifiziert in den Herzögen von Sachsen und Bayern, nicht einmal dazu ausreiche, „das rohe Volk der Friesen zu besiegen. Ein Stamm ohne politische Erfahrung und Weisheit."

Der Versuch des Grafen von Oldenburg, für sich einen kräftigen Happen zu seiner friesischen Herrschaft hinzuzugewinnen, war also gescheitert. Die Östringer, nicht faul, forderten die Wangerländer und deren Verbündete auf, 600 Mark Entschädigung zu zahlen, wenn sie Frieden haben wollten. Andernfalls würden sie sich das Geld persönlich holen.

Doch die Wangerländer und die mit ihnen verbündeten Landgemeinden dachten nicht daran, diese Summe zu zahlen. Es gelang ihnen 1156, Heinrich den Löwen für sich zu gewinnen. Dieser hatte 1142 Sachsen zurückerhalten, das seinem Vater, Heinrich X. (dem Stolzen), von Konrad III. entzogen worden war.

Heinrich der Löwe, der eine weit ausgreifende Territorialpolitik verfolgte, sah hier Aussichten, sein Land auf Kosten anderer zu vergrößern. Mit seinem Eingreifen in Ostfriesland verband er die Hoffnung auf einen guten Zugewinn für sich.

Er fiel 1156 mit starken Truppenverbänden in Östringen und Rüstringen ein. Doch auch er schaffte es nicht, die Friesen in ihrer heimischen Umgebung zu schlagen. Der „Spaziergang zum Nordseestrand", der ihm vorgeschwebt hatte, mit dem er seinem Lehnsmann, dem Grafen von Oldenburg, helfen wollte, wurde für ihn und seine Truppen zu einem Alptraum. Mehrfach gerieten sie in Hinterhalte, wurden sie in Moorgebiete gelockt und dort erschlagen oder vertrieben. Das dauerte, bis diese Truppe den Kampf aufgab und das Land verließ.

Die Fehde schien zu versiegen, denn auch die Östringer hatten schwere Verluste erlitten. Die Harlinger nahmen den Kampf wieder auf, als sie wenig später über die Grenze nach Östringen einfielen und die reichen Östringer Bauern ausraubten. Diese zogen nun im Harlingerland vor Gericht und klagten die Diebe an. Die Harlinger Gerichte dachten jedoch nicht daran, ihnen ihr Recht zu verschaffen. Einer der Hauptgeschädigten, der in dem Harlinger Prozeß nicht zu seinem

Recht kam, klagte nun in Östringen. Das östringische Gericht gab ihm recht und forderte Harlingen auf, ihn und die anderen Bauern zu entschädigen. Die Harlinger lachten den Östringer Boten aus und schickten ihn mit den Worten zurück:

„Wenn die Östringer etwas zu fordern haben, dann mögen sie kommen und es sich holen." (Siehe Dr. Almuth Salomon: a.a.O.).

Allerdings hatten sie die Rechnung ohne den Wirt gemacht, denn die Östringer wußten genau, daß die Harlinger zu schwach waren, sich gegen sie zu behaupten, weil sie unklugerweise auch noch gegen Norderland im Streit lagen. Bei diesem Streit ging es darum, daß ein Schrein mit der Reliquie des Heiligen Magnus im Norderland geöffnet worden war, „up tho gesichtigenn, offte ock warhafftige Hilligedom darinne werd."

Es war das richtige Heiligtum, und die Harlinger fielen ins Norderland ein, um den Frevel zu rächen.

Etwa um die gleiche Zeit ging den Harlingern auch der Sohn jenes reichen Bauern in die Falle, der in Östringen gegen sie auf Herausgabe des geraubten Gutes geklagt hatte. Der junge Mann wurde in die Kirche gesperrt. Sein Vater erhielt nunmehr eine Lösegeldforderung zusätzlich zu dem vorher bereits erlittenen Verlust. (Siehe: Eilherd Springer: Die Chronica Jeuerensis; Hrgb. Fr. W. Riemann).

Nun fielen die Östringer abermals in das Harlingerland ein , und in gleicher Weise unternahmen auch die Norderländer einen Rachezug ins Harlingerland. Dadurch bekamen es diese mit zwei Gegnern gleichzeitig zu tun.

Dies zwang selbst die verstockten Harlinger zum Verhandeln. Dabei gelang es ihnen, mit den Norderländern Frieden zu schließen und sich nebenbei durch eine Zahlung von 1000 Mark der Hilfe der Rüstringer zu versichern. Auch die Wangerländer, die ja ursprünglich direkt an der ersten Fehde beteiligt waren, beteiligten sich mit dem Kontingent der Harlinger Kämpfer am Einsatz gegen Östringen.

Die Überfälle gingen in die zweite große Runde. Es ging nun ums Ganze. Raub und Brandstiftung, Verwüstung der Felder und Viehraub waren an der Tagesordnung. Erst als beide Seiten völlig erschöpft waren, baten alle Friesen den Erzbischof Balduin von Bremen um eine Vermittlung mit dem Ziel der endgültigen Beendigung der Fehde. Die Verhandlungen begannen 1178. Aus der Chronik von Rastede wissen wir, daß auch der Rasteder Abt Meinrich an dem erfolgreichen Abschluß dieses dreißig Jahre andauernden Kampfes besonderen Anteil hatte.

In der Friedensurkunde wird allerdings Harlingen nicht erwähnt.

Der verbriefte Friede wurde offenbar nur zwischen Rüstringen und Wangerland geschlossen. Dies läßt die Vermutung zu, daß Harlingen nicht mit am Tisch saß.

Weitere Auseinandersetzungen

Noch vor 1233 brach dann auch eine neuerliche schwere Fehde zwischen Östringen und Harlingerland aus. Die Kunde davon stammt aus einer Urkunde von Papst Gregor IX., der am 19. Januar 1233 den Abt von Ihlo und die Archidiakone von Östringen und Harlingen aufforderte, den Frieden unter den Friesen wiederherzustellen.

Diese Fehden und einige andere Vorkommnisse in allen Gauen und Ländern Frieslands zeigen jenen friesischen Grundzug auf, der einer friedlichen Vereinigung im Wege stand: den Versuch des Landgewinns mit kriegerischen Mitteln auf Kosten anderer Sippen und Landgemeinden.

So war bereits gegen 1220 und dann wieder 1222 ein Streit zwischen den Brokmännern und den Norderländern ausgebrochen, in dem die Norderländer nach bewaffneter Auseinandersetzung siegreich waren. Auch dieser Streit wurde dadurch ausgeweitet, daß sich die Brokmänner an die Harlinger um Hilfe wandten; auch die Upganter und die Männer aus dem Emsigerland wurden in die Kämpfe hineingezogen, die mit Überfällen und nächtlichen Brandanschlägen bis zum Jahre 1234 andauerten. Erst dann gelang es einigen Persönlichkeiten im Verein mit der Geistlichkeit, diese Fehde zu beenden. Nach dem von diesen Herren ausgehandelten Vergleich hatten die Norderländer ebenso wie die Brokmänner auf der einen und die Emsiger und Harlinger auf der anderen Seite 1000 Mark Goldes und 5000 Mark in Silber als Buße zu zahlen.

Die nächste große Fehde brach in Ostfriesland 1254 aus. Auch diesmal bekämpften sich zwei große Gruppen, so daß schließlich ganz Ostfriesland in Flammen stand. Auf der einen Seite stand der Federgau mit den Dekanaten Hinter-, Norder- und Reiderland, auf der anderen Seite das Brokmerland mit dem Harlingerland und den Männern aus Groothusen. Schließlich kamen noch die Oberemsgauer und die Männer aus Aschendorf hinzu.

Dies war gewissermaßen die Rückseite jener Medaille, die sich „Friesische Freiheit" nannte. Alle Versuche der Gerichtsherren unter dem Upstalsboom, diesen dauernden Fehden mit den daraus resultierenden Substanzverlusten ein Ende zu bereiten, verliefen ergebnislos.

Was aber war in dieser Zeit von den Gaugrafen getan worden, um den Frieden zu sichern?

Erinnern wir uns, daß der Gaugraf Otto III., der dieses Amt von 1224 bis 1244 innehatte, kurz vor seinem Tode für seine Frau Sophia und ihrer beider Tochter Jutta bei Kaiser Friedrich II. um die Bestätigung der Lehnsrechte nachgesucht hatte. Diese wurden Sophia durch Kaiser Heinrich VII. in der Grafschaft Emsgau und den sonstigen Besitzungen der Ravensberger verliehen, und mittels kaiserlichem Dekret erfolgte die Belehnung auf Lebenszeit mit dem Ostergau im Jahre 1244.

Nach dem Tode ihres Mannes verkauften Sophia und deren Tochter Jutta sämtliche friesischen Besitzungen an Bischof Otto von Münster. Dieser wiederum wurde 1253 von König Wilhelm mit dem Ravensberger Reichslehen in Friesland belehnt.

Damit gelangte die Grafschaft Emsgau 1253 *auch* in politischer Sicht unter die Herrschaft der münsterischen Bischöfe, denen sie in kirchlicher Hinsicht bereits seit den Tagen Liudgers unterstanden hatte.

Der Ostergau, an den Emsgau anschließend, wurde dem Grafen von Oldenburg zugesprochen. Ihm gehörte damit das Auricherland mit Friedeburg, Norderland, Harlingerland und Jeverland.

Nach Westen schloß sich der Herrschaftsbereich des Bischofs von Utrecht an, der Westfriesland als Grafschaft zu Lehen erhalten hatte.

Aber alle diese Herren regierten in Friesland nur dem Namen nach, und in Sonderheit in Ostfriesland waren sie nicht einmal in der Lage, diesen Fehden Einhalt zu gebieten. Ihre Schulzen konnten sich ebenso wenig mehr durchsetzen, und weil alle diese inneren Unruhen, von denen einige angesprochen wurden, eine starke Hand erforderten, griff das freie Volk der Friesen nunmehr ein.

Allerdings ging es ab 1289 nur noch um die Ostfriesen, denn mit der Unterwerfung von Westfriesland zwischen Sinkfal und Zuidersee unter die Grafen von Holland und seiner Eingliederung in die Grafschaft Holland war die bis dahin wenigstens lockere Zusammengehörigkeit beendet.

Mittelfriesland entwickelte sich zu dieser Zeit zur niederländischen Provinz Friesland. Diese lag zwischen der Zuidersee und dem Flusse Lauwers.

Daher wird dieses Werk sich in der Folgezeit nur noch mit Ostfriesland als Hauptthema befassen, was die politische und wirtschaftliche Entwicklung angeht, und dennoch immer wieder übergreifend auch Westfriesland in die Überlegungen einbeziehen, wenn dies von Nutzen ist.

Daß stets auch Nordfriesland und die friesischen Inseln in das Spannungsfeld der friesischen Geschichte einbezogen werden müssen, ergibt sich aus den mannigfachen Eingriffen beider Seiten auf das Gebiet des anderen.

Mit dem Abfall von Ommeland westlich der Ems an Groningen und dem Aufgehen in die niederländische Provinz gleichen Namens, ging auch dieser Teil des freien Friesland verloren.

Dies alles begünstigte den Aufschwung jener Männer und Sippen, die nun nach oben gelangten und von diesem Zeitpunkt an das Schicksal von Ostfriesland entscheidend mitgestalten sollten.

Um der Gefahr des Landfriedensbruches auch in Ostfriesland Einhalt zu gebieten, wurde das alte friesische Recht dort wieder eingeführt; neue ergänzende und flankierende Gesetze kamen hinzu. Verschiedene Landstriche schlossen sich zu einem Bund zusammen.

Bereits in einem zwischen Rüstringen und der Stadt Bremen 1220 geschlossenen Vertrag wird eine leitende Institution der gesamten Landgemeinde genannt, die 16 Geschworenen. Sie hießen hier die „sedecim coniurati de terra". Ähnliche Führungsgruppen waren auch in anderen Landgemeinden bereits erkennbar. Sie wurden nach den lateinischen Quellen dieser Zeit Consules genannt. In den friesischen Texten heißen sie Redjeven – die Ratgeber. Damit verschwand der herrschaftliche Schulze oder Frana von der Bildfläche.

Von nun an sind es die Redjeven, die die Wahrung des Rechtsfriedens sowie die militärische und politische Führung übernahmen und diese Aufgaben mit jenen der früheren Asegen verbanden.

Dies nicht zuletzt aufgrund der immer dichteren Besiedlung und der weiteren Landgewinnung durch jenen „goldenen Reif um ganz Friesland", den Deichbau, der nicht in einer geschlossenen gemeinsamen und gleichzeitigen Aktion entstand, sondern nach und nach durch Generationen vom 11. Jahrhundert an intensiv in Angriff genommen wurde. Das Freiheitsbewußtsein der ostfriesischen Bauern stärkte sich damit noch mehr, als dies bereits der Fall gewesen war.

Die „Willküren"

Mit der Erhebung der freien Friesen im Oldamt westlich der Ems 1271 gegen die Schulzen bahnte sich in Ostfriesland eine radikale Wende an. Der Aufruhr pflanzte sich ins Reiderland hinein fort, überzog das Emserland, erreichte den Federgau und das Brokmerland.

Die kirchlichen Dekane, die sich Rechtsgewalt angemaßt hatten, wurden aus dem Land gejagt.

Der Bischof von Münster, der nur zu genau wußte, daß sich dieser Aufruhr in letzter Konsequenz gegen ihn richtete, sperrte die westfälischen Märkte seines ganzen Machtbereiches gegen friesische Waren ab, und als den Friesen die Puste ausging, wurde in der berüchtigten Bischofssühne des Jahres 1276 dieser Streit beendet. Die Friesen hatten ihren Kraftakt gegen die Kirche mit Geldbußen zu sühnen, und die Dekane kehrten nach Friesland zurück. Ihre alte Macht war jedoch gebrochen, und sie hüteten sich wohl, es noch einmal darauf ankommen zu lassen. In dieser Hinsicht hatte also der friesische Aufstand doch Erfolg gehabt.

In jenen friesischen Landstrichen, die sich zu einem Bund zusammengeschlossen hatten, wurden die alten 17 Küren allera Fresena mit den etwas später entstandenen 24 Landrechten zusammengetan; sie dienten von nun an als Gesetzestexte der ostfriesischen Häupter. An die Spitze des Bundes traten 16 Consules oder Richter, die vom Volk zunächst auf ein Jahr gewählt wurden. Diese 16 wählten aus ihrer Mitte einen Oberrichter, der im Norderland Orator, Sprecher in den Versammlungen, im Emsiger- und Brokmerland Placitator, also Ruhestifter in Streitigkeiten, im Harlingerland aber Enunciator genannt wurde. In der friesischen Sprache hieß er Kehtere oder Verkünder. Rechtsprechung und Vollziehung der gefällten Richtersprüche durch den Oberrichter und – in Kriegszeiten die Ausrufung des Aufgebots zur Heerfolge – gehörten von nun an zu den Vollmachten der gewählten Secedien, wie die 16 Richter in einer Urkunde aus dem Jahre 1318 genannt werden.

Dies alles führte in direkter Linie hin zu jenen führenden Geschlechtern, die Ostfriesland beherrschten, es gegen jeden Angriff von außen verteidigten und später die Grafschaft Ostfriesland und schließlich auch das Fürstentum Ostfriesland zu einem aufgeschlossenen Lande machten, in dem Demokratie, die Freiheit des einzelnen und vor allem auch die Religionsfreiheit keine leeren Worte, sondern Wirklichkeit waren, wenn auch die Richtungskämpfe immer wieder entbrannten. Hier, wo die Leibeigenschaft lange vor anderen Staaten der Welt aufgehoben wurde, wo der Schulunterricht zur Pflicht gemacht war, noch ehe dies in den meisten Staaten der Welt gelang, lebten Menschen, die für sich das Privileg der Freiheit in Anspruch nahmen und dieses auch gegen alle Welt verteidigten. Nicht immer zu ihrem Besten.

Geben wir hier zusammenfassend noch einmal der friesischen Seefahrt das Wort, die ja bereits vorher einige Male anklang! Doch wollen wir nicht ihren ganzen Umfang umreißen, der sich aus friesischem Händlertum und friesischem Forschungsgeist speiste.

Das friesische Händlertum und die Seefahrt

Die friesischen Bauern waren zu allen Zeiten Bauern-Kaufleute. Sie waren Händler, die in ihrer ganzen Gewitztheit selbst die Levantiner übertrafen. Ihre ganze Stärke lag bereits in früher Zeit im Handel und notwendigerweise in der Schiffahrt. Ihre Güter verkauften sie überwiegend im Norden Europas, aber auch nach Süden sind ihre Spuren unverwischt geblieben. Friesische Kaufmanns-Niederlassungen gehen bis nach Straßburg und Basel. Oberhalb von Bern ließen sie sich im Haslital nieder. Die dortigen Ortsnamen könnten alle in Ost- und Westfriesland, vor allem aber im Jeverland zu lesen sein.

Lange bevor die Hanse auftrat, beherrschten die Friesen den Handel in Nordeuropa. Sie haben für diese Fahrten die Vorläufer der Hanse-Koggen entwickelt.

Das friesische Reich unter König Radbod war bereits ein Seereich; es lag an einer weit ausgedehnten Küste, und des Reiches Heiligtum befand sich auf Helgoland.

Vor Utrecht und Deventer war Dorestad, in der Nähe von Wyk bei Durstede gelegen, im 7. und 8. Jahrhundert bereits einer der größten Häfen Nordeuropas. Von hier aus knüpften wagemutige friesische Seefahrer, die zugleich Händler waren, ihre Verbindungen zu den Ostseeländern und nach Finnland. Runensteine, Münzen und andere Beweisstücke finden sich auf der gesamten Route.

Eine der frühesten friesischen Entdeckungsfahrten beschrieb der Domscholastiker am erzbischöflichen Dom zu Bremen, Adam. Dieser schrieb in seinem Werk „Magistri Adam Bremensis Gesta Hammaburgensis ecclesie pontificum“ (Adam von Bremen: Bischofsgeschichte der Hamburgischen Kirche und des Reiches über die Inseln des Nordens):

„Dänemark trennt von unserem Nordelbien die Eider, die tief im heidnischen Waldgebiet Isarnho entspringt, das sich längs des Barbarenmeeres bis an die Schlei-Förde erstrecken soll. Die Eider fließt ins Friesenmeer, das die Römer als Britensee bezeichnen.

Mit Ausnahme der flußnahen Gebiete macht fast alles einen öden Eindruck: Salzwasserland und wüste Einsamkeit.

Dieses Land teilte vordem Kaiser Otto, nachdem er es tributpflichtig gemacht hatte, unter drei Bistümer. Eins errichtete er in Schleswig, das auch Haithabu heißt; es liegt an einer Förde des Barbarenmeeres, welche die Einwohner Schlei nennen; von ihr erhielt auch der Ort seinen Namen. Aus diesem Hafen laufen ständig Schiffe aus nach dem Slawenlande, nach Schweden, Samland und sogar nach Griechenland."

Diese Schiffsrouten verliefen durch die Ostsee zu den großen russischen Flußmündungen, von dort über den Wolchow und Kiew nach Konstantinopel. Friesische Händler sind sie gefahren und haben ebenso wie ihre großen Widersacher, die Wikinger, diese Länder bereist.

Darüber hinaus wissen wir durch Adam von Bremen folgendes über die Fahrten der Friesen: „Einige nobiles Fresia haben auf einer Erkundungsfahrt ins Meer Segel gegen Norden gesetzt. Die Leute dort sagen, unmittelbar nördlich der Wesermündung gebe es nur den endlosen Ozean, aber kein Land. Eidlich verpflichteten sich die Fahrtgenossen zur Klärung dieser Frage und gaben froh den Befehl zur Abfahrt von der friesischen Küste.

Dänemark auf der einen, England auf der anderen Seite, kamen sie zu den Orkneys. Diese ließen sie links, Norwegen blieb rechts; so erreichten sie nach langer Überfahrt das eisige Island. Dann durchfurchten sie das Meer in Richtung Nordpol, und nachdem sie alle obenerwähnten Inseln hinter sich gelassen hatten, empfahlen sie Gott dem Allmächtigen und seinem heiligen Bekenner Willehad ihre Fahrt und ihren Wagemut.

Jetzt gerieten sie plötzlich in die schwarze Finsternis des erstarrenden Ozeans, die sich mit den Augen kaum durchdringen ließ. Und schon zog eine bewegte Strömung des Ozeans die unglücklichen, ganz verzweifelten Seefahrer, die nur noch den Tod vor Augen sahen, zurück zum geheimnisvollen Anfang seines Urgrunds mit gewaltigem Sog dem Chaos entgegen.

Als sie nur noch zu Gott um Erbarmen flehten, er möge ihre Seelen aufnehmen, riß der zurückflutende Meeressog einige Schiffe der Gefährten weg, die übrigen aber trieb die wieder ausgespieene Strömung fern von den anderen rückwärts fort.

Nach dieser durch Gottes gnädige Hilfe erfolgten Rettung aus der drohenden Gefahr unterstützten sie mit allen Kräften die Strömung durch Rudern.

Als sie dem gefährlichen Dunkel entkommen und den kalten Räumen entronnen waren, landeten sie unverhofft auf einer Insel, die durch hohe Felsen ringsum wie eine Burg befestigt war."

Auf dieser Insel stießen die Friesen auf Menschen, die ihnen offenbar aus Furcht „viele Gefäße aus Gold und anderen Metallen" schenkten. (Die Vermutung geht dahin, daß auch Seeraub mit im Spiel gewesen sein könnte, denn zu ihren Schiffen zurückkehrend wurden die Friesen von Hunden und Menschen verfolgt und „entrannen der Gefahr“, obwohl ihnen die Riesen, wie sie erzählten, bis weit hinaus aufs hohe Meer folgten).

Sie kehrten heil nach Bremen zurück, wo sie Bischof Alebrand alles der Reihe nach schilderten.

Wie weit auch immer diese friesischen Schiffe gekommen sein mögen, daß sie unterwegs waren, um in Richtung Nordpol zu fahren, ist bestätigt worden.

Richtig ist, daß in Dorestad friesische Münzen geprägt wurden, die sich über ganz Europa verbreiteten und begehrt waren als harte Währung, für die man überall etwas kaufen konnte.

Das friesische Schiff, das diese Fahrten überhaupt erst möglich machte, war ein flaches, hochbordiges Lastschiff. Das Steuerruder war bei dieser friesischen Kogge nicht an der Seite, sondern in der Mitte des Hecks. Das machte das Schiff wendiger als andere Typen. Dieses Schiff wurde später von der Hanse weiterentwickelt und zu *der* Hanse-Kogge gemacht.

Friesische Seeleute und Soldaten waren es auch, die im 9. Jahrhundert dem Papst gegen die Sarazenen halfen. Daß sie dabei in Mittelitalien die Gebeine des Heiligen Magnus „bargen“, in der Friesenkirche neben dem Petersplatz bestatteten und über diese ihre Rettungstat auf einer Marmortafel Kunde gaben, sei besonders erwähnt.

Später nahmen sie die Reliquie mit nach Ostfriesland und gaben sie in Esens in einen Schrein, von dessen Existenz um das Jahr 1150 genau berichtet wird. Die Kirche zu Esens heißt aus diesem Grunde heute noch Magnuskirche.

Aus den Einfuhren, die nach Friesland gingen, ist besonders der Pfeffer bekannt. Friesische Siedlungen wie Pewsum, Loga, Reide und andere zahlten ihre Tribute an die Klöster Werden und Fulda in – Pfeffer. Dieses Gewürz gelangte durch den arabischen Zwischenhandel über Westrußland, Nowgorod und Gotland nach Friesland. Darüber hinaus wurde Tuffstein aus dem Brohltal bei Andernach nach Friesland eingeführt und zum Bau der ersten friesischen Kirchen verwandt. Friesische Schiffe schafften diesen Tuff über den Rhein nach Utrecht und Deventer, von dort aus mit kleineren Schiffen entlang der Küste nach Ostfriesland und auch über die Ems ins Landesinnere.

Des weiteren gelangten Pelze, Bernstein und Seidenstoffe, Gold und Silber nach Friesland.

Von dort ging das berühmte friesische Salz ins Ausland. Friesische Wollmäntel waren ein überall begehrter Exportschlager.

Im Laufe der späteren Zeit, etwa ab der Mitte des 12. Jahrhunderts, wurde Ostfriesland, das sechste der Sieben Seelande, mehr und mehr in den Nordseehandel eingeschaltet. Die Vorläufer dieser Handelsfahrten, die rein sporadisch erfolgten, mauserten sich zu einem dichten Handelsverkehr, als es am 9. Juli 1220 zwischen Rüstringen und Bremen zur Vertragsunterzeichnung des Handelsverkehrs zwischen diesen beiden Häfen kam. Danach konnten beide Häfen ungehindert Handel mit dem anderen treiben.

Während nun von Bremen Bier nach Ostfriesland ausgeführt wurde, gingen Schlachtvieh, Häute, Schafe, Käse und Eier von Rüstringen nach Bremen. Auch aus dem Harlingerland wurde intensiver Handel mit Bremen getrieben; die Funde der Kölner Mark lassen auch auf einen regen Handel mit dem Rheinland schließen.

Der friesische Seemann aber und die friesischen Werften rüsteten auch Schiffe, ja ganze Flotten für die Kreuzzüge aus. Dafür ernteten sie beispielsweise von Kaiser Friedrich II. höchstes Lob.

Der Handel mit Westfalen erreichte von der Mitte des 14. Jahrhunderts an seinen Höhepunkt. 1383 lieferte Ostfriesland beispielsweise über Oldenburger Zwischenhändler Pferde, Rinder, Schafe, Butter und Heringe nach Westfalen.

Der Handel mit Flandern war ebenfalls erheblich. Bereits 1252 wurden im Hafen Damme am Swin, dem Hafen von Brügge, friesische Viehhändler angetroffen, die hier Vieh verkauften. Die Stadt Damme wünschte 1394 – so in einer alten Urkunde nachzulesen – ausdrücklich den Besuch der Norder und Harlinger Kaufherren. Auf Wunsch der flämischen Städte Brügge, Gent und Ypern sicherte Graf Ludwig von Mele den Norder und Harlinger Kaufleuten auf drei Jahre freien Handel mit Flandern zu. Auf den Heimfahrten von dort wurde flandrisches Tuch mitgenommen.

Der unbändige Stolz der Ostfriesen verwehrte es ihnen, sich die angebotene Mitgliederschaft in der Hanse zu sichern. Dies brachte für ihren Handel das Ende. Sie mußten gegen die stärker und stärker werdende Hanse schließlich unterliegen.

Als dann noch das Bündnis verschiedener führender Friesen mit den Vitalienbrüdern die Hanse auf den Plan rief und diese Hamburg aufbot, um die Ostfriesen zu bändigen, was ihr auch gelang, war der ostfriesische Handel für immer geschwächt, denn Hamburg konnte keinen Vorteil darin sehen, den ostfriesischen Handel zu stärken.

Was in Ostfriesland fehlte, war der eine bestimmende Mittelpunkt, wie es beispielsweise Hamburg für die Hanse war.

Daß sich dennoch die friesische Seemannschaft auch in der Folgezeit

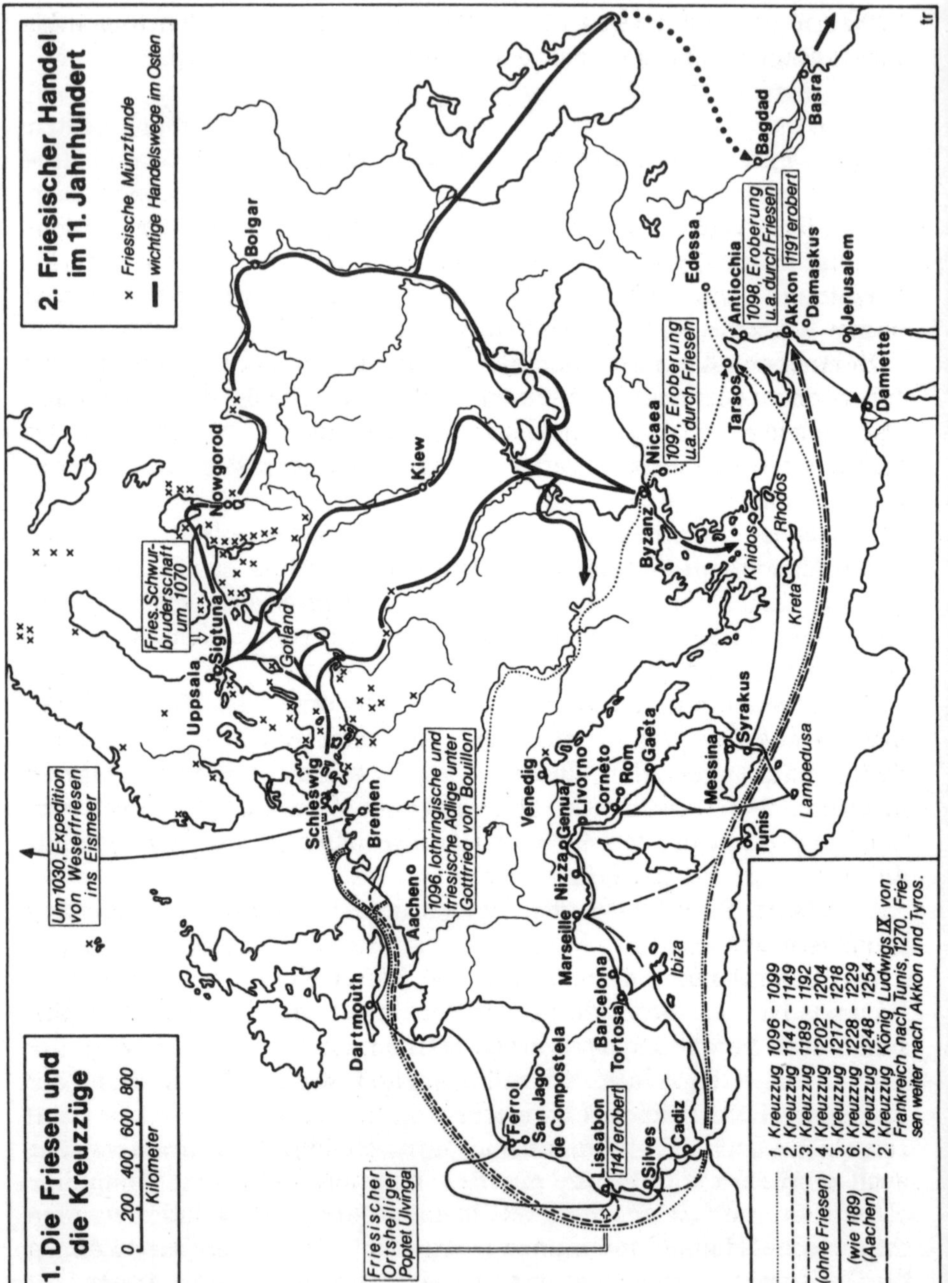

1. Die Friesen und die Kreuzzüge
0 200 400 600 800
Kilometer
2. Friesischer Handel im 11. Jahrhundert
× Friesische Münzfunde
wichtige Handelswege im Osten
Um 1030, Expedition von Weserfriesen ins Eismeer
Fries. Schwurbruderschaft um 1070
1096, lothringische und friesische Adlige unter Gottfried von Bouillon
1097, Eroberung u.a. durch Friesen
1098, Eroberung u.a. durch Friesen
1191 erobert
1147 erobert
Friesischer Ortsheiliger Poptet Ulvinga
Uppsala
Sigtuna
Gotland
Nowgorod
Bolgar
Kiew
Schleswig
Bremen
Aachen
Dartmouth
Ferrol
San Jago de Compostela
Lissabon
Silves
Cadiz
Tortosa
Barcelona
Marseille
Nizza
Genua
Livorno
Corneto
Rom
Gaeta
Venedig
Ibiza
Messina
Syrakus
Tunis
Lampedusa
Kreta
Knidos
Rhodos
Byzanz
Nicaea
Tarsos
Antiochia
Edessa
Akkon
Damaskus
Jerusalem
Damiette
Bagdad
Basra
tr
1. Kreuzzug 1096 - 1099
2. Kreuzzug 1147 - 1149
3. Kreuzzug 1189 - 1192
(ohne Friesen) 4. Kreuzzug 1202 - 1204
5. Kreuzzug 1217 - 1218
6. Kreuzzug 1228 - 1229
7. Kreuzzug 1248 - 1254
(wie 1189) (Aachen) 2. Kreuzzug König Ludwigs IX. von Frankreich nach Tunis, 1270. Friesen weiter nach Akkon und Tyros.

bewährte und auf Teilgebieten verstärkte, das wird in den folgenden Abschnitten noch zum Ausdruck kommen.

Die Friesen und die Kreuzzüge

Schiffahrt und Schiffsbau der Friesen, im 11. Jahrhundert bereits weltbekannt und gerühmt, brachten es mit sich, daß Friesen als Mitstreiter an verschiedenen Kreuzzügen von sich reden machten und immer wieder lobend genannt wurden.

Beim ersten Kreuzzug, der 1096 begann und mit der Eroberung von Jerusalem am 15. Juli 1099 seinen Höhepunkt erlebte, wurden Friesen als Teilnehmer nicht genannt, obwohl als sicher gilt, daß im Heer des Herzogs Gottfried von Bouillon auch friesische Schiffe übers Meer gezogen waren.

Der zweite Kreuzzug aber sah auch offiziell genannte friesische Kreuzfahrer im großen Heer. Sie waren bei der Eroberung von Lissabon am 21. Oktober 1147 dabei, nachdem sie im Spätherbst mit einem Kontingent Engländer und Flamen gemeinsam von England aufgebrochen waren, um Palästina auf dem Seeweg zu erreichen.

Dieser Kreuzzug, auf dem die hohen Herren von ihren Damen und diese wiederum von Minnesängern begleitet wurden, schlug nicht durch. Zwar traf König Ludwig VII. von Frankreich mit seinen Damen in Jerusalem ein, doch sein Heer war in Attalia zurückgeblieben, weil der Fahrpreis nicht bezahlt werden konnte, den griechische Schiffer für die Fahrt nach Antiochien forderten.

Islamische Streitkräfte brachten die in Attalia zurückgebliebenen Franzosen um.

Die Belagerung von Damaskus, die Kaiser Konrads III. Heer und Balduins III. Streitkräfte durchführten, endete ergebnislos. Die Christen traten den Rückzug an, als das Herannahen eines Heeres der Emire von Aleppo und Mossul gemeldet wurde. Die Armee der Kreuzfahrer löste sich auf und floh. Konrad kehrte nach Deutschland zurück. Ludwig VII. blieb noch ein Jahr als Pilger in Jerusalem, ehe auch er die Heimreise antrat. Die Begeisterung für die Kreuzzüge ebbte sehr rasch ab, und es sollte bis zum Jahre 1189 dauern, bevor ein dritter Kreuzzug aufbrach, um Saladin, der zum Heiligen Krieg gegen die Christen aufgerufen, fast ganz Palästina in seine Hand gebracht und Jerusalem nach zwölftägiger Belagerung erobert hatte, zu vernichten.

Wilhelm, der Erzbischof von Tyrus, konnte in Mainz Friedrich Barbarossa zur Teilnahme zu bewegen. Bereits im Jahre 1187 hatten sich friesische und dänische Kreuzfahrer auf 50 Schiffen vereinigt und fuhren in Richtung Portugal. „Sie waren zwar zuchtlose Soldaten, aber ausgezeichnete Seefahrer“, wie Steven Runciman in seiner „Geschichte der Kreuzzüge“ zu berichten weiß. Am Auslaufhafen in Holland waren flämische Seefahrer hinzugekommen. Sie eroberten die portugiesische Stadt Silves und standen 1189 vor Akkon.

Unter dem Befehl des Landgrafen Ludwig des Frommen nahmen sie an der Eroberung dieser muselmanischen Stadt teil, die am 13. Juli 1192 erobert wurde. Mit den übrigen deutschen Kreuzfahrern kehrten auch die Friesen in die Heimat zurück und berichteten von den Wundern, die sie im Heiligen Land erlebt hatten. Auf dem Wege dorthin war Friedrich Barbarossa in Kilikien im Flusse Saleph ertrunken.

Im Jahre 1197 waren wieder Friesen und nordwestdeutsche Kreuzfahrer unter Bischof Hartwig von Bremen nach dem Heiligen Land unterwegs. Über Lissabon und Messina erreichten sie Palästina. Nach einigen Scharmützeln kehrten sie 1199 wieder heim.

Der große friesische Schlag aber erfolgte im fünften Kreuzzug. Im Itinerarium des Oliver von Xanten, dem berühmten Reisebuch des Domscholasters von Köln, der später Bischof von Osnabrück und Kardinal wurde, ist diese friesische Beteiligung gewürdigt worden. Oliver von Xanten hielt im ganzen Rheinland Kreuzpredigten. Er gelangte auf dieser Reise über Westfalen auch ins münsterische Friesland. Hier ließ er Geldstöcke aufstellen und konnte einige Hundert zu allem entschlossener Friesen für den neuen fünften Kreuzzug gewinnen.

Eine Flotte von 90 friesischen Schiffen versammelte sich in der Mündung der Lauwers. Am 31. Mai 1217 erfolgte der Aufbruch. Die Fahrt ging zunächst nach Dartmouth. Hier stieß eine Flotte holländischer und rheinischer Kreuzfahrer zur Flotte der Friesen.

Befehlshaber dieser vereinigten Seestreitkräfte wurde Graf Wilhelm von Holland, der spätere deutsche Gegenkönig. Er führte die zweite Abteilung, in welcher sich auch das friesische Kontingent befand. Die erste Abteilung stand unter dem Kommando des Grafen von Wied.

Zunächst wurde ein bretonischer Hafen angelaufen, und am 16. Juni 1217 Ferrol in Galicien erreicht. Von dort aus ging es im Fußmarsch nach Santiago de Campostela, wo das Heer wieder an Bord der Schiffe ging.

Von widrigen Winden wurde die Flotte nunmehr nach Norden abgetrieben, konnte aber doch Kurs auf Lissabon nehmen, das sie anlief.

Am Grabe des hier bestatteten Friesen Poptet Ulvinga, der 1147 nach einigen ruhmvollen Waffentaten bei der Eroberung der Stadt gefallen war, verrichteten die Friesen ihre Gebete.

Auf Wunsch des Bischofs von Lissabon hin spaltete sich vom Kreuzfahrerheer die Hälfte der 200 Schiffe ab, um die maurische Hafenfestung Alcacer do Sal in der Algarve zu erobern. Doch die zweite Hälfte der Schiffe, darunter auch 86 friesische Koggen, setzte die Fahrt fort, geriet aber nach Umrundung von Kap San Vincente in eine Windstille und legte im Hafen Santa Maria (dem späteren Hairin) an. Diese sarazenische Stadt wurde erobert.

Am 1. August brachen die friesischen Schiffe wieder auf. Noch zweimal war das gleiche Einlaufmanöver in maurische Häfen erfolgreich. Am 4. August wurde Cadiz erobert. Von hier aus brachte einer der glücklich heimkehrenden Friesen eine Goldmünze des Kalifen Abu Jusuf Jacub, der von 1213 bis 1223 regierte, mit nach Hause. Sie wurde 1854 in Norden gefunden. Eine weitere Münze aus dieser Zeit fand sich in Westerlauwersch-Friesland.

Die Durchfahrt durch die Meerenge von Gibraltar wurde durch stürmische Winde vereitelt. Erst nach zehntägigen Versuchen konnte sie durchlaufen werden. Die Insel Ibiza wurde erreicht. Von hier aus ging es nach Tortosa, wo Frischwasser eingenommen wurde. Im Hafen von St. Felicianus bei Barcelona fand die Vereinigung mit dem zweiten Teil der Kreuzfahrerflotte statt.

Über St. Mardrianus bei Marseille, Nizza, Genua, Pisa, Livorno und Civitavecchia wurde am 9. Oktober Gaeta erreicht. Hier überwinterten die Kreuzfahrer.

Corneto, ein kleiner Nachbarhafen, nahm nicht weniger als 18 friesische Schiffe auf. Friesische Kreuzfahrer unternahmen von hier aus eine Wallfahrt nach Rom. Sie wurden von Papst Honorius III. in Audienz empfangen. Der Heilige Vater zeigte ihnen zweimal das Schweißtuch der Heiligen Veronika mit dem eingedrückten Bilde Christi.

Im März 1218 setzte das versammelte Kreuzfahrerheer seine Reise nach Osten fort und erreichte zu Ostern Kreta. Von hier aus ging es nach Rhodos und Zypern weiter, und als am 26. April 1218 Ptolemais (Akkon) erreicht war, hatte der längste und beschwerlichste Teil der Kreuzfahrt sein Ende gefunden.

Von hier aus ging es nach Ägypten weiter. Am 29. Mai 1218 lief die Flotte in den Nilarm bei Damiette ein. Aber der berüchtigte Kettenturm, der den Hafen sperrte, verhinderte das Eindringen in den Hafen von Damiette.

Auf zwei zusammengebundenen friesischen Schiffen wurde nunmehr ein hölzerner Turm aufgebaut, von dem aus die Friesen den Gegner auf dem Kettenturm erreichen konnten.

Nebeneinander stürmten Ritter Heinrich von Lübeck und der junge Friese Hayo Fivelgo aus dem Groningerland auf den Turm. Mit einem „eisernen Dreschflegel“ schlugen sie auf die Verteidiger ein, bezwangen sie und eroberten die gelbe Fahne des Sultans, das Panier des Kettenturmes.

Von hier aus kehrte ein Teil der Friesen mit der Bewilligung des Patriarchen von Jerusalem in die Heimat zurück. Jene Friesen aber, die blieben, beteiligten sich an der Belagerung der Stadt Damiette, die schließlich mit ihrer Hilfe erobert wurde. Eines der beiden Schiffe, die den Turm getragen hatten, hieß die „Heilige Mutter“. – Im Jahre 1221 eroberten die Sarazenen Damiette zurück.

Die Friesen wurden zunächst mit einem Dankschreiben von Oliver von Xanten bedacht, der ebenfalls am Kreuzzug teilgenommen hatte. Papst Honorius III. richtete 1223 ein Dankschreiben an die friesischen Edlen.

Der sechste Kreuzzug wurde in Ostfriesland abermals durch Oliver von Xanten verkündet. Im Mai 1223 bereits reiste dieser durch das Groningerland. Er predigte im Reider- und im Emsigerland. Zu Uttum und Groothusen versammelte sich eine große Zahl Menschen um ihn und begeisterte sich für den Kreuzzug.

In einem Schreiben vom 1. Februar 1226 wandte sich Kaiser Friedrich II. an den Adel in Friesland. Er erinnerte an die Heldentaten der Friesen bei Damiette und beschwor sie:

„Es ist für alle Fürsten und Könige der Erde sowie für alle, die den christlichen Namen tragen, schimpflich, daß schon so lange – nicht ohne Schuld der Christenheit – der Tempel des Herrn und die Heilige Stadt von den Heiden beschmutzt, daß der Sohn der Magd die Herrin der Völker und Patronin der Freiheit schändlich in feindseliger Tyrannei gefangen sind.

Erhebt Euch also in Eurer Mannhaftigkeit und rüstet zur Rache für das Blut Eurer Brüder, das sie zur Ehre des Kreuzes vergossen, eine Flotte, einmütig und stark, damit Wir zur festgesetzten Zeit gemeinsam zur Befreiung des Heiligen Landes ausfahren können.“

Am 22. Mai 1227 versammelten sich die friesischen Koggen bei Borkum. Nach langer Fahrt erreichten sie auch diesmal das Heilige Land. Durch Verhandlungen mit dem Sultan gelang es Kaiser Friedrich II., sich 1229 zum König von Jerusalem zu krönen, das er 1244 wieder aufgab.

Der siebente Kreuzzug von 1248 bis 1254 sah in seiner Vorbereitungsphase den Franziskanermönch Wilbrand aus Mainz als Kreuzprediger in Friesland. Innozenz IV. hatte ihn ernannt. In Groningen kam es am 15. September 1247 zu einer großen Versammlung weltlicher und geistlicher Würdenträger, deren Schirmherr Bischof Albert von Riga war.

Die aus Rom angereisten Kreuzprediger brachten „nicht nur weitgehende Befugnisse zur Spendung geistlicher Gnaden an die Kreuzfahrer und die Schiffer, welche Kreuzfahrer ins Heilige Land brachten, nach ganz Friesland mit, sondern auch Privilegien über die Freiheiten der Friesen." (Siehe Reimers, H.: Ostfriesische Geschichte, 5. Unter dem Zeichen des Kreuzes).

Die Beschaffung der Geld- und Transportmittel bereitete einige Schwierigkeiten, so daß der Abreisetermin sich auf den Mai 1249 verschob.

Gewissermaßen aus einer Forderung der Beschäftigungstherapie heraus und weil sie eben so günstig bei der Hand waren, ordnete Innozenz IV. an, die Friesen sollten dem Grafen Wilhelm von Holland – dem Gegenkönig zu Kaiser Friedrich II. – bei der Belagerung von Aachen zu Hilfe kommen.

Die Friesen zogen ins Rheinland und standen im Spätsommer 1248 vor Aachen. Mit raffinierten Wasserbauten brachten sie die Verteidiger dieser Stadt am 31. Oktober 1248 zur Aufgabe. Am 3. November 1248 erhielten die Friesen eine Dankesurkunde König Wilhelms. Darin bestätigte dieser, daß allen Friesen ihre von Karl dem Großen erhaltenen Freiheiten erhalten bleiben sollten. Beiläufig sei erwähnt, daß der Gegenkönig Wilhelm im Winterfeldzug gegen die Friesen 1256, also sechs Jahre nach Friedrichs Tod bei Stavoren, ums Leben kam.

Über die weitere Beteiligung am Kreuzzug, zu dem sich Ludwig der Heilige am 21. August 1248 einschiffte, ist in Bezug auf friesische Aktivitäten nichts bekannt.

Erst der zweite Kreuzzug König Ludwigs IX. von Frankreich nach Tunis verzeichnet wieder umfangreiche friesische Anteilnahme.

Bereits 1260 hatte Thomas, der Bischof von Bethlehem, der zugleich päpstlicher Legat in Palästina war, einen Aufruf an die Völker Europas erlassen, den bedrängten Christen im Heiligen Land zu Hilfe zu eilen. Einer seiner Aufrufe war auch an die Geistlichkeit in Friesland gerichtet. Da sich diesmal auch friesische Frauen daran beteiligen wollten, riet er hiervon dringend ab. Stattdessen sollte man weniger begüterte Friesen unterstützen. Dafür würden dann die zurückbleibenden Frauen den Ablaß erhalten.

1267 nahm Ludwig IX. zum zweitenmal das Kreuz an.

Papst Clemens IV. ließ 1268 durch Bruder Gerhard (Herardus), der 1264 das Dominikanerkloster zu Norden gestiftet hatte, den Friesen das Kreuz predigen.

Im Mai 1269 entsandte König Ludwig IX. den Abt Gerbrand nach Dokkum. Gerbrand überbrachte den friesischen Edlen ein Schreiben Ludwigs, daß er am 24. Juni 1270 von Aigues Mortes in See stechen werde. Alle Friesen wurden aufgefordert, sich seiner Flotte anzuschließen und so viele Schiffe wie möglich zur großen Fahrt auszurüsten.

Die Friesen gingen abermals ans Werk und rüsteten 50 Segler aus. Allein der Fivelgo stellte vier Schiffe zur Verfügung. Jeder der Kreuzfahrer hatte folgende Verproviantierung und Ausrüstung mitzubringen, ohne die er nicht in das Kreuzfahrerheer aufgenommen wurde:

Sieben Mark Sterling in bar, sechs kleine Tonnen Butter, einen Schinken, eine und eine halbe Seite vom Rind, einen Scheffel Mehl, Kleidung und Waffen.

Kurz vor Ostern 1270 gingen die friesischen Kreuzfahrer an Bord ihrer sich vor Borkum sammelnden Schiffe. Hier wurden sie 20 Tage lang durch gegenan stehenden Westwind aufgehalten, so daß sie erst am 22. Mai 1270 am Swin eintrafen, wo Margarethe von Flandern sie freundlich empfing. Flandern war für die Friesen eines der Hauptausfuhrländer, und vor allem friesische Pferde nahmen ihren Weg dorthin. So kann Margarethes Freundlichkeit nicht wundernehmen.

Als die Flotte in Marseille eintraf, war der vereinbarte Termin des Treffens mit der französischen Flotte bereits verstrichen. Die 50 friesischen Koggen segelten ihnen hinterher und erreichten Sardinien. Hier erfuhren sie, daß Ludwig der Heilige Kurs auf Tunis hatte nehmen lassen. Da die Friesen nach Palästina wollten, waren sie über diesen Kurswechsel nicht eben glücklich. Doch sie ließen sich von den zurückgebliebenen Predigern und den Schiffseignern dazu überreden, Kurs auf Tunis zu nehmen.

Dort angekommen, erfuhren sie, daß der König zwar die Ungläubigen geschlagen und Tunis eingeschlossen habe, dann aber an einem tödlichen Sumpffieber gestorben sei.

Karl von Anjou hatte die Führung übernommen, und die Friesen wählten Graf Heinrich von Luxemburg zu ihrem Anführer.

In einigen Gefechten vor der Stadt gelang es den Friesen, den Gegner zu vernichten. Die Stadt trug den Kreuzfahrern die Übergabe an, und nachdem die Verhandlungen beendet waren, segelten Friesen, Deutsche und Engländer nach Palästina ab. Unterwegs litten sie ungemein durch Sturm und Krankheit und kamen in stark verminderter

Zahl endlich zu Ptolemais an, wo sie die christliche Armee in einem schlechten Zustand und in verderblicher Uneinigkeit antrafen.

Indessen wurden die Friesen von den Tempelherren wohl empfangen und herrlich bewirtet.

Der Erzbischof von Tyros, die Johanniter und der Deutschritterorden hofierten die Friesen in der Absicht, sie für die Verteidigung von Tyros zu gewinnen.

Von hier aus traten sie bald darauf die Heimreise an. Da der Großteil der eigenen Schiffe seeuntüchtig geworden war, fuhren sie teils auf fremden Schiffen in die Heimat zurück, teils versuchten sie, im Landmarsch heimzukommen. Durch Italien und Frankreich zurückwandernd, fielen sie oftmals räuberischen Wegelagerern in die Hände, die sie nicht nur ausraubten, sondern auch umbrachten. Das Gros aber hatte in Afrika und in Palästina den Tod gefunden.

„Es war der letzte Kreuzzug, den ein geschlossener Verband Deutscher und Friesen ins Heilige Land unternahm.“ (Siehe Bock Fr.: Friesland und das Reich. In: Jahrbuch der Gesellschaft für bildende Kunst und vaterländische Altertümer zu Emden, 33. Bd. 1953).

Die friesische Schiffahrt, ihre Kreuzzüge und Handelsfahrten heben dieses Volk am Meer aus der Kategorie des ethnischen Unikums ebenso heraus, wie seine Rußland- und Arktisfahrten es tun; hinzu kommt die großartige Leistung des Deichbaues, mit dem sie sich und ihr Eigentum gegen die Urgewalt der Elemente schützten. Der friesische Freiheitsbegriff, der uns aus der Geschichte dieses Volkes und Stammes entgegenweht, kam nicht von ungefähr. Die Entwässerung, der Schutz des Landes, alles dies ist mit den friesischen Eigenschaften des Festhaltens, des Aufbauens und des Verteidigens ihrer Heimat verbunden.

So hebt sich die Geschichte Frieslands und in Sonderheit Ostfrieslands aus der Enge der Heimatgeschichte – so schön und wertvoll auch diese ist – heraus und zeigt auf, daß hier ein Menschenschlag lebte und wirkte, auch heute noch lebt und wirkt, der im wahrsten Sinne weltweit gedacht hat, der praktisch die ganze Welt zu Gast hatte – gebeten oder ungebeten – und sich mit diesen Gästen auseinandersetzen mußte.

Der weitere Verlauf dieses Werkes wird dies aufzeigen und friesisches Stehvermögen und Durchhalten unter Beweis stellen, allen Unbilden wie Seuchen und Sturmfluten zum Trotz, im Widerstand gegen alle Annexionsversuche. Viele Jahrhunderte stellte Friesland freies Friesentum unter Beweis.

Die Häuptlingszeit in Ostfriesland

Allgemeine Vorbemerkungen

Im 13. Jahrhundert war das gesamte Gebiet zwischen Jade und Ems ein Land der freien Bauern. Es gab nun in Ostfriesland keine Ritter und Lehnsleute mehr und keine Unfreien. Gegenüber allen übrigen Territorien in Deutschland war dies eine große Ausnahme.

Diese Bauern trieben Viehzucht. Sie entwässerten Teile der Moorlandschaft am Rande der Geest und siedelten in neu entstehenden Reihendörfern. Sie bauten Getreide an, das hier besser gedieh als in der ärmeren Geest.

Handel und Schiffahrt blühten zwar noch, doch nicht mehr so üppig wie im 8. bis 10. Jahrhundert. Friesisches Tuch wurde nicht mehr ausgeführt.

Die noch zur karolingischen Zeit bestehende ständische Gliederung mit dem Schema der Edlen, der Freien, der Halbfreien und der Sklaven war verschwunden. Die persönliche Freiheit und die Gleichheit aller Ostfriesen vor dem Gesetz war Wirklichkeit geworden. Ubbo Emmius, einer der großen friesischen Geschichtsschreiber, bezeichnete diese Entwicklung mit folgenden Worten:

„Sie bilden einen völlig selbständigen Staat für sich, diese Anwohner des deutschen Meeres; eine freie Republik, und das völlig losgelöst vom übrigen Deutschland. Nur die Persönlichkeit des Kaisers vermittelte eine gewisse lockere Zusammengehörigkeit, denn den Kaiser, aber auch nur ihn erkennen die Friesen als ihren Herren an. Freie Männer sind sie und rechtlich alle gleich.

Sie regieren ihre Republik selbst in eigener Souveränität, die voll und ganz beim Volke liegt. Sie treten in bestimmten Perioden, an bestimmten Tagen oder auch, wenn es die Not verlangt, in außerordentlicher Weise zu Volksversammlungen zusammen.

Dort, an einem von altersher geheiligten Ort, unter dem schirmenden Dach alter Eichen, beraten sie gemeinsam über das Wohl und Wehe des ganzen Staates, über Krieg und Frieden, über staats- und privatrechtliche Angelegenheiten und über Ruhe und Ordnung im Innern.

Dort wählen die freien Männer ihre Vorsteher auf eine bestimmte Zeit, ihre Anführer daheim und im Felde, ihre Potentaten, welche Ruhe und Ordnung im Innern aufrechterhalten. Sie beraten über die Einhaltung und Respektierung der Gesetze und des Rechtes.

Niemandes Leute sind sie, sie wissen nichts vom Lehnsverband, von Vasallentum. Niemandem zahlen sie Abgaben, wie die armseligen Menschen drüben im Reiche. Keinem Herren sind sie zur Heerfolge verpflichtet, selbst dem Kaiser, ihrem Schirmvogt, leisten sie nur dann Heerfolge, wenn er sie besonders darum bittet und wenn es ihnen alsdann gefällt.

Seit unvordenklichen Zeiten ist dies in Friesland so gewesen. Von den ersten Vorfahren haben die Friesen des Mittelalters ihre freie republikanische Staatsverfassung ererbt: Karl der Große hat sie ihnen verliehen ob ihrer großen Verdienste um das Reich. Seine Nachfolger auf dem Thron haben es ihnen mit Brief und Siegel bestätigt.

In glänzenden Waffentaten haben die Friesen ihre Freiheit gegen jeden auswärtigen Eroberer verteidigt und volle 600 Jahre behauptet." (Siehe Ubbo Emmius: De Frisia et Frisiorum republica, Leiden 1626; und: Rerum Frisicarum Historia, Leiden 1616).

Der Platz, an dem sie sich versammelten, war der Upstalsboom nur wenige Kilometer westlich von Aurich. Hier hatten sich bereits um 1156 die friesischen Bevollmächtigten versammelt, um die 17 Küren und später die 24 Landrechte zu vereinbaren. Hier versammelten sie sich wieder 1323, um die Leges Upstalsbomiae zu verkünden und ihre „iurati – Geschworenen" zu wählen, die die Wahrung des friesischen Landrechts zu überwachen hatten.

In den Überküren wurde das Zusammenstehen der soghen selonda – der sieben friesischen Seelande – verbrieft und außerdem bekundet, daß alle Friesen jedes Jahr am Dienstag nach Pfingsten sich unter dem Upstalsboom versammeln sollten, um unter diesem „Baum am erhöhten Platze alle Rechte zu beraten, welche die Friesen untereinander halten sollten". (Siehe J. Hoekstra: Die Gemeinfriesischen Siebzehn Küren, Assen o.J., vermutlich 1940).

Damit war die Rechtsgemeinde aller Friesen fest eingerichtet. Dies mindestens seit 1222, wie aus der Chronica des Emo von Wittewierum hervorgeht, in der dieser Umstand dargelegt wird.

Von ihren „Siebzehn Petitions" forderten die Friesen, daß sie in Friesland fort und fort gelten und keine Abänderung erfahren sollten, und zur ersten dieser siebzehn Küren erklärten die Friesen das „Recht am ungestörten Besitz ihres Eigentums, wenn es nicht verwirkt ist".

Ein Jahr nach dem Bekanntwerden der Leges Upstalsbomiae wurde das erste Siegel des Upstalsbundes bekannt, das Siegel „totius Frisiae“, das 1338 zum letztenmal benutzt wurde.

Übrigens erlebte dieses Siegel noch einmal fröhliche Urständ, als mit der Vereinigung des Westergos, des Ostergos, des Humsterlandes, des Hunesgo, Fivelgo, des Altamts, des Reiderlandes, des Emslandes und Brokmerlandes durch Groningen am 9. September 1361 ein großes zusammenhängendes friesisches Gebiet entstanden war. Dieses beschloß die Erneuerung der Grundsätze des Upstalboom, und die Initiatoren ließen sich das alte Siegel von dessen Hütern aushändigen, um es zu benutzen.

Allerdings hatte diese Vereinbarung nur recht kurze Zeit Bestand, so daß das Siegel nicht wieder verwendet wurde.

Grundlagen der Häuptlingsherrschaft

Die sich nunmehr anbahnende Zeit der Häuptlingsherrschaft in Friesland behauptete sich deshalb so lange, weil sie nicht mit einer Minderung des Rechtes der einzelnen Bauern einherging. Den freien Bauern war es auch unter den Häuptlingen möglich, sie selbst zu bleiben. Deshalb legten sie ganz bewußt die öffentliche Gewalt zum Schutz des Rechtsfriedens in nur eine Hand und in die Macht einer großen Familie, die diesen Schutz auch dann gewährleisten konnte.

Eine der ersten großen Häuptlingsfamilien waren jene Männer des Geschlechtes der tom Brok. Die erste Erwähnung des Brokmerlandes, das im Mittelalter Brockmannia genannt wurde, stammt aus dem Jahre 1250. Damals gerieten die Bewohner des Brokmerlandes, das zum pagus Federga (dem Federgau) gehörte, mit dem Probst von Hinte über Kreuz. Kurz entschlossen marschierten sie nunmehr gen Hinte, zerstörten das Präpositurgebäude, töteten einen Priester, der sich ihnen in den Weg stellte, um Böses zu verhindern, und verjagten viele Menschen aus ihren Besitzungen.

Bischof Otto von Münster machte einen Friedensvorschlag. Persönlich einzugreifen, davor scheute er zurück, weil er die Stärke der Brokmannen kannte. Deshalb verfügte er schließlich, daß alle unter dem Konsulat der Brokmänner stehenden Kirchen von der Synodalgewalt des Herren Ludward von Hynt (Hinte) frei seien und die Sendgeschäfte von nun an durch Abgesandte des Bischofs und seiner Nachfolger getätigt werden sollten.

Zu diesem Zweck wurden sechs Kirchen im Brokmerland bestimmt;

in drei von ihnen sollte jeweils jährlich abwechselnd zwei Tage die Hauptsende stattfinden.

Diese Sende oder Synodus war ein geistliches Gericht, das alle Vergehen gegen Religion und Sitten zu verfolgen und auch zu ahnden hatte.

Gleichzeitig damit war Brockmannia zur selbständigen Präpositur aufgestiegen, was für die Bewohner des ostfriesischen Landstriches einen Fortschritt bedeutete und zugleich Sprungbrett zu einer weiteren rasanten Entwicklung sein sollte.

Genau 26 Jahre später kam es zu neuen Unstimmigkeiten zwischen den Brokmern und ihren Nachbarn mit dem Klerus. Sie wurden durch den Faldernschen Vergleich beigelegt. Dieses Abkommen wurde zwischen Bischof Eberhard von Münster und den friesischen Landschaften Emsgau, Brokmerland, Reiderland und dem Oldamt im Jahre 1276 geschlossen.

Die Präpositur Brockmannia und die kirchliche Zugehörigkeit dieses friesischen Landesteiles zu Münster bestand bis zur Reformation. Dann traten die Brokmänner ausnahmslos zum Luthertum über.

Bedeutend verworrener und viel explosiver aber verlief das weltliche Regime über den Emsgau und damit auch über das Brokmerland als Teil des Federgaues. Aus den Händen des Grafen von Ravensberg ging die weltliche Herrschaft zunächst durch kaiserliche Belehnung 1253 an die Bischöfe von Münster über. Das Brokmerland jedoch zog bereits sehr bald das Auricherland, das als Teil des Astergaues in weltlicher Hinsicht den Grafen von Oldenburg unterstellt war, an sich und bildete mit diesem gemeinsam einen unabhängigen freien Gauverband.

Nach dem Ende des 13. Jahrhunderts verfaßten Rechtsbuch der Brokmänner, dem Brokmerbrief, unterteilte sich dieses Land in vier Teile, den sogenannten Fiardandele. Ihre Mittelpunkte waren die Kirchen von Marienhafe, Engerhafe, Viktorbur und Aurich. Aus jedem dieser Landesviertel wurden alljährlich vier Redjeven oder consules gewählt, die wie in den übrigen Landesteilen von Friesland zu jener Zeit die höchste richterliche Behörde repräsentieren. Aus diesen consules entwickelten sich im Laufe der Zeit die Häuptlinge des Landes. Das geschah folgendermaßen.

Beginn der Häuptlingsherrschaft

Der alte Geburtsstand der Nobiles oder Ethelinge war in Ostfriesland zahlreich. Sie besaßen bevorrechtigte Grundstücke, die Ethel, als

Erbgüter. An diesen Adelsgütern allein haftete die Berechtigung zum Richteramt.

Die consules wurden aus dem Stande der Nobiles gewählt, und die Häuptlinge sind damit nichts anderes als die neue Form der alten Nobiles, während die freien eigenbeerbten Hausleute die alten Liberi und die Heuerleute die alten Liten sind (Siehe Richthofen, Karl Freiherr von: Untersuchungen über die friesische Rechtsgeschichte, Bd. I, Berlin 1880, Bd. II, Berlin 1882, Bd. III, Berlin 1886).

Nicht alle Häuptlinge jedoch wurden auf solchem Wege zu diesem Rang gewählt, sondern nur die Mitglieder einiger weniger Familien, die es verstanden, das Richteramt fest an den Heerd zu binden, d.h., es erblich zu machen.

Die Häuptlinge waren darüber hinaus die verfassungsmäßigen Führer, die in den dauernden Fehden des 14. Jahrhunderts eine große Machtfülle erlangten, vorausgesetzt, sie waren erfolgreich.

Diese Konsulatsverfassung war bis ins Jahr 1379 urkundlich belegbar und in Kraft. Spätestens seit 1398 gehörte das Harlingerland ebenfalls zum Machtbereich der tom Brok, die in Esens, Wittmund und auch an anderen Orten ihre eigenen Vögte einsetzten.

Welches waren nun die wichtigsten Quellen jenes Reichtums, der die alten Häuptlingsfamilien auszeichnete? Es war dies einmal die Lage ihrer Sitze, deren älteste bei einem alten Dorf oder in der Nähe eines solchen liegen, wie dies am Beispiel von Berum, Dornum, Stedesdorf, Westerhusen und Wittmund deutlich wird. Diese Ortschaften hatten innerhalb des Kirchdorfes oder auch hart außerhalb liegende Burgen, die dem Kirchdorf zugeordnet wurden. Diese Burgen waren entstanden, als reiche Bauern ihre Gehöfte in Verteidigungsstätten verwandelten, indem sie ihre Haupthäuser nicht mehr aus Lehm und Stroh, sondern aus Steinen bauten und Wälle und Gräben darum anlegten.

Die ersten Nachrichten über solche festen Steinhäuser sind in den Berichten Ockos I. tom Brok über Wittmund aus dem Jahre 1377 bekannt. – Wer waren nun die tom Broks?

Keno Hilmerisna – Vom Konsul zum Häuptling

Im Brokmerland war es das Geschlecht der tom Brok, das, wie bereits dargestellt, im 14. Jahrhundert zur Häuptlingswürde gelangte. Ihr Hauptsitz war ein Heerd zu Oldeborg im Kirchspiel Engerhafe. Kraft dieses Heerdes – eines Besitztums an Land – waren die tom Broks zum Richteramt berechtigt und übten dieses auch aus. Dieses

Richteramt wurde beim Heerde der tom Broks erblich, und sehr bald gehörten verschiedene Burgen im Emsiger- und Norderland zu den tom Brokschen Besitztümern.

Ahnherr dieses Geschlechts war der Konsul Keno von Norden, der 1300 starb und zwei Söhne, Hilmer und Keno Kenismua, hinterließ. Hilmers Sohn, Enkel des ersten bekannten Konsuls der Familie, Keno Hilmerisna in Brocmannia, wurde Gebieter dieses Erbes. Er erscheint als erster sicherer und beglaubigter Herr tom Brok, wie dies im ostfriesischen Urkundenbuch unter der Nr. 65 belegt ist. Vor ihm war nicht ausdrücklich von einem Häuptling im Brokmerland die Rede. In den erwähnten Verträgen von 1250 und 1276 zwischen dem Emsgau und Brokmerland einerseits und den Münsterischen Bischöfen andererseits traten lediglich erst „consules jurati ac universates Emsgonie et Brocmannie" auf.

1347 erscheint Keno Hilmerisna als Häuptling bei der Schlichtung eines Streites. Ubbo Emmius nannte diesen tom Brok den „Herrscher zu Broke, Marienhafe und Aurich". (Siehe Ubbo Emmius: a.a.O.).

In einem päpstlichen Gnadenbrief des Jahres 1371 ist ein Keno tom Brok erstmals ebenfalls als „capitaneus Brokmanie" genannt. Dieser Keno war erst um die Mitte dieses Jahrhunderts nach der großen Pest, die auch Ostfriesland verheerte, zum Landeshäuptling aufgestiegen. Der Grundbesitz dieses Keno Hilmerisna war im Brokmerland nicht sehr groß, dafür gehörte seine Familie jedoch zu den unternehmungslustigsten. Der Besitz der Oldeborg, wie die Burg Veenhusen genannt wurde, wurde erst 1387 von den tom Broks erworben. Keno selbst starb 1376.

Der älteste Sohn Kenos mit Namen Ocko war mit einem Fräulein Folkeldis aus Strackholt und Hinte versprochen. Doch Ocko, noch nicht heiratswillig, reiste nach Italien ab und nach einigem Hin und Her an den Hof der Königin Johanna von Neapel. Hier wurde er in den höfischen Sitten und als Ritter ausgebildet. Die Königin selber schlug ihn zum Ritter. Es sah ganz so aus, als sollte Ocko tom Brok im südlichen Italien heimisch werden.

Nach dem Tod seines Vaters sollen der Fama nach 1377 die beiden Schwestern Ockos energisch zur Tat geschritten sein. Sie fuhren über Land in einer beschwerlichen Reise nach Neapel, und dort waren Elborg und Doda die Sensation des Hofes, denn in ihren schönsten friesischen Gewändern, behängt mit altem friesischem Goldschmuck und dem langen blonden Haar, das in Zöpfen geflochten war, boten sie einen ganz besonderen Anblick.

Elborg und Doda berichteten Königin Johanna, daß in der Heimat ein Edelfräulein auf Ocko wartete. Dies gab den Ausschlag. Ocko tom Brok wurde aus neapolitanischen Diensten entlassen und kehrte nach Ostfriesland heim.

Daheim angekommen, heiratete Ocko zunächst die wartende Folkeldis, die ihm neben ihrer Jungfräulichkeit auch noch die Güter zu Strackholt und Hinte mitbrachte und übereignete.

Doch in Neapel in der Minne geübt, ließ Junker Ocko oder Ritter Ocko auch zu Hause nichts anbrennen, und noch bevor Folkeldis ihm das erste Kind gebar, schenkte eine hübsche Ostfriesin ihm einen Sohn. Ocko nannte diesen „Bastard", wie es nach damaligem Sprachgebrauch schlicht hieß, Widzelt und ließ den Knaben daheim erziehen.

Ocko blieb nicht lange untätig und nur der Minne verbunden, sondern entfaltete auch sonst eine beachtliche Aktivität. Er kaufte einen Teil der Beningaburg, die zwischen Wirdum und Grimersum lag, mit allen zugehörenden Rechten und Einkünften. Die durch seine Heirat erworbenen Rechte und Herrschaftsansprüche im Kirchspiel Hinte brachten ihn in Konflikt mit dem Inhaber der dortigen Probstei, dem Häuptling Folkmar Allena von Osterhusen, und auch in Gegensatz zu den Herren von Emden, den Abdena.

Unter diesem Aspekt kam es bereits 1380 zu einem ersten Schlagabtausch zwischen Ocko und einer Verbindung der Allena mit den Abdenas. Diese gegen Ocko verbündeten Häuptlinge erklärten zu den Eskapaden des Ocko:

„Auch wenn er ein Ritter ist, wir sind im Recht und außerdem in der Überzahl, so daß wir ihn auf das richtige, ihm angemessene Maß zurückstutzen können."

Diese Replik bezog sich auf jenen neuen Herrschaftstitel, den sich Ocko zugelegt hatte, als er sich in einer Urkunde vom 15. August 1379 „dominus terre Brocmannie et Aurice" nannte und sich damit auch die öffentliche Gewalt im Auricher Land anmaßte.

Der Kampf begann im Frühjahr 1380. Der erste Schlagabtausch befriedigte keine der beiden Seiten, so daß es nach einiger Vorbereitung im späten Herbst 1380 zu einem großen Schlagabtausch kam: dem Gefecht bei Loppersum.

Ocko, in Neapel nicht nur in der Minne, sondern auch im Kriegshandwerk geübt und versiert, zog mit den Seinen in fester Schlachtordnung gegen die Haufen der stärkeren Gegner und schlug diese beinahe mühelos zusammen, bis die Überlebenden ihr Heil in der Flucht suchten.

Einmal in bestem Schwung, zog nun Ocko mit seinen Kampfgefährten brennend und sengend durch das Emsigerland. Folkmar Allena und die Seinen vermochten nicht, diesen entfesselten Kriegshaufen aufzuhalten. Nacheinander gewann Ocko die Burgen Loppersum, Suurhusen, Canhusen und Cirkwehrum für sich.

Am 1. April 1381 ließ sich Ocko im Haag von Herzog Albrecht von Bayern mit einem „eygentlicken goede“, das er dem Herzog vorher aufgetragen hatte, belehnen. Die Urkunde darüber lautet:

„In dem Haag, 1. April 1381.

Aelbrecht, enz. doen cond allen luden, dat voer ons, voer onsen rade ende manneghekomen is here Ocke, heer van Broecmerlant ende van Averkerlant, ridder, ende heeft ons upghedraghen mit synen vryen wille van sinen eygheliken goede alsuke goede, as hier na ghescreven staen. Eerst Brocmerlant, Averkelant twee burghe in Oldersem mit allen horen toebehoren, die burghe in Suderhusen, in Loppersem, in Sircweren, ende in Kanenghusen mit horen toebehoren, den toern ende die kerke in Noerdenhove, welke goede voernoemt wi heeren Ocken, ridder, voerscreven, weder verlyt hebben, ende verlyen mit desen brieve hin ende sinen nacomelinghen te houden van ons ende van onsen nacomelinghen toet enen erfleen. Ende dit voerscr. goet sel men verheerwaerden, soe wann er datter versterft, mit enen roden havic.

Hierover waren als onse ghetrouve manne, die here van Gommengys ende Willem van Naeldwyc.

In oerconde enz. Ghegheven in den Haghe upten eersten dach van Aprille anno LMMMI.“ (Siehe: Mieris: groot Charterboek der graaven v. Holland etc., Leiden 1755, und: Dr. Ernst Friedlaender, Hrgb.: Ostfriesisches Urkundenbuch, 1. Band 787–1470, Wiesbaden 1968).

Der Graf von Holland, Albrecht von Bayern, besaß ostwärts der Ems keinerlei Rechte. Ocko unternahm diesen Schachzug aus rein politischer Erwägung und im Blick auf das westlauwersche Friesland und dessen Häuptlingsparteiungen.

Um den weiteren Zusammenhang zu verstehen, sollte hier eingeblendet werden, daß Herzog Albrecht im westlauwerschen Friesland die Zustimmung der Vetkopers fand, während die Schieringer seinen Bestrebungen nach Vereinigung Widerstand entgegensetzten. (Vetkoper waren die Käufer von fettem Vieh; ursprünglich ein Spottname der Prämonstratensermönche. Schieringer wiederum wurden die Zisterziensermönche nach ihrer „schier“ weißen Tracht genannt.

Die Parteiungen beider Seiten gingen aus Prügeleien von Laienbrüdern beider Seiten hervor, die den westlichen Teil Frieslands in zwei feindliche Lager teilten).

Da sich Folkmar Allena zu den Schieringern – den Feinden von

Herzog Albrecht – geschlagen hatte, mußte Ocko tom Brok versuchen, Herzog Albrecht zum Freund zu gewinnen.

Nur in dieser Verbindung hoffte er, die Allena-Abdena-Allianz schlagen zu können und weiteren Landgewinn daraus zu erzielen. Und auf Landgewinn waren mehr oder weniger alle friesischen Häuptlinge aus.

Neben Ocko Kenisna tom Brok verfolgten auch die anderen Häuptlinge dieses Ziel. Im Osten von Ostfriesland bemühte sich Edo Wiemeken um die Herrschaft in Rüstringen, Östringen und im Wangerland. Im Norderland versuchte der seit 1378 urkundlich bekannte Häuptling Liuward Abdena aus Emden mehr Macht und mehr Land zu bekommen.

Nachdem Ocko sich im Brokmer- und Auricherland etabliert und auch Norden und eine Reihe von Burgen in seinen Besitz gebracht hatte, konnte er sich auch im Harlingerland und im Raume Wittmund weitere Rechte – einige allerdings nur auf Zeit – sichern. Ocko strebte einen fürstlichen Rang an und siegelte mit rotem Wachs. Sein Siegelbild war der Adler, das beliebteste Wappentier der Friesen, unter drei Kronen.

Nach diesem Schachzug schien Ritter Ocko gegen jeden Überfall seiner Feinde abgesichert, so schien es jedenfalls. Aber das Versprechen der Hilfeleistung, das Herzog Albrecht dem Ritter Ocko gegeben hatte, war nicht realisierbar, denn Herzog Albrecht war weit, und die Gegner saßen Ritter Ocko dicht auf der Pelle. Die Häuptlingsstellung der Allena und der Abdena war stark genug, um Ocko den Garaus zu machen.

Folkmar Allena verstand es dann auch, seine Freunde zu einem Feldzug gegen Ocko zu motivieren, indem er ihnen reiche Beute an Geld und Landbesitz in Aussicht stellte.

Ocko erhielt rechtzeitig Wind von diesem Überfall und konnte sich mit einem Haufen schlagkräftiger Bewaffneter auf seine Burg zu Aurich zurückziehen, die von allen seinen Burgen am besten befestigt und deshalb zur Verteidigung in Aussicht genommen war.

Die Burg wurde von den Verbündeten Volkmar Allenas belagert, und an dem riesigen Heerhaufen wehrhafter Bauern, der um Aurich herum aufzog, konnte Ocko ermessen, daß es ihm diesmal an den Kragen gehen sollte.

Ocko begehrte nunmehr einen Waffenstillstand und verlangte eine Aussprache mit Folkmar. Dieser stimmte zu. Diese Aussprache fand am 7. August 1389 statt. Der Flecken, auf dem sich die beiden sprachen, wurde später die Schnappe genannt.

Nach stürmischen Vorwürfen und einer turbulenten Auseinandersetzung liefen die beiden großen Kontrahenten auseinander. Ocko Kenisna war zu keiner Konzession bereit gewesen.

Auf dem Rückweg zur Burg von Aurich folgten einige Männer des Folkmar Allena auf dessen Wink dem Zurückeilenden.

Unterhalb der Mauern, bereits in Sichtweite seiner auf ihn wartenden Frau Folkeldis wurde Ocko angegriffen und von der Mehrzahl der Meuchler mit dem Schwert in Stücke gehauen, nicht ohne vorher einige seiner Widersacher schwer zu blessieren.

Folkeldis, die Witwe Ockos, die mit diesem einen Sohn, Keno, und zwei Töchter namens Occa und Tetta hatte, mußte in der nächsten Zeit einige weitere Schicksalsschläge einstecken. Zunächst wurde nicht ihr Sohn Keno, sondern der „Bastard" Widzelt Nachfolger seines Vaters, allerdings nur für die Zeit, bis sein noch unmündiger Halbbruder Keno das Regiment übernehmen konnte.

Sehr bald war der Landverweser Widzelt eifrig bemüht, sich aus dieser Position heraus zum Herren des Brokmerlandes zu machen. Er war in dieser Hinsicht ganz nach seinem Vater geraten und zögerte nicht, dieses Wollen in die Tat umzusetzen. Dazu verbündete er sich – sehr zum Erstaunen seiner Stiefmutter – ausgerechnet mit dem größten Widersacher seiner Sippe, dem Folkmar Allena. Mit diesem reiste er gemeinsam 1398 zum Grafen Albrecht von Holland, um ihm gemeinsam mit Folkmar sämtliche Besitzungen zu Lehen anzutragen.

Widzelt wurde von Herzog Albrecht zum Lehnsherrn ernannt. Mit diesem Papier trat er nun seiner Stiefmutter und seinem Halbbruder entgegen und nannte sich sehr zu derer beider Entsetzen „Hoevetling to Broke". Er ließ die ersten eigenen Münzen prägen und marschierte mit einer schlagkräftigen Truppe ab, die er selbst befehligte.

Ziel des Marsches dieser Truppe war Detern, wo sich die Gegner Ockos in Gestalt der Soldaten der miteinander verbündeten Bischöfe von Münster und Minden, des Erzbischofs von Bremen und des Grafen von Oldenburg sammelten.

Detern, eine Ortschaft auf dem Sandrücken nahe der Grenze nach Oldenburg, diente als Rastflecken friesischer Wanderer nach Oldenburg und solcher von Oldenburg nach Friesland.

Auf dem Wege dorthin erreichte Widzelt zunächst das Kloster Thedinga, das er einnahm, ausplünderte und niederbrannte.

Damit hatte er voll ins Wespennest getreten. Alle Genannten eilten nun Widzelts Truppe entgegen, und bei Detern prallten die beiden Verbände aufeinander.

Es kam zu einem mörderischen Kampf Mann gegen Mann. Widzelts

Bauernkämpfer, zwar gut geschult, aber in der Minderzahl, unterlagen der Übermacht der schwer gepanzerten Feinde.

Mit achtzig seiner letzten Getreuen floh Widzelt in die Kirche von Detern. Die Heiligkeit der Stätte verbot jeden Angriff auf Leib und Leben der darin Versammelten. Aber die Bischöfe dachten gar nicht daran, den in der Falle sitzenden Gegner entkommen zu lassen. Heiligkeit des Ortes hin, garantierter Schutz der Zuflucht her: sie ließen die Kirche anzünden und schossen außerdem mit ihren beiden mitgeführten Kanonen hinein.

Diejenigen unter Widzelts Männern, die, vom Rauch halb erstickt, ins Freie taumelten, wurden von den Kriegern der geistlichen Herren empfangen und mit Schwerthieben niedergemacht. Ein Teil erstickte in der Kirche. Unter den Toten war auch Widzelt tom Brok. Beninga, der große Chronist Ostfrieslands, berichtete darüber:

„Se hebben ohr gelucke nicht wohl waer genomen und tho lange geslapen, also dat de Fresen tho rugge musten wyken, und vele met den genanten Widzelt tho Detern in der Kerken geweken in der Verhapeininge, de tegen de vyanden in to holden, um syn levent tho redden, so hebben se dan noch vuyr aen der Kerken gebracht und mit den geschutte de Kerke eropent und also Widzelt mit den synen erstecken.“

Folkeldis, Ockos Witwe, setzte nunmehr Keno zum Nachfolger seines Vaters ein. Keno II., der von 1399 bis 1417 die Herrschaft führte, starb 1417 im Bett, eine durchaus unübliche Todesart in der Familie Kenisna. Unter seiner Herrschaft blühte die Seeräuberei der Vitalienbrüder auf. Er gehörte neben anderen Häuptlingen zu den Beschützern dieser Seeräuber, die einigen Reichtum ins Land brachten, von dem auch Keno II. und die anderen Häuptlinge profitierten, die den Vitalienbrüdern Häfen und Unterschlupfe boten. Sprechen wir an dieser Stelle von der Entstehungsgeschichte der Vitalienbrüder.

Die Vitalienbrüder

Die Vitalienbrüder waren zunächst eine Gruppe seeerfahrener Kapitäne, die im schwedisch-dänischen Krieg 1389–1395 die schwedische Hauptstadt Stockholm mit Lebensmitteln versorgten.

Als nach Ende dieses Krieges für die Seeleute und Kaperkapitäne keine Arbeit dieser Art mehr verfügbar war, fanden sich die „wilden Gesellen der Ostsee“ zu neuen Taten zusammen, deren Schauplätze sie nunmehr in die Nordsee verlegten. Das abenteuerlich verdiente Geld reizte sie, in dieser Weise weiterzumachen und reiche Beute zu erlangen.

Die buchtenreiche Küste von Ostfriesland bot sich ihnen als Schlupfwinkel an. Gegen Entgelt nahmen die kleinen friesischen Häuptlinge die Vitalienbrüder bei sich auf; sie wurden mit reichen Anteilen aus der Beute zusätzlich belohnt.

Edo Wiemeken, Edzard von Greetsiel, Probst Hisko von Emden und andere öffneten diesen Piraten ihre Häfen. Widzelt tom Brok ließ sie in den Hafen Marienhafe einlaufen, der damals noch direkten Zugang zum Meer hatte.

Die Vitalienbrüder waren zunächst darauf aus, die reichen Kauffahrer der Flandernroute zu rupfen. Diese sannen nun darauf, wie sie diese Piraten loswerden konnten. Dies war leichter gesagt als getan, denn unter den Piraten befanden sich so bekannte Kapitäne wie Heinrich von Pommern, Gödeke Michel, die Brüder Peter und Hans Haufoote, Claus Boniface Reinbek und andere, die bereits seit 1394 von Wismar und Rostock aus nach Stockholm gefahren waren.

1395 machten dann immer noch Gödeke Michel „und einer, der sich Störtebeker nannte", von sich reden. Dies blieb auch bis 1398 so. Dann kam noch Heinrich von Hall hinzu. Die absolute Spitzenposition unter den Piratenkapitänen aber nahm Gödeke Michel ein. Wie sehr diese Vitalienbrüder und insbesondere nunmehr Gödeke Michel und Claus Störtebeker hausten, das wird von Heinrich Reimers detailgetreu überliefert:

„In Norwegen griffen sie einen Danziger Kapitän auf, der Wismarer Bier führte. Das Fahrzeug war ihnen gelegen als Kaperschiff. Sie nahmen mit ihm ihren Kurs südwärts, wo ihnen der Kanal ergiebige Jagdgründe verhieß.

Gegen 15 Schiffe, fünf größere und zehn kleinere, die aus Spanien und Frankreich u.a. Wein, Reis, Öl und Honig brachten, fielen ihnen hier als Beute zu. Dazu brachte noch ein aus England zurückkehrendes Flandernschiff Schätze an Gold und wertvollen Stoffen in ihre Hände. Unersättlich, wie sie waren, ließen sie nach diesem letzten Kaperstück auch noch die Schiffsmannschaften mitziehen in Widzelts bergenden Hafen (Marienhafe), wo sie sich mit hohen Preisen loskaufen mußten.

Um ihrem unverfrorenen Treiben die Krone aufzusetzen, boten sie nach vollbrachter Tat dem Danziger Kapitän sein Schiff zum Rückkauf an." (Siehe Heinrich Reimers: Ostfriesland bis zum Aussterben seines Fürstenhauses, Bremen 1925).

Die Flotte der Hanse stellte Fangkommandos zusammen, um wenigstens einigen dieser Piratenschiffe das Handwerk zu legen. Es gelang ihnen auch dann und wann, das eine oder andere Schiff aufzubringen und die gefangenen Seeräuber wie Ratten zu ersäufen, doch damit wurde das Seeräuberunwesen nicht beseitigt. Die Seeräuber teilten sich in drei Gruppen, und jene, die auch vorher schon in der Nordsee ihr Unwesen getrieben hatte, nahmen Marienhafe zum Haupthafen. Diese Ortschaft, am später sogenannten Störtebeker Deep gelegen, bot eine ideale Zuflucht. Die Seeräuber ließen einen Arm der Abelitz – eben dieses Störtebeker Deep –, der sich nach der großen Sturmflut dort geöffnet hatte, tiefer ausgraben, so daß sie mit ihren Schiffen nach Marienhafe gelangen konnten.

Sie errichteten eine hohe Mauer um den Hafen und bauten einen mächtigen viereckigen Spähturm, der ihnen zugleich auch als Seezeichen diente, nach dem sie sich richten konnten.

Das Dach dieses 192 Fuß hohen Turmes ließen die Seeräuber mit Kupfer beschlagen, was ihn weithin sichtbar machte. Hier konnten sie, wie Ubbo Emmius mitteilte, „durch die gottgeweihten Erstlinge“ Gottes Zorn von sich abwenden.

Von hier aus unternahm vor allem Störtebeker, der mit der Tochter des Drosten von Marienhafe verheiratet war, seine Streifzüge und verkaufte die Beute öffentlich auf dem Marienhafer Markt.

Diese „Likedeelers“ waren inzwischen der Hanse so verhaßt geworden, daß sie zu einem großen Schlag gegen sie ausholte. Am 16. April 1400 gingen in Lübeck die dort bereederten Hanseschiffe der Strafexpedition ankerauf. Die Hamburger Schiffe folgten am 20. April nach, und am 22. April erreichten beide Gruppen die Westerems und liefen von dort aus in die Osterems zu den Stützpunkten der Vitalienbrüder. Im Gefecht auf der Osterems wurden 80 Seeräuber getötet, die übrigen konnten fliehen. 19 von ihnen wurden von einer kleineren Gruppe unter Haro Ydzerdissone, dem Häuptling von Greetsiel, gefangen und an die Hamburger ausgeliefert. Sieben weitere fielen den Lübeckern und den Hamburgern direkt in die Hände.

Am 6. Mai lief die vereinigte hamburgisch-lübeckische Flotte in den Hafen von Emden ein. Die Verhandlungen mit Probst Hisko von Emden begannen.

Am 9. Mai wurde den Siegern gegen die Seeräuber das Schloß Larrelt von dessen Besitzer Enno Haytedissone übergeben.

Die Hinrichtung der gefangenen 25 Vitalienbrüder fand am 11. Mai 1400 statt.

Nachdem auch die Schlösser Faldern und Loquard übergeben worden waren, tauchten am 14. Mai die Groninger in Emden auf, um an den am 16. Mai beginnenden Verhandlungen teilzunehmen, bei denen es darum ging, den Vitalienbrüdern endgültig das Handwerk zu legen und deren Helfer daran zu hindern, ihnen weiterhin Schutz zu gewähren.

Diese Verhandlungen zogen sich bis zum 23. Mai hin. Die beiden großen Kontrahenten waren Keno tom Brok und Probst Hisko auf der einen und die Hamburger und Lübecker Abgeordneten auf der anderen Seite.

Beide Häuptlinge wurden arg in Bedrängnis gebracht. So mußte Keno tom Brok den Turm zu Marienhafe abreißen lassen und das Schloß Wittmund zur Sicherstellung der Ansprüche von Bremen übergeben. Keno und Aynard, Folkmar Allenas Brudersohn, mußten als Geiseln nach Bremen gehen, und Probst Hiskos Sohn und Gerald Wyardissone kamen als Geiseln nach Groningen. Den Geiseln wurde sowohl von Lübeck als auch von Hamburg Sicherheit gelobt.

Nach weiteren Sühneverhandlungen kam es am 25. Mai 1400 zum Vertrag zwischen den Hauptleuten der Städte Lübeck, Hamburg, Bremen, Groningen und den ostfriesischen Häuptlingen. Letztere verpflichteten sich, den Vitalienbrüdern keinen Unterschlupf mehr zu gewähren und ihnen auch auf andere Weise nie mehr zu helfen und allen Kaufleuten der Hanse die Freiheit des Handelsverkehrs zu sichern sowie ihnen das Strandrecht zu erlassen. Dieser Vertrag ist erhalten; er führte eine lange Liste von ostfriesischen Häuptlingen auf, wie „Kene her Okken sone von den Broke, Volkmar Alle hovetlinch to Osterhusen, Ede Wymekens hovetlinch in Rustrynghes verdeel, den Olde und den jonge Hero, Häuptlinge zu Dornym“ und andere.

Durch den im Kloster Faldern geschlossenen Vergleich vom 23. Mai 1400 sollte dem Seeräuberunwesen ein für allemal das Handwerk gelegt werden. Doch diese Blütenträume welkten bald, denn die Likedeelers stellten ihr Unwesen nicht ein, und Hamburg sah sich im Frühjahr 1401 noch einmal gezwungen, gegen die Piraten vorzugehen, denen nach wie vor von ostfriesischen Häuptlingen Schutz gewährt wurde. Probst Hisko von Emden, der rechtzeitig von dieser Aktion Wind bekommen hatte, trennte sich von den Piraten.

Am 14. August 1401 wurden zunächst die Schlösser Groothusen und Loquard von den Hamburgern niedergebrannt und am 18. Juni Schloß Faldern an Probst Hisko übergeben, womit der schlaue Emdener Häuptling nicht bestraft, sondern auch noch belohnt wurde.

In zwei Seegefechten der Hanseflotte gegen die Vitalienbrüder vor Helgoland und an der Emsmündung wurden letztere schwer geschlagen und Störtebeker und Wichmann mit einer großen Anzahl von Seeräubern gefangengenommen.

Auf dem Richtplatz, dem Grootenbrook, wurden Störtebeker und Gödeke Michel 1402 hingerichtet. Zum Andenken an diesen Tag ließ die Hamburger Münze eine Silbermünze schlagen.

Auf dem Turm zu Marienhafe, dem Hauptstützpunkt Störtebekers, gibt es heute noch eine Störtebeker-Kammer. In Hamburg befindet sich noch Störtebekers Schwert. In Upgant sind die kostbaren, mit echten Silberfäden durchwirkten Kleider von ihm und seiner Frau zu sehen.

Am 18. Juni 1402 war Schloß Faldern Probst Hisko übergeben worden. Am 20. Juni erhielt er auch Schloß Larrelt zu treuen Händen.

Für lange Zeit war das Seeräuberunwesen nun gestoppt, doch nicht für immer, wie sich später zeigen sollte.

Die quade Foelke

Auf der Burg zu Aurich, die Keno tom Brok spätestens 1402 zurückgegeben worden war, während er schon geraume Zeit vorher aus der Geiselhaft entlassen worden war, schaltete Kenos Mutter, die „quade Foelke", wie sie nunmehr genannt wurde, nach eigenem Belieben. Als sie erkannte, daß ihre Tochter Occa über die Stränge zu schlagen drohte, trachtete sie danach, dem einen Riegel vorzuschieben. In einer heimlichen Verhandlung mit Hero Attena, Häuptling von Dornum, machten sie die Heirat von Occa mit Heros Sohn Lütet perfekt.

Occa, eine lebenslustige ostfriesische Schönheit, die das aufwallende Blut ihres Vaters geerbt haben mußte, hatte bereits einen Liebsten, als sie gezwungen wurde, Lütet zu heiraten. Das nicht „geborlicke" Verhalten seiner Frau auch nach ihrer Hochzeit mit Lütet kam diesem zu Ohren, und er beschwerte sich bei seiner Schwiegermutter, die ihm den Rat gab, Occa einfach totzuschlagen, wenn er sie nicht anders bändigen könne.

Lütet machte seiner Frau Vorhaltungen, und als diese nichts fruchteten, versuchte er ihren Geliebten umzubringen. Auch dieser Versuch schlug fehl, und der Geliebte der Occa gab rasches Fersengeld.

Als Occa dann das Spiel weitertrieb, erwischte Lütet sie mit ihrem Buhlen, und ein rascher Schwertstreich tötete Occa. Den Geliebten Occas nahmen Lütets Knechte in die Mangel und versenkten ihn anschließend im Moor.

Nun wollte es die quade Foelke allerdings nicht so gemeint haben. Sie raffte eine große Schar Kriegsknechte zusammen und führte diesen

Rachetrupp höchstpersönlich nach Nesse, Lütets Burg. Lütet hatte vom Heranziehen des Kriegshaufens gehört und sich zu seinem Vater nach Dornum begeben.

Die Dornumer Burg wurde belagert, bis sich Hero Attena ergeben mußte. Während die Leute der Attenas dem Strafgericht entgingen, wurden Attena Vater und Sohn zur provisorischen Richtstätte geführt, wo die quade Foelke mit viel Sinn für Variationen Lütets Vater auf einem braunen Leidener Laken und Lütet selber auf einem solchen aus grüner Seide den Kopf vom Rumpf trennen ließ.

Aus der Ehe zwischen Lütet und Occa waren zwei Töchter hervorgegangen: Etta und Hebe. Hebe erhielt Nesse und verheiratete sich mit Udo Focken und nach dessen Tod mit Kaiko von Hinte. Etta verschenkte ihr Herz und Hand an Mauritz Kankena aus Wittmund. Ihrer beider Sohn Mauritz wurde später Probst von Emden und starb 1515.

Daß die quade Foelke den Namen nicht ganz zu Unrecht trug, wird auch noch durch ein weiteres blutiges Ereignis erhärtet, das im Jahre 1409 stattfand. Diesmal war die Burg von Aurich Schauplatz des schaurigen Geschehens.

Keno tom Brok hatte in diesem Jahr die Burg Folkmar Allenas in Osterhusen belagert. Folkmar konnte kurz vor der Einnahme der Burg fliehen und nach Groningen entkommen. Sein Sohn Ayelt aber und dessen Freund Ailt von Faldern wurden von Keno gefangengenommen und nach Aurich zu seiner Mutter geschickt. Keno ließ seiner Mutter sagen, daß er den beiden Gefangenen die Erhaltung des Lebens und ein anständiges Gefängnis versprochen habe.

Die quade Foelke ließ die beiden Jünglinge in das finsterste Verließ sperren und sie dort eines erbärmlichen Hungertodes sterben. Als sie gestorben waren, ließ die Foelke sie bei Nacht herausholen und zum Kloster Ihlo bringen. Sie befahl dem dortigen Abt Nikolaus, die beiden Leichen im nahegelegenen Wald verscharren zu lassen. Doch der Abt setzte die beiden Toten in geweihter Erde neben seiner Kirche bei.

Als Folkmar Allena aus Groningen zurückkehrte, wurde er von einer großen Schar bewaffneter Männer begleitet. Mit ihnen nahm er Osterhusen im Sturm. Er wurde 1417 auf seiner eigenen Burg ermordet. Damit hatte er das gleiche Schicksal erlitten, das er Ocko Kanisna tom Brok bereitet hatte.

Keno tom Brok und Ocko II. tom Brok

Nachdem sich Keno tom Brok am 13. Juli 1404 mit seinen Feinden vertragen und sich sogar mit Folkmar Allena verbündet hatte, ging er gleich daran, die noch erhaltenen oder wieder neu eingerichteten Raubnester der Vitalienbrüder zu erstürmen. Er machte die Schlösser von Norden, Pilsum und Faldern dem Erdboden gleich und erhielt zum Lohn dafür die übrigen eroberten festen Plätze, Burgen und Schlösser zu Nesse, Arle, Berum, Greetsiel und Osterhusen von den Hamburgern zur Verwahrung anvertraut.

Im Jahre 1408 wütete die hamburgische „burgenbrechende Hanse-Expedition" im Emsiger- und Norderland. Sie wurde von Keno tom Brok unterstützt, indem er gegen die Burgen der Allena und der Cirksena und deren Anhang antrat. Es gelang ihm durch diesen Schachzug, die Sache der Hanse mit seiner eigenen Sache des Land- und Machtgewinns zu verbinden, seine Macht gegenüber Hisko Abdena von Emden zu verbessern und neue Auseinandersetzungen mit Aussicht auf Erfolg vorzubereiten.

Diese Aktionen brachten Hisko von Emden in Zugzwang. Er begab sich 1409 unter die Schutzherrschaft des Bischofs von Münster und anerkannte dessen Oberherrschaft über Emden.

Die Macht der tom Broks wuchs unaufhaltsam weiter an. In der Nacht zum 21. Oktober 1413 konnte Keno tom Brok Emden im Handstreich erobern. Hisko floh nach Groningen, um dort die Schieringer zu mobilisieren und mit ihnen gegen die tom Broks zu ziehen. Da Groningens Getreidekäufe aus dem Münsterland über Emden liefen, war man dort interessiert.

Allerdings hatten soeben in diesem Jahr in Groningen die patrizischen Vetkopers und nicht die Schieringer die Überzahl im Groninger Rat, und die Vetkopers standen auf der Seite Keno tom Broks. Dennoch waren die Schieringer stark genug, den zu ihnen fliehenden Hisko von Emden aufzunehmen und drei Tage nach dem Fall von Emden den Rat der Stadt Groningen zu stürzen. Unter der Führung von Coppen Jarich übernahmen die Schieringer die Herrschaft und jagten die Vetkopers davon. Auf die gleiche Weise wurden die ommeländischen Häuptlinge vertrieben, von denen eine große Zahl zu Keno tom Brok floh.

Damit war Keno tom Brok faktisch auch zum Häuptling der Vetkopers geworden. Nunmehr trachtete er danach, Groningen zu erobern, noch ehe von dort aus ein Angriff auf das nördlich der Ems gelegene Emden erfolgte.

Im September 1415 griff er Groningen an. Die Stadt wurde in Besitz genommen, die Schieringer vertrieben und die Vetkoper wieder in die Führungsposition der Stadt gehievt.

Bei Nordhorn schlug Keno mit seinen Mannen die Schieringer 1417 abermals entscheidend. Dies war jene Zeit, da Focko Ukena von Leer als Truppenführer Kenos II. und des jungen Ocko II. aus dem Schatten der tom Broks heraustrat. Die tom Broks standen zwar noch auf der Höhe ihrer Macht, sie forderten noch von den kleinen Häuptlingen die Heerfolge, zogen die Kuhschatz ein, schwangen sich zu Schiedsrichtern in Rechtsstreitigkeiten auf und ergriffen somit landesherrliche Rechtspositionen, aber dies sollte sich bald ändern.

Keno II. starb zu früh, um seine ehrgeizigen Pläne in die Tat umzusetzen. Sein Tod 1417 brachte Ocko II. tom Brok an die Spitze, der allerdings am Todestag seines Bruders noch minderjährig war. Dieser nannte sich erstmals in einer Urkunde vom August 1417 „Ocke Kenisna to Broeck, Awerk ende Emeden, Hoeffling in Ostvreeslandt".

Diese Bezeichnung schien insofern gerechtfertigt, als die anderen Häuptlinge ihm eine Vormachtstellung einräumten. Die Cirksenas in Greetsiel, die sich in der vergangenen Zeit nach vorn gebracht hatten, hielten ebenso still wie Wibet von Stedesdorf, der als Vogt der tom Brok in Esens saß. Auch die Burg der Kankena war in Ockos II. Hand.

Mit der Eroberung Emdens hatte sich der Herrschaftsbereich der tom Broks weiter nach Westen verschoben, und in der Folgezeit zeigte es sich, daß Emden mehr und mehr die Mitte dieses Häuptlingsbereiches wurde, zumal diese Stadt der wichtigste und ertragreichste Handelsplatz in Ostfriesland war.

Das Haus der tom Brok strebte nun offen die Herrschaft in Gesamtfriesland an. Nach der Niederlage von Hisko Abdena von Emden und der Vertreibung der Schieringer aus Groningen war das gesamte Friesland zwischen Zuidersee und Weser unter einer Herrschaft denkbar. Da auch die Schieringer von dieser Gefahr wußten, erbaten sie bereits 1416 zu Kenos II. Lebzeiten von König Sigismund, der im November dieses Jahres in Nymwegen weilte, Schutz und Beistand des Reiches. Am 30. September 1417, nach Kenos Tod also, entsprach Sigismund dieser Bitte, nahm die Schieringer Friesen unter seinen Schutz und versprach ihnen, die überkommenen Rechte und Besitzstände gegen jeden Angreifer zu wahren und alle Rechtsbrecher zu strafen.

Dieses Privileg richtete sich vor allem gegen die Vetkoper und auch gegen die Herrschaftsansprüche des Grafen von Holland und demnach vor allem gegen die Ostfriesen unter den tom Broks.

Die Schieringer waren es auch, die als „Partei der friesischen Freiheit" auftraten und ihre eigene Freiheit zu jener von Gesamtfriesland hochstilisierten. 1418 wurden Ocko II., Sibet von Rüstringen, Focko

Ukena und andere Vetkoper in die Reichsacht getan. Dies traf sie jedoch nur mittelbar.

Die Schieringer aber wandten sich neben Sigismund auch an Graf Johann von Bayern, den Grafen von Holland, der sofort eine Truppe aufstellte und 1420 bei Sloten in Westfriesland die Vetkoper aufs Haupt schlug. Im darauffolgenden September 1421 mußte Ocko II. die Stadt Groningen an Johann abtreten und dessen Herrschaft westlich der Lauwers anerkennen. Den vertriebenen Schieringern wurde die Rückkehr in ihre alten Besitzungen erlaubt.

Nur Hisko von Emden blieb „draußen vor der Tür" und Emden in der Hand der tom Broks.

Der holländische Druck auf Westfriesland veränderte nunmehr auch die innerfriesische Lage. Die Schieringer und Vetkoper einigten sich, und am 1. Februar 1422 schlossen Ocko II. tom Brok zu Aurich und Emden, Häuptling in Ostfriesland, und Sibet, Häuptling von Rüstringen, die Stadt Groningen, die Prälaten und Häuptlinge, die Grietmannen, die Landesgemeinden von Ostergo und Westergo einen Landfrieden, „om nutticheit eendrachticheit ende salicheit des ghemenen Frieslands willen."

Diese ausführliche Landfriedens-Urkunde ist gleichzeitig auch ein Verzeichnis jener Häuptlinge, die zu dieser Zeit das Sagen hatten. Im Ostfriesischen Urkundenbuch unter der Nummer 302 aufgeführt, ist diese lange Liste zu sehen, auf der solche Namen wie Focko Ukena, Enno Edtzarsna tho Greetzill, Imell tho Oisterhuisen und Grimersum, Dode Keenesena, Wibet van Stedesdorp, Ocko tho Loquart und viele andere stehen. Alle beurkunden darin, daß sie diesen Landfrieden ohne Arglist unterschrieben und gesiegelt hätten.

Wenn auch die genannten Häuptlinge, die Vetkoper und die Schieringer und natürlich auch Focko Ukena dieses Schreiben siegeln mußten, so traten später als Vertragspartner für das westlauwersche Friesland und die Ommelanden lediglich Ocko II. tom Brok und Sibet von Rüstringen als landesherrliche Gewaltenträger auf.

Neben ihnen war es Focko Ukena von Leer, der sich mehr und mehr nach vorn schob und durch Heirat in Norden Ansprüche erwarb und feste Verbindungen zu den Häuptlingen des Emsigerlandes knüpfte. Eine seiner Töchter wurde mit Imel Abdena, dem Sohn Hiskos von Emden, verheiratet.

Zwar zog Focko Ukena noch im Jahre 1424 mit Ocko II. und Sibert von Rüstringen gegen die Stadt Bremen nach Butjadingen, doch schon in diesem Jahr verstärkten sich die Spannungen zwischen diesen beiden Kontrahenten um die Macht in Ostfriesland.

Im Juni 1426 kam es dann zum offenen Bruch, als Focko Ukena und seine Söhne, Sibet von Rüstringen, Imel Allena von Larrelt und Grimersum und Enno Cirksena von Greetsiel als Vasallen zum Bischof von Münster überliefen. Dieser Fahnenwechsel hatte das Ziel, mit Hilfe münsterscher Truppen Ocko II. zu stürzen und die Herrschaft umzukehren. So traten sie alle für den Rechtsanspruch der Familie Abdena auf Emden ein.

Ocko II. entfaltete seinerseits eine fieberhafte Aktivität, um diesem großen Schlag, der ihm bevorstand, begegnen zu können. Er knüpfte das Netz seiner Verbindungen zum Grafen von Oldenburg neu und rief Erzbischof Nikolaus von Bremen um Hilfe an, wobei mit Geld nicht gespart wurde. So schuf er sich rasch eine Hilfstruppe, die aus Bremern, Oldenburgern, Osnabrückern, den Knappen der Herren von Diepholz und des Grafen von Hoya und Tecklenburg bestand.

Im September 1426 führte Nikolaus von Bremen eine buntschillernde Truppe mit einer Reihe von Grafen und Rittern an der Spitze von Oldenburg nach Detern. Diese hohen Herren spiegelten jene Standeshöhe wider, die Ocko II. tom Brok bereits erklommen hatte.

Noch während dieses Heer unterwegs war, hatte Itze tom Brok, Ockos II. Halbbruder, Esens berannt, erobert und niedergebrannt, weil auch Wibet von Stedesdorf es mit Focko Ukena hielt.

Man schrieb den 25. September, als das Gesamtheer in Stärke von 11000 Mann in breiter Formation über Apen in Richtung Detern zog. Es war die Absicht der hohen Herren, Focko Ukenas Truppen, die ebenfalls über 3000 Köpfe stark waren, im Mormerland, Fockos Hauptstützpunkt, zu überraschen und zusammenzuschlagen. Aber Focko Ukena war ein erfahrener Mann, der jeden Weg und Steg dieses oftmals tückischen Geländes kannte. Seine Männer waren kampferprobte Friesen, die den Vorteil der Ortskenntnis mitbrachten und positiv zu nutzen wußten.

Die Truppe der Grafen, Ritter und Knappen und das fremde Fußvolk „glänzten mehr durch Schmuck und Feinheit der Waffen“, wie einer der zeitgenössischen Chronisten zu berichten weiß.

Auf dem Sandrücken von Detern kamen Fockos Truppen rechtzeitig zusammen. Focko ließ sie dort lagern. Voraus lag ein morastiges Feld. Es war in Fockos Schlachtplan mit einbezogen worden. Er wollte versuchen, den Gegner in dieses Sumpfgebiet zu ziehen, das von vielen Gräben durchzogen wurde. Mitten durch dieses gefährliche Gelände führte der Weg der Angreifer, wenn sie ihre alte Richtung beibehielten.

Dieser gangbare Weg war nicht höher als das Feld. Daneben verlief ein Damm, der immer dann benutzt wurde, wenn das Feld – wie dies gerade der Fall war – unter Wasser stand.

Als der Feind in der Ferne auftauchte und so nahe herangekommen war, daß ein Umkehren nicht mehr möglich war, ließ Focko den Damm an mehreren Stellen durchstechen und zog sich mit den Seinen weiter auf den Sandrücken zurück, auf dem sie vor dem nun durch die Bresche sprudelnden Wasser sicher waren.

Das zu dieser Herbstzeit bereits hochstehende Wasser erhielt durch die ebenfalls von Focko geöffneten Siele noch mehr Zulauf, und bald überspülte es den Weg der herannahenden Truppe.

Das feindliche Heer erkletterte den Damm, denn nur darauf konnte es weitermarschieren. Damit war aber seine zahlenmäßige Überlegenheit ausgeschaltet, denn auf dem Damm konnten nicht mehr als zwei bis drei Ritter nebeneinander hergehen. Wenn es zum Kampf kam, waren es lediglich diese Spitzenleute, die darin eingreifen konnten.

In langer Reihe, eingezwängt in ihren Rüstungen, beladen mit schweren Waffen, klirrte der Heerwurm hintereinander über den Damm dahin. Jeder würde den anderen behindern, wenn es an dieser Stelle zum Kampf kommen sollte. Und daß es dazu kam, dafür sorgte Focko Ukena. Er stachelte seine Männer durch eine feurige Rede auf:

„Seht, Männer! Dort kommen unsere Feinde, die wir nicht beleidigt oder angegriffen haben. Es sind Räuber, die unsere Güter stehlen und Jammer und Elend über unsere Frauen und Kinder bringen wollen. Sie wollen dem freien Friesenvolk das Joch der Knechtschaft auf den Nacken legen. Denkt an eure Vorfahren! Zeigt euch eures Namens würdig! Wohlan denn, Gott wird mit uns sein!“ (Siehe: Ubbo Emmius: Rer. Fris. Hist. S. 229f).

Das waren die Worte, die jedermann zum wildentschlossenen Kämpfer machten. Sicher waren auch die anrückenden Kriegsknechte durch ähnliche Reden angestachelt worden, wenn auch dort die Betonung auf der reichen Beute gelegen haben dürfte.

Die schwer geharnischten Ritter, deren Reiterschwadron die Spitze des Heerzuges bildete, wurden nun, mitten im Sumpfgebiet steckend, von den leichtbewaffneten und beweglicheren Friesen angegriffen. Vorn tauchten die Friesen mit ihren Schwertern, Kriegskeulen und Spießen auf.

Die ersten Ritter stürzten von ihren Pferden und wurden zusammengehauen. Die erschreckten Pferde wichen zurück, einige sprangen ins Wasser und sackten im Moor ein. Die nachfolgenden Fußtruppen wurden von den zurückweichenden Reitern zur Seite gestoßen und stürzten ins Wasser. Viele Fußsoldaten sahen ihr Heil ebenfalls in einem Sprung ins Wasser, wobei sie vergaßen, daß ihre schweren Rüstungen sie unrettbar versinken ließen.

Hier auf dem Sandrücken von Detern vollendete sich das Schicksal von Ocko II. tom Brok. Die Schwerter und Morgensterne der Friesen, die ja seine Landsleute und ehemaligen Untergebenen waren, wüteten unter den Rittern und Kriegsknechten. Von den 11 000 Kriegern der großen vereinigten Streitmacht entkamen etwa 3000. An die 5000 sollen gefallen sein, weitere 3000 gerieten in Gefangenschaft.

Unter den Gefangenen befanden sich der verwundete Erzbischof von Bremen und Graf Johann von Hoya, die erst nach Zahlung eines großen Lösegeldes in die Freiheit entlassen wurden. Cord von Diepholz und Johann von Rietberg waren gefallen. Die Grafen von Oldenburg und Tecklenburg konnten entkommen.

Ocko II. mußte sich ergeben, Focko Ukena und seine vielbeschworene friesische Freiheit hatte gesiegt. Die tom Broks, die als Unterdrücker dieser Freiheit hingestellt wurden, waren offensichtlich am Ende. Doch dem war noch nicht so. Noch einmal sollte es zu einem großen Schlagabtausch kommen, diesmal auf den „wilden Äckern“. Hier kam es zwischen den Ortschaften Veenhusen und Upgant am Tage Simonis und Judä, dem 28. Oktober 1427, zum Entscheidungskampf.

Beide Seiten griffen mit letztem Einsatz einander an. Nach dem ersten Schußwechsel der unhandlichen und umständlichen Vorderlader kam es zum Nahkampf Mann gegen Mann. Alles hieb und stach aufeinander ein. Das Blut floß in Strömen, und die „wilden Äcker“ machten ihrem Namen alle Ehre. Der Kampf ging unentschieden hin und her. Ocko II. wußte, daß ein Sieg in diesem entscheidenden Kampf ihm die Erfüllung seiner größten Wünsche und aller Herrschaftspläne über Ostfriesland bringen würde. Gleichzeitig aber war er sich darüber klar, daß eine Niederlage nicht nur das Ende seiner Herrschaftsträume, sondern auch das seiner ganzen Familie sein mußte.

Doch gegen diese Männer, die Focko Ukena um sich versammelt hatte, gab es keinen Sieg. Die Mannen Ockos wurden auseinandergetrieben, und schließlich ergriffen sie die Flucht. Die siegestrunkenen Feinde stürmten hinter den Fliehenden her, und wer stürzte, der war erledigt.

Nur jene, die sich auf Gnade und Ungnade ergaben, wurden verschont. Ocko selbst geriet mit seinem Halbbruder Itze in Gefangenschaft, und damit war die Vormachtstellung der tom Broks vernichtet.

Mehr als 4000 Tote (die neuere Forschung weiß allerdings von einer

Null zuviel zu berichten, was auch für Detern zutreffender sein dürfte) lagen getötet auf dem Gefechtsfeld.

Focko Ukena hieß nun der neue Herr in Ostfriesland.

Der kurze Traum des Focko Ukena

Nach dem Machtantritt Focko Ukenas gingen neben den materiellen Verlusten für das Haus der tom Broks auch die Rechte der oldenburgischen Grafen verloren, die diese aus Stadt und Land Aurich bezogen hatten. Focko Ukena befestigte die Burg von Aurich weiter und setzte seinen Sohn Udo als Kommandanten dort ein.

Es hätte nunmehr Focko Ukenas Aufgabe sein müssen, die vielen auseinanderdriftenden Häuptlingsinteressen zu einem Ausgleich zu bringen und alle miteinander zu versöhnen. Doch Focko ging es letzten Endes gar nicht um eine solche Vereinigung und Konsolidierung in Ostfriesland, sondern um eine weitere Steigerung seiner errungenen Machtposition und die Alleinherrschaft.

In diesem Sinne suchte er seine Macht zu nutzen. Allerdings gab er den ihm verbundenen Häuptlingen die eigene Selbständigkeit. Die Kankena erhielten ihre Burg und die Herrschaft Wittmund zurück.

Der Ende 1427 nach langer Zeit aus der Fremde zurückkehrende Hisko von Emden trat mit seinem Sohne Imel die Herrschaft in dieser Seestadt wieder an. Die Allena waren als Häuptlinge in Larrelt, Osterhusen und Hinte neu eingesetzt, und die Cirksena residierten wie früher im nördlichen Emsigerland in der alten Selbständigkeit, die um einige tom Brocksche Besitztitel erweitert worden war.

Focko Ukena nahm alle Rechte der tom Broks über das Brokmer- und Auricherland in Anspruch und übertrug sie seinem Sohne Udo von Norden. Die wichtigste Zentrale, der Stammsitz der Ukena, blieb Oldersum.

Ihre Freiheit hatten die den Ukenas verbündeten Friesen allerdings nicht erhalten. Die Emsiger Häuptlinge spürten sehr bald, daß sie Teufel mit Beelzebub ausgetrieben hatten. Sie mußten sich mehr oder weniger den Ukenas, Fockos und seiner Söhne, Uko in Oldersum sowie Udo in Norden unterordnen oder aber unter Sibet von Rüstringen und Östringen, Focko Ukenas Schwiegervater, eine mindere Rolle spielen.

Enno Cirksena von Greetsiel und Wibet von Stedesdorf waren zu einer solchen Unterordnung nicht bereit. In den Dörfern, die zur Häuptlingsherrschaft der Cirksenas gehörten, in Greetsiel also und

Pilsum, in Manslagt, Eilsum und anderen, kam Enno Cirksena dem Streben der Hausleute und Bauern nach größerer genossenschaftlicher Freiheit entgegen und nutzte gleichzeitig auch seine Einflußmöglichkeiten im Norder- und Brokmerland und – über Wibet – im Harlingerland voll aus. Er zog einige Emsiger Häuptlinge auf seine Seite und solidarisierte sich mit der bäuerlichen Opposition gegen Olde Imel Allena von Osterhusen, um sich gleichzeitig auch mit Emden zu einem Verteidigungsbündnis zu vereinigen.

Mit dieser Stadt lagen Focko Ukena und Sibet von Rüstringen noch im Clinch. Emden war diese Entwicklung nur recht, denn Sibet von Rüstringen war mit seinem Unterwesergebiet ein Handelsgegner der Stadt, und seine Schwierigkeiten waren Emdens Segen.

Im frühen Herbst 1430 erkannte Focko Ukena die Gefahr und versuchte, gemeinsam mit Sibet von Rüstringen gen Emden zu ziehen und diese Stadt zu erobern. Diesmal unternahmen sie den Angriff zu Schiff emsaufwärts. Das Unternehmen schlug fehl. Es hatte zur Folge, daß im Gegenzuge Enno Cirksena, der Verbündete Emdens, mit seinen übrigen Verbündeten nach Oldersum vordrang, die Ortschaft in Besitz nahm, Aurich und die dortige Burg eroberte und den Kampf auch in Fockos eigenes Land hineintrug, nachdem einer der Häuptlinge nach dem anderen von diesem abgefallen war.

Die Cirksena und die „meene menten“

Am 10. November 1430 traten die „meene menten“ des Overledigerlandes, des Mormerlandes, jene von Norderland, Brokmerland, dem Auricherland und vier Häuptlinge des Emserlandes und des Kirchspiels Nesse zu einem Bündnis zusammen. Ihr Ziel war es, die friesische Freiheit zu schützen. Damit wurde dieser Herbst zum Ausdruck der stärksten friesischen Freiheitstendenzen und zugleich der turbulenten Jahre der Häuptlingskämpfe. Die Hauptgrundsätze dieser Freiheitskämpfer lauteten:

„Dat wy gemeenen meente in dussen vorgenoemten landen willen mit der hulpe Gades fry freesch, de eene mit den anderen bystandich wesen und bescharmen unse overolderen vaders, van Koninck Carolo beschreven recht, und by der gemene Fresen Lantrecht und Frydome tho ewigen tyden tho blivende und tho bruikende und nhu lenger gene egendoeme tho lidende.“

Man wollte also nicht länger von einer Herrschaft bedrückt werden, die ihrer alten Freiheit im Wege stand. Es sollte die alte Landgemeinde, die meene menten, wiederhergestellt werden. Auch die Häuptlinge sollten dann nichts anderes als „gemeene Fresen“ sein.

Die Akzente lagen also nunmehr auf den gemeenen Fresen und nicht etwa auf Ostfriesland als Land, und dahinter stand auch nicht etwa Ostfriesland als Fernziel, sondern das ganze Friesland „van Staberen bet aver de Jade.“ (Siehe: Heinrich Schmidt: a.a.O.).

Dieser Freiheitsbund war auf die Erfahrungen eines fähigen Häuptlings und Führers angewiesen, wenn die gemeinsamen politischen und militärischen Aktionen durchgeführt und erfolgreich gestaltet werden sollten. Dieser Führer war zweifellos Enno Cirksena, der zu weiträumigem Denken und Handeln befähigt war. Doch dieser trat bereits im Jahre 1430 wegen seines hohen Alters hinter seinen Sohn Edzard zurück.

Die Kämpfe des Jahres 1431 sahen schon Edzard Cirksena bei der Belagerung von Leer als Führer. Mitte Oktober wurde die Stadt von seinen Mannen erobert. Der Angriff gegen Emden folgte. Hier hielt sich noch Imel Abdena. Focko Ukena aber floh bereits im Sommer dieses Jahres nach Münster. Mit münsterschen Truppen kehrte er dann im Winter nach Ostfriesland zurück und überzog die Gemeinden seines Gegners mit Mord und Brand. Sibet von Rüstringen unterstützte ihn dabei.

Um diesen Haudegen auszuschalten, richtete sich der nächste Angriff der Cirksenas im Mai 1432 gegen die Sibetsburg an der Jade. Mit Truppen und Schiffen beteiligten sich Graf Dietrich von Oldenburg und die Stadt Bremen an diesem Kriegszug.

Der Angriff gegen die Sibetsburg endete mit einem Fehlschlag. Der Sieger, Sibet, konnte seine Widersacher im Juni 1432 zu einem Vergleich zwingen, der auch die Rückkehr Focko Ukenas, seines Schwiegervaters, nach Ostfriesland einschloß.

Damit war jedoch die Sache nicht ausgestanden, und 1433 kam es bei Lütetsburg zu einem Gefecht der Cirksenas gegen Sibet. Durch die Unterstützung Hamburgs wurde Sibets Truppe geschlagen, er selber verwundet, so daß er wenig später an den Folgen dieser Blessur starb. Damit hatten die Cirksena jene Macht erreicht, die notwendig war, um Ostfriesland Stück für Stück zu gewinnen und unter dem cirksenaschen Hause zu vereinigen.

Hamburg und Bremen hatten schon vorher – 1430 ebenso wie 1432 und 1433 – versucht, die wieder in das Blickfeld der Öffentlichkeit rückenden Seeräuber zu vernichten. Die Expedition des Jahres 1433 fand mit ausdrücklicher Zustimmung von Edzard und Ulrich Cirksena statt und galt auch der Stadt Emden.

Emden wurde belagert und nach drei Wochen genommen. Dabei soll es zur Anwendung einer Kriegslist à la trojanisches Pferd gekommen sein.

Und zwar hatten die Hamburger einige Handelsschiffe nach Emden geschickt, die bis unter die Lukendeckel mit guten Waren vollgestopft waren. Die Kapitäne dieser Schiffe luden den Drost Imel Abdena zu einem Besuch auf dem schönsten Schiff ein. Sie hatten zur Tarnung bereits vorher Waren ausgeladen und auf dem Emdener Markt zum Verkauf feilgeboten.

Imel Abdena nahm die Einladung an. Er wurde am Kapitänstisch bewirtet und mit gutem, starkem Wein traktiert, so daß er nicht bemerkte, wie das Schiff ankerauf ging, absegelte und nach Hamburg lief.

Damit war Imel Abdena Gefangener von Hamburg und blieb dies auch bis zu seinem Ende. Er starb im Jahre 1455 nach 24 Jahren hamburgischer Gefangenschaft.

Gleichzeitig mit dem Ankeraufgehen des Hauptschiffes hatten die auf den übrigen Schiffen verborgenen Soldaten die Planen und leeren Kisten, die sie deckten, abgeworfen, stürmten geradewegs zum Schloß und nahmen es nach kurzer Gegenwehr in Besitz.

Die Belagerer stürmten in die Stadt, und damit war Emdens Schicksal besiegelt.

Hamburg legte eine starke Besatzung ins Schloß und schleifte die Wehrbefestigungen. Sie ließen die Mutter Imels, Foske, im Schloß wohnen. Diese starb 1436, ohne ihren Sohn wiedergesehen zu haben.

Die Fremdherrschaft in Emden brachte die Agitatoren des Focko Ukena wieder auf den Plan. Sie wetterten gegen diese „dudesche" Herrschaft über Ostfriesland. Focko Ukena, der sich zu Imel nach Osterhusen geflüchtet hatte, schöpfte neue Hoffnung, als bereits im Februar 1434 im südlichen Emsigerland eine Verschwörung losbrach, die es sich zum Ziel gesetzt hatte, die Hamburger Besatzung in Emden handstreichartig auszuschalten.

Die Hamburger, die durch einen Spion rechtzeitig gewarnt worden waren, schlugen diesen Angriff ab und töteten viele Angreifer. Eine Handvoll der Gefangenen wurde zur abschreckenden Wirkung hingerichtet. Die Anführer der Verschwörung flohen nach Groningen und in die Umgebung dieser Stadt.

Mit Hilfe der Cirksenas gingen ab 1435 die Hamburger daran, die Burgen feindlich gesinnter Häuptlinge zu erobern und zu zerstören. Andere wurden den Cirksenas überlassen. Die Sibetsburg an der Jade, die ja kurz nach dem Sieg über Emden gefallen war, wurde 1435 ebenfalls zerstört.

Edzard und Ulrich Cirksena versuchten nunmehr, die hamburgisch-ostfriesischen Gegensätze zu mildern und sich mit dem Freiheitsbund der „Gemeenen inwoners von Overledingen und Reiderland bis Östringen und Harlingerland“ auf eine Linie zu bringen. Dies erforderte großes politisches Geschick, und dies war nicht stets auf ihrer Seite.

So konnte es nicht ausbleiben, daß schließlich trotz mehrerer Bemühungen der Cirksenas, dies zu verhindern, am 1. August 1435 die „richters und ghementen meente von Overledingerland, Mormerland und Lengenerland“ wieder zu Focko Ukena überliefen, diesem seinen alten Besitzstand zurückgaben und für den Fall, daß dieser angetastet werde, dem Focko ihren Beistand zusicherten. So räumten sie ihm die Burg Detern sowie Kirche und Turm von Lengen und anerkannten ihn als Landeshäuptling. Sie erklärten ihn zum Landesherren mit der Begründung, „da wy de van Hamborch unde ere hulpers uth Vreslande moghen holdene.“

Doch nachdem Focko Ukena überraschend 1436 starb, war diese neue Konstellation dem raschen Untergang geweiht. Die Ukenas konnten den Wandel im friesischen Bewußtsein nicht mehr nutzen, und die Cirksenas zogen allein den Nutzen daraus, indem sie weitgehend auf die bäuerliche Freiheit in ihrem Herrschaftsbereich Rücksicht nahmen. Daraus wiederum erwuchs ihnen ein Vertrauenskapital, das ihre folgende Herrschaft mitbegründete.

Edzard Cirksena, der sich bereits in einer Urkunde vom 12. Januar 1432 „Häuptling zu Greetsiel, vormunder in Broekmerlant“ nannte, erlebte am 3. April 1438, daß „die ghemeyne menheyt in Auwerkelande sie habet Wibet, Edzard und Ulrich vor unse aversten unde vormunder gekoren.“ Damit übertrugen die Hausleute des Auricherlandes den drei genannten Häuptlingen das Recht zum Heeresaufgebot, den Schutz des Friedens und die Gerichtsbarkeit. Zwei Jahre vorher waren bereits die Norder unter die „Beschirmung“ Edzard Cirksenas getreten.

Die vertriebenen Häuptlinge Allena und Beninga sowie andere wandten sich im Jahre 1436 an Herzog Philipp den Guten von Burgund als den amtierenden Grafen von Holland. Sie baten um Hilfe und um die Gewährung der Zuflucht. Herzog Philipp nahm sie im Herbst 1438 zu seinen Dienern und Untersassen an und versprach, ihre Rechte gegen Hamburg zu schützen.

Dies bot ihm einen Vorwand, einen Angriff gegen Emden zu starten, der noch im Herbst 1438 stattfand und – fehlschlug.

Dennoch veranlaßte die holländische Bedrohung die Hamburger

dazu, Ostfriesland zu räumen. Sie schlossen mit den Häuptlingen Edzard und Ulrich Cirksena ein Abkommen und übertrugen ihnen „ere slot und stad Emeden in Oestvreslande to truwer hand.“

Damit wurden die Cirksenas zu Herren des bedeutenden Hafens Emden, und Ulrich nannte sich bereits 1440 auch „Häuptling zu Emden“.

Edzard Cirksena starb 1441 an der Pest, die gerade in Ostfriesland wütete; nach seinem Tode erhoben die Häuptlinge von Loquard und Upleward Ansprüche auf das Erbe der tom Broks und verbanden sich mit den geflohenen Häuptlingen gegen Ulrich, Edzards Nachfolger. Ulrich aber konnte sich behaupten.

Ulrich Cirksena – der erste Graf von Ostfriesland

Ulrich Cirksena als Erbe seines Bruders Edzard, der kinderlos gestorben war, räumte politisch klug den Häuptlingen den Besitz ihres Erbes ein und bot ihnen Wohnrechte im Emsigerland an, ohne jedoch die Herrschaft an sie zurückzugeben.

Bereits Ende September 1441, unmittelbar nach seinem Regierungsantritt, betonte er, daß er keinem Hausmann das Seine nehmen wolle, sondern „sie allesamt in dem ihren bleiben lassen werde.“

Damit schlug er eine Richtung ein, die dem Haus Cirksena den sicheren Weg zur Landesherrschaft ebnen sollte.

1440 hatte Ulrich Folka die Erbtochter des Häuptlings Wibet von Esens und Stedesdorf geheiratet, die ihm diese Herrlichkeit mit allen Rechten in die Ehe einbrachte.

Hinzu kam 1441 der Nachlaß seines Bruders Edzard: Emden mit einem Teil der Umgebung der Stadt und Pilsum, das dem Verstorbenen von seiner ersten Frau zugefallen war. Hinzu kam die Burg von Berum, die ihm seine zweite Frau mit in die Ehe gebracht hatte.

Dies alles zeigte deutlich auf, daß es den Cirksenas gelingen mußte, die Nachfolge der tom Broks als Landeshäuptlinge und vielleicht später mehr anzutreten.

Von den Ständen wurde Ulrich im September 1441 nach dem Tode seines Bruders und dessen Frau Frauke an der Pest zu Edzards Nachfolger ernannt. Seine erste Regierungszeit war schwer und wurde auch durch die Emdener Maßnahme nicht leichter gemacht, mit der die Stadt ihre bisherigen Richter und Räte nach einer Abstimmung absetzte und anstelle der Abgesetzten vier Bürgermeister auf Lebenszeit wählte. Dies war in allen übrigen Seestädten der Brauch.

1442 kamen dann die Seeräuber wieder auf und behinderten den Emder Handel sehr. Zunächst gewährten die Groninger den Seeräubern Unterschlupf. Als aber auch ihre Schiffe nicht verschont wurden, schickte der Stadtmagistrat eine Deputation nach Emden, um mit dieser Stadt gemeinsam zu beraten, wie man die Sicherheit des Handels erreichen konnte. Man kam überein, die Seeräuberei entschieden zu bekämpfen.

Zunächst ging dieses Übereinkommen glatt. Dann aber nahmen die Groninger 1445 ostfriesische Edelleute auf, rüsteten sie mit Schieringer Schiffen aus, damit sie der Stadt Emden, der geheimen Widersacherin, Schaden zufügen möchten. Diese Schiffe liefen in die Ems ein und drangen bis vor die Tore der Stadt vor.

Von diesem Durcheinander entmutigt, räumte Ulrich 1448 die Stadt und übertrug sie den Hamburgern. Dafür sollte Hamburg nun jene Summe Geldes zurückzahlen, die Edzard I. der Hansestadt bei Übernahme der Stadt gezahlt hatte. Damit war der nächste Zwischenfall bereits wieder vorprogrammiert. 1450 kam es zu einer öffentlichen Auseinandersetzung zwischen Hamburg und den Cirksenas. Aber Ulrich verstand es geschickt, den Grafen von Oldenburg aus dem Bündnis mit Hamburg herauszulösen und im Sommer 1451 mit ihm zu einem Sonderfrieden zu gelangen.

Damit war Hamburg allein. Hinter der Hansestadt stand nur noch die Bürgerschaft von Emden mit ihrem „starken deutschen", also westfälischen Anteil der Bevölkerung, der mit Hamburg von jeher seine Geschäfte gemacht hatte.

Die hamburgischen Truppen zogen 1452 zunächst unter der Führung des Amtmannes Andreas Gronenberg nach Grothusen; sie belagerten das dortige Schloß, ohne es zu erobern, weil rechtzeitig Sibet von Stedesdorf eintraf und die Hamburger in die Flucht schlug, die sich nach Emden zurückzogen.

Als die Hamburger es kurze Zeit darauf ein zweites Mal versuchten, wurden sie zunächst durch ihren Sieg beim Handstreich gegen Hinte siegessicher. Sie stürmten weiter in Richtung Osterhusen. Hier aber stellte sich ihnen wieder Sibet entgegen und schlug die Angreifer erneut in die Flucht.

Diese Auseinandersetzungen dauerten bis zum Herbst 1452 an. Dann schien es den Hamburgern doch ratsam, mit Ulrich wegen der Übergabe ihrer Besitzungen in Ostfriesland zu verhandeln.

Am 10. April 1453 wurden Ulrich nach längeren Verhandlungen Schloß und Stadt Emden sowie das Schloß in Leerort mit allem territorialen und rechtlichen Zubehör zu treuer Hand in Verwahrung gegeben. Ulrich versprach den Hamburgern, ihnen seine Burgen offenzuhalten und ihnen im Kampf gegen die Holländer beizustehen. Die hamburgischen Waren, vor allem das berühmte hamburgische Bier, waren von allen friesischen Zöllen befreit. Der hamburgische Handel sollte gegen die Seeräuber geschützt werden.

Dafür zahlte Ulrich Cirksena Hamburg 10 000 lübische Mark. Nach 16 Jahren konnte Hamburg seinen Besitz gegen Rückzahlung dieses Geldes wieder einlösen. Damit brachte Ulrich Emden wieder in seinen Titel ein.

Jeder in der Vergangenheit begangene Frevel, von welcher Seite er auch immer ausgegangen war, sollte vergessen sein. Alle Gefangenen beider Seiten sollten unverzüglich in die Freiheit entlassen werden. Alle diese Bedingungen wurden von Ulrich, Sibert von Dornum und Stedesdorf und Poppo Manninga von Lütetsburg mit einem körperlichen Eid beschworen und besiegelt.

Die Hamburger zogen ihre Besatzungen aus Emden zurück und machten auch Leerort frei. Beide Städte kamen „unter die Beschirmung des Junkers Ulrich zu Greetsiel“. Dieser setzte Egbert Boynksma zum Vogt von Emden ein. Junker Ulrich war unmittelbar vorher von den Ständen Ostfrieslands, den Prälaten, Edelleuten und Eigen-Beerbten zum Herren des Landes gewählt worden.

Die Zeit der Häuptlingsherrschaft war vorüber, auch wenn sich in verschiedenen Herrlichkeiten noch Häuptlinge über einen langen Zeitraum hielten.

Das Reichslehen Ostfriesland

Reichsgraf Ulrich

Da sich die aus Ostfriesland vertriebenen Edelleute nach wie vor an den Herzog von Burgund und amtierenden Grafen von Holland wandten und darum baten, daß dieser ihnen gegen die Cirksena beistehen möge, mußte Ulrich handeln. Er trug die Provinz Ostfriesland dem Reich als Lehen an. Der Kaiser willfahrte diesem Gesuch und ernannte Ulrich am 30. September 1454 zum Reichsgrafen. Der Lehnsbrief darüber wurde Anfang Oktober 1454 von Kaiser Friedrich III. unterzeichnet. Darin ist der Umfang dieses Lehens mit den Gebieten zwischen der Westerems und der Weser, Budjadinger- und Stadt und Land Jever mit eingeschlossen, genannt.

Dieser Brief ist nie gefunden worden, und Junker Ulrich ließ sich auch niemals Graf nennen, sondern wurde in offiziellen Schreiben stets nur „ehrsamer wohlgeborener gnädiger Junker Ulrich" genannt. Dennoch sollte dieser Brief später noch mehrfach als Grundlage weiterer Belehnungen dienen.

Die Rivalität der Cirksena mit den Bischöfen von Münster wurde durch diesen Schritt weiter genährt, denn nach wie vor beriefen sich die Münsteraner Bischöfe auf ihre alten Grafenrechte im Emsigerland. Groningen wiederum legte gegen das Emder Stapelrecht Widerspruch ein, weil es seinen eigenen Handel schmälerte. Dies alles zwang Ulrich dazu, weitere Schritte zu ergreifen.

Nach dem Tode seiner ersten Frau hatte er sich mit Theda Ukena, einer Enkelin von Focko Ukena, vermählt. Dies brachte ihm nicht nur die Versöhnung mit den Ukenas, sondern auch – gewissermaßen als Brautschatz – die erbrechtliche Bestätigung im Overledingerland, im Mormerland sowie im Lengener Land ein.

Nachdem es ihm gelungen war, durch geschicktes Verhandeln von den Erben der Abdena deren Erbanteile „an Slote unde herde to Emden" zu erlangen, war ihm der Besitz dieser wichtigen Stadt fast sicher. Dem entgegen stand nur noch der Schwur, den Ulrich 1453 mit „utgestreckeden Armen unde upgerichteden Lifliken vingheren" der

Stadt Hamburg geleistet hatte, sich nicht widerrechtlich oder sonstwie in den Besitz von Emden zu setzen.

Diesen Schwur machte er ungeschehen, indem er sich im April 1461 durch den Papst davon entbinden ließ. Dadurch machte er die durch seinen Eid zugestandene Rückgabe der Schlösser und der Stadt Emden an Hamburg zunichte.

Nun mußte er, koste es, was es wolle, einen ihm vom Reich verliehenen Titel haben, der zugleich auch seinem Haus verliehen wurde und ihm und seinen Nachkommen die Grafenrechte sicherte.

Ulrich, der bereits 1458 an der Stelle der alten Häuptlingsburg zu Emden nahe der Ems die neue Ulrichsburg hatte errichten lassen, um dort einzuziehen und mehr im Mittelpunkt seines Landes zu wohnen, hatte auch die Burg zu Greetsiel und die Festungen Emden und Leerort ausbauen lassen. Die Friedensaktionen seines Hauses gipfelten in den Verträgen von 1458 und 1459 mit Holland und Groningen, und als er 1461 den größten Hafen Ostfrieslands, Emden, ausbauen und die Stadt nunmehr auch mit Großfaldern verbinden ließ, schien seine Stellung auch in dieser Stadt gesichert.

Bischof Johann Ernst von Münster aber verbündete sich mit Graf Gerd von Oldenburg, um Ulrich „enige slotte, stede off lande“ abzugewinnen, die dieser in Ostfriesland in Besitz hatte. Zuerst traten die Oldenburger an, in der Absicht, das von Ulrich errichtete Schloß Stickhausen niederzureißen. Die Oldenburger Krieger zogen über das Lengener Moor nach Ostfriesland hinein. An ihrer Spitze stand Graf Gerd. Sie raubten und brannten. Dies war für die friesischen Herren zuviel des Bösen.

Unter der Führung von Tanne Duren und Lubbo Onneken von Jever und Rüstringen zog ein friesischer Verband rachedurstig in Richtung Huntemündung an die Weser und zahlte es den Oldenburgern heim.

Dies alles brachte Graf Gerd mit seinem dort residierenden Bruder Moritz in Konflikt, der Gerd aufforderte, sofort zurückzukehren. Damit war der friesische Annexionskrieg für Gerd von Oldenburg beendet.

Bischof Johann von Münster verzichtete von vornherein auf das Losschlagen gegen Ostfriesland und beließ es bei einigen Deklamationen, die Ulrich nicht anfochten.

Dennoch zeigten diese Aktionen Ulrich mehr denn je, daß er so rasch wie möglich einen neuen Besitztitel brauchte, der ihn vor solchen Überfällen sicherte. Und der einzige sichere und haltbare, den es gab, war der kaiserliche Lehnsbrief.

1462 ging Ulrich den Kaiser, der in Wien residierte, um die Legitimation seines Besitzes in Ostfriesland an. Zunächst noch zögernd, dann aber entschlossen, erhob Kaiser Friedrich III. am 14. Juni 1463 Ulrich Cirksena zum Grafen von Norden.

Dieser kaiserliche Lehnsbrief Nr. 3 wurde in Neustadt ausgestellt. Er lautete: „Wir, Friderich von Gottes gnaden Römischer Keyser, zu allenn zeitten merer des reichs, zu Hungern, Dalmatien, Croatien etc. kunig, hertzog zu Osterreich, zu Steyr, zu Kerndten und zu Crain, herre auf der Windischenmarch und zu Porttenawe, grave zu Habspurg, zu Tirol, zu Phyrrt und zu Kyburg, marggrave zu Borgaw und Landgrave in Ellsass bekennen und tun kunt offenntlich mit diesen briefe allen den, die in sehen oder horen lesen, wiewol wir von der hohe keyserlicher wirdigkeit, darzu wir durch schickung des allmechtigen Gottes zu dem heiligen Romischen reiche loblich geeronet, des ein merer genannt werden – – – damit der edel unser und des reichs lieber Ulrich, heubtling zu Norden vor unserer keyserlichen majestatt, ihrer persone und stames zu wirdigen, so haben wir doch insonnderheit angesehen und betrachtet solch erberkeit, redlichkeit, vernunft und tugend, damit der edel unser und des reichs lieber berumet ist, und auch die annemen, getrewen dinste, die er uns und dem reiche offt und dick getan hat, furbas in kunftigen zeitten wol tun mag und sol, und haben darumb mit wol bedachtem mutte, guttem ratte unser und des reichs fürsten, graven, edeln und getrewen und rechter wissen, des benannten Ulrich heubtling wonung und wesen, genant Norden zu einer graveschafft des heiligen reichs auss Romischer keyserlicher machtvolkomenheit erhebt und gemacht und denselben Ulrichen und alle sein eelich leibserben fur und fur darauf gegrefet und zu graven und grefin unser und des heiligen reichs geschepfet, gesetzet, gewirdigt, gemachet und erhebt.

Mit urkunt dies briefs besigelt und mit unserem keyserlichen majestatt anhangnndem insigel. Geben zu der Newenstatt, am eritag von sannt Veitstage, nach Cristi gepurde viertzehenhundert und im drei und sechtzigisten, unserer reiche des Romischen ime vier und zwaintzigisten, des keyserthumbs ime zwelfften, und des Hungarischen in dem funfften jarenn. Ad mandatum domini imperatoris in consilio."

Ulrich Cirksena hatte das erste ersehnte Ziel erreicht. Er war Graf, und seine Familie war mit ihm in den erblichen Grafenstand erhoben worden. Dies genügte ihm jedoch nicht. Er ließ weiter den Weg bereiten, und am 1. Oktober 1464 erhob Friedrich III. das Territorium des Ulrich von Norden ebenfalls zur Grafschaft des Reiches und Ulrich, seine Gemahlin sowie ihrer beider Erben zu „Grafen und Gräfinnen zu Norden, Emden, Emisgonien und in Ostfriesland mit den

Schlössern Greetzil, Berum, Aurike, Lerort und Stickhusen". Er erteilte Ulrich und seinen Nachkommen das Recht, „hinfur zu ewigen zeitten alleir yeglich offen und beslossen briefe mit rottem Wachs zu versigeln und verpetschadten" zu dürfen.

Damit waren Ulrich auch für Emisgonien und Emden die ersehnten kaiserlichen Sicherheiten gegeben worden. Die Ansprüche Münsters waren auf diese Weise durch kaiserlichen Spruch getilgt. Aus den ostfriesischen Häuptlingen war er aufgestiegen zum Landesherren und nun zu gräflicher Würde gelangt. Die dynastische Politik Ulrichs hatte ihre Früchte getragen.

Damit waren auch die bisherigen noch freien Häuptlingsschaften in Ostfriesland unter der Grafenkrone der Cirksenas vereint, und am 26. April 1465 leisteten denn auch Snelgar von Uphusen und Heiko von Oldersum und am 10. Mai auch die Häuptlinge von Dornum, Grimersum, Hinte, Loquard, Petkum, Papenburg und Uttum ihrem Grafen Ulrich den Lehnseid.

Sibo Attena aber, Häuptling im Harlingerland und Kampfgenosse von Graf Ulrich, wurde am 23. Dezember 1464, als Graf Ulrich in Emden dem kaiserlichen Abgesandten den Lehnseid sprach, zum Ritter geschlagen.

Kaiser Friedrich III. war gut beraten, als er in der letztgenannten Urkunde auch die friesischen Bauern ansprach und ihnen ihre alten Rechte sicherstellte:

„Die freyheitten und gerechtikeiten die euch von keyser Karl dem Großen, auch andern Romischen keysern und kunigen gegeben", sollten nicht gemindert werden.

Da der Kaiser Ulrich Cirksena außerdem mit den Gebieten „von der Westeremse osterwards bis an die Weser, von der see zutwerd bis an die teutschen palen" belehnt hatte, waren praktisch auch das Wangerland, Östringen und das „Viertel" Rüstringen mit Jever als Mittelpunkt dieser Herrschaft, Varel, Butjadingen und Stadland unter Ulrichs Herrschaft gelangt, ohne daß er dort wirklich der Herr gewesen wäre.

Diese Herrschaftansprüche griffen hart in die dortigen Herrschaften ein. So beispielsweise in jene von Lubbo Onneken zu Kniphausen und Alke zu Inhausen in Rüstringen. Besonders kraß war dies jedoch in Varel, das ja bereits zur Grafschaft von Oldenburg zählte. Damit waren Auseinandersetzungen und Fehden vorprogrammiert, die sich später auch einstellten und unter blutigen Opfern ausgetragen werden mußten.

Ulrich war klug genug, sich nunmehr zunächst mit seinem nächsten Verwandten auseinanderzusetzen und die vielen Erbstreitigkeiten gütlich beizulegen. Die Großmut, die er dabei bewies, war geschickt gezielt und verfolgte die Absicht, die Verwandtschaft fester um sich zu scharen, um so allen fremden Versuchen, die Macht der Cirksenas zu schmälern, von vornherein zu wehren.

In erster Linie verfolgte er eine Versöhnung mit Imel Abdena und Eggo von Westerwolde. Zwischen diesen und dem Grafen Ulrich wurde Ende März 1466 ein Kontrakt unterzeichnet. Eggo von Westerwolde übertrug darin Ulrich sein Eigentum an der Burg, seinen Gerechtigkeiten in der Stadt Emden und seine sämtlichen Güter in und außerhalb von Emden gegen die Abtretung eines 300 Grasen hohen Heerdes zu Wychhusen und 80 weiteren Grasen Landes bei Loppersum.

Ulrich war es nach seiner Erhebung in den Grafenstand auch erlaubt, an der Gesetzgebung in Emden mitzuwirken. Durch kaiserliche Gewalt, deren Stellvertreter er in Ostfriesland geworden war, war es ihm erlaubt, in peinlichen Fällen Begnadigungen auszusprechen. 1465 ließ Graf Ulrich die ältesten bekannten Statuten von Emden herausgeben. In der Vorrede dazu hieß es: „Die Verordnungen sind mit Rat und Bewilligung der Bürger und der Gemeinde gemacht und festgesetzt."

Als Ulrich Cirksena am 27. September 1466 in Emden starb, war mit ihm die Zeit der großen friesischen Häuptlinge endgültig zu Ende gegangen. Diejenigen Häuptlinge, die noch in ihren Herrlichkeiten saßen, konnten die Politik Frieslands nicht mehr mitbestimmen, und auch die Fehden alter Art – jeder gegen jeden – waren nunmehr ausgeschlossen. Daß dennoch Zwistigkeiten überall in Ostfriesland auch nach dieser Zeit mit dem Schwert ausgetragen wurden, wird in den nächsten Abschnitten deutlich werden.

Die freien Herrlichkeiten waren ebenfalls zu Ende gegangen. Nur wenige Häuptlinge verstanden es auch jetzt noch, sich den Besitz der Gerichtsbarkeit zu sichern. Solcher Herrlichkeiten gab es noch zwölf. Von ihnen wurden zwei vom Regierungshaus der Cirksenas angekauft, so daß nur noch zehn übrigblieben. Von diesen brachte im Verlaufe der nächsten Zeit Emden nicht weniger als vier an sich. Damit waren immer noch sechs alte Herrlichkeiten vorhanden.

Gräfin Theda von Ostfriesland

Nach Ulrichs Tod wurde dessen Witwe Theda, eine Enkelin Focko Ukenas, seine Nachfolgerin. Sie nannte sich nach ihrem Regierungsantritt Gräfin von Ostfriesland. Daß es ihr gelang, die Westgrenze Ostfrieslands gegen die Angriffe Karls des Kühnen zu verteidigen, war ihrer Geschicklichkeit zu verdanken, mit der sie alle ihre Freunde in den Abwehrkampf einspannte.

Auch im Osten des Landes kam Gräfin Theda zu Erfolgen und konnte die Einvernahme von Friedeburg in die Grafschaft Ostfriesland bewirken. Einer ihrer Zeitgenossen sagte über sie:

„Sie war eine Frau von übermenschlichen Fähigkeiten, die mit unerhörter Klugheit, voll Seelengröße und Hingabe ihr Werk, die Regierung Ostfrieslands, in den Händen hielt."

Am 26. Juni 1469 schlossen Gräfin Theda und ihre Söhne nebst einer Reihe von Häuptlingen mit Stadland und dem Butjadingerland einen Vertrag, in dem es darum ging, ihre Streitigkeiten unter- und gegeneinander durch jeweils vier Schiedsrichter entscheiden zu lassen.

Gräfin Thedas Söhnen Enno und Edzard wurde am 19. Juli 1469 das vorher ihrem Vater verliehene Privileg bestätigt, von ausländischem Bier Zoll zu erheben.

Kleine Streitereien konnten auf friedlichem Wege bereinigt werden. Auch der Rechtsstreit, den Gräfin Theda mit ihren Brüdern und den Erben Wiards von Oldersum wegen des Besitzes von Wolthusen und Oldersum führte, konnte am 29. August 1471 durch Schiedsspruch der vier Schiedsrichter Probst Johannes von Emden, Sibo von Dornum, Hayo von Papenburg und Beno von Uttum beigelegt werden.

Im Jahre 1473 berieten Gräfin Theda und Sibo Attena auf der einen sowie Edo Wiemeken, Lubbe Onneken von Kniphausen, Edo Boing von Gödens, Alke von Inhausen auf der anderen Seite als gleichberechtigte Partner einen Vertrag, den sie sodann im Namen aller ghemenen Hovetlinge unde meente in Oestfriesland mit der Stadt Groningen und den Häuptlingen der Groninger Ommelande schlossen.

Das Bündnis, das in diesem Vertrag beschworen wurde, galt der Abwehr des Grafen von Holland, Karls des Kühnen, der nicht nur nach Groningen, sondern auch nach Ostfriesland schielte.

Der Herzog von Burgund, Karl der Kühne, hatte als Graf von Holland großes Interesse vor allem an dem guten Hafen Groningen, und wenn er über Groningen hinaus auch noch die Herrschaft über Ostfriesland gewinnen konnte, würde ihm das die Krone eines friesischen Königtums einbringen.

Die Gefahr war um so größer für Ostfriesland, als sich Karl der Kühne auch mit Graf Gerd von Oldenburg kurzschloß, von dem die Ostfriesen aus leidvoller Erfahrung wußten, daß er gern Ostfriesland oder auch nur Teile davon seiner Grafschaft einverleibt hätte.

Als sich dann im Frühjahr 1473 König Christian von Dänemark um die Belehnung seines Bruders Gerd mit Butjadingen und Rüstringen bemühte, war Gräfin Theda gezwungen, weitere Bündnisse zu schließen, um Graf Gerd von Oldenburg in die Schranken zu verweisen. So kam es Anfang November 1473 zu dem Bündnis mit Sibo Attena gegen Oldenburg.

Ein Jahr später trat Gerd von Oldenburg in die Dienste Karls des Kühnen und verpflichtete sich, diesem Friesland erobern zu helfen. Zur Belohnung sollte er nach dem Sieg Gobernador von Friesland werden.

Darüber hinaus wurden ihm die östlichen Landesteile von Ostfriesland mit dem Mormerland, dem Auricherland und Jeverland versprochen.

Als dies ruchbar wurde, war der Startschuß für die bis dahin der Gräfin Theda und dem Hause Cirksena reserviert gegenüberstehenden Häuptlinge gegeben, sich diesem Hause anzuschließen, um nicht von den Oldenburgern untergebuttert zu werden.

Dies wiederum war für Gräfin Theda die Chance, sich erneut an Kaiser Friedrich III. zu wenden, dieser möge die bereits zugesprochene Herrschaft des Hauses Cirksena bis zur Weser noch einmal versichern.

Kaiser Friedrich III. gebot nunmehr allen noch der Herrschaft des Hauses Cirksena zwischen Ems und Weser Widerstrebenden, endlich „ihr gericht unde gerechtichkait von Theda, grävin zu Ostfriesslandt zu Lehen zu nehmen."

Karl der Kühne konnte seine Pläne gegenüber Friesland nicht verwirklichen. Er fiel bei Nancy im Kampf gegen die Schweizer. Gerd von Oldenburg wiederum war viel zu schwach, um allein seine hochtrabenden Pläne in die Wirklichkeit umzusetzen.

Allerdings war auch Gräfin Theda nicht stark genug, gleichzeitig mit den Oldenburgern überkreuz zu liegen *und* auch noch gegen Jever zu ziehen, wo Edo Wiemeken residierte.

Seit dem Jahre 1477 nahm der älteste Cirksena-Sohn, der 1462 geborene Enno I., an der Regierung teil. Er war dabei, als seine Mutter Hero Mauritz Kankena 5000 rheinische Gulden versprach. Dieser überschrieb ihr dafür zu Ostern 1481 die Burg und Herrlichkeit Friedeburg mit den Dörfern Etzel, Horsten, Marx, Reepsholt und Wiesede dazu. Dies, obgleich Hero Mauritz Kankena lediglich für den unmündigen Hero Omken nach dem Tode von Sibo Attena die Vormundschaft übernommen hatte und Amtmann war. Um die Rechte von Hero Omken kümmerte man sich zunächst nicht.

Gerd von Oldenburg verzichtete 1482 auf die Regierung der Grafschaft Oldenburg, und Johann V. von Oldenburg beendete den noch immer schwelenden Krieg mit den Cirksenas am 28. Oktober 1486.

Als seine Partner traten in diesem Dokument die drei Söhne Thedas und Ulrichs auf, Enno, Edzard und Uko. Enno I. war es, der sich mehr und mehr nach vorn gedrängt und von seiner Mutter und deren Regierung abgenabelt hatte. Allerdings sollte ihm keine lange Regierungszeit beschieden sein, denn im Jahre 1489 unternahm er eine Wallfahrt ins heilige Land, von der er erst im Jahre 1491 zurückkehren sollte.

Von dort zurückgekommen, sah er sich nach seiner Ankunft in der Heimat einem Problem gegenüber, das seinen höchsten Zorn erregte und ihn zu sofortigem Handeln zwang. Es ging um eine Familienangelegenheit, die er mit allen ihm zur Verfügung stehenden Mitteln aus der Welt zu schaffen trachtete.

Diese Familienangelegenheit sollte ihn teuer zu stehen kommen, denn er verlor derentwegen nicht nur die Grafschaft Ostfriesland, sondern auch sein Leben. Und dies alles um der Unbesonnenheit seiner Schwester willen.

Wenden wir uns nunmehr diesem Ereignis zu.

Graf Ennos I. Tod

Graf Edzard nahm gerade an einem Pilgerzug ins Heilige Land teil, als Almuth, die 1465 geborene jüngste Tochter von Graf Ulrich und Gräfin Theda, durch den Drosten Engelmann im Winter 1491 nach der Friedeburg entführt wurde. Die Friedeburg war erst im Jahre 1481 von Gräfin Theda erworben worden. Die Häuptlinge zu Dornum, Hero Mauritz und Hicko, Probst zu Emden, hatten sie Gräfin Theda, Junker Enno und seinen Brüdern „met alle den Timmer, Lande, Sande, Wischen, Weyde, Heyde, Lande, Luide und Heerlicheiten“ gegen eine Zahlung von 5000 Gulden überlassen.

Der westfälische Edelmann Engelmann verwaltete als Drost diese Burg. Er entführte die reizende junge Gräfin Almuth und verbarrikadierte sich in der Burg. Er weigerte sich, seine hübsche Geliebte wieder herauszugeben. Auch Almuth wollte nicht zurück, denn sie liebte den Drosten heiß und innig.

Graf Enno I., soeben erst von einer Wallfahrt ins Heilige Land zurückgekehrt, raffte, so rasch er konnte, eine Handvoll schwerbewaffneter Knechte und Freunde zusammen, ritt am 19. Februar 1491 direkt nach Ostringen zur Burg und forderte den Drosten auf, zur Verhandlung herauszukommen.

Drost Engelmann kam ins Freie und erklärte, daß Almuth nicht zurückkehren würde, weil auch sie ihn liebe. Der Wortwechsel entgleiste zu wildem Gefluche, und der Drost zog sich rasch in die Burg zurück, als die Sache gefährlich wurde. Graf Enno I. eilte ihm über das zugefrorene Eis des Burggrabens nach. Plötzlich brach er mit seiner schweren Rüstung in das Eis ein. Eine Reihe seiner Knechte eilte ihm nach. Zwei von ihnen konnten ihn aus dem Eis bergen, das plötzlich abermals nachgab, mit schauerlichem Krachen auseinanderbarst und den Grafen mitsamt seinen Knechten verschlang.

Die Wut der übrigen Belagerer kannte keine Grenzen. Ihr jetziger Anführer, Häuptling Hero Mauritz zu Dornum, belagerte die Friedeburg. Es gelang ihm, sie nach einigen Wochen sturmreif zu machen.

In der Nacht, als der Angriff beginnen sollte, gelang es dem Drosten Engelmann zu entkommen. Die verführte Geliebte blieb allein auf der Burg zurück. Sie wurde ergriffen und ihrer Mutter zurückgebracht.

Von Aurich aus wurde Almuth nach der Burg von Greetsiel geführt. Von hier aus unternahm sie noch einmal einen Fluchtversuch, um zu dem von ihr geliebten Manne, der von ihrer Mutter als Bewerber nicht anerkannt wurde, zurückzukehren. Sie gelangte in abenteuerlicher Flucht, zu der ihr zwei Mägde und deren Burschen verhalfen, nach Groningen. Hier wurde die hübsche junge Frau, die ihr Leben selbst in die Hand nehmen wollte, festgesetzt, durch Viktor Frese, den die Gräfin dorthin entsandte, wieder abgeholt und abermals nach Schloß Greetsiel gebracht, wo sie von nun an unter strenger Bewachung lebte.

Almuth bezog eine jährliche Rente von 40 Gulden. Dafür mußte sie sich eine Kammerjungfer, ein Mädchen und einen Diener halten und die Auslagen für ihre eigene Kleidung bestreiten. Sie starb dort im Jahre 1522 nach dreißigjähriger Haft.

Diese Verhinderung der Heirat ihrer Tochter Almuth mit dem westfälischen Edelmann mußte die Gräfin Theda mit dem Tode ihres erst 31 Jahre alten Sohnes Enno I. bezahlen. Sein Leichnam wurde zunächst im Kloster Marienthal zu Norden beigesetzt. Später wurde er in die von der Gräfin Anna neu erbaute Fürstengruft im Chor der großen Kirche von Emden geschafft und dort zur endgültigen Ruhe bestattet.

Die mit Münster seit 1487 schwelende Krise steigerte sich nun. Es ging darum, daß die Bischofsstadt das Vorbeifahrtsrecht Emdens nicht anerkennen wollte, das alle münsterschen Schiffe dazu zwang, zuerst in den Hafen von Emden einzulaufen und die an Bord befindlichen Waren feilzubieten. Zunächst gab es Wortgefechte. Münsters Argument, daß das Erzbistum alte kirchliche Rechte habe, wurde nicht anerkannt. So kam es schließlich 1492 zum offenen Kampf, der allerdings nur halbherzig geführt wurde.

Als Hamburg schließlich die an den Grafen von Ostfriesland übergebenen Schlösser in Emden zurückhaben wollte und diese Forderung seit 1493 vertrat, wurde dies sowohl von den Emdener Bürgern, die sich unter ihrem Landesherren wohlfühlten, als auch von Ostfriesland selbst abgelehnt. Graf Edzard wollte Emden unter allen Umständen für immer gewinnen.

Nunmehr versuchte Hamburg, zu einer gütlichen Regelung zu gelangen. Die Unterhändler der Stadt reisten nach Groningen, dort war man bereit, eine Schiedsrichterrolle zu spielen, wenn es beiden Seiten mit einer gütlichen Regelung ernst sei. Das war es, und so lud Groningen für den 14. Februar 1494 zu Verhandlungen nach dort ein.

Nach Beratungen mit seinen Experten wählte Graf Edzard seine Begleitung aus. Dann reiste er mit seinen Beratern und einigen Männern des Emdener Magistrates nach Groningen. Hier wurden sie mit der Hamburger Delegation bekanntgemacht, die von Bürgermeister Langebeeck angeführt wurde.

Ende Mai kam dort ein Vergleich zustande, in dem Hamburg die beiden Schlösser und sein Recht an Emden den beiden Cirksenaschen Grafen Edzard und Uko für immer übergab. Dafür erhielt es 10000 Mark Lübisch, die in zehn gleichen Jahresraten zu zahlen waren.

Die Handelsverträge wurden von beiden Seiten mit Haken und Ösen gemacht. Die Fragen des Hamburger Bieres, des Strandrechtes und des Fischfanges mußten neu geregelt werden. Der Stadt Emden wurden sämtliche alten Privilegien zugestanden, und der Magistrat dieser Stadt unterschrieb den Vergleich mit.

Damit waren jedoch die Streitigkeiten Emdens mit seinen Neidern wegen des Vorbeifahrtrechtes nicht aus der Welt. Die Emdener sannen darauf, wie sie sich dieses Recht gegenüber allen Gegnern sichern konnten, und kamen auf die glorreiche Idee, eine Deputation zu Kaiser Maximilian I. zu entsenden, der sich im Jahre 1494 gerade in Brabant aufhielt.

Die Delegation bat den Kaiser, der Stadt Emden ein Diplom auszustellen, worin ihr das Vorbeifahrtrecht bestätigt wurde. Der Kaiser bewilligte das und ließ dieses Papier ausfertigen. Das Dekret, am 5. November 1494 in Antwerpen vom Kaiser unterschrieben, sicherte Emden zu, daß alle Schiffe, die an der Stadt vorbeiliefen, ob sie nun emsaufwärts oder -abwärts fuhren, in den Hafen einlaufen und ihre Waren dort drei Tage feil bieten mußten. Nur jene Schiffe, die wegen grober See und Stürme im Hafen Zuflucht suchen mußten, waren von dieser Maßnahme befreit. Sie waren nur verpflichtet, ein Hafengeld zu zahlen, das zur Unterhaltung der Deiche verwendet werden sollte.

Damit schien diese Sache für immer geregelt, und im darauffolgenden Jahr baten die Emder den in Worms weilenden Kaiser, ihnen ein neues Wappen zu erteilen. Dies geschah, und seit dieser Zeit führt Emden ein dreiteiliges Wappen. Der unterste Teil besteht aus fließendem Wasser und ist in Blau gehalten, der mittlere zeigt eine rote Mauer mit fünf Zinnen und der obere eine halbe Harpyie in Gelb mit ausgebreiteten Schwingen und einer gelben Krone im schwarzen Feld. Dieser Vogel blickt über die Mauer hinweg zum Wasser.

Auf dem Schloß in Emden herrschte seit 1480 der Amtmann Wymken. Ihm wurde 1491 Dietrich Luitken als Burgschreiber beigestellt. Amtmann Wymken starb 1496. Sein Nachfolger wurde Mathias Nykamer als Drost, während Luitken Burgschreiber blieb.

Nach dem Tode des Bischofs Heinrich von Münster, der zeit seines Lebens gegen Ostfriesland eingestellt war, folgte diesem der Bischof von Osnabrück, Conrad von Rietberg. Dieser war ein nicht so streitlustiger geistlicher Herr. Vielmehr versuchte er, den Streit wegen des Emder Vorbeifahrtrechtes gegenüber Edzard Cirksena mit friedlichen Mitteln beizulegen. Am 11. Juni 1497 schloß er dieserhalb mit Graf Edzard I. einen gültigen Vergleich. Graf Edzard verpflichtete sich darin, 10 000 Gulden an den Bischof zu zahlen, während dieser im Gegenzuge alle Forderungen auf Ostfriesland aufgab.

In Bezug auf die Emder Vorbeifahrt wurde vereinbart, daß die Untertanen aus dem Münsterland die beiden acht Tage vor Mittfasten und acht Tage vor Michaelis abgehaltenen Emder Jahrmärkte frei besuchen durften. Darüber hinaus mußten sie aber, sofern sie Waren über die Ems transportierten, wobei es gleich war, ob sie stromaufwärts oder stromab liefen, drei Tage lang in Emden anlegen und ihre Waren feilbieten. Was nicht verkauft wurde, das konnte gegen Bezahlung des gewöhnlichen Zolls weitergeführt werden. In der Zollfrage gab es noch einige Unstimmigkeiten, die aber am 20. Oktober dieses Jahres gütlich beigelegt wurden.

Es war ein ziemlicher Schlag für Ostfriesland, als am 20. Juli 1498 Kaiser Maximilian I. auf dem Reichstag zu Freiburg Herzog Albert von Sachsen mit Friesland belehnte und ihn darüber hinaus zum Statthalter dieses Landes ernannte.

Die Friesen wollten diesen Herrn nicht, sondern beharrten auf der Beibehaltung ihrer alten Freiheit. Es kam zu einem Zusammentreffen zwischen Herzog Albert und Graf Edzard I. am 13. August 1498 in Sneek. Auf dieser Versammlung wurde Edzard I. darum angehalten, Herzog Albert Hilfe zu leisten und die sich seiner Gewalt widersetzenden Personen zur Raison zu bringen.

Viele jener Edelleute, die mit Herzog Albert übereinstimmten, reisten nach Emden, um Graf Edzard I. dazu zu bewegen, im Herbst 1498 eine aus Sachsen stammende und unter dem Kommando von Willibald von Schaumburg, dem Statthalter des Herzogs in Ostfriesland, stehende Truppe nach Ostfriesland in die Winterquartiere ziehen zu lassen und ihnen Unterkunft zu bieten.

Emden hatte kurz darauf den Oberst Schleinitz mit einigen Truppen aufzunehmen.

Die Schusterfehde

Diese Einquartierung Schleinitzscher Soldaten im Emden sollte nicht so ganz harmlos verlaufen, wie dies Willibald von Schaumburg auf dem Reichstage des 13. August in Sneek seinem Gegenüber vorgegaukelt hatte.

Den ganzen Winter über hielten die Reibereien in den Schenken und Herbergen der Stadt an. Gehörnte Ehemänner und erzürnte Väter überfielen Soldaten, die mit den Töchtern der Stadtbürger angebändelt hatten.

Diese einzelnen Mißhelligkeiten eskalierten schließlich derart, daß ein einziger Funke genügte, das Pulverfaß zur Explosion zu bringen. Der diesen Funken schlug, war ein Schuster.

Dieser war von einem Soldaten beauftragt worden, ein Paar feiner Schuhe zu machen. Als die Schuhe im Januar 1499 fertig waren, konnten sich die beiden nicht über den Preis einig werden. Der Soldat warf schließlich dem Schuster die Schuhe wutschnaubend an den Kopf und zeigte nicht übel Lust, den Meister Knieriem tüchtig zu verbläuen.

Der Schuster, in der richtigen Einstellung, daß eine Minute Feigheit besser sei, als das ganze Leben tot zu sein, suchte aus seiner eigenen Werkstatt das Weite und schrie lauthals um Hilfe.

Dieser Lärm lockte nicht nur die nächsten Nachbarn an, sondern auch einige der vorbeiflanierenden Soldaten, die sich rasch zusammenschlossen, als sie bemerkten, daß die schnell orientierten Bürger sich mit Knüppeln und anderen Schlagwerkzeugen bewaffnet hatten und auf sie losgingen.

Es kam zu einer Massenschlägerei, die schließlich derart ausuferte, daß die ersten Toten auf der Gasse liegenblieben und die Verwundeten um Hilfe brüllend zur Seite krochen.

Schließlich gelang es den Bürgern, die zu einem Haufen von mehrfacher Übermacht angewachsen waren, die Soldaten in die Flucht zu schlagen.

Einer der siegestrunkenen Bürger kam dann auf die Idee: „Schlagt alle sächsischen Soldaten tot! – Auf zum Quartier des Obersten Schleinitz! – Schlagt auch ihn tot!“

Die Parole zündete. Schließlich hatte fast jeder Bürger schon irgendwie unter der unbeliebten Besatzung zu leiden gehabt. Der lange Zug, dem sich unterwegs mehr und mehr Menschen anschlossen, wälzte sich unter Ausrufung wüster Parolen zur Großen Straße beim Markt, wo Oberst Schleinitz im Hause des Ratsherren van Lingen wohnte. Dort hielten die Menschen an und brüllten im Chor:

„Schleinitz, rauskommen! – Schleinitz, rauskommen! – Schlagt den Schleinitz tot!“

Inzwischen war ein besonnener Mann in aller Hast zum Schloß geeilt und hatte Graf Edzard I. Meldung von den Vorfällen gemacht. Dieser handelte sofort und rigoros.

Umgehend marschierte er mit der Schloßwache, die er selbst anführte, zum Alten Markt. Dort angekommen, besänftigte er zunächst die Bürger und sicherte ihnen die Untersuchung des Falles zu.

Allmählich trat wieder Ruhe ein. Die Bürger trotteten, des Herumlungerns müde, heim. Noch in derselben Nacht ließ Graf Edzard einige Bürger zu sich auf das Schloß holen und diese befragen. So erfuhr er die Namen der vermeintlichen Haupträdelsführer, die zur selben Stunde verhaftet und ins Verlies des Schlosses geworfen wurden.

Nach der gerichtlichen Untersuchung standen die Hauptübeltäter fest, die kurzerhand enthauptet wurden.

Der sächsische Krieg

Die Groninger, die immer mit einem Auge begehrlich nach Emden und Ostfriesland schielten, stellten sehr bald fest, daß Graf Edzard

rüstete, um dem Herzog und neuen Lehnsherrn mit Truppen beistehen zu können. Ihnen schwante Böses, und deshalb befestigten sie ihre Schlösser und die Ortschaften im Groningerland. Außerdem erstürmten sie ein paar der von Emdener und ostfriesischen Söldnern besetzten Schlösser und konnten auf der Ems drei vollbeladene Emdener Schiffe kapern, die mit Tuchen und anderen hochwertigen Waren aus Amsterdam heimwärts liefen.

Herzog Albert selbst begab sich, nachdem er die Herrschaft in Friesland an sich gerissen hatte, im Sommer 1500 nach Groningen. Dort erkrankte er und reiste nach Appingadam weiter. Von dort fuhr er auf den Rat von Graf Edzard nach Emden. Hier beschlagnahmte er die alte Münze und ließ darin seine Wohnung einrichten. Am 8. September 1500 starb er hier. Während – wie dies damals üblich war – seine Eingeweide am 13. September in der großen Kirche beigesetzt wurden, schaffte man den übrigen Leichnam nach Meißen, wo dieser bestattet wurde.

Graf Edzard festigte nun seine Position im Lande. Er begann 1500 damit in dem Flecken Leerort, im Dreieck der Flüsse Leda und Ems gelegen, die Oberburg zu planen. Eine Burg, die an dieser Stelle gebaut wurde, war von drei Seiten durch Wasserarme geschützt, die ohne Benutzung von Kähnen und Schiffen nicht überwunden werden konnten. An der einzigen zugänglichen Stelle im Nordosten lag niedriges Marschland, von Dämmen umgeben, die bei der Annäherung eines Feindes durchstoßen werden konnten. Danach wäre das gesamte zugängliche Gebiet von Wasser überschwemmt.

Auf der äußersten Landzunge, die nur soviel Raum bot, daß man eine Burg mit ihren Verschanzungen anlegen konnte, begann im Frühjahr 1501 der Bau der Oberburg. Sie bestand aus einem starken Mauerviereck, das von zwei Türmen überragt wurde. Diese Burg konnte nach Meinung der damaligen Fachleute nie erobert werden.

Zusammen mit den sächsischen Truppen marschierten auch die Ostfriesen unter Graf Edzard 1501–1502 vor Groningen und blieben dort liegen. Der Krieg verlief ohne Höhepunkte unentschieden hin und her, bis Anfang 1506 die Groninger die Flucht nach vorn antraten und Graf Edzard die Würde antrugen, Herr ihrer Stadt zu werden. Dieser nahm an und hielt am 1. Mai 1506 seinen feierlichen Einzug in Groningen.

Herzog Georg von Sachsen, der die Nachfolge des in Emden verstorbenen Herzogs Albert angetreten hatte, forderte nun Graf Edzard zur Übergabe von Groningen auf. Schließlich waren sie ja Verbündete. Edzard weigerte sich entschieden. Damit hatte er neuen Krieg heraufbeschworen, der als der Sächsische Krieg in die Annalen der ostfriesischen Geschichte einging.

Bis es zum offenen Kriegsausbruch kam, vergingen jedoch noch Jahre, die Edzard zum Ausbau seiner Burgen und festen Plätze sowie zur Festigung seiner Herrschaft nutzte.

Als alles Zureden nichts half, wurde Edzard I. durch Betreiben Herzog Georgs von Sachsen im Jahre 1513 in die Reichsacht getan.

Nun trachteten alle jene Fledderer, die aus diesem Umstand Nutzen zu ziehen hofften, danach, die Reichsacht an Edzard und damit an Ostfriesland zu vollziehen. Die Herzöge von Kahlenberg und Celle, die Grafen von Oldenburg und Bentheim verbündeten sich mit Herzog Georg.

Ein Haufen Gesindel, ehemalige Söldlinge und umherstreunende Vagabunden, schlossen sich zu einer „Schwarzen Garde" zusammen; diese diente sich den Gegnern Edzards als Sturmtruppe an. Unter dem Befehl der Herzöge von Braunschweig und des Grafen von Leisenich rückten sie nach Ostfriesland ein. Den Oberbefehl über diese Mordbrenner führte Herzog Heinrich von Braunschweig.

Aber auch in Ostfriesland gab es Strömungen, die der Richtung des Grafen Edzard entgegengesetzt waren. So wollten nunmehr auch die nur schwer unter fremder Herrschaft lebenden Hero Omken aus Harlingerland und Christopher von Jever in diesem Krieg ihr Schäfchen ins Trockene bringen und ihr Vasallenjoch abschütteln.

Bereitwillig öffneten sie der anrückenden, bunt zusammengewürfelten Soldateska ihr Land, bereit, mit dieser gegen Edzard zu Felde zu ziehen und ihre alte Unabhängigkeit zurückzugewinnen.

Anfang März 1514 drang dieser Feind in Ostfriesland ein und hatte bis Ende des Monats die Klöster zu Wittewierum, Delfzyl, Farmsum, Otersum und Reide in seine Hände gebracht. Nun wandte er sich nach Appingadam.

Graf Edzard, der sich in Emden befand, ließ hier 50 Kriegsschiffe ausrüsten und eine Truppe von 800 erfahrenen Soldaten und 2000 Bauern mit ihren Waffen sowie Emdener freiwillige Bürger einschiffen. Den Befehl über diesen bunt zusammengewürfelten, aber darum nicht weniger wildentschlossenen Haufen übernahm Otto von Diepholt.

Die Flotte lief aus und landete in den ersten Apriltagen in den Ommelanden.

Am 4. April kam es zur Schlacht, Otto von Diepholt, ein erfahrener Führer, konnte seine Truppe geschickt ansetzen und schlug den Gegner damit in die Flucht. Eine Vielzahl der feindlichen Kriegsknechte wurde gefangengenommen. Die von den Sachsen in Besitz genommenen Klöster und Ortschaften wurden hintereinander zurückgewonnen. Die freien friesischen Bauern erwiesen sich in ihrem gerechten Zorn stärker als jede Söldnertruppe.

Anfang Mai befand sich eine Truppe von etwa 2000 Mann aus dem Harlingerland in Richtung Aurich im Anmarsch, während zur gleichen Zeit eine sächsische Flotte von zehn Schiffen über die Ems in Richtung Emden lief und bis dicht vor die Stadt gelangte.

Erneut wurden in Emden einige schnelle Kampfschiffe ausgerüstet, die ausliefen, sich auf die sächsische Flotte stürzten und einige, die vom Gros abgekommen waren, im Sturm enterten und nach Emden brachten. Auf diesen Schiffen wurden drei vornehme Personen sächsischen Geblütes gefangengenommen. Einem dieser Gefangenen gelang es, in das Franziskanerkloster zu entkommen.

Die 2000 Kämpfer aus dem Harlingerland stießen zuerst auf das Kloster Meerhausen, das sich bei der Nachricht von der Annäherung dieses Kriegshaufens sofort verschanzt hatte. Es konnte aber nicht sehr lange Widerstand leisten und wurde erobert.

Auch Aurich mußte schließlich vom Grafen Edzard aufgegeben werden. Selbst die wichtige Grenzfestung Stickhausen, die von einer kampferprobten Schar verteidigt wurde, fiel. Der Norden des Landes wurde ebenfalls vom Feind besetzt und geplündert.

Um diese Zeit war bereits zum zweiten Mal eine kleine sächsische Flotte auf der Ems aufgetaucht. Es ging diesen Schiffen darum, den Handel Emdens mit Groningen und Appingadam zu unterbinden, zumindest zu stören. Abermals wurde eine diesmal größere Flotte ausgerüstet und mit kriegserfahrenen Soldaten bemannt, die gut ausgerüstet und bewaffnet waren.

Als diese auslief, stieß sie am 16. Juli auf die sächsische Flotte. Ein erbittert geführtes Seegefecht begann. Es gelang den Emdenern, zwei Schiffe aus der geschlossenen Formation der Feindeinheiten herauszulocken und das geballte Feuer auf diese zu eröffnen.

Das erste dieser beiden Schiffe wurde vollständig vernichtet. Dann konzentrierte sich das Feuer auf das zweite, auf dem der sächsische Admiral seine Flagge gesetzt hatte. Hier zeigte sich die Überlegenheit der Kapitäne aus Emden, die es verstanden, sich in die günstigsten Schußpositionen zu bringen. Auch das sächsische Admiralsschiff wurde zerschossen und sank.

Zwei weitere Schiffe wurden in einem rasanten Sturmangriff geentert, gekapert und nach Emden eingebracht. Die übrigen sächsischen Schiffe suchten ihr Heil in der schnellster Flucht.

Graf Edzard, der die Not seiner Bürger im ganzen Land sah, forderte den Gegner zu einem ritterlichen Zweikampf auf, der über Sieg oder Niederlage der einen Seite entscheiden sollte. Doch es fand sich auf sächsischer Seite niemand, der diesen ritterlichen Gang wagen wollte, von dem alles abhängen würde.

In Emden hielt Graf Edzard nunmehr eine Kriegsversammlung ab und erfuhr hier, daß er sich auf die Stadt unbedingt verlassen könne. Auch die besten der Häuptlinge seines Landes sagten uneigennützige sofortige Hilfeleistung zu. Graf Edzard war von dieser Woge der Zuneigung derart überwältigt, daß er mit bewegten Worten dankte: „Möge nur der allgütige Gott verstatten, daß ich eure Treue und Liebe wieder vergelten kann."

Zunächst aber galt es, den ins Land eingedrungenen Feind zu schlagen und ihn wieder hinauszujagen. Der Feind traute sich nicht an das stark befestigte Emden heran. Als seine Truppen in Richtung Oldersum vorgehen wollten, wurde ihnen auch dieser Weg durch den Häuptling der Herrlichkeit, Ulrich von Dornum, versperrt. Über Spetz zogen sie nun in Richtung Leer.

Dort angekommen, warteten die sächsischen Truppen und die ihnen zugelaufenen Söldnerscharen sechs Tage lang auf dem Kamp in der Südergast darauf, daß das Sommerhaus des Grafen, Leerort, übergeben werden würde. Doch dort dachte man gar nicht daran, den zur Verteidigung äußerst günstig gelegenen Platz zu räumen.

Die sächsischen Truppen rückten näher heran. Sie warfen Gräben und Schanzen auf und beschossen die Festung zehn Tage lang ununterbrochen aus 18 Geschützen.

In Leerort war der Drost Sibo Haiken das Herz der Verteidigung. Ihm war unmittelbar vorher noch durch den Grafen Edzard I. ein Hauptmann mit 100 Landsknechten zur Verstärkung geschickt worden. Der Hauptmann hieß Johann von Soest. Auf ihn und seine Mannschaft war ebenso Verlaß wie auf die aus Ostfriesen gebildete Burgwache.

Die Angreifer richteten sich zu einer langen Belagerung und Aushungerung der Burg ein. Sie ahnten nicht, daß bereits die Entsatztruppen unter dem Häuptling von Oldersum, Ulrich von Dornum, unterwegs waren.

Ein Kurier kam nach Leerort durch und benachrichtigte die Verteidiger, daß das Entsatzheer sich hinter dem Deich an der Rheiderseite der Festung befinde und daß es in der Lage sei, von dort aus das Lager des Feindes unter Feuer zu nehmen. Ulrich von Dornum bitte dazu um Überlassung einiger Geschütze.

Man schickte dem Entsatzheer mit einem großen Lastkahn bei Nacht eine große Feldschlange, die „der Löwe“ genannt wurde, dazu noch eine halbe Schlange und bat darum, bald mit dem Gegenfeuer zu beginnen, denn der Wall, der die Festung umgab, sei bereits durch die zehntägige Beschießung stark zerstört worden.

Herzog Heinrich rüstete zum Sturmangriff auf Leerort. Vorher wollte er jedoch noch einmal versuchen, mittels einer Kriegslist ohne große Verluste in den Besitz der Festung zu gelangen. So ritt er denn am Abend vor dem Sturmangriff in Hörweite an die Festung heran. Er wurde von einem Trompeter begleitet.

Als sie auf Rufweite herangekommen waren, blies der Trompeter das „Habt Acht-Signal.“ Danach rief Herzog Heinrich: „Ich will den Kommandanten von Leerort sprechen. Ich bin Herzog Heinrich.“

Wenig später tauchte der Verteidiger der Festung auf dem Wall auf, und Herzog Heinrich rief abermals hinüber: „Seid ihr Bauern oder Kriegsleute, und wie heißest du?“

Der Angerufene antwortete auf die gleiche Weise: „Wir sind Soldaten, und ich bin der Hauptmann Johann von Soest, gnädiger Herr! Und ich rate Euch: Macht Euch bald von hinnen! Eure Worte sind hier gänzlich verloren.“

„Johann von Soest“, rief Herzog Heinrich mit lauthallender und weittragender Stimme zurück, „was stehst du noch länger auf dem dodekasten (= Grabhügel) herum? Ich wollte, du stündest hier bei mir.“

„Nein, Herr“, antwortete der Burghauptmann, „So doch nicht! Ich habe einen guten Herrn, und ich will ihm treulich dienen. Tut euer Bestes! Wir wollen uns euer mit Gottes Hilfe erwehren und sind darob getrosten Mutes.“

Auf einen Wink Johann von Soests hin erscholl hinter dem Wall ein Trompetenstoß und unmittelbar darauf brüllten sämtliche Feldschlangen und Kanonen der Festung los und donnerten dem Herzog, der sich in schnellem Galopp in Sicherheit brachte, einen Abschiedsgruß hinterher.

Herzog Heinrich ließ in der Nacht zum 13. Juni alles für den Sturmangriff vorbereiten. Seine bunt gekleideten Bauern, die er mit sich führte, sollten der Truppe voranlaufen, mit Stroh, Reisig und Heu den Graben an einer Stelle zuschütten und den Übergang vorbereiten.

Landsknechte und seine Reiterei würden anschließend über diese künstliche Brücke nachfolgen, indem sie über diese Unterlage Balken, Bretter und Windmühlenflügel deckten und solcherart rasch eine tragfähige Brücke bildeten.

Die Belagerten bereiteten Pechkränze vor und brachten schwere Steine für die Schleudermaschinen und ungelöschten Kalk auf die Wälle, eine der Geheimwaffen, die ihre Wirkung nicht verfehlte. Sie wußten sich stark genug, einen mindestens dreimal vorgetragenen Angriff abzuwehren.

Am Morgen des Johannistages begann in aller Frühe der Sturmangriff. Die flammenden Abschüsse der Feldschlangen auf beiden Seiten schienen mit züngelnden Blitzen nacheinander zu greifen. Donnernde Einschläge hallten. Es sah so aus, als sollte es ein lange andauerndes Gefecht werden. Doch dem war nicht so.

Aus Ulrich von Dornums Lager jenseits des Deiches wurde in dieses Getümmel hinein ein einziger Schuß aus der großen Feldschlange abgeschossen, die den Namen „der Löwe" trug. Mit diesem Schuß hatte es seine besondere Bewandtnis. Und zwar bediente der Büchsenmeister Sieke diese Feldschlange. An jenem Morgen aber bat dessen 15jähriger Sohn Jakob den Vater, ihm den ersten Abschuß zu gestatten. Der Vater stimmte dieser Bitte zu, und Hans Jakob richtete das Geschütz gegen die braunschweigischen Schanzen. Nachdem geladen war, hielt er die brennende Lunte an das Zündloch. Das Pulver brannte und die Ladung trieb das große Geschoß zu den Braunschweigern hinüber. Es schlug genau dort ein, wo der Sohn des Büchsenmeisters die vielen Helmbüsche von Berittenen gesehen und anvisiert hatte. Die Kugel riß eine Menge Pferde und Menschen um.

Der bereits in Gang gekommene Angriff erlahmte plötzlich und stockte dann ganz. Die Braunschweiger zogen sich drei Minuten später ohne jeden ersichtlichen Grund zurück.

Erst am Nachmittag erfuhren die Verteidiger von Leerort, daß der erste Schuß aus der großen Feldschlange dem Herzog Heinrich von Braunschweig den Kopf abgerissen hatte. Einige seiner engsten Berater waren ebenfalls gefallen oder schwer verwundet worden.

„Der Löwe hat zur rechten Zeit an der richtigen Stelle zugebissen", sagten die Verteidiger.

Der Gegner gab die Belagerung auf. Und während die Eingeweide des toten Herzogs unter dem Geschrei der Klageweiber auf dem Chor der Kirche zu Leer begraben wurden, gingen fachkundige Hände daran, den Leichnam einzubalsamieren. Er wurde mit einer Sicherheitseskorte von 100 Reitern nach Braunschweig zurückgebracht.

Das Heer aber zog in aller Eile nach Münster ab. Die Gefahr für Leerort war beseitigt. Den Sachsen war es jedoch vorher bereits gelungen, die Stadt Appingadam am 4. August zu erobern. Hier waren einige Emdener Soldaten unter dem Befehl von Gerard Bolardus, der im Abwehrkampf gefallen war, in Gefangenschaft geraten. Wegen ihrer Tapferkeit wurden sie von den sächsischen Truppen mit Achtung behandelt.

Im September tauchte eine dritte sächsische Flotte auf der Ems auf, die diesmal stärker war als die beiden vorangegangenen. Aber auch die Emdener wollten nun wissen, was Sache war. Sie rüsteten 28 ihrer Schiffe aus, bemannten und schickten sie gegen diesen neu aufgetauchten Feind. Am 21. August kam es zu einer ersten Begegnung, bei der die Emdener Flotte eines ihrer Schiffe verlor und abdrehen mußte.

Ein paar Tage später wurde der Kampf unter günstigeren Voraussetzungen für Emden erneut aufgenommen. Die Emdener kämpften mit dem Mute der Verzweiflung und brachten nicht weniger als sieben sächsische Schiffe auf.

Diesmal waren sie energisch und kompromißlos zur Sache gekommen. Um dem Feind ein für allemal das Wiederkommen zu verleiden, wurden alle auf den erbeuteten Schiffen befindlichen Soldaten und Seeleute ins Wasser geworfen und ertränkt. Wer noch einmal auftauchte, der wurde mit langen Enterhaken wieder unter Wasser gedrückt, „bis sie allesamt ersäuft waren."

Der sächsische Krieg ging erst 1518 nach langen Verhandlungen zu Ende. Nicht beendet aber waren die Übergriffe der Seeräuber, von denen sich einer, Cornelius von Vehr, besonders hervortat, von dem anschließend die Rede sein soll.

Inzwischen aber war ein Ereignis eingetreten, das geeignet schien, die ganze mühsam aufrechterhaltene Ordnung in Ostfriesland wieder über den Haufen zu werfen.

Karl V. und Ostfriesland

Nach dem Tode von Kaiser Maximilian I. am 12. Januar 1519 in Wels, Oberösterreich, wurde sein Enkel, Karl I., König von Spanien, auf Kurfürst Friedrich des Weisen von Sachsen Vorschlag am 28. Juni 1519 zum Römischen Kaiser gewählt.

Als Karl V. trat dieser sein neues Amt an. Am 31. Mai 1521 gab Kaiser Karl V. dem Grafen von Ostfriesland die wörtliche Bestätigung des seinem Vater Ulrich von Kaiser Friedrich III. 1454 bewilligten Lehnsbriefes. Edzard I. wurde dadurch wieder mit ganz Ostfriesland, Jever, Wittmund, Esens und Stadt- und Butjadingerland belehnt. (Siehe E. Beninga: S. 603)

In den folgenden Jahren gelang es Edzard, sein Land in den bis dahin bestmöglichen Zustand zu versetzen, nicht zuletzt dank der Publizierung des ostfriesischen Landrechts, die er veranlaßte.

Daß es ihm gelungen war, 1518 die Sächsische Fehde erfolgreich zu beenden, hatte seinen Ruhm vermehrt; nicht zuletzt deshalb hatte Karl V. ihn wieder mit Ostfriesland belehnt.

Alle Streitigkeiten in Ostfriesland konnten auf gerichtlichem Wege geschlichtet werden, und auch in Sachen des Klostergutes war Edzard im Gegensatz zu seinem Bruder Enno I. aufgeschlossener. Seit dem Jahre 1519 förderte Edzard das große Werk der Reformation in Ostfriesland, wobei er entgegen den geübten Praktiken in anderen Ländern nicht mit Gewalt gegen die Anhänger der alten Lehre vorging. Dies alles brachte ihm den Beinamen Edzard der Große ein.

Die Seeräuber und Balthasar von Esens

Nach einigen Jahren der Ruhe waren es wieder einmal mehr der Junker Balthasar von Esens und seine Seeräuber, die Ostfriesland zu schaffen machten. Junker Balthasar von Esens hatte im Jahre 1522 nach dem Tode seines Vaters, des Häuptlings Hero Omken von Esens, der 49 Jahre regiert und sich stets gegen die ostfriesische Herrschaft aufgelehnt hatte, die Macht übernommen. Neben Esens erbte er auch die Herrlichkeiten Stedesdorf und Wittmund.

Balthasar, in bezug auf Renitenz ganz sein Vater, schien es förmlich darauf anzulegen, sich zu streiten. Sein Oheim Ulrich konnte ebenso ein Lied davon singen wie auch eine Reihe anderer Herren und Häuptlinge. Besonders abgesehen hatte er es auf die in Jever regierenden beiden adeligen Fräulein Anna und Maria. Er zog gegen die Familie Kankena ebenso zu Felde, wie er alle Kaufleute zu berauben trachtete, die er in seinem Lande ergreifen konnte. Da diese nicht genug waren, suchte er sie auch auf dem Wasser.

Graf Edzard hatte das Gebaren von Hero Omken und nun das seines Sohnes Balthasar eine Weile mit angesehen, hatte Ermahnungen und Warnungen an diese beiden gesandt und nichts als Hohn geerntet.

Erst als aus allen Teilen Ostfrieslands die Hilferufe vor Balthasar sich mehrten und Edzard darüber hinaus auch aus dem Kaiserhause ein Mandat erhalten hatte, den Frieden wiederherzustellen, zog Graf Edzard gegen Balthasar zu Felde.

Junker Balthasar, wie er genannt wurde, verteidigte sich lange erfolgreich in Esens, mußte aber dann doch kapitulieren und Frieden schließen. Die Bedingungen waren drückend, besonders wenn man ein solcher Hitzkopf wie Balthasar war. Und zwar versprach Balthasar, indem er sich unter den Schutz des Grafen stellte, diesen in allen Kriegsereignissen zu Lande und zu Wasser zu unterstützen und alle mit fremden Fürsten eingegangenen Bündnisse zu lösen.

Die Kriegskosten in Höhe von 4000 rheinischen Gulden wollte er bezahlen: 3000 Gulden sofort und 1000 binnen Jahresfrist. Wegen der dem Häuptling Ulrich von Dornum vorenthaltenen elterlichen Erbschaft versprach er 6000 rheinische Gulden zu zahlen, von denen 3000 sofort und der Rest in drei Teilgruppen fällig waren. Darüber hinaus versprach er Ulrich einen jährlichen Erbzins von 300 Gulden. Er trat ihm schließlich jene Ländereien ab, die auf dem Gebiet des Grafen Edzard lagen.

Den drei Edelfräulein von Jever und all jenen Edelleuten in Östringen, Rüstringen und Wangerland, denen er Ländereien fortgenommen hatte, sollte Balthasar diese Güter zurückgeben und ihnen die Pacht eines Jahres zahlen.

Der Hauptpunkt des Vertrages aber war sein Versprechen, niemals wieder zu rauben, weder zu Wasser noch zu Lande, und niemanden mit Gewalt zu überziehen. In allen vorkommenden Streitigkeiten würde er in Zukunft die Gerichte anrufen. Von den Schiffbrüchigen würde er nicht mehr als den üblichen Bergelohn fordern.

Graf Edzard verpflichtete sich im Gegenzuge dazu, den Junker Balthasar „in allen seinen gerechten Forderungen und Ansprüchen zu unterstützen." (Siehe Perizonius, H.F.W.: Geschichte Ostfrieslands Bd. II. S. 15).

Als am Palmsonntag 1522 der Vertrag unterzeichnet war, hob Graf Edzard die Belagerung von Esens auf und entließ seine Söldner.

Diese Söldner traten in den Dienst des Bischofs von Bremen, der sie mit anderen Kriegsknechten gegen die im Lande Wursten beheimateten Friesen einsetzte.

Als Junker Balthasar wieder Luft bekam, sann er darauf, wie er die harten Bedingungen dieses Friedensvertrages unterlaufen könne. Als erstes begann er wieder vor der Küste Handelsschiffe der benachbarten Länder aufzubringen und sich an ihnen schadlos zu halten.

Dies konnte Edzard nicht dulden. Er warb in aller Eile neue Söldner an, verstärkte diese durch die Besatzungen seiner Burgen und einige Freiwillige und zog ein zweites Mal vor Esens.

Auch diesmal bekam Junker Balthasar seine Dresche und wurde gezwungen, sich abermals zu unterwerfen und die ausgehandelten Artikel des Friedensvertrages zu erfüllen. Doch das sollte ihn nicht endgültig zur Ruhe bringen.

Einfacher lag der Fall jener Seeräuber, die sich ab 1523 wieder vor der ostfriesischen Küste tummelten und in kurzer Zeit eine Reihe ostfriesischer und Emdener Schiffe wegnahmen. Diese Profis im Seeräubergeschäft waren wilde Burschen und machten kein langes Federlesen, was natürlich die Menschen der Küste und die Kaufleute gegen sie Sturm laufen ließ.

Nachdem sie ein Jahr lang die Küstenorte unsicher gemacht und Dutzende Kauffahrer abgefangen und gekapert hatten, versuchte man zunächst, sie mit kleinen Fangtrupps zu stellen. Dies erwies sich als sinnloses Unterfangen.

Der oberste Kapitän dieser Seeräuber nannte sich Cornelius Vehr. Er war ein Mann, der sehr scharfe Disziplin hielt, und so konnte es nicht ausbleiben, daß ihn 1524 einer seiner Gesellen, den er zu scharf gemaßregelt hatte, an Graf Edzard verriet und auch sein Versteck auf Rottum preisgab.

Dies war die große Chance, der Seeräuber habhaft zu werden. In aller Eile wurden in Emden einige Schiffe ausgerüstet. Kampfeslustige junge Edle aus Ostfriesland und geworbene Soldaten schifften sich darauf ein. Diese kleine Flotte erreichte Rottum. Die Soldaten umstellten die Hütten, in denen die Seeräuber hausten, und im Morgengrauen stürmten sie hinein.

Alle Seeräuber einschließlich des Kapitäns Cornelius Vehr wurden gefangengenommen. Der Seeräuberboß erklärte seinen Häschern, daß man ihm nichts anhaben könne, denn er habe einen Kaperbrief des Herzogs von Geldern, der ihn zur Kaperei berechtige.

Als man ihn aufforderte, diesen Kaperbrief zu zeigen, konnte Vehr ihn nicht finden. Mit sieben seiner Piratenfreunde wurde Vehr im Triumphzuge nach Emden geschafft. Alle acht wurden nach einem kurzen Prozeß in Emden enthauptet und ihre Köpfe auf langen Stangen als abschreckendes Beispiel am Ufer der Ems entlang aufgestellt.

Doch auch dieses unerbittliche Durchgreifen verhinderte die weitere Seeräuberei nicht. Bereits im Jahre 1524 und dem folgenden Frühjahr machte ein weiterer Seeräuber diesmal jedoch vorwiegend den Hamburger Kauffahrern zu schaffen. Er nannte sich Nicolaus Kniphof. Es gelang diesem tollkühnen Seeräuber immer wieder, den Nachstellungen der hansischen Schiffe zu entkommen.

Dann aber erwischte es ihn. Und zwar lief er auf der Ems bis vor Greetsiel, wo er von seinen Verfolgern gestellt wurde. Es kam zu einem scharfen Gefecht, bei dem die Seeräuberschiffe geentert wurden. Graf Edzard konnte aus dem Fenster seiner Burg diesem Kampfe zusehen, der mit einer Niederlage des Seeräubers endete. Kniphof wurde nach Hamburg gebracht, wo man ihm neben 70 „gemeinen Räubern" den Prozeß machte und ihn hinrichtete.

Nunmehr herrschte einigermaßen Ruhe auf dem Meer vor der Küste und den Flüssen, doch nicht für immer, wie sich zeigen sollte.

Edzard der Große und seine letzten Leistungen

Im Jahre 1525 trat Graf Edzard von Ostfriesland dem Verein der niedersächsischen und westfälischen Fürsten bei, der seit 1519 bestand. Oberstes Ziel dieser Vereinigung war ein allgemeines Schutz- und Trutzbündnis, das den daran teilhabenden Fürsten den Schutz des gesamten Vereins sicherte und damit Ruhe und Frieden zu gewährleisten hatte. (Siehe Brenneysen TE. IL IV, S. 144).

Dies sollte sich auch für Ostfriesland als segensreich erweisen. Bedeutender an Rang war jedoch eine letzte große Leistung des Grafen. Edzard I. hatte bereits 1512 nach dem Tode seiner Gattin, Elisabeth von Rietberg, die ihm vier Töchter und drei Söhne schenkte, mit dem Beirat und der Bewilligung seiner Räte und Landstände das Erstgeburtsrecht eingeführt. Er hatte dies so formuliert:

„So hebben wy Edzard, Graf tho Ostfriesland, Uns mit tydlichem Rate ock der Stende unser Lande und Amtlüde bewilliget, upgerichtet und eintrechtiglich geschloten, als wenn wy von hier verschieden sind, so soll unse este Sohn een Graf und regerender Herr seyn." (Siehe Brenneysen a.a.O.)

Derjenige von den drei Söhnen des Grafen, der danach das Regiment in Ostfriesland anzutreten hatte, war der 1499 geborene Sohn Ulrich. Er war 1517 mit knapp 18 Jahren als Kammerherr in den Dienst Karls I. von Spanien getreten und kehrte kurze Zeit darauf „geistesschwach und daher zur Regierung ungeeignet" nach Ostfriesland zurück. Dem Vernehmen nach wurde diese unheilbare Krankheit durch das Einflößen eines sogenannten Liebestrankes verursacht, dessen Giftstoffe eine das Gehirn des Jünglings lähmende Wirkung hervorgerufen hatten.

Dieses Faktum zwang Graf Edzard dazu, von den Bestimmungen der Erbfolge abzuweichen. Anfang Dezember 1527 ließ er die von ihm getroffene Verordnung aus dem Jahre 1512, die Erbfolge angehend, durch seine drei Söhne genehmigen und über diese Genehmigung eine Urkunde ausstellen. Am 6. Dezember berief er dann seinen zweiten, 1505 geborenen Sohn Enno zum Regenten des Landes. Enno sollte als

Enno II. dieses Amt nach dem Tode seines Vaters antreten. Falls Enno ohne Erben sterben würde, war Johannes, der 1506 geborene dritte Sohn, sein Nachfolger.

Bei den Verhandlungen zu diesem Sonderstatus galt es immer, auf den unglückseligen Ulrich Rücksicht zu nehmen, dessen Geisteszustand doch noch so war, daß er begriff, worum es hier ging.

Darüber hinaus veranlaßte Graf Edzard noch einige Arbeiten, die dringend anstanden. So ließ er das Faldernsiel erneuern und bewilligte für die Stadt Leer einen neuen Markttag, den sogenannten Kreuzmarkt.

Er berief im Januar und Anfang Februar 1528 seine Söhne zu sich und schärfte ihnen als persönliches Vermächtnis die Duldsamkeit gegenüber Andersdenkenden, aber auch das Festhalten am Evangelium der neuen Lehre ein. Seine Sorge galt dem Lande, und er beschwor seine Söhne, die vorhandenen Rechte des Volkes nicht zu schmälern, mit allen Nachbarn, ob Fürsten oder Häuptlingen, in Frieden zu leben und immer dem Lande zu dienen.

Von Beninga sind uns die letzten Worte des Grafen überliefert: „Herr, nun lässest du deinen Diener in Frieden fahren."

Edzard I. von Ostfriesland starb am 14. Februar 1528 um vier Uhr früh. Er stand im 67. Lebensjahr und hatte 36 Jahre die Regierungsgeschäfte dieses Landes geführt. Im Kloster Marienthal in Norden wurde er beigesetzt. Bei Emmius finden wir die Worte:

„Edzardus heros inclytus et post regum tempora in hac gente maximus, amator populi mirificus a populo plus paene quam par erat, aut quam credi poterat, amatus."

Graf Ulrich, der unglücklichste der Brüder, lebte zurückgezogen im Kloster Hassel, wo er 1531 starb.

Enno II. Regent von Ostfriesland

Im Hinblick auf seinen Oheim Enno, der im Graben der Friedeburg bei dem Versuch, seine Schwester Almuth zurückzuholen, ertrunken war, nannte sich Enno mit Regierungsantritt Enno II. von Ostfriesland.

Unmittelbar nach seinem Regierungsantritt wählte Graf Enno II. sechs Räte zu seiner Unterstützung, die zum Teil auch seinem Vater in den schwierigen Regierungsgeschäften hilfreich zur Seite gestanden hatten. Es waren dies:

Ulrich und Hicko von Dornum, Omko Ripperda von Hinte, Focko Maninga von Pewsum, Poppo Maninga, Doktor der Theologie, aus Emden, und Folef von Kniphausen. Alles Männer aus alten Häuptlingsgeschlechtern, die zur Spitze des Landes zählten und deren Rat wertvoll war. Er nahm in Norden die von allen dorthin befohlenen Drosten und Amtleuten erwiesene Huldigung entgegen und reiste dann mit seinen beiden Brüdern Ulrich und Johann nach Berum. Dort sollten die Trauertage abgewartet werden.

Danach begab sich Enno II. in Begleitung durch die gesamte Grafschaft, um sich in allen Weilern und Gemeinden huldigen zu lassen. Der Huldigungseid der Stände, der in aller Feierlichkeit geleistet worden war, wurde Enno II. erst ein knappes Jahr später am 18. Februar 1529 zugestellt. Er war von Probst Manninga und den Junkern Hicko von Dornum und Iko von Kniphausen ausgestellt und unterschrieben.

Am 24. September 1529 wurde Enno II. bereits zu Speyer der Lehnsbrief Karls V. ausgestellt. Es war der gleiche wie jener des Jahres 1454, womit das Recht der Grafen von Ostfriesland auf Jever und Stadt- und Butjadingerland erneuert wurde.

Die ersten offiziellen Schritte im Lande waren die Verstärkung der Festungswerke von Leerort und die Schaffung eines neuen Zwingers. Der Drost E. Benninga von Leerort berichtete darüber:

„In anfanck dusses 28. Jaers leet Grave Enno in den graven naden kroegh vor den wal her in't Westen vor der Embse eene muirte hertehen, und up den horne en kleen torneken, daer men de graven mede bestrycken konde, maken.

Im sulvigen jaer wurt de muirte vortaen vor den wal in den graven vor der Embse na der Warde up den Ohrt und de beiden Torne, un vort na des schrivers toerne de walle aen den anderen gebracht de brugge byder horne upgenamen een nie up de andere staede weder gemaket. Desgelyken wurt ock de groote dwenger an den wal up de horne nae Exclum ba dat hovet von Eggerich Beninga Droste up den Ohrt angelecht."

Ennos ganze Aufmerksamkeit der ersten Regierungsperiode galt der Sicherung der Stadt Aurich, die in der Sächsischen Fehde völlig niedergebrannt, aber durch seinen Vater wiederaufgebaut und erweitert worden war.

Er ließ Wälle und Gräben aufwerfen und eine Reihe großer Geschütze aufstellen, um in Notzeiten zur Abwehr gerüstet zu sein. 1529 wurde das Ostertor angelegt, weil die Osterstraße verlängert werden mußte. Enno II. widmete überhaupt im Laufe der nächsten

Jahre Aurich besondere Aufmerksamkeit. Die Ortschaft erhielt im Jahre 1539 die Stadtrechte.

Enno und die katholische Kirche

Während Ennos II. Vater Edzard trotz des Übertritts des Großteiles seiner Landeskinder zum evangelischen Glauben den katholischen Geistlichen ihre Einkünfte beließ und sie nicht in der Ausübung ihres Berufes hinderte, kam Enno gleich nach seinem Regierungsantritt zur Sache und ließ alles, was an katholischem Vermögen und Wertgegenständen greifbar war, konfiszieren.

Alle Kirchen und die Klöster des Landes wurden von Schatzungskolonnen besucht, welche die kostbaren Kirchengeräte, Monstranzen, Becher und Gefäße aus Gold und Silber, die kostbaren Meßgewänder und vor allem das Geld an sich nahmen. Darüber hinaus wurden alle übrigen Werte, wie z. B. Bilder, Plastiken, wertvolle Truhen und Schreine, durch die Leiter dieser Requirierungskommandos, an ihrer Spitze Focko von Pewsum, Drost Rudolph von Emden und Omko Ripperda, abgeholt.

Daß diese Herren und andere sich eine saftige Ecke von dem fetten Braten abschnitten, ehe sie das übrige ablieferten, verstand sich von selber, denn schließlich kam es bei diesen „Sammlungen“ auf Dinge an, die Geldeswert besaßen und von Gold und Silber zu edlen Steinen und anderen Kunstwerken gingen.

All das, was Graf Enno II. mit beinahe schon profitgierigem Freibeutertum konfiszierte, gehörte in Wahrheit ja nicht einmal der Kirche, sondern den betreffenden Gemeinden, die diese Schätze angeschafft hatten.

Dies alles setzte ihn dem Verdacht aus, daß seine Förderung der Reformation nicht seiner christlich-evangelischen Überzeugung, sondern haarscharfer Berechnung entsprang.

Immer wieder wurde den Gemeinden vorgeschwindelt, daß alle die Gegenstände, die ihnen ja nun nicht mehr in ihrer Religionsausübung von Nutzen sein könnten, auf eine andere Art und Weise zu ihrem Nutz und Frommen verwandt werden würden.

Dieser gewaltigste Kirchenraub der deutschen Geschichte, unter dem Vorwande der Reformation ausgeführt, landete in den eigens dazu angefertigten eisenbeschlagenen Kisten auf dem Rathaus zu Emden. Von dort wurden diese Schätze nach und nach in die gräfliche Burg nach Emden gebracht.

Die solcherart ausgeplünderten Klöster – es gab in Ostfriesland derer 277 – wurden von den Mönchen verlassen. Nur die wenigsten blieben zurück. Sie konnten als evangelische Geistliche weiter auf religiösem Gebiet arbeiten oder erhielten eine Geldabfindung.

So wurde beispielsweise Johann von Groningen, der Abt des Klosters Aland, Prediger in Aurich. Der Abt des Benediktinerklosters Ihlow, Antonius, nahm die Aufforderung, Prediger in Larrelt zu werden, ebenfalls an. (Siehe Kapitel: DIE REFORMATION IN OSTFRIESLAND).

Nachdem er so die Klöster hatte räumen lassen, bemächtigte sich Graf Enno II. nun auch Zug um Zug der Klosterbauten. Er ließ sich als erstes im Dominikanerkloster zu Norden eine kostbare Wohnung einrichten. Sein Bruder Johann baute an der Stelle und aus dem Material der abgebrochenen Kirche in Ihlow ein Jagdschloß. Nur der stark vergoldete Altar dieser schönen Kirche konnte gerettet und nach Aurich geschafft werden. Nicht einmal die Zufluchtsstätte des geisteskranken Grafen Ulrich, das Kloster von Hasselt, blieb von der Einziehung seiner Einkünfte verschont.

Immer dann, wenn die Bewohner der Dörfer und Gemeinden laut aufmuckten, weil es sie wieder einmal hart traf, wurden sie mit der Allerweltsfloskel beschwichtigt, daß alle diese Werte zum Besten des gesamten Landes verwandt werden würden. Doch davon konnte keine Rede sein, denn die wohlgefüllten Truhen landeten alle im Schloß des Grafen.

Was aber für die Geschichte Ostfrieslands und jener der Klöster des Landes am verheerendsten war: Bei diesen Raubzügen und Plünderungen wurden die Klosterarchive mit ihren unersetzlichen Dokumenten ausgeraubt und oftmals einfach fortgeworfen oder verbrannt. Die Geschichten der alten ehrwürdigen Klöster in Ostfriesland gingen verloren, so beispielsweise die des Klosters Ihlow, Schola dei, das 1228 von dem Bischof Gerhard von Bremen gestiftet worden war, wie jene des Zisterzienser-Nonnenklosters Meerhausen, aus dem ebenfalls ein Jagdschloß gemacht wurde.

Der Besitz der Klöster in Ostfriesland war auch zu verlockend, denn immerhin soll er sich auf 50000 Grasen Landes belaufen haben, was einem Drittel der gesamten Landesfläche entsprach; es waren hauptsächlich beste Böden.

Diese rigorose Aneignung kirchlichen und gemeindlichen Eigentums ließ dann auch die Reformation in Ostfriesland ins Stocken geraten und schwemmte allerlei Schwärmer, Phantasten und 1528 auch die Wiedertäufer nach Ostfriesland hinein. In Emden gelang es dem bekannten Melchior Hofmann binnen kurzer Zeit „dank seiner göttlichen Einwirkungen“, 300 Personen in der großen Kirche aus einem riesigen Wasserkübel neu zu taufen.

Diesen „Auserwählten“ verwies Enno II. schließlich des Landes. In Straßburg starb dieser Wiedertäufer im Gefängnis. Seinen Apostel Johann Tripmaker, den er in Emden zurückließ, wies der Graf ebenfalls aus. Dieser ging nach Holland und verlor hier Kopf und Leben.

Doch zurück zu Graf Enno II. und seiner Regierungszeit. In einer Versammlung des 13. Januar 1530 rief dieser sämtliche Prediger Ostfrieslands zusammen und ließ ihnen das Religions-Edikt verlesen. Die Antwort darauf bestand in einer Bittschrift der Prediger Ostfrieslands vom 14. Januar, in welcher nach der allgemeinen Unterwerfung unter das weltliche Gericht des Grafen eine Bitte an diesen gerichtet wurde:

„So ergeht nun unsere demütige Bitte und unser Ermahnen um unsers gemeinsamen Seligmachers Christi willen, daß Ew. Gnaden uns hiermit nicht ferner wolle kränken und unser Gewissen beschweren, sondern Gott den Herrn selbst, Christus, unsern einzigen Meister nebst seinem heiligen Geiste und das göttliche Wort allein über unsern Glauben wolle walten lassen.“

Der Graf, der vorher noch ein Gutachten Luthers zu seiner Kirchenordnung hatte einholen lassen, ließ die Kirchenordnung drucken, denn Luther hatte sie gebilligt und dem Grafen geraten, keine aufrührerischen Sekten zu dulden. (Siehe: Luther an J. Pelt: Emmius’ Traktat von Ostfriesland 273).

Diesem Rate folgend, ließ Graf Enno II. alle Wiedertäufer „unter Androhung des Verlustes von Leib und Leben“ aus Ostfriesland verbannen.

Friedensbemühungen nach außen und Ennos II. Kampf im Innern

Der Streit zwischen Ostfriesland und Oldenburg, der am 3. Dezember 1517 durch einen Frieden beendet wurde, ohne daß die streitigen Gebietsansprüche erledigt worden wären, konnte durch Enno II. Verhandlungen mit Graf Anton von Oldenburg beigelegt werden.

Und zwar forcierte Christian II. von Dänemark, ein Sproß des gräflich-oldenburgischen Hauses, der sowohl von Schweden als auch Dänemark verbannt wurde, weil er sich dort entsetzliche Scheußlichkeiten hatte zuschulden kommen lassen, die Versöhnung dieser beiden

Parteien. Nicht etwa weil er sich aus einem Saulus in einen Paulus verwandelt hätte, sondern weil er daraus für sich handfeste Vorteile zu erlangen hoffte. Solcherart wollte er seine Rückkehr nach Dänemark und die Übernahme der Macht in diesem Lande vorbereiten.

Christian wandte sich zunächst an den Statthalter des Kaisers, den Grafen Floris von Buiren, der mit Graf Enno II. befreundet war, und bat diesen, zu vermitteln. Dieser Bitte kam der Statthalter nur zu gerne nach. Christian selbst reiste nach Utrecht. Dort gelang es ihm am 26. Oktober 1529, einen dauernden Frieden zwischen den beiden Grafen von Oldenburg und Ostfriesland herzustellen.

Kernpunkt des von ihm ausgedachten Vertrages war eine Doppelheirat, mit der sich beide Grafen verschwägern sollten. Während Enno II. die Gräfin Anna von Oldenburg heiraten sollte, wurde Graf Anton von Oldenburg Ennos Schwester, Anna von Ostfriesland, angedient.

Darüber hinaus leistete Enno II. in diesem Vertrag für alle Zukunft Verzicht auf das Butjadinger- und Stadtland, während Graf Anton in seinem und seiner Brüder Namen Jever mit allen Besitzungen und Gerechtsamen abtrat und dem Grafen von Ostfriesland zusicherte.

Graf Enno mußte sich allerdings verpflichten, den noch regierenden beiden Edelfräulein von Jever, dem Fräulein Maria als der jüngeren 6000, Anna als der älteren 3000 rheinische Gulden zu zahlen.

Blieb nur noch ein Unruheherd übrig: Balthasar von Esens, Wittmund und Stedesdorf. Dieser versprach, alle ebenfalls auftretenden Streitigkeiten zwischen ihm und Graf Enno II. durch König Christian und Graf Floris von Buiren innerhalb eines Jahres friedlich beilegen zu lassen.

Die beiden Fräulein von Jever, die sich nach ihrem Gespräch mit Edzard dem Großen auf dem Kalkberg in Jever berechtigte Hoffnungen auf die Hand der beiden Söhne des Grafen gemacht hatten, waren schockiert, als das Heiratsgerücht um Graf Enno II. auch zu ihnen durchdrang.

Die Nichterfüllung der auf dem Kalkberg gemachten Versprechungen hatte Graf Enno II. auch aller Ansprüche aus dem seinerzeitigen Vergleich beraubt. Die beiden Schwestern waren nicht gewillt, ohne Rache auf eine Grafenkrone zu verzichten. So war der Verzicht des Anton von Oldenburg auf Jever nur ein leeres Wort, während Ennos Verzicht auf Stadtland und Butjadingerland Realität war und Ostfriesland diese beiden Gebiete für immer verlor.

Graf Ennos II. Hochzeit mit Anna von Oldenburg noch im Jahre 1530 wurde mit allem Pomp in Oldenburg gefeiert. Die Hochzeitsfeier wurde nach der Rückkehr des gräflichen Paares in Aurich fortgesetzt.

Graf Anton von Oldenburg kam allerdings nicht mehr dazu, Ennos Schwester, Anna von Ostfriesland, zu heiraten, denn diese starb noch im Jahre 1530 und wurde in der Familiengruft zu Norden beigesetzt.

Damit war der grandiose Plan nicht völlig zur Ausführung gekommen. Dennoch trug Ennos Heirat mit Anna von Oldenburg viel zur Festigung der beiderseitigen Freundschaft der Grafenhäuser bei.

Junker Balthasar auf dem Kriegspfad

Wenn auch die Friedenszusicherung des Junkers Balthasar Bestandteil des zwischen Ostfriesland und Oldenburg geschlossenen „Ewigen Friedens“ war, so war jedoch mit des Geschickes und Balthasars Mächten kein ewiger Bund zu flechten. Der Junker war nach wie vor wildentschlossen, sich möglichst mit allen Häuptlingen und Herren anzulegen, die ihm auch nur den geringsten Vorwand dazu lieferten. Nach wie vor nahm er es mit mein und dein nicht so genau, und die Klagen über ihn häuften sich.

Enno II. beschloß, dem Junker „eins aufs Maul zu hauen“, wie er betonte. Entgegen der von seinen Räten geäußerten Bitte, keine Fehde anzufangen, ließ er Soldaten zusammentrommeln und zog mit ihnen nach Wittmund, das er handstreichartig in der Nacht zum 19. Juni 1530 in Besitz nahm. Der dort residierende Drost Dietrich von Köln wurde von ihm gefangen und nach Aurich gebracht.

Entgegen dem Rat seiner „Weisen“, nunmehr alles den beiden dafür vorgesehenen Schlichtern, nämlich König Christian und Graf von Buiren, zu überlassen, zog Enno II. mit seiner Truppe von Wittmund aus in Richtung Esens, um den Junker in seiner Höhle auszunehmen. Unterwegs schlossen sich ihm die Auricher, Berumer und Norder Kampfgruppen an, die einen raschen Sieg und fette Beute erhofften.

Bei dem Kloster Marienkamp machten sie halt. Nahe diesem Lagerplatz wurde bei Nordorf ein Blockhaus gebaut, um die Versorgung von Esens über diesen Weg zu unterbinden.

Balthasar, der um die schwache Bedeckung der Bauleute wußte, unternahm in einer wolkenverhangenen, mondlosen Nacht mit einer Schar gut fechtender Kumpane einen Ausfall aus der Stadt und griff das Blockhaus an. Er trieb mit blanker Klinge die Besatzung hinaus und eroberte eine ostfriesische Fahne, die am andern Morgen, nachdem sich die Ausgefallenen wieder in die Stadt zurückgezogen hatten, auf der Turmspitze von Esens flatterte.

Graf Enno II. schäumte. Er ließ das Blockhaus fertigstellen und legte unter Führung des Drosten von Berum, Jelke von Ihrhofe, eine starke Besatzung hinein. Er gab dem Drosten den Oberbefehl über seine 3000 Mann starke Truppe und kehrte mit seinem engeren Gefolge nach Aurich zurück. Von hier aus wollte er kampfgeübte Söldner aus anderen Ländern anwerben lassen. Die solcherart angeworbenen Söldner wurden von jenem Schatz bezahlt, den Enno II. aus den Kirchen hatte entwenden lassen.

Mehr und mehr Landsknechte schwärmten nach Ostfriesland hinein und wurden zu Fähnlein und Regimentern zusammengestellt. Die Reiterei, das allgemeine Heer und die Artillerie zogen schließlich vereint gegen Esens. Das erste Lager wurde bei Thunum errichtet, wo der Drost von Jever sie erwartete, das zweite entstand zwischen dem Kloster Marienthal und Nordorf.

Esens wurde umzingelt und aus den in Stellung gebrachten Geschützen das Feuer eröffnet. Das schwere Geschütz ließ seine Donnerschläge gegen das Schweinetor der Stadt krachen und richtete allerlei Schäden an. Der Angriff aber blieb bei Verlusten von 800 Mann liegen. Esens hielt dem Ansturm stand. Iko von Kniphausen, einer der Führer der Angreifer, fiel.

Die Belagerung wurde nun zur direkten Blockade verschärft. Bei Thunum wurde ein zweites Blockhaus errichtet. Die enge Einschließung sollte Stadt und Schloß sturmreif machen oder durch Hunger zur Übergabe zwingen.

Am 28. September mußte Junker Balthasar von Esens zu Kreuze kriechen. Er ergab sich den beiden Grafen – denn auch Johann hatte sich an diesem Kriegsspiel beteiligt – auf Gnade und Ungnade und willigte darin ein, daß die Stadtbefestigungen geschleift wurden. Der Herr von Esens mußte alle schweren Geschütze abgeben und 18 000 Philippsgulden an Reparationen zahlen. Wittmund, die Dörfer Westerholt, Dunum, Ochtersum, Werdum und das Kloster Marienkamp wurden ihm fortgenommen, und zu allem Überfluß mußte er für Esens den Huldigungseid leisten und sich gegenüber Enno II. zur Heerfolge verpflichten. Sein „wir" in den Briefen mußte er in „ich" umwandeln und durfte nicht einmal ohne Erlaubnis des Grafen von Ostfriesland heiraten. Für den Fall, daß er ohne Erben starb, sollte auch Esens samt allem, was dazugehörte, an die Grafen von Ostfriesland fallen.

Damit hatte Graf Enno den Junker zwar arg geduckt, aber ihn um keinen Deut friedensbereiter gemacht, wie sich erweisen sollte.

Die von Balthasar von Esens herbeigerufenen Truppen waren zwar zu spät gekommen, aber sie kamen! Bereits unterwegs hörten sie, daß ihre Dienste nicht mehr vonnöten seien. Eine Gesandtschaft, die sie an

Balthasar schickten, um von diesem ihren Sold zu kassieren, mußte ohne Geld abziehen, denn Balthasar war bereits von Enno derart gemolken worden, daß er keinen Gulden mehr hatte.

Hieraus schloß Enno, daß Balthasar nunmehr ein friedlicher Mensch geworden war, doch dem war nicht so. Als der Graf von Ostfriesland im Mai 1531 eine Reise an den Hof von Königin Margaretha unternahm, die als Statthalterin der Niederlande fungierte, handelte Junker Balthasar. Er reiste gemeinsam mit dem nach den Niederlanden reisenden Enno II. ein Stück Weges. In Haselünne trennten sie sich, und Balthasar ritt allein nach Arnheim zum Herzog von Geldern weiter, um – dies hatte er vorgegeben – dort für den durch Enno erzwungenen Eid Freisprechung zu erhalten.

Balthasar hatte den Herzog von Geldern ausgewählt, weil er wußte, daß dieser das Haus Cirksena haßte und daß er in der Lage und sicher auch willens war, es den Cirksenas heimzuzahlen. Dafür würde er auch genügend Geld aufwenden, um die notwendige Zahl von Landsknechten in Sold nehmen zu können.

In Herzog Carl von Geldern fand Balthasar einen zu allen Schlägen bereiten Bundesgenossen. Gemeinsam nahmen sie den berüchtigten Landsknechtsführer Meinhard von Ham in Sold, der binnen kurzer Zeit zu seinen vorhandenen Truppen weitere Landsknechte warb.

Diese sollten mit aller Macht in Ostfriesland eindringen und zunächst das Rheiderland mit Mord und Brand überziehen, ferner die Kirche von Jemgum und die Ortschaft selbst in Besitz nehmen und als Stützpunkt ausbauen. Von dort aus konnten dann die Vorstöße tiefer ins Land hinein erfolgen.

Ein Kurier wurde nach Esens geschickt, der Balthasars Vertrauten den positiven Verlauf der Unterredungen mitteilte und befahl, nach der vorsorglich zurückgelassenen Weisung von Junker Balthasar die zerstörten Gräben und Wälle von Esens und die Festung selbst wieder in Verteidigungszustand zu versetzen.

Graf Johann, Ennos Stellvertreter in Ostfriesland, der nach der Abreise seines Bruders regierte, erhielt sehr rasch Kunde von diesem Beginnen in Esens. Sofort ließ er eine Truppe aus mehreren Ämtern des Landes zusammenrufen. An ihre Spitze trat der Drost von Friedeburg, Jürgen von der Hude. Dieser erhielt strikte Weisungen, den Bau an den Esener Festungswerken zu unterbinden und das bereits Wiederhergestellte erneut einzureißen.

Kampfesmutig und begierig, einen solchen Auftrag bestens zu erledigen, erreichte von der Hude mit seinen Truppen Esens. Er fand die Tore verrammelt und die Zugbrücken hochgezogen. Bis in Rufweite an die Mauern heranreitend, stieß er wüste Beschimpfungen gegen die Esener aus und forderte sie auf, die Brücken herunterzulassen und die Tore zu öffnen, widrigenfalls seine Truppen die Stadt erobern und niederbrennen würden.

Nach anfänglichen einzelnen Schüssen peitschte plötzlich von einer der Schartenmauern das Feuer einer Handvoll Musketen. Von einer dieser Kugeln ins Auge getroffen, stürzte Jürgen von der Hude vom Pferd.

Damit herrschte wieder Krieg unter Friesen. Um nun auch die unentschlossenen Bürger des gesamten Ostfrieslands auf seine Seite zu ziehen, griff Balthasar zu dem Trick der psychologischen Kriegsführung. Er ließ durch seine Agenten überall das Gerücht verbreiten, daß die Statthalterin der Niederlande das Vorgehen von Enno II. gegen seinen Untertanen Balthasar für rechtswidrig erklärt habe und es mißbillige. Er setzte noch einen Trumpf darauf, indem er behauptete, daß einer der Ratgeber Ennos II., Folef von Kniphausen, von den Henkern der Königin Margarethe enthauptet worden sei. Dem war jedoch nicht so, denn dieser war in Brabant verstorben. Aber Brabant war weit und Kniphausen tot. Dem Volk sollte damit erklärt werden, daß auch Königin Margarethe gegen Enno II. war.

Noch immer in Geldern, versuchte Balthasar, von hier aus alle Hebel in Bewegung zu setzen, und rüstete sich zum Marsch nach Esens. Doch Balthasars Landsknechte wollten ihm keine Treue schwören, weil er kein Herr mit Landbesitz war. Sie sagten den Schwur zu, sobald Fräulein Maria von Jever von Graf Enno II. abfalle und zu Balthasar überwechseln würde. Dies müsse ihnen durch einen Brief des Fräuleins bewiesen werden. Vor allem müsse in diesem Brief stehen, das Fräulein Maria habe dem Junker Balthasar noch vor dessen Zug nach Arnheim zugesichert, daß die Landsknechte in Jever eine Zuflucht finden würden, wenn sie in Not geraten sollten.

Fräulein Maria, dem Grafen Enno II. nicht eben hold, wenn man auf die Tatsache blickt, daß sie quasi von ihm verschmäht worden war, ließ rasch 50 Söldner anwerben. Diese kamen zu Ostern in mehreren Nachtmärschen nach Jever und stürmten die von Ennos Truppen besetzte Burg, wobei ihnen der Burghauptmann und Drost Boyng von Oldersum den Sieg sehr leicht machte, so leicht, daß man argwöhnte, er stecke mitten im Komplott.

Der gräflichen Besatzung wurde der ungehinderte Abzug nach Aurich gestattet, und Drost Boyng von Oldersum trat in die Dienste von Marie von Jever, was den Argwohn nährte, daß er Marias geheimer Verbündeter sei.

Graf Enno II. erfuhr von diesem Aufstand und warb seinerseits in Brabant und im übrigen Holland Söldner an. Als er seinen Feinden entgegenzog, warfen seine Söldlinge plötzlich ihre Waffen hin und weigerten sich, den Kampf zu eröffnen. Sie seien, so bemerkten sie in aller Einfalt, nicht gekommen, um zu kämpfen und womöglich zu sterben, sondern um im reichen Ostfriesland Beute zu machen.

Dadurch bekam Balthasar Oberwasser. Seine in Geldern geworbenen Söldner zogen ungehindert durch Ostfriesland. Dies widerum bewog Junker Balthasar, einem sehr von sich eingenommenen Mann, dem Grafen Enno II., einen Fehdebrief zu senden.

Kurioserweise warf Balthasar seinem alten und neuen Gegner vor, was er selber getan hatte: den Bruch des geschlossenen Vertrages. Und zwar habe sich Enno gegen alles Recht der Burg von Wittmund bemächtigt und kurz darauf auch die Stadt und Herrlichkeit Esens angegriffen. Dabei spielte er auf die Belagerungstruppen des Drost Jürgen von der Hude an. Er sparte in diesem Fehdebrief auch nicht mit sattem Spott gegenüber Graf Enno II., indem er schrieb:

„Wir, Balthasar, Herr zu Esens, Stedesdorf und Wittmund an Enno, der sich nennt einen Grafen von Ostfriesland.“

Junker Balthasar trachtete nun danach, sich die Burg von Wittmund zurückzuholen. Doch diese war zu stark besetzt und verproviantiert, als daß Aussicht auf eine Eroberung bestanden hätte. Stattdessen bemächtigte er sich Wittmunds wieder ganz, ließ als Burgersatz die Kirche befestigen und legte eine Besatzung hinein. Dies war in damaliger Zeit nichts Außergewöhnliches, da fast alle Kirchen als sogenannte Wehrkirchen erbaut worden waren.

Außerdem verstärkte er die Besatzung von Esens, ehe er mit seinen Söldnern gegen Berum, Lütetsburg und Norden vorstieß und die Ortschaften in der Manier wildester Söldner ausplündern ließ. Am härtesten traf es Norden, denn Balthasar wollte damit der Familie der Cirksena eines auswischen.

Immerhin war Norden mit den beiden ehemaligen Klöstern so etwas wie ein Aushängeschild der Familie. Marienthal war außerdem die Erbbegräbnisstätte der Cirksenas. Das zweite Kloster, das ehemalige Dominikanerkloster, war von Ennos Baumeistern zu einem prächtigen Palast umgebaut, in dem er residierte, wenn er nach Norden kam. Beide Gebäude wurden bis auf die Grundmauern niedergebrannt.

Es folgte die prächtige Andreaskirche, deren Turm als Seezeichen seit langem den seefahrenden Ostfriesen als Merkpunkt galt. Ein Dutzend verwegener Söldner rannte keuchend die Treppe zum Turm dieser Kirche hinauf. Sie trugen brennende Fackeln, um sie oben im

Turm anzulegen. Einem der letzten von ihnen fiel die Fackel aus der Hand. Niemand achtete darauf bis auf den betreffenden Söldner selber, der umkehrte, während die übrigen wie besessen treppauf rannten.

Als sie oben ihre Feuerbrände legten, schlugen auch schon unter ihnen die Flammen in die Höhe und versperrten ihnen den Rückweg nach unten.

Einer von ihnen gelangte noch als brennende Fackel ins Freie und wälzte sich schreiend am Boden. Die übrigen hingen aus den Fenstern des Turmes, bis ihre Hilferufe von den prasselnden Flammen übertönt wurden.

Graf Enno II. wagte sich während der Zeit dieses gewaltigen Raubzuges nicht aus Emden hinaus. Nur die Dorfbewohner leisteten mit dem Mute der Verzweiflung Widerstand. So auch jene 15 Männer des Dorfes Grimersum, die drei Stunden der entfesselten Soldateska Widerstand leisteten, ehe sie einzeln in Stücke gehauen waren.

Der Kampf und Widerstand der Männer von Grimersum wird von Eggerik Beninga in seiner „Cronica der Fresen" (Teil II S. 615) ausführlich geschildert:

„So vill juncker Baltazar mit synen hoep to Grimersum des dages na S. Jacub (am 26. Juli 1531) aver dat deep, dar geene luide umme sodanen gewalt wedertostaen vorhanden, daran vele vorsehen wurt. Se weren dar umtrent 15 mans ut dat dorp dat se nicht to em in dursten. Dewile se tom latesten genen wederstand vornemen, toegen se strax na Syllmonniken und dat rabaukens volck befruchtete den sick, dat se an se wulden getagen syn. Juncker Baltazar hadde in dat cloester syn leger, dar he rovede unde brende na synen willen."

Von seinem eigenen Stützpunkt, dem Kloster Sylo aus, trieb also nach Beningas Chronik Balthasar seine Söldner zu weiteren Brandschatzungen an. Alle Dörfer in der weiteren Umgebung wurden verwüstet. Als das Land hier ausgeraubt war, zog Balthasar ins Emsigerland.

Erst jetzt handelten die Grafen. Graf Johann zog dem Heerhaufen Balthasars von Aurich aus mit einem Trupp Reiter und einer Menge Fußsoldaten nach, in der Hoffnung, ihn irgendwo im Rausche eines Sieges stellen und vernichten zu können.

Dies war bei Grimersum der Fall, wo sie der Nachhut Balthasars eine Reihe Wagen, hochbeladen mit Nahrungsmitteln und Beute, wegnehmen konnten.

Danach stieß Graf Johann von Ostfriesland ins Harlingerland hinein und begann es dem Mordsenger Balthasar gleichzutun. Sie zogen vor Esens, eroberten die Stadt, die für 24 Stunden zur Plünderung freigegeben wurde, und brannten sie bis auf wenige Häuser nieder.

Reich mit Beute beladen kehrte Graf Johann nach Aurich zurück. Er hatte Gleiches mit Gleichem vergolten und sich dabei ebenfalls die Hände schmutzig gemacht.

Über diesen Raubzug des Grafen Johann weiß Beninga ebenfalls in seiner drastischen Sprache zu berichten:

„Als nu juncker Baltazar to Syllmonniken sick mit sinnen hoepen gelegert, is grave Johan mit een venelen knechte ruiteren unde Huisluiden weder vor Esense getaegen. Rovede und brende Esens und dat gantze landt werder ut. Dat nicht vele guider huiser in Esens bestaen bleven, gewunnen alle dat weder, dat se to Norden und in dat Landt gerovet hadden, kregen in Esense vele gevangen, ock sloegen se vele doet."

Der Bericht zeigt, daß neben Raub und Plünderung auch Mord und Totschlag mit im Spiele waren.

Balthasar war inzwischen nicht untätig geblieben. Die Klöster zu Dickhusen und Appingen gingen in Flammen auf. Als ihm durch einen aus der Stadt entkommenen Kurier die Nachricht überbracht wurde, daß Esens niedergebrannt sei, zog er mit seiner Truppe zum Kloster Sylo zurück und setzte es in Brand. Danach zogen sie nach Norden, um jetzt alles, was sie auf ihrem früheren Raubzug verschont hatten, mitzunehmen und zu verwüsten. Dies geschah, ohne daß sie daran gehindert wurden.

Danach erst zog Balthasar mit seinen Söldnern, die reiche Beute gemacht hatten und guter Dinge waren, nach Esens, um den Wiederaufbau der Stadt in die Wege zu leiten.

Graf Enno II. und Johann waren nicht in der Lage, die von ihren Gegnern niedergebrannten Klöster Appingen und Dickhausen neu aufzubauen.

Hintergrundkenntnisse über Jever und die beiden Edelfräulein

Graf Ulrich I. war bereits durch Kaiser Friedrich III. mit der Herrlichkeit Jever belehnt worden. Diese Belehnung wurde auch seinem Sohn Edzard I. bestätigt. Edzard aber war Jever so wichtig, daß er diesen Besitz zusätzlich sichern wollte.

Als nach dem Tode des Junkers Christoph von Jever nur zwei Töchter als Erbinnen in Jever verblieben, faßte Edzard den Plan, diese zwei Edelfräulein mit seinen beiden Söhnen Enno und Johann zu vermählen. Damit wäre ohne jeden Zweifel das Land für alle Zeit an Ostfriesland gefallen.

Edzards Söhne Enno und Johann waren denn auch im Jahre 1527 zur jeverschen Burg geritten und hatten sich von den Räten der Herrlichkeit den Treueid schwören lassen. Am nächsten Tag wiederholten die Stände und die Ethelinge des Landes ebenso wie die beiden Fräulein Anna und Maria diesen Eid.

Das vorher durch Edzard gegebene Versprechen, daß mit der Leistung des Treueides auch eine Bewerbung seiner beiden Söhne um die Hände der Edelfräulein verbunden sei, wurde nicht erfüllt.

Beide Grafen wußten um die Brüchigkeit dieses solcherart von ihnen mißachteten Vertrages. Sie entließen den bisherigen Drosten Omko Ripperda und setzten den Junker Boyng von Oldersum an dessen Stelle zum Vogt ein.

Beide Edelfräulein waren enttäuscht. Diese Enttäuschung verwandelte sich in Haß, als sie von dem Utrechter Vergleich hörten, der ihnen zeigte, daß die Grafen auf völlig anderem Heiratskurs lagen und sie verschmähten.

Anna von Jever, die ältere, hatte inzwischen auf die Herrschaft verzichtet und sie der resoluten und entschlußkräftigen Maria übertragen. Diese aber wollte die verlockende Grafenkrone noch immer nicht aufgeben.

Als Graf Enno II. 1531 in Brüssel weilte, ließ sie heimlich aus Braunschweig 50 Söldner kommen, die bei Nacht und Nebel anreisten, im ersten Frühlicht die Burg von Jever überrumpelten und in Besitz nahmen. Es zeigte sich, daß Graf Enno mit dem neuen Drosten Boyng von Oldersum den Bock zum Gärtner gemacht hatte, denn auch dieser gehörte der Partei Marias von Jever an.

Von Jever aus fielen Marias Kriegsknechte mehrfach in die Herrlichkeit Knyphausen ein. Dies wiederum veranlaßte Folef von In- und Knyphausen, seinen Sohn Ubbo zum Grafen Enno II. zu schicken und um die Erlaubnis zu bitten, nun auch seinerseits Söldner anzuwerben und es den Jeverschen zu zeigen. Graf Enno war einverstanden; nun holte Ubbo einen wilden Haufen Söldner aus Holstein und brachte sie per Schiff nach Jeverland.

Ubbo und sein Feldhauptmann Dietrich von Düren führten die Söldner nach Jever. Da Edelfräulein Maria und ihr Vertrauter Boyng von Oldersum wußten, daß die Ortschaft nicht zu halten war, brannten sie sie selber nieder, nachdem sich alle Bewohner mit ihrem teuersten Hab und Gut auf die Burg geflüchtet hatten.

Die Belagerung der jeverschen Burg begann. An ihr beteiligte sich auch der mit einigen Kriegshaufen nach dort entsandte Oberst Jasper von Marwich, der von Enno zu diesem Angriff befohlen und den knyphausenschen Truppen zur Verfügung gestellt wurde.

Dem Edelfräulein Maria und ihrem Drosten und Liebhaber Boyng gelang es, in einer der nächsten Nächte, als die Burg noch nicht hermetisch abgeschlossen war, zu entkommen. Sie reisten an den Hof der Königin Maria von Brabant, um dort Hilfe zu erhalten. Auch über dieses Ereignis hat Beninga in seinem informativen Werk eingehend berichtet:

„Darna up Marien geboerte in den hervest (8. September 1532) quemen Ubbo to Inhuisen und Knipense und Diderick van Duiren mit dre venelen knechte ut dem lande to Holsten. Als nu de van Jever gewaer wurden, dat idt one gelden schulde und de knechte kamen segen, steken se de flecken und de karcke an. So we dat vuir ut was, leten se sick strax met schepen unvorseens na landt setten, toegen darmede ungesumet vor Jever. Schantze den tor stundt davor, brantschatteden dat gantze landt. Grave Enno schickede Jaspar van Marwick darvor mit itliche ruiter und knechte, leet one dar beneden der gast by der Tichellboden, dar men dale na Marsch tuth een blockhuis ordineren und slaen."

Königin Maria von Brabant nahm Fräulein Maria unter ihre Fittiche und sandte um Weihnachten eine Kommission an die Grafen Enno und Johann mit einem Schutzbrief für das Fräulein, vom 1. Oktober an gerechnet und auf sechs Jahre gültig. Nach diesem Schutzbrief wurde jede Feindseligkeit des Grafen gegen das Edelfräulein mit einer Strafe von 50 Mark lötigen Goldes belegt. Dies galt auch bei Angriffen auf die Untertanen von Fräulein Maria.

Graf Enno zog zähneknirschend ab. Dennoch glaubten sich Fräulein Maria und ihr geliebter Drost noch immer nicht sicher genug. Auch sie bauten weiter vor, indem sie die Erbherrschaft Jever mit allen Gerechtsamen dem burgundischen Hof zu Lehen antrugen.

Zu diesem Zweck reiste Drost Boyng im Frühjahr 1532 als Bevollmächtigter des Fräuleins Maria nach Brüssel. Dort trug er Kaiser Karl V. in dessen Eigenschaft als Herzog von Brabant und Grafen von Holland die Erbherrschaft Jever zu Lehen an.

Diesen Antrag nahm Karl V. ohne Zögern an. Im April 1532 unterzeichnete er die Urkunde. Damit war Jever für alle Zeit dem Hause der Cirksena und Ostfriesland verloren. In dem abgeschlossenen Vertrag verpflichtete sich Fräulein Maria, ihr Land und die Stadt Jever, das Schloß und alle Festungen für alle Zeit den Herzögen von Brabant und Grafen von Holland oder deren Stellvertretern und

Statthaltern offenzuhalten und ihnen mit allem, was sie hatten, gegen jeden Feind zu dienen.

Für die Zeit des Friedens hatte Jever 24 Fußsoldaten und 10 Reiter zu unterhalten. In Kriegszeiten erhöhte sich diese Zahl auf 500 Fußsoldaten und 50 Reiter, die dem Oberlehnsherrn zur Verfügung gestellt werden mußten.

Alle bisherigen Rechte und Freiheiten wurden Jever durch Karl V. wieder uneingeschränkt zugestanden und dem Fräulein alle Privilegien ihrer Herrschaft gewährleistet. Kaiser Karl V. verpflichtete sich darüber hinaus, Fräulein Maria und ganz Jever in Schutz zu nehmen gegen jedermann, der ihnen Böses antun wolle.

Am 8. Mai 1532 unterschrieb auch Fräulein Maria diesen Vertrag.

Zwar protestierte Graf Enno II. gegen diese Maßnahmen Marias und des Kaisers, aber dies fruchtete nichts. Er mußte das Blockhaus aufgeben und seine Truppen zurückziehen.

Am 26. Januar 1533 hatte Maria von Jever es endgültig geschafft, denn an diesem Tage wurde ihr der ungestörte Besitz der Herrlichkeit Jever zuerkannt. Graf Enno von Ostfriesland hatte alle Kosten dieses langwierigen Prozesses zu tragen und wurde aufgefordert, alle Schäden, die Jever erlitten hatte, zu ersetzen.

Boyng von Oldersum wurde zu Marias Statthalter ernannt. Edzard des Großen Plan war damit zunichte gemacht; nicht zuletzt durch den Wortbruch seiner beiden Söhne, insonderheit aber durch die entschlossene Haltung der couragierten Maria.

Söldnerkämpfe in Ostfriesland

Um sein zerstörtes kleines Reich mit Esens als Hauptstadt wieder aufbauen zu können, nahm Junker Balthasar erneut Kontakt zum Herzog von Geldern auf und besuchte diesen, als er erfuhr, daß seine Anwesenheit genehm sei. Dort vertauschte er zum Schein Esens gegen ein kleines geldernsches Edelgut, das sich Rosande nannte.

Herzog Karl von Geldern entsandte nunmehr seinen Vasallen und Kriegsmann Bernhard von Hackfort nach Esens mit der Weisung, Stadt und Burg Esens wieder in besten Zustand zu versetzen.

Gar nicht zimperlich in der Wahl seiner Mittel ließ Hackfort alle Esener Bürger zum Frondienst einteilen und wirtschaftete nebenbei kräftig in seine eigenen Taschen. Nach Beendigung dieser Tätigkeit übergab er Junker Balthasar das wiederaufgebaute Esens mitsamt der Burg.

Im Zuge dieser Arbeiten wollte Bernhard von Hackfort auch das Bleidach der Kirche von Arle für den Wiederaufbau der Esener Burg verwenden. Als er dort mit einem Trupp seiner Söldner eintraf, wurden diese von den abwehrbereiten Arler Bürgern empfangen und mit blutigen Köpfen abgewiesen.

Um sich gegen die wehrhaften Friesen abzusichern, ließ Hackfort den Geschichtsschreiber E. Beninga und Tido von Knyphausen gefangensetzen und als Geiseln nach Coeverden schaffen.

Als sich Enno darüber beschwerte, erhielt er eine Einladung des Herzogs von Geldern, zu einer Zusammenkunft nach Arnheim zu kommen. Diese sollte im Mai 1533 stattfinden.

Enno fand es besser, diesen Weg in eine ungewisse Zukunft nicht zu gehen. Er schlug seinerseits ein solches Treffen in Farmsum vor.

Mit einem starken Gefolge an Rittern und Knappen traf der Herzog von Geldern wenig später dort ein. Man kam zu dem Ergebnis, daß man dem Hackfort einen Freipaß ausstellte, mit dem er ungehindert durch ganz Ostfriesland reisen durfte. Dafür gab dieser seine beiden Geiseln frei.

Ferner wurde vereinbart, den in ostfriesischen Dienste getretenen Obristen Marwich zu entlassen und alle Feindseligkeiten gegeneinander zu beenden.

Als Statthalter und Drost in Esens und im gesamten Harlingerland hatte Hackfort nunmehr freie Hand. Er hatte es insbesondere auf die Unterdrückung der Reformation abgesehen. Der Freipaß gab diesem kaltschnäuzigen und über Leichen gehenden Manne völlig freie Hand.

Als Drost von Esens begann er nunmehr damit, die Stadt und das gesamte Harlingerland zu plündern.

Dieser Bernhard von Hackfort hatte bis dahin bereits eine beachtliche Karriere gemacht. Zunächst war er als Waisenkind mit einem blinden Bänkelsänger umhergezogen, den er führte. Danach kam er in eine Schusterlehre und wurde sodann Söldner, wo er es dank seines Draufgängertums und seiner Skrupellosigkeit zu einer hochangesehenen Stellung brachte.

Während Hackfort Esens wieder in Verteidigungszustand zu versetzen trachtete, stellten Balthasar von Esens und Herzog Carl von Geldern den weltbekannten und berüchtigten Söldnerführer Meinhard von Ham ein und erteilten ihm in ihren Namen Vollmacht, bis zu 2000 Söldner zu werben und in Ostfriesland einzufallen.

Zum Glück für Ostfriesland und Graf Enno II. war dieser wilde, 2000 Köpfe große Haufe von Söldnern nicht in der Lage, ohne Aufsehen zu erregen, eine größere Strecke Weges zurückzulegen. Als dieser

Söldnerverband sengend, requirierend und mordend durch das Land Bentheim ins Münsterland zog, war Graf Enno rechtzeitig vom Ziel dieser gewalttätigen Bande unterrichtet worden.

So schnell er konnte, raffte er alle Kräfte zusammen, versammelte sie in einem Lager bei Stapelmoor und Diele und zog mit ihnen in die Dieler Schanze.

Der inzwischen bis nach Rhede und Brual vorgedrungene Söldnerhaufen spürte nun, daß der Wind ihm mitten ins Gesicht blies. Die Vortrupps meldeten dem Söldnerführer, daß die Dieler Schanze voller Bewaffneter sei. Meinhard von Ham machte auf dem Absatz kehrt und zog sich zurück.

Anfang Oktober 1533 versuchte er es ein zweites Mal. Die neu angeworbene Söldnerarmee eilte in einer Reihe von Nachtmärschen und ohne großes Aufsehen, von den Ostfriesen unbemerkt, über Stapelmoor und Weener auf Jemgum zu. In der Nacht wurde die dortige mit einer mächtigen Ringmauer umgebene Kirche im Handstreich genommen. Den Tjaddeweg, über den ein Gegner allein nach Jemgum gelangen konnte, ließ er durch eine Reihe Düngewagen sperren.

Meinhard von Ham schien am Ziel seiner Wünsche, und sobald die Nachhut mit den Bagagewagen angekommen sein würde, wollte er seinen Vorstoß fortsetzen. Diese Wagen sollten am Tage nach dem gelungenen Handstreich auf Jemgum dort eintreffen.

Der Drost von Leerort, Jürgen von Hoen, hatte durch berittene Späher den Weg dieses Trosses erfahren, und als dieser nahe zu Leerort vorbeizog, ließ von Hoen ihn durch seine Leute, die heimlich über die Ems gerudert waren, stellen. Der Überraschungsangriff glückte. Die Troßbedeckungen und Mannschaften wurden bis auf den letzten Mann niedergehauen. Es wurden bei solchen Handstreichen von beiden Seiten keine Gefangenen gemacht.

Dennoch gelang es Meinhard von Ham, sich in Jemgum zu halten und - aus dem Lande lebend, das heißt requirierend - den Unterhalt für seine Söldner herbeizuschaffen.

Die Grafen Enno II. und Johann von Ostfriesland sammelten ihre Truppen in und bei Oldersum. Der gesamte Landsturm war aufgeboten, und entsprechend hoch waren die Kopfzahlen dieses Heeres. Eines jedoch war für dieses riesige Heer unzuträglich: es waren darin zu wenige im Waffenhandwerk geübte Männer, und zum anderen waren alle dank ihrer Übermacht in einer euphorischen Siegesstimmung, die sie alle Vorsicht vergessen ließ.

In Jemgum lagen derweilen die Söldnerscharen des bekannten Führers. Plünderungen und Kontributionen waren an der Tagesordnung. Ganz Jemgum ächzte unter diesem Joch. Inzwischen hatten die beiden Grafen ein Heer von 15 000 Friesen versammelt. Der Kampf konnte beginnen.

Die Schlacht von Jemgum

Am 13. Oktober war das friesische Heer nahe Oldersum über die Ems gesetzt und bis zur Mitte zwischen Midlum und Eppingwehr vorgezogen.

Als der Morgen des 14. Oktober 1533 heraufdämmerte, zog das riesige Heer der Ostfriesen über den einzigen Zugang nach Jemgum, den Tjaddeweg, nach vorn. Graf Enno hatte seine Mannen am frühen Morgen dazu aufgefordert, „für Vaterland, Religion, Weib und Kinder, für Hab und Gut und das ererbte Land zu kämpfen.“ Er bat Gott, ihnen gnädiglich Beistand zu verleihen.

Während dieser Ansprache klopften die Norder im Übermut auf ihre Spieße, Schwerter und Morgensterne und riefen: „Dies ist der Gott, auf den wir uns verlassen werden, und mit ihm wollen wir unsere Feinde schlagen.“

An der Spitze dieses Angriffskeiles marschierte der „verloren hoep – der verlorene Haufe“, der einzige dieser riesigen Heerschar, der auch gut bewaffnet war und aus Rittern und den mutigsten waffengeübten Ostfriesen bestand.

Hinter dem verlorenen Haufen marschierte in schmaler, langer Reihe der „wildige Haufen“, an dessen Spitze sich die beiden Grafen gesetzt hatten. Die geldernschen Vortrupps waren doch sehr beeindruckt von dieser Übermacht, welche die beiden Grafen aufgeboten hatten. Sie boten nun die Übergabe und die Auslieferung des geraubten Gutes an. Sie baten um freien Abzug.

Dieses Anerbieten der „Mordbrenner, um solcherart von der Rache loszukommen“, wurde hohnlachend abgeschmettert. Die wutschnaubenden Ostfriesen wollten es dem geldernschen Lumpengesindel und dem kleinformatigen Junker Balthasar schon zeigen und Rache an diesen Mordbrennern nehmen.

Im Schutze der Landschaft und der schnell aufgefahrenen Wagenburgen stellten sich die geldernschen Truppen am Tjaddeweg entlang auf, wo sich das riesige ostfriesische Heer nicht würde entfalten können.

Als die Ostfriesen in günstige Schußentfernung herangekommen waren, eröffneten die Geschütze der geldernschen Truppen das Feuer, dann griffen einzelne Sturmgruppen, von den Flanken heranstürmend, die dichte Schlachtreihe der Angreifer an. Der verlorene Haufe wurde erbarmungslos zusammengeschlagen und niedergehauen. Er war bis zum Dorfeingang gekommen, doch hier war er den Verteidigern erlegen.

Aber die Norder waren bis ans Dorf gelangt. Hier kam es zum Handgemenge, und darin konnte die Überzahl der Angreifer nicht zum Zuge kommen. Die Tapfersten unter ihnen drängten nach vorn. Sie wurden niedergeschossen und mit Spießen und Schwertern massakriert. Viele der Adligen, die als Führer vorausgeritten waren, hauchten ihr Leben aus.

Nun gerieten die Angriffsreihen in Unordnung. Die ersten Norder wandten sich zur Flucht.

Vergebens waren alle Bitten der beiden Grafen und all ihr Dreinhauen in die Reihen der Flüchtenden. Das Gros des friesischen Heeres rannte kopflos davon und überließ die Spitzengruppe ihrem Schicksal. Auch auf der Flucht waren die Norder an der Spitze. Um rascher fliehen zu können, warfen sie nicht nur ihre Gewehre fort, sondern entledigten sich auch ihrer weiten Hosen, die nach der damaligen Sitte mit weißer Baumwolle ausgestopft waren. Am anderen Morgen war das gesamte Gefechtsfeld mit weißer Baumwolle übersät.

Kein Bitten und Flehen der Grafen hatte geholfen. Einmal im Laufen, war diese Flucht durch nichts mehr aufzuhalten. Der vorn stehende verlorene Haufe wurde bis auf den letzten Mann niedergemacht. Jene aber, die auf die Ems flüchteten, ertranken oder wurden in das Zyldeep getreten. Es fielen eine Reihe der edelsten Männer Ostfrieslands. So Imel von Uplewart, Frese to Loquard, Jürgen von Düren, Steffen ter Borg, Christoph von Strakholt, der Drost von Aurich, Nikolaus Hallen, der Drost von Lengen, Adolf Loringa, der Drost von Norden, Wiard Noemen und sein Sohn von Grothusen. Gefangengenommen wurden unter anderem so bekannte Männer wie Hero von Oldersum, Wilko und Ajelt Frese, Harmen von Emden und Boele, der Drost von Friedeburg.

Insgesamt kostete diese Schlacht aber „nur“ 400 Ostfriesen das Leben. Die beiden Grafen konnten mit knapper Not, von einer geldernschen Reitertruppe verfolgt, nach Emden entkommen. Dieser 14. Oktober bei Jemgum war für Ostfriesland ein ganz schwarzer Tag.

Meinhard von Ham, der bis dahin offiziell im Dienst des Herzogs von Geldern gestanden hatte, wurde nun von diesem und gleichzeitig auch von Balthasar von Esens als ihr Feldhauptmann anerkannt. Er kam nun unverzüglich ganz zur Sache, indem er in das wehrlos vor ihm liegende Rheiderland einfiel und plünderte, was immer dort zu plündern war.

Ab und zu flogen Brandfackeln in die Gehöfte und setzten sie in Brand. Damit war nun auch öffentlich klar, daß der Gegenspieler der Grafen von Ostfriesland nicht der Herzog von Geldern, sondern dessen Lehnsmann Balthasar von Esens war.

Mit seinen Truppen überschritt Meinhard von Ham die Ems, erreichte Leer und plünderte diese Stadt restlos aus. Die Koldeburg hatte sich kurz vorher nach anfänglichem Widerstand rasch ergeben.

Nach Jemgum zurückgekehrt und den Sieg bei Spießbraten und Branntwein feiernd, wurden Meinhard und seine Söldner plötzlich nach Geldern zurückbefohlen. Sie ließen die bereits halbgaren Braten am Spieß stecken und marschierten so rasch über Weener und das Münsterland nach Geldern zurück, daß eine Reihe der Söldner im aufgeweichten Kleiboden hängenblieben, in den Gräben versanken und umkamen.

Jemgum atmete erleichtert auf. Die große Jemgumer Kirche aber, das Hauptquartier Meinhards von Ham, wurde 1534 gestürzt, damit sie nicht wieder fremden Söldnerführern als Hauptquartier dienen konnte.

In Gelderland wurden die Söldnertruppen geordnet und durch Neuzugänge verstärkt. Sie teilten sich in vier gleichstarke Kampfgruppen, deren Führung Martin von Rossen, Meinhard von Ham, Jürgen von Münster und Balthasar von Esens übernahmen.

Aurich gerettet – Greetsiel verloren

Über Aschendorf marschierten Ende des Jahres 1533 diese neuaufgestellten Truppen nach Ostfriesland hinein. Der dichte Nebel begünstigte ihr unbemerktes Herankommen. Die Wege waren von dem starken Frost steinhart gefroren und erleichterten den Vormarsch. Völlen wurde erreicht und von hier aus plündernd das gesamte Oberledingerland durchzogen.

Nachdem die Söldner die Leda überschritten hatten, kamen sie nach Leer. Die Stadt wurde geplündert und niedergebrannt.

Nach Leer mußte auch Oldersum am Silvestertage 1533 die brutale Gewalt dieser Söldner erfahren. Burg und Ortschaft wurden ausgeraubt und anschließend in Brand gesetzt. Zwar hatte man Balthasar eine große Summe Geldes zur Schonung der Stadt Oldersum versprochen, aber sein Haß gegen seinen Onkel Ulrich war größer als seine Geldgier.

Der 1. Januar 1534 sah den Versuch, Petkum zu erobern. Diese Burg erwies sich aber als zu fest und wohlgerüstet, als daß dieses Vorhaben in die Tat umgesetzt werden konnte.Auch Emden erwies sich gegenüber der Aufforderung zur Übergabe gefeit und schickte den Kurier hohnlachend zurück.

Die Truppen traten den Rückzug nach Oldersum an, nicht ohne alles bis dahin heil gelassene Gut auf Befehl von Junker Balthasar vollends zu zerstören. Lediglich Jürgen von Münster machte unter diesen vier Söldnerführern eine Ausnahme.

Von Oldersum aus marschierten die Söldner in lockerer Form nach Ihlow, wo gerastet wurde. Hier faßte Balthasar den Plan, Aurich im nächtlichen Handstreich zu überrumpeln.

Aus den benachbarten Dörfern ließ er Leitern zusammenholen, mit denen die Wälle von Aurich überstiegen werden konnten.

Eine Frau aus einem Dorf bei Aurich bemerkte diese Vorbereitungen. Sie horchte einen der Soldaten aus, welche die Leitern suchten und erfuhr von der Absicht des nächtlichen Angriffs.

Dem Feind vorauseilend, erreichte sie den Wall und rief der Schildwache zu, daß ein Überfall verübt werden sollte.

Als Balthasar herankam und von Geschütz- und Musketenfeuer empfangen wurde, zog er an Aurich vorüber, denn jetzt hätten er und seine Männer sich hier lediglich blutige Köpfe geholt.

Nunmehr versuchte der Gegner das Stammhaus der Cirksena in Greetsiel anzugreifen. Balthasar, Martin von Rossem und Jürgen von Münster zogen zunächst nach Meerhausen. Sie hielten damit genau Richtung auf Esens, um den Feind zu täuschen. Lediglich Hackfort ging am anderen Morgen mit dem Vortrab weiter auf Esens vor, um von dort die beiden schweren Geschütze, den „roten Hund" und den „kupfernen Hahn", zu holen und wieder zum Gros zurückzukehren.

Die Hauptstreitmacht marschierte inzwischen über den Wallpfad zum Brockmerland. In der kommenden Nacht schwenkte sie auf Greetsiel ein, das am 5. Januar erreicht wurde. Sie schlossen die Stadt ein. Von Hackfort, der vorher einen Kundschafter dorthin geschickt hatte, war durch diesen über die Schwachstelle in der Verteidigung orientiert worden. Greetsiel hatte zwar sehr starke Mauern und tiefe Gräben, aber keinen Wall, und auch die Außenwerke fehlten. Vor allem aber mangelte es an einem energischen, standhaften Befehlshaber. Albert von Bakemoor, an dem Greetsiels Schicksal hing, war ein Großsprecher und – wie es sich erweisen sollte – ein Feigling.

Vorher versprach Albert, die Angreifer mit blutigen Köpfen heimzuschicken. Als sie aber angelangt waren und die Belagerung begann, fiel ihm das Herz in die Hosen, und er hätte die Festung nur zu gerne übergeben. Um die Hausleute und Schiffer hinauszuekeln, ließ er seinen Kumpan, Hänschen von der Langen Straat, mit seinem Fähnlein Söldner auf die Burg kommen. Um sie zur Übergabe reif zu machen, ließ Albert den Hausleuten der Burg und den Matrosen, die sich dort befanden, die Lage in düstersten Farben schildern.

Die Belagerer hatten inzwischen mit ihren beiden großen Kanonen, dem „roten Hund" und dem „kupfernen Hahn", die ersten Löcher in die Mauer geschossen. Nun wollte Albert auf alle Fälle übergeben, doch die Hausleute sagten ihm, daß sie die Löcher in der Mauer schon stopfen würden.

Albert von Bakemoor entzog den Verteidigern immer mehr Lebensmittel, um sie durch Hunger zur Übergabe gefügig zu machen. Alles, was er tat, diente nicht der Verteidigung, sondern den Angreifern. Doch all dies fruchtete nichts.

Schließlich schickte er den Matrosen Hayo Meller, der sich in die Burg geflüchtet und unter die Verteidiger eingereiht hatte, zum Grafen und ließ diesem die Nachricht zukommen, daß er die Burg wegen Proviantmangels in vier Tagen übergeben müsse, wenn der Graf nicht rechtzeitig Entsatz schickte.

Graf Enno, der um die ausgezeichnete Versorgung Greetsiels wußte, ließ antworten, daß der Bakemoor so lange wie möglich Widerstand leisten müsse. Man wolle ihm Hilfe schicken.

Bereits am zweiten Tag ließ Albert seinen Gesinnungsgenossen Hänschen von der Langen Straat heimlich auf die Mauer hinaufsteigen, um mit dem Feind Verhandlungen über den Abzug zu führen. Als einige der Hausleute mißtrauisch wurden und nachsehen wollten, wurden sie von den Söldnern zurückgedrängt.

Doch nun war ihr Mißtrauen wach, und als sie wenig später aus einem erhöhten Fenster heraus sahen, daß Sinold von Uterstewehr und Rudlof Ditzen über eine Leiter von der Burg auf die Mauer hinunterstiegen und daß wenig später Martin von Rossem und Bernhard von Hackfort von der Seite des Gegners zur Mauer emporkletterten und durch eine darin geschossene Bresche in die Burg eindrangen, war es Gewißheit: die eigene Besatzung verhandelte mit dem Feind.

Dies rief den Amtsschreiber Bunne auf den Plan. Er rannte zum Drosten und berichtete, was er gesehen hatte und daß es ihnen möglich sei, die feindlichen Anführer gefangenzunehmen, wenn sie nur rasch zupackten.

Albert von Bakemoor, längst mit den Eingedrungenen im Bunde, verriet diesen Bunneschen Plan. Die Verhandlungen wurden zu Ende gebracht und Bunne von den in die Burg eindringenden Söldnern gefangengenommen. Alle anderen erhielten freien Abzug.

Am Sebastianstag, dem 20. Januar 1534, war die noch nie zuvor von einem Gegner eroberte Burg zu Greetsiel in die Hand des Feindes gefallen, ohne daß dies notwendig gewesen wäre.

Albert von Bakemoor ging nach Emden. Als er dort auf der Straße erkannt wurde, wollte man ihn ergreifen und einfach totschlagen. Doch es gelang ihm, sich in das Haus seines Schwiegervaters, des Bürgermeisters Buttel von Emden, zu retten.

In seiner Chronik sagte Eggerik Beninga kurz und drastisch zu diesem Verrat des Albert von Bakemoor:

„Also hefft de genante Albert Bokemoer de eerliche maget Grethe (Greetsiel ist gemeint) de vorhen unbeflecket was gemaket to ener hoer."

Die beiden Grafen ließen nach dem Fall von Greetsiel und der Flucht ihres Drosten nach Emden alle auf der Burg befindlichen Menschen verhören. Dabei trat der Sachverhalt des Verrats des Albert von Bakemoor klar zutage. Es war erwiesen, daß Albert und sein Befehlshaber der Söldner sich schuldig gemacht hatten.

Das einberufene Standgericht verurteilte die Schuldigen zum Tode. Über ihren Häuptern wurde der Stab gebrochen. Da nach altem Recht eine Matrone um das Leben der Verurteilten bat, wurde dieses Todesurteil nicht vollzogen. Albert von Bakemoor starb verfemt ein Jahr nach seinem Verrat im März 1535 in Jemgum.

Nun gingen die beiden Grafen Enno II. und Johann zum Angriff über. Sie schickten unter der Führung des Obristen Averlacker einige Schiffe mit Schwerbewaffneten über den Dollart, ließen die vor Delfzyl liegenden Schiffe des Gegners verbrennen und die Stadt und die umliegenden Dörfer brandschatzen.

Eine in Emden ausgerüstete ostfriesische Flotte konnte die Zufuhren zu Balthasar und seinen Verbündeten nach Esens blockieren, eine Reihe vollbeladener Schiffe der Gelderner aufbringen und sie als Prisen nach Emden führen. Doch der Verlust von Greetsiel wurde dadurch nicht aufgehoben.

Als Tauwetter eintrat, mußten die neuen Besitzer der Burg aufgeben. Meinhard von Ham führte das Gros des Heeres nach Norden in die Winterquartiere. Er wollte die Burg zu Berum erobern und sich dort einnisten, wurde aber abgewiesen und zog weiter.

Nachdem Enno II. seine Stammburg Greetsiel verloren hatte, entsann er sich darauf, daß sein Vater Edzard der Große im Jahre 1525 dem westfälisch-niedersächsischen Fürstentag beigetreten war und daß dieser jedes seiner Mitglieder im Kampf gegen andere unterstützte.

Enno bevollmächtigte seinen Bruder Johann, mit dem Herzog von Geldern Frieden zu schließen, und zog selber in diesem Jahr zum Fürstentag nach Höxter. In seinem Gepäck befanden sich alle Dokumente, Unterlagen und Verträge, die er mit dem Herzog von Geldern und Junker Balthasar von Esens abgeschlossen hatte.

Die mit Ostfriesland verbündeten Fürsten waren zunächst mißtrauisch gegenüber dem Neuling. Als sie die Unterlagen geprüft hatten, pflichteten sie Enno II. jedoch voll bei und machten ihm sogar den Vorwurf, daß er nicht zeitig genug zu ihnen gekommen sei.

Der Bund der Fürsten erklärte sich bereit, Graf Enno II. voll zu unterstützen und ihm wieder zu seinem Eigentum zu verhelfen. Er stellte ein starkes Söldnerheer in Aussicht und bat nur darum, daß ihnen Geschütze geliefert würden, weil man diese aufgrund der langen Distanz nicht würde mitführen können.

Noch am Tage dieser Entscheidung wurden einige Hauptleute der Fürsten in Marsch gesetzt, um mit ihren Landsknechten in Geldern, Groningen und Drenthe einzufallen.

Der Herzog von Geldern, der sofort über diese neue Lage unterrichtet wurde, ließ nun seine Friedensbereitschaft signalisieren, und nachdem alle Seiten einverstanden waren, wurden die Friedensverhandlungen in Loge abgehalten, einer Ortschaft nahe Larrelt.

Die Vertreter Ostfrieslands waren Graf Johann, Hicko Kankena von Dornum, Omko Ripperda aus Hinte, Hicko Hoverda von Uphausen, Kanzler Wilhelm Ubben und Eggerik Beninga.

Auf Seiten der Gegner standen Karl, der Statthalter von Groningen, Herzog Karl von Gelderns außerehelicher Sohn, Martin von Rossem, Bernhard Hackfort, der Abt des Klosters Warfsum, und ein Jurist mit Namen Rutemberg.

Auf diesem Friedenskongreß erhob der Vertreter des Herzogs von Geldern gleich zu Beginn die Forderung, in Ostfriesland die römisch-katholische Religion wieder einzuführen. Dies scheiterte am energischen Einspruch der ostfriesischen Teilnehmer. Graf Enno verpflichtete sich zur Zahlung von 12000 Emdener Gulden an Kriegskosten, die in vier Jahresraten zahlbar waren. Er war ferner bereit, Herzog Karl

Wittmund zu überlassen, der es dann seinem Vasallen, „dem Junker Balthasar, Seiner fürstlichen Gnaden Diener“, zurückgeben werde.

Dem Junker Balthasar mußte die von diesem bei der Übergabe von Esens ausgestellte Verpflichtungsurkunde wieder ausgehändigt werden, wodurch er von allen darin gegen ihn festgelegten Verpflichtungen entbunden war. Darüber hinaus sollte der Herzog von Geldern durch unparteiische Kommissare über Balthasars Ansprüche auf Grundstücke entscheiden, die noch in Ennos Besitz waren.

Als Hauptpunkt des Vertrages galt der Passus, daß Graf Enno dem Herzog von Geldern „nach seinem Vermögen gegen jeden Feind mit Ausnahme von Kaiser und Reich und der Mitglieder des Lippischen Vereins beistehen und ihm (wie einem Lehnsherrn) Schlösser, Städte und Flüsse zu öffnen versprechen mußte.“ (Siehe Perizonius H.F.W.: a.a.O.)

Der Graf erhielt für alle diese Zusicherungen lediglich die Burg Greetsiel zurück und das Versprechen des Herzogs von Geldern, ihm bei jeder Fehde zu Hilfe zu eilen, „wenn sich der Herzog von der Rechtmäßigkeit der Sache des Grafen überzeugt hat.“ (Siehe Perizonius H.F.W.: a.a.O.)

In einer anderen Verhandlung, die am 27. März in Otterdum geführt wurde, verlangte Herzog Karl von Graf Enno, noch zwei Bürgen zu stellen. Er könne sich jene aus den vorgeschlagenen Grafen von Schaumburg, Oldenburg, Tecklenburg und Bentheim aussuchen.

Der Herzog unterschrieb die Urkunde am 14. Juni 1535.

Es war den alten Räten und Vertrauten des verstorbenen Grafen Edzard unverständlich, wie Graf Enno II. einen solchen Frieden hatte unterzeichnen können. Aber hierin zeigt sich bereits das Einwirken seiner neuen Räte, des Kanzlers Wilhelm Ubben und der Räte Poppo Manninga und Hicko Hoverda, nicht zuletzt auch die Einmischung seines Bruders, des Grafen Johann.

Die noch immer in Friesland stehenden Söldnerscharen beider Seiten wurden nun vereinigt und durch den Feldhauptmann des Bischofs von Münster, Franz Graf von Waldeck, in Dienst genommen. Bischof Franz wollte damit die Wiedertäufer aus Münster hinausfegen und die Stadt von diesem Übel befreien.

Dem Treiben dieser Missionare und Schwärmer in Münster wurde durch die Söldner am 25. Juni 1535 ein jähes Ende gesetzt. Die bischöflichen Truppen drangen bei Nacht, von zwei ortskundigen Bürgern geführt, in die Stadt ein und bemächtigten sich ihrer. Der Führer der Wiedertäufer, Matthiesen, ein Harlemer Bäckergeselle, war bereits bei einem Ausfall erstochen worden. Bernhard Rotmann, ein Prediger, der einige Jahre lang in Münster gepredigt hatte, fiel bei der Einnahme der Stadt. Der Schneider Johann Bockold, der sich König nannte, sowie seine Vertrauten Knipperdolling und Krechting wurden gefangengenommen, im Januar 1536 auf dem öffentlichen Marktplatz von zwei Scharfrichtern eine Stunde lang mit glühenden Zangen gemartert und anschließend erstochen. Ihre Leichen wurden in eisernen Körben am Lambertiturm aufgehängt.

Balthasar von Esens in neuer Aktion

Das Jahr 1536 sah den Tod des Junkers Ulrich, Häuptling zu Dornum, Wittmund, Stedesdorf und Oldersum, eines der gelehrten Häuptlinge Ostfrieslands.

Noch im selben Jahr erlebte Ostfriesland um den 24. Juni herum ein grausiges Unwetter mit nie vorher dagewesenem Hagelschlag, bei dem Hagelkörner von Hühnereigröße dicht bei dicht vom Himmel fielen und alle Bäume kahlschlugen, das Korn in den Acker schmetterten und große Verwüstungen anrichteten. Alle mit Glas versehenen Fenster gingen in Stücke, es war vor allem bei den „Hohen Häusern und Kirchen viel Schaden“ angerichtet. (Siehe Beninga, Eggerik: a.a.O.)

Im selben Jahr wurde am 17. September dem Grafen Enno II. in Aurich der zweite Sohn, Christopher, geboren.

Das folgende Jahr sah eine Reihe außergewöhnlicher Ereignisse, von denen das schwere Gewitter am 9. Juli bei Wittmund hervorzuheben ist, bei dem ein Blitz in den Turm einschlug, natürlich mit bösen Folgen. Ein zweiter Blitz traf am 22. Juli den Burgturm. Das dort gelagerte Schießpulver explodierte und riß den Turm bis auf das Wasser hinunter auseinander; viele Menschen verloren bei diesem Unglück ihr Leben.

In diesem Jahr der Stille gelüstete es den Junker Balthasar, der seine erneuerte Burg zu Esens inzwischen wieder bezogen hatte, erneut nach fetter Beute. Er rüstete einige Schiffe aus; diese ließ er vor der Küste kreuzen und einige Bremer Kauffahrerschiffe wegnehmen. Balthasar behauptete frech, daß diese Schiffe gestrandet seien.

Emden rief nun, wie dies im Vergleich von 1527 vorgeschrieben war, ein Schiedsgericht an und schlug eine Reihe hoher Herren als Schiedsrichter vor. Doch Balthasar ignorierte dies schlicht und forderte von der Stadt Bremen sogar noch ein Ehrengeschenk. Als diese unverschämte Forderung nicht auf Gegenliebe stieß, wurde abermals ein vollbeladenes bremisches Schiff gekapert. Die Bremer Kaufleute rüsteten einige schnelle Schiffe aus und ließen diese auf Esenser Schiffe Jagd machen. Es gelang ihnen, drei mit Hamburger Bier beladene Esenser Schiffe zu erwischen. Unmittelbar darauf wurde Balthasar als allgemeiner Störer des Friedens angeklagt und vor das Reichskammergericht gezerrt.

Diese Maßnahme brachte Bremen die Feindschaft des Herzogs von Geldern ein, der ja Lehnsherr des Junkers war. Dieser drohte der Stadt, daß er französische Truppen in Marsch setzen und Bremen zur Raison bringen werde.

Die Bremer wandten sich vorsorglich um Schutz an den Schmalkaldischen Bund, der sich sofort der Sache annahm.

Als die Fehde des Junkers mit Bremen zu explodieren drohte, starb Karl von Geldern 1538, und in einem zu Wildeshausen abgeschlossenen Waffenstillstand wurde vereinbart, daß alle Streitpunkte durch Schiedsrichter geklärt werden sollten.

Nach dem Tode des Herzogs von Geldern war das Lehnsverhältnis des Junkers Balthasar erloschen. Nunmehr reiste Gräfin Anna von Ostfriesland, eine Verwandte von Junker Balthasar, nach Esens, um den widerborstigen Junker durch Überredung zum Stillhalten zu bringen. Gräfin Anna schlug Balthasar ein Ehebündnis mit der Schwester des Grafen, Armgard, vor.

Junker Balthasar ging auf diesen Vorschlag ein, zeigte jedoch im weiteren Verlauf der Verhandlungen, daß er nur auf die Rückgabe der ihm vom Grafen Enno früher weggenommenen Kanonen und weniger auf einen Ehestand mit Armgard Wert legte.

Die Kanonen wurden nun auf die Hälfte des Weges zu Balthasar nach Meerhausen geschafft, und Gräfin Anna reiste ein zweites Mal, von Tydo von Knyphausen, Hero von Oldersum und Eggerik Beninga begleitet, nach Esens und bot Balthasar diese drei Herren als Bürgen dafür an, daß er die Kanonen wirklich erhalten werde. Graf Enno lud Balthasar zu einem Gespräch unter vier Augen nach Norden ein und sicherte ihm freies Geleit zu, vergebens. Der Junker blieb bei seiner Version des Geschäftes: Erst die Kanonen, dann die Braut.

Schließlich blieb alles beim alten. Balthasar erhielt weder Kanonen noch Braut. Damit war auch Ennos Plan, sich durch eine Verschwägerung mit dem Junker wieder zu dessen Lehnsherrn und damit zum Lehnsherren des gesamten Harlingerlandes zu machen, gestorben.

Mit Waffengewalt konnte er dies nun auch nicht mehr erzwingen, denn anstelle Karls von Geldern war Kaiser Karl V. nach der Inbesitznahme von Geldern in die alten Rechte des verstorbenen Herzogs eingetreten.

Balthasar aber bekam durch diese Änderung des Lehnsverhältnisses Oberwasser. Er nahm nun 1500 Söldner in Dienst, und seine beiden Nachbarn, der Graf von Ostfriesland und Fräulein Maria von Jever, bekamen es nun mit der Angst zu tun. Was alle anderen Ereignisse vorher nicht vermocht hatten, diese bis aufs Blut verfeindeten Menschen einander anzunähern, das bewirkte nun die gemeinsame Gefahr, der sie ausgesetzt waren.

Die beiden Grafen Enno und Johann wandten sich an Königin Maria mit der Bitte, ihren Statthalter in Holland und Westfriesland, Schenk von Teutenburg, nach Ostfriesland zu entsenden und ihn mit der Aussöhnung der beiden Parteien zu beauftragen.

Am 8. Mai 1538 traf dieser mit dem Magister Martin van Naarden in Aurich ein, und wenig später erschien auch das Fräulein Maria, das einstmals von Graf Enno verschmähte Edelfräulein.

Die Grafen versuchten zu beweisen, daß ihre Ansprüche auf Jever, das Harlinger- und Butjadingerland aus den Lehnsbriefen dreier Kaiser hervorgingen. Doch Fräulein Maria konterte mit der zwar von den Grafen befürchteten, aber nicht mit Gewißheit bekannten Tatsache, daß sie zum burgundischen Hof in einem besonderen Lehnsverhältnis stehe. Damit war auch der zweite Versuch der Grafen von Ostfriesland, dieses Gebiet zurückzuerlangen, ohne den gewünschten Erfolg geblieben.

Noch während in Wildeshausen verhandelt wurde, ließ Junker Balthasar wieder seine Raubschiffe auf Kaperfahrt gehen. Diesmal hatten seine Kapitäne Pech, denn die Bremer konnten zwei der Kaperschiffe aufbringen. Der Kapitän Franz Böhme wurde mit 85 gemeinen Räubern nach Bremen geführt und alle an einem Tage enthauptet.

Vom Reichskammergericht wurde Balthasar in die Reichsacht getan, und Bischof Franz von Münster, die Herzöge Ernst von Lüneburg und Wilhelm von Jülich sowie die Grafen Anton von Oldenburg und Enno von Ostfriesland sollten gemeinsam mit den Hansestädten Bremen und Hamburg diese Acht vollziehen.

Doch die damit Beauftragten schienen keine Lust zu verspüren, die Exekution durchzuführen. Die angeworbenen 1500 Söldner ließ Balthasar nun an der Grenze von Wittmund aufstellen, um Fräulein Maria und ihre Untertanen zu erschrecken. Als dies nichts brachte, ließ er einige Dörfer in Brand setzen und die Höfe plündern.

Nun suchte Maria von Jever bei Graf Enno II. um Hilfe nach, und ihr Beauftragter, Hauptmann Johann Onsten, bat um die leihweise Überlassung von Söldnern, die Enno zu seinem eigenen Schutz in Dienst gestellt hatte. Graf Enno stellte die Söldner zur Verfügung. Als diese im Jeverschen eintrafen, hatte sich Balthasar rasch zurückgezogen, nicht ohne vorher noch einige Dörfer niederzubrennen.

Nunmehr zeigte sich Fräulein Maria von Jever dankbar. Sie schlug zur Beilegung aller noch schwelenden Konflikte ein Treffen in der Kirche von Repsholm vor.

Im Juni 1540 fand dieses Treffen statt. Hero von Oldersum, Eggerik Beninga, Kanzler Ubben und Amtmann Grauwer nahmen daran teil. Am 26. Juni setzte Maria ihre Unterschrift unter den dort geschlossenen Vergleich.

Anläßlich dieses Treffens wurde auch der Junker Boyng, der als Geliebter des Edelfräuleins Maria und als ihr Vertrauter galt, von Graf Enno amnestiert.

In einer weiteren Zusammenkunft wurde festgelegt, daß durch eine Heirat des Erben oder der Erbin der Maria von Jever mit einer Tochter oder einem Sohn des Grafen von Ostfriesland die Vereinigung Jevers mit Ostfriesland gesichert werden sollte.

Damit hatte Graf Enno II. in Maria von Jever eine tüchtige Bundesgenossin gegen Junker Balthasar gewonnen. Diese betrieb nun die Vorbereitungen zur endgültigen Vernichtung des Mannes, der die Grenzen des Landes seit vielen Jahren beunruhigt und gebrandschatzt hatte.

Zunächst ging in ihrem Auftrag der Drost Boyng nach Bremen, um die Stadt, die ja unter den Seeräubereien des Junkers zu leiden hatte, zur Teilnahme am Kampf gegen diesen aufzufordern. Die Bremer Ratsherren stimmten sofort zu und schickten ihre unter dem Kommando des Obristen Cord Penninck stehenden Landsknechte nach Jever, wo sie sich mit den Truppen des Fräuleins Maria vereinigten.

Mit dieser beachtlichen Streitmacht vergalt das Edelfräulein Gleiches mit Gleichem, indem sie in das Land des Junkers einfiel, einige Ortschaften niederbrannte und die bronzenen Glocken mitnahm. Balthasar zog sich nach Wittmund und Esens zurück. Die Verbündeten wurden dadurch gezwungen, ihre Mannschaft zu teilen. Während die Bremer, die durch Truppen aus anderen Hansestädten verstärkt worden waren, sich nach Esens wandten und diese Stadt belagerten, traf Vogt Boyng mit den Truppen aus Jever und Wittmund ein.

Nun ging es um Sein oder Nichtsein für den Junker. Esens wurde von nun an beinahe stündlich mit Flammenfeuern überschüttet. Es war dies die Spezialität eines Bremer Feuerwerkers, der die Kunst der Herstellung des griechischen Feuers verstand, das man nicht mit Wasser löschen konnte.

Die von diesem Feuerwerker gefertigten Geschosse, die in die Stadt geschleudert wurden, waren mit sechs bis acht Röhren versehen, aus denen beim Aufprall das tödliche Feuer heraussprühte.

Am 8. Oktober 1538 wurde Esens damit an allen Seiten in Brand geschossen. Der größte Teil der Ansiedlung brannte nieder, auch die Kirche wurde ein Raub der Flammen. Junker Balthasar erkrankte während dieser Beschießung schwer und starb am 17. Oktober 1540.

Viele Menschen verließen den fast ganz zerstörten Ort nach dem Tode des Junkers für immer. Die Besatzung und die Zurückgebliebenen setzten die Verteidigung weiter fort, doch durch einen Kurier wurde Balthasars Schwester, die Gräfin von Rietberg, verständigt, daß alle Esenser Bürger den Wunsch nach Frieden hätten.

Die Gräfin trat sofort in Aktion. Es gelang ihr, einen Waffenstillstand zwischen den Esensern und Fräulein Maria sowie der Stadt Bremen zu erreichen, indem sie den Landgrafen von Hessen als Vermittler einschaltete.

Aus Dankbarkeit belehnte Bremen die Gräfin von Rietberg mit Esens und Wittmund, zum Nachteil des Grafen von Ostfriesland, der ja die Belehnungen durch die Kaiser Friedrich III., Maximilian I. und Karl V. über dieses Land erhalten hatte.

Fräulein Maria von Jever erhielt für die Aufhebung der Belagerung von Wittmund 60 000 Florenen. Aber sie erlitt noch vorher den Schmerz, daß ihr Geliebter, der Drost Boyng, am 12. November sein Leben vor Wittmund verlor, als er von einer Stückkugel getroffen wurde.

Da sich Graf Enno II. nicht den Jeverschen gegen Balthasar angeschlossen hatte, sondern lieber abwarten wollte, hatte er sich alle Ergebnisse dieses Erfolges verscherzt. Am 24. September starb Graf Enno II. auf seiner Burg zu Emden. Er war erst 36 Jahre alt und stand im 12. Jahr seiner Regierung.

Ennos Witwe, Anna, geborene Gräfin von Oldenburg, übernahm für ihre drei Söhne Edzard, Christoph und Johann die Regierung. Sie hatte darüber hinaus auch noch für die Töchter Elisabeth, Anna und Heilwig zu sorgen.

Daß ihr die vormundschaftliche Regierung nicht leicht wurde, dafür sorgte ihr Schwager, Graf Johann, der in Emden eine luxuriöse Hofhaltung mit 50 Personen eingerichtet hatte. Dieser drängte sich sofort in die Regierungsgeschäfte hinein.

Dies trotz eines vorher geleisteten feierlichen Verzichts. Er wollte sich sogar mit Hilfe des Kaisers zu Vormündern seiner Neffen wählen lassen und der Mutter das angestammte Recht der vormundschaflichen Regierung entreißen. Zwei Jahre lang vermochte er dies zu tun, wobei er teilweise in Brabant, dann wieder in Ostfriesland wohnte, während seine Gattin, Gräfin Dorothea, ständig in Emden residierte.

Der verstorbene Graf Enno II. wurde auf besonderen Wunsch seiner Gemahlin nicht in Norden beigesetzt, sondern in der Franziskanerkirche zu Emden. Im Jahre 1548 wurde ihm dort ein prächtiges Grabmal gesetzt, das durch ein lebensgroßes Bild des Grafen, in Alabaster gehauen, geschmückt wurde.

In der nächsten Zeit wurden auch die sterblichen Überreste der früher verstorbenen Mitglieder der Familie von Norden nach Emden überführt, um fortan in dem Erbbegräbnis in der Franziskanerkirche zu ruhen.

Warfen, Deiche und Siele in Ostfriesland
Die Theelacht

Die Warfen

Aus der Beschreibung von Plinius dem Älteren wissen wir, daß die Häuser jener Friesen, die direkt am Meer wohnten, auf Hügeln erbaut waren und daß die Menschen zur weiteren Sicherung noch Erdwälle darum anhäuften, um die Hügel selbst vor dem Ansturm des Wassers zu schützen.

Jene Hügel, auf denen die Häuser stehen, nennt man, wie schon gesagt, Warfen. Van Giffen hat sie folgendermaßen erklärt:

„Die Warfen sind Hügel oder Bodenerhebungen in den niederländischen und nordwestdeutschen Alluvialgebieten, die größtenteils von Menschenhand aufgeworfen, zum geringeren Teil aber auch durch natürliche Tonablagerungen und Anhäufungen von menschlichen und tierischen Abfallstoffen allmählich entstanden sind.

Sie waren die ersten Besiedlungs- und Schutzplätze für die Bewohner der offenen Meeresküsten oder der Flußufer vor der Eindeichung, die örtlich im Alter sehr verschieden ist. Die Warfen hatten vorübergehend den Zweck, die Bewohner samt ihrem Vieh sowie auch das Trinkwasser gegen Hochfluten zu schützen. Und im erweiterten Sinne sind es künstlich erhöhte Siedlungsplätze in Überschwemmungsgebieten."

In der von Willibald berichteten Lebensgeschichte des Bonifatius ist zu lesen, daß man an jener Stelle, wo einige Friesen den Missionar erschlagen hatten, eine Kirche errichtet habe. Auch sie sei zum Schutz gegen die Flut auf einem Erdhügel – einer Warf – errichtet worden.

Van Griffen unterscheidet zwischen großen Warfen, die bis zu 20 Hektar Fläche haben konnten und bis zu 10 Meter hoch waren, und kleinen Warfen mit höchstens einem Hektar Fläche und nur vier bis fünf Metern Höhe.

Die Warfenzeit Ostfrieslands wird durch die Warfenforschung sehr weiter zurückdatiert. Sie wird nach Boehle in ihrer ersten Periode vom zweiten Jahrtausend vor Christus bis 400 nach Christus datiert. Die zweite Periode verlief bis zum 8. Jahrhundert. Die dritte Periode dauerte bis zum 11. Jahrhundert nach Christus an. Es ist interessant, daß beispielsweise die erste und zweite Warfenperiode parallel zur frührömischen und spätrömischen Unterstufe der Eisenzeit verlief und daß die Zeit der Völkerwanderung und die Merowingische Zeit mit der zweiten Periode der Warfenzeit identisch war. Die dritte Warfenperiode war gleichzeitig auch die karolingische Zeit.

Die ostfriesischen Bodenfunde zeigen gleichermaßen römisches, sächsisches, merowingisches und karolingisches Kulturgut auf und lassen erkennen, daß der Charakter der einheimischen Kultur in ihren Grundzügen trotz der Durchsetzung mit anderen Kulturen bestehen blieb.

Das Ende der Warfenzeit bedeutet zugleich auch den Beginn des systematischen Deichbaus und der Landeindeichungen in größerem Stil als vorher.

Mit dem Jahr 900 begann der planmäßige Deichbau und steigerte sich bis etwa zum Jahre 1000 als alles überragende Leistung friesischer Menschen. Warum nicht früher mit Eindeichungen begonnen wurde, erklärt sich aus der Tatsache, daß eine hohe Dünenkette den Strand schützte. Prudentius, der über die Sturmflut des 26. Dezember 838 berichtete, gibt Zeugnis davon ab, wenn er schreibt:

„Die Flut ist mit den Strandwällen, für die man in Friesland die Bezeichnung Dünen hat, gleich hoch gewesen."

Dieser Dünengürtel zerriß in der besagten Sturmflut von 838. Damit wurde die Gefahr der Überflutungen größer als vordem, als nur durch die breiten Trichter der Flußmündungen und durch die Priele das Wasser ins Land gelangen konnte.

Nach 838 wurden die Warfen nur noch unbeträchtlich erhöht. Von diesem Zeitpunkt an wandte man sich stärker dem Deichbau zu.

Um einen haltbaren Deich bauen zu können, mußte man allerdings über bestimmte Vorkenntnisse verfügen. Es genügte nicht, einen einfachen Erdwall aufzuhäufen. Dieser würde die nächsten noch so niedrigen Hochwassermarken nicht überstehen. Man mußte wissen, wie man die Oberfläche des Deiches verstärkte und in welchem Winkel beispielsweise die Böschung gebaut werden mußte, um den meisten Widerstand zu leisten, ohne zu brechen.

Die Zeit des ersten Deichbaues in Ostfriesland kann ziemlich genau nach der Gaukirche des Wangerlandes bestimmt werden. Diese Kirche, deren Bau um das Jahr 950 beendet wurde, war nicht mehr auf einer Warf erbaut. Die daneben liegende ältere Dorfwarf war bedeutend höher als der Standort der Kirche mit dem Kirchhof.

Dies deutet darauf hin, daß die Kirche von einem Deich geschützt war, der um das Jahr 900 angelegt worden sein mußte.

Die friesischen Marschen, Westergo und der nördliche und westliche Teil von Ostergo, waren zu Beginn des 10. Jahrhunderts bereits sehr dicht besiedelt. Hunderte Warfen erhoben sich über dem flachen Land. Besonders in Westergo, der Mitte des Gebietes der Warfenkultur, lagen sie dicht bei dicht.

Von Generation zu Generation wuchs hier und anderwärts an der Nordseeküste der Wunsch und das Verlangen nach mehr Sicherheit vor dem Meer. Die ersten Gemeinschaften schlossen sich zusammen und bauten Erdwälle, die durch mehrfache Erhöhungen und Verstärkungen zu jenem goldenen Reif wurden, der im alten friesischen (Rüstringer) Landrecht beschworen wurde:

„Das ist auch Landrecht, daß wir Friesen eine Seeburg zu stiften und zu stärken haben, einen goldenen Reif, der um ganz Friesland liegt. An dem soll sein eine Elle gleich der anderen.

Nach außen hin sollen wir Friesen unser Land verteidigen mit drei Werkzeugen, mit dem Spaten, mit der Bahre und mit der Forke. Auch sollen wir unser Land verteidigen mit Schwert und Speer und mit dem braunen Schild wider den hohen Helm und den roten Schild und ungerechte Herrschaft." (Siehe Borchling Conrad: Die älteren Rechtsquellen Ostfrieslands, S. 27f und: Richthofen: Ostfriesische Rechtsquellen, Bd. 1, S. 122).

Trotz aller Versuche nahmen die Küstenbewohner den Kampf gegen den Blanken Hans auf, anstatt vor ihm zu weichen. Die Bewohner der meernahen Dörfer mußten mit Hand- und Spanndiensten jene Bollwerke erstellen, die der Flut standhielten.

Dies begann zuerst in größerem Stil in Westergo. Hier wurde die Umdeichung einzelner kleinerer Einzelköge in Gemeinschaftsarbeit durchgeführt. Sie wurden „eingepoldert". Danach begann man damit, die gesamte Osthälfte des Westergos mit einem Deich entlang der Westseite der Middelsee bis Berltsum und von dort entlang dem Südufer des Rieds einzuschließen.

Ostergo aber, der Südwestteil Ostfrieslands, wurde mit einem Seedeich umzogen; darüber hinaus zog man um einige gefährdete Köge Einzeldeiche.

Über Höhe und Breite dieser ältesten Deiche ist keine Marke bekannt. Die Deich-Urformen sind nicht mehr erhalten. Sie haben aber aller Wahrscheinlichkeit nach eine Höhe von 1,5 bis 2 Metern erreicht. Zum Abfluß des Binnenwassers wurden Siele angebracht, die zunächst aus Holzschächten bestanden; deren Außenseiten waren mit einer Klappe oder einem Schütt versehen. Mit Ende des 10. Jahrhunderts war dieser Vorgang abgeschlossen. In der 10. und 17. Küre des friesischen Rechts wird deutlich, daß Friesland bereits im 11. Jahrhundert gegen das Meer verteidigt wurde.

„Kein Deich – kein Land – kein Leben!" Diese Erkenntnis war in der Geschichte Frieslands sehr alt. Und wo in der Folgezeit der Deich brach, wo Deichrisse und andere Gefahren auftauchten, dort wurde fieberhaft daran gearbeitet, diesen Schaden so schnell wie möglich zu beseitigen. Dies bedeutete, daß es eine Organisation und Koordination der zu leistenden Arbeiten geben mußte.

Sehr rasch entwickelte sich jene Arbeitsordnung, die für den Deichbau und die Erhaltung des Deiches notwendig war. Sie wurde zunächst von dem Gaugrafen geleitet, der für den Deich ebenso verantwortlich war wie für das Land selber. Über diesen wurde es an seinen Stellvertreter delegiert, den Schulzen. Der Schulze wiederum setzte den Grytmann ein. Die Asega oder Rechtssprecher hatten ebenfalls Anteil an der Aufsicht beim Bau von Deichen und Sielen. Sie wurden Beisitzer des Grytmannes, auf den alle Gewalt vereinigt war.

Die Atten wiederum, die als beeidete Männer ursprünglich auf dem Thing als Zeugen auftraten, waren in jedem Schulzendistrikt in Stärke von 12 Männern vertreten. Bei der Beschau des Deiches und der Siele traten sie ebenfalls als Zeugen auf.

Doch bereits im 13. Jahrhundert und noch verstärkt im 14. Jahrhundert löste sich das Deichamt aus dieser Distriktsverwaltung. Es bildeten sich autonome Seedeich- und Binnendeich-Verbände, und die Führungspositionen in diesen Verbänden übernahm der Deichgraf. Der erste Deichgraf, der urkundlich erwähnt wurde, war Tydeman Hopper, dem Herzog Albrecht von Bayern, der offizielle Landesherr, das Deichgrafenamt übertrug.

Mit dem Deichbau hat die größte Veränderung aller Zeiten an der Nordseeküste stattgefunden. Dies begann um 900 – mit einigen Ausnahmen auch bereits bis zu 200 Jahre vorher – und war um das Jahr 1000 bereits weitgehend vollzogen, wenn auch noch weitere Eindeichungen, vor allem Erhöhungen, bis in unsere Zeit stattfanden.

Dieser Deichbau, *das* große Kulturwerk der Friesen, ein Ereignis von epochaler Bedeutung, das die Besiedlung des Landes ebenso wie die wirtschaftlichen Verhältnisse der Küstenbewohner einschneidend zum Guten veränderte und aus wildem, wasserumwogtem Gelände eine geschützte blühende Landschaft machte, hatte aber auch negative Folgen, die hier nicht verschwiegen werden sollen.

Während bei der Landschaft der südlichen Nordseeküste vor dem

Deichbau und der Abgrenzung des Landes vom Wasser die der Küste vorgelagerten Sandinseln immer wieder aufgebaut wurden und selbst Sturmfluten keine besondere Rolle spielten, weil ihre Stoßkraft kein Hindernis fand und sich so verströmte, wurde es nach dem Deichbau anders.

Nunmehr stauten sich die Fluten bei Hochwasser vor den Deichen und liefen zu großer Höhe auf. Wenn dann ein Deich brach, lief das Wasser in wildem Strom, gleich einem reißenden Wildbach, durch die Lücke, und riß alles mit sich fort, was in seinem Bereich lag.

Daher traten auch immer wieder Sturmfluten auf, die zu Deicheinrissen und Verheerungen hinter dem Deich führten. Der Mensch hatte das Gleichgewicht zwischen den Kräften des Wassers und der Abwehrbereitschaft der Küste zerstört. So kam es im Mittelalter zu schweren Einbrüchen in das Festland und zur Bildung großer Buchten: dem Dollart, der Leybucht und dem Jadebusen, um die größten zu nennen.

Der erste große Deichbruch anläßlich der Marcellusflut am 13. Januar 1362, die in Friesland und Schleswig-Holstein die „große Manntränke" genannt wurde, schuf den Dollart. Die Cosmas- und Damianflut vom 27. September 1509 riß den Dollart zu seiner größten Tiefe auf. Die Halbinsel Nesse wurde von der nunmehr geradeaus ins Meer fließenden Ems zur Insel gemacht.

Bei der Leybucht geschah ähnliches, und der Jadebusen wurde bereits durch die Julianenflut des Jahres 1164 gebildet.

Weitere gewaltige Flutwellen forderten hohe und höchste Opfer, und in der Weihnachtsflut des 24. Dezember 1717 schließlich wurde die gesamte Nordseeküste von Friesland bis Schleswig davon betroffen. Schwerste Deichschäden und Verwüstungen auf dem Festland wurden angerichtet. Itzendorf und Bettewehr waren ausgedeicht. In Ostfriesland ertranken 2752 Menschen. 930 Häuser wurden fortgerissen.

Die Zeiten, da sich die Bewohnerinnen der kleinen Eilande vor der Küste auf ihren Backschaufeln das frisch gebackene Brot über die Priele, die sie trennten, zureichen konnten, war für immer vorbei. Land war dem Meer abgerungen worden, doch die See schlug immer wieder zu, um den Menschen dieses Gebiet abermals zu entreißen.

Friedrich Arends schreibt zu Beginn des 19. Jahrhunderts zur Geschichte des Deichbaues, daß sowohl an der Küste als auch an den Ufern der Ems und der Leda Deiche errichtet werden mußten, die zusammen eine Länge von 36,5 Meilen aufwiesen. Sie hatten nach seiner Kenntnis bis Oldersum 16 bis 20 Fuß Höhe, 80–100 Fuß untere und 8–12 Fuß obere Breite.

„An solchen Stellen", berichtete er auch über die Bautechnik, „wo außerhalb des Deiches kein grüner Anwachs vorhanden war, mußte die auswendige Seite bis zur halben Höhe alljährlich mit Stroh gestickt werden; überdem wurde sonst in einigen Gegenden der Fuß des Deiches mit großen eingerammten Pfählen und Dielen besetzt. Dies hat man nach und nach eingehen lassen und belegt stattdessen den Fuß des Deiches mit großen Kieselsteinen, vermischt mit kleineren und zerbrochenen Ziegelsteinen, was ungleich wohlfeiler ist und ebensogut schützt.

In Ostfriesland müssen die Besitzer von Marschland allein für den Unterhalt des Deiches sorgen, im Harlingerland auch die des Geest- oder Sandlandes. Jedem Landbesitzer ist eine bestimmte Strecke oder Pfand angewiesen, verhältnismäßig mit der Größe seines Besitzes. Nur in den Ämtern Emden und Pewsum ist dies der sogenannte Communion-Deich. Die Kosten werden daselbst aus einer Kasse bestritten und sodann auf die Ländereien nach der Grasenzahl verteilt.

Zur Aufsicht sind Deichrichter angestellt, die von den Grundbesitzern gewählt werden und wenigstens 20 Grasen Land in Eigentum besitzen müssen. Es sind deren 60. Gewöhnlich halten zwei die gemeinschaftliche Aufsicht über eine bestimmte Strecke, die Deichacht, deren es 36 gibt, die von ungleicher Länge sind.

Die Unterhaltskosten steigen über 100000 Reichstaler jährlich. Diese bleiben jedoch fast zur Gänze im Lande, als das meiste in Erdarbeiten besteht, die einheimische Arbeiter ausführen. Mehrere hundert Familien gewinnen dadurch ihr Brot."

Die Siele in Ostfriesland

Auch über die Siele, jene Ventile der Meeresflüsse, die weit ins Land hinein vordringen, hat Friedrich Arends eine ausführliche Schilderung abgegeben. Er schreibt darüber:

„Die in den Deichen befindlichen Siele oder Schleusen dienen zur Auslassung des Binnenwassers und sind so eingerichtet, daß sie sich nach Eintritt der Flut von selber schließen. Nach Eintritt der Ebbe öffnen sie sich ebenso automatisch. Da sie während eines ganzen Tages nur etwa drei Stunden geöffnet bleiben können, sind sie im Winter nicht in der Lage, alles Binnenwasser abzuführen. Aus diesem Grunde stehen dann die niedrigeren Marschgegenden meist unter Wasser. Bei manchen Strecken ist dies auch in nassen Sommern der Fall.

Im ganzen sind 83 Siele unmittelbar an der Küste und an den Flußmündungen vorhanden, vier weitere befinden sich im Binnenland.

An der Leda zählt man 27 Siele, die jedoch nur klein sind, das Esklumer ausgenommen. Am Dollart sind es zwei Siele, an der Oberems bis Emden und Pogum 34 mit dem Soltborger Siel in einer Größe von 20,5 Fuß innerer Weite als größtem. In Emden selbst sind vier Siele in Betrieb. Von dort aus bis zur Jeverschen Grenze 16, also auf jeder Meile eines.

Die Siele an der Leda sind aus Holz, die übrigen meistenteils aus Stein. Die kleineren Siele haben einen, die größeren zwei bis drei Eingesessene, die als Sielrichter die Aufsicht führen."

Die Sielkosten wurden auf alle jene Ländereien umgelegt, die durch diese Siele ihre Abwässer entlassen.

Wenn früher bei starken Regenfällen zugleich Nordwestwind wehte, gab es trotz der hohen Binnenwasserstände keine Sielläufe, das heißt: es floß kein Wasser durch die Siele seewärts. Dann hieß es in niedriggelegenen Ländereien immer wieder „Land unter!".

Heute wird mittels der Technik das Wasser außendeichs gepumpt. Und zwar auf der am meisten betroffenen Krummhörn durch die Schöpfwerke Borssum, Knock und Greetsiel, die zusammen in der Sekunde 100 Kubikmeter Wasser auspumpen können.

Die beiden Sielläufe an der Knock haben jeweils 11,5 Meter lichte Weite, das Siel von Borssum eine solche von 10 Meter. Damit ist der Sielverband in der Lage, den erforderlichen Pegelstand auch bei großen Niederschlagsmengen wieder herzustellen.

Aus alledem ergibt sich die Tatsache, daß neben dem Deichbau der Bau der Siele von entscheidender Bedeutung für das Land hinter den Deichen ist. Ohne ein solches bis in die letzten Einzelheiten durchdachtes Entwässerungssystem wären bei Regenzeiten hinter den Deichen, wie Arends dies plastisch beschrieben hat, nur wattähnliche Böden anzutreffen, die bei Trockenheit hart und rissig und damit für die Landwirtschaft ungeeignet wären.

Es ist sicher anzunehmen, daß bereits vor der Eindeichung zur Warfenzeit für ganz bestimmte Äcker Entwässerungskanäle, die sogenannten „Götjes", vorhanden waren, die sich senkrecht zur Ackerfurche hinzogen und untereinander parallel verliefen. Sie führten das „überhängende" Oberflächenwasser in die „Meetjeschlöte"; sie wiederum leiteten das aufgenommene Wasser in jene Gräben weiter, die neben den Wegen entlangliefen und in die Zugschlöte übergingen; sie münden in den Tiefs, die zu den Sielen führen.

Das bei den oftmals viele Kilometer langen komplizierten Wasserwegen zum Abfluß nötige Gefälle zu erreichen, war eine besondere Kunst.

Um ein solches System funktionsfähig zu erhalten, muß es ständig gesäubert werden. Dies obliegt bei den Schlöten und den Meetjeschlöten den Landwirten. Die Zugschlöte, Tiefs und Siele werden von den Entwässerungsverbänden gereinigt.

Die älteren Siele bestanden aus zwei seewärts zu öffnenden Toren. Bei Ebbe wurden diese vom Binnenwasser, das höher als der Ebbstrom lag, offengedrückt. Bei steigender Flut verursachte der Druck des steigenden Außenwassers ihr Schließen. Durch dieses System wurden die Marschböden vor Versalzung bewahrt, die von See her drohte.

Die ältesten Siele des westlichen Ostfriesland lagen in Emden und hießen Gasthaus- und Neutorsiel. Ferner befanden sich noch in Larrelt, an der Knock, in Greetsiel und Eilsum und am Abschluß des Visquarder Tiefs Siele.

Aus diesen kleinen Einzelaktionen entstand erst sehr spät, im Jahre 1879 der Erste Entwässerungsverband Emden. Um Flüsse und vor allem Kanäle in diesem Gebiet auf dem einheitlich auf 1,40 Meter festgesetzten Pegelstand zu halten und im Sommer immer noch 1,27 Meter Wasserstand zu haben, bedurfte es einer Reihe von Siel- und Schöpfwerksanlagen, zuführender Kanäle und eines umfassenden Vorflutsystems. Das Gewässernetz, das auf diese Weise schiffbar gehalten wird, weist eine Gesamtlänge von 1100 Kilometern auf.

Um das Wasser außendeichs zu bringen, bedarf es also der Siel- ebenso wie der Schöpfwerksanlagen. 1928 wurde das große Schöpfwerk in Borssum errichtet. Andere folgten nach.

Die Theelacht

Nach dem Sieg der Friesen im Herbst 884 über ein Teilheer der Nordmänner bei Norden wurde jenes befreite Land, das die Nordmänner okkupiert hatten, unter die Sieger dieser Schlacht verteilt. Jene Teile aber, die von Norder Bürgern bereits um diese Zeit eingedeicht worden waren, wurden zurückgegeben. Die Norder kauften dann auch den nicht hier ansässigen Friesen die erworbenen Anteile ab und faßten das so gewonnene Land zusammen. Sie fügten durch weitere Eindeichungen neues Land hinzu und gründeten eine Gesellschaft, die es bewirtschaftete und den Deich in Ordnung hielt.

Dieses Gebiet, größtenteils zur alten Marsch gehörend, war nicht nur von den Nordenern, sondern auch von den Bürgern aus Nesse und Hage angelegt worden. Dieses erbpachtpflichtige Marschland der Theellanden, das sich in den Ämtern Berum, Hage und Neßmer befindet und deren Eigentümer Norder, Berumer und Lütetsburger Bürger sind, hat durch die Jahrhunderte hindurch seinen Charakter behalten.

Die acht Theele in acht Distrikten waren auf engem Raum zusammengefaßt und hießen das Neugroder-, Gaster-, Osthover-, Eber-, Trimser-, Hofer-, Ekeler-, und Tinteler-Theel.

Die in den acht genannten Distrikten liegende Fläche erbpachtpflichtigen Landes umfaßte ein Areal von 2177 Diemathe. Die daraus erwirtschaftete Erbpacht betrug jährlich 2856 Gulden und 10¼ Stüber. Nach Abzug des Gehaltes der Theelrichter, einem jährlichen Geschenk von 150 Gulden an Schulen und Pastoren sowie der Verzehrung blieb davon ein Reinertrag von 251 Gulden übrig. Dieser Betrag lag deshalb so niedrig, weil die Theel-Gesellschaft der Kirche und Schule ihrer Heimatstadt Norden den Ertrag von 474 Diemathen zu 692 Gulden ebenfalls schenkte und ein anderes Stück Theelland bei Theener dem Grafen Edzard I. zum kostenlosen Nießbrauch überlassen wurde.

Die Genossenschaft, der diese Theellande im Obereigentum gehörten, wurde die Theelacht genannt. Aus ihren Reihen wurden die vier Theelrichter ernannt. Diese verwalteten das Ganze, und zwar jeder zwei Theele der acht Distrikte.

Theelrichter mußten entweder selbst oder durch ihre Frauen Erbtheele besitzen. Falls sie Besitzer eines solchen Theels waren, standen sie dem Richteramt auf Lebenszeit vor. Waren ihre Frauen Theeleignerinnen, dann konnten sie nur zur Lebzeiten ihrer Frauen Richter sein und mußten nach deren Tode das Amt abgeben.

Zweimal im Jahr gingen alle Theelbesitzer, also jene „arfburen de bearft sint", auf das Nordener Rathaus in die Theelkammer, wo die Theelheuer ausgezahlt wurde. Dabei wurden acht Tonnen Hamburger Bier getrunken, von jedem Theel eine Tonne. Die Gesellschaft trank dabei aus hölzernen Bechern, und der jüngste Theelbauer wurde in die Gruppe aufgenommen, nachdem er den großen Barkemeyer-Humpen in einem Zuge geleert hatte.

Danach mußte er den ganzen Tag allen Mitgliedern der Theelacht mit entblößtem Haupte einschenken.

Der Anteil eines jeden Mitgliedes war das Theel, und alle jene, die diesen Theel von ihren Vorfahren ererbt hatten, hießen Erbbauer.

Diese Gesellschaft, die älteste, die sich in Friesland erhalten hat, war eine sehr illustre Gemeinschaft. Hier wurde echte Spendenfreude bewiesen, wurden Schulen und Kirchen unterhalten, und für die Erbbauern blieb der Ruhm, dieser Gesellschaft anzugehören.

Daß diese Theele nicht in fremde Hände gerieten, dafür war in dem Theelacht-Gesetz gesorgt. Es gab zwei verschiedene Möglichkeiten, zu Theelen zu kommen, aber keine, diese Theele zu vermehren. Es gab Erb- und Kauftheele. Erstere durften nie in fremde Hände gelangen. Letztere durften verkauft werden. Der Käufer mußte sich jedoch darüber im klaren sein, daß das von ihm erworbene Theel nach seinem Tode wieder der Gesellschaft zufiel, ohne daß seine Nachkommen dafür entschädigt wurden.

So wurden denn auch Kauftheele nur von Menschen erworben, die um der Ehre willen in diese erlauchte Gesellschaft zu kommen trachteten und dafür tief in die Tasche langten. Durch die Zurückgabe der Kauftheele nach dem Tode ihrer Besitzer an die Gesellschaft gelangte diese nach und nach in den Besitz aller Kauftheele.

Die Erbtheele wiederum konnten nur in gerader Linie auf die Nachkommen vererbt werden. Ein Erbbauer konnte zwar mehrere Kauftheele haben, er durfte aber nur ein Erbtheel besitzen. *Eine* Ausnahme dazu gab es: in jedem der acht Theeldistrikte durfte er ein Erbteil haben. Heiratete ein Erbbauer eine Frau, die im selben Theel beerbt war, so konnte er dennoch nur ein Theel benutzen. Das andere wurde von der Gesellschaft verwaltet, bis einer der Ehegatten starb. Dann waren die Söhne oder – falls keine Söhne vorhanden waren – die Töchter berechtigt, das Theel ihres verstorbenen Vaters oder der verstorbenen Mutter anzutreten. Der überlebende Ehegatte konnte sein eigenes Theel weiter benutzen.

Der jüngste Sohn trat nach friesischem Recht dabei an die Stelle des oder der Verstorbenen. Starb auch dieser jüngste Sohn, so konnte der Ältere dessen Erbtheel in Anspruch nehmen, sobald er verheiratet war, jedoch nur auf des Vaters oder der Mutter Namen, weil Erbtheele nicht auf Brüder oder Schwestern, sondern nur in direkter Linie auf Kinder vererbt werden konnten.

Wer heute den Windelsteen, jene Wendeltreppe im Turm des Norder Rathauses, emporsteigt und die oberen Räume betritt, in denen sich auch der Ratssaal befindet, der kann neben den alten Bildnissen auch die legendenumwobene Theelkammer besichtigen, die mit dem Wappen der Theelacht geschmückt ist.

Im klimatisierten Keller des Rathauses werden auch die Theelbücher aufbewahrt, die leider nur bis in das 17. Jahrhundert zurückreichen und von denen auch einige Bände fehlen.

In der Theelkammer nehmen bei den Versammlungen alle Theelbauern Platz. Auf der großen Tafel, an der sie sitzen, sind die Namen der seit 1600 tätigen Theelachter verzeichnet.

Der Ursprung der Theelacht aus der Schlacht gegen die Normannen ist eine Version des strittigen Ursprungs der Theelacht, die zunächst in mündlicher Überlieferung von Familie zu Familie weitergegeben wurde. Andere Chronisten sehen in der Theelacht so etwas wie eine Deichgenossenschaft oder einen Deichverband.

Die Theelacht wird jedoch nach Rudolf Folkerts, dem Kenner der Materie, auch aus verschiedenen anderen Ursprüngen hergeleitet. Einmal als „Rechtsnachfolger der vier Bauernschaften des früheren Norder Stadtgebietes sowie der vier weiteren Bauernschaften, die das Norder Kirchspiel bildeten."

Einig sind sich die Verfechter der verschiedensten Richtungen jedoch in der Tatsache, daß die Theelacht *sehr* alt ist. Erste urkundliche Erwähnung erfährt sie im Testament des Häuptlings Ocko tom Brok.

Das Theelrecht, das zunächst nur in mündlicher Überlieferung erhalten war, wurde anläßlich eines Prozesses von Dr. Hektor Friedrich von Wicht zum ersten Mal schriftlich fixiert. Diese schriftliche Version wurde von dem vier Jahrzehnte als Advocat der Theelacht dienenden Dr. Caspar Wenckebach mit einer Reihe von Fußnoten und Anmerkungen versehen, 1759 von dessen Sohn Christian Eberhard Wenckebach herausgegeben und in Halle gedruckt. Im Jahre 1867 erschien die zweite unveränderte Auflage dieses Druckwerkes bei von Bloh in Norden.

In einer Reihe von Geschichtswerken über Ostfriesland wurde bisher die Theelacht sehr unterschiedlich dargestellt. Wenn im Herbst 1984 die 1100-Jahrfeier der Theelacht in Norden begangen wird, dann liegt auch das umfassende Werk über die Theelacht von Rudolf Folkerts, dem heutigen Syndicus der Theelacht, vor.

In einer kleinen Schrift, die Rudolf Folkerts für die alljährlichen Besucher Nordens und der Theelkammer verfaßte, ist zu lesen:

„In unserer Zeit ist die Theelacht keine Gemeinschaft mehr, die als reich im geldlichen Sinne bezeichnet werden kann. Sie ist aber reich aus anderer Sicht, insbesondere als Kulturträger. Ihre Theelbücher enthalten die Genealogie der Erbbauern. Ein Blick in das Schriftgut ist ein Blick in die Geschichte. Die Theelbauern halten an Theelacht und Theelrecht fest.

Viele Angriffe konnten im Laufe der Jahrhunderte abgewehrt werden. Was aber so lange Bestand hatte, muß einen guten Kern haben und wird sich auch künftig behaupten können."

In diesem Sinne „up Theelachts Wohlfahrt!"

Ostfriesland und die Reformation

Ein Mönch namens Martin Luther

Ostfriesland war unmittelbar nach der sächsischen Fehde ein Land, in dem die Religiösität eine dauernde Heimstatt hatte. Wenn sich das Land auch sehr spät und nach langem Widerstand dem Christentum erschloß, so holte es schnell auf, und die ersten Klöster und Kirchen zeigten bereits an, daß auch die Friesen bereit waren, das Christentum zu bewahren, zu dem sie erst so spät bekehrt worden waren.

Dennoch hatte das Volk der Friesen es immer verstanden, den Geistlichen Herren ein entscheidendes Halt entgegenzurufen, sobald diese sich über sie erheben und sie beherrschen wollten. Friesen zahlten nur freiwillige Abgaben an die Kirche. Als Papst Gregor VII. die Ehelosigkeit der Priester verkündete, bestanden die Friesen darauf, daß ihre Priester heirateten. Was die Beschäftigung mit der Heiligen Schrift anging, so war beispielsweise Helmar von Borssum bereits vor Luthers Auftreten einer der ersten Geistlichen, die in Ostfriesland nur nach dem Alten und Neuen Testament lehrten und die Heilige Schrift auch den Friesen verkündeten.

Als Martin Luther sein 95-Thesen-Papier am 31. Oktober 1517 an die Tür der Schloßkirche zu Wittenberg anschlug und zu einer öffentlichen Disputation darüber einlud, gelangte das Wissen um diese Thesen sehr rasch nach Ostfriesland.

Die friesischen Kirchen waren wuchtige Backsteinbauten und dienten dank ihrer Größe und Festigkeit nicht nur als Gotteshäuser, sondern auch als Fliehburgen und Verteidigungsstätten.

Einige der Thesen Luthers schienen direkt auf Friesland zugeschnitten zu sein. So die 32. These, die folgendermaßen lautet:

„Die werden sammt ihren Meistern zum Teufel fahren, die vermeinen, durch Ablaßbriefe ihrer Seligkeit gewiß zu sein.“ Und die 42.These nicht minder: „Man soll die Christen lehren, daß der, so seinen Nächsten siehet darben und des ungeachtet Ablaß löset, der löst nicht des Papstes Ablaß, sondern ladet auf sich des Papstes Ungnade.“

Daß Luther kein Papstfresser war, sondern durch Abstellung der Mißbräuche das Ansehen des Heiligen Vaters wieder zu heben suchte, geht auch aus der 81. These hervor, in der es heißt: „Solche freche und unverschämte Predigt und Ruhm vom Ablaß macht, daß es auch den Gelehrten schwer wird, des Papstes Ehre und Würde zu verteidigen für derselben Verleumdung, oder ja für den scharfen listigen Fragen des gemeinen Mannes."

Luthers Geißelung der Mißbräuche in der Kirche ließ die Friesenherzen höher schlagen. Da sprach ein Mann nach ihrem Gefallen und stand wider die Größten auf, die es gab.

Evangelische Prediger in Ostfriesland

Graf Edzard von Ostfriesland hatte unmittelbar, nachdem er von Luthers Schriften erfahren hatte, solche für sich besorgen lassen. Er war nach deren Studium davon überzeugt, daß dies die Wahrheit vor allem über den Ablaß war. Er berief den Priester Heinrich Bruno (Henricus Brunius) und betraute ihn mit der Verkündigung und Verteidigung der gereinigten Lehre.

Dieser Prediger Heinrich Bruno aus Aurich verpfändete sein eigenes Leben auf die Wahrheit der von ihm vorgetragenen Lehrsätze.

Von diesem Zeitpunkt im Frühjahr 1519 an kam es sehr rasch zu weiteren Einsetzungen von Predigern der reinen Lehre. So als nächstes in Oldersum, wo Ulrich von Dornum und Hicko von Oldersum den Oldersumer Kapellan Heinrich Arnoldi anwiesen, in der Kirche von Oldersum die neue Lehre zu predigen. Danach wurde auch in Emden öffentlich die neue Lehre verkündet. Hier waren es Georg Aportanus und Jürgen van der Deur, der früher Konrektor in Zwolle gewesen war und auch den beiden Kindern des Grafen Edzard, Enno und Johann als Hofmeister gedient hatte, ehe er das Predigtamt in Emden übernahm.

Als Probst Poppo Mannenga, ein Vetter von Graf Edzard, und seine zwölf Geistlichen erkannten, daß Aportanus Luthers Lehren in seinen Predigten übernahm, verbot der Probst dem Prediger Aportanus das Betreten der Kanzel.

Dies führte allerdings nicht zur Einstellung der ketzerischen Predigten, denn nun ging Aportanus auf den Wiesenanger vor der Stadt und predigte hier allen Leuten, die ihn hören wollten. Er predigte das Evangelium und verfocht die reine Lehre mit soviel Beredsamkeit und Begeisterung, daß er von der begeisterten Menge, begleitet von dem gräflichen Schloßhauptmann Bernhard tom Camp und einigen gräflichen Leibsoldaten, im Triumphzug zur Stadt und in die Kirche zurückgeführt wurde.

Doch so schnell gab Probst Mannenga nicht auf. Mit den Anhängern seiner Partei, dem Doktor Kanter, Heinrich Kampen, Christian Zizobüttel und einer großen Zahl an Mönchen, versuchten sie, Aportanus am Reden zu hindern, doch das Volk setzte sich durch, und Aportanus bestieg wieder die Emder Kirchenkanzel. Hier verteidigte er die Lehre Luthers und seine eigenen daraus abgeleiteten Lehrsätze.

Doktor Kanter eilte mit einigen katholischen Priestern auf die Burg, um bei Graf Edzard wider dem Ketzer Klage zu führen. Der Graf war ein weiser Mann. Er empfing die Kläger nicht, sondern ließ sie durch einen seiner Hofsprecher wissen, daß er weder die eine noch die andere Lehre bekämpfen oder untersagen werde, sondern es mit einem Lutherwort halte:

„Liebe Väter, ist es nicht in Gottes Namen angefangen, so ist es bald gefallen; ist es aber in seinem Namen angefangen, so lasset denselben walten."

Doktor Kanter sah sich nunmehr veranlaßt, der Stadt Emden den Rücken zu kehren und in seine Heimatstadt Groningen zurückzukehren, weil er in Ostfriesland auf nichts mehr hoffen durfte, wie er sich Probst Mannenga gegenüber ausließ.

Aportanus hatte die Kanzel der Kirche zu Emden erobert. Lange Jahre hindurch wurde er hier angefeindet und immer wieder der Irrlehre angeklagt, was zwar ohne Folgen für ihn blieb, aber die neue Lehre auch nicht recht weiterbrachte.

Erst im Jahre 1524 erhielt er in dem bekehrten katholischen Priester Hermann Henrici einen Mitstreiter. Gemeinsam setzten die beiden den Kampf gegen die römisch-katholische Partei fort.

Ihre Gegner gaben nun die Große Kirche zu Emden auf und zogen sich in die Franziskanerkirche (die heutige Gasthauskirche) zurück. Graf Edzard beließ die katholischen Priester im Amt und beließ ihnen auch die bisherigen Einkünfte, so daß sie in Emden den Kampf gegen die Reformation ungehindert fortsetzen konnten. Probst Mannenga blieb bis zu seinem Tode im Jahre 1540 Probst zu Emden.

Auf Weisung von Graf Edzard ging im Jahre 1520 Johann Steffens (Johannes Stephani) nach Norden, um auch dort die gereinigte Lehre zu verkünden. Steffens stand in einem engen Briefwechsel mit Philipp Melanchton und Martin Luther; er besuchte Luther, um im Gespräch mit ihm tiefer in die neue Lehre einzudringen. Auch er mußte bis zum Jahre 1527 allein predigen, ehe er in dem berühmten Reese, der sich als Dominikanermönch Resius nannte, einen Mitstreiter fand.

Reese kannte alle erschienen Schriften Luthers ebenso wie jene von Melanchthon, Zwingli und Oecolampadius. Er stellte mit Bewilligung von Graf Edzard selber 16 Thesen auf.

Hinrich Arnoldis war zuerst Kaplan Ulrichs von Dornum gewesen. Er wurde in Dornum evangelischer Geistlicher, und es gelang ihm, auch seinen Herrn für die neue Lehre zu gewinnen. Eggerik Beninga berichtete darüber:

„Als Junker Ulrich van Dornum een geleerder und verstandiger man, Martini Lutheri Schriftock doergesehen, dat he eenen vasten grund der Hilligen schrifft vor sich hadde, heft ock mit bewilligung Hicco to Oldersum (Ulrichs angeheirateter Vetter, der Mitbesitzer der Herrlichkeit Oldersum war) door eenen Predicanten Hinricum dat wort Gades tho Oldersum laten prediken." (Siehe Beninga: a.a.O.)

Diese drei nunmehr in Oldersum, Emden und Aurich predigenden Männer verursachten einen mächtigen Wirbel, zumal sich die katholische Geistlichkeit nicht so schnell aus dem Rennen werfen lassen wollte. Täglich kam es zu aufgeregten und manchmal auch in Handgreiflichkeiten ausartenden Disputationen. Dennoch waren es vorerst nur einzelne Städte und Flecken Ostfrieslands, die das Evangelium hören konnten. Im Jahre 1524 kam Leer hinzu, wo Lübbert Kantz, auch Cantzius genannt, das reine Evangelium predigte.

Religionsgespräche in Jemgum und Oldersum

Graf Edzard gab dieser neuen Lehre besonderen Aufschwung, als er 1526 dem berühmten Resius zu Norden erlaubte, zu einem großen Religionsgespräch einzuladen und seine Thesen öffentlich zu verkünden.

Dazu wurde der berühmte Doktor der Theologie Laurentius aus Groningen eingeladen, der als Mönch viel von sich reden machte. Außerdem noch dessen Adlatus Reinerius Münther.

Doch bevor dieses Gespräch in Norden in Gang kam, wurde ein halbes Jahr zuvor, am 15. Juni 1526, auf dem Jahrmarkt zu Jemgum ein Streitgespräch ausgetragen. Eine Reihe päpstlicher Priester tauchte hier auf. Sie versuchten, an mehreren Stellen gleichzeitig predigend, die Menschen beim Papsttum zu halten.

Doktor Laurentius war einer der lautesten und eifrigsten. Er und sein Gehilfe Reiner Münzer (auch Münther und Munterus genannt) versuchten mit spitzer Zunge all das als Unsinn und Irrlehre hinzustellen, was sich seit 1519 mühsam in Ostfriesland durchzusetzen begann.

Hier in Jemgum, wo sich am Tage von St. Vitus viele Geistliche zu versammeln pflegten, wollten Laurentius und Münzer es wissen. Zwei Tage lang eiferten die beiden Vertreter der alten Lehre und schimpften mehr, als sie predigten, was Ulrich von Dornum zu dem Kommentar verleitete:

„Sie schießen nach der Kirche und treffen den Wetterhahn."

Der Prediger von Oldersum, Hinrich Arnoldi, stellte sich den wüsten Tiraden der Mönche entschlossen entgegen. Er rief in die zusammengelaufene Menge: „Wer die Wahrheit hören will, der folge mir!"

Er ging hinaus aus dem Trubel des Marktes auf das offene Feld, und viele Zuhörer der Mönche folgten ihm nach. Dort hielt er eine lutherische Predigt, durch die er viele der Marktbesucher, die hier zum ersten Male etwas von Luther und seiner Lehre hörten, zum neuen Glauben bekehrte.

Auf Geheiß von Laurentius zogen ein Mönch, ein Soldat und ein altes Weib die Glocken der Kirche, um die Predigt zu stören. Auch dies fruchtete nichts, denn nun folgten die Zuhörer dem Prediger in seine Herberge, wo Arnoldi und einige andere Prediger aus den Worten des Dr. Laurentius mehrere Artikel herausgriffen, sie vorlasen und bewiesen, daß dies eine falsche Lehre sei und nicht ihre von Luther kommende Lehre.

Doktor Laurentius, der sich mit seinen Getreuen ebenfalls Zutritt verschafft hatte, beharrte darauf, daß sein Gegenüber ein Prediger der Irrlehre sei.

Beide kamen überein, noch im selben Monat zu Oldersum ein Religionsgespräch abzuhalten, zu dem auch Magister Georg Aportanus eingeladen werden sollte. Ulrich zu Dornum wurde als Schutzpatron dieses Gespräches ausersehen; dieser stimmte sofort zu.

Ende Juni 1526 fanden sich in der Oldersumer Kirche eine Reihe geistlicher Herren beider Lager ein. Auf der Seite der katholischen Lehre Doktor Laurentius, der Prior des Jakobinerklosters zu Groningen, der aus Jemgum herbeigeeilt war. An seiner Seite Wyart, der katholische Pastor zu Jemgum, Reinerius Munterus, der Kommandatar des Jemgumer Klosters, mit dem Pastor von Ditzum, einem Pariser Lizentiaten, dem Pastor von Hatzum und einigen anderen Vertretern des Katholizismus.

Auf der evangelischen Seite war als Leiter und Vorsitzender dieses Gespräches Ulrich von Dornum zugegen. Ihm standen Junker Hero von Oldersum und Godens, Georg Aportanus, der Prediger von Emden, Johannes Stephani, Prediger zu Norden, Fredericus, Prediger zu Pewsum, und Lubbertus Cantius, Prediger zu Leer, bei. Aus

Oldersum waren die dortigen beiden Prediger Henricus Arnoldi und Albertus Steenwyck gekommen, aus Petkum Wywe. Weitere Geistliche der neuen Lehre waren aus ganz Ostfriesland herbeigeeilt.

Als es um die Wahl der Schiedsrichter ging, klopfte Aportanus auf die vor ihm liegende Bibel und sagte: „Diese soll unser Schiedsrichter sein!“

Die Streitfragen, um die es hier ging, waren fünf Grundsatzfragen.

Und zwar: Erstens: Ob wir wegen unserer Sünden nicht der Mittler zwischen Gott und uns bedürfen?

Zweitens: Ob Maria nicht auch eine Mittlerin sei zwischen Christus und uns?

Drittens: Ob wir außer Christus keinen anderen Mittler nötig haben?

Viertens: Ob wir allein aus dem Glauben gerechtfertigt werden ohne Verdienst unserer Werke?

Fünftens: Ob die alten Bräuche in Gottes Kirche beizubehalten seien?

Die Hauptstreiter waren Aportanus und Dr. Laurentius sowie dessen Gehilfe Reiner Münzer. Die Antworten von Laurentius waren derart, daß mehrfach Tumult ausbrach. Insbesondere als Prediger Hinrich ihm einen Spruch aus Psalm 50 vorhielt: „Rufe mich an in der Not; so will ich dich erretten, so sollst du mich preisen.“

Dr. Laurentius antwortete: „David hätte wohl mehr sagen können, er hätte auch sagen können, daß ich (Dr. Laurentius) weder Nase noch Ohren habe; ich habe sie aber Gott sei Dank noch alle drei.“

Dies war eine schlichte, klare Verhöhnung des Bibeltextes, und es bedurfte schon aller Autorität des Junkers Ulrich, um die Menschen von Tätlichkeiten abzuhalten.

Die Ergebnisse und Folgen dieses großen Oldersumer Religionsgespräches lassen sich kurz in den Worten eines späteren Jubelfestredners ausdrücken, der darüber sagte:

„Ne het twistgesprek to Norden,
en na dat te Oldersum,
leiden Priesters of hun orden
preekten't Evangelium.“

Doktor Laurentius kehrte nach Groningen zurück, wo er sich von der Kanzel herunter öffentlich rühmte, den Sieg über die ostfriesischen Ketzer davongetragen zu haben. Um dies zu untermauern, griff er sogar zur Verleumdung und Fälschung. So dichtete er Aportanus an, dieser habe gesagt, „die Jungfrau Maria sei ein unkeusches Frauenzimmer gewesen“ und „Christus sei kein wahrer Gott“. In bezug auf das

Heilige Abendmahl der Ostfriesen behauptete er: „Ein Schweinskopf ist ihnen lieber!"

Junker Ulrich bekam von diesen Falschheiten zu hören und ließ eines der angefertigten Protokolle an den Magistrat von Groningen absenden, in dem der genaue Hergang des Gespräches mit allen Fragen und Antworten dargelegt wurde.

Das Religionsgespräch zu Norden

Am Neujahrstag des Jahres 1527 erstieg der Prediger Resius in Norden die Kanzel seiner Kirche. Er trug sein altes Mönchsgewand, und vor der Kanzel lagen auf einem Tisch die Bibel und die Concordanz (Das Verzeichnis aller in der Bibel vorkommenden Wörter mit Stellenangabe).

Resius betete und las dann die 22 Thesen vor, die das Heilige Abendmahl, die Ohrenbeichte, die Anbetung der Heiligen, die Klostergelübde und einige andere streitige Punkte angingen.

Als gräfliche Kommissionäre bzw. Vorsitzende waren in der Kirche von Norden zugegen: Jeltke Jedershoff, der Drost zu Berum, und Egbert Goldschmidt, Bürgermeister zu Norden, sowie des Emmius Großvater mütterlicherseits, Egbert Tjaarda. Die Thesen, die Resius aufgestellt hatte und die er nun verteidigen wollte, lauteten:

1. Die Gewissen der Gläubigen werden allein mit Gottes Wort regiert.
2. Im geistlichen Regiment gelten die Gesetze und Lehren der Menschen nicht.
3. Im leiblichen Regiment mögen sie gelten, wenn sie nicht wider Gottes Wort sind.
4. Der Obrigkeit allein ist das leibliche Schwert gegeben.
5. Bischöfe und Diakonen müssen der christlichen Gemeinde dienen.
6. Die Bischöfe müssen Gottes Wort predigen, die Diakonen Arme versorgen.
7. Der andere geschorene und sogenannte geistliche Haufen (die Mönche) ist nichts nütze.
8. In Messen und Zeiten (getyden) wird Gottes Wort gelästert und verfälscht.
9. Die Obrigkeit und die christliche Gemeinde soll keine Gotteslästerung dulden.

10. Das Sakrament aufheben, hinsetzen und umhertragen ist ein Mißbrauch.

11. Es ist dazu eingesetzt, daß die versammelte Gemeinde es nehmen, essen und trinken möge.

12. Auch dabei des Testaments Christi gedenken und den Glauben beweisen.

13. Die vom Papst verordnete Ohrenbeichte ist den Gewissen schädlich.

14. Gottes Wort allein, wenn es im Glauben gefaßt wird, entbindet von der Sünde.

15. Die Heiligen ehren mit Bildern, Anrufen und Ansuchen ist Abgötterei.

16. Der heilige Ehestand darf von niemand verboten, auch von niemand erlaubt werden.

17. Evangelische Reinigkeit, Armut und Gehorsam ist allen Christen gemein.

18. Kloster-Reinigkeit, Armut und Gehorsam ist nicht evangelisch.

19. Klostergelübde sind wider Gottes Wort, Glaube und Liebe.

20. Klosterleute können durch ihr Gelübde und Regeln nicht selig werden.

21. Die sogenannten geistlichen Orden sind verdammliche Sekten.

22. Verflucht ist, der sich auf Menschen verläßt und darauf bauet.

Darauf forderte Resius jeden der Anwesenden auf, seine Worte darüber zu widerlegen. Zunächst blieb alles stumm, und es sah so aus, als sollte dieses Religions-Zwiegespräch nach diesem langen Monolog beendet sein.

Dann aber meldete sich der Abt des Nonnenklosters Marienthal bei Norden, Gerhard Schell, genannt Synellius. Synellius verteidigte die katholische Lehre über diese Punkte. Es gab eine rasche und wechselvolle Diskussion, an deren Schluß Synellius aufgab. Er zog seine Mönchskutte aus, legte sie auf die Kanzel und war damit dem Papsttum verloren. (Synellius ist übrigens Verfasser zweier Abendmahlslieder, deren Texte ihn als in Übereinstimmung zur Lehre Zwinglis und zum Heiligen Abendmahl stehend ausweisen). Er wurde evangelischer Prediger zu Norden.

Das Oldersumer Religionsgespräch war ebenso wie das Nordener von weittragender Wirkung. Junker Ulrich ließ den genauen Bericht darüber in Wittenberg in die friesische Sprache übersetzen und drukken. Damit hatten Laien und Priester in Friesland Gelegenheit, diese Fragen und Antworten zu lesen.

Inzwischen hatte diese neue Lehre auch das Harlingerland erreicht.

In Burhave, Dunum und Ardorf wirkten die ersten Prediger, und Junker Balthasar, ihr Landesherr, der ständig mit den ostfriesischen Grafen in Fehde lag, erklärte sich ebenfalls offen für die Reformation. Doch hier war die Sache nicht so einfach wie in Ostfriesland, weil ja Junker Balthasar, wie wir aus dem vorangegangenen Abschnitt wissen, sich unter den Schutz des Herzogs von Geldern gestellt hatte und der Statthalter des Herzogs in Harlingerland, Bernhard von Hackfort, die römisch-katholische Lehre wieder einführen sollte.

Um diese wieder durchzusetzen, verschmähte er auch Gewaltaktionen nicht. Er ließ beispielsweise den Magister Fisbeck von Burhave kurzerhand absetzen und zwang ihn dazu, das Land zu verlassen. Erst nach dem Tode des Herzogs von Geldern im Jahre 1557 konnte Fisbeck aus Dithmarschen ins Harlingerland zurückkehren.

Heinrich Cramer war es in Jeverland, der sich zur Sache der Reformation bekannte und bereits 1524 das Abendmahl in Wein und Brot austeilte und neue Kirchenlieder in deutscher Sprache singen ließ.

Allerdings war hier Fräulein Maria von Jever als strenggläubige Katholikin nicht geneigt, diese Lehre für ihr Land anzuerkennen. Sie drohte Heinrich Cramer mit seiner Entlassung und war ihm besonders gram, weil er geheiratet hatte.

Maria von Jever wurde jedoch durch ihren Geheimen Rat Romer dazu gebracht, all das stillschweigend geschehen zu lassen, was zu ändern sie nicht mehr imstande war.

Neben Cramer wurden hier der Superintendent Zwittert Onken, Hayo Ulrich in Rüstringen, Gerhard Jäger in Tetens und Lammert Steffens in Hohenkirchen als erste Prediger der Reformation bekannt. Danach konnte auch im Jeverland die Reformation als durchgesetzt angesehen werden.

Emden und der Katechismus

Insbesondere aber entwickelte sich Emden zu einer Fluchtburg aller protestantischen Christen, die wegen ihres Glaubens aus Frankreich, England, Brabant, Holland und schließlich auch aus Spanien hatten fliehen müssen. Glaubensgenossen, woher sie auch kamen, wurden in Emden willig aufgenommen. Dies wird durch ein über der Osttür der Emdener Kirche befindliches in Stein gehauenes Schiff zum Ausdruck gebracht, das mit hochgehenden Wogen ringt. Es trägt die Unterschrift:

„Gods Kerk vervolgt, verdreven
Heft God hyr Trost gegeven
Anno 1660 Diaconen der Vremden
Nederduitschen Armen."

In Emden wurde auch als erstes sichtbares Ergebnis der Reformation das erste Glaubensbekenntnis der Prediger Ostfrieslands verlesen, das am 14. November 1528 in einer Sedez-Ausgabe (Buchformat in Sechzehntelbogengröße = 32 Seiten je Bogen) zu Emden erschien.

Es handelt sich um eine Verteidigungsschrift vor allem in Sachen des Heiligen Abendmahls. Sie besteht aus 33 Artikeln und ist von den Predigern aus Emden, Norden, Aurich, Oldersum, Leer, Jemgum, Weener, Larrelt und anderen mehreren Ortschaften Ostfrieslands unterschrieben.

Hier wurden später auch die beiden Emder Katechismen gelehrt und der Gemeinde erklärt. Es waren dies: der große Katechismus, der zur Zeit der Gräfin Anna um 1540 entstand, und der kleine Katechismus für Ostfriesland, auch Landeskatechismus genannt, der auf Anregung des ostfriesischen Coetus von den Emdener Predigern aus dem großen verkürzt wurde und im Jahre 1554 erschien. Er trägt das Vorwort: „An alle getreuen Lehrer und Prediger der Grafschaft Ostfriesland."

Beide Katechismen entstanden zwar nach Luthers Großem und Kleinen Katechismus, sind aber älter als der Heidelberger Katechismus. Sie dienten dessen Verfassern als Vorlage. (Der Heidelberger Katechismus entstand 1563).

Der große Fischzug

Nach dem Tod von Graf Edzard dem Großen übernahm Graf Enno II. die Regierung. Dieser begann sofort, wie dies im vorausgegangenen allgemeinen Abschnitt dargestellt wurde, die katholischen Klöster auszurauben. Eggerik Beninga berichtet darüber:

„Darna leet grave Enno mit reat syner rede alle monstrantien, kelcken, golt und sulver ut alle cloester und karcken vorderen, Fox und juncker Roleff, droste to Embde, häldent ut Emsige Landt und war vor gelt in den karcken vorhanden was. Alle sidewerck, ein ider tastede mit zwe handen to, makeden sick tide to nutte."

Die Klöster verödeten, die Mönche verschwanden, und jene, die zurückblieben, dienten nun der neuen Lehre. So auch Johann von Groningen, Abt des Klosters Aland, der in Aurich evangelischer

Prediger wurde. Antonius, der Abt des Klosters zu Ihlow, wurde Prediger in Larrelt.

Die vielen ostfriesischen Klöster wurden teilweise in Jagdschlösser und Prunkwohnsitze umgebaut oder verfielen. Im Besitz der Klöster waren 50000 Grasen Landes (das sind 21277 Hektar; 1 Grasen = 4255 Quadratmeter).

Wiedertäufer und Schwärmer in Ostfriesland

Daß außer den wahrhaftigen Reformatoren auch Schwärmer und Scharlatane zu Worte kamen, sollte sich bereits ab 1528 in Ostfriesland zeigen. Nikolaus Storch und vor allem sein Schüler Thomas Münzer bekundeten, daß Luther es noch viel zu gnädig mache. Münzer über sich und seine Lehre:

„Gott, so haben die Engel und Gottes Eingebungen mir verkündet, hat die Welt allen Gläubigen geschenkt. Gottes Regiment verlangt keine Fürsten und keine Obrigkeiten, keinen Adel und keine Pfaffen, keine Reichen und keine Armen. Im Reiche Gottes sind alle Menschen gleich."

Münzers Lehre baute sich auf ein ehrbares Leben auf, Gemeinschaft aller Güter, göttliche Eingebung und anderes mehr. Er verwarf die Kindtaufe, so daß alle jene, die seiner neuen Sekte beitraten, erneut getauft werden mußten, was ihnen den Namen Wiedertäufer gab.

Obgleich Münzers Heer am 15. Mai 1525 bei Frankenhausen niedergehauen und Münzer gefoltert und enthauptet wurde, breitete sich die Lehre der Wiedertäufer weiter aus. Sie machte sich erstmals 1528 in Ostfriesland bemerkbar. Einer der bekanntesten Wiedertäufer dort war Melchior Hofmann. Dieser predigte in Emden und hatte bald einen Anhang von etwa 300 Personen. Er taufte Männer und Frauen öffentlich in der großen Kirche aus einem Wasserkübel.

Als sich die Prediger darüber beschwerten, wurde Hofmann durch Graf Enno II. aus der Stadt verbannt. Seine Anhänger mußten ebenfalls ihr Bündel schnüren.

Einer von Hofmanns „Aposteln" mit Namen Johann Tripmaker blieb in Emden zurück. Als seine Arbeit ruchbar wurde, erfolgte auch seine Ausweisung. Er wurde in Holland enthauptet, während Hofmann in Straßburg gefangengesetzt wurde und im Gefängnis starb.

Auch Karlstadt, ein früherer Freund Luthers, der in Wittenberg am 7. März 1522 als Bilderstürmer von sich reden machte und Altäre und Beichtstühle in den katholischen Kirchen zerstört hatte, kam im Jahre

1529 nach Ostfriesland. Zu dieser Zeit war es zwischen ihm und Luther bereits zum ernsten Streit über die Abendmahlslehre gekommen. Karlstadt behauptete und stellte dies als Dogma auf, daß das Abendmahl nichts anderes sei als eine Erinnerung an den Tod des Herrn Jesus Christus. Luther hingegen hielt daran fest, daß Christus leiblich im Brot und Wein des Abendmahles zugegen ist.

In Kursachsen vertrieben, kam Karlstadt also nach Ostfriesland und ließ sich bei Marienhafe nieder. In Oldersum wurde ihm erlaubt zu predigen, ebenso in Pilsum, Wirdum, Hage, Berum und an anderen Orten. Dadurch wurden die Gegensätze zwischen Lutherischen und Reformierten angeheizt.

Als Luther von der freundlichen Aufnahme Karlstadts in Ostfriesland hörte, schrieb er dies einem Freunde und bemerkte dazu: „Der Satan wird dort Böses daraus schmieden. Christus aber ist unsere Stärke. Er wird den Ermüdeten neue Kraft und Frische verleihen."

Der Sakramentenstreit begann mit Karlstadts Hilfe auch in Ostfriesland. Und zwar standen Aportanus und Resius auf der Seite Zwinglis, der ebenso wie Karlstadt die leibliche Gegenwart Christi beim Abendmahl bestritt. Diese wurden von ihren Gegnern als Verächter der Sakramente beschuldigt.

Im November 1529 entwarfen, durch diesen Streit dazu veranlaßt, die Prediger von Aurich, Emden, Jemgum, Leer, Norden, Oldersum, Weener und Larrelt einen gerafften Überblick über ihr Glaubensbekenntnis in 33 Artikeln, die gedruckt wurden und den Titel trugen:

„Hauptinhalt unserer Lehre,
welche wir Prediger in Ostfriesland einträchtig
lehren, stets bereit, derselben, der Heiligen
Schrift gemäß, durch Unterricht weitere Verbrei-
tung zu geben."

In diesen 33 Artikeln faßten sie die Summe und das Bekenntnis ihres Glaubens in kürzester Form zusammen.

Dieses Glaubensbekenntnis vermochte aber nicht die hochgehenden Wogen zu glätten. Der Streit nahm weiter zu. Es galt für Enno II., in Ostfriesland den Religionsfrieden wiederherzustellen. Dies aus zwei Gründen, zum einen aus Sorge um den Ausbruch eines Religionskrieges, zum anderen aus politischen Erwägungen. Letztere waren durch den Herzog von Geldern ins Spiel gebracht worden, als dieser mit einem Einfall nach Ostfriesland drohte.

Die Lage war ernst, und Ulrich von Dornum riet Graf Enno II., eine Nachricht an Luther zu schicken und diesen um die Entsendung seines Amtsgenossen Buggenhagen nach Ostfriesland zu bitten.

Buggenhagen jedoch, der sich zu dieser Zeit gerade in Hamburg befand, zeigte sich nicht bereit, nach Ostfriesland zu gehen. Statt seiner kamen zwei Geistliche aus Bremen: Johann Tiemann und Johann Pelt, die mit Aportanus und Johann von Groningen (Oldeguis) verhandelten.

Da sich die Dinge zuspitzten und Johann von Groningen sich despektierlich über die Bremer Geistlichen ausließ, wurde er verhaftet.

In dieser Situation mischte sich auch der Wiedertäufer Melchior Rink in den Streit der beiden Gruppen ein. Als der Bremer Geistliche Tiemann gerade in der Bremer Kirche seine Thesen vertrat, wurde er durch Rink und seine Anhänger von der Kanzel gejagt; er mußte in der Sakristei Schutz suchen.

Schließlich kehrten die beiden Geistlichen Ratgeber Tiemann und Pelt nach Bremen zurück, nicht ohne Graf Enno noch eine Reihe ihrer Vorschläge und Glaubensartikel zurückgelassen zu haben.

Aus diesen ließ der Graf eine Kirchenordnung und ein Religionsedikt entwerfen. In diesem Werk wurde das Amt eines General-Superintendenten eingeführt, dem es obliegen sollte, über alle Prediger und Schullehrer die Aufsicht zu führen mit dem Ziel, alle Ketzerei rigoros auszurotten.

Neben den Vorschriften, was zu predigen sei und daß das Abendmahl genauso gefeiert werden sollte wie in Kursachsen, ferner wie der Prediger gekleidet sein müsse, wurde auch verfügt, daß kein Kind ungetauft bleiben dürfe und daß die Bilder in der Kirche nicht zu schänden seien.

Dieses Edikt enthielt ferner noch Verordnungen über die Feiertage, Fastenzeiten, Hochzeiten, Begräbnisse, die Kleidung der Frauen und andere Punkte mehr. Alles in allem sollten damit Ruhe und Ordnung in Ostfriesland wiederhergestellt werden.

Am 13. Januar 1530 wurde dieses neue Kirchengebot allen versammelten Predigern Ostfrieslands durch den Grafen Enno vorgelegt und vorgelesen. Dieser forderte, daß sich die Geistlichen sofort darüber zu erklären hätten. Doch nach einmaligem Vorlesen war keiner von ihnen imstande, sich verbindlich dazu zu äußern. Sie erhielten nach langem Bitten die Erlaubnis, sich binnen 24 Stunden schriftlich zu diesem Religionsedikt zu äußern.

Die Prediger Ostfrieslands richteten am 14. Januar eine Bittschrift an ihren Grafen. Darin erklärten sie:

„Wir bekennen, daß wir Ew. Gnaden mit unserem Leibe und zeitlichen Gütern als unserer rechten, von Gott verordneten Obrigkeit unterworfen sind. Soweit es nun Leib und Gut betrifft, so wollen wir in dieser und in allen anderen Verordnungen und Gerechtsamen Ew. Gnaden gehorsame und treue Untertanen sein.

Was nun die äußerlichen Kirchen-Zeremonien bei der Predigt des Wortes Gottes, bei dem allgemeinen Gebete, der Feier des Abendmahls des Herrn und der Taufe betrifft, sofern nichts dabei in Anwendung kommt, was klar gegen das Wort Gottes streitet, wie wir es in der vorgeschriebenen Verordnung (soweit wir sie verstehen) nicht verhoffen, müssen und wollen wir uns gern darein mit christlicher Freiheit, unbefangenem Gewissen, brüderlicher Pflicht, unnötiges Ärgernis vermeidend, fügen und demgemäß verhalten; in jeder Hinsicht, wie in Artikel XIII. zu Marburg beschlossen und wie im Neuen Testament über Taufe und Abendmahl kurz, einfach und klar vorgeschrieben ist.

Nur daß wir den Unglauben und das falsche Vertrauen, welches die Leute meistenteils darein setzen, tadelnd zurechtweisen und sie zum rechten Gebrauch ermahnen und anhalten.

Was unsere Lehre betrifft, nachdem wir in Verdacht geraten sind, und (soviel wir verstanden haben) es in der vorstehenden Ordnung verzeichnet steht, als hätten wir falsche Lehren vorgetragen oder in sonstiger Weise die Leute durch unsere Lehre verführt, insbesondere in betreff des äußerlichen Worts und beider Sakramente der Taufe und des heiligen Abendmahls, so bekennen und bezeugen wir hiermit öffentlich, daß das fern von uns ist; daß wir durch niemand aus der Heiligen Schrift besiegt oder auch uns selbst irgendeiner falschen Lehre bewußt sind, einer Lehre, die nicht in der Heiligen Schrift begründet wäre und durch welche wir das Volk Gottes möchten verführt haben: darum sind wir auch stets bereit, mit ausführlicher Erklärung aus der Heiligen Schrift ob solcher Lehre, sei es in freundschaftlicher Unterhaltung oder in öffentlicher Disputation, worüber auch Paulus' Lehre, 1. Korinther 14, die Gemeinde zu richten hat. . . ."

Trotz der vorsichtigen Einsprüche der Prediger ließ der Graf, nachdem er vorher noch ein Gutachten Luthers eingeholt hatte und dieser die ihm vorgelegte Kirchenordnung gelesen und gebilligt hatte, diese Kirchenordnung drucken.

Luther hatte in einem Schreiben an Graf Enno II. noch geraten, in seinem Lande keine aufrührerischen Sekten zu dulden.

Diesem Rat folgte Graf Enno und verbannte die Wiedertäufer „unter Androhung des Verlustes von Leib und Leben" aus Ostfriesland. Dies war jedoch nicht von langer Dauer, denn Graf Enno hatte ebenso wie sein Bruder Graf Johann zu sehr auf Ratgeber vertraut, die ihnen offensichtlich Dinge eingegeben haben, welche nicht ganz hieb- und stichfest waren. Es schien dem Grafen, als hätten sie mit dieser

Entscheidung gegen die eigenen Prediger dem ersten Artikel des Loger Friedensschlusses zuwider gehandelt. Sie sahen bereits neue Differenzen mit dem Herzog von Geldern voraus. Um diesen vorzubeugen, baten beide Grafen im Sommer 1534 Herzog Ernst von Lüneburg, welcher der Augsburger Konfession anhing und des Herzogs von Geldern Schwager war, ihnen zwei Theologen zu schicken, um in Zusammenarbeit mit diesen eine neue Kirchenordnung zu entwerfen.

Sehr bald trafen die beiden Geistlichen Matthias Ginderick und Martin Ondermark in Ostfriesland ein. Sie gingen sogleich an die Arbeit und stellten eine neue Kirchenordnung auf, die sich eng an jene von Lüneburg und Sachsen anlehnte.

Nach dieser Kirchenordnung wurden die abgeschafften deutschen Messen, Kerzen und Meßgewänder wieder eingeführt. Die Gegenwart des Leibes und Blutes Christi beim Abendmahl wurde wieder als feststehend angenommen, und bei der Taufe brachten sie den Exorzismus (Austreibung des Teufels) wieder zur Anwendung.

Inzwischen aber hatte jenes Glaubensbekenntnis, das der Großteil der ostfriesischen Geistlichkeit abgelehnt hatte, das die beiden Bremer Theologen Pelt und Tiemann Graf Enno eingeredet hatten, neue Anhänger gewonnen.

Als nun die ostfriesischen Prediger erfuhren, daß sie abermals auf Befehl von oben ihrer religiösen Überzeugung untreu werden sollten, war bald alles in Aufruhr versetzt.

Die ostfriesischen Prediger forderten ihre Lüneburger Kontrahenten zu einer Diskussion auf und machten sich stark dafür, zu beweisen, daß die von jenen aufgestellte Kirchenordnung in vielen Einzelheiten nicht mit der Heiligen Schrift konform gehe. Doch Ginderick und Ondermark erklärten, daß sie nicht zu einer Diskussion gekommen seien, sondern zur Aufstellung einer neuen Kirchenordnung, und dies sei bereits geschehen.

Graf Enno befahl, daß alle Priester und Prediger die neue Kirchenordnung zu unterschreiben hätten und nach ihr verfahren müßten. Wer nicht unterschrieb, wurde des Landes verwiesen.

Dennoch waren einige Prediger nicht zur Unterschrift zu bewegen. Doch der überwiegende Teil der Geistlichkeit beugte sich dem Diktat, denn das eigene Wohl auf Erden stand ihnen näher als die ewige Seligkeit im Himmel.

Einer jedoch war da, der sich nicht beugte. Es war Lubbertus Cantzen (Lübbert Kantz), Prediger in Leer, „de dadorch in groten ungnaden der heren sick stelde.“

Die beiden Landesherren ließen allen Predigern gebieten, diese

Kirchenordnung anzunehmen, im Jahre 1535 ein Mandat in allen Kirchen zu veröffentlichen und dort auszuhängen; es enthielt die Androhung schwerster Strafen, wenn die darin enthaltenen Artikel nicht erfüllt würden. Der wichtigste Artikel lautete:

„Alle Wiedertäufer, alle jene, welche das Brot und den Wein im Abendmahle für bloßes Brot und Wein ausgeben; alle, welche die Mutter Gottes für eine Frau halten wie andere Frauen; alle, die vorgeben, diese habe außer Christus mehrere Kinder geboren und die ihre Jungfrauschaft vor und nach der Geburt Christi wegleugnen wollen, sind mit Leib- und Lebensstrafe bedroht." (Siehe Tileman Dothias Wiarda: Ostfriesische Geschichte, Bd. 2, S. 415)

Den Kirchen in Aurich, Leer und Norden und einigen anderen konnte dieses Edikt aufgezwungen werden. Doch in mehreren Kirchen, vor allem in Emden unter dem berühmten Theologen Johann von Groningen und seinem Amtsbruder Dakma, wurde nach alter Sitte weitergepredigt. Die beiden Diener Gottes wurden deshalb 1536 des Landes verwiesen.

Um die Durchführung seines Ediktes besser überwachen zu können, ließ Graf Enno Kirchenvisitatoren anstellen. Es waren dies zunächst Häuptling Hicko Hoverda aus Uphusen und Johann Hornemann, Doktor der Rechte zu Emden. Diese walteten mit aller Strenge ihres Amtes, besonders Hoverda, der als Vertrauter des Grafen Johann in Kirchenfragen galt. Nach Hoverdas Tod aber ließ der Eifer, Verfehlungen der eigenen Amtsbrüder aufzuspüren, etwas nach.

Graf Enno erkannte, daß er zwar Prediger des Landes verweisen, aber den Gemeinden ihren Glauben nicht zu nehmen vermochte. Es stellte sich heraus, daß die Mehrzahl des Volkes auf Seiten der vertriebenen Geistlichen stand. Daß der Graf das Wohlwollen seiner Untertanen benötigte, um gegenüber seinem Bruder Johann in der besseren Lage zu sein, leuchtete ihm ebenfalls ein.

Johann hatte es sich angewöhnt, entgegen den Richtlinien, die im Testament seines Vaters gegeben waren, immer mehr in die Regierung Ostfrieslands einzugreifen. Um Johann loszuwerden, empfahl Enno ihn der Königin Maria in Brüssel, und da diese den seinerzeit als burgundischen Obristen tätigen Johann, der sich durch persönliche Tapferkeit ausgezeichnet hatte, persönlich kannte, versicherte sie Graf Johann ihrer Huld.

Enno II. ging nun aufs Ganze. Nachdem er die hochgehenden Wogen hinlänglich geglättet zu haben glaubte, berief er zu Pfingsten 1537 eine Versammlung zu Aurich ein, an der alle Häuptlinge und Beamten des Landes teilzunehmen hatten.

Hier stellte er gemäß dem Testamente seines Vaters, wonach es nur einen regierenden Grafen in Ostfriesland geben sollte, den Antrag, seinen Bruder auszuzahlen. Dazu sei jetzt eine gute Chanca gekommen, da Königin Maria seinem Bruder Johann die Herrschaft Falkenburg für nur 42000 Karlsgulden übergeben wolle. Er bat die Stände, dieses Geld zur Auszahlung seines Bruders zu bewilligen.

Da eine Reihe von Prälaten und Häuptlingen fehlte und der dritte Stand überhaupt nicht eingeladen worden war, wollte man das Geld zunächst nicht bewilligen. Acht Tage später geschah dies doch, nachdem Graf Enno schriftlich zugesichert hatte, daß später er selbst und seine Nachfolger aus dieser Zahlungsleistung keine Gewohnheit oder gar Pflicht machen würden. Graf Johann leistete förmlich auf die Grafschaft Ostfriesland Verzicht.

Soviel über die Sachzwänge, die Enno dazu brachten, in Bezug auf die freie Religionsausübung nicht mehr so pingelig zu sein. Und nun zurück zur Reformation und ihren Nachwirkungen in Ostfriesland.

Johannes a Lasco in Ostfriesland

Dieser adelige Pole, der mit Erasmus von Rotterdam ebenso bekannt war wie mit Oecolampadius und Zwingli, war in Polen zum Bischof von Cujavien ernannt worden. Aus seiner religiösen Überzeugung heraus mußte er das streng katholische Polen 1540 verlassen und kam über die Niederlande, wo er mit Dr. Hardenberg in Löwen befreundet war, mit seiner jungen Frau im Jahre 1540 nach Emden.

Graf Enno II. wollte diesem gelehrten Mann die Oberaufsicht über alle Kirchen in Ostfriesland übertragen, doch a Lasco lehnte ab, einmal weil er der Landessprache noch nicht mächtig war, zum anderen weil er einen Besseren wußte: Dr. Hardenberg.

Nach dem Tode Graf Ennos II. versuchte seine Witwe, Gräfin Anna, die neue Regentin, den polnischen Gelehrten zur Annahme dieser Stelle zu bewegen. 1543 nahm a Lasco die Stellung als Priester an der großen Kirche zu Emden und gleichzeitig als Superintendent der ostfriesischen Kirche an.

Mit seinen lutherischen Amtsbrüdern kam er sehr gut aus. Weniger gut war sein Verhältnis zu den durch Graf Johann begünstigten Franziskanern, die nach wie vor in der Gasthauskirche ihre Predigten hielten, Taufen vornahmen und darüber hinaus auch Testamente aufnahmen.

Als a Lasco einen Befehl der Gräfin Anna erwirkte, daß sich die

Franziskaner aller Ausübung der Sakramente in der Kirche und der Aufnahme von Testamenten zu enthalten hatten, beriefen sich diese auf den Reichsbeschluß des Jahres 1529 in Speyer. Darin war festgelegt worden, daß diejenigen Stände, in deren Landen die neue Lehre eingeführt sei, sich bis zu einem künftigen Konzil, auf dem alles geregelt werden sollte, jeder Neuerung verschließen sollten. Alle übrigen Länder aber sollten nach dem Wormser Reichstagsedikt verfahren, nach welchem Dr. Martin Luther und alle seine Anhänger und künftigen Beschützer der Reichsacht verfallen seien und seine Lehre schärfstens verboten sei.

Die Mönche Ostfrieslands beriefen sich ferner auf die von Graf Enno dem Probst Mannenga gegebene Erlaubnis, die Sakramente auszuteilen und Testamente aufzunehmen.

Doch Gräfin Anna wußte ihrem Spruch Geltung zu verschaffen, und die Mönche mußten sich darein fügen.

Danach verfügte Gräfin Anna auf einen Vorschlag von a Lasco hin, daß alle noch in den Kirchen ihres Landes befindlichen Bilder, Altäre und Zierat katholischer Prägung zu entfernen seien. Das Schreiben, in dem Gräfin Anna dem Superintendenten in dieser Sache freie Hand gab, lautete:

„Dem werdigen unsen leven Andachtigen, Herrn Johan a Lasco Superattendenten. Unsen Groth vor, wardige beva Andachtige. Gy hebben uns unlangs mit iuwem Schrivendt dapper und ernstlik erinnert, war uns ume der Ehre Gades willen unseres Regimentes halve to doen beböret, nämlick dat wy de affgodischen Bilders uth der Kerken henweg doen schulden.

So hebben wy solke Vermaninge tho gude genahmen unde willen God bidden, dat he uns solk ein Hart und Geist geve, alles tho doende, was ehm gefellich ist. So veel nhu de Bilder angeiht, mögen wy lyden, dat gy de by Nachttyden, averst nicht tho gelycke, hensetten uth den Ogen und dat man den dullen Pöbel nicht dar tho kamen lathe, sondern dat gy den Borgermeistern, un den Advocaten der Kerken solkes ansegget, und dat ith ohne Geschrey utgerichtet werde, so geschut unse gefällige Meinung. Datum Awrig den 3. Sept. 1543.“ (Siehe Perizonius H.F.W.: a.a.O.)

Die Bilder wurden nach und nach entfernt, und der Urheber dieser Aktion, a Lasco, zog sich dadurch den Zorn des Grafen Johann zu. Aber sosehr dieser darauf hinwirkte, daß seine Schwägerin a Lasco entfernen möge, hier biß er auf Granit.

Aus den Niederlanden kamen nun Wiedertäufer in hellen Scharen nach Ostfriesland. Sie waren auf der Flucht und den Nachstellungen im Nachbarlande mit knapper Not entkommen. Sie wurden aufgenommen, nicht aber ihre Lehre.

Einer dieser Wiedertäufer mit Namen Menno Simons, der sich 1536 durch Ubbo Philipps, den Bischof der Wiedertäufer, in Groningen hatte taufen lassen und schließlich zum Lehrer in Groningen aufstieg, gehörte zu den Flüchtlingen. Von ihm stammt die Bezeichnung „Mennoniten".

Simons wurde aus Westfriesland vertrieben, kam nach Ostfriesland und mußte von hier aus nach Wismar weiterreisen, weil seine Lehren und Schriften alles Maß überschritten, was man gewohnt war zu tolerieren. Daß diese Wiedertäufer keine Zustimmung im Volke fanden, rührte von deren freimütig bekannter und verfochtener These her, nach welcher sie zunächst den Sturz der Hierarchie, des Prinzipates, des Heiligen Vaters und der Regierung der Bischöfe verfochten, um danach auch die weltlichen Obrigkeiten zu verjagen.

Dies war zur damaligen Zeit Grund genug, einen Menschen so weit zu jagen, wie der eigene Herrschaftsbereich reichte. Die aus den Niederlanden nach Emden fliehenden Menschen waren Legion. Gräfin Anna ließ alle ein. Sie achtete aber darauf, daß Schwärmer und sittenlose Menschen nicht bleiben durften.

Mit Menno Simons hatte Johannes a Lasco im Jahre 1544 eine lange öffentliche Diskussion über die Menschwerdung Christi, über die Kindtaufe, die Erbsünde und über die Seligmachung. Doch Menno war von seinem Unrecht nicht zu überzeugen und brüstete sich außerdem damit, a Lasco überlegen gewesen zu sein. Dies brachte a Lasco dazu, 1545 eine Verteidigungsschrift herauszugeben, die den Titel „Defensio verae semperque in Ecclesia receptae Doctrinae de Christi Domini incarnatione adversus Mennonem Simonis, Anabaptistarum Doctorem, per Joh. a Lasco Poloniae Baronem Ministrum ecclesiarum Phrisiae Orientalis (= Verteidigung der wahren und immer in der Kirche angenommenen Lehre von der Menschwerdung des Herrn Jesus Christus, gegen Menno Simons, Lehrer der Wiedertäufer, von Johannes a Lasco, polnischem Baron und Diener der Kirchen Ostfrieslands) trug. (Siehe Meiners k.g. 1. D. p. 254 ff)

Menno soll nach a Lascos Verteidigungsschrift behauptet haben, daß die Prediger in Emden Verführer seien, die ihre Kirchen zwängen, an Lehren festzuhalten, die nicht in Gottes Wort begründet seien. Er

(Menno) erklärte sie für Diener und Lehrer der Abgötterei, weil sie Kinder tauften und lehrten, daß diese getauft werden müßten.

Mennos Anhänger in Friesland nahmen diesen Streit auf und gaben ihn weiter. Dies war einer der Beweggründe für a Lasco, sich schriftlich dagegen zur Wehr zu setzen und diese Schrift überall zu verbreiten. Es war unmöglich, Menno Simons von der Unrichtigkeit seiner Lehre zu überzeugen.

Ein anderer Prediger, der aus Delft stammende und von dort vertriebene David Joris, der sich Georgii nannte, fand ebenfalls in Ostfriesland Aufnahme, nachdem er in Holland verbannt war. A Lasco versuchte, diesen Mann, der sich als Jünger und Geborener Gottes, Christus David, ausgab, zu bekehren. Doch „Christus David" trat derart arrogant auf, daß er rasch aus Emden hinausbugsiert wurde. Er verschwand mit allem Geld seiner Anhänger, das er unter dem Namen Johann Bruk in Basel verzehrte.

Als drei Jahre nach seinem Tode 1559 dieser Betrug an seinen Gläubigen bekannt wurde, grub man seine Leiche, die mit allem Prunk und Gehabe in der Baseler Leonhardskirche bestattet worden war, wieder aus und verbrannte sie mitsamt seinen Schriften und Bildern öffentlich.

Die Wiedertäufer, die in Holland verfolgt wurden, brachten auch ihre Glaubensgenossen in Ostfriesland in Gefahr. Johann Batenbürg, der die Sekte der Batenbürger ins Leben rief und die aus Münster entflohenen Wiedertäufer aufgenommen hatte, wurde wegen seiner Gewalttätigkeit und wegen der von ihm und seinen Anhängern getriebenen Vielweiberei verurteilt. Auf der Folter lieferte er eine Reihe weiterer Glaubensgenossen ans Messer. Unter ihnen befand sich auch ein Georg Ketel.

Dieser Ketel wiederum, ein Apostel von David Joris, des selbstgestrickten „Christus David", gab eine große Zahl Wiedertäufer in Ostfriesland preis.

Nun wurden auch diese verfolgt, weil Königin Maria als Regentin der Niederlande von Gräfin Anna verlangte, die Wiedertäufer als Feinde Gottes und des Kaisers auch aus ihrer Grafschaft zu entfernen.

Dies veranlaßte Gräfin Anna zu dem Befehl an ihre Büttel, alle Wiedertäufer, welcher Sekte sie auch angehören mochten, sofort aus Ostfriesland zu vertreiben. Niemand durfte ihnen vom Tage der Ausfertigung dieses Befehls an mehr Land vermieten, sie beherbergen oder beköstigen. Dieser Befehl wurde in aller Schärfe ausgeführt.

Es war a Lasco, der für Milde und dafür plädierte, daß man nur wirklich Schuldige, die auch überführt waren, verfolgte.

Nachdem man einen Modus gefunden hatte, „zwischen einfältigen Lernbegierigen und hartgesottenen Sündern zu unterscheiden“, wurden die Anhänger Mennos, jene von David Joris, dem falschen Christus, und der Münsterschen Wiedertäufer aus dem Lande gejagt.

Kirchenvisitationen wurden nunmehr von a Lasco eingeführt; sie dienten dazu, die Kirchenzucht zu festigen. Um die Einigkeit der Gruppe der Geistlichen Ostfrieslands zu verwirklichen, den Gottesdienst rein zu halten und auch bei den Predigern untereinander ein reges geistliches Leben zu fördern, rief a Lasco eine Versammlung ins Leben, an der jeder ostfriesische Priester laut Befehl der Gräfin Anna teilnehmen mußte. Es war dies der Coetus, die Versammlung der Priester des Landes.

Der Norder Prediger Lemsius, der aus Antwerpen stammte, widersetzte sich dieser Einladung. Lemsius hatte nicht nur in Norden, sondern auch am Hofe eine starke Partei, die ihn schützte, so daß a Lasco ihn nicht dazu bewegen konnte, diesem Coetus beizuwohnen. Erst als a Lasco seinen Posten zur Verfügung stellte, drang Gräfin Anna darauf, daß Lemsius den Treffen beiwohnen mußte.

Der Schmalkaldische Krieg

Nach Luthers Tod am 18. April 1546 begann das, was später zum Schmalkaldischen Krieg eskalierte. Auf den Reichstagen in Speyer und Regensburg waren nur wenige deutsche Fürsten erschienen. Die protestantischen Fürsten fürchteten Schlimmes, obgleich Kaiser Karl V. ihnen die „friedfertigste Haltung“ versichert hatte. In Regensburg betonte Karl V., daß alle, die ihm gehorsam seien, nichts zu befürchten hätten. Jene aber, die seinen Geboten nicht folgten, seien seines Zornes sicher.

Doktor Viglius erklärte abschließend in Karls Namen: Die Fürsten möchten in Geduld erwarten, wessen sich der Kaiser in Bezug auf die Artikel der Religion, des Friedens und des Rechts entschließen würde.

Der Kaiser, das wußten die Fürsten längst, rüstete auf und sammelte ein Riesenheer. Die Fürsten rüsteten nun ebenfalls. Von den Kanzeln der Kirchen forderten die lutherischen Prediger das Volk auf, ihre gereinigte Religion mit Gut und Blut zu schützen.

Der Schmalkaldische Bund, am 27. Februar 1532 zur Verteidigung der evangelischen Sache gegen deren drohende Exekution geschlossen, nachdem auf dem Augsburger Reichstag diese Exekution angezeigt worden war, wurde 1544 angegriffen. Die Truppen Kaiser Karls V.

standen gegen jedes Bündnis, das zwischen dem Landgrafen Philipp von Hessen, dem Kurfürsten Johann von Sachsen, den Herzögen Philipp und Ernst von Braunschweig und dem Fürsten Wolfgang von Anhalt sowie drei niederdeutschen und acht oberdeutschen Reichsständen beschlossen worden war.

Im Donaufeldzug gewann Karl V. die Oberhand. Am 24. April 1547 unterlag Johann Friedrich von Sachsen bei Mühlberg den kaiserlichen Truppen und geriet in Gefangenschaft. Landgraf Philipp von Hessen ergab sich auf Gnade und Ungnade. Der Schmalkaldische Krieg war beendet und der Schmalkaldische Bund aufgelöst.

Gräfin Anna von Ostfriesland hatte erfolgreich versucht, sich keiner Partei anzuschließen. Sie wurde von Karl V. darin unterstützt, der ihr die Zusicherung gab, daß er unter der Bedingung ihrer Neutralität alle ihre Privilegien, Rechte und Gerechtigkeiten anerkennen und in keiner Weise schmälern würde.

Einige ostfriesische Ethelinge, die in den Reihen der Gläubigen gedient hatten, mußten sich durch hohe Summen aus der Reichsacht lösen. So auch Tido von Knyphausen und Wilko Frese.

Als hochgestelltes Mitglied der neuen Religion fiel a Lasco dem kaiserlichen Zorn zum Opfer. Obgleich allen übrigen Widerstand leistenden Pfarrern der Aufenthalt in Ostfriesland erlaubt war, wurde der vom Kaiser und dessen Schwester gehaßte a Lasco des Landes verwiesen. Er reiste von Emden nach Bremen und von dort nach England, nicht ohne seine Amtsbrüder noch einmal zur Standhaftigkeit ermahnt zu haben. Dort, wo die Geistlichen sich weigerten, der wiederum eingesetzten neuen Ordnung zu folgen, wurden ihre Kirchen geschlossen.

Interne Religionsstreitigkeiten

Dieser äußere Druck war kaum etwas gedämpft, als die Streitigkeiten in der protestantischen Kirche von Ostfriesland wieder begannen. In Norden kam es zwischen den dort praktizierenden drei Predigern Fusipedius, Lemsius und Forstius zum Wortstreit um den Sinn der Einsetzungsworte des Heiligen Abendmahls.

Gräfin Anna, die zur Hilfe gerufen wurde, ermahnte die Prediger zur Ruhe und zur Duldung andersgläubiger Friesen. Vor allem sollte der Friede in den Gemeinden erhalten bleiben. Um den Streit auch insgesamt beizulegen, ließ die Gräfin alle freien Prediger am 10. Mai 1552 in Wirdum zusammenkommen.

Außer den drei Norder Geistlichen erschienen die Emdener Prediger Faber, Gellius und Hermann Braß, ferner eine bedeutende Anzahl weiterer Geistlicher aus anderen Pfarreien Ostfrieslands.Nach langer Disputation einigten sie sich auf ein Papier folgenden Inhaltes:

„Wir bekennen laut der Heiligen Schrift, daß unser Herr Christus, wahrer Gott und Mensch, bei dem Abendmahl gegenwärtig ist und dort kräftig wirkt und anbietet und uns gibt seinen wahren Leib und Blut und kein anderes als dasselbe, welches am Kreuzholze geopfert ist, mit allen den Gaben, welche er uns damit verdient hat, die wir dennoch nicht anders können nützlich zur Seligkeit empfangen und genießen als durch den Glauben. Die aber mit unbußfertigem Herzen und Unglauben das würdige Sakrament genießen und dazu gehen, die machen sich schuldig an dem Leib und Blut des Herrn und essen sich selbst das Gericht, insofern sie nicht den Leib des Herrn unterscheiden."

Diese formula Wirdumana, wie die Eintrachtsformel nach dem Ort ihrer Findung genannt wurde, „verhüllte den Streitpunkt mehr, als daß sie ihn zu lösen vermochte. Der Friede konnte nicht wieder hergestellt werden, und Gräfin Anna sah sich gezwungen, die drei Norder Prediger zu entlassen.

An ihre Stelle traten Albert Holtmann, Vincentius Frisius und Micronius. Nach dem raschen Tode des Frisius übernahm Feddo Hommius das vakante Amt. Alle drei neuen Prediger aber starben im Jahre 1559 innerhalb von fünf Wochen an der Pest.

Ihre Nachfolger Johann Ligarius und Franz Alardi waren streng lutherisch und brachten die in Norden ansässigen Reformierten dazu, sich nach Lütetsburg zu wenden, wenn sie einen Gottesdienst besuchen wollten.

In ihrem Übereifer schafften sie es schließlich, daß auch sie ihrer Ämter enthoben wurden. Ein gewisser Kothun wurde zwischenzeitlich Prediger. Wenn er die Kanzel bestieg, wurde er unter dem Schutz von Spießen und Hellebarden dorthin geführt.

Danach ernannte Gräfin Anna Wichert Milesius und Isebrand Bakelius zu neuen Predigern. Diese wiederum waren Reformierte. Sie wurden von den Norder Bürgern aus dem Amt gepiesackt. Erst ihre Nachfolger Andreas von Larrelt und Gerhard Nicolai konnten Ruhe und Ordnung wiederherstellen.

Flüchtlinge aus England

Als sich der Herzog von Somerset in England nach dem Tode Heinrich VIII. im Jahre 1547 zum Protektor von England aufschwang, weil Heinrichs VIII. Sohn Eduard VI. erst sechs Jahre alt war, begünstigte er die von Erzbischof Cranmer begründete anglikanische Staatskirche.

Infolge der Duldung aller im Ausland wegen ihres Glaubens verurteilten Menschen im Lande zogen viele der in Holland, Frankreich, Italien und Niederdeutschland Verfolgten nach England.

Ihnen wurden Kirchen eingeräumt und Johannes a Lasco, der ja aus Ostfriesland nach England gereist war, zu ihrem Superintendenten ernannt. Dieser hatte Erzbischof Cranmer gegenüber seinen Grundsatz genannt:

„Wir dürfen nichts tun, am wenigsten in Sachen des Gottesdienstes, wobei wir nicht mit festem und ruhigem Gewissen versichert sein dürfen, daß wir es dem Worte Gottes gemäß tun können." (Siehe Bartels: a Lasco S. 35)

Als nach Eduards VI. Tod 1553 seine Halbschwester Maria den englischen Thron bestieg, die den Erzbischof Cranmer und viele andere auf den Scheiterhaufen bringen ließ, wurden die eingewanderten religiösen Flüchtlinge mit allen Mitteln verfolgt und mußten, wollten sie ihr Leben retten, England fluchtartig verlassen.

Unter denen, die durch Maria Tudor aus England verjagt wurden, befand sich auch Johannes a Lasco mit seinen Helfern Micronius und Utenhove. Über Hamburg, wo die Flüchtlinge ebenfalls nicht gern gesehen wurden, langten sie schließlich in Emden an. Es war der Winter 1553-54. A Lasco selber traf am 4. Dezember in Emden ein. Er wurde mit aller Herzlichkeit empfangen, und da die Stellung als Superintendent noch nicht wieder vergeben war, wurde er durch Gräfin Anna in sein altes Amt neu eingeführt. Allerdings wurde er nicht öffentlich eingesetzt.

Nunmehr stellte sich a Lasco die Aufgabe, die religiöse Einheit des Glaubens in der protestantischen Kirche von Ostfriesland wieder herzustellen. Er arbeitete einen Katechismus aus, der im Jugendunterricht mit dem Ziele verwandt wurde, „die verschiedenen Parteien wieder zu einer Herde unter einem Hirten zu machen." Der Katechismus erschien 1554 und trägt den Titel: „Katechismus offte Kinderlehre tho nutte der Jöget in Oostfriesland."

Doch die damit verbundene Absicht wurde nicht erreicht. Die vorhandene Kluft zwischen Reformierten und Lutheranern wurde durch ihn nur deutlicher gemacht. Diese wohlgemeinte Absicht a Lascos sollte schließlich zu seinem Sturz benutzt werden.

Gräfin Anna wurde durch die Aufnahme der Flüchtlinge für die Vertreibenden zu einer verhaßten Persönlichkeit. Sie wurde ebenso von Königin Maria gehaßt wie vom protestantischen König Christian III. von Dänemark, der sich durch die ihn umgebenden Priester zu unmenschlichen Hartherzigkeiten gegenüber den als Schiffbrüchigen in sein Reich kommenden Flüchtlingen hinreißen ließ, wie es England befahl.

Nun wurde Anna bestürmt, a Lasco zu entlassen, denn er war ja ebenfalls ein prominenter England-Flüchtling. Man bestürmte die Gräfin, Philipp Melanchthon statt a Lasco zu berufen, doch Ritterschaft und Stände widersetzten sich.

Als a Lasco schließlich einen Ruf nach Polen erhielt und zur gleichen Zeit auch der burgundische Hof in Gräfin Anna drang, diesen Mann zu entlassen, ließ Gräfin Anna ihm sagen, daß sein Bleiben im Lande Gefahr für Ostfriesland bringe.

Dies war für a Lasco das Zeichen zum Aufbruch. Das Schmerzensgeld, das ihm die Gräfin auszahlen wollte, nahm er nicht an. A Lasco verließ Emden, um über Frankfurt, wo er noch eine Fremdengemeinde gründete, nach Polen zurückzukehren; dort starb er am 13. Januar 1560.

Religionsgespräche und Druck der Heiligen Schrift

Vom 17. bis 19. Februar 1556 fand in Norden ein neues Religionsgespräch statt, das mit den Mennoniten geführt wurde. Nach Ende dieses Gespräches bekannte der Wortführer der Mennoniten, Micronius, daß er der Wahrheit den Sieg zuerkennen müsse und sich geschlagen bekenne.

Der Druck der Heiligen Schrift nach der Übersetzung von Dr. Martin Luther in niederländischer Sprache wurde in Ostfriesland begonnen. In Emden durch Stephan Myerdman, Johann Gaillard, Bieskens und Leonard ter Kinder. Da man die ersten Drucker der niederländischen Bibel in Holland enthauptet hatte, konnte der Bibeldruck nur im Ausland vor sich gehen.

Die Norder Geistlichen Micronius, Vincentius, Frisius Utenhove und andere begannen und beendeten eine Übersetzung des Neuen Testaments, die bei Gillis van der Erven gedruckt wurde und lange in den Niederlanden in Gebrauch war.

1557 räumten die letzten Mönche das Franziskanerkloster, das durch sechs Beauftragte des Klosters Gräfin Anna übertragen wurde. Diese ließ es nach völliger Räumung in ein Gasthaus umbauen und in der Klosterkirche das Wort Gottes rein und unverfälscht verkünden.

Zu dieser Zeit wurden auch die Klöster bei Norden, das Dominikanerkloster und das Kloster Marienthal, abgebrochen. Das noch zu verwendende Baumaterial wurde nach Aurich geschafft und zum Bau des Zwingers verwandt. Zwei Jahre später verbot Gräfin Anna allen noch amtierenden Klostergeistlichen, römisch-katholische Zeremonien durchzuführen.

Der Aufstand in den Niederlanden gegen die spanische Herrschaft sollte noch einmal die Verfolgung der „Ketzer und Rebellen" durch die Schergen Philipps II. von Spanien heraufbeschwören. An der Spitze stand dabei Herzog Alba, der tausende Niederländer auf das Blutgerüst oder auf Scheiterhaufen steigen ließ, weil sie einer anderen Religion anhingen. Doch darüber später. Kehren wir zur Geschichte Ostfrieslands zurück, die nach dem Tode von Enno II. von seiner Witwe Anna mit Energie und Tatkraft weitergeführt wurde.

Gräfin Anna von Ostfriesland
Der Streit um Leerort und Emden

Da von der Hamburger Forderung an das Haus der Grafen von Ostfriesland in Höhe von 10000 Mark Lübisch noch 2000 Mark unbezahlt waren und darüber hinaus die Grafen Edzard und Uko sich von Hamburg 3000 Goldgulden geliehen hatten, ohne dafür die in 43 Jahren aufgelaufenen Zinsen zu bezahlen, schien den Hamburgern unmittelbar nach dem Tode Ennos II. von Ostfriesland die Zeit günstig, ihre Forderung auf den Tisch zu legen.

Hinzu kamen weitere Forderungen. Gräfin Anna hatte diese Summen nicht verfügbar; sie bat ihren Schwager, den Grafen Johann, um Vermittlung. Dieser erwirkte bei den Hamburgern ein Treffen zu Emden, auf dem am 6. Okt. 1541 zwei Ratsherren mit den Finanzleuten der Gräfin verhandelten.

Der geschlossene Vergleich sah so aus, daß die ostfriesische Landschaft zunächst einmal 1000 Joachimstaler für die noch ausstehenden 2000 Mark Lübisch zahlte. Für die übrigen Forderungen wollte die Landschaft weitere 3000 Joachimstaler zahlen. Damit waren alle Hamburger Forderungen beglichen.

Hamburg seinerseits unterzeichnete die Abtretungsurkunde, mit der

Die Quade Foelke, Gattin des Häuptlings Ocko I. tom Brok.

Graf Edzard I. von Ostfriesland ließ das Landrecht aufzeichnen.

Graf Ulrich, erster Graf von Ostfriesland und Begründer der Teileinheit des Landes.

Gräfin Theda, Witwe Ulrichs, war für Enno I. und Edzard I. Regentin.

Graf Enno II. von Ostfriesland. Mit ihm beginnt die Renaissance in Ostfriesland; Reformation und Säkularisation der Klöster.

Gräfin Anna von Ostfriesland ließ ihre drei Söhne mit der Grafschaft Ostfriesland belehnen.

Grabmal des Geschichtsschreibers und Häuptlings Eggerik Beninga, eines Ratgebers der Gräfin Anna.

Der Graf von Mansfeld verheerte im Dreißigjährigen Krieg Ostfriesland.

Gräfin Christine Charlotte, die Witwe Georg Christians.

Christian Eberhard, Fürst von Ostfriesland.

Graf Enno Ludwig.

Fürst Georg Albrecht, der Vorletzte aus dem Hause Cirksena.

Fürst Carl Edzard, der letzte Cirksena, starb 1744. Ostfriesland wird nach seinem Tode preußisch.

Sophie Wilhelmine von Brandenburg-Kulmbach, Gemahlin Carl Edzards.

Gräfin Katharina, schwedische Prinzessin aus dem Hause Wasa.

Die „König von Preußen", einer der berühmten Ostasienfahrer.

Die Emdener Büse für den Heringsfang.

Friesische Schiffahrt: Walfang, eine frühe Spezialität.

Ostfriesischer Segler vor der englischen Küste.

Wangerooge, im Hintergrund der Turm mit den drei Spitzen.

Ein Lotsenboot (links) bei der Einfahrt in die Ems.

Der berühmte Ems-Lotsenschoner „Ems“ unter Kapitän Hollander.

Wangerooge bei einer Sturmflut.

Seehundsjagd auf Wangerooge.

Der Nordseelotse geht an Bord eines einkommenden Klippers.

Ostfriesischer Wattfischer.

Krabbenfang – Leerung der Fuken.

Friesische Dame in friesischer Tracht; aus dem Trachtenbuch des Häuptlings Unico Manninga.

Eine weitere Tracht; mit viel Goldverzierungen.

Trachtenfiguren aus dem Trachtenbuch des Häuptlings Unico Manninga.

Ubbo Emmius, Gründungsrektor der Universität Groningen, Verfasser der Rerum Frisicarum Historia.

Johann à Lasco, Berater der Gräfin Anna in Kirchenfragen.

Hermann Conring, Polyhistor aus Norden, Professor in Helmstedt.

Johannes Althusius, Stadtsyndikus von Emden.

Albert Seba, aus Etzel in Ostfriesland, schuf die berühmte Naturaliensammlung von Zar Peter dem Großen.

Matthias von Wicht, Herausgeber des Ostfriesischen Landrechts, im Auftrage der Ostfriesischen Landstände.

Baron von Imhoff, ein Ostfriese als Generalgouverneur von Batavia.

Denkmal in Osteel, für die Astronomen Vater und Sohn Fabricius. Vater David entdeckte die erste Super-Nova, Sohn die Sonnenflecken.

Ludolph Backhuysen aus Emden, ein berühmter Marinemaler.

Das Denkmal des Häuptlings Edo Wiemken in der Stadtkirche zu Jever.

Prof. Dr. med. Johann Christian Reil aus Rhaude, erforschte den Bau des Zentralnervensystems.

Halle/Saale: Grabstätte von Prof. Dr. Reil, einem Freund Goethes.

Onno Klopp, Königl. Hann. Archivrat, Verfasser der dreibändigen Geschichte Ostfrieslands.

Tileman Dothias Wiarda, Landsyndikus der Ostfriesischen Landschaft.

Christoph Burchard Graf Münnich, russischer Feldmarschall aus dem Stedingerland. Sein Bruder war Deichbauer in Ostfriesland.

König Friedrich II. von Preußen, seit 1744 Fürst von Ostfriesland.

Der berühmte friesische Landmesser Johan Sems, vermaß die friesische Küste nach Sturmfluten neu.

Generalmajor von Blücher heiratete in 2. Ehe die Tochter des preußischen Kammerpräsidenten von Colomb 1795 in Sandhorst bei Aurich.

Ludwig Franzius, aus Wittmund, „bahnte der Weser den Weg nach Bremen".

Carl Gittermann aus Dornum, Rektor der Lateinschule zu Esens, ein 1848er, „Kämpfer für Freiheit und Recht".

Tischaufsatz „Upstalsboom", Geschenk der Ostfriesischen Landschaft an Kronprinz Georg, später König Georg V. von Hannover.

Kaiser Leopold I. verlieh den Landständen der Ostfriesischen Landschaft das Upstalsboom-Wappen (1678).

König Georg V. von Hannover in Emden, beim Umspannen auf der Poststation.

Marienhafe: Abbruch der Basilika (Fluchtort Störtebekers).

Die Ludgerikirche zu Norden, die größte Kirche Ostfrieslands, war eine Stiftung Ulrichs, Häuptling und Graf von Ostfriesland.

Die Seitenansicht der Ludgerikirche heute.

Kaiser Maximilian I. ernannte seinen Feldhauptmann Herzog Albrecht von Sachsen zum „Gubernator von Friesland".

Der sogenannte Klaus Störtebeker (in Wirklichkeit ein Hofnarr Kaiser Maximilians I.).

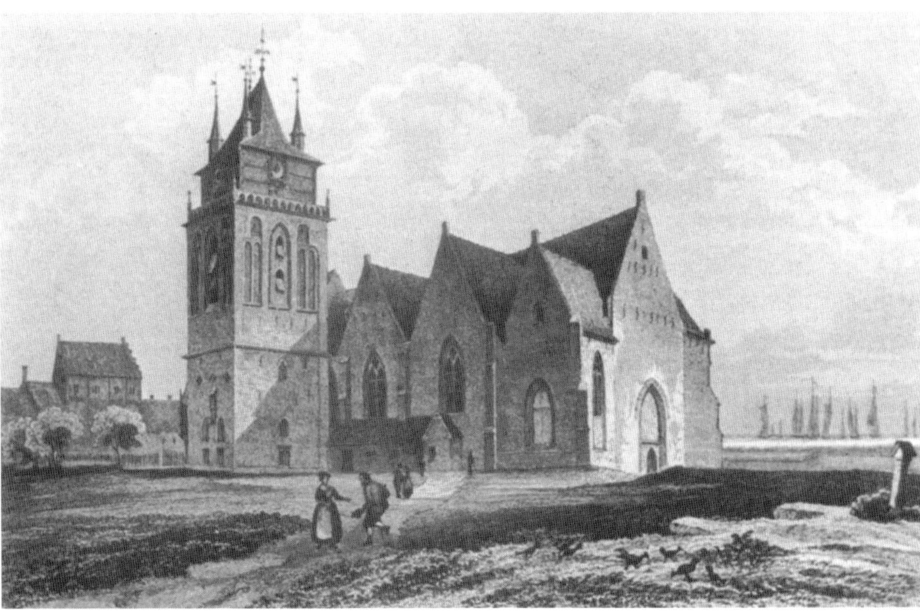

Die große reformierte Kirche zu Emden.

es für immer auf die Schlösser in Leerort und Emden Verzicht leistete. Als der Rest des Geldes am 15. Juni 1545 bezahlt wurde, händigte man den ostfriesischen Vertretern in feierlicher Form alle Quittungen und Urkunden aus. Emden war damit endgültig ostfriesisch geworden.

Gräfin Anna, der bereits am 6. Nov. 1542 zu Emden als vormundschaftlicher Regentin gehuldigt worden war, hatte einen Sieg errungen, der ihre Stellung auch gegenüber dem Grafen Johann festigte; dieser versuchte immer wieder, sich in die Regierung einzumischen.

Graf Johann war und blieb der Hemmschuh ostfriesischer Entwicklung. Sein Hofstaat verschlang Unsummen. Als es ihm gelang, den Kaiser dazu zu bewegen, ihn zum Vormund seiner drei Neffen zu machen und ihn während deren Minderjährigkeit zum Lehnsträger der Grafschaft Ostfriesland zu ernennen, schien er den Gipfelpunkt seiner Macht erklommen zu haben.

Zum Glück für Ostfriesland weilte er nur wenige Monate des Jahres im Lande. Die Hauptzeit verbrachte er in Falkenburg und Dalhem, wo er Statthalter und Besitzer der genannten Grafschaften war.

Graf Johann waren vor seiner Heirat als Abstandssumme 100 000 Gulden ausgesetzt worden. Davon hatte er zunächst nur 50000 erhalten.

Die Stände zu Emden versuchten nun, den Grafen auszukaufen, um ihn an der dauernden Einmischung in ihre Geschäfte zu hindern. Sie wollten ihm nicht nur die noch fehlenden 50000 Gulden zahlen, sondern auch die Ablösungssumme für die erbliche Leibrente von 2000 Gulden jährlich übergeben.

Das Geld wurde aufgebracht und dem Bürgermeister der Stadt, Heinrich Grauers, übergeben, damit dieser mit dem Grafen den Vertrag unterzeichne und ihm die Summe anbiete.

Graf Johann, dem schwante, was dies auf sich hatte, lehnte die Annahme des Geldes ab, weil er die einzelnen Punkte des damit verbundenen Vertrages nicht anerkannte, die ihn rechtlos gemacht hätten.

Die Stände Ostfrieslands beschlossen nun ebenfalls, dem Grafen das Geld anzubieten, um gemäß dem Testament von Graf Edzard dem Großen einmal Gräfin Anna als Vormund zu schützen und zum anderen die Regierungsgewalt für eines ihrer Kinder zu erhalten.

Um der Gräfin die Regierung zu erleichtern, wählten ihr die Stände aufgrund ihrer Bitten einen Staatsrat. Die Gräfin nahm die Huldigung der Stände als Vormünderin ihrer Kinder entgegen.

Im Anschluß daran wurde von Gräfin Anna in gemeinsamer Beratung mit den Räten, Prälaten und Gemeinden beschlossen, Graf

Johann von dem Entschluß, ihn auszuzahlen, zu verständigen. Im Auftrag der Gräfin reisten Gerhard Synellius und Johann Hornemann nach Maastricht.

Die beiden Abgesandten baten Graf Johann, dem in Gegenwart der Königin Maria mit seinem Bruder Enno II. eingegangenen Vergleich nachzukommen und die 50000 Gulden in Empfang zu nehmen.

Graf Johann konnte sich immer noch nicht zur Annahme entschließen, denn er wußte nur zu genau, was damit beabsichtigt war. Zwar hörte er sich die Berichte der Abgesandten an, schickte sie dann aber „ungnädig heim". Erst nach geraumer Zeit verlangte er einen Vorschuß von 20000 Gulden auf diese Abstandssumme. Sofort wurde ihm das Geld geschickt, denn offenbar hatte er auf den Köder gebissen. Die erbetene Quittung über das Geld wurde jedoch nicht ausgestellt.

Der Graf übergab den Abgesandten nur einen Empfangsschein über diese Summe. Eggerick Beninga, Heinrich Grauers und Evert von der Grave wurden nunmehr mit einer Bittschrift nach Maastricht geschickt, um die Quittung zu holen. Graf Johann fuhr den Abgesandten über den Mund und erklärte, daß er nach Ende des Krieges (zwischen Franz I. von Frankreich und Kaiser Karl V.) nach Ostfriesland kommen werde, um alle zufriedenzustellen.

Die Forderung nach Ausstellung einer Quittung erboste den Grafen und veranlaßte ihn, den Kaiser um die Bestätigung zu bitten, daß er, Graf Johann, vormundschaftlicher Regent in Ostfriesland sei und daß der Gräfin und den Ständen befohlen werden möge, sich ihm zu unterwerfen.

Der Kaiser kam dieser Bitte nach, sah er doch im Grafen Johann einen getreuen Verbündeten. Gerade dies aber wollten die Stände verhindern, denn weil Graf Johann Kaiserlicher und Herzog Wilhelm von Cleve, Jülich und Berg mit Franz I., dem König von Frankreich, verbündet war, mußte Ostfriesland mit einem Einfall von Geldern aus rechnen, was bei der Regentschaft der neutral gebliebenen Gräfin Anna nicht geschehen konnte. Nicht zuletzt auch aus diesem Grunde hatte man es so eilig gehabt, dem Grafen Johann sein Geld zu geben und die Regentschaft der Gräfin Anna sicherzustellen.

Wutschnaubend traf wenig später Graf Johann in Ostfriesland ein. Er ließ die Gräfin durch einen Diener auffordern, sich im großen Saal des Schlosses zu Leerort einzufinden und ihre Berater mitzubringen.

Als alle dort versammelt waren, ließ Graf Johann die kaiserlichen Verordnungen verlesen. Aber die Stände, die sich mit ihren Spitzenleuten versammelt hatten, ließen sich auch hier nicht die Butter vom Brot nehmen. Sie argumentierten und konterten geschickt. Ihr Hauptargument war, daß man dem Kaiser mit Sicherheit falsch berichtet habe, weil nach den Rechtsbestimmungen der Zeit und dem kaiserlichen Recht die Mutter stets die natürliche Vormünderin ihrer Kinder sein müsse, wie dies ja bereits Gräfin Theda durchexerziert habe.

Abschließend wurde Graf Johann aufgefordert, den unter den Augen der Königin Maria unterzeichneten Vertrag zu vollziehen. Ihm wurden die noch ausstehenden 30000 Gulden durch den Rat angeboten. Außerdem wollte man eine Abstandssumme und die seit fünf Jahren nicht mehr ausgezahlte Leibrente von 2000 Gulden jährlich entrichten. Die Räte gingen so weit, dem Grafen für die rückständige Leibrente die dafür vorgesehene einmalige Abfindung von 40000 Gulden zu zahlen.

Diesmal klappte es. Graf Johann, überzeugt davon, daß er von den Ständen nichts zu erwarten hatte, sich in äußerst schwacher Position befand und einen ebenso schwachen Geldbeutel hatte, erklärte sich nun zur endgültigen Verzichtsleistung bereit und setzte seine Unterschrift unter den bereits vorbereiteten Vertrag. Damit hatte er ganz Ostfriesland aufgegeben. Mit einer Ausnahme: Die Coldeburg, die ihm geschenkt worden war, wollte er behalten.

Mit der Unterschriftsleistung am 4. November 1543 war die Regierung der Gräfin Anna für ihre drei Söhne gesichert.

Gerade in diesem Jahr ereigneten sich in Ostfriesland Schauspiele, wie sie allerorten im Reiche Kaiser Karls V. im 16. Jahrhundert üblich waren. Man ging auf Hexenjagd.

Hexenprozesse auch in Ostfriesland

Daß auch Ostfriesland zu diesen Ereignissen des übersteigerten Aberglaubens seinen furchtbaren Beitrag leistete, sei nicht verschwiegen.

Im Winter 1543, Graf Johann war eben abgefunden worden, und es sah so aus, als sollte sich die Regierungszeit der Gräfin Anna segensreich für ganz Ostfriesland auswirken, fanden Hexenprozesse in Ostfriesland statt. In der langen Riepe des Auricher Amtes wurden ein Mann und eine Frau als Hexen „erkannt" und peinlich befragt. Man nannte derlei Hexengelichter die „Toverschen, de sick den duvell avergegeven". Nach ihrem Schuldbekenntnis wurden sie vom Dache des „groten torn" zu Aurich hinuntergestoßen, „daß sie sich zu Tode fielen". Ihre Leichen wurden anschließend dem Feuer überantwortet.

Nachdem dieses Schauspiel in ganz Ostfriesland bekanntgeworden war, schien es Schule zu machen, denn kurz darauf wurden erst neun und dann fünf weitere Hexen verbrannt.

Auch Norden reihte sich in die Zahl der Städte ein, in denen Hexenverbrennungen stattfanden. Man schrieb das Jahr 1547, als dort zwei Zauberinnen „erkannt" und peinlich befragt wurden. Sie gestanden, Hexen zu sein, und wurden verbrannt.

Jever entschloß sich 1569 dazu, zwei Frauen als „Erzhexen" zu verbrennen. Die übrigen „gemeinen" – lies gewöhnlichen – Hexen, ließ man einfach im Gefängnis erfrieren.

Auf dem alten Kirchhof nördlich der Pewsumer Kirche wurden diese „Hexen" vom Scharfrichter von Emden gefoltert, um Geständnisse aus ihnen herauszupressen. Damit man ihre Schreie nicht hörte, mußte der Schulmeister in der Kirche auf der Orgel mit voller Lautstärke fromme Lieder zu spielen. Zwei der Frauen, von deren Schuld man nicht ganz überzeugt war, wurden der Wasserprobe unterzogen. Im wassergefüllten Burggraben wurden sie untergetaucht.

Vier Frauen endeten auf dem am Galgenberg errichteten Scheiterhaufen, eine starb an den erlittenen Qualen im Gefängnis in der Oberburg. Ihre Leiche wurde auf dem Burghof der alten Burg öffentlich zur Schau gestellt. Dazu mußten die Eingesessenen der vier Herrlichkeitsdörfer auf dem Hof Aufstellung nehmen.

Danach ließ man diese Hexe von einem Pferd zur Richtstätte schleifen, wo die Leiche verscharrt wurde. Eine dieser Frauen aber blieb im Gefängnis, sie blieb nur am Leben dank der heimlichen Pflege einer alten Frau, die sie versorgte. Nach jahrelanger Haft erreichte sie ihre Freiheit wieder.

Ein erschreckendes Ereignis fand im Jahre 1591 in Pewsum statt, als unter dem Probst Claes Pels abermals ein Hexenprozeß durchgeführt wurde. Man hielt in den Gefängnissen der Oberburg von Pewsum sechs Frauen gefangen, die unter der Anklage standen, Hexen zu sein.

Pewsum gehörte seit 1565 dem Grafen Edzard II., der dem letzten Häuptling von Pewsum, Hoyko Manninga, genannt der große Verschwender, viel Geld geliehen hatte. Dieser hatte dafür Stück für Stück seines Besitzes verpfändet.

Mit diesem Gelde führte Hoyko Manninga einmal den Schloßbau zu Pewsum fort. Zum anderen ging er immer wieder zu Sauftouren nach Emden, wo er in seinem „Pewsumer Haus" und beim Emder Wirt eifrig mit seinen Freunden becherte.

Damit ist die Liste der Hexenprozesse zwar nicht erschöpft, doch soll es mit diesen Beispielen sein Bewenden haben.

Die Landesmutter in Aktion – Gräfin Annas Polizeiverordnung

Daß Gräfin Anna um das Wohl ihrer Untertanen besorgt war, zeigte sich bereits in ihrer am 5. Februar 1545 unterschriebenen und im folgenden Jahr in allen Kirchen Ostfrieslands verkündeten Polizeiverordnung. Andererseits dachte die Gräfin dabei auch an die Sicherung ihrer eigenen Rechte, denn das Recht der Bürger, ihre Obrigkeit selbst zu wählen, ging mit dem Inkrafttreten dieser Verordnung wieder verloren.

Gräfin Anna hatte zwar – stets um eine gute Optik bedacht – die Zahl der Personen des Magistrates der Stadt Emden nicht verändert, aber selbständig einen neuen Bürgermeister und zwei Ratsherren eingesetzt. Sie setzte auch durch, daß der gräfliche Drost bei allen Sitzungen des Magistrats den Vorsitz zu führen hatte.

Im Vorwort dieser neuen Verordnung erklärte sie frei nach Dr. Martin Luther:

„Nachdem alle Obrigkeit von Gott dem Allmächtigen verordnet ist, die Frommen zu beschirmen und die Übeltäter zu bestrafen, damit ihre Untertanen in der Furcht Gottes unterrichtet, in guter Zucht erhalten, mit Gerechtigkeit guter Ordnung und Polizei stets wohl regiert und angeleitet werden, sollen Gotteslästerung, Blutvergießen, Wucher, Völlerei und alle anderen Bosheiten, deren jetzt die Welt voll ist, nicht gestattet werden.

Jede Obrigkeit soll, soweit ihr dies möglich ist, ihr Land und ihre Leute in Ruhe, Frieden und Einigkeit erhalten.

Da nun diese löbliche Grafschaft Ostfriesland vor vielen Jahren zwar durch einige Grafen und Herren mit guter Justiz, Gerichtsordnung und Polizei nach altem löblichem Brauch ist regiert worden, dennoch aber mittlerweile in große Mißbräuche geraten ist, so haben Wir, Anna, geborene Tochter (Gräfin) von Oldenburg und Delmenhorst, verwitwete Gräfin von Ostfriesland,von wegen und im Namen unserer jungen unmündigen Herren und mit Zustimmung unseres lieben Schwagers, des wohlgeborenen und edlen Herrn Johann, Graf von Ostfriesland, samt einigen Prälaten, Räten und Ständen dieser Grafschaft eine Gerichts- und Polizeiordnung zur allgemeinen Wohlfahrt abgefaßt:

Damit soll alles wieder zu einer guten und ordentlichen Regierung zurückgeführt werden. Wir gebieten jedermann ernstlich, dieser Verordnung nachzukommen, und wollen, daß sie hinfort befolgt werde, mit fernerem Begehr, wes hohen oder niedrigen Standes er auch sei, daß er sich hierin gehorsam erweise und vor Schaden bewahre, wie wir denn dies mit Gnade und Gunst zu erkennen geneigt sind.

Gegeben in unserer Stadt Emden am 5. Februar 1545."

Es ist interessant, einige Passagen aus dieser Polizeiverordnung zu lesen, um zu erkennen, daß dort bereits Vorschriften verankert wurden, die Jahrhunderte später erst in die deutsche Rechtsgeschichte eingingen. So auch die Schulpflicht:

„Wenn die Kinder der Armen fünf bis sechs Jahre alt sind, sollen sie zum Schulbesuch angehalten werden; sobald sie aber aus der Schule entlassen sind und ihre Kost selbst verdienen können, soll ihnen das Betteln verboten werden. Ein, zwei bis drei Kindern von außergewöhnlicher Begabung soll Gelegenheit zur Fortbildung gegeben werden."

Das war mehr, als in anderen Ländern und Grafschaften der damaligen Zeit gewährt wurde.

Gotteslästerungen wie Fluchen und Schwören wurden untersagt und mit einer Geldstrafe belegt. Wurde ein Gotteslästerer im vierten Wiederholungsfalle ertappt, sollte er ins Gefängnis geworfen werden.

Die Geistlichen und Kirchendiener wurden beauftragt, mit Sorgfalt über „die verschämten Armen" zu wachen, die durch Alter oder Krankheit ihren Unterhalt nicht verdienen konnten, „damit es ihnen nicht an Kleidung, Speise und Trank fehle". Zu ihrem Unterhalt seien die eingezogenen Strafgelder der Gotteslästerer zu verwenden. Reichte dieses Geld nicht aus, dann sollte der Pastor von der Kanzel der gemeinen christlichen Ordnung gemäß die Gemeinden zur Beisteuer auffordern.

Da auch die ehelichen Verhältnisse in Ostfriesland zu wünschen übrigließen, wurde nach Ostfriesland zugezogenen Familien auferlegt, sich zuerst als Eheleute auszuweisen. Wenn sie nicht verheiratet waren, wie dies oftmals vorkam, dann sollte ihnen als Ehebrechern der Prozeß gemacht werden.

„Wer durch List oder Betrug eine zweite Frau nimmt, ohne von der ersten durch einen Richter geschieden zu sein, der soll mit dem Schwert gerichtet werden." Ebenso derjenige, der gleich einem Tyrannen täglich mit seiner Frau in Hader lebt, wenn dies erwiesen ist. Aber auch die Frau konnte entsprechend bestraft werden, wenn sie „als der schuldige Teil" erkannt worden war.

Die Amtsleute erhielten Weisung, Rechtshändel mit allem Fleiß und unverzüglich zu erledigen. Auch an die Adresse der Richter ging die Ermahnung, die Rechtssachen aller Fremden, welchen Standes sie auch immer seien, innerhalb von drei Tagen zu schlichten.

Zweimal im Jahr mußten Gräfin Anna die Appellationen vorgelegt werden; ebenso auch alle übrigen Gerichtssachen, die zu ihrer Klärung vor das höchste Gericht gehörten. Wer ohne genügenden Grund diese Frist versäumte, der wurde „zu ewigem Stillschweigen" verurteilt.

Alle Streitigkeiten zwischen Junkern und Beamten gehörten automatisch vor das höchste Gericht. Sie wurden der Gräfin bittweise vorgetragen. Wenn sie diese nicht entscheiden konnte, wurden sie den Appellations-Instanzen überwiesen, wobei der Gräfin jeweils noch eine Revision vorbehalten blieb.

Die Ärzte waren verpflichtet, ein Verzeichnis zu führen, in dem alle verbundenen Wunden eingetragen werden mußten. Die Durchführung dieser Verordnung stand unter der Aufsicht der Amtsleute. Diese Vorschrift kam nicht von ungefähr, denn so war es möglich, bei Kämpfen stets alle Beteiligten, die verwundet waren, zu entdecken.

Daß sie es nicht versäumte, auch den Grundbesitzern Vorschriften zu machen und sie dazu zu zwingen, die Pachtzinsen genau nach der Ertragfähigkeit des Bodens zu bemessen, und schwere Strafen bei Zuwiderhandlungen androhte, machte sie bei den Pächtern beliebt. Eine Unterverpachtung mit Gewinn war bei Verlust der Pachtung verboten. Die Dauer der Pacht sollte acht Jahre betragen, und wer nach dem alten Register Ländereien größer als tatsächlich ausgab und verpachtete, hatte 20 Goldgulden Strafe zu zahlen. Falls der Pächter dieses ihm zugefügte Unrecht verschwieg und man ihm darauf kam, mußte auch er 10 Goldgulden Strafe bezahlen.

Ein wichtiger Passus der Polizeiverordnung lautete dahin, daß niemand aus der Herrlichkeit Heu verkaufen durfte, bevor nicht nach Billigkeit die Armen damit versorgt waren. Pächter, die über 30 Grasen Landes gepachtet hatten, waren gehalten, von armen Leuten unentgeltlich Kühe in die Weide zu nehmen.

Interessant ist auch jener Abschnitt, in dem Gräfin Anna versucht, der weit verbreiteten Völlerei und Trunksucht in Ostfriesland Einhalt zu gebieten. Bei Verlöbnissen und Kirmessen, an den Heiligen Abenden und zu Fastnacht wurde Völlerei und Trunksucht unter harte Strafe gestellt. „Die grobe Versündigung wider Gott durch Mißachtung dieser Ermahnung wird mit 10 Gulden gebüßt, wovon die Hälfte den Armen zufließt", hieß es in der Polizeiverordnung.

Emden und andere Flecken Ostfrieslands sollten wieder nach altem Brauch vier Bürgermeister und acht Ratsherren sowie einen geschickten Stadtschreiber erhalten. Ihnen wurde jedoch in allen wichtigen und auswärtigen Angelegenheiten ein Drost vorgesetzt, der der Gräfin unterstand.

Für die Geldleiher wurde der zu fordernde Zins auf 5-6% festgelegt.

Besonderes Augenmerk hatte die Gräfin als Frau auf die „große Geldverschwendung durch Kleiderpacht“ gelegt. Sie schränkte den Gebrauch von Seidenstoffen ein und verbot den Schneidern des Landes bei 10 Gulden Strafe, irgendeiner Person im Lande seidene Kleider anzufertigen. Nur den Frauen und Töchtern wirklicher Platzbesitzer war „ein Kamelottkragen, ein Paar seidene Ärmel, aber weiter nichts gestattet.“

Allerdings war den Frauen das Tragen von Gold- und Silbergeschmeide auf dem Land ohne Steuer gestattet. Ganz besonders wurden die friesischen Hochzeiten aufs Korn genommen, denn dort tat sich seit altersher allerhand in Bezug auf Essen und Trinken. Die Gräfin verfügte:

„Wenn am Sonntage Braut und Bräutigam nach christlicher Ordnung ehelich verbunden sind, darf man gegen Abend ein anständiges Gastmahl veranstalten und je nach Vermögen einen, zwei, höchstens aber drei Braten auftragen. Nur wenn die Braut aus einem weiter entfernten Ort stammt, darf die Hochzeit zwei Tage dauern.

Wer am Montagabend nach acht Uhr noch in der Gesellschaft gefunden wird, hat 10 Gulden verwirkt.“

Bei Kindtaufen durften Reiche und Platzbesitzer nicht mehr Freunde einladen, „als höchstens an zwei viereckigen Tischen sitzen können“. Mittelmäßig Begüterte sollen in Städten, Flecken und Dörfern nicht mehr als fünf, höchstens sechs Gerichte bei Kindstaufen auftragen.

Bei Beerdigungen war es ebenfalls bei Strafe von 10 Gulden verboten, sich länger als zwei Stunden nach der Mahlzeit im Sterbehause aufzuhalten.

Kein Schenkwirt durfte vor der Predigt oder während derselben Bier ausschenken. Jeder Gast durfte höchstens zwei Kannen Bier trinken, und um 7 Uhr abends mußte die Schenke geschlossen werden. Hamburger Bier sollte nur dort gereicht werden, wo reiche Familien lebten oder fremde Kaufleute einkehrten. In jedem Dorf durfte nur ein „Krüger“ sein.

Die bisherige Buße für Totschlag von 22 Gulden wurde – da dieses Vergehen immer wieder begangen wurde – auf 40 Gulden erhöht. Mord hingegen wurde mit dem Schwert bestraft, was bedeutete, daß der Mörder geköpft wurde.

Eine besondere Neuerung, die von der Gräfin eingeführt wurde, sollte das Münzwesen in Ostfriesland vereinheitlichen. Vor allem aber galt es, eine genaue Wertbestimmung zu finden und einzuführen.

Der Portugaloser wurde 21 Carlsgulden gleichgesetzt, der Rosenobel war gleich vier Rydergulden, der Henricusnobel hatte die Kaufkraft von vier Emder Gulden, ein Dukaten wurde mit 20 Schaap berechnet, und der Goldreal hatte den Gegenwert von drei Rydergulden. Die Krone mit der Sonne galt 19 Schaap, der Engellotte 30 Schaap. Der vollgewichtige Goldgulden war 15 Schaap wert, der Philippsgulden 13 Schaap und der Joachimstaler 13 Schaap. Der alte Emder Gulden wurde mit 14 Schaap bewertet und der Gulden der Städte Campen, Deventer und Zwolle, der Clemmergulden und jener von Nymwegen mit 10 Schaap. Der Oldenburger Gulden lag mit 11 Schaap etwas günstiger im Rennen. Der bergische Hornsgulden bildete mit nur fünf Schaap Wert das Schlußlicht.

Der Schaap als Bezugswert zu allen anderen im Umlauf befindlichen Münzen war eine ostfriesicshe Münze, deren 15 einem ostfriesischen Daler entsprachen. Ein Schaap widerum galt zwei ostfriesische Stüber, und jeder Stüber hatte zehn Witt oder vier Oortjes.

Als dann später bei den Kassen nach Preußischen Reichstalern gerechnet wurde, galt dieser 27 Schaap oder 54 Stüber. Dies bedeutet, daß fünf preußische Reichstaler neun ostfriesische Daler wert waren oder 13½ Gulden, da dieser in Ostfriesland gleich 20 Stüber galt. Damit war es endlich möglich, einigermaßen stabile und den tatsächlichen Wert entsprechende Umrechnungskurse zu erhalten.

Auch die Arbeitslöhne für handwerkliche Berufe, Knechte und Dienstmägde wurden festgelegt.

Diese Verordnungen der Gräfin Anna zeigen dem heutigen Leser, der auch zwischen den Zeilen zu lesen versteht, mehr aus der Zeit- und Sittengeschichte dieser Jahre, als manch andere Aussage dies vermöchte. Dieses Sittengemälde war durchaus nicht immer erfreulich, wie die erlassenen Bestimmungen beweisen, denn wenn solche Bestimmungen erlassen werden mußten, dann mußte es in Bezug auf diese Vergehen schon zu Prozessen und Auseinandersetzungen gekommen sein.

Darüber hinaus zeigt die Polizeiverordnung auch den besonderen Charakter dieser Frau, die die Geschicke eines kämpferischen Landes in ihre Hände nahm und meisterte.

Neben der Polizeiverordnung, deren Einhaltung peinlich genau überwacht wurde, ließ es sich Gräfin Anna nicht nehmen, auch eine besondere Deichordnung zu erlassen. Diese trat jedoch erst im Jahre 1556 in Kraft.

Man schrieb das Jahr 1545, als Graf Johann als Begleiter der Königin Maria von Ungarn und habsburgischen Statthalterin in Brüssel die Stadt Groningen besuchte. Groningen war im Juni 1536 zu Karl V. übergegangen und huldigte ihm und dem habsburgischen Hause Burgund. Im Dezember dieses Jahres ging die Stadt durch Kauf in habsburgische Hand über und war damit kaiserliche Stadt geworden. Da sie seit langer Zeit mit den Emdenern auf Kriegsfuß stand, kam man dort auf den schlauen Gedanken, sich des Grafen Johann und der Königin zu eigenen Zwecken zu bedienen. Nachdem sie eine Kriegssteuer in Höhe von 42000 Gulden für Kaiser Karl bewilligt und Königin Maria eine Reihe erlesener Geschenke gemacht hatten, baten die Ratsvertreter ihre Besucher, gegenüber Emden durchzusetzen, daß das Emder Stapelrecht ebenso wie das Vorbeifahrtsrecht zu ihren Gunsten geändert werden möge.

Die Ems gehörte als ein im Reichsbesitz befindlicher Fluß zu Emden und damit zu Ostfriesland. Das Groninger Gebiet dieses Flusses ging seinerzeit nur so weit, wie ein auf dem Groninger Ufer stehender Mann ein Hufeisen werfen konnte. Bereits zu Beginn des 16. Jahrhunderts wurden auf der Ems durch Emdener Schiffer Baken gesteckt und Tonnen gelegt, um der Schiffahrt zu helfen. Diese Baken und Tonnen wurden dem Emdener Magistrat zur Überwachung übergeben, und dieser durfte von den Schiffern, die dadurch sicherer fahren konnten, das sogenannte Tonnengeld erheben.

Die Groninger waren mit dieser Kostensteigerung für ihre Schiffer nicht einverstanden und sahen in dem hohen Besuch eine Chance, diese Belastung loszuwerden.

Königin Maria, Gattin Philipps II. von Spanien, schickte nach den ersten fruchtlosen Verhandlungen zu Emden den Präsidenten der Hooftmannen-Camer von Groningen, Marten van Naerden, nach Emden. Von dort reiste dieser nach ergebnislosen Gesprächen ins Kloster nach Osterwerum, wo die Beratungen fortgesetzt werden sollten.

Gräfin Anna hatte alle Räte dorthin entsandt. Aber die Verhandlungen zerschlugen sich, weil jede Seite auf ihren Forderungen beharrte. Beide Teile beschlossen, Deputierte nach Brüssel zu entsenden und dort weiterzuverhandeln.

Im August trafen die ostfriesischen Deputierten in Brüssel ein. Die Sache wurde durchdiskutiert und von Schiedsrichtern untersucht. Die

Emdener bestanden auf dem ihnen vom Kaiser verliehenen Privileg, von dem sie ein Bestätigungsdokument vorlegen konnten. Königin Maria, die zugegen war, brach daraufhin die Verhandlungen ab, um Kaiser Karl V. darüber Bericht zu erstatten und ihn als obersten Herrn des Landes um eine Entscheidung zu bitten.

Die Emdener, die den Kaiser in dieser Sache für parteiisch hielten, forderten eine Entscheidung durch den Reichstag, was Karl V. nicht eben freundlich stimmte. Dieser ordnete am 21. Oktober 1545 an, daß jedes Emdener Schiff überall in den Niederlanden nicht nur 25 Caroligulden Zoll erlegen müsse, sondern darüber hinaus vom Wert der Waren weitere 5 Prozent Zoll zu zahlen habe.

Etwa um die gleiche Zeit tauchten vor der Küste und auch auf der Ems schottische Kaperschiffe auf, die den Emdener Handel fast zum Erliegen brachten. Aus dieser Zeit stammt das in Emden gebräuchliche Sprichwort „Du maakst et up syn Schotsck."

Die Bürgerschaft Emdens drängte Gräfin Anna im Jahre 1547, diese Kaperfahrten zu unterbinden. Sie schickte den Ratsherrn Hero Habben und dessen Sekretär, Hoitet Tiabbern, nach Schottland, um die Schotten zur Einstellung dieser Raubfahrten zu bringen. In geschickt geführten Verhandlungen gelang es den beiden, einen zehnjährigen Frieden zu erzielen, in den auch die Kaperfahrten eingeschlossen wurden.

Die Groninger wiederholten auf dem Reichstag zu Augsburg 1548 ihre Bitte, das Emdener Vorbeifahrtsrecht und das Stapelrecht zu annullieren. Sie verstanden es durch eine prächtige Räuberpostille, den Kaiser zur Genehmigung ihrer Bitte zu bringen. Und zwar fabulierten sie nicht schlecht, daß jener Herr Ulrich aus Greetsiel, der dem Kaiser vorgeflunkert habe, ein Herr von Ostfriesland zu sein, dem Kaiser falsche Berichte vorgelegt habe, so daß dieser ihm die von seinen Vorfahren auf ihn vererbten Zollgerechtigkeiten und sonstige Gerechtsame bestätigt habe. Aufgrund dieser Fälschungen habe Emden den Zoll erhöht und sich das Stapelrecht angemaßt.

Das war für Karl V. zu starker Tobak. Mit Diplom vom 30. Juli 1548 kassierte er alle vorherigen kaiserlichen Konzessionen an Emden wegen der Erhaltung der Zollgerechtigkeit. Die Groninger und die Ommeländer wurden von allen Zollabgaben an die Emdener befreit. Es wurde verordnet, für den Fall, daß sich Emden erdreisten sollte, weiter Zoll von den Groningern zu fordern, dürfe ihnen in allen holländischen Häfen der doppelte Zoll abgefordert werden.

Um dieser Forderung auch Nachdruck verleihen zu können, wurden der Bischof von Münster, die Statthalter von Geldern, Friesland,

Overyssel und Groningen sowie die Grafen von Oldenburg, Rietberg und Bentheim zu Aufsehern ernannt.

Allerdings ordnete der Kaiser an, daß dieses Dokument zunächst noch geheimgehalten werden solle. Vielleicht waren ihm Bedenken gekommen, und er hielt auch die Aussage der Groninger nicht für ganz astrein. Danach ruhte zunächst der Streit um das Stapelrecht bis zum Jahre 1550.

Gräfin Anna ließ in der Zwischenzeit die Stadt Emden weiter befestigen, denn die in Deutschland wütenden Religionskriege – so der Schmalkaldische Krieg, der Kampf Karls V. gegen das Bündnis der Protestanten in Deutschland – konnten ja auch nach Ostfriesland übergreifen, und dann hieß es gewappnet sein. Daneben wurden aber auch andere notwendige Arbeiten zum Wohle der Bürger ausgeführt, beispielsweise der Siel vor dem Falderntor verbreitert und tiefer ausgebaggert. Da dieser Siel oben offen gebaut war, damit auch Schiffe einlaufen konnten, wurde er mit einer auszuschwenkenden Brücke versehen. Um das dazu notwendige Geld hereinzubekommen, ließ Gräfin Anna eine Konsumationssteuer auf alle Weine und Biere, die in den Schenken und Herbergen getrunken wurden, einführen.

Als sich 1550 die Groninger erneut regten, kam man überein, auf einer neuen Konferenz zu Appingadam die strittigen Fragen auf dem Verhandlungswege zu lösen. Hier ließen die Groninger endlich die Katze aus dem Sack und legten das vom Kaiser 1548 unterzeichnete Diplom vor.

Die Emdener Deputierten erklärten, daß der Kaiser nicht so einseitig verfahren könne, ohne die andere Seite zu hören, und damit war auch diese Konferenz kurz nach ihrem Beginn gescheitert. Die Kommissionen reisten heim.

Die Groninger kamen nun auf den gloriosen Einfall, die Probe aufs Exempel zu machen. Sie ließen ein Schiff mit Butter beladen und befahlen dem Schiffer, mit seiner Ladung an Emden vorbeizusegeln, ohne den Hafen anzulaufen.

Als man in Emden dieses Schiff sichtete und die Absicht erkannte, sich, ohne zu zahlen, vorbeizumogeln, wurde dem Kauffahrer ein schnelles Schiff nachgejagt, das diesen einholte und nach Emden aufbrachte.

Sofort schickten die Groninger ihren Kanzler ter Westen zum Reichstag nach Augsburg. Er wurde nicht vorgelassen.

Gräfin Anna, die den Streit beizulegen suchte, ließ sich in einem am 16. September 1550 geschlossenen Vergleich mit Graf Johann von Falkenburg versprechen, daß dieser alle Anstrengungen unternehmen werde, die Erhebung des 5%igen Zolls aller Waren aus Emden in den Niederlanden zu hintertreiben und Emden im Besitz des Vorbeifahrtrechtes zu bestätigen.

Dies war nun zwar versprochen, doch die Streitigkeiten setzten sich bereits im Oktober desselben Jahres weiter fort. Dabei verfielen die Groninger auf die absurde Idee, alle Emdener Bürger, die sich anläßlich des Groninger Jahrmarktes in dieser Stadt befanden, in Arrest zu nehmen.

Dies war dann doch zu stark; nachdem die sofortigen schriftlichen Proteste und die Entsendung von Gesandten nichts fruchteten, wurde mit dem Kaiser gedroht, woraufhin die Groninger ihre Gefangenen freiließen.

Neue Grenzstreitigkeiten

Es war im Mai 1556, als der mit dem Harlingerlande belehnte Johann von Rietberg eine neue Grenzstreitigkeit vom Zaun brach. Dieser Johann von Rietberg, ein Enkel des berühmten Häuptlings Hero Omken und Sohn der Gräfin Onna, war nach dem Tode des Junkers Balthasar, des Landeshäuptlings des Harlingerlandes, durch Bremen mit dem Harlingerland belehnt worden.

Johann von Rietberg verfügte über eine umfassende Bildung und war darüber hinaus auch für die damalige Zeit ein „scharfer Hund“. Als sich beispielsweise der westfälische Adelige von Münchhausen im Harlingerland aufhielt, um dort Geschäfte zu betreiben, ließ Johann von Rietberg diesen kurzerhand als Spion verhaften. Als sich Münchhausens Unschuld herausstellte, wurde er unter anderen Beschuldigungen in Haft behalten und schließlich in Wittmund enthauptet.

Graf Johann wurde wegen Landfriedensbruches verklagt. Dieser Klage schlossen sich auch die Grafen von Lippe an, mit denen er bereits seit längerer Zeit in Fehde lag.

Als er sich nunmehr auch noch Teile von Ostfriesland unter den Nagel reißen wollte, kam es zu bewaffneten Auseinandersetzungen und danach zu verschiedenen Verhandlungen in Dortmund, Lingen und Aschendorf.

Sein Versuch, die alte nach dem Harlingerland einbiegende Grenzlinie zu begradigen und das darin liegende Accumer Tief einfach zu annektieren, mißlang. Der Graf wurde 1557 in die Reichsacht getan. Die Stände des westfälischen Kreises stellten eine Truppe auf, die Graf

Johann in Rietberg belagerten und aushoben. Er wurde nach Köln in die Gefangenschaft geführt. Dort starb er 1562 im Wahnsinn.

Dies war einer der Gründe, derentwegen der Streit mit Ostfriesland um das Accumer Tief erst zwanzig Jahre später endgültig entschieden wurde.

Übrigens hatte Graf Johann von Rietberg zu seiner Freilassung das Harlingerland als Kaution angeboten. Ostfriesland protestierte energisch und erfolgreich dagegen mit der Begründung, daß dies ostfriesisches Lehnsgut sei. An seine Stelle trat seine Mutter, Gräfin Onna, die bis zu ihrem Tode im Jahre 1560 die Regierung des Harlingerlandes wahrnahm.

Die Freibeuter auf Kurs – Der Emdener Handel

Etwa um die gleiche Zeit, im Sommer 1556, zeigten zwei französische Freibeuter ihre Flagge auf der Ems. Um ihnen so rasch wie möglich das Handwerk zu legen, wurden in Emden zwei schnelle Schiffe ausgerüstet und mit einem Trupp gut ausgesuchter Seesoldaten bemannt. Die Ems als wichtigste Wasserstraße freizuhalten, war ihr Auftrag.

Der erste Freibeuter, der gesichtet wurde, erhielt einige Schüsse aus den Kanonen vor den Bug und drehte ab, um mit allen gesetzten Segeln zu entkommen.

Der zweite Freibeuter kam nicht mehr rechtzeitig aus der Ems zurück. Er wurde von den beiden Emdener Schiffen auf den Strand gejagt und die Besatzung ersäuft, wie es der Brauch war.

Der Kapitän des ersten Freibeuterschiffes, Kapitän Lüchtemaker, hatte inzwischen schon elf Emdener Schiffe gekapert. Nur jene, die französische Pässe besaßen, wurden ungerupft freigelassen.

So kam es, daß sich viele Emdener Schiffe solcher Pässe bedienten. Damit war zunächst die Freibeuterei auf der Ems beendet, aber diese Freibeuter sollten sich noch oft und immer wieder zum Schaden der Emdener Schiffe zeigen.

Die schottischen Freibeuter, die ja für zehn Jahre durch das Abkommen mit Schottland auf Eis gelegt worden waren, schickten sich nun erneut an, gegen Emdens Handelsschiffe aktiv zu werden.

Ein zweites Mal mußte deshalb Stadtsekretär Tiabbern nach Edinburgh reisen. Es gelang diesem geschickten Manne, der Englands Sprache perfekt beherrschte, einen ständigen Frieden auszuhandeln, der im folgenden Jahr von Gräfin Anna und Königin Maria unterzeichnet wurde.

Ein Handelsabkommen mit Schweden brachte Vorteile für den Emdener Handel, nachdem am 30. November 1557 das Abkommen durch zwei schwedische Gesandte unterzeichnet worden war.

Die schlechten Ernten der Jahre 1556 und 1557 ließen die Getreidepreise zu astronomischen Höhen emporschnellen. Um einer Hungersnot vorzubeugen, versammelten sich einige angesehene Bürger Emdens am 5. Februar 1557 in der Gasthauskirche.

Sie beschlossen getreu der Verordnung der Gräfin Anna, die Armen nicht darben zu lassen, eine bestimmte Summe Geldes zum Ankauf von Getreide bereitzustellen und dafür Roggen anzukaufen, der an die ärmeren Bürger Emdens zu Vorzugspreisen verkauft wurde. Diese Vorratshaltung bewährte sich und wurde auch für 1557 vom Magistrat bestätigt. Es konnten 20 Lasten Roggen als ständiger Vorrat angelegt werden. (Eine Last entsprach 14 Tonnen). Diese Menge Roggen wurde auf dem Speicher des neuen Fleischhauses beim Stadt-Siel gelagert. (1557 kostete die Last Roggen in Emden 80 bis 90 ostfriesische Daler).

Als 1558 Emdener Kaufleute sieben ihrer größten Schiffe mit Roggen beluden, um ihn nach Lissabon zu verschiffen, erlitten sie einen großen Verlust, denn auch in diesem Jahr war der Roggen noch sehr teuer. In Lissabon angekommen, wurden die entladenen Schiffe mit Waren im Werte der Roggenfracht beladen; dann folgte der Rückweg.

Nahe dem englischen Kanal geriet diese Flotte in einen bösartigen Sturm. Alle sieben Schiffe wurden auf den Strand gesetzt oder auf die Klippen getrieben. Schiffe und Ladungen gingen verloren. Nur einige wenige Matrosen, unter ihnen der Befehlshaber der Flotte, Admiral Harm Backer, konnten sich retten. Der Schaden überstieg 100 000 Gulden, zur damaligen Zeit eine gewaltige Summe.

Der Streit über das Vorbeifahrtsrecht war nach längerer Pause wieder aufgeflammt. Diesmal entschied Kaiser Ferdinand in einem neuen Lehnsbrief eindeutig für die Brüder Edzard, Christoph und Johann von Ostfriesland und bestätigte am 14. Januar 1558 die Vorbeifahrtsrechte der Stadt Emden. Die Groninger murrten, steckten nun aber für immer auf.

Englische Kaufleute in Ostfriesland

Unter der Regierung von Königin Maria I., der Blutigen, wurde von Antwerpen und anderen niederländischen Häfen versucht, den englischen Handel mit den Niederlanden noch ertragreicher zu gestalten. Dies gelang nicht so recht. Erst nach ihrem Tode und dem Regierungsantritt von Elizabeth im Jahre 1559 schien sich die Sache zunächst besser anzulassen, bis Elizabeth kurzerhand die Zölle auf niederländische Waren und besonders auf Tuche um die Hälfte erhöhen ließ. Damit schienen vorderhand ihre eigenen Tuchfabriken im Vorteil.

Die Gesellschaft der englischen Kaufleute in Antwerpen, die sich die Adventuriers – die Wagenden – nannte, wurde nunmehr von der Regierung der Niederlande gedrückt und an ihrer freien Entfaltung gehindert. Aus diesem Grunde schickten sie 1563 einige Abgesandte zur Gräfin Anna nach Ostfriesland und vor allem nach Emden, um dort um die Genehmigung zur Errichtung einer Handelsniederlassung einzukommen. In dem Bestreben, sich möglichst viele Freiheiten einzuhandeln, boten sie der Gräfin einen zinslosen Kredit auf unbestimmte Zeit an.

Noch während der Verhandlungen der Adventuriers kam es zwischen England und den Niederlanden zu einem weiteren Zwischenfall. Und zwar schickte die Herzogin von Parma als Regentin der Niederlande einen ihrer Räte nach England, um diesen Streit beizulegen, doch dieser erreichte nichts, im Gegenteil: Englands Parlament verbot alle Einfuhren niederländischer Manufaktor-Arbeiten. Unter dieses Verbot fielen Bänder, Messer, Nadeln, Riemen und andere Massenartikel mehr. Das Parlament ordnete an, daß keinerlei Waren aus den Niederlanden nach England oder von dort in die Niederlande mit anderen als englischen Schiffen befördert werden dürften.

Auf diesen Affront hin verbot die Regentin der Niederlande am 8. Dezember 1563 die Einfuhr englischer Waren außer Tuch und ließ sie nur dann zu, wenn sie auf niederländischen Schiffen eingeführt wurden. Sie untersagte die Ausfuhr aller Materialien, aus denen die Engländer diese verbotenen niederländischen Waren selber hätten herstellen können.

Dieser englisch-niederländische Handelskrieg ließ die Adventuriers ihre Anstrengungen verstärken. Sie schickten im Januar 1564 zwei weitere Sprecher nach Emden. Gräfin Anna entsandte von Aurich ebenfalls drei Abgesandte dorthin. Die Übereinkunft über verbesserten Handel zwischen Ostfriesland und Emden als Haupthafen auf der einen und England auf der anderen Seite wurde ebenso beschlossen wie die Einrichtung einer englischen Handelsniederlassung in Emden.

Bereits im Frühjahr 1564 trafen die ersten sechs englischen Schiffe in Emden ein, und unmittelbar darauf am 23. März 1564 liefen 44 englische Kauffahrteischiffe unter Geleitschutz von sechs Kriegsschiffen im Emdener Hafen ein.

Die ganze Stadt war auf den Beinen, um dieses völlig neue Handelsgefühl auszukosten. Trompeten schmetterten, Trommeln wurden gerührt, und die Kanonen schossen einen dauernden Ehrensalut. – Es wurde ein rauschendes Fest.

Kurze Zeit danach, am 17. Mai, erteilten Gräfin Anna und ihre drei Söhne den englischen Kaufleuten den Schutz- und Freiheitsbrief. Dieser wurde am 18. November erneuert.

Der Emdener Handel erlebte nunmehr einen gigantischen Aufschwung. Immer mehr fremde Händler strömten in Emden zusammen. Sie kamen aus aller Herren Ländern und brachten Geld in die Stadt.

Jetzt versuchte die Herzogin von Parma und niederländische Regentin, Emden einen Dämpfer zu geben, indem sie am 22. Mai 1564 einen Erlaß verkünden ließ, nach welchem kein Niederländer mit einem Kaufmann aus Emden Handel treiben durfte.

Dadurch stagnierte der blühende Handel etwas. Hinzu kam noch, daß in Emden nicht genügend Rückfracht für die englischen Schiffe verfügbar war. Außerdem fehlte es an Packhäusern, um die eingebrachten Waren zu lagern. Ein drittes Hindernis war, daß weder Kaiser Ferdinand I. noch Maximilian II. die unter den Kaufleuten getätigten Verträge bestätigen wollten.

Als die Adventuriers entdeckten, daß dies nicht der ganz große Coup gewesen war, wandten sie sich wieder an die niederländische Regentin und söhnten sich am 24. Dezember 1564 mit ihr aus. Die Engländer in Emden packten ihre Waren ein und führten sie über die zugefrorene Ems in die Niederlande zurück.

Eine pikante Story mit Folgen

Doch zurück zur allgemeinen politischen Lage in Ostfriesland. Der am Hofe des Herzogs Wilhelm von Cleve erzogene und ausgebildete älteste Sohn der Gräfin Anna, Edzard, erlangte 1558 seine Volljährigkeit. Noch im Januar sandte Gräfin Anna ihren Kanzler Friedrich ter Westen nach Prag, um dort um die Belehnung ihrer drei Söhne Edzard, Christoph und Johann nachzusuchen. Diese wurde am 14. Januar 1558 unter Zugrundelegung des ersten Lehnsbriefes von 1454 (der eine Fälschung sein soll) vollzogen.

Um die gleiche Zeit hatte Herzog Franz von Sachsen-Lauenburg, der ein Verwandter sowohl des schwedischen Königshauses als auch des ostfriesischen Grafenhauses war, eine Ehe zwischen Graf Edzard und Prinzessin Katharina von Schweden vorgeschlagen.

Graf Edzard reiste im Mai 1558 nach Stockholm. Er sah seine

vorgesehene Braut und war entzückt von ihr. Bereits am 21. August 1558 wurde der Heiratskontrakt unterzeichnet. Katharina würde die stolze Summe von 100000 Reichstalern und eine stattliche Mitgift nach Ostfriesland mitbekommen.

Graf Edzard verbriefte einen standesgemäßen Unterhalt Katharinas und die Ämter Norden und Berum als „Leibgeding oder Wittum." Hinzu kam, daß die Erbfolge in der gräflichen Familie aufrechterhalten blieb und daß Graf Edzard sich für den standesgemäßen Unterhalt und eine ihrem Range entsprechende Ausstattung der anderen Söhne und Töchter verpflichtete.

1563 wurden diese Ehepakte auch von der Gräfin Anna sowie Edzards Brüdern Christoph und Johann und von den Edelleuten in den Ämtern Dornum und Berum, Haio und Unico Manninga und Hero von Closter, bestätigt. (Siehe: E.R. Brenneysen: Ostfriesische Historie und Landesverfassung, Bd. I + II, Aurich 1720).

Im September 1558 kehrte Graf Edzard nach Ostfriesland zurück, um im Juli 1559 wieder nach Stockholm zu reisen und dort seine Braut zu ehelichen. Mit ihm reisten sein Bruder Johann, Kanzler ter Westen, einige ostfriesische Edelleute, der Ehestifter Herzog Franz von Sachsen-Lauenburg und Bischof Johann von Hoya.

Sie erreichten Stockholm am 25. August und verlebten einige schöne Wochen, ehe die Hochzeit am 1. Oktober mit großem Prunk begangen wurde. Am 8. November 1559 traten die Jungvermählten die Reise nach Ostfriesland an. Der Zug kam aber nur bis zum Schloß Watstena.

Zwischen der jüngeren Schwester der Gräfin, Prinzessin Cäcilie, einer außerordentlich schönen Dame, die allerdings etwas flatterhaft gewesen sein soll, und dem jungen Grafen Johann hatte sich sehr bald ein Gspusi angebahnt. Sie entbrannten leidenschaftlich füreinander, wie es in der alten Form hieß. Durch ihre Leidenschaft ließen sich die beiden zu Unbesonnenheiten hinreißen, welche die seinerzeitigen Tabus in der Luft sprengten.

Bis zum besagten Schloß Watstena gaben die Geschwister der scheidenden Gräfin Geleit. Hier sollte denn auch die letzte heimliche Zusammenkunft von Prinzessin Cäcilie mit ihrem Liebhaber stattfinden.

In der Dunkelheit erkletterte Graf Johann mittels einer Leiter das Gemach der Prinzessin. Diese Aktion im Alpenstil wurde ihm zum Verhängnis, weil die Wache ihn beobachtete und sofort dem Halbbruder der Prinzessin, Erich XIV., Mitregent seines Vaters Gustav Wasa von Schweden, das Ereignis meldete.

Dieser, ein jähzorniger Mensch (der später wahnsinnig wurde), ließ

Graf Johann sofort verhaften und in ein Kellerverlies einsperren. Damit war die Unbesonnenheit der beiden landesweit zur Kenntnis gebracht, was den Vater der Prinzessin Cäcilie, Gustav Wasa, nicht schlecht ärgerte. Er tadelte seinen Sohn und haßte Johann um so mehr, als dieses Techtelmechtel nun publik geworden war.

Edzard versuchte, sich für seinen Bruder zu verwenden. Doch der bereits offenbar vom Altersstarrsinn befallene König ließ seine Wut an Graf Johann aus und beachtete die Versuche zur Versöhnung nicht.

Edzard, der Schweden nicht ohne seinen Bruder verlassen wollte, reiste nach Stockholm zurück, erhielt aber unterwegs durch einen reitenden Boten die Weisung, sich vom Hofe fernzuhalten, worauf er mit seiner jungen Frau nach Schloß Westeraas fuhr und dort Quartier bezog.

Sobald Gräfin Anna dieses „Mißgeschick" ihres meistgeliebten Sohnes erfuhr, setzte sie alle Hebel in Bewegung, um Johann aus der Haft zu befreien. Sowohl der Kurfürst von Brandenburg als auch der Herzog von Cleve und jener von Lüneburg verwandten sich für Johann. Sie erwirkten schließlich seine Freilassung. Vorher jedoch mußte Graf Johann im großen Reichssaal des Stockholmer Schlosses vor den Reichsräten seine und der Prinzessin Unschuld eidlich erhärten und Urfehde schwören.

Eigenartigerweise soll ein von jenen Gesandten, die Johanns Befreiung aus schwerer Haft erwirkt hatten, gemachter Vorschlag, dieses Vorkommnis durch eine Heirat Johanns mit Cäcilie aus der Welt zu schaffen, von Johann abgelehnt worden sein.

Edzard konnte nun nach Ostfriesland heimfahren. Vorher war ihm am 22. November 1560 das erste Kind, die Tochter Margaretha, geboren worden. Am 8. Februar 1561 kehrte er nach Aurich zurück.

Seine Gemahlin folgte ihm, geleitet von Herzog Franz von Sachsen-Lauenburg, bald nach.

Während der Feiern in Aurich brach dort eine Feuersbrunst aus, die alle Häuser und Scheunen an der Südseite der Burgstraße vom Burgtor bis an die Lange Straße einäscherte.

Herzog Franz hatte die Genugtuung, noch eine weitere Ehe einfädeln zu können. Er brachte Gräfin Heilwig von Ostfriesland, Edzards Schwester, mit Herzog Otto von Lüneburg zusammen.

Trotz dieser Heirat Edzards war und blieb Gräfin Anna die wirkliche Herrscherin in Ostfriesland. Sie wollte unbedingt, daß alle drei Söhne, vor allem ihr Liebling Johann, miteinander regierten. So nahm es nicht wunder, daß alle Dokumente von Bedeutung und auch die Münzen aus dieser Zeit die Namen aller drei Grafen führten.

Dies währte nicht allzu lange, denn bereits 1556 starb Graf Christoph, der sich im Türkenkrieg besonders ausgezeichnet hatte, in Komorn an der Ruhr. Am 8. Februar 1567 wurde seine nach Ostfriesland zurückgebrachte Leiche in Emden beigesetzt.

Nach dem Tode ihres Bruders belehnte Kaiser Maximilian am 15. Oktober 1566 die beiden überlebenden Brüder erneut mit Ostfriesland. Erst im Jahre 1591, dem Jahr von Johanns Tod, gab es wieder einen einzigen regierenden Grafen in Ostfriesland.

Von den 100000 Reichstalern, die Gräfin Katharina zum Brautschatz mitbekommen hatte, verwandte sie 1564 80000 Gulden zum Ankauf der Herrlichkeit Pewsum, die ihr Haiko Manninga, in Schulden geraten, für diesen Preis verkaufte.

1567 machten sich Edzard und Johann durch die Stiftung der Lateinschule in Norden verdient. Erster Rektor wurde Johann Florian. Ihr dritter Rektor war der berühmte Geschichtsforscher Ubbo Emmius.

Im Jahre 1568 kam es in Aurich zum Brand des Schlosses, der besonders die Räume der Gräfin Katharina beschädigte und teilweise zerstörte. Erst zehn Jahre später war der Wiederaufbau abgeschlossen.

Weitere Ausbauarbeiten in Emden

Durch die aus Frankreich, England, Westfalen und den Niederlanden nach Emden gelangten Flüchtlinge war die Einwohnerzahl der Stadt auf 6000 gestiegen, die mit 600 großen und kleinen Schiffen Handel trieben. Die Stadt wurde zu eng, und der Magistrat wandte sich 1569 an Edzard und bat ihn, die beiden Faldern, die wenig bebaut waren, mit Emden zu verbinden und dadurch genug Raum zu schaffen. Diese beiden Ortschaften Groß- und Klein-Faldern, die nahe der Stadt lagen, waren durch Heirat an das regierende Haus Ostfrieslands gekommen. Sie sollten nun mit Emden durch einen gemeinsamen Graben und Wall verbunden werden. Damit sollte auch Falderns Delft besser eingefügt werden und neue Ladeplätze für Schiffe bieten.

Am 15. Juli 1570 wurde diese Arbeit unter der Leitung des gräflichen Drosten Unico Manninga, des Licentiaten Johann Reiners und des Doktors Ulrich Stüter in Angriff genommen. Sie begann in Großfaldern.

Aus allen Vogteien der gesamten Provinz waren Arbeiter mit Pferden und Wagen dazu aufgeboten. Zu den Kosten mußte jede Warfstelle auf den Faldern 30 Reichstaler zahlen.

Der errichtete Wall lief von der Sandspads Piepe, die unter dem Wall angelegt wurde, geradeaus bis zum Judenkirchhof. Hier wurde ein Bollwerk errichtet. Dann ging er weiter bis zum Stadtwall und von dort nach rechts.

Als der Prinz von Oranien im Herbst 1569 Schiffe ausrüsten ließ, um den spanischen Handel zur See zu beunruhigen, wählten diese Schiffe Emden zu ihrem Winterquartier. Sie legten sich bei Nesserland an Land, und die Seeleute verzehrten ihre Beute in der Stadt.

Im folgenden Jahr 1571 vergriffen sie sich aber auch an Emdener Schiffen, weshalb in der Stadt vier bewaffnete Schiffe zur Sicherung der Kauffahrtteischiffe ausgerüstet wurden.

Der Herzog von Alba hatte inzwischen auch eine Flotte unter Befehl des Admirals von Boshuisen gegen die Oranierflotte ausgerüstet. Diese griff die oranischen Freibeuter, die sich auf die Ems zurückgezogen hatten, am 24. Juni 1571 an.

Während dieses Gefechtes schossen die Emder vom großen Kirchhof, der Emsmauer und vom Schloß auf beide Flotten, um sie von der Stadt abzuhalten. Dies gelang ihnen, und die beiden Flotten zogen sich zurück, nachdem die Freibeuter zwei ihrer Schiffe verloren hatten.

Danach kamen wieder einige Freibeuter nach Emden, worauf Graf Edzard elf dieser Schiffe anhielt und den Kapitän Dirk van Bremen einzog. Edzard erklärte auf Anfrage des Herzogs von Alba, daß er keine Seeräuber, von welcher Seite sie auch kämen, in seinem Lande dulden werde. Als in Emden wieder Nahrungsmittelmangel herrschte, wurde die Ausfuhr von Getreide verboten. Hierdurch entstand ein Aufruhr unter dem „Pöbel", der bald beigelegt wurde, denn dessen Anführer wurden gefangengenommen, in einem Schnellprozeß zum Tode verurteilt und rasch enthauptet.

Bereits im Jahre 1567 hatte Graf Edzard II. an der Nordwestseite der Stadt beim Schloß noch einen weiteren Hafen für kleinere Schiffe geplant. Der Drost Manninga hatte bereits dafür gesorgt, daß das Holz für einen neuen Siel angeschafft wurde. Aber erst im Jahre 1572 kam das Werk unter dem neuen Drosten Occo Friesen zustande. Der neue Siel erhielt den Namen Drosten-Siel nach Drost Friesen, der bei diesem Bau die Oberaufsicht führte.

Die Schützenhäuptlinge in Emden

Aus dem Jahre 1567 datiert ein Dokument, in dem die „Schüttenhoeftlinge", eine der wichtigsten Einrichtungen, in Emden erwähnt werden. Dieses Dokument wurde ebenfalls unter der Regierung der Gräfin Anna verfertigt. Es ist wahrscheinlich, daß Gräfin Anna dieses Kollegium im Jahre 1550 gegründet hat.

Ubbo Emmius nennt die Schüttenhoeftlinge „Sclopetariorum principes“ und meint, daß diese ihren Namen deshalb bekommen hätten, weil sie die Bürger im Exerzieren mit Musketen geübt hätten. Dies sei möglicherweise die erste Ursache ihrer Anstellung gewesen.

Das Collegium bestand aus vier Personen, einem Praeses, Vicepreases und zwei Assessoren. Diesen waren ein Sekretär, ein Pedell oder Diener, ein Torfbuchhalter und ein Aufseher oder Polizeidiener beigegeben. In dem genannten Dekument von 1567 heißt es:

„Edzard Grave und Herr zu Oistfriesland.

Lieben getrewen. Nachdem unser freundliche gelebte Frow Mutter verlauffen Jaren – und abher dasülbige vann euch anher nicht geachtet und achterfolgett. So haben unns und unserem gelebtenn Brudher nhun erstenn Diderich Baerdt, Deetleff Karstenn, und Friedrich Kuelmhann vurgedragen, daß gerorte Feeke zu dem Deenste nicht solte mogen düchtigh und genoch sein: derwegen noichmals unser ernstlich bevelle ich ihr sammt und besonders unns schriftlich und egentleichen vurmelden: ob ihr entzloßen auch die tantze Gemeinte bewilliget unns – von genanten Hovetlingen dehr Schutzenn sulches unns für zutragen – Datt. Auf unserem Haus Awrich denn 7ten Juny Ano 1567.“

Zu Anfang dauerte das Amt eines Schüttenhoeftlings zwei Jahre, indem jährlich die beiden Ältesten abgingen. Seit 1598 aber wurden vier Jahre angesetzt, da jährlich nur der älteste oder Präses abging. Die drei übrigen schlugen vier Bürger namentlich vor, von denen der Magistrat einen zum Hoeftling ernannte. Dies geschah anfangs im Mai, später im Dezember.

Sekretär, Pedell, Buchhalter und Aufseher wurden auf Lebenszeit ernannt. Die beiden ersteren wählte der Magistrat aus einer von den Hoeftlingen überreichten Namensliste von drei Personen.

Das Kollegium versammelte sich jeden Donnerstag in einer Stube auf dem Zollhaus.

Die Obliegenheiten der Schüttenhoeftlinge waren folgende:

1. Aufsicht über die Dole (das Schießhaus). Das Gebäude war in gutem Zustand zu erhalten, die Bürger im Schießen zu unterrichten; sie sollten sich fleißig im Scheibenschießen üben, dabei waren ihnen Preise auszusetzen.
2. Die Schüttenhoeftlinge entschieden über Grenzstreitigkeiten zwischen Häusern, Grundstücken, Gärten usf. und über alle Streitigkeiten wegen dringlicher Servituten (Dienstbarkeiten).
3. Sie sorgten für die Reinhaltung der Gassen von Kot und Unflat und für eine gute Abwässerung. Die dagegen Verstoßenden mußten sie

bestrafen. Ohne ihr Wissen durfte kein neues Pflaster gelegt werden.
4. Sie mußten darauf achten, daß jeder Bauherr in der Stadt weder das Publikum noch seine Nachbarn belästigte. Niemand durfte ein Haus bauen oder eines abbrechen, bevor die Hoeftlinge untersucht hatten, ob jemandem dadurch ein Schaden zugefügt wurde.
5. Sie verkauften die Grundstücke in der Stadt.
6. Sie hatten die Aufsicht über Torfschiffe, Torfträger, Torf- und Holzmesser und die Brennholzhändler.
7. Es war ihnen auferlegt, dafür Sorge zu tragen, daß es beim Aus- und Einsegeln der Schiffe ordentlich zuging, daß der Hafen nicht beengt und die Delften nicht mit Unrat verschlammt wurden.
8. Sie führten die Aufsicht über die Fähre auch von Delfzyl, Leer, Weener, Jemgum, Ditzum und Bunde.
9. Sie sorgten dafür, daß die Stadtbrunnen stets in bestem Stand gehalten wurden, um Seuchen zu vermeiden.

Die Einkünfte der Schüttenhoeftlinge bestanden aus den Visitengeldern, in Gebühren aus Verkäufen der Immobilien, Last- und Korbgeldern vom Torf und in den Strafen für erkannte Vergehen gegen die Hafenordnung.

Darüber hinaus wurden ihnen jährlich 100 Gulden zu einer Mahlzeit ausgesetzt, wozu sie auch seit 1661 die Zollfreiheit für 14 Anker Wein und eine Tonne Bier genossen, die jährlich auf der Kammer verzehrt wurden. Diese Mahlzeit war der Vorläufer des heutigen Schützenfestes.

Dieses Kollegium wurde mit Ende des Jahres 1749 auf Anhalten einiger Bürger aufgehoben. Die daraus freiwerdenden Verrichtungen übernahm der Magistrat, der sie unter die Magistratsherren verteilte.

Die Scheiterhaufen brennen

Durch die Heirat der einzigen Tochter Karls des Kühnen, Maria von Burgund, mit dem damaligen Erzherzog Maximilian waren die reichen Niederlande an das Haus Österreich gefallen. Als die Fürsten des Landes versuchten, die Niederländer ihrer letzten Vorrechte zu berauben, rebellierten die nördlichen Provinzen Holland, Seeland, Utrecht, Geldern und hierbei auch Friesland.

In diesem Gebiet hatte die Reformation bereits sehr früh Einzug gehalten. Um diese zu unterdrücken, scheute Kaiser Karl V. vor keiner Gewaltanwendung zurück, ohne der neuen Lehre Einhalt gebieten zu können. Als er auch in den Niederlanden die spanische Inquisition einführen wollte, stellte sich ihm entscheidender Widerstand entgegen. Durch seine Schwester Maria, die Statthalterin der Niederlande, konnte Karl dazu bewogen werden, den Namen Inquisition aus seinen Verordnungen zu streichen und den vielen Fremden in Antwerpen gesicherten Aufenthalt zuzugestehen.

Mit dem Regierungsantritt Philipps II. in Spanien nach Karls V. Tod kam es zunächst dort zur restlosen Unterdrückung und Vernichtung der religiösen Freiheit. Philipp II. schickte nunmehr den Herzog Alba nach den Niederlanden. Am 22. August 1567 hielt er in Brüssel Einzug.

Philipp II., Graf von Montmorency-Niville, Mitglied des niederländischen Staatsrates und Statthalter von Geldern und Zutphen, der als Befürworter der Duldung der Protestanten galt, wurde ebenso wie der Graf von Egmont von Albas Truppen festgenommen und am 5. Juni 1568 in Brüssel öffentlich hingerichtet.

Ihnen folgten Tausende Niederländer, die unter den spanischen Henkern vom Leben zum Tode befördert wurden. Teilweise wurden sie auf Scheiterhaufen verbrannt oder lebend in Gräber geworfen und zugeschaufelt. Einer von ihnen wurde gerettet: Wilhelm von Oranien, der große Schweiger.

Wilhelm hatte beim Einmarsch der Spanier in die Niederlande zu den Waffen gerufen. Er bat seinen Bruder Ludwig, durch einen Einfall in Groningen und Friesland die Streitmacht des Herzogs Alba zu zersplittern. Ludwig zog durch Westfalen und Oldenburg und sammelte Söldner. Dann kam er nach Ostfriesland und blieb einige Zeit in Emden.

Albas Rache fürchtend, bestürmte Graf Edzard Ludwig, mit seinen Truppen nach Groningen weiterzuziehen. Ludwig eroberte Wedde, wurde aber von der Truppe des Herzogs von Aremberg bei Wittwerum geschlagen. Im folgenden zweiten Gefecht bei Wedde fiel Ludwigs Bruder Adolf, aber Aremberg und seine Truppen wurden geschlagen. Auch Aremberg fand dabei den Tod.

Damit war der Weg für Ludwigs Truppen nach Groningen zur Belagerung und Inbesitznahme der Stadt frei.

Alba eilte mit 16 000 Soldaten zum Entsatz Groningens heran. Ludwig mußte sich vor dieser starken Truppe zurückziehen. Er marschierte durch das Reiderland nach Jemgum. Dort verbarrikadierte er sich. Dies war ein schwerer Fehler, der auch für Ostfriesland böse Folgen hatte. Albas Truppen vernichteten Ludwigs Heer bis auf wenige Mann. Das Reiderland wurde von den spanischen Söldnern verheert. Wie dieser Kampf geführt wurde, sei in knapper Berichterstattung dargelegt.

Am 21. Juli 1568 begann der Kampf mit einem Scheinangriff Albas in der Mitte und mit der Hauptkampfgruppe hinter dem Emsdeich. Damit wurden Ludwigs Truppen gleichzeitig von vorn und aus der Flanke angegriffen. Der Kampf wurde unerbittlich geführt. Von Ludwigs 8000 Söldnern lebten nach dieser Schlacht noch etwa 1000. Lediglich ein Trupp Reiter unter Führung des Grafen von Schauenburg konnte über Bunde hinaus fliehend dem Massaker entkommen. 16 eiserne Kanonen, alle Fahnen und das gesamte Kriegsgerät Ludwigs fielen in die Hände der Spanier.

Ludwig konnte über die Ems (schwimmend oder in einem Kahn) nach Emden entkommen. Von hier aus begab er sich mit dem Rest seiner Vertrauten zu seinem Bruder nach Trier.

Neben der bestialischen Ermordung der Verwundeten durch Albas Schergen mußten auch die ostfriesischen Bewohner des Kampfplatzes bitter büßen. Frauen und Mädchen aus Jemgum, die sich in das dortige Kloster und die umliegenden Gebäude geflüchtet hatten, sollten auf einen Befehl Albas hin im Kloster zusammengetrieben und verbrannt werden. Nur dem entschiedenen Eingreifen seiner Söhne war es zu verdanken, daß dieser grausige Plan nicht in die Tat umgesetzt wurde. Ferdinand und Friedrich von Toledo haben dadurch ihren eigenen Namen rein gehalten.

Als dieser billige Sieg errungen war, feierten die Sieger ihn durch das Anzünden der Bauernhäuser des Reiderlandes. Alle Wohnungen gingen in Flammen auf.

Nach den Vorstellungen von Fernando Alvarez de Toledo, Herzog von Alba, sollte nun auch Emden dem Erdboden gleichgemacht werden. Doch hier zuckte er zurück, denn Emden war nicht nur Reichsboden, sondern auch noch mit guten Verteidigungsanlagen versehen. Außerdem war Wilhelm von Oranien mit einer Freiwilligentruppe in Brabant eingefallen.

Bevor er sich diesem zuwandte, ließ Herzog Alba seine 16 000 Söldner erst drei Tage und Nächte lang das Reiderland brandschatzen und die ostfriesischen Mädchen und Frauen vergewaltigen. Als das Heer abzog, befanden sich in seinem Gefolge 18 000 Rinder und mehrere Hundert bester ostfriesischer Pferde.

Graf Edzard gab den durch Alba erlittenen Schaden mit 300 000 Gulden an. Dies alles war allein wegen der Tatsache geschehen, daß sich einige tausend Niederländer nach Ostfriesland geflüchtet hatten.

Da Emden auch in Zukunft exponiert und entsprechend gefährdet war, bat Drost Unico Manninga die Grafenbrüder, Emden zu verstärken und eine starke Besatzung hineinzulegen.

Herzog Albas Überfall war nicht das einzige Unglück, das Emden traf. Denn die Pest hielt 1568 in Emden Einzug und wütete böse. Dennoch wuchs die Einwohnerzahl der Hafenstadt ständig, nicht zuletzt durch den Zuzug niederländischer Flüchtlinge und ostfriesischer Kaufleute.

Am 10. Juni 1574, dem Jahr der Errichtung der ersten Lateinschule, wurde auch der Grundstein zum Emdener Rathaus gelegt, dem das Antwerpener Rathaus zum Vorbild diente. Am 1. November 1576 bereits konnte die erste Ratsversammlung darin abgehalten werden. Der Bau kostete 55897 Gulden.

Übrigens wurde im Jahre 1576 auch der 150 Fuß hohe und 30 Fuß breite Signalturm auf Borkum errichtet.

Die Sturmflut von 1570, auch Allerheiligenflut genannt, weil sie an diesem Tage eintrat, verheerte von der Straße von Calais aus Flandern, Seeland, Holland, Friesland, Groningerland, Ostfriesland, Jever, Butjadingerland, Dithmarschen und Schleswig. Diese Flut hielt zweimal 24 Stunden an und erhielt deshalb noch zusätzlich den Namen Allerseelenflut.

Die Wassergeusen in Ostfriesland

Im Herbst 1569 zeigten sich das erste Mal die Wassergeusen auf der Ems. Unter ihrem Admiral Dolhain landeten sie bei Delfzyl und trieben Kontributionen ein.

Mit der Bezeichnung Geusen wurden jene Männer belegt, die sich im April 1566 als Vertreter des niederländischen Adels mit den Grafen von Brederode an der Spitze für die Freiheit der Niederlande einsetzten und der Oberstatthalterin der Niederlande, Margarethe, eine Bittschrift überreichten. Als diese wegen der großen Zahl der Bittsteller ängstlich wurde, soll Graf von Barlaimont, Präsident des Finanzrates, Margarethe zugewispert haben, daß sie sich nicht vor den „Gueux – den Bettlern“ fürchten möge.

Von nun an nannten sich diese Freiheitskämpfer Geusen, und alle diejenigen, die gegen die spanische Herrschaft zu den Waffen griffen, trugen bald diesen Namen. Ihr oberster Führer wurde Wilhelmus von Nassauen.

Diese Geusen trieben Kontributionen ein und machten sich dadurch in den Niederlanden mehr als verhaßt, zumal sie nicht nur reichbeladene burgundische Schiffe aufbrachten, sondern auch zwei reiche Damen aus dem Groningerland nach Norden entführten und von deren Angehörigen ein Lösegeld forderten.

Die Bürger Nordens befreiten die beiden Frauen mit Gewalt und führten die Hauptanführer der Wassergeusen, Herman Ulpers und Tanen Grus, nach Aurich und von dort nach Stickhausen, wo sie im dortigen Burggefängnis starben.

Zur gleichen Zeit betrieb auch Siveke Echesna, ein westfriesischer Edelmann, von Oldersum aus Freibeuterei auf der Ems.

Die Geusen machten nun den ostfriesischen Grafen schwer zu schaffen. Wenn sie ihnen Schutz gewährten, mußten die Grafen die Rache des Herzogs von Alba spüren. Schon in den letzten Jahren hatten sich Geusen in der Nachbarschaft gezeigt. Im April 1570 kam ein Geistlicher aus Groningerland nach Emden, dem die Geusen die Ohren abgeschnitten hatten. Im selben und im folgenden Jahr mußte man in Emden bewaffnete Schiffe ausrüsten, um gegen die Freibeuter zu fahren. Von Zeit zu Zeit wurden auch Freibeuterschiffe gekapert und Gefangene eingebracht.

Deshalb machten die Ostfriesen ebenfalls auf die Wassergeusen Jagd. Als sie 1571 einmal zehn Piraten erwischten, wurden diese in Leer enthauptet, ihre Köpfe auf Stangen gesteckt und in Leerort als abschreckendes Beispiel aufgestellt. Dies schreckte die Geusen jedoch nicht ab weiterzurauben.

Die niederländische Flotte unter Admiral Boshuisen wurde schließlich gegen die Wassergeusenflotte eingesetzt. Am 24. Juni 1571 stießen beide Flotten nahe Emden aufeinander. Es kam zu einem schweren Kampf, in dem die Geusen unterlagen.

Nur einer der gefangenen Seeräuber kam mit dem Leben davon. Er profitierte aus einem alten ostfriesischen Brauch, nach dem ein zum Tode verurteilter Mann, der von einer Waise zum Ehemann genommen wurde, nicht getötet werden durfte. Dieser Mann, Claas mit Namen, feierte also Hochzeit, während seine Kumpane auf dem Blutgerüst endeten.

Als das Treffen vom 24. Juni 1571 vor Emden stattfand, lagen gerade 13 englische Schiffe im Hafen, zu deren Wegnahme die Königlichen nicht übel Lust verspürten. Sie wurden aber durch die Geschütze der Stadt auf Distanz gehalten.

Nach erfochtenem Sieg zogen sich die Königlichen zunächst nach Delfzyl zurück, kamen aber am folgenden Tage bis Loge, wo sie 60 Geusen an den Masten aufhängten und danach deren Leichen in die Ems warfen.

Die Wassergeusen ließen, da sie überall auf der Flucht waren und keinen Schlupfwinkel hatten, kein Schiff, das sie sahen, unangefochten. Deshalb mußten ständig bewaffnete Schiffe zum Schutz der freien Fahrt und der Kauffahrer, die nach Emden wollten, eingesetzt werden.

Als zu Anfang des Jahres 1573 die Piraterie vor Emden wieder zunahm und ihr Vorhandensein den Handel zu lähmen drohte, wurde der Kapitän Hanß Willems mit einem Kriegsschiff und Hinrich Wunder mit einer Fregatte im Februar ausgesandt, um die Kauffahrer auf der Ems zu schüzten.

Die niederländischen Wasser- oder Meergeusen hielten sich noch 1574 auf und vor der Ems auf. Sie fielen oftmals, da die Not sie zu dieser Lebenserhaltung zwang, sowohl Freunde als auch Feinde an. Unter ihnen litten besonders auch die Emdener Kaufleute, die um diese Zeit sehr stark mit Käse und Butter nach Flandern, Holland und Deutschland fuhren.

Die Emdener baten ihren Landesherrn mehrfach, er möge Vorkehrungen zu ihrer Sicherheit treffen.

Es waren vor allem die Geusen-Kapitäne Gerrydt Doken und Bojo Boneken, die dem Handel der Stadt großen Schaden zufügten. Aus diesem Grunde wurde Kapitän Hanß Willems gegen diese beiden ausgeschickt.

Kapitän Willems fand auf See nichts von den Seeräubern, erhielt jedoch eine Nachricht, daß sich einer von ihnen in Aschendorf aufhalte. Er begab sich mit einigen handfesten Männern dorthin und nahm diesen einen fest.

Zur Sicherheit des Handels mußten seit geraumer Zeit ständig bewaffnete Schiffe auf der Ems stehen. Dem Kapitän Hinrich Wunder wurde 1575 das Kommando auf der Ems übergeben, wo sich die Geusen wie im Vorjahr so auch 1575 wieder sehen ließen.

Im Herbst 1572 bereits starb Johann der Ältere, Schwager der Gräfin Anna, Ritter des Goldenen Vlieses. Sein ältester Sohn, Maximilian, der 1553 in Emden geboren worden war, heiratete die Gräfin Barbara von Hochstraßen. Er hatte auf die Regierung Ostfrieslands keinerlei Einfluß.

Am 10. November 1575 starb Gräfin Anna von Ostfriesland im Alter von 74 Jahren auf ihrem Witwensitz zu Greetsiel. Sie wurde im gräflichen Erbbegräbnis zu Emden beigesetzt. Die Leichenrede hielt der Prediger Menso Alting.

Fast im selben Alter, nämlich im 75. Lebensjahr, starb zehn Monate vorher am 20. Februar 1575 ihre langjährige Feindin, das Fräulein Maria von Jever. Sie hatte es zu erwirken verstanden, daß Jever niemals durch Vertrag oder Heirat an Ostfriesland fallen durfte. Unter diesen Bedingungen setzte sie Graf Johann XVI. von Oldenburg und dessen Nachkommen zu ihrem Erben ein. Alle Versuche der Cirksenas, den Grafen von Oldenburg diese Beute wieder abzujagen, blieben vergeblich. Jever blieb bis 1663 in oldenburgischer Hand. Dann vermachte Graf Anton von Oldenburg Jever dem Fürsten von Anhalt-Zerbst.

Gesetz und Justiz in Ostfriesland

In Emden wohnte der Scharfrichter der Provinz. Der Emder Magistrat benannte ein „Subjekt", und der Graf bestätigte ihn in diesem Amt. Bis 1572 hatte der Scharfrichter kein festes Gehalt. In diesem Jahr verordnete Graf Edzard jedoch, daß ihm ein bestimmtes Gehalt auszusetzen sei, das von der Stadt und den gräflichen Ämtern gezahlt werden sollte.

Da 1572 der Posten frei wurde, präsentierte der Magistrat einen Göttinger, der fünf Jahre in Leuwaarden unter dem Herzog von Alba als Scharfrichter tätig gewesen war. Der Graf nahm ihn deshalb nicht an.

„Zur Aufrechterhaltung der öffentlichen Sicherheit, Ruhe und Anständigkeit" wurde ein Gewaltrichter oder Schulze und ein Stockmeister bestellt. Dieser hatte nach der Verordnung vom 23. 1. 1573 folgendes zu tun:

„Führen der genauen Aufsicht über Herbergen, Fremde, Wiedertäufer und Deserteure. Wenn nötig, hat der Schulze Wachen in der Stadt aufzustellen. Als Kapitän zu Lande und zu Wasser hat er sich gegen die Wegelagerer und Seeräuber zu stellen. Er hat die Fuhrleute in Ordnung zu halten und zu verhindern, daß der öffentliche Gottesdienst gestört, und dafür zu sorgen, daß nirgends mit Würfeln gespielt wird. Die gefangenzunehmenden Subjekte hat er zu ergreifen und zu bewahren."

Am 11. Juli 1638 wurde diesen Obliegenheiten noch weitere zugefügt. „Reinhaltung der Kanäle, Vollstreckung der Armenordnung, die Veranstaltung zur Beobachtung der Ordnung bei Copulationen (Hurenhäuser), die Aufsicht über die Schiffe gegen Feuergefahr."

Die Grafen Edzard und Johann waren in Streitigkeiten mit Emden verwickelt, zu deren Beilegung auch der Magistrat von Emden sein Möglichstes beitragen wollte. Er schrieb deshalb gemeinsam mit der Ritterschaft am 23. Mai 1574 an Graf Edzard, um diesen Streit gütlich beizulegen.

Auf Anhalten der Bürger setzten die Grafen Edzard und Johann die Anzahl der Deputierten auf 24 fest und genehmigten deren Wahl. Die Bürger wählten 14 von 18 Deputierten, die bis 1573 amtierten, neu und fügten zehn weitere aus der Bürgerschaft hinzu.

Die Rechte und Obliegenheiten der 24 Deputierten bestanden darin, daß sie bei den Ratssitzungen des Magistrats über die Art der Erhebung der Steuern nicht nur gegenwärtig sein sollten, sondern auch dem Magistrat mit ihrem Rat beizustehen hatten. Sie mußten auch die Hebung allein durchführen.

Monatlich mußten zwei von ihnen die Steuern einnehmen, und so wechselten sich alle Monate zwei weitere ab, so daß am Jahresende jeder einmal mit einem Gehilfen dabei war.

Bei der Gelderaufnahme war ihre Einwilligung notwendig. Nahmen Bürgermeister und Rat Gelder auf ohne die Einwilligung der Deputierten, so mußten sie selber oder ihre Erben das Geld samt Zinsen zurückzahlen.

Auf den Landtagen aber wurden jeweils zwei oder drei Edle durch den Magistrat ernannt, nachdem sie von den Bürgern der Stadt nominiert worden waren. Sie verteidigten auch die Rechte der Bürgerschaft vor dem Magistrat.

Im Herbst 1574 wurde der Junker Hector, Häupting zu Oldersum und Gödens, zum Grafen Edzard entsandt, um im Namen der Bürgerschaft und zu deren Bestem die Forderungen der Bürger vorzutragen.

Die 24 Deputierten wurden aus der Bürgerschaft erwählt, jedoch mit Vorwissen und der Einwilligung des Grafen in jedem einzelnen Falle.

Die 24 Deputierten waren ein ordentliches Kollegium und wurden vom Volk die „gemeene deputeerde Borgeren" genannt. Sie hatten ihre Versammlungen in der Schüttenhoeftlingen-Kammer. Zu Anfang hatte dieses Kollegium keinen Wortführer, sondern einer der beiden Deputierten, die im Augenblick auf der Impost-Kammer die Erhebung durchführten, führte auch das Wort, wenn das Kollegium mit dem Magistrat sprach. Erst vom Jahre 1586 an wurde ihnen erlaubt, einen eigenen rechtserfahrenen Worthalter zu ernennen, der sodann von den beiden Grafen durch den gräflichen Drosten und den Magistrat angestellt wurde.

Das erste Rathaus Emdens stand an der Südseite der Großenstraße an der West-Ecke der großen Deichstraße. Danach wurde ein neues Rathaus an der Westseite zwischen der Rathausbrücke und Großenstraße errichtet. Dieses soll bereits vor 1459 gestanden haben. Das dritte Rathaus wurde am 10. Juni 1574 begonnen. Der Bürgermeister P. Medmannus legte den Grundstein. Der Baumeister hieß Marten

Arens und war aus Delft. In den Giebel des neuen Rathauses wurde auf ausdrückliches Verlangen des Grafen Edzard im Schreiben vom 9. April 1576 neben dem ostfriesischen und Emdenschen Wappen auch das schwedische Wappen angebracht. Das Gebäude wurde nach dem vor dem 14. Jh. gebauten Antwerpener Rathaus erbaut.

Die Zwischenzeit der Doppelregierung

Nach dem Tode der Gräfin Anna, die zeit ihres Lebens vor ihren Kindern gestanden und regiert hatte, waren Edzard und Johann Cirksena zunächst aufeinander angewiesen, weil beide nicht aus dem Schatten ihrer Mutter herausgetreten waren. Der Tod von Christoph hatte eine Dreierregierung vermieden, die sicherlich eingetreten wäre.

Unmittelbar nach dem Tode der Gräfin Anna kündigten die vier adeligen Landräte Graf Edzard den Dienst auf. Sie begründeten diesen Schritt damit, daß sie bewußt von den Entscheidungen des Grafen ferngehalten worden seien.

Schon das Nebeneinander der beiden Brüder Edzard und Johann verursachte ein heilloses Durcheinander. Dies nicht zuletzt aus Gründen der von beiden konträr vertretenen Fragen der Religion und wegen der Tatsache, daß Edzards Frau Katharina mehr und mehr darauf drängte, nicht mit einem halben, sondern einem ganzen Grafen verheiratet zu sein. Da zudem Katharina protestantisch war und Johann katholisch, waren die Reibungspunkte derart dicht gesät, daß kaum eine Woche verging, ohne daß es zu Zusammenstößen kam.

Edzard, vorbehaltlos auf die Linie seiner energischen und ehrgeizigen Frau einschwenkend, verschrieb sich dem Luthertum voll und ganz.

Diese gegenteiligen Überzeugungen beider Grafen, die sich in einer Reihe kirchlicher Auseinandersetzungen austobten, führten schließlich mehr und mehr zu jener Konfrontation, die dahin ging, daß entweder einer aus der Regierung ausschied oder aber Ostfriesland geteilt wurde.

Johann, der die calvinistische Sache in Ostfriesland vertrat, wich nicht zurück. Aber auch Edzard gab nicht nach in seinem Bemühen, den Bruder aus der Regierung hinauszudrängen und ihn abzufinden. Er war es, der 1570 noch zu Lebzeiten seiner Mutter diese mißliche Sache vor den Kaiser brachte.

Von Reichs wegen wurde zunächst verkündet, daß bis zu einer Entscheidung dieses Falles die Brüder gemeinsam regieren sollten.

Über seinen Schwager Johann, der inzwischen nach dem Tode

Gustav Wasas König von Schweden geworden war, versuchten Edzard und Katharina, die Ritter und die ostfriesischen Stände dahin zu bringen, ihn als alleinigen Regenten in Ostfriesland anzuerkennen.

Die ostfriesischen Stände waren jedoch ärgerlich darüber, daß Edzard die Sache, ohne sie zu fragen, vor den Kaiser gebracht hatte; sie verwiesen Edzard darauf, daß er nun auch des Kaisers Entschluß abwarten möge.

Der bereits seit 1558 mündige Edzard hatte während der ganzen Zeit seiner Mitregentschaft niemals die Stände an ihrgendeiner Entscheidung beteiligt. Grund genug für diese, ihm die kalte Schulter zu zeigen. Edzard argwöhnte auch 1570 noch, daß der Adel in Ostfriesland darauf sinne, die Macht an sich zu reißen und ihn aus dem Sattel zu heben.

Die von Kaiser Maximilian II. eingesetzte Kommission, die diesen Fall zu prüfen hatte, war 1573 tätig geworden, ohne jedoch zu einer Entscheidung zu gelangen. Rudolf II., seit 1576 Kaiser, war schlauer als Edzard und übertrug den ostfriesischen Ständen im Jahre 1578 die Aufgabe, zwischen den beiden gegeneinander regierenden Brüdern zu vermitteln. Aber die Stände waren nach wie vor nicht dazu bereit, diese Sache zu der ihren zu machen. Zwar plädierten sie für die Erhaltung der Landeseinheit, waren aber nicht damit einverstanden, neue Steuern zu bewilligen, aus denen die Abfindungssumme für Graf Johann gezahlt werden konnte. Sie neigten mehr dem Miteinander-Regieren der beiden Grafen zu. Dabei spekulierte man möglicherweise auf eine Teilung des Landes, das damit geschwächt werden würde, was die Positionen der Ritter und Stände naturgemäß stärken mußte.

Wenn Edzard ein Gesetz oder eine Vorschrift erließ, wurde sie von Johann aufgehoben oder geändert. Umgekehrt lagen die Dinge ähnlich. Dadurch wuchs die Unsicherheit im Lande. Das Münzwesen, der Deichbau, die Justiz und die kirchlichen Angelegenheiten verhedderten sich rettungslos. Gerichtsprozesse wurden über Jahre hinaus verschleppt. Der Autoritätsverfall des gräflichen Hauses war augenfällig. Die Trennung aber schritt dergestalt fort, daß schließlich Graf Johann beinahe unbeschränkt in den Ämtern Greetsiel, Leerort und Stickhausen herrschte und hier einen selbständigen Verwaltungsapparat mit einem eigenen Kanzler installierte.

Im Oktober 1587 brachte Edzard Stickhausen mit Gewalt wieder an sich. Dadurch konnte er jedoch nicht verhindern, daß die neu zusammengetretene kaiserliche Kommission, Herzog Julius von Braunschweig-Wolfenbüttel und Graf Simon VI. zur Lippe, dem Kaiser vorschlug, Graf Johann die drei genannten Ämter als Abfindung zuzuschreiben. Ein kaiserliches Dekret entschied in diesem Sinne.

Daraus ergab sich die Tatsache, daß Ostfriesland bis zum 29. September 1591, dem Todestag des Grafen Johann, von zwei Regierenden verwaltet und malträtiert wurde.

In dem diesbezüglichen kaiserlichen Dekret vom 10. Februar 1589 entschied Kaiser Rudolf, „daß ohne Rat und Bewilligung der Stände in Zukunft keine Kollekten und Steuern mehr in der Grafschaft erhoben" werden dürften, womit er das ständische Recht der Steuerbewilligung untermauerte.

Darüber hinaus sollten alle Neuerungen die ständische Zustimmung haben, bevor sie eingeführt wurden. Die Einrichtung des Hofgerichtes wurde entgegen den Widerständen Edzards im Jahre 1595 in Aurich vollzogen.

So bewirkte der Bruderzwist um die Herrschaft in Ostfriesland einen Autoritätsverfall und führte zu der Erkenntnis, daß das Haus Cirksena unfähig war, die Probleme, denen sich Ostfriesland gegenübersah, wirksam aus der Welt zu schaffen. Dies gerade zu einer Zeit, da Einigkeit oberstes Gebot hätte sein sollen. Eines dieser Probleme waren die Mennoniten, die ein Jahr nach dem Tode der Gräfin Anna, aus Holland fliehend, in Ostfriesland eintrafen.

Die Mennoniten in Ostfriesland

Mit ihren Anfängen im Jahre 1576, verstärkt aber im Sommer 1577 und in einem geschlossenen Strom zu Ende dieses Jahres zogen die aus Holland fliehenden Mennoniten nach Ostfriesland. Sie sammelten sich vor allem in Emden.

Diese Mennoniten, untereinander in Flamländer, Friesen und Waterländer gespalten, von denen die letzteren spöttisch „Dreckwagen" genannt wurden, weil sie allerlei fahrendes Gesindel mitführten, hatten sich im Januar 1578 in Emden versammelt. Eine Reihe ihrer Lehrer und Prediger wollten die unter ihnen selbst herrschende Uneinigkeit und Zwiste besprechen und bereinigen.

Da auch die Emdener Bürger davon in Mitleidenschaft gezogen waren, brachten einige Kirchenälteste und Prediger diese Vorkommnisse vor den Rat der Stadt.

Der Rat befahl den Mennoniten nun, vor ihm zu erscheinen und ihre Lehre zu verteidigen. Die Flamländer waren damit einverstanden. Graf Johann ordnete an, die Prediger von Emden sollten sich mit den Mennoniten auseinandersetzen, er stellte auch die Regeln dafür auf.

Am 27. Februar 1578 wurde auf der Klunderburg die erste von 124

Sitzungen begonnen, die bis zum 5. Juni andauern sollten. Nach wenigen Sitzungen zog die Versammlung in die Gasthauskirche der Stadt um.

Der gräfliche Drost und viele Deputierte des Rates von Emden führten den Vorsitz in diesem Streitgespräch. Auf der Seite der Flamländer standen bekannte Prediger wie Hans Buchard, Paul Bakker, Christian Arents, Johann von Obhorn und der berühmte Prediger Peter von Köln. Den Hauptredner aber hatten die Flamländer in Brixius Gerriets, der sich in allen alten Sprachen auskannte.

Die Genannten traten gegen Menso Alting und Johannes Petrejus, die beiden Prediger von Emden, an. Hinzu kamen noch Wicherus Mellesius von Hinte, Feito Ryords, der Prediger zu Oldersum, und der Prediger von Borssum, Johannes Nicasius.

Es wurden 14 Artikel behandelt und diskutiert, die von den Grunderkenntnissen der Kirche über die Schöpfung des Menschen und seinen Sündenfall bis zu den guten Werken gingen. Die Wahl und Berufung der Prediger gehörte ebenso zu den Thesen wie die Frage, ob der Bann ein Mittel der Rechtsprechung sein könne, und das Dogma von der Auferstehung des Fleisches.

Am 5. Juni, dem letzten Tage dieses theologischen Treffens, verglichen und unterzeichneten die beiden Schriftführer, Dominicus Julius und Carl von Gent, welche die Protokolle geführt hatten, selbst und mit ihnen die Vorsitzer Drost Ocko Vrieze, Helmer Djurken, Onno Tjabbern, Henricus Geerdes und H. Paulinus sowie die aufgetretenen Redner. 1579 wurde alles in Emden in ostfriesischer Sprache gedruckt. 1616 erschien in Leiden eine holländische Übersetzung davon.

Doch zu einer Entscheidung kam es nicht; jede der beiden Parteien war der festen Überzeugung, gesiegt zu haben.

Die ausbrechenden religiösen Streitigkeiten in Norden führten schließlich zu einer endgültigen Trennung der Lutheraner von den Reformierten. Nach dem Tode des Predigers Andreas von Larrelt war Johann von Antwerpen, ein strenger Lutheraner, neuer Prediger in Norden geworden. Die Reformierten erwirkten bei Graf Johann die Besetzung der dritten Nordener Predigerstelle mit dem Reformierten Meinhold Omptedа. Edzard aber verbot dessen Einstellung. Er gebot Norden, bei der Augsburger Konfession zu bleiben.

Dies war der letzte Anlaß für die Reformierten, sich endgültig von den Lutheranern zu trennen. Sie wanderten entweder nach Lütetsburg zur Predigt oder hielten Privatgottesdienste ab. Lütetsburg mit seinem reformierten Prediger Egbert Staal war die nächste Gemeinde, in der sie reformierte Predigten hören konnten.

Da in Norden dem Hauptprediger Johann von Antwerpen der zweite Prediger Adolph Empenius nicht orthodox-lutherisch genug war, erlangte er seine Entlassung. Johann Oldewald kam als zweiter lutherischer Prediger nach Norden.

Diese Streitereien wurden dadurch gefördert, daß auch am gräflichen Hofe in Aurich Lutheraner neben Reformierten standen. Während die Reformierten von Graf Johann gestützt wurden, hatten die Lutheraner in Graf Edzard ihren Fürsprecher, zumal Gräfin Katharina – was ja bereits anklang – streng lutherisch war und von ihrem Hofprediger Ligarius unterstützt wurde. Menso Alting wiederum hielt sich an den Grafen Johann.

Dadurch wurde Politik mit Religion vermischt. Sobald einer der Brüder einen Geistlichen entließ, nahm der andere ihn auf. Dies übertrug sich ja auch auf die Politik des Grafenhauses.

Johann, der zu Anfang die Friedeburg bewohnte, bezog später abwechselnd die Schlösser Greetsiel, Stickhausen und Leerort. Er ließ sie erheblich befestigen. Dies ließ Edzards Mißtrauen noch größer werden.

Schließlich waren die Beschwerden der Stände über die beiden Grafen zu Kaiser Rudolph gedrungen. Dieser ernannte am 12. Juni 1577 eine neue Untersuchungskommission, die aus dem Kurfürsten von Köln und dem Herzog von Braunschweig bestand.

Am 18. September folgte eine kaiserliche Nachschrift dazu, in welcher Rudolf II. den ostfriesischen Ständen gebot, den beiden Grafen in ihrer gemeinschaftlichen Regierung Gehorsam zu leisten. Doch vom Befehl zu dessen Durchsetzung war es ein langer Weg. Als Katharina ihren Bruder, den damaligen Herzog von Südermannsland und späteren König Karl IX., bat, zwischen den beiden verfeindeten Brüdern zu vermitteln, versuchte dieser es auch, aber ohne Erfolg.

Der am 26. August 1578 abgehaltene Landtag kam zu keinem Ergebnis, und die Stände schickten nun das dort gefertigte Sitzungsprotokoll an den Kaiser, mit der Bitte, die Grafschaft zeitweilig zu teilen. Alle drei Stände unterschrieben dieses Papier.

Der Landtag des Jahres 1579 brachte abermals die alten Beschwerden der Stände vor. Zum einen wurde die Verhinderung der freien Religionsausübung der Reformierten durch Graf Edzard beanstandet. Der zweite Punkt war die Verschleppung der Prozesse durch die Anstellung unfähiger Landrichter. Darüber hinaus wurde erneut die vorgeschlagene Revision und Verbesserung des Landrechtes unter Mitwirkung der Landstände verlangt.

Der Hauptbeschwerdepunkt gipfelte in der Feststellung, daß alle

Landesangelegenheiten infolge der gegenteiligen Handlungen der beiden Grafen unordentlich und zweckwidrig behandelt würden. Es müßten Landräte eingestellt werden, die den Grafen und gleichzeitig den Landständen den Diensteid zu leisten hätten.

Auch die Grafen selbst sollten zur Verbesserung und Herstellung der Deiche und Dämme einen Beitrag liefern, den sie bisher nicht entrichtet hätten.

Zum Schluß forderten die Landstände eine „Steuerung des Wuchers der Juden und einiger Christen" und die Bestellung nur unparteiischer Richter mit allen Prozeßangelegenheiten zwischen dem Landesherrn und seinen Untertanen. Die beiden Grafen versprachen Abstellung aller Mißstände.

Die um diese Zeit angestrebte Aufnahme von Emden in die Hanse verlief ergebnislos, weil Emden sich nicht dazu entschließen konnte, sein Verhältnis mit den englischen Tuchhändlern zu lösen, was Voraussetzung für die Aufnahme gewesen wäre. So verstaubte Emdens Antrag seit 1579 unerledigt in den Akten.

Da außerdem 1601 auch die Engländer, die einen bedeutenden Handel mit ihrem Tuch in Emden betrieben, die Stadt verließen, hatte Emden nicht nur diese reiche Verbindung verloren, sondern auch die Anwartschaft auf die Aufnahme in der Hanse.

Das Harlingerland kommt zurück

Im Jahre 1580 verlegte Graf Edzard seine Residenz von Aurich nach Emden. Damit beabsichtigte er zum einen, Emden gegen einen befürchteten Handstreich der Spanier zu sichern, und zum andern, einen Aufstand des Grafen Johann zu verhindern, der dort einen großen konfessionellen Anhang hatte. An der Emdener Burg ließ Edzard einen neuen Turm anbauen und übernahm als alleiniger Herr diese Handelsstadt.

Graf Johann hatte sich stattdessen zum Herrn der Ämter Greetsiel, Leer und Stickhausen ernannt.

Dies forderte eine neue kaiserliche Verordnung heraus, die am 25. Juni 1580 erlassen wurde. Die Grafen wurden zur gemeinsamen friedlichen Regierung ermahnt, bis die ernannte Kommission getagt und entschieden habe.

In dieser Zeit der Kirchenstreite fiel auch ein Coup, den Graf Edzard einfädelte und der ihm die Wiedervereinigung des Harlingerlandes mit Ostfriesland bescheren sollte.

Und zwar hatte der im Kölner Gefängnis gestorbene Graf Johann von Rietberg, der Enkel Edo Wiemekens, zwei Töchter. Diese, Armgard und Walburg genannt, waren nach dem Tode des Grafen die Erbinnen von Rietberg und des Harlingerlandes. Während Armgard 1571 bereits mit Erich von Hoya vermählt worden war und diesem die Grafschaft Rietberg mit in die Ehe gebracht hatte, war Walburg noch unverheiratet; mit ihrer Hand zugleich war auch das Harlingerland noch zu haben.

Edzard warb im Namen seines ältesten Sohnes um Walburg. Enno III. verlobte sich dann am 29. Juni 1577 mit Walburg und führte sie, die eben erst 18 Jahre geworden war, am 29. Januar 1581 als seine Gattin heim. Die Hochzeit zu Esens war eines der größten Spektakel der Zeit.

Ein Jahr nach der Hochzeit übernahm Graf Enno die Regierung des Harlingerlandes.

Da das Harlingerland durch Junker Balthasar ein geldernsches Lehen geworden war, ließ sich Enno von Philipp II., Herzog von Geldern, bereits 1581 mit dem Harlingerland belehnen. Damit war nicht nur das Harlingerland wieder mit Ostfriesland vereinigt, sondern nachdem Erich von Hoya gestorben war, erhielt Enno auch noch Rietberg. Armgard, die 1584 starb, hatte bereits 1582 ihren Schwager Enno III. darum gebeten, sich vom Landgrafen von Hessen mit Rietberg belehnen zu lassen.

Das junge Paar Enno und Walburg wohnte im Schloß zu Esens. 1582 wurde ihnen die Tochter Sabina Katharina georen, ein Jahr darauf starb die zweite Tochter Agneta. Ihr drittes Kind, Johann Edzard, starb zehn Tage nach seiner Geburt, und am 20. Mai 1886, einen Monat nach dem Wochenbett, folgte ihm Gräfin Walburg nach.

Die drei Ärzte stellten einwandfrei den Tod der Gräfin „aus natürlicher Ursache“ fest. Dennoch war Enno nicht davon abzubringen, daß seine Gattin durch Gift gestorben sei.

Die Frau des Esenser Bürgermeister Johann Evken, Christina, und ihre beiden Töchter Anna Pauls und Hille wurden des Giftmordes verdächtigt.

Sie wurden der peinlichen Befragung unterzogen. Auf der Folter sagte Christina aus, der Teufel habe ihr in Gestalt eines Engels das Gift gebracht. Anna Pauls erklärte ebenfalls unter der Folter etwas von dem Gift, das der Teufel ihrer Mutter gegeben habe, der Gräfin in die Biersuppe gemischt zu haben, ohne allerdings zu wissen, daß es Gift gewesen sei.

Am 27. Juli 1586 wurden die Mutter und ihre beiden Töchter aus Esens zum Richtplatz geschleift und dort unter dem Galgen verbrannt.

Das war damals – und dies sei eindeutig festgelegt – auch Rechtspflege, und der Hexenwahn war noch nicht allzulange her. Wie ja an anderer Stelle zu lesen ist.

Graf Edzard schickte seine drei jüngeren Söhne, Gustav, Johann und Christoph, auf die Universität Heidelberg. Er feierte dort anschließend mit seiner Gemahlin die Heirat seiner Tochter Anna mit dem Kurfürsten Ludwig von der Pfalz und versuchte, heimgekehrt, die alten Verhandlungen über die Concordienformel wieder aufzunehmen. Er löste den Coetus in Emden auf, stattdessen entstanden derer zwei, die von Graf Johann in Visquard und Leer 1583 errichtet wurden.

Als im Mai 1584 Abgeordnete des Prinzen von Oranien und der Generalstaaten in Emden erschienen, um Edzard vor spanischen Anschlägen auf diese Stadt zu warnen und ihm, falls nötig, ihren Beistand anzubieten, entschuldigten sie sich gleichzeitig auch dafür, daß sie stets Schiffe auf der Ems liegen hätten. Diese seien zur Verhinderung einer Besetzung von Groningen durch die Spanier dort. Daß sie außerdem auch Kaperei trieben, davon war nicht die Rede.

Hector von Oldersum, der Licentiat Gerhard und Wiard von Lengen wurden nach Den Haag geschickt. Sie baten den Prinzen von Oranien, die Schiffe abzuziehen, die den ostfriesischen Handel schädigten. In Den Haag wurden sie mit der Versicherung entlassen, daß alles dazu Notwendige geschehen werde. Doch die Ermordung des Prinzen von Oranien am 10. Juli 1584 in Delft durch Balthasar Gerhard aus Burgund ließen diese Verhandlungen nichtig werden. Die Holländer blockierten weiterhin die Ems und brachten ostfriesische Schiffe auf. Diese holländische Flotte wurde immer stärker.

Graf Edzard bemühte sich um die Hilfe der Reichsfürsten und des Kaisers.

Schließlich erschien auch noch eine westfriesische Flotte von insgesamt 60 Schiffen auf der Ems und kaperte alle Schiffe, die sie antraf, mit dem Hinweis darauf, daß die ostfriesischen Schiffe durch die Verproviantierung von Groningen die Blockade gegen die Spanier durchbrochen hätten.

Graf Edzard ließ zur Abwehr dieser Überfälle acht Schiffe ausrüsten. Den Oberbefehl über diese kleine Flotte erhielt Wilhelm von Borssum. Die Schiffe liefen aus dem Hafen von Emden aus. Ein starker Wind hielt die westfriesischen Schiffe in der Emsmündung zurück. Wilhelm von Borssum konnte seine Schiffe dieser westfriesischen Flotte gegenüber bei Borkum in Schlachtordnung vor Anker legen.

Ein heftiger Sturm warf nach drei untätig verlaufenen Tagen die

Schiffe auseinander. Das westfriesische Admiralsschiff sank, ein weiteres kleineres Schiff ebenfalls. Aber auch die Emdener Schiffe wurden beschädigt. Die von den Westfriesen genommenen Kauffahrer konnten sich in diesem Wirrwarr durch schleunige Flucht retten.

In dieser Situation sandte der westfriesische Admiral Hagius den Kapitän Onno von Ewsum als Parlamentär auf das ostfriesische Admiralsschiff. Er sollte um Lebensmittellieferungen bitten. Onno von Ewsum wurde festgesetzt und nach Emden gebracht.

Die Westfriesen verhafteten nunmehr den ostfriesischen Gesandten Paulinus. Anschließend wurden beide Männer gegeneinander ausgetauscht. Dieses Spiel wiederholte sich im kommenden Jahr.

Der Streit unter den gräflichen Brüdern konnte durch kaiserliches Dekret vom 10. Februar 1589 beigelegt werden. Dieses Dekret zählt zu den ersten Fundamentalgesetzen der ostfriesischen Staatsverfassung. In ihm wurden Graf Johann die drei selbst angemaßten Ämter zugestanden, hinzu kam aus Emdener Einkünften eine Leibrente von jährlich 2000 Talern. Falls Johann ohne männlichen Erben starb, sollten die drei Ämter wieder dem gräflichen Hause Edzards zufallen. Die Reichs- und Kreistage sollten durch Graf Edzard im Namen beider Grafen wahrgenommen werden. Münzen konnten im Namen beider Grafen geprägt werden. Die alten Schulden sollten mit Zuziehung der Landschaft einander verglichen werden, die neuen sollte jeder selbst bezahlen.

Ostfriesland stellte für die kriegführenden Parteien jenseits des Dollart bereits seit langem eine besondere Verlockung dar. So konnte es nicht ausbleiben, daß im September 1589 der niederländische Oberst Clant mit 600 Mann über die Ems setzte, bei Jemgum ostfriesischen Boden betrat und über Weener bis nach Rhede emsaufwärts zog.

Als er von dem Spanier Verdügo angegriffen wurde, eilte er auf die Schiffe zurück, raubte gleichsam im Vorbeirennen noch Oldersum aus und setzte diese Ortschaft in Flammen.

Verdügo erreichte auf dieser Verfolgung Weener. Er schlug dort sein Lager auf und plünderte den Ort und die umliegenden Dörfer.

Auf den ostfriesischen Landtagen wurden lange Redeschlachten über diesen Frevel geschlagen, wo doch richtiges Dreinhauen der Ostfriesen am Platze gewesen wäre. Anstatt einige Hundert Söldner anzuwerben, beschied man sich mit Gesandtschaften und Bittschriften, was natürlich nichts half.

Mit dem Tode von Graf Johann von Ostfriesland am 29. September 1590 eilte Edzard nach Stickhausen, um sich persönlich in den Besitz dieser wichtigen Festung zu setzen. Seine Söhne Gustav und Johann ergriffen handstreichartig von Greetsiel und Leerort Besitz. Damit war wieder ganz Ostfriesland unter einem Grafen vereinigt.

Durch den Tod seines Bruders glaubte sich Graf Edzard auch der Verpflichtung zur Durchführung des Prager Dekretes enthoben. Graf Edzard machte sich auch nicht beliebter, als er sechs Emdener Bürger, die ohne sein Wissen anstelle der abgesetzten Schüttmeister neue wählten, als Rebellen verhaften und sie in Berum einkerkern ließ. Erst durch ein Mandat des Reichskammergerichtes mußten sie am 3. Juli 1592 wieder freigelassen werden.

Als der Graf über Gelder verfügte, die ihm nicht gehörten, und seiner Tochter, der Kurfürstin von der Pfalz, davon 10000 Gulden als Brautschatz gab, wurde dies von den Deputierten der Stände mißbilligt. Diese verlangten die Einsetzung einer kaiserlichen Untersuchungskommission.

Im Juli 1953 traf die Kommission in Ostfriesland ein, und zum 1. August wurde ein Landtag zu Norden einberufen. Graf Edzard ließ sich von seinem Sohn Enno III. vertreten. Es hagelte Beschwerden aller Stände und der Stadt Emden. Die kaiserliche Kommission setzte trotz Ennos Protest die Einsetzung eines Hofgerichtes durch, dessen Personal am 11. August in Norden vereidigt wurde. Am 27. August eröffnete das Hofgericht in Aurich seine erste Sitzung.

Der von Graf Edzard abgesetzte Landrentmeister Joachim Ithering wurde wieder in sein Amt eingesetzt und angewiesen, die Finanzen zu überwachen und alljährlich dem Grafen und dem ständischen Ausschuß Rechenschaft über Einnahmen und Ausgaben abzulegen.

Den vielen Fällen der Willkür des Grafen und seiner Beamten schob das Hofgericht einen Riegel vor. Graf Edzard wurde auferlegt, wegen der nicht erledigten Beschwerden binnen drei Monate einen Landtag einzuberufen. Bis dahin durfte er nichts unternehmen, was gegen das kaiserliche Dekret ging. Er durfte von nun an keinen von den Ständen verlangten Landtag verweigern.

Die Stadt Emden, die seit langem gegen Edzard stimmte und immer wieder aufmüpfig wurde, sah im Sommer 1594 einen neuen Zwiespalt aufbrechen, der noch eine weitere Steigerung des Zerwürfnisses brachte.

Groningen hatte sich nach langer Belagerung dem Prinzen Moritz von Oranien und dem Grafen Ludwig von Nassau ergeben müssen. Die Übergabebedingungen enthielten den Passus, daß hinfort in Groningen die reformierte Kirche herrschen sollte. Dazu bedurfte man eines Mannes, der als Leuchte der Reformierten Kirche galt. Als solcher war Menso Alting von Emden bekannt. Der Statthalter von Friesland und Groningen, Graf Wilhelm von Nassau, bat deshalb um die Berufung dieses Mannes an die Spitze der reformierten Kirche in Groningen. Der Emdener Kirchenrat erteilte Menso Alting die Erlaubnis, nach Groningen zu gehen. Graf Edzard aber verweigerte sie. Der Magistrat der Stadt hielt diese Verweigerung des Grafen zurück; Alting reiste daher nach Groningen und hielt in der dortigen Martinskirche seine Antrittspredigt über den Psalm 118, Vers 24. Binnen kurzer Zeit entwarf er eine neue Kirchenordnung und kehrte dann nach Emden zurück.

Graf Edzard verlangte nun, daß Menso Alting durch den Magistrat die Kanzel verboten werde. Alting erbat seine Entlassung, um nicht schuld an einem weiteren Zerwürfnis zu sein. Das Volk von Emden aber ließ durch eine Eingabe an den Magistrat wissen, daß Herr Menso „in seinem Berufe fortfahren solle“.

Wilhelm von Nassau versuchte in dieser Sache zu vermitteln. Graf Edzard durfte diesem Vermittler nichts abschlagen. So blieb Menso Alting seiner Gemeinde Emden erhalten. Das Zerwürfnis aber schwebte untergründig weiter und eskalierte 1595, als auf dem doppelten Landtag zu Aurich weder die ständischen noch die Emdener Beschwerden zufriedenstellend geregelt werden konnten, weil Graf Edzard stur blieb.

Als sich die Menschen nun an vielerlei Orten trafen, verbot Graf Edzard alle heimlichen Zusammenkünfte und stellte diese unter schwere Strafe.

Da die Emdener Bürger sich auch danach trafen, beschlossen sie aus Furcht, im Handstreich überrumpelt zu werden, die Bewachung der Stadt in eigene Hände zu nehmen. Die Hauptwache wurde auf das Rathaus verlegt. Die Bürger weigerten sich trotz der gräflichen Aufforderung, das Rathaus, „das auf ihre Kosten erbaut worden war, wieder zu räumen“. Sie besetzten das darin befindliche Arsenal und ließen sich vom Magistrat die Schlüssel zu allen Räumen aushändigen.

Graf Edzards Kanzler Westerholt erwirkte daraufhin am 21. Januar 1595 in Prag am kaiserlichen Hof ein Dekret an den Grafen und alle Landstände, sich ruhig zu verhalten, weil alle Beschwerden geregelt werden würden. Dem Grafen wurde geboten, seinen Untertanen keinen neuen Anlaß zu Klagen zu geben. Die Emdener Bürgerschaft wurde verwarnt und ihr für den Fall weiteren Aufruhrs eine Strafe von sechzig Mark lötigen Goldes angedroht. Sie habe alle verdächtigen Zusammenkünfte zu unterlassen und das Vierziger-Kollegium abzuschaffen. Das Rathaus müsse geräumt werden und dem Magistrat seien die Schlüssel zurückzugeben.

Die ebenfalls in Prag anwesenden ostfriesischen Abgeordneten überreichten zwar eine Eingabe, in der Kanzler Westerholts Beschwerden widerlegt wurden, aber sie erreichten nichts weiter, als daß dem Grafen befohlen wurde, dem Hofgericht keine Hindernisse bei der Ausführung seiner Arbeit in den Weg zu legen. Es sollte die mit Billigung der Stände ausgeschriebenen Steuern in der festgesetzten Höhe erheben können. Der Graf habe seine Regierung so zu führen, daß niemand mit Recht gegen ihn oder seine Beamten Beschwerde erheben könne.

Die Emdener Revolution

Die Vorgeschichte dieser Emdener Erhebung begann, wie vorher berichtet wurde, bereits 1594, als der Emdener Prediger Menso Alting ohne Zustimmung des Grafen Edzard nach Groningen gereist war, um die dortige Gemeinde nach dem Willen des neuen Statthalters von Friesland und Groningen, Graf Wilhelm von Nassau, in der reformierten Lehre zu unterweisen.

Das in Prag durch den ostfriesischen Kanzler Westerholt am 21. Januar erwirkte Dekret gegen das Vorgehen der Emdener Bürgerschaft schürte noch das Feuer.

Graf Edzard sah darin die Bestätigung für sein rigoroses Verhalten und griff zu noch stärkeren Mitteln. So wurden drei Landtags-Deputierte aus Leer, die sich der Einführung eines lutherischen Rektors für den nach Groningen berufenen Ubbo Emmius widersetzten, verhaftet und in Leerort eingesperrt.

Die Verstärkung der gräflichen festen Plätze und die Anwerbung von Söldnern durch Edzards Beauftragte deuteten darauf hin, daß diesen Taten weitere folgen würden. Als schließlich auch alle Kirchenversammlungen verboten wurden, war es nur noch ein Schritt zum bewaffneten Aufstand in Emden. Der Funke zündete, als Graf Edzard befahl, ihm die Armenrechnung Emdens und die Almosenordnung vorzulegen. Dies wurde ihm verweigert, weil man fürchtete, daß der Graf Abstriche daran vornehmen könnte.

Bürgermeister Tjabbern versuchte als Vorsitzender des Konsistoriums, seine Amtsbrüder dazu zu bewegen, den gräflichen Forderungen nachzukommen und ihm die Armenrechnung vorzulegen. Dazu berief der Magistrat zum 18. März 1595 eine Versammlung des Konsistoriums ein. Da das Versammlungslokal sehr rasch überfüllt war, baten Sprecher der Bürgerschaft das Konsistorium, in die Kirche zu kommen.

Prediger Alting erstieg die Kanzel. Er erklärte: „Ich habe diese ungewöhnliche Versammlung nicht veranlaßt, dennoch bitte ich Euch alle, für ein gutes Gelingen derselben zu beten."

Nach dem Gebet gab er die Meinung des Magistrats bekannt, dem Grafen in seinen Forderungen nachzugeben.

Die Versammlung war dagegen, weil die „Almosen nur durch die Spendenfreudigkeit der Emdener Bürger zusammengebracht" worden seien. Der Prediger wurde ersucht, dies dem Magistrat mitzuteilen, wozu Alting unter der Bedingung bereit war, daß ihm bezeugt werde, daß er im Auftrag der Bürgerschaft handele. Da der Hof in Aurich ihn sicher als Urheber dieses Aufstandes ansehen werde, bat er um seine Entlassung aus dem Dienst.

Nunmehr ergriff der Kirchenälteste, Mitglied der Vierziger und Teilnehmer der Deputationsreise vom Januar nach Prag, Gerhard Bolardus, das Wort. Er erinnerte an die vielfachen Übergriffe des Grafen und an die Verhaftung von Bürgern aus Norden und Leer. Dann fragte er:

„Wollen Sie sich mit Ihren Frauen und Kindern in dem geknüpften Netz fangen lassen, oder haben Sie den Mut, die Stadt gegen alle drohenden Gefahren zu sichern und Ihr Leben dem Wohle und der Freiheit der Stadt zu opfern?" (Siehe H.F.W. Perizonius: a.a.O.)

Die Bürger brachen in Beifallsrufe aus, und Bolardus fuhr fort: „Wenn Ihr etwas Männliches unternehmen wollt, dann will ich Euer Anführer sein und werde, wenn es notwendig ist, Gut und Blut für die Bürgerschaft und die väterliche Freiheit wagen."

Die Bürger wählten Bolardus zu ihrem Führer und versprachen, für die Verteidigung der Freiheit des einzelnen und der Stadt Emden zu den Waffen zu greifen. Sie baten Bolardus, sechs Colonelle zu wählen.

Bis zu diesem 18. März 1595 waren bereits seit einigen Jahren in Emden sechs Colonelle oder Quartiermeister in Dienst, die von den Magistraten angestellt worden waren. Jeweils zwei in den Stadtteilen Emden-Süd, -Nord und Mittelstadt sorgten für Ruhe und Ordnung und führten auch das Wachwesen.

Zur gleichen Zeit hatte Graf Edzard ebenfalls sechs Colonelle ernannt, und zwar auf den Faldern, in jedem Faldern drei.

Anstelle dieser 12 Colonelle oder Quartiermeister ernannte Bolardus jetzt deren sechs, und zwar sich selber, J. Ameling und Peter de Vischer für die Stadt, J. Winholdt, H. Willems und H. de Brander auf den Faldern.

Diese sechs Colonelle teilten die Bürger, die sich gemeldet hatten, in 21 Kompanien ein, von denen 15 in der Stadt unter den drei Stadt-Colonellen Dienst tun sollten, während die sechs restlichen den drei Colonellen auf den Faldern unterstellt wurden.

Als dies geschehen war, verließen alle die Kirche und gingen heim. Die Colonelle kleideten sich zu Hause ein, griffen nach ihren Waffen, verließen ihre Häuser wieder, um nun die Bürger, die sich ebenfalls bewaffnet hatten, zu ordnen und mit ihnen, in Gruppen aufgeteilt, das Rathaus, die Marktplätze, die Stadtwälle, die Stadttore, den Bauhof und die Butfenne beim Hafen zu besetzen. Der Seehafen, die inneren Ausfahrten und die übrigen „vornehmen Örtlichkeiten der Stadt" wurden ebenfalls besetzt. Lediglich das gräfliche Schloß wurde nicht angetastet. Dafür wurden die auf dem großen Emdener Friedhof stehenden Kanonen in Besitz genommen und zum Feuern vorbereitet.

Alles dies ereignete sich am hellen Tage des 18. März 1595. Es fiel kein einziger Schuß, keine Gewalttat wurde begangen, kein Degen gezogen.

Nachdem dies geschehen war, zogen die Colonelle mit den nicht an den genannten Objekten wachenden Bürgern auf den Neuen Markt. Dort wurde beraten, was weiter zu tun sei. Die Colonelle beschworen im Angesicht der Bürger, „die Stadt zum Besten von Kaiser und Reich und auch des Grafen Edzard und zur besonderen Wohlfahrt der Bürger zu beschützen, dabei einander mit Gut und Blut beizustehen und jedem den nach Rang und Würden gebührenden Gehorsam zu leisten".

Danach wurde auch die Wache am Alten Markt besetzt, und die übrigen Bürger gingen beruhigt heim.

Die Präzision in der Durchführung der Aktionen des 18. März bewies zweifelsfrei eine große Vorarbeit; und die Tatsache, daß „rein zufällig" auch fast alle Handwerker aus Faldern in der Stadt anwesend waren und die Kirchenversammlung besuchten, erhärtete diesen Verdacht.

Am Morgen des 19. März versammelte sich die Bürgerschaft auf dem Rathaus, wo inzwischen der gräfliche Sekretär Schröder erschienen war, der direkt nach Eintreffen der Nachricht von der Emdener Revolution in Aurich in Marsch gesetzt worden war. Schröder brachte den Emdenern folgende vier Fragen von Graf Edzard mit:

1. Was hat Euch zu der am Vortage vorgenommenen Neuerung bewogen?
2. Was wollt Ihr damit bezwecken?
3. Gedenkt Ihr, dem Kaiser, dem Reich und dem Grafen als Euren Landesherrn auch ferner den schuldigen Gehorsam zu leisten?
4. Wollt Ihr von diesen Neuerungen abstehen oder dabei beharren?

Nach einer Besprechung der Colonelle und der rechtskundigen Bürger wurde dem Sekretär eine schriftliche Antwort mitgegeben, die von den Quartiermeistern Bolardus und de Vischer unterschrieben wurde. Sie lautete:

„Weil der Graf die Bürgerschaft in geistlichen und weltlichen Angelegenheiten unterdrücket, ihren öffentlichen Klagen kein Gehör gegeben, die Privilegien der Stadt schmälert, die Schiffer mit Seepässen belästigt, die geistlichen Klostergüter, die fast ein Drittel der Grafschaft betrugen, an sich gezogen, verschiedenen Gemeinden neue Prediger gegeben und Schullehrer aufgedrungen, die Konsistorialversammlungen verboten, verschiedene Untertanen unschuldigerweise eingekerkert, seine Schlösser mit Munition und Volk angefüllt, gefährliche Drohungen wider die Stadt ausgebracht und auf ein falsches Vorgeben sich gründendes kaiserliches Poenal-Mandat wider die Stadt erschlichen hat, sind wir zu diesen Neuerungen gezwungen worden. Und zwar nicht, um den Grafen auf irgendeine Weise zu beleidigen, sondern zu unserer Selbstverteidigung. Wir sind erbötig, dem Kaiser und dem Grafen in allen billigen Sachen den schuldigen Gehorsam zu erweisen." (Siehe: H.F.W. Perizonius: a.a.O.)

Die Emdener bekundeten außerdem in diesem Schreiben, daß sie die ihnen angelasteten Schandtaten, wie z. B. die Ermordung der Lutheraner in der Stadt, die Erstürmung der neuen Münze, die Trennung der Grafschaft vom Reich nicht begangen noch geplant hätten. Diese Angaben seien falsch, nur zu dem Zwecke gemacht, ein kaiserliches Dekret gegen Emden und seine Bürger zu erlangen.

Diese Sprache war offen und unzweideutig, und jene, die sie führten, die Bürger der größten Stadt Ostfrieslands, wußten, welchen Gefahren sie sich damit aussetzten, aber ihr Schlußsatz zeigte auch auf, daß sie dem Grafen, Kaiser und Reich Gehorsam leisten würden, aber um der eigenen Sicherheit halber die Stadt auch in Zukunft besetzt halten mußten.

Um nun weitere Anschwärzungen von gräflicher Seite beim Kaiser zu verhindern, zumindest ihnen zuvorzukommen, schickte Emden am 20. März den Bürger Gerhard Ruffelaer nach Prag, um vor den Reichsräten vorzutragen, was in Emden geschehen war. Die schriftlichen Instruktionen dazu erklärten noch einmal, daß die Bürger Emdens zur Inbesitznahme der Stadt gezwungen worden seien, weil der Graf dem kaiserlichen Provisional-Dekret nicht gehorcht habe.

Der Kaiser wurde gebeten, dem Grafen Edzard zu befehlen, das Dekret zu befolgen. Wenn dies nicht erfolge, sehe man sich gezwungen, außerhalb des Landes um Hilfe und Schutz nachzusuchen. Wenn daraus wiederum der Grafschaft und dem Reiche Schwierigkeiten entstünden, so seien sie, die Bürger Emdens, nicht dafür verantwortlich, da sie alles zeitig genug angezeigt und um Hilfe und gütliche Abänderung gefleht hätten.

Gerhard Rufelaer kehrte nach Emden zurück, und schon bald zeigte sich, daß der Magistrat der Stadt wie vorher weiterwurstelte und keine der echten Beschwerden der Bürger abstellte. Die Bürger erteilten nun in öffentlicher Versammlung den Vierzigern und den sechs Quartiermeistern die Weisung, den gesamten Rat der Stadt abzusetzen und einen neuen zu wählen.

Dies geschah sofort. Anstelle der beiden Bürgermeister Horen und Tjabbern wurden vier neue Bürgermeister gewählt. Es waren die Honoratioren Artopäus, Diurken, Sicken und Wolters. Artopäus nahm die Wahl nicht an, weil er die Wählenden nicht zu einer solchen Wahl berechtigt sah.

Anstelle der sieben alten Ratsherren Brugmann, Dincklage, Egberts, G. Fewen, Grawerts, Joesten und Willichen wurden sieben neue gewählt. Und zwar: Backer, P. Eeck, T. Eeck, S. Fewen, Everdes, Kuelmann und Schinkel. Zum Staatssyndikus wurde Dr. Wiarda ernannt und angestellt. Die vertrauenswürdigen Bürger Folkers und Müller lösten den Sekretär Paulinus ab.

Nachdem diese Wahlen von der Bürgerschaft bestätigt waren, wurden am 24. März die Namen der neuen Ratsherren vom Rathaus aus feierlich bekanntgegeben.

Um den Emdenern zuvorzukommen, entsandte Graf Edzard seinen Kanzler Westerholt in die Generalstaaten. Dieser berichtete dort, daß die Emdener rebellisch geworden seien, und sprach die Bitte aus, dem Grafen zu Hilfe zu kommen.

Die Emdener hörten von ihren Gewährsleuten in s'Gravenhage, was sich dort tat und schickten mit der schnellsten Kutsche ihren Quartiermeister de Vischer dorthin. Dieser sollte nun aus Emdener Sicht den Generalstaaten den Star stechen und die Versicherung abgeben, daß alles, was die Emdener Bürger unternommen hätten, zur Sicherheit der Stadt und ihrer Bewohner geschehen sei.

Erst nachdem sie auch de Vischer gehört hatten, antworteten die Generalstaaten dem ostfriesischen Grafen: „Es würde am besten seyn, wenn der Graf die Irrungen gütlich beyzulegen suchte, wozu wir uns als Unterhändler und Vermittler zur Verfügung stellen."

Als diese Erklärung in Emden bekannt wurde, erhielt der Abgeordnete de Vischer die Weisung, die angetragene Vermittlung im Namen der Stadt anzunehmen. Dies geschah, und de Vischer reiste heim.

Die Generalstaaten ernannten den Junker van der Helle aus Gelderland, den Bürgermeister von Amsterdam, Cant, und Doktor Aresma aus Westfriesland zu Kommissaren der Vereinigungskommission.

Der neue Stadtrat von Emden ging nun daran, das Wachwesen in Ordnung zu bringen. Die am 18. März gebildeten 21 Bürger-Kompanien bezogen mit fünf Kompanien in der Altstadt an der Südseite Quartier. Fünf weitere Kompanien standen an der Nordseite, fünf auf dem Mittelfaldern und in Nord- und Südfaldern jeweils drei. Jede Kompanie hatte ihren Hauptmann, Leutnant und Fähnrich. Neben den Colonellen bildeten die 21 Kompaniechefs ein Kollegium, das „Bürgerliche Kriegskammer" genannt wurde. Diese versammelte sich in der Schüttenhoeftlingskammer.

Am 1. April schickte Graf Edzard einen Abgesandten nach Emden mit dem Auftrag an den neuen Rat, die Besatzungen aus den besetzten Ortsteilen abzuziehen und den alten Magistrat wieder einzusetzen. Am 9. April wurde dieser Befehl mit dem gleichen Mißerfolg wie der erste wiederholt. Die Bürger Emdens zogen sich auf den Vergleichsvorschlag der Generalstaaten zurück.

Graf Edzard ließ nun weitere Söldner anwerben und mit ihnen die Haupthandelsknotenpunkte und Ausfallstraßen besetzen. Diese Truppen fingen eine Reihe Emdener Bürger ab und setzten sie gefangen.

In einer Versammlung der Bürgerlichen Kriegskammer wurde nun darauf hingewiesen, daß es Graf Edzard möglich sein würde, über den Mittelwall mit dem freien Zutritt ins Land in sein Schloß zu gelangen und dieses zu besetzen. Von dort aus seien dann Handstreiche und Überfälle direkt in die Stadt hinein möglich. Es müsse verhindert werden, daß das Schloß ein Gefahrenpunkt für Emden werde.

Den Beschluß zur Inbesitznahme des Schlosses wurde am 18. April gefaßt. Am nächsten Morgen zogen einige schwerbewaffnete Kompanien vor das Schloß und forderten dessen Besatzung auf, das Haupttor zu öffnen und keinen Widerstand zu leisten.

Die 40 Soldaten der gräflichen Besatzung kamen dieser Aufforderung nach und ließen die bewaffneten Bürger ein. Diese zerstörten alle Befestigungswerke und den Schloßwall. Sie füllten den Schloßgraben mit Erde und Schutt aus und schafften die dort stehenden Kanonen in die Stadt, wo sie auf dem Neuen Markt aufgestellt wurden. Die Wohngebäude und das Gut wurden jedoch nicht angetastet. Eine Bürgerwache wurde ins Schloß gelegt.

Dieses Unternehmen forderte den besonderen Zorn des Grafen heraus. Er ließ weiter Söldner anwerben, um den Emdenern zu zeigen, wer der Herr im Hause Ostfriesland sei.

Am 28. April ließ der Bürgermagistrat von Emden eine Warnung herausgeben, alle Einwohner des platten Landes sollten darauf achten, kein fremdes Volk in das Land hereinzulassen, widrigenfalls man die Emder Siele öffnen und das Land um die Stadt herum unter Wasser setzen würde.

Am 3. Mai gingen die Emdener dann sogar zur Offensive über, indem sie einige stark armierte Schiffe auf die Ems und in die Nordsee schickten. Diese hatten Weisung, die Zufuhr von Getreide nach Ostfriesland und ins Harlingerland zu verhindern.

Graf Edzard schickte seinen Kanzler Westerholt ein zweites Mal in dieser Sache nach 'sGravenhage. Westerholt traf am Abend des 8. Mai dort ein und trug am nächsten Morgen den Vertretern der Generalstaaten vor, was seither in Emden geschehen war. Es wurde Westerholt erklärt, daß man die zum gütlichen Vergleich eingesetzte Kommission bereits nach Groningen geschickt habe, wo sie auf eine Weisung von Graf Edzard warte, an welchen Ort sie sich zur Verhandlung begeben solle. Die Festung Delfzyl wurde zum Verhandlungsort bestimmt.

Bevor die Verhandlungen in Delfzyl begannen, führten die drei Söhne Edzards, Enno, Johann und Christoph, am 25. Mai 1200 Arbeiter und Söldner nach der Knocke nahe Wibelsum an der Ems. Dort wurde eine Schanze angelegt und stark befestigt. Sie hatte das Ziel, die Emdener Schiffahrt zu behindern, wenn nicht gar den gesamten Schiffsverkehr aus Emden hinaus und nach Emden herein zu unterbinden.

Die vorher bereits in See gegangenen Emdener Schiffe konnten am 27. Mai bei Funnixer Siel ein Schiff mit 55 Lasten Roggen kapern und schnappten auch noch am 28. Mai bei Bensersiel ein gräfliches Kriegsschiff.

Als die Emdener an diesem Tage erfuhren, daß Graf Edzard II. von Aurich nach Greetsiel reisen würde, unternahmen sie mit 500 Mann einen Ausfall aus der Stadt, um den Grafen zu fangen. Doch dieses Vorhaben mißlang.

Da Enno Cirksena von der Schanze aus ein sich näherndes holländisches Schiff beschossen hatte, fürchteten die Emdener, daß auch die Holländer die Ems besetzen würden. Sie ersuchten deshalb die Generalstaaten am 30. Mai um einige Truppen, die während der Delfzyler Unterhandlungen in Emden Quartier beziehen sollten.

Dies wurde zugestanden, und unter der Führung von Oberstleutnant Hettinga kamen fünf niederländische Kompanien Soldaten zu jeweils 200 Mann zu Schiff nach Emden und wurden am 9. Juni im Drostenhafen willkommen geheißen. Aber erst am 13. Juni durften sie in die Stadt einziehen, nachdem man den Bürgern klargemacht hatte, daß diese Einquartierung unumgänglich notwendig sei.

Bei den Unterhandlungen in Delfzyl übergaben zuerst die Abgeordneten von Emden am 1. Juni schriftlich ihre Forderungen. Graf Edzard zog am 13. Juni nach. Danach reisten die beiden gräflichen Abgeordneten, Kanzler Westerholt und Rat Limburg, wieder nach Aurich zurück.

Nach der Aufforderung der Landstände auf dem Landtag in Larrelt während des Juni 1595 zog Graf Enno die Besatzung von der Knocke zurück. Danach reiste er mit der Erlaubnis seines Vaters samt den Abgeordneten Ico und Wilhelm von Knyphausen, von Plettenberg, von der Wenge, von Ewsum und Dr. Heckmann am 3. Juli nach Delfzyl. Sie verhandelten ebenso wie die Emdener Abgeordneten mit den Vertretern der Generalstaaten, und nachdem Graf Edzard am 9. Juli seine letzte Antwort auf strittige Fragen abgesandt hatte, kam der Vergleich zwischen dem Grafen und der Stadt Emden zustande, in den am 15. Juli Graf Edzard einwilligte.

In diesem Vertrag mußte Graf Edzard Emden allerlei Zugeständnisse machen. Lästige Einfuhrzölle fielen. Emden zahlte dem Grafen eine erhebliche Summe zur Begleichung erlittener Verluste, und die Generalstaaten verpflichteten sich zur Garantie dieses Vertrages. Damit hatten auch sie aus ihrer Vermittlerrolle das Beste gemacht, denn von nun an konnten sie auf die ostfriesischen Verhältnisse direkt einwirkten und Ostfriesland, vor allem aber Emden, stärker in ihre Einflußzone hineinziehen.

Daß dieser Vergleich in Wahrheit eine Kapitulation des Grafen war, wurde im Hause Cirksena durchaus erkannt.

Emden hatte eine Reihe Rechte erkämpft, der Stadt wurden alle Freiheiten und Privilegien bestätigt. Die Wahl der Bürgermeister und der Ratsherren wurden dem Rat der Vierzig überlassen. Die Magistratsangehörigen mußten dem Grafen und der Stadt gleichzeitig Treue schwören. Die Vierziger aber wurden aus der Bürgerschaft gewählt.

Faldern wurde Emden eingemeindet. Dafür erhielt Graf Edzard jährlich 1700 Taler.

Die gräfliche Burg blieb nach der Stadtseite zu ohne Befestigungen. Bürgermeister und Rat der Stadt sollten hinfort die Stadtwache stellen, die Stadt zahlte dem Grafen 80000 Gulden und sorgte für den Schutz der Burg nach der Stadtseite hin. Allem Groll und Hader sollte entsagt werden. Die Eidesleistung der Bürgermeister und des Rates erfolgte mit dem Passus, „Graf Edzard und der Stadt Emden jederzeit treu und hold" zu sein. Im September erfolgte die Unterschrift des Vermittlers, der Generalstaaten, unter den Vergleich.

Noch während in Delfzyl verhandelt wurde, traf in Ostfriesland die kaiserliche Bestätigung des Erstgeburtsrechtes ein, wie es im Testament Edzard des Großen bestimmt war. Von nun an war die Grafschaft Ostfriesland unteilbar.

Der Streit aber war mitnichten beendet, wie die vielen Vorkommnisse der folgenden Jahre zeigen sollten, die hier aufzuzählen zu weit führen würde.

Ein ganz anderes Ereignis forderte von Ostfriesland seinen Tribut. Es war die Pest, und ihr auf dem Fuße folgte die große Sturmflut.

Die Pest breitete sich von Juli 1597 an in Ostfriesland aus. Sie raffte in den 15 Monaten ihrer Dauer im ganzen Land Tausende Menschen hinweg. Besonders stark wütete sie sowohl in Norden, als auch Emden und in Aurich.

Prediger Elsenius in Norden, der an dieser Seuche seine Frau und den jüngsten Sohn verlor, teilte mit, daß in seiner Gemeinde vom 2. September bis zum 3. Dezember 1597 insgesamt 3300 Menschen durch die Pest hinweggerafft worden seien. Im Monat September habe es an keinem Tag unter 30, am 18. September sogar 52 Tote gegeben.

Als diese hohe Sterblichkeit das Land heimsuchte, brach am 15. September 1597 die „Lambertiflut" über Ostfriesland herein. Ein Orkan von ungeheurer Stärke jagte die See gegen die Deiche, zerriß diese und schwemmte sie fort. Das Wasser stand noch um zwei Fuß höher als bei der ebenfalls verderblichen Allerheiligenflut des Jahres 1570. Die Folge dieser Sturmflut war, daß im November 1597 eine Last Roggen 133 Taler kostete.

Neue Unruhen in Emden mit der Enthauptung der „Rädelsführer" auf dem Neuen Markt kamen 1598 hinzu. In diese Unruhen hinein erfolgte die zweite Heirat Ennos III. mit Prinzessin Anna, einer Tochter des Herzogs Adolph von Holstein-Gottorp, die in Esens, dem Sitz Ennos, vollzogen wurde. Durch diese Verbindung wurde das Haus Cirksena mit Dänemark, Schweden und Hessen verbunden. Enno III.

ließ dazu verlautbaren, daß er nunmehr mit Hilfe seiner neuen Verwandten den Widerstand im Innern des Landes schon brechen werde.

Es kam zu vielerlei gegenseitigen Drohungen und zur Ausrüstung von Kaperschiffen, die gegen Emdens Handelsschiffahrt eingesetzt wurden.

Als die Vierziger von Emden am 1. Januar 1600 den Magistrat selbständig gewählt hatten, schickten sie einen Boten an Graf Edzard. Der Graf las den Bericht, ließ den Boten bis auf das Hemd entkleiden, durchprügeln und halbnackt fortjagen.

Der Magistrat von Emden wurde nunmehr auf Kaiser und Reich verschworen, ohne Graf Edzard auch nur mit einem Wort zu nennen. Dies veranlaßte diesen wiederum zu schweren Kontributionen von jeweils einem Reichstaler für jedes Pferd und jede Kuh.

Noch ehe dieser Verstoß gegen das kaiserliche Verbot Wirkung zeigte, ließ Edzard, der schwer erkrankt war, am 27. Februar 1600 seine Söhne Enno, Gustav und Karl Otto, die Töchter Sophia und Maria und seine Enkelinnen Sabina Katharina und Agnes an sein Bett kommen. Er segnete sie und ermahnte sie zu Einigkeit und gegenseitiger Liebe, zur Ehrfurcht und zum Gehorsam gegen ihre Mutter und entließ sie dann.

Am 11. März starb Edzard II., am 13. März wurde er in Aurich in dem neuerrichteten Grabgewölbe der Familie beigesetzt. Graf Edzard hatte mit seiner schwedischen Gemahlin Katharina 11 Kinder. Er war 67 Jahre alt geworden. Während sein Großvater Edzard der Große nur auswärtige Feinde hatte und bei seinem Volk beliebt war, starb Edzard II. mit seinem Volke unversöhnt im Streit.

Enno III. und seine Zeit

Neuer Herr in Ostfriesland war nunmehr Graf Enno III., der zur Zeit der Übernahme der Regierungsgeschäfte bereits 36 Jahre alt war. Er war ein sehr gebildeter, kluger Mann, und unmittelbar nach dem Regierungsantritt suchte er als erstes die Vornehmsten seines Landes für sich zu gewinnen. Es gelang ihm, die Brüder Ico und Wilhelm, Freiherren von In- und Knyphausen, auf seine Seite zu ziehen. Darüber hinaus verstand er es, mit Emden Frieden zu schließen und den bekannten Bürgermeister der Stadt, Bolarus, den Obersten Peter de Vischer und den Syndikus der Stadt Dothias Wiarda für sich zu gewinnen.

Emden selbst aber verweigerte auf dem Ständetag zu Hinte am 23. März 1600 die Huldigung auf Enno III. so lange, bis der Graf alle noch offenen Streitpunkte beigelegt haben würde.

Das Mißtrauen gegenüber Graf Enno III. wurde vor allem dadurch genährt, daß zu dieser Zeit gerade ein spanischer Kaperkapitän seine den Emdenern geraubte Beute für 20600 Gulden in Aurich auf dem Markt öffentlich verkaufen durfte. Zwar wurde der Kaperer auf Verlangen des Emdener Magistrats eingezogen, doch ließ man die Kaperer wieder entkommen. Wieder kam es zu Streitigkeiten, bei denen sich die Bürgerschaft teilweise auf die Seite des Grafen schlug, der mit 700 Mann Truppen inzwischen Oldersum erreicht hatte.

Es gelang, zum 2. Juni 1600 einen Landtag einzuberufen. Hier traten die ständischen Deputierten mit einer Beschwerdeliste in Stärke von 19 Bogen auf. Doch alle Beschwerden konnten erledigt werden. Dies nicht zuletzt dank der Tätigkeit der neutralen Deputierten aus dem Ausland. Im September kam ein Vergleich zustande: die Concordaten.

Graf Enno III. sicherte die Bestätigung aller Privilegien, Freiheiten, alten Gebräuche und Ordnungen der Stände sowie die Wirksamkeit aller zwischen den Ständen und seinen Vorfahren geschlossenen Verträge zu. Die Stände erklärten, dem Grafen als ihrem Landesherrn „allen schuldigen Respekt, Ehrerbietung, Gehorsam, Treue und Untertänigkeit zu beweisen und seine Regalien, Dignitäten, Hoheiten und Rechte in keiner Weise zu schmälern“.

Die Ritterschaft erlangte das Patronatsrecht, die Stände und Landgemeinden das Wahlrecht ihrer Prediger und Schullehrer. Das Hofgericht und seine Ordnung wurden gewährleistet. Alle Steuern sollten nur mit Beirat, Einwilligung und Zutun der Landschaft ausgeschrieben werden.

Nachdem am 1. November auf dem Landtag in Aurich die Ritterschaft ihre erste Matrikel übergab, nach welcher die adeligen Besitzer von Gödens, Knyphausen, Oldersum, Rysum, Up- und Wolthusen, Lütetsburg, Jennelt, Dornum, Borssum, Uplewart, Hamswerum, Grothusen, Visquard, Uiterswehr, Grimersum, der kleinen Burg von Dornum, Nesse, Arle, Uttum, Midlum, Hinte, Loppersum und Leer zu den Landtagen „verschrieben“ werden sollten, war die Atmosphäre gereinigt.

Am 27. November begab sich Graf Enno III. zur Entgegennahme der Huldigung mit einem glänzenden Gefolge nach Emden. Dort wurde er feierlich empfangen. Die Huldigungspredigt hielt Prediger Menso Alting. Auf dem Neuen Markt fand das große Huldigungsfest statt.

Graf Enno III. zeichnete nach der Feierlichkeit Menso Alting besonders aus. Er setzte Wilhelm von Knyphausen als einheimischen Drosten ein und blieb bis nach Ostern in Emden.

Die Stände brachten der Gräfin 10000 Reichstaler zum Geschenk und ihrer Tochter als Angebinde eine Kette von 112¾ Lot zum Preise von 1183 Reichstalern. Das Geld dazu hatte die landschaftliche Kasse zu 12% bei dem Goldschmied geborgt.

Enno III. war sich darüber im klaren, daß seine Herrschaft auf das Harlingerland und auf die Grafschaft Rietberg zunächst seinen beiden Töchtern aus erster Ehe zugefallen war. Um sich diesen Besitz dauernd zu sichern, gab er diesen beiden Töchtern zwei seiner Brüder, Gustav und Johann, zu Vormündern. Mit diesen wiederum schloß er einen Vergleich, nach welchem die drei Herrschaften Esens, Stedesdorf und Wittmund für immer mit Ostfriesland vereinigt wurden. Dafür verzichtete Enno III. auf die Zurückforderung von 121000 Reichstalern, die er zur Bezahlung der Rietbergischen Schulden aufgebracht hatte, und sprach seinen Töchtern eine Abfindung von insgesamt 200000 Reichstalern zu. Dieses Kapital würde wieder an das Cirksenasche Haus fallen, wenn die beiden Gräfinnen ohne Leibeserben sterben sollten. Außerdem sicherte er ihnen den Nießbrauch an den übrigen Gütern ihrer Mutter zu.

Dieser Berumer Vergleich sprach Sabina Katharina immerhin 35000 Reichstaler und die Grafschaft Rietberg, Agnes 165000 Reichstaler zu.

Der Vertrag wurde am 19. September 1600 vom Kaiser bestätigt. Daß Graf Enno III. mit seinem Bruder Johann dem Mädchen Sabina Katharina nicht nur einen Vormund, sondern zugleich auch den künftigen Ehemann geliefert hatte, konnte er nicht ahnen.

Graf Johann erlangte durch persönliche Bitte von Papst Clemens VIII. den nötigen Dispens zur Heirat einer so nahen Verwandten. Dazu gewann er mit seiner Braut auch eine neue Bekennerin der katholischen Konfession in Ostfriesland.

Im März 1601 wurde die Trauung in Gegenwart des Kurfürsten von Köln von einem Jesuiten vorgenommen. Gäste aus dem gräflich-ostfriesischen Hause fehlten. Enno III. bewilligte seiner Tochter dennoch 20000 Reichstaler als Aussteuer.

Johann nannte sich nunmehr Graf von Ostfriesland und Rietberg, Herr zu Esens, Stedesdorf und Wittmund.

Am 30. November des Vorjahres 1600 kehrten die gräflichen Abgesandten Wilhelm von Knyphausen, Kanzler Franzius und Peter de Vischer aus Prag zurück, wo sie am 19. September den auf Graf Enno

III. ausgestellten Lehnsbrief und einen kostbaren türkischen Säbel als kaiserliches Geschenk für Enno erhalten hatten.

Im Lehnsbrief war das Erstgeburtsrecht bestätigt und das im ersten Lehnsbrief von 1454 nicht erwähnte Ober- und Nieder-Reiderland und die durch den Berumer Vergleich wiedergewonnenen Herrschaften Esens, Stedesdorf und Wittmund namentlich erwähnt und in die Belehnung einbezogen.

Unmittelbar danach konnte Ico von Knyphausen die Bestätigung der Wiedervereinigung des Harlingerlandes mit Ostfriesland durch Erzherzog Albrecht dem Herzog von Geldern und Brüssel im Namen des Königs von Spanien mitbringen.

Kanzler Franzius arbeitete während seiner Zeit in Prag auch an einem Plan, der früher schon am Hofe in Aurich besprochen worden war. Dieser Plan sah vor, Deutschland zu einer Seemacht zu machen, um der Gefährdung der Küsten durch seine Nachbarstaaten gegenüber gewappnet zu sein. In Prag suchte der ostfriesische Kanzler diesen Plan zu verwirklichen. Emden sollte als passender Ort, auch mit einem guten Hafen versehen, zum Sitz eines neu zu schaffenden Admiralskollegiums gewählt werden. Die Kosten dafür sollten aus jenen Abgaben bestritten werden, die bis dahin Fremde von deutschen Kapitänen und Handelsschiffseignern erhoben.

Dieses Projekt, so wichtig es war, begriff niemand. Die Zeit war dafür noch nicht reif. Es bedurfte noch 255 langer Jahre, um seine Verwirklichung zu bringen.

Weitere Wirren im Innern wurden durch die erneute Anwesenheit spanischer Kaperschiffe vor der Ems noch verstärkt. Emdener Schiffe wurden aufgebracht. Das Gerücht ging um, daß Graf Enno III. da seine Hände im Spiel haben könnte. Es verstummte auch nicht, als schließlich Enno III. die Befreiung der gefangenen Emdener Bürger veranlassen wollte. Die Befreiung der Gefangenen kostete die Summe von 17000 Gulden. Weitere 12500 Gulden mußten von Emden für die Gesandten nach Brüssel ausgegeben werden.

Neue Steuererhebungen machten böses Blut. Schließlich kam es sogar zur Einrichtung einer Schornsteinsteuer, dergestalt, daß für jeden Schornstein oder eine andere Feuerstätte fünf Jahre lang jährlich ein Reichstaler Steuern gezahlt werden mußte. Mennoniten und Juden wurde der doppelte Steuersatz abverlangt. Es sollte dies eine Steuer für den Kaiser, die sogenannte Türkensteuer, sein. Diese Schornsteinschatzung galt von 1601 bis 1605. Die gräflichen und adeligen Häuser sowie die Armenhäuser und Hospitäler waren davon ausgenommen.

Die Emdener Revolution setzte sich dergestalt fort, daß der Rat der Stadt Anfang 1602 abgewählt wurde. An seine Stelle traten Männer der sogenannten Patrioten-Partei und des Kirchenrates.

Diese durch die Schornsteinsteuer ausgelöste Reaktion der Emdener wurde durch Zwiste verstärkt, die zwischen Enno III. und seiner Mutter, der Gräfin Katharina, schwelten. Auch in Norden waren solche Spannungen beinahe unerträglich geworden.

Enno III. handelte klug und schnell. Er konnte am 11. März 1602 vom Kaiser ein Edikt erwirken, in dem Emden des Aufruhrs geziehen wurde. Die Anführer des Aufstandes vom vergangenen Juli wurden vor den Reichshofrat nach Prag zitiert.

Von Prag wurden der böhmische Appellationsrat Freiherr Ehrenfried von Minkwitz und der ungarische Kammerrat Ritter Carl Nutzel von Sonderspühl nach Ostfriesland entsandt, um den Friesen die kaiserlichen Befehle zur Kenntnis zu bringen. Auf der Burg des Grafen in Emden wurde den Ständen am 23. April, dem Tage des Landtages, durch den kaiserlichen Kommissar der Auftrag des Herrschers verkündet. Ein Herold verlas die kaiserliche Vollmacht zur Untersuchung der ostfriesischen Streitigkeiten.

Das Resultat der Untersuchungen stand jedoch schon fest. Es war in dem kaiserlichen Gehorsamsbrief enthalten, den der Reichsherold ebenfalls zu Gehör brachte.

Eine Woche darauf handelte Enno III. blitzschnell. Er ließ drei Kompanien, geführt von Jost von Landsberg, nach dem ungeschützten, aber widerspenstigen Norden marschieren und die Stadt besetzen. W. von Knyphausen forderte auf dem von den Soldaten besetzten Markt die Bürger auf, die Befehle des Grafen anzuhören.

Die Bürger kamen, wurden von den Soldaten eingeschlossen und aufgefordert, die Rädelsführer namhaft zu machen. Darüber hinaus sollten sie wegen der früheren Aufstände Abbitte leisten. Sie erwiderten durch ihren Sprecher, daß sie nichts mit den Tumulten in der Stadt zu tun gehabt hätten. Dies sei Sache des Pöbels gewesen.

Hauptmann Jost von Landsberg befahl nunmehr: „Fällt das Gewehr! – Fertig zum Schuß!"

Selbst auf diese Drohung reagierten die Bürger nicht. Der auf dem Markt schnell errichtete Galgen konnte sie ebensowenig schrecken. Nachdem sie acht Stunden auf dem Markt gestanden hatten, ohne Abbitte leisten zu wollen, verkündete von Knyphausen ihnen den Spruch des Grafen:

„Ihr Bürger von Norden seid als öffentliche Rebellen eures Leibes, eurer Ehre und eurer Güter verlustig. Die Stadt Norden hat damit alle verliehenen Privilegien verwirkt."

Damit waren alle Bürger der Stadt dem Henker überantwortet. Graf Enno III. wollte jedoch Gnade vor Recht ergehen lassen und erklärte, daß die verwirkten Köpfe mit einer Summe von 33000 Talern freigekauft werden könnten.

Elf Bürger wurden verhaftet und ins Auricher Gefängnis geschafft. Die an ihnen zu vollziehende Todesstrafe wurde jedoch ausgesetzt. Fünf von ihnen wurden zum Raupenschlage und sechs zum Schwert verurteilt. Doch sie wurden begnadigt.

Norden, das Sitz der Grafenmutter Katharina war, die diesen Ungehorsam mit verursacht hatte,wurde schwer gestraft. Die Klöppel wurden aus den Kirchenglocken genommen, die Kirchtürme abgedeckt und alle Wochen- und Jahrmärkte verboten. Die Soldaten quartierten sich bei den Bürgern ein.

Einer der Bürger, Heinrich von Lingen, widersetzte sich und verwehrte der Einquartierung mit der Waffe in der Hand den Eintritt in sein Haus. Er wurde von den Soldaten überwältigt und mitsamt seiner alten Mutter mißhandelt. Danach brachte man ihn nach Aurich. Dort wurde er zum Tode verurteilt. Doch auch dieses Urteil wurde nicht vollstreckt.

Damit war eine Rebellenstadt ausgeschaltet. Nunmehr ging man gegen die zweite vor: Emden. In einem Schreiben vom 10. Mai nannte Graf Enno III. die Emdener „Rebellen, Friedensbrecher und Feinde des Vaterlandes". Er teilte ihnen mit, daß er fremde Truppen angeworben habe und Emden ebenso wie Norden zum Gehorsam zwingen werde. Doch in Emden war man gegenüber diesen Drohungen taub. Im Gegenteil: man ging zum Angriff über, indem man dem kaiserlichen Kommissar verkündete, daß Graf Enno III. den allgemeinen Gehorsamsbrief und die kaiserlichen Mandate erschlichen habe, daß die Stadt beim Reichskammergericht Appellation angemeldet und eine Verteidigungsschrift von 296 Artikeln vorbereitet habe.

Der Emdener Magistrat ging sogar so weit, die Niederlande um Hilfe anzurufen. Drei Abgeordnete der Generalstaaten erschienen in Emden. Ihnen folgten am 19. Mai staatische Truppen, die in den Vorstädten Emdens Quartier nahmen. Als diese auch in der Stadt auftauchten, zeigte es sich, daß sie nicht so gern gesehen waren, wie der „patriotische Magistrat" dies gehofft hatte. Die Bindung an die Generalstaaten war die Sache einer Minderheit.

Der Magistrat ließ am 23. Mai 1602, dem Pfingstsonntag, die Soldaten in die Stadt. Es sah so aus, als sollte Emden nun für immer auf die Seite der Generalstaaten überwechseln. Zunächst ernannte man die Generalstaaten zur Schutzmacht der Stadt, dann zur Herrin über Emden. Damit war das Signal zum offenen Bürgerkrieg in Ostfriesland gegeben.

Enno III. Erfolge – Der Graf taucht unter

Zunächst verschärfte Enno III. die Blockade von Emden. Der Kaiser erlaubte ihm den Bau eines Belagerungsforts bei der Knocke, das zur Bezwingung Emdens dienen sollte.

Die kaiserlichen Kommissare, die von der Bürgerschaft und dem Magistrat Emdens eine Erklärung für ihr Vorgehen verlangten, beharrten darauf, daß Emden sich eindeutig für oder gegen die kaiserlichen Mandate aussprechen solle. Die Antwort lautete, daß man Verteidigungsschriften eingereicht habe.

Am 26. Mai verließen die kaiserlichen Kommissare Emden und zogen nach Aurich.

Graf Enno, dem staatische Vermittlung in diesem Streit angeboten wurde, lehnte diese kategorisch ab. Er reichte in Prag den Antrag ein, Emden in die Reichsacht zu tun, und bat, der Kaiser möge die Generalstaaten auffordern, ihre Truppen vom Reichsboden zurückzuziehen. Außerdem erbat er durch Sendschreiben die Hilfeleistung verschiedener Reichsfürsten gegen das aufrührerische Emden.

Die kaiserlichen Kommissare wiederum forderten Prinz Moritz von Oranien auf, Emden nicht weiter in seinem Widerstand gegen Kaiser und Reich zu unterstützen und seine eigenen Truppen sofort zurückzuziehen.

Während dieses politischen Tauziehens hatten sich die Norder Bürger zwecks Versöhnung an den Grafen gewandt. Dadurch hofften sie eine Verbesserung ihrer widrigen Lage zu erreichen.

Enno III. war froh, wenigstens eine Aufrührerstadt bezwungen zu haben. Er traf am 2. Juni in Norden ein. Die Bürger huldigten ihm und überreichten ihm eine Bittschrift, in der sie zugleich Abbitte taten und um Begnadigung baten.

Der Graf erließ Norden die Hälfte der Strafgelder und gab alle Privilegien zurück. Die Schornsteinschatzung aber wurde nicht zurückgenommen. Von den elf Verhafteten wurden fünf begnadigt, drei verbannt und drei nach Esens in Haft gebracht.

Johann von Lingen wurde begnadigt mit der Auflage, seine Tapferkeit drei Jahre im Kampf gegen die Türken unter Beweis zu stellen.

Am 3. Juni nahm Ico von Knyphausen die Huldigung des Amtes Berum für seinen Grafen entgegen. Am 16. Juni huldigte Aurich Enno III., und Greetsiel folgte am 17. Juni nach. Die Alteingesessenen des Amtes Emden ließen sich am 18. Juni widerstrebend zur Huldigung herbei. Das Amt Leer verweigerte sie jedoch. Hier griff Kanzler Franzius zu einem Trick, indem er jedes Dorf einzeln zur Huldigung aufforderte, was dann auch geschah.

Nunmehr sollte und mußte Emden selbst zur Raison gebracht werden. Da inzwischen auch des Kaisers Genehmigung dazu eingegangen war, wurde unterhalb von Emden bei Loge ein Fort errichtet.

Um das dazu notwendige Material zu bekommen, wurden in Larrelt 40 Häuser und Scheunen abgerissen.

Larrelt glich einer Hölle, denn die Soldaten gingen nicht eben zimperlich mit den erregten Bürgern um, und diese schlugen nachts heimlich zurück, was wieder neue Drangsal brachte.

Das Fort war eines der größten in Ostfriesland. Es bildete ein Fünfeck mit fünf Bastionen und hatte 160–180 Fuß Breite und 500 Fuß Länge. Die Kosten bezifferten sich auf 250000 Gulden, einem damals wahrhaft stolzen Preis.

Weitere Forts entstanden bei der Knocke, in Osterhusen, Loppersum, Westerhusen und Süderhusen, in Norden und an der Jade. Emden war damit völlig blockiert. Graf Enno III. erklärte den Belagerungszustand.

Ein Ausfall der Emdener auf Hinte mißlang. Emden schien auf Gnade oder Ungnade verloren, und wenn Enno in dieser Zeit den Angriff gewagt hätte, wäre ihm der Sieg sicher gewesen. Doch er scheute das Risiko einer Niederlage.

Als ganz überraschend im Oktober 1602 19 Kompanien Fußvolk und eine Reiter-Abteilung staatischer Truppen durch das Reiderland nach Emden zogen und, angeführt von General Warner du Bois, ihren Einzug in Emden hielten, war diese Chance vorbei.

Wenige Tage später griff am 25. Oktober ein Teil dieser Truppen die Schanze bei Hinte an und eroberte sie. Am 27. Oktober ergab sich Greetsiel den Staatischen und damit auch Emden, ohne daß es in Greetsiel zum Kampf gekommen wäre. Die Besatzungen der Schanzen von Eilsum, Risum, Larrelt und jene der Klintenburg gaben Fersengeld, noch ehe der Gegner herangekommen war. Schließlich hißte auch die Besatzung der Knocke die weiße Fahne. Damit war nur noch das große Fort auf Loger-Ort (Logum) in den Händen der gräflichen Soldaten.

Am 3. November begann die Belagerung dieses Forts. Am elften Tag der Belagerung übergab Wilhelm von Knyphausen das Fort gegen die Zusicherung des freien Abzuges der 700 Mann Besatzung mit Fahnen, Waffen und Gepäck, aber ohne die 16 metallenen und die acht eisernen Kanonen, die dem Sieger als Beute zufielen.

Damit war der Belagerungsring um Emden binnen weniger Wochen zerbrochen, die Truppen des Grafen Enno III. geschlagen und entwaffnet. Der Graf verschwand spurlos. Ob er sich in der Friedeburg verschanzt hatte oder aber außer Landes gegangen war, konnte nicht eruiert werden. Sicher ist nur, daß während dieser Zeit seine Gemahlin die Regierungsgeschäfte führte.

Emden war auf der Höhe seiner Macht und konnte das Mandat vom 27. August 1602 für eine Sondersteuer zur Finanzierung dieser Auseinandersetzung bekräftigen. Der bewaffnete Kampf gegen Graf Enno III. wurde zu einem „großen vaterländischen Krieg" umfunktioniert. Die „Ständische Freiheit" wurde verteidigt, und der Geltungsbereich dieser Freiheit war nicht nur die Grafschaft Ostfriesland, sondern das Vaterland. Die Emdener hatten Recht und Gerechtigkeit gegen einen tyrannischen Landesherrn verteidigt.

Daraus erwuchsen jene Emdener Übergriffe, die im Frühjahr 1603 mit der Forderung nach Steuern und Abgaben artikuliert wurden. Truppen verliehen diesen Forderungen Nachdruck.

Es fehlte nicht viel, und Ostfriesland wäre durch diesen Emdener Sieg zu einem ständisch-calvinistischen Land unter Oberaufsicht der Generalstaaten geworden.

Der Verfechter dieser Politik war Johan von Oldenbarnevelt. Dieser Politiker hatte bereits 1584 den Anstoß dazu gegeben, daß die Provinz Holland und Seeland den Prinzen Moritz von Oranien zum Statthalter erhielt. Er war die graue Eminenz, die im Namen des Prinzen regierte. Dieser Politiker wünschte nicht etwa einen sofortigen Anschluß Emdens an die Generalstaaten, wie dies beispielsweise Alting und die staatische Partei gern gewollt hätten, sondern lediglich in Ostfriesland einen von den Generalstaaten kontrollierten inneren Frieden, der den Kaiser beruhigen sollte. Aus diesem Grunde plädierte er für die Wiedereinsetzung des Grafen Enno, aber von ständischen Rechten eingeengt und geführt.

Daß Enno III. mit seinem Gezeter beim Kaiser und den Hilfeersuchen bei deutschen Fürsten schon genug Wirbel gegen die Generalstaaten verursacht hatte, erkannte Oldenbarnevelt daraus, daß der Reichshofrat in Prag die Generalstaaten bezichtigte, sie versuchten, „den Grafenstand zu unterdrücken und Ostfriesland ihrer Ochlocratia einzubinden“ (Siehe D. Bischoff: Ostfriesland in den englisch-niederländischen Seekriegen des 17. Jahrhunderts, In: E. JB 31, 1951). Damit brandmarkte der Reichshofrat die Regierung der Generalstaaten als Pöbelherrschaft, eine entartete Form der Demokratie, die freilich in der Geschichte nicht selten war. (Ochlos = Haufe, Masse).

Emden wollte mit dem Übertritt in die Generalstaaten vor allem den lutheranischen und im Verdacht der Spanienfreundschaft stehenden Grafen und seine Landesherrschaft loswerden. Die Stadt ging nun daran, die Gelder für jene 19 Kompanien und die Abteilung Reiterei der Staatischen beizubringen. In allen Ämtern und im Harlingerland wurden die Steuern eingetrieben und nach Emden geschafft.

Gräfin Anna, die zweite Gattin Ennos III., die noch die Regierung führte, verlangte von den Generalstaaten einen Waffenstillstand. Emden war nicht dazu bereit, zumal man dort fürchtete, daß sich der Graf im Lande versteckt aufhalte. So tauchte denn auch plötzlich im Januar 1603 Graf Enno III. wieder in Aurich auf und bat am 17. Januar in Hinte darum, den Emdenern Friedensvorschläge machen zu können.

Am 8. Februar gab es eine zweite Versammlung in Hinte. Hier erfuhren die Emdener Abgeordneten, daß Graf Enno mit Wilhelm von Knyphausen und dem Kanzler des Erzbischofs von Bremen, Coccius, einen Tag vorher nach dem Haag abgereist sei, wohin bereits vorher Dothias Wiarda aufgebrochen war, um das Terrain zu sondieren.

Oldenbarneveld diktierte den „Haagischen Vergleich“, der am 8. April 1603 von allen Parteien unterschrieben wurde.

In diesem Vergleich wurde Emden die Eingliederung aller Vorstädte in die Stadt zugesichert und die Steuerhoheit der Stadt, die man sich dort selbst angemaßt hatte, zumindest im städtischen Bereich beibehalten. Der Emdener Magistrat wählte von nun an die Bürgerschaft, der Graf hatte keinerlei Einspruchsrecht mehr. Vor allem wurde festgeschrieben, daß in Emden eine ständige Garnison mit 600 bis 700 Mann Besatzung errichtet werden solle. Der Kommandant dieser Truppe dürfe vorher weder in emdischem noch in ostfriesischem Dienst gestanden haben, was darauf hinauslief, daß man einen Niederländer wählen mußte. Aufgabe dieser Truppe sollte der Schutz der Stadt nach außen *und* ihr Schutz gegen inneren Aufruhr sein.

Die Beschwerden des dritten Standes sollten abgestellt werden, und beiderseits sollten alle übrigen Truppen binnen vier Wochen entlassen werden.

Nachdem dieser Vergleich paraphiert war, fehlten noch die Unterschriften aller Beteiligten. Graf Enno III. und die Stadt Emden gaben diese bedingungslos, die Generalstaaten drückten ihr Siegel darauf.

Nachdem im Mai dieses Jahres auf dem Landtag einige Unstimmigkeiten in Marienhafe entstanden, zog Graf Enno plötzlich seine Unterschrift wieder zurück. Er erklärte, daß nur der Kaiser selbst die von ihm erlassenen Mandate gegen Emden wieder zurücknehmen könne.

Der kaiserliche Gesandte Nützel von Sonderspühl erklärte im Namen des Kaisers den Haager Vergleich für null und nichtig. Eine Gesandtschaft forderte die Generalstaaten auf, sich nicht mehr in Reichsangelegenheiten einzumischen. Der kaiserliche Befehl an die Besatzung von Emden, die Stadt unverzüglich zu verlassen, wurde nicht befolgt. Auch die Forderung, das Fort in Loger-Ort wieder aufzubauen, wurde nicht erfüllt und die Drohung mit der Reichsacht mit Spott beantwortet.

Die Generalstaaten redeten sich damit heraus, daß sie bei den Ansprüchen der Spanier auf Ostfriesland und aufgrund des verdächtigen Benehmen Ennos III. zum Besten des Reiches gehandelt hätten, als sie eine Besatzung nach Emden legten. Der Haager Vergleich sei ja auf der Grundlage des Delfzyler Vertrages zustande gekommen, den der Kaiser bestätigt habe.

Da der Kaiser nicht energisch genug einschritt, handelten die Generalstaaten. Sie schickten im September den Bannerherrn von Cruningen nach Ostfriesland und fragten durch ihn an, ob die Stände nunmehr gewillt seien, den Haager Vergleich anzunehmen. Auf dem dazu anberaumten Landtage nahmen der Graf, die Stadt Emden, der dritte Stand, Norden und Aurich und schließlich auch die Ritterschaft den Vergleich an. Die Generalstaaten unterzeichneten am 28. Oktober, und am 21. November unterschrieben Graf Enno III., Baron von Knyphausen und die Stadt Emden.

Der Vergleich wurde bereits 1604, zuerst durch Emden,gebrochen. Die Stadt schrieb Kontributionen aus. Graf Enno III. folgte nach. Die Truppen wurden nicht entlassen. Emden erhielt eine Besatzung von 600 Mann unter Führung des Obristen Vernon. Ihre Besoldung wurde der Landeskasse auferlegt. Auch Graf Enno forderte vom Land für 600 Soldaten auf seinen Burgen Besoldung.

Der Kanzler des Grafen, Franzius, kehrte die Herrschaftsansprüche des Grafen und der hohen Stände heraus. Er gab dem Grafen jene Formulierung auf den Landtag zu Marienhafe 1604 mit, nach welcher „Städte und dritter Stand nur aus Gnaden und nicht aufgrund eines Rechtsanspruches zu den Landtagen zugelassen“ seien. (Siehe: Tileman Dothias Wiarda: Ostfriesische Geschichte Bd. I–IX, Aurich 1791–1798).

Da der frühere Emder Syndikus Wiarda in den Dienst Ennos III. übergewechselt war, verfügte Emden auf diesem und den anderen Landtagen nicht über einen cleveren Syndikus. Die Emdener Abgesandten waren den Rechtsgelehrten des Grafen nicht gewachsen. Erst im Verlaufe des Jahres 1604 konnte Emden einen neuen Syndikus, den Gelehrten Johannes Althusius, gewinnen.

Zu Beginn des Jahres 1605 sollten auf einem neuen Landtag in Marienhafe die noch bestehenden Streitigkeiten behandelt und ausgeräumt werden. Vor allem ging es um den Abbau der hohen Schuldenlasten, zu deren Abtragung man dem Grafen eine Kopfschatzung zugestehen wollte. Es kam auch diesmal zu keiner Einigung, und nach langem Streit lief man auseinander.

Erst der nächste Landtag im Sommer 1605 in Marienhafe brachte ein positives Ergebnis, das nicht zuletzt auf die Anwesenheit der Abgeordneten König Jakobs I. von England zurückzuführen war.

Enno III. hatte 1605 engeren Kontakt zur englischen Krone gesucht, denn König Jakob, der 1603 auf den Thron gekommen war, hatte ein Jahr später bereits den Krieg gegen Spanien beendet und sich in Distanz zu den Generalstaaten begeben.

König Jakob versprach Hilfe und entsandte Rudolph Winwood nach Marienhafe. Der Herzog von Holstein bot Dr. Pincier auf, und der Erzbischof von Bremen schickte den bereits in Ostfriesland gut bekannten Coccius.

Am 9. September wurde in der Kirche von Marienhafe der Landtag eröffnet. Rudolph Winwood verkündete von der Kanzel aus in lateinischer Sprache seinen Auftrag der Friedensstiftung. Durch seine Thesen forderte er die beiden großen Kontrahenten dieses Landtages, Kanzler Franzius und Syndikus Althusius, zu einem Rededuell heraus, in dem Althusius verkündete, daß Emden niemals die Absicht gehabt habe, sich von Ostfriesland zu trennen, daß es aber den Haager Vergleich nicht annullieren werde, wie Winwood dies verlangt hatte.

Winwood forderte die Emdener auf, alle ihre Besitzungen als Lehen vom Grafen anzunehmen und dafür den Huldigungseid zu leisten. Die Emdener erklärten, daß sie nichts zu Lehen empfangen wollten, was ihnen ohnehin gehöre. Es wurde trotz vieler langer und gelehrter Reden nichts erreicht, und der Prediger Elsenius faßte das Ergebnis in den Worten zusammen:

„Winwood holt ein Landdag tho Marienhave, dar redet man idel Latin und wird ock weinig uthgerichtet.“ (Vgl. H. F. W. Perizonius: a.a.O.)

Erst im nächsten Jahr, nachdem die Emdener und niederländischen Abgeordneten König Jakob davon überzeugt hatten, daß die Sache Ostfrieslands bei ihnen in besten Händen sei, vermittelte Winwood im September 1606 auf dem Landtag zu Emden in neutraler Weise. Kanzler Franzius war vorher bereits bei König Jakob gewesen und hatte ihm die Geschichte erzählt, daß die Emdener einen Preis von 4000 Reichstalern auf den Kopf des Grafen ausgesetzt hätten. König Jakob ließ diesen Fall untersuchen und teilte Graf Enno III. mit, daß die Emdener sich gänzlich von dieser Anklage seines Kanzlers gereinigt hätten. Er empfahl eine milde Regierung und das Begraben aller Streitigkeiten.

Graf Enno III. soll in dieser Phase des „kalten Krieges" gegen Emden sogar versucht haben, den Seehandel Emdens dadurch zum Erliegen zu bringen, daß er seine eigenen Soldaten in spanischer Uniform in das Emsland bei Emden einfallen ließ. Der Verdacht wurde dadurch erhärtet, daß spanische Banden seit geraumer Zeit von Lingen aus nach Emden vorgedrungen waren. Diese hatten so gute Informationen, daß sie immer die reichsten Männer und stets Gegner des Grafen fingen, die sich dann loskaufen mußten. Der dem Grafen sehr hinderliche Deputierte Menno Cirks wurde eines Nachts im Bett überfallen und weggeschleppt. Gegen eine Lösegeldsumme von 1000 Reichstalern wurde er losgekauft.

Auf dem Landtag wurde ein Administratorenkollegium gebildet, welches das Finanzwesen Ostfrieslands selbständig zu leiten hatte. Es hatte seinen Sitz in Emden. Emden behielt auch seine Besatzung nach dem Haager Vergleich.

Mit dieser Administration hatte Ostfriesland praktisch eine Nebenregierung, in der sich die ständische Volksfreiheit übte. Durch dieses Kollegium wurden die drei Stände gleichberechtigt, was einem Erfolg des dritten Standes über die Ritter gleichkam. Der Adel verlor damit seine Steuer-Immunität.

Mit der Wahl des Sitzes in Emden wurde die führende Rolle dieser Stadt in den Ständekämpfen bestätigt. „Emden wurde zur Hauptstadt eines ständischen Ostfriesland, wie Aurich als Residenz der Cirksena seit Edzard II. die Hauptstadt des gräflichen Ostfriesland war." (Siehe Heinrich Schmidt: Politische Geschichte Ostfrieslands).

Als nunmehr endgültig der Friede erreicht war, traten die beiden Brüder des Grafen, Johann und Christoph, die sich während der Auseinandersetzungen im Hintergrund gehalten hatten, auf den Plan. Sie forderten eine Abfindung für ihre Verzichtleistung auf Ansprüche an der Regierung. Graf Enno III. ließ sich durch Kanzler Franzius dazu bewegen, ihnen gemeinsam die Summe von 100000 Reichstalern zur Verfügung zu stellen. Hinzu kamen für jeden der beiden Brüder sechs ausgesuchte friesische Pferde und Silbergeschirr oder stattdessen 6000 Gulden.

Im Jahre 1607 zogen die niederländischen Truppen aus Emden ab. Auf dem Landtag in Marienhafe am 19. Mai 1607 wurde von gräflicher Seite die Erhöhung der Schatzungen und Zölle beantragt, um die Schulden bezahlen zu können. Noch während dieser Tagung traf die Nachricht in Marienhafe ein, daß 30 mit gräflichen Pässen versehene Schiffe Emdener Kaufleute in spanischen und portugiesischen Häfen aufgebracht worden waren und daß die Schiffe mitsamt ihren Ladungen beschlagnahmt worden seien. Die Besatzungen seien auf die Galeeren geschafft worden. Damit waren 600 Emdener Seeleute in Gefangenschaft, hatte Emden Werte von 1 Million Gulden eingebüßt.

Graf Enno III. wollte nunmehr in Begleitung des Herzogs von Holstein und eines Gefolges auf 72 Pferden nach Emden kommen. Doch der Magistrat und der Rat der Vierziger verbat sich „die Ehre des zugedachten Besuches."

Als die Angehörigen der „Galeerensklaven" sich an Enno III. wandten, verwies dieser sie an ihren Magistrat.

Emden klagte den ostfriesischen Grafen der Treulosigkeit an. Die Stadt hatte nämlich erkannt, daß der Graf jenen emdischen Schiffen, deren Eignern er nicht grün war, besondere Pässe mit dem vierteiligen ostfriesischen Wappen mitgegeben hatte, seinen Günstlingen aber die richtig gesiegelten Pässe mit dem Cirksenaschen Wappen und daß er überdies besondere Empfehlungsbriefe ausstellen ließ. Die falschen Pässe sollten in Spanien und Portugal einbehalten und durch spanische Pässe ersetzt werden. Dennoch fanden einige den Weg zurück nach Emden und durch den Vergleich miteinander wurde dieses Ränkespiel entdeckt. Alle Schiffer aus Greetsiel beispielsweise wurden nicht behelligt. Im Haag, wo im November 1607 eine Verhandlung darüber stattfand, wurde Kanzler Franzius der Urkundenfälschung bezichtigt. Dieser leugnete die Tatsache des Bestehens zweier Siegel ab.

Als aber am 20. November 1607 im Haag durch Oldenbarneveld ganz unvermutet zwei Pässe vorgelegt wurden, behauptete Franzius, daß dieses Siegel der Harpyie dem Grafen gestohlen sein müsse, wenn es nicht gar nachgestochen, also eine Fälschung sei. Dadurch ließen sich weder die Generalstaaten noch die anwesenden Emdener Abgesandten, Bürgermeister U. Remetz, Syndikus Althusius und S. van Wingen, an der Nase herumführen.

Oldenbarneveld veranlaßte Kanzler Franzius nunmehr, nach Aurich zurückzukehren und Graf Enno III. zum Frieden zu raten. Dem Grafen wurde zur Pflicht gemacht, die Opfer seines schändlichen Planes so rasch wie möglich zu befreien. Doch nicht Graf Enno, sondern die Generalstaaten bewirkten im Jahre 1608 die Freilassung der 600 Emdener Schiffer aus der Galeerensklaverei.

Neue Streitigkeiten im Hause Cirksena

Im Jahre 1608 wurden weitere Streitigkeiten ausgetragen. Diesmal jedoch nicht mit Emden, sondern u. a. auf dem Besitz der alten Gräfin Anna, die in ihrem Gebiet stets die Hoheitsrechte allein wahrgenommen hatte. Als dort ein Steuereintreiber des Administrationskollegiums eintraf, zerriß die Gräfin den Steuerbescheid und warf ihn dem Beamten vor die Füße. Das half jedoch nur wenige Tage; dann kamen 200 Soldaten aus Emden und legten Feuer an die Mühle der Gräfin unweit ihrer Pewsumer Burg und zerschlugen die Mühlsteine.

Danach drangen plötzlich sieben spanische Reiter von Lingen aus bis in die Vorstadt von Emden ein, ergriffen den Sekretär der Landkassen und seinen Gehilfen, banden beide auf die mitgeführten Pferde und jagten davon. Einige der Spanier wurden wenig später gefangengenommen und zur Aburteilung zum Grafen Enno III. geschafft. Dieser ließ sie sofort laufen. Im Gegenzug wurde die gräfliche Zollkammer in Emden in Besitz genommen und das dort liegende gräfliche Eigentum beschlagnahmt und den durch die Schuld des Grafen verarmten Bürgern übergeben.

Wieder wurde im Haag in diesen unseligen ostfriesischen Händeln beraten. Zum 11. September 1609 berief Graf Enno die Stände zum Landtag nach Aurich ein. Magistrat und Administration von Emden verboten den Besuch dieses verfassungswidrigen „Schandtages".

Statt der Abgeordneten tauchten unmittelbar vorher die 600 Emdener Soldaten vor Aurich auf und lagerten um die Stadt herum. Nachdem es einige Tage still geblieben war, fielen plötzlich aus dem Schloß Schüsse. Dies gab den Ausschlag. Die Soldaten erstürmten das Schloß, raubten es aus, packten die Akten des Hofgerichtes und anderer Behörden ein und führten die Herren von Knyphausen, Wiarda, Victor von Hane, Pauli, von Wicht, den Oberrentmeister Winsheim, Sekretär Kippen und – weil sie den Kanzler Franzius nicht erwischen konnten – dessen Sohn als Gefangene nach Emden.

Der Kommandeur dieser Angriffstruppe, Hauptmann Wessel, ließ eine Besatzung im Schloß zurück und eroberte auf dem Rückmarsch gewissermaßen im Vorübergehen auch noch die Burg Greetsiel.

Zwar ließ Emden die abgeführten Gefangenen wieder frei und gab das auf der Burg geraubte gräfliche Eigentum zurück, behielt aber alle Akten des Hofgerichtes und vor allem die Korrespondenz des Kanzlers Franzius und seiner Ratgeber. Ubbo Emmius aus Groningen machte von diesen geheimen Schriftstücken eifrigen Gebrauch und entlarvte manche gräfliche Machenschaft. Beweise für ein Zusammenspiel der Cirksena mit den Spaniern konnten in der erbeuteten Korrespondenz jedoch nicht gefunden werden, wohl aber eine Denkschrift des Kanzlers Franzius mit Anwürfen gegen die „profitgierigen lügenhaften Emder".

Nach der Veröffentlichung dieses Schriftsatzes durch Emden war Kanzler Franzius nicht mehr zu halten. Enno mußte ihn 1610 entlassen.

Graf Enno hatte sich rechtzeitig mit seiner Familie auf die Burg von Leerort zurückgezogen. Hier starb am 14. April seine Gattin Anna, die an diesem Tage erst 36 Jahre alt war. Als am 19. Juni ihre Leiche nach Aurich in die Familiengruft überführt wurde, folgte ihr niemand aus der Familie nach.

In dieser Situation blieb Graf Enno keine andere Möglichkeit, als sich nun an die so oft von ihm brüskierten und beschimpften Generalstaaten zu wenden. Von Knyphausen und Wiarda – Kanzler Franzius hatte man nicht mehr zu schicken gewagt, weil er sein Gesicht verloren hatte, – machten sich nach dem Haag auf den Weg. Sie brachten die Versicherung des Grafen mit, daß er sich den Generalstaaten überantworten werde, wenn diese nur die verhaßten Emdener aus Greetsiel und Aurich vertreiben würden. Dann würde er ihnen die Burgen überlassen. Am 25. Februar 1610 verließen die Emdener Besatzungen diese Burgen, und die Niederländer zogen ein.

Die Generalstaaten, die im April 1609 mit Spanien einen Waffenstillstand auf zwölf Jahre abgeschlossen hatten, waren nicht daran interessiert, als „Grafenkiller" angesehen zu werden. Es lag im Interesse des Politikers Oldenbarnevelt, die ostfriesischen Angelegenheiten ausgleichend zu klären. Er forderte dementsprechend von Emden die Rückgabe der besetzten Burgen der Cirksenas und den Rückzug aus fremdem Gebiet.

In diese bewegte Zeit des Jahres 1610 fiel auch ein Ereignis, das in dem Wirrwarr unterzugehen drohte. Und zwar starb am 21. Dezember im Alter von 72 Jahren in Berum Gräfin Katharina von Ostfriesland, die Mutter Ennos III.

Sie war unter denen, die Edzards Kämpfe gegen seinen Bruder

Johann immer wieder aufgestachelt hatte, weil sie von den Rechten ihres Gatten überzeugt war und eine Zweierregierung für Ostfriesland als schlecht erkannt hatte. In ihrem Stolz, den Gatten zu einem ganzen und nicht zu einem halben Grafen zu machen, und durch ihre Herrschsucht hatte sie trotz ihrer großen Gaben keine glückliche Hand für Ostfriesland gehabt. Doch zurück zu den politischen Ereignissen dieses Jahres.

Emden, vertreten durch den geschickt operierenden Althusius, reagierte nur zögernd. Um so rascher war Enno III. bei der Sache, der seine Ratgeber schon vor der Emdener Angriffsaktion nach dem Haag geschickt hatte. Da Emden nunmehr ins Hintertreffen zu geraten drohte, gab die Stadt klein bei. Die Verhandlungen konnten Ende 1610 in Den Haag beginnen. Sie wurden ab Februar 1611 auf den Landtagen zu Marienhafe und Osterhusen fortgesetzt. Es ging darum, den Ausgleich der ständischen mit den gräflichen Interessen herbeizuführen. Nur dann konnte ein dauerhafter Friede gewährleistet werden.

Ende Januar 1611 gab Graf Enno den Generalstaaten die Genehmigung, zunächst für die Dauer von fünf Jahren eine Besatzung in die Festung Leerort zu legen, womit diese einen ostfriesischen Stützpunkt gewannen, der ihrer Nordostflanke vor spanischen Invasionsversuchen Schutz bot.

Am 21. Mai 1611 kam der Landesvertrag zustande. Er nannte sich der „Osterhusische Akkord". Auf diesen gründete sich bis weit in das 18. Jahrhundert hinein die Verfassung Ostfrieslands.

Der Osterhusische Akkord brachte die gräfliche Familie wieder voll in den Besitz von Aurich und Greetsiel. Die von Aurich entführten Akten wurden ebenso zurückerstattet wie andere entnommene Güter. Lediglich Leerort blieb staatischer fester Platz.

Graf Enno erhielt in einem Zeitraum von sechs Jahren insgesamt 192000 Reichstaler von den Ständen und weitere Summen Geldes für die Abtretung von Faldern und die Eingemeindung der Vorstädte nach Emden. Alle gegenseitigen Forderungen wurden annulliert. Emden und Norden bekamen das Recht, Seepässe auszustellen, denen der Graf Geltung verschaffen mußte.

Für den dritten Stand war es von entscheidender Bedeutung, daß die ihm seit undenklicher Zeit aufgebürdeten Lasten und Verpflichtungen, die zu Anfang als Gabe erbeten waren, dann, da „herkömmlich", als Gewohnheitsrecht galten und schließlich als rechtens gefordert wurden, wegfielen. Es waren dies beispielsweise der Hofschoß, das Wachtgeld, das Kuhgeld, der Kornzehnte, die Heu-, Korn-, Torf- und Mistfuhren, das Torfgraben, Gras- und Getreidemähen, das Heumachen, das Füttern der Pferde und Kühe, die Schweine-, Speck-, Butter-, Lämmer- und Eierlieferungen.

Im Osterhusischen Akkord wurde ferner noch folgendes festgelegt: „Der Verfasser des getreuen Rats, Thomas Franzius (Thomas von Ferenz), macht dem neuen Kanzler Dothias Wiarda Platz, um sich außer Landes zu begeben."

Um seine besondere Dankbarkeit gegenüber den Generalstaaten zu beweisen, bestimmte Graf Enno III. diese, ferner den Prinzen Moritz von Oranien, den Erzbischof von Bremen Johann Friedrich und den Herzog Johann Adolf von Holstein zu Vormündern seiner Kinder und zu seinen Testamentsvollstreckern.

Nachdem nunmehr in Ostfriesland Frieden eingekehrt war, wurde Norden und seine weitere Umgebung von einer Seuche heimgesucht, die ab Juli 1611 auftrat und binnen eines Jahres 2288 Menschenleben forderte. Unter den Toten waren auch die vier Prediger von Norden, Elsenius, Faber, Schönemann und Neershemius. Auch das Harlingerland wurde von dieser pestartigen Krankheit nicht verschont, wenn auch hier die Seuche weniger todbringend auftrat.

Am 7. Oktober 1612 starb in Emden der alte, hochgeehrte Prediger Menso Alting im Alter von 71 Jahren.

In den folgenden Jahren herrschte Friede, was aber dauernde Streitigkeiten um das liebe Geld nicht ausschloß. Ein wichtiger Posten des Zankes waren die Kosten der Emdener Besatzung in Höhe von jährlich 70000 Gulden. Die Frage der Abschaffung dieser Garnison stand auf dem Landtag zu Norden 1612 auf dem Programm. Die Generalstaaten, die neben Emden ja auch noch eine Besatzung in Leerort stationiert hatten, wollten diese Außenposten nicht verlieren, denn damit hatten sie immer noch ein Bein in Ostfriesland. Eine nach dem Haag geschickte Deputation mit dem Emdener Bürgermeister J. V. Buckelt an der Spitze konnte die Herabsetzung der Kostendämpfung auf ein Viertel der Quatiergelder erzielen. Einige Jahre und Landtage verstrichen in ewigem Zank um die Bewilligung oder Stundung von Geldern.

Im Jahre 1614 setzte sich Enno III. in den Besitz der Burg Oldersum, deren letzter Besitzer verstorben war. Am 17. November wurde die Burg von 100 gräflichen Soldaten besetzt.

Der Hofgerichtsassessor Tido von Knyphausen und Syndikus Röver zogen vor Gericht und klagten gegen den Grafen wegen „Verletzung des Osterhusener Akkords durch Störung im Besitz".

Graf Enno ließ Röver gefangensetzen und als Aufwiegler des Volkes vor Gericht stellen. Tido von Knyphausen wurde kurzerhand abgesetzt.

Damit hatte sich Graf Enno die Feindschaft der Ritterschaft zugezogen. Dieser Ärger weitete sich derart aus, daß Graf Enno III. beschloß, die Grafschaft in die vereinigten sieben Provinzen der Niederlande einzubringen. Der König von England befürwortete diesen Plan, und Kanzler Wiarda reiste nach dem Haag, um die Verhandlungen darüber einzuleiten. Doch zur Durchführung kam dieser abenteuerliche Plan glücklicherweise nicht.

Das Jahr 1618 brachte dann noch ein Ereignis, das in seiner Tragweite bedeutend schlechter hätte ausgehen können, als es wirklich endete.

Die auf dem Landtag zu Norden am 7. Oktober gewählten Administratoren wurden in Emden nicht zugelassen. Graf Enno befahl daraufhin die Verlegung des in Emden sitzenden Steuerkollegiums nach Aurich. Um dieses Kollegium in den Stand zu versetzen, die Steuer auch bei Zahlungsunwilligen einzutreiben, wurden Soldaten angeworben.

Nun trat Emden auf den Plan und ersuchte Enno, diese Maßnahmen wieder aufzuheben und das Kollegium nach Emden zurückkehren zu lassen. Graf Enno winkte ab. Er reiste nach Emden, wo er am 8. Dezember 1618 die Emdener bei der Stange zu halten und sie von dem Bündnis mit der Ritterschaft abzuwerben suchte. Vor dem Magistrat und dem Rat der Vierzig erklärte er, daß im Osterhusischen Akkord ja alle Streitigkeiten geschlichtet seien und daß die Ritterschaft allein die Quelle allen Übels sei.

Im Namen des Magistrats und der Vierzig antwortete Syndikus Althusius, daß nur dann die frühere Eintracht wiederherstellbar sei, wenn der Graf seine neuen Beschlüsse zurücknehme und den Generalstaaten die Entscheidung über die Streitpunkte überlasse. Andernfalls müsse sich Emden zur Notwehr entschließen.

Auf die Frage des Grafen, ob dies die Überzeugung aller Anwesenden sei, wurde ihm ein vielstimmiges „ja“ zugerufen. Er verließ das Rathaus und zog sich auf seine Burg zurück.

Am anderen Morgen beschlossen der Magistrat, die Vierziger, der Bürgerkriegsrat, die Ritterschaft und der dritte Stand auf einer Versammlung, daß der Graf gebeten werden solle, so lange in Emden zu bleiben, bis durch seine Gegenwart und sein Ansehen alles Unwesen abgeschafft sei. Dies war, auch wenn der Ton dieses Schreibens in „aller Untertänigkeit“ abgefaßt war, nichts anderes als die beabsichtige Gefangennahme des Grafen.

Die Besatzung der Stadt war bewaffnet worden. Sie besetzte Stadttore und auch die Burg.

Beide Seiten wandten sich abermals um Hilfe an die Generalstaaten. Diese schickten den englischen Gesandten Carlton mit der Aufforderung nach Emden, den Grafen sofort und bedingunglsos freizulassen. Dies geschah, und Graf Enno III. fuhr schleunigst nach Aurich zurück.

Dann aber war ein Großereignis eingetreten, das für die nächsten Jahrzehnte allem inneren Hader in Ostfriesland ein Ende bereitete und jedermann darauf sinnen ließ, der neuen Geißel zu entrinnen: dem Dreißigjährigen Krieg.

Ostfriesland im Dreißigjährigen Krieg

Warum Ostfriesland in den Krieg hineingezogen wurde

Als Graf Enno III. von Ostfriesland im Jahre 1611 die Festung Leerort an die Generalstaaten übergab, eine niederländische Besatzung darin duldete und 1616 noch einmal darum bat, drei Jahre lang eine solche Besatzung in Leerort zu belassen, hatte er die Grundlage für die spätere Besetzung Ostfrieslands gelegt.

Nachdem am 23. Mai 1618 zwei kaiserliche Statthalter, Martinez und Slavata, auf dem Hradschin zu Prag aus dem Fenster des kaiserlichen Schlosses gestürzt worden waren und die böhmischen Stände unter ihrem Führer, Graf Matthias von Thurn, den 1617 aus dem Landtag in Böhmen gewählten böhmischen König, Erzherzog Ferdinand, absetzten, war die Hölle los.

Die in Böhmen stehenden kaiserlichen Truppen wurden von dem Grafen Thurn und dem General Ernst von Mansfeld aus Böhmen hinausgeworfen und bis vor die Tore von Wien verfolgt.

Nach dem Tode von Matthias, dem römisch-deutschen Kaiser, am 20. März 1619, der zwischen Protestanten und Katholiken immer ausgleichend gewirkt hatte, folgte ihm Ferdinand II. nach. Er wurde in Frankfurt zum Deutschen Kaiser gewählt. Dieser von Jesuiten erzogene Kaiser verfolgte die Protestanten nach besten Kräften.

Böhmen und Mähren aber hatten inzwischen Friedrich V. von der Pfalz zum König gewählt. Dieser wurde in der Schlacht auf dem Weißen Berg am 8. November 1620 vernichtend geschlagen; sein Widersacher Ferdinand II. zerschnitt eigenhändig den von Rudolph von Böhmen am 11. Juli 1609 gegebenen berühmten Majestätsbrief, in welchem den Protestanten die freie Religionsausübung gewährt wurde.

Friedrich V. floh nach den Niederlanden. Dort war seit 1619 der Wind umgeschlagen. Der große Generalstaaten-Politiker Oldenbarneveldt wurde 1619 als Verräter hingerichtet, und Enno III. von Ostfriesland bemerkte die Kühle der Generalstaaten, als diese 1619 und 1620 in seinen Auseinandersetzungen mit Emden vermittelten.

Ostfriesland war nun für die Generalstaaten von ganz besonderer Bedeutung, da sich ein neuer Waffengang der Spanier gegen die

Niederlande abzeichnete. Als Enno III. bereits 1619 darum bat, die niederländische Besatzung aus Leerort abzuziehen, und auf die eingegangenen Verträge hinwies, die dies eindeutig vorschrieben, erntete er nur ein müdes Lächeln. Die niederändischen Besatzungen in Leerort und in Emden blieben.

Dies war der Anfang des Übergreifens des Dreißigjährigen Krieges auf Ostfriesland. Die Generalstaaten, die sich genötigt sahen, ihre Streitkräfte zu verstärken, verfielen auf einen jener drei Söldnerführer, die seit der Niederlage auf dem Weißen Berg sengend und plündernd durch Deutschland zogen. Es waren dies Christian von Braunschweig, Georg Friedrich von Baden-Durlach und Ernst von Mansfeld. Der Mansfeld wurde 1621 in niederländische Dienste genommen und kämpfte erfolgreich. Nachdem er noch im Herbst 1622 die in Bergen op Zoom eingeschlossenen niederländischen Truppen entsetzt hatte, erhielt er die Weisung, nach Rheine zu ziehen.

Dort standen aber bereits kaiserliche Truppen, so daß Mansfeld mit seinen bis zu 8000 Köpfe zählenden Truppen über Deventer nach Meppen zog, Cloppenburg und Wildeshausen einnahm und Anfang November 1622 an der ostfriesischen Grenze auftauchte.

Er zog mit nunmehr noch 6000 Mann durch das Oberledigerland in den Raum von Leer. Aus diesem Lager verlangte er vom Grafen, der nach Esens geflohen war, 300000 Reichstaler und die Freistellung von Stickhausen für ihn.

Vordergründig wurde die Anwesenheit des Grafen von Mansfeld und seiner Truppen damit kaschiert, als hätte Emden wieder einmal mehr um Schutz gebeten. Doch diesen Schutz hatten die Generalstaaten bisher noch immer ohne ein so gewaltiges Truppenaufgebot gewährleisten können. In Wirklichkeit ging es ihnen darum, den Brückenkopf Ostfriesland gegen Spanien zu sichern *und* im Falle eins spanischen Angriffs Mansfeld und seine Truppen sogleich zur Hand zu haben.

Wenn dies auch noch möglich war, ohne das Gebiet der Generalstaaten mit Einquartierungen zu belasten, dann um so besser. Damit war Ostfriesland für die Generalstaaten nichts anderes als eine Aufmarschbasis und zugleich kostenloses Truppenlager.

Die Mansfelder Herrschaft

Enno III., der Aurich preisgegeben und sich nach Esens zurückgezogen hatte, wo er praktisch in Internierung lebte, wurde von den Forderungen des Mansfeld'schen Heeres geschockt, denn diese überstiegen jede zumutbare Grenze. Er lehnte denn auch die Forderungen kategorisch ab, erklärte sich aber dazu bereit, der Truppe Lebensmittel liefern zu lassen; gegen Bezahlung, versteht sich. Er verlangte von Mansfeld die Einhaltung der Manneszucht.

Doch der Landsknechtsführer eroberte kurzerhand Stickhausen. Die Friedeburg ergab sich ihm kampflos, und am 10. November zog der Landsknechtsführer mit großem Trara in Aurich ein. Das Hofgericht entwich nach Emden, wo es im Gasthaus „Zum goldenen Horn“ weiter zu Gericht saß.

Eine Abteilung Landsknechte zog von Aurich nach Esens, um den Grafen und seine Familie zu bewachen, damit er nicht von hier ausreiße. Das Geld, mit dem Enno III. seine Beamten loskaufen wollte, wurde gefunden und beschlagnahmt.

Das gleiche geschah mit jenen 18 Fässern, die die umherstöbernden Truppen in einem Kellergewölbe der Burg von Esens fanden. In diesen Fässern wurde die Abfindungssumme für Ennos Schwiegersohn, den Fürsten von Lichtenstein, aufbewahrt.

Mansfeld selbst schwebte ein kühner Coup vor. Ende November schlug er der Ritterschaft, der Grafschaft und der Stadt Emden vor, ein festes Bündnis mit den Generalstaaten einzugehen. Die Landesverteidigung sollte dann einem Gouvernator übertragen werden. Selbstverständlich sah er in sich selber den besten Vertreter für diesen Posten. Diesem Gouvernement Ostfriesland wollte er sodann im zweiten Akt noch die Ämter Meppen, Cloppenburg, Wildeshausen und Vechta angliedern. Falls dies alles nach seiner Mütze gegangen wäre, hätte er sich mit Recht zum Herrn Ostfrieslands und des sogenannten Niederstiftes Münster machen können. Die ostfriesischen Stände, die es dazu zu überreden galt, machten aber nicht mit. Sie suchten vielmehr nach Wegen, wie sie den Mansfeld und seine Soldateska aus Ostfriesland hinauswerfen konnten. Allerdings waren die Generalstaaten auf diesem Ohr völlig taub. Für sie war Mansfelds Anwesenheit in Ostfriesland ein Garant ihrer Sicherung.

Die Räte Ennos III., die im Haag über Mansfeld Beschwerde führten, und die diesmal auf seiner Seite stehende Ritterschaft sowie Emden trugen den „Hoogmogenden“ vor, was sich die Soldateska in Ostfriesland erlaubte, und der holländische Befehlshaber in Emden, Ehrentreuter, ebenso wie W. Coenders van Helpen in Leerort bestätigten diese Greueltaten.

Diese Hoogmogenden, die von der Sympathie Ennos III. zu den Spaniern wußten, beließen Mansfeld und seine Truppen in Ostfriesland.

Nach diesem Söldnerführer traf schließlich noch dessen Freund und Waffenbruder, Christian von Braunschweig, in Ostfriesland ein. Er kam in den bisher noch von Truppeneinquartierungen verschonten Ämtern Emden und Greetsiel unter. Ostfriesland war sich erstmals einig. Man versuchte auf dem von Enno III. einberufenen Landtag in Emden am 28. Dezember 1622 die von Mansfeld für seinen Abzug verlangten 600000 Reichstaler zusammenzubringen. Doch diese utopische Summe war einfach nicht zu beschaffen.

Am 10. Januar 1623 kündigten die Emdener, nachdem sich diese Geldsache zerschlagen hatte, Graf Enno III. den Gehorsam in einem Absagebrief auf, den die gesamte Bürgerschaft unterzeichnet hatte. Zweimal reiste Rudolph Christian nach dem Haag, wurde aber immer mit leeren Versprechungen fortgeschickt.

Als es Graf Enno III. gelang, aus Esens zu fliehen und Leerort mit der niederländischen Besatzung zu erreichen, war er zwar in Sicherheit, hatte aber nicht einen Pfennig Geld mehr.

Zu einem Auszug Mansfelds kam es immer noch nicht, im Gegenteil. Zu dessen Soldateska kamen nun auch noch 6000 französische Soldaten unter General Montereau. Diese bezogen in Norder- und Harlingerland Quartiere. Allerdings hatte Ostfriesland eine seiner Bürden abgeschüttelt, denn Christian von Braunschweig war mit seinen Truppen abgezogen. Er wollte nach Böhmen, um dort den Pfalzgrafen Friedrich wieder auf den böhmischen Königsthron zu hieven. Doch er wurde von Tilly nach Westfalen abgedrängt und am 6. August 1623 bei Stadtlohn vernichtend geschlagen.

Viele Menschen aus Ostfriesland flohen hinter die festen Wälle von Emden. Im Sommer 1623 begann in Ostfriesland die Pest, die bei allen gleicherweise reiche Ernte hielt. Nur Emden blieb von ihr verschont.

Im Juni war wieder eine Gruppe ostfriesischer Herren im Haag und bat um Hilfe. Der König von Schweden verwandte sich bei den Generalstaaten für Enno III.

In dem Feldherrn Tilly erwuchs schließlich Mansfeld ein Gegner, der nach seinem Sieg über Christian von Braunschweig in Richtung Meppen und Ostfriesland vormarschierte. Meppen wurde von Oberst Limpurg geräumt. Tilly schickte Briefe an den Grafen Enno und an die Stadt Emden. Er erklärte darin, daß er den auf dem Reichstag zu Regensburg geächteten Mansfeld vom Reichsboden vertreiben werde. Doch die Stände bemerkten, daß man dann, wenn man Mansfeld gegen Tilly mit seinen 25000 Mann eintausche, vom Regen in die Traufe kommen werde.

Mansfeld ging nun daran, das Gelände für die Truppen des herannahenden Tilly unbegehbar zu machen. Er ließ die Grenzdörfer niederbrennen, die Mühlen zerstören und die Deiche durchstechen. Damit von der Seeseite den Truppen Tillys kein Nachschub zugeführt werden konnte, blockierten die Generalstaaten Ems, Jade und Weser. Tilly drehte auf Oldenburg ab und wollte durch diesen Schlenker den verwüsteten Raum umgehen. Als er bis auf eine Meile an Oldenburg herangekommen war, ging im Auftrage des Grafen Günther von Oldenburg der dänische Gesandte Rantzau zu Tilly und bat diesen, noch einmal haltzumachen. Danach eilte Rantzau nach Ostfriesland, um den Abzug der Mansfelder von dort in die Wege zu leiten.

Als die Generalstaaten Ostfriesland 300000 Gulden anboten, um Mansfeld zufriedenzustellen, erklärte sich dieser bereit, Ostfriesland zu verlassen.

Mansfeld ließ nunmehr seine Geschütze und die kostbarste Beute auf zwei niederländischen Schiffen von Leer nach Greetsiel bringen, um diese Werte zu retten. Sein Unternehmen wurde verraten. Emden brachte die beiden Schiffe auf und weigerte sich, den Fang wieder herauszugeben. Damit hatte Emden alle Geschütze Mansfelds erbeutet. Die ganze Sache lief aus dem Ruder. Auflösungserscheinungen, Desertionen und Plünderungen standen nächtliche Racheakte der Ostfriesen gegen die Soldateska gegenüber.

Dies wurde besonders schlimm, als Tilly sich im September 1623 entschloß, mit seiner Truppe nach Hessen ins Winterquartier zu ziehen.

Inzwischen war Christian von Braunschweig, der einige Monate nach seiner Niederlage in den Sold der Generalstaaten getreten war, mit dem Rest seiner Truppen entlassen worden und zog mit etwa 1000 Reitern und acht Kompanien Fußtruppen am 22. Oktober ins Reiderland ein. Der Herzog nahm sein Hauptquartier in Greetsiel.

Nun war die Schwelle überschritten, bis zu welcher die Drangsal von den Ostfriesen ertragen werden konnte. Als Mansfeld zum Schutz seines Nachschubs Anfang November bei Larrelt eine Schanze anlegte, wurde diese durch Emdener Freiwillige zerstört. Mansfeld rächte sich durch räuberische Aktionen mit Mord und Totschlag. Emdens Kämpfer wiederum fielen zu nächtlichen Handstreichen aus und töteten in Oldersum sieben und in Jemgum 36 Mansfeldische.

Der Angriff einer Kampftruppe unter Oberst Limbach auf ein Proviantlager der Kaiserlichen in Frisoyte schlug fehl. Oberst Limbach und 36 seiner Reiteroffiziere wurden gefaßt, 15 Fahnen erbeutet, der ganze Kriegshaufe niedergehauen oder gefangengenommen.

Auch die französischen Truppen wurden, wo immer dies ging,

angegriffen. Schließlich waren von deren 6000 Mann nur noch 800 übriggeblieben, die über Holland nach Frankreich zurückgeschafft wurden. Auch die Braunschweiger gaben Fersengeld.

Nun war nur noch Mansfeld im Lande. Ihm wurden 150000 Gulden geboten, weitere 150000 sollte er später erhalten. Mansfeld schlug ein. Er sammelte seine Truppe bei Stickhausen. Von hier aus verließ sie in größeren und kleineren Gruppen das Land. Es waren noch 4500 Mann von den insgesamt 13400, die anfangs gekommen waren.

14 Monate hatte Ostfriesland die Hölle der Besatzungszeit durchlitten. Die Verluste an Menschen betrugen 20 Prozent der Gesamtbevölkerung. Jener an Gebäuden war noch höher. Der allgemein angerichtete Schaden wird auf 10 Millionen Gulden veranschlagt.

Als man Emden um eine Beteiligung an der Rückzahlung dieser Summe anging, erklärte dessen Staatssyndikus Althusius, daß Emden ja nicht von einer mansfeld'schen Einquartierung betroffen gewesen, daher also auch nicht verpflichtet sei, für fremdes Gut zu zahlen. Dies zeigte wieder einmal, daß Emden nicht ostfriesisch, sondern emdisch dachte. Die Not der anderen Landsleute bekümmerte die Emdener in keiner Weise.

Bis zu Ennos III. Tod

Nach Abzug der Mansfelder wurden die eigenen Söldner entlassen. Danach wurden – wie immer nach Befreiungsaktionen von Besatzungstruppen – die Kollaborateure – damals nannte man sie noch Landesverräter – bestraft. Acht von ihnen, die es zu arg getrieben hatten, wurde ein Brandmal auf die Wange gebrannt mit den Buchstaben O.F.M. was „ostfriesischer Mansfelder“ bedeuten sollte. Andere wiederum, die in mansfeldischen Dienst getreten waren, verfielen der Reichsacht und hatten dadurch Leib und Leben verwirkt.

In Ostfriesland gingen die Bauern wieder an die Bestellung ihrer Felder. Neues Vieh wurde angeschafft. Aber das Jahr 1625 brachte den ältesten aller Feinde ins Land, den „blanken Hans“. Am 28. Februar wurden die Deiche so nachhaltig durch eine Sturmflut zerstört, daß für eine Wiederherstellung nicht weniger als acht Tonnen Gold veranschlagt wurden. Da diese Summe nicht beschaffbar war, lag das Land sieben Jahre den Wellen und der Flut ausgeliefert brach.

Zum 31. Mai 1625 berief Graf Enno III. den Landtag nach Marienhafe ein. Auch auf diesem Landtag überwog das Mißtrauen gegen den Grafen.

Am 19. August 1625 starb Enno III. von Ostfriesland in Leerort auf seiner Festung. Er besaß größere Begabung als sein Vater Edzard, doch neben seiner Klugheit stand der Alkoholismus. Er war ein starker Weintrinker, und wenn er berauscht war, packte ihn schrecklicher Jähzorn, der vieles wieder zerriß, was er vorher klug geknüpft hatte.

Der älteste noch lebende Sohn Ennos, Rudolph Christian, trat an die Stelle seines Vaters. Während ihm Aurich und die acht Ämter huldigten, weigerte sich Emden zunächst, bis Rudolph Christian der Stadt weitere Zugeständnisse zu ihrer Autonomie machte.

Rudolph Christian entsandte seinen Rat Amama nach dem Haag mit der Bitte, die Staatischen Besatzungen wieder abzuziehen. Amama wurde dahin beschieden, daß dies geschehen werde, sobald es ohne Gefahr für die Sicherheit geschehen könne.

Am 15. November erst fanden Feierlichkeiten zum Leichenbegräbnis Ennos III. statt.

Rudolph Christian verlobte sich 1626 mit der Nichte des dänischen Königs Christian IV., der Herzogin von Braunschweig, Anna Auguste. In König Christian fand er einen Helfer in der Not, denn dieser schickte seinen persönlichen Rat, der Erzbischof von Bremen wiederum Levin Marschall, und Herzog Johann Friedrich von Schleswig-Holstein seinen Hofmarschall Fr. Schulte nach Ostfriesland. Sie sollten die Streitigkeiten zu schlichten suchen. Dies gelang bis auf die Einigung mit Emden. Am 18. April huldigte die Ritterschaft des ganzen Landes Rudolph Christian.

Emdener Truppen besetzten Aurich. Rudolph Christian trommelte in Leer und Umgebung etwa 1000 seiner Hausleute zusammen und zog mit ihnen nach Aurich, wo er die Emdener Truppe empfindlich schlug und zum schnellen Rückzug zwang.

Da der Magistrat von Emden dem Grafen die Huldigung verweigert hatte, war Emden für Spanien nicht neutral, während dies auf Ostfriesland zutraf. Spanische Kaperschiffe nahmen deshalb Emdener Schiffe weg. Es sah sehr bald so aus, als würden sich die von der Schiffahrt lebenden Bürger gegen den Magistrat erheben.

Diesem Beginnen schoben die Generalstaaten rechtzeitig einen Riegel vor, als sie zu Anfang 1627 drei Kompanien staatischer Truppen nach Emden schickten, so daß nunmehr fünf Kompanien niederländischer Soldaten in der Handelsstadt standen. Diese fünf Kompanien wurden auf jeweils 250 Mann verstärkt.

Graf Rudolph Christian, der sich gerade zu dieser Zeit im Haag aufhielt, erfuhr davon durch die Hoogmogenden. Nunmehr wurden in aller Eile – denn Tilly näherte sich Ostfriesland – Vertreter aller

Stände nach dem Haag befohlen. Die Ritterschaft, das Steuerkollegium von Stadt und Amt Emden und Greetsiel schickten ihre Vertreter. Norden und Aurich sowie der dritte Stand erschienen nicht, „weil ja zwischen ihnen und dem Grafen keinerlei Streitigkeiten zu schlichten waren."

Am 16. Februar 1627 kam es zur Unterschrift einer Neutralitätsakte des Inhaltes, daß sich die Staatischen Truppen außerhalb Emdens und Leerorts aller Feindseligkeiten enthalten würden. Dies unter der Bedingung, daß Spanien eine gleiche Erklärung abgeben werde. Am 28. Juni 1627 erfolgte schließlich auch in Emden die Huldigung für Rudolph Christian.

Erneute Besatzung in Ostfriesland – Rudolph Christians Tod

Im Dezember 1627 rückten die Spitzenverbände von Tillys Armee unter Oberst Gallas in Ostfriesland ein. Nach den Erfolgen der Armee Tillys und Wallensteins gegen König Christian IV. von Dänemark suchten Tillys Truppen nun Winterquartiere. Da Ostfriesland kein Gegner der Kaiserlichen war und strikte Neutralität wahrte, war der Einfall in dieses Land ein glatter Neutralitätsbruch. Doch niemand war da, diesen zu ahnden, zumal Kaiser Ferdinand seinem General Tilly ausdrücklich Ostfriesland als Winterquartier genannt hatte.

Ende November rückte zunächst Feldmarschall Graf von Anhalt nach Jever ein, das er zu seinem Hauptquartier machte. Oberst Gallas nahm in Berum Quartier. Die Truppen wurden über das ganze Land verteilt, und die festen Plätze erhielten starke Besatzungen. In die Friedeburg wurden beispielsweise 600 Mann gelegt. Zehn Kompanien Reiterei standen im Reiderland. Aurich blieb diesmal von Einquartierungen verschont.

Die staatischen Truppen hatten weitere sechs Kompanien nach Emden und Leerort verlegt, das von kaiserlicher Besatzung frei blieb.

Graf Rudolph Christian, der sich oft und gern unter die Offizire des Oberst Gallas mischte, um mit ihnen zu trinken und sich in den ritterlichen Spielen zu üben, war auch am Vormittag des 16. April 1628 mit Gallas' Offizieren zusammen. Als schließlich nach einigen Ritterspielen die Tafel aufgehoben wurde, kam es auf der Straße zu Streitigkeiten. Oberst Gallas schickte einen Offizier mit einem Kommando Soldaten hinaus, um die Ruhe wiederherzustellen.

Rudolph Christian und einige seiner Herren hatten diesen Streit verursacht. Als der Kommandoführer, Leutnant Streif, den Grafen barsch ersuchte, den Lärm einzustellen, riß dieser einem seiner Freunde den Degen aus der Scheide und drang auf den Leutnant ein. Dieser zog sich, mit dem eigenen Degen die Schläge parierend, aber in der Defensive bleibend, zurück, bis ein Graben ihm den weiteren Rückweg verwehrte.

Wütend, angetrunken und von der Sonne geblendet, drang der Graf Rudolph Christian auf den Leutnant ein. Der Offizier riß seinen Degen hoch, um sich der Schläge zu erwehren, und Rudolph rannte in den Degen hinein, dessen Spitze sich in sein linkes Auge bohrte.

Der Graf von Ostfriesland stürzte schwer getroffen zu Boden. Die Klingenspitze war ihm tief in den Schädel gedrungen. Am anderen Morgen, dem 20. April 1628, war Graf Rudolph Christian tot.

Leutnant Streif hatte sich, das wurde bestätigt, völlig korrekt verhalten und lediglich die gegen ihn geführten Angriffe abgewehrt.

Am 19. Mai fand das Begräbnis der Grafen statt. Dr. Walther hielt die Leichenrede nach den Predigern Salomonis 9, Vers 12. Er geißelte scharf die Trunksucht, und strafend rief er seinen Zuhörern zu: „Ei so fahre zum Teufel immerhin, wer zu Gott nicht will!"

Graf Rudolph Christian war erst 25 Jahre alt. Ostfriesland verlor in ihm einen Herrn, von dem es sich eine bessere Zukunft hatte erhoffen dürfen. In den wenigen Jahren seiner Regierung hatte er sich bereits hohe Achtung und großes Ansehen erworben.

An seine Stelle trat sein Bruder Ulrich II., der im 23. Lebensjahr stand. Er mußte von Kanzler Wiarda förmlich zur Übernahme dieser großen Verantwortung und Last gezwungen werden.

Dodo von Knyphausen reiste zum kaiserlichen Hof, um die Belehnung durch den Kaiser zu erreichen. Kaiser Ferdinand belehnte Ulrich II. mit Ostfriesland und sicherte ihm und seinem Lande die erbetene Neutralität seiner Seite und Spaniens zu. Allerdings müßten die staatischen Besatzungen aus Emden und Leerort verschwinden. Dies wurde jedoch von den Generalstaaten nicht akzeptiert. Sie wollten ihr Bein in Ostfriesland behalten.

Anstatt Emden und Leerort freizugeben, legten die Generalstaaten nun auf ostfriesischem Boden die Langackerschanze an, die spätere Neue Schanze. Darüber hinaus eigneten die Generalstaaten sich auch noch Bunder-Neuland an. Als Kanzler Wiarda in Groningen dagegen klagte, wurde ihm gesagt, daß dies auf Befehl der Generalität geschehe. Amama wurde im Haag dahin beschieden, daß man die Sache untersuchen werde. Aber die Annexion blieb, und heute ist dieses Stück ostfriesischen Landes niederländisch.

Am 11. November 1628 fand in Aurich die Huldigung der Ritterschaft, der Städte Norden und Aurich und des dritten Standes für Ulrich II. statt.

In Jahre 1629 waren es immer wieder Emdener, die ins Land einfielen und Requirierungen durchführten. Wo sie nicht genug fanden, wurden die Bewohner als Geiseln genommen. Man sperrte sie in die gräfliche Burg zu Emden. Dort lagerte auch die Beute. Der Amtmann und der Rentmeister der Burg waren davongejagt worden.

Friedrich C. von In- und Knyphausen und Carl Hiskens fuhren nach dem Haag, um Beschwerde dagegen einzulegen. Am 1. Oktober begannen im Haag die Verhandlungen. Die Emdener Vertreter verlangten von den Generalstaaten, daß sie die Kaiserlichen verjagten. Die Verhandlungsführer des Grafen Ulrich II. verlangten indessen die Freigabe der Gefangenen und der Güter. Emdens Bürgermeister Swalwe und sein Sekretär Wittfeld verkündeten, als es um die Klärung dieser Fragen ging, daß sie ohne Instruktionen seien und lediglich die Vertreibung der Kaiserlichen verlangten.

Es blieb alles beim alten, und auch die beiden nächsten Verhandlungen vom April und Oktober 1630 im Haag führten zu nichts.

Die kaiserlichen Truppen zogen am 9. April 1631 ab, nachdem vorher bereits einige Hundertschaften aufgebrochen waren.

Am 7. Februar war Graf Ulrich II. auch in Emden gehuldigt worden, nachdem man sich über die gegenseitigen Forderungen verständigt hatte.

Am 5. März empfing Graf Ulrich II. von Ostfriesland seine junge Braut, Prinzessin Juliane von Hessen-Darmstadt, an der Stadtgrenze von Aurich. In der Begleitung der Prinzessin befand sich deren Bruder, Landgraf Johann, und der Graf von Stolberg. Noch am selben Tage wurde die Trauung vollzogen.

Aber Emden, das nunmehr nur noch gleichberechtigt mit Norden und Aurich auf den Landtagen rangierte, wollte mehr. Die Stadt erwarb die Herrlichkeiten Up- und Wolthusen, Groß- und Klein-Borssum, Widdelswehr und Oldersum. Damit wollte sie sich der Stimmen dieser auf den Landtagen stimmberechtigten Herrlichkeiten versichern.

Als die Versuche, die Langackerschanze zu beseitigen, fehlgeschlagen waren, schloß Graf Ulrich II. 1638 mit den Generalstaaten einen Vergleich, durch den Ostfriesland dieses Gebiet für immer verlor. Dafür wurden dem Grafen zwei Kutschen, sechs vorzügliche Pferde oder – nach Belieben – 12000 Gulden und seiner Frau zusätzlich 4000 Gulden als Geschenk gemacht.

Dafür wurde nun der Grenzpfahl auf dem alten Deich zwischen Bunde und Neue Schanze errichtet.

In den vergangenen Jahren war Ostfriesland einige Male einer drohenden neuen Soldatenplage entgangen. Der August 1637 jedoch wurde zu einem Schicksalsmonat, als die Truppen des Landgrafen Wilhelm von Hessen in Ostfriesland einrückten. Es war dies eine Truppe von etwa 7000 Mann, die zur französisch-schwedischen, von den Niederlanden unterstützten Allianz gehörten.

Am 24. August überrumpelten die Hessen im Handstreich die Dieler Schanze hart südlich von Diele, die, obwohl wichtigste Grenzfestung zum Münsterland, nicht sehr stark verteidigt wurde. Im weiteren Vorstoß stürmten die Hessen auch die Schanze von Weener und nahmen das Reiderland in Besitz. Der Landgraf von Hessen bezog in Jemgum sein Hauptquartier.

General Melander von Holzapfel, einer der bekanntesten kaiserlichen Generale, blieb in Weener. Ein friesisches Kontingent unter der Führung des Kapitäns Harringa griff die Truppen des Generals von Rantzow erfolgreich an. Aber während sie sich noch undiszipliniert um die Beute rauften, kehrte Rantzow um, tötete Harringa und schlug die friesischen Freiwilligen in die Flucht.

Am 2. September setzten die Truppen des hessischen Landgrafen über die Ems, und am 5. September erreichten sie Leer. Greetsiel wurde am 10. September genommen, die Schanze bei Detern fiel drei Tage darauf, Stickhausen und Detern selbst weitere zwei Tage später.

Damit war Ostfriesland erobertes Land, in dem das Recht des Siegers galt. Dieser nur halbherzig geführte Kampf sollte 13 Jahre feindlicher Besatzung einbringen.

Die Familie des Grafen floh mit dem Hofgericht, dem Kanzler, den Räten und allen Honoratioren von Aurich nach Emden. Der Drost Oldenburg von Halringen floh über Jever auf die Insel Spiekerooge.

Doch die Hessen waren keine Franzosen, und bald kehrten die Familien wieder in ihre Häuser zurück. Die Generalstaaten vermittelten die Einstellung des Kampfes und rieten Graf Ulrich, dem Landgrafen von Hessen alle Festungen und Schanzen zu übergeben. Dem Landgrafen erteilten sie Weisung, seine Truppe in strengster Manneszucht zu halten, was dieser auch versprach.

In Leer, in der Wohnung des Kanzlers Wiarda, erlag Graf Wilhelm V. von Hessen, der treueste Kampfgenosse Gustav Adolfs von Schweden, am 21. September 1637 einem hitzigen Fieber. General Melander von Holzapfel übernahm den Oberbefehl über die Hessen. Die Landgräfin von Hessen, Amalia Elisabeth, kam mit ihrem achtjährigen Sohn nach Leer und übernahm gleichzeitig die Regierung des Landes. Sie ließ einen Teil ihrer Truppen abziehen und behielt den größeren Teil in Ostfriesland zurück, wo sie Stickhausen und Friedeburg besetzten.

Graf Ulrich II. versuchte mit Hilfe der Generalstaaten den Abzug der Hessen zu erwirken, vergeblich. Im Februar 1639 einigte sich der Landtag zu Aurich darauf, 1200 Mann Truppen zu werben, um sich selbst zu schützen. Die bestehende Aussicht auf eine Einigung der Landgräfin von Hessen mit dem Kaiser wurde im August 1639 zunichte gemacht. Die Gräfin hatte sich gegenüber Ludwig XIII. von Frankreich verpflichtet, gegen eine Unterstützung von 200000 Reichstalern im Jahr 7000 Mann Fußvolk und 3000 Reiter für ihn aufzubieten und ohne Wissen Frankreichs keinen Frieden mit dem Kaiser zu schließen. Nach dem bereits am 30. Oktober 1639 geschlossenen Vertrag mit den Herzögen von Braunschweig waren die Friedensaussichten wieder geschwunden.

1640 ließ die Landgräfin zwei neue Regimenter nach Ostfriesland einziehen, die von Generalleutnant Graf von Eberstein geführt wurden. Als dieser Ostfriesland bald darauf wieder verließ, wurde Oberst Wardenburg Oberbefehlshaber aller 29 Kompanien und zweier Schwadronen der Hessen mit insgesamt 4500 Mann.

Im Jahre darauf unternahmen die Kaiserlichen von Meppen aus Überfälle nach Ostfriesland hinein, um Kriegssteuern einzutreiben oder Geiseln zu nehmen, nach Meppen zu verschleppen und Geld aus ihnen zu erpressen.

Um aus diesem heillosen Dilemma herauszukommen, verfiel Graf Ulrich II. auf die absurde Idee, seinen zehnjährigen Sohn Enno Ludwig mit der jüngsten Tochter des Prinzen von Oranien zu verloben. Beide Seiten fanden den Vorschlag gut, und die Eheverträge wurden aufgestellt und unterzeichnet. Enno Ludwig sollte am Tage seines 18. Geburtstages die Prinzessin Henriette Katharina heiraten.

Doch die Versuche des Grafen, die hessische Einquartierung loszuwerden, wurden auch durch diesen raffinierten Schachzug nicht erreicht. Erst 1643 zogen einige hessische Schwadronen ab.

Im Einvernehmen mit den Generalstaaten warb Ulrich II. 1644 neue Truppen an. Als er 1500 Fußsoldaten und 150 Reiter geworben hatte, ließ er Berum von 200 Mann besetzen. Der Rest sammelte sich in Aurich, das weiter befestigt wurde.

Am 16. Juli erhielt Graf Ulrich II. eine Abmahnung von Kanzler

Oxenstierna aus Osnabrück, daß er nicht gegen die hessischen Truppen vorgehen dürfe und seine Rüstungen einstellen müsse. General von Königsmarck sei in der Nähe, der jedes Vorgehen gegen hessische Truppen mit einem Einmarsch in Ostfriesland ahnden werde. Ulrich erklärte dagegen dem von Osnabrück geschickten Gesandten, daß sein Land den Druck der Hessen nicht länger ertragen könne und daß man keine Feindseligkeiten gegen sie beabsichtige, sondern nur darauf vorbereitet sein wolle, nach dem Abzug der Hessen das eigene Land verteidigen zu können.

Gerade um diese Zeit fielen kaiserliche Schwarmtruppen von Meppen aus wieder in Ostfriesland ein. Sie plünderten das Oberledigerland und Leer, zündeten Häuser an und schleppten Menschen als Geiseln nach Meppen, wo sie elendig umkamen.

Aurich war in Verteidigungszustand versetzt worden. Hier versammelte Graf Ulrich II. seine Streitkräfte, wenn man von den 200 in Berum liegenden Soldaten absieht. Die Hessen unter ihrem Kommandeur Oberstein lagerten in Riepe, Ochtelbur und Westerende.

Der geschlossene Waffenstillstand war am 5. August abgelaufen, und Aurich wurde nunmehr von einem dichten hessischen Belagerungskordon umzogen.

Am 10. August ritten 80 Soldaten Ulrichs in Richtung Berum, um die dortige Burgbesatzung zu verstärken. Sie wurden unterwegs von hessischen Reitern angegriffen, konnten diese aber zurückschlagen und nach Berum gelangen.

Als dann ein Trupp gräflicher Reiter in Victobur eine hessische Feldwache überfiel, mehrere Soldaten tötete und 12 Beutepferde mitbrachte, ließ Eberstein Kampftrupps ausschwärmen und die Bauernhöfe ausplündern, auf denen Pächter des Grafen saßen. Einen schweren Schlag erlitten die Gräflichen, als sie aus Wolden für die Freiwilligenverbände Gewehre abholen wollten, die von holländischen Händlern dorthin gebracht worden waren. Hessische Reiterschwadronen griffen die 250 Reiter bei Wiegoldsbur an. Die Gräflichen wurden schließlich geschlagen, als den Hessischen aus Riepe weitere starke Verbände zu Hilfe eilten. Sie verloren 30 Mann an Toten und 60 Gefangene. Auch die Waffen, die sie abholen sollten, gingen verloren.

Die Schuld wurde Oberst Ehrentreuer angelastet, denn er hätte als Oberkommandierender der Truppen Ulrichs II. mit 500 Mann aus dem nahegelegenen Rahe zu Hilfe eilen können.

Am 6. September kam es zu neuen Verhandlungen in Emden. Graf Ulrich verlangte abermals den Abzug der Hessen. Graf Eberstein forderte im Gegenzug die Desarmierung und Entlassung des Kriegshaufens, den Ulrich versammelt hatte, und die Landgräfin entsandte den General Geyse mit der gesamten hessischen Reiterei nach Emden, um Graf Ulrich zu imponieren und zur Nachgiebigkeit zu bringen. Doch dieser antwortete auf die handfeste Einschüchterung, daß er notfalls die Deiche durchstechen lassen würde, was die ganze Grafschaft verwüsten und alle Fremden wegschwemmen würde. Seine Untertanen seien dazu bereit, wenn sie nur damit die Hessen loswürden.

Es kam wieder einmal zu keiner Einigung. Am 18. Oktober starb plötzlich Graf Eberstein, und die hessischen Truppen marschierten nicht gegen Aurich. Die Ritterschaft und Emden verweigerten unter dem Grafen die Beteiligung am beabsichtigten Vergleich und verließen den Landtag.

Graf Anton Günther legte sich neben den Generalstaaten ins Zeug und erwirkte schließlich einen Waffenstillstand, der vom 20. Oktober 1644 bis zum 31. März 1645 Gültigkeit haben sollte.

Der Hauptvergleich sollte dann vom 25. Dezember an im Haag geführt werden. Wieder standen Ostfriesen gegen Ostfriesen, als Emden nicht mit dem Zwischenvergleich einverstanden war. Bis Ende Februar war im Haag nichts entschieden. Graf Ulrich II. reiste nun persönlich dorthin. Er erfuhr Förderung durch den Prinzen von Oranien. Ebenso verwandten sich die meisten Mitglieder der Generalstaaten für ihn. Holland und Westfriesland hielten allerdings zu Emden. Die französischen und schwedischen Gesandten unterstützten die Landgräfin.

Nach wochenlangen Verhandlungen konnten die Generalsstaaten den Interimsvergleich und damit den Waffenstillstand bis zum 28. Februar 1646 verlängern. Graf Ulrich mußte seine Truppen auf 700 Soldaten zu Fuß und 50 Reiter reduzieren und 11000 Reichstaler Kriegssteuer zahlen. Die Ritterschaft verlangte die gänzliche Auflösung der gräflichen Truppen.

Persönlich betrieb Ulrich II. im Haag insgeheim den Plan, die Grafschaft den Niederlanden einzugliedern. Doch dieses Vorhaben wurde durch Emden vereitelt.

Am Tage des Ablaufs der Interimslösung erschien Graf Ulrich wieder im Haag und verlangte nunmehr den Abzug aller fremden Truppen aus der Grafschaft Ostfriesland. Wenn die Hessen abzögen, wolle er selber 26 Kompanien zum Schutz des Landes aufstellen. Die Emdener Besatzung müsse jedoch ebenfalls abziehen.

Die Landgräfin von Hessen äußerte sich nicht zu dem geforderten Abzug. Sie wurde von den Generalstaaten gedrängt, den Rückzug anzutreten. Als dies nichts fruchtete, erhielt Graf Ulrich II. die Genehmigung, seine Truppen auf 2500 Mann zu erhöhen, um die Hessen nunmehr mit Gewalt zu vertreiben. Es kam zu einer dreimonatigen Verlängerung der Interimslösung, aber alle wußten, daß sich die Situation bis dahin auch nicht entwirrt haben würde.

Als 1647 bereits in Münster und Osnabrück über den Frieden verhandelt wurde, sah es für Ostfriesland immer noch trübe aus, denn aus Süden drangen 6000 Mann kaiserlicher Truppen unter dem Grafen von Lamboy in das Reiderland und ins Oberledigerland ein. Die Dieler Schanzen wurden erobert. Jemgum fiel nach kurzem Kampf, und die Kaiserlichen zeigten, daß sie ebensogut plündern, rauben, brandschatzen und vergewaltigen konnten wie alle anderen vorher. Ostfriesland wurde eine monatliche Kriegssteuer von 17000 Reichstalern auferlegt, und außerdem forderte der Graf von Lamboy eine sofortige Zahlung von 5000 Reichstalern zur Verpflegung seiner Truppen in den eroberten Schanzen.

In schnellen Märschen näherten sich nun auch die schwedischen Truppen unter Graf Königsmarck und General Rabenhaupth. Dies veranlaßte die kaiserlichen Haufen, sich rasch nach Hessen zurückzuziehen.

Während dieser für Ostfriesland schweren Zeit hatte Emden es leichter. Dort hatte man 1643 den Bau der „Neuen Kirche“ in Angriff genommen. Durch die staatischen niederländischen Truppen geschützt, konnte dieses Gotteshaus im Jahre 1647 vollendet und 1648 eingeweiht werden. Die Kirche war ganz von den eingenommenen 94.320 Gulden an Kollektengeldern errichtet worden. Ihr Bauherr war der Emdener Ratsherr Martinus Faber.

Mit dem am 24. Oktober 1648 zu Münster geschlossenen Westfälischen Frieden ging der Dreißigjährige Krieg zu Ende, und obgleich Ostfriesland in diesen 30 Jahren nie Schlachtfeld gewesen war, wurde es ausdrücklich in diesen Frieden mit eingeschlossen, denn durch die Besatzungen hatte das Land schwer zu leiden gehabt, und die Generalstaaten sorgten dafür, daß nun sowohl Emden als auch ganz Ostfriesland als Neutrale und Unabhängige anerkannt wurden und daß der spanische Antrag auf die Herausgabe von ganz Ostfriesland und Emden an Spanien abgewiesen wurde.

Graf Ulrich II., der das Staatsschiff durch die rauhe See dieser Jahre gesteuert hatte, erlebte den erwarteten Aufschwung der Friedenszeit nicht mehr. Am 1. November 1648 erlag er der Wassersucht. Er war 44 Jahre alt geworden. Leider ließ er mehr als alle vorhergehenden Cirksena andere für sich regieren und neigte zur Völlerei. Sein ältester

Sohn, Enno Ludwig, war durch das am 23. Oktober 1648 von Ulrich II. unterzeichnete Testament zu seinem Nachfolger bestimmt worden.

Als Vormund für den am 29. Oktober 1632 geborenen und noch unmündigen Enno Ludwig regierte zunächst Gräfin Juliane. Sie ließ recht bald ihre Günstlinge ans Ruder. Einer ihrer Vertrauten, der Geheime Rat Marenholz, soll der Fürstin noch näher gestanden haben.

Die Hessen aber waren noch immer nicht aus Ostfriesland verschwunden. Sie sollten erst 1651 das Land verlassen.

Mehr als alle anderen Ereignisse der Vergangenheit hatte die Zeit des Dreißigjährigen Krieges die innere Zerrissenheit Ostfrieslands gezeigt, wenn es auch ein fürstenstaatliches Land geworden war. Neben dem landesherrlichen Ostfriesland existierte noch das ständische Ostfriesland. Diese unterschiedlichen politischen Fakten konnten sich zu keiner Zeit angleichen, eins werden. Als Höhepunkt des ständischen Wesens war Emden zu betrachten, das ausschließlich nach eigenen Interessen handelte und in diesem Sinne auch gegen das Mutterland Ostfriesland mit dessen Feinden zusammenging.

Ostfriesland war eine territorial zusammenhängende Fläche Landes geworden, doch innerhalb dieses Bereiches gab es die entgegengesetztesten Vorstellungen vom Wohle des Landes, je nachdem man es aus der Sicht der Ritter, der Stände, des fürstlichen Hauses oder der calvinistischen und lutherischen Ämter sah.

Die Fürstenzeit

Intrigen am Hofe zu Aurich

Eine der Hofdamen der Gräfin Juliane, Elisabeth von Ungnad, war noch während Ulrichs Regierungszeit in die Dienste des Hauses Cirksena getreten. Sie wußte sich sehr schnell bei der Fürstin einzuschmeicheln, hatte aber in Ulrich II. einen gefährlichen Widersacher, der sie einige Male vom Hof entfernte, als sie es gar zu schlimm trieb.

1646 heiratete Elisabeth von Ungnad den Herrn von Marenholz, den ehemaligen Hofmeister des Grafen Enno Ludwig, der zu dieser Zeit Drost von Berum war. Damit war Marenholz ein Schwager des Obristen Ehrentreuter geworden, denn dieser hatte Elisabeths Schwester, Eva von Ungnad, zur Frau, nach welcher übrigens die Evenburg benannt wurde.

Ehrentreuter wiederum war vom Prinzen von Oranien zum stellvertretenden Vormund des noch unmündigen Grafen Enno Ludwig ernannt worden. Er besaß das vollste Vertrauen von Graf Ulrich. Bei der politischen Indolenz Ulrichs führte Ehrentreuter praktisch die Regierungsgeschäfte.

Nach Ulrichs Tod leiteten Ehrentreuter und Marenholz weiterhin die Regierungsgeschäfte. Zu ihnen gesellte sich noch der gräfliche Kammerrat und Leibarzt Dr. Franz Besen.

Alle drei waren in keiner Weise dazu prädestiniert, eine Grafschaft zu lenken, die ostfriesische schon gar nicht.

Marenholz, ein für damalige Begriffe ausgesprochen schöner Mann, war mit allen Attributen ausgestattet, als Günstling Julianes am Hofe zu glänzen. Die Seele des Ganzen aber, gewissermaßen die führende Hand am langen Zügel, war Frau Elisabeth von Marenholz, geborene Freiin von Ungnad zu Sonneck in Österreich.

In ihren Händen war Gräfin Juliane knetbar wie Wachs. Die schöne Gräfin wurde mit Marenholz zusammengetan. Ihre drei Söhne schickte man auf Reisen. Der älteste, Enno Ludwig, lebte im Haag und reiste von dort nach England, Frankreich und Italien, zuletzt nach Wien. Die beiden jüngeren Brüder, Georg Christian und Edzard Ferdinand, wiederum fuhren in der Begleitung des Fähnrichs Gügel, einem Neffen von Oberst Ehrentreuter, und J. A. Freitag, einem Schwager des Leibarztes Besen, nach Breda. Als sie von dort zu einer der Gräfin ungelegenen Zeit zurückkehrten, wurden sie sofort nach Frankreich expediert, um nicht im Wege zu sein, wenn rauschende Feste gefeiert wurden.

Da dieses Leben in Aurich zu auffällig gewesen wäre und Ärger gemacht hätte, ging der gesamte Hof nach Sandhorst. Dort hatte Ulrich noch im Jahre 1648 seiner Gattin ein Schloß erbauen und einrichten lassen.

Die drei Berater der Gräfin hatten die Landesakkorde nicht beschworen, daher waren sie in Regierungsangelegenheiten nicht verantwortlich. Von 1648 bis 1651 wurden diese in Sandhorst nicht geführt, und der Streitigkeiten zwischen dem Hof und den Ständen waren es bald mehr und mehr.

Erst im August 1650 zog die hessische Besatzung ab. Sie hatte Ostfriesland im übrigen vier Millionen Gulden gekostet. Allerdings waren die Hessen, das sei an dieser Stelle nachgetragen, mit ihrer ordentlichen Manneszucht eine Truppe, die sich nichts zu schulden kommen ließ. Dies war insbesondere dem Obristen Wardenburg zu verdanken gewesen.

Die Stände, die die Vormünder der jungen Grafen nicht anerkannten und damit auch der vormundschaftlichen Regierung den Respekt versagten, wurden von den Generalstaaten aufgefordert, den jungen Grafen Enno Ludwig als ihren Herrn und den Prinzen von Oranien sowie Gräfin Juliane als dessen Vormünder anzuerkennen. Man drohte ihnen:

„Widrigenfalls müßten wir als Testamentsvollstrecker den Vormündern die starke Hand bieten."

Auch Emden wurde zur Anerkennung und Huldigung des Grafen Enno Ludwig aufgefordert. Die Bürger wollten jedoch nach ihren eigenen Worten erst dessen Rückkehr abwarten, um ihm dann persönlich zu huldigen und ihn als ihren Grafen anzuerkennen. Die Generalstaaten rieten Gräfin Juliane, ihren Sohn zur baldigen Rückkehr zu veranlassen.

Als der Prinz von Oranien am 6. November 1650 starb, war Gräfin Juliane die einzige, welche die vormundschaftliche Regierung weiterführte, und damit lag diese praktisch in den Händen des Herrn von Marenholz.

Daß neben diesen politischen Mißlichkeiten auch noch andere in Gestalt von Naturkatastrophen kamen, sei vermerkt. So wurde die Sturmflut des 22. Februar 1651, die sogenannte St. Petersflut, zu einem grauenvollen Ereignis für die ostfriesische Küste. Bei Greetsiel warf die Gewalt des Wassers ein Schiff über den Deich und trieb es bis Grothusen ab. Viele Menschen kamen ums Leben.

Der 10. September wurde ein Tag tiefster Trauer für ganz Emden, obwohl es ein Freudentag hätte werden sollen. Es sollte ein großes neues Schiff vom Stapel laufen. Hunderte Menschen, darunter viele Kinder und Frauen, standen auf dem Verdeck des Schiffes, um dieses Ereignis mitzuerleben. Das Schiff wurde getauft und lief über die Gleitbahn. Doch irgend etwas stoppte den Stapellauf plötzlich; das Schiff sackte ins Wasser, kenterte und begrub die Menschen unter sich, die zum Teil im Schlamm erstickten. Die Rettungsarbeiten begannen sofort, doch schließlich lagen 225 Leichen in einer Reihe am Ufer, und die weinenden Menschen suchten unter ihnen ihre Toten.

Enno Ludwig räumt auf

Graf Enno Ludwig, der 1650 nach Wien gereist war und am kaiserlichen Hofe Aufnahme fand, erwarb sich sehr schnell das Wohlwollen von Kaiser Ferdinand III., wurde von diesem am 27. Mai 1650 mit Ostfriesland belehnt und gleichzeitig zum Kammerherrn und Reichshofrat ernannt. Damit war er, obgleich erst 19 Jahre alt, für volljährig und regierungsfähig erklärt.

Der junge Graf hatte in dieser Zeit durch viele Kanäle Nachrichten vom Sandhorster Hof erhalten. Als ihm auch sein Hofmeister J. von Wangenheim, Levin Claus von Moltke und einer seiner außerehelichen Verwandten, J.F. Freese, schrieben, daß die heimischen Zustände grauenhaft seien und daß sie die Bitte der Stände nach seiner Rückkehr voll unterstützten, reiste Enno Ludwig aus Wien ab. Er ging zunächst zu seiner Tante, der Landgräfin von Hessen-Butzbach, Christine Sophie. An ihrem Hof traf er sich mit dem Rat Ovenberg und Philipp Dudde, die als Feinde des Herrn von Marenholz aus Aurich herbeigeeilt waren, um unter Hinzuziehung des Hofmeisters Bonner die Pläne auszuarbeiten, wie man den Augiasstall ausmisten könne.

Alle reisten nun in aller Heimlichkeit nach Ostfriesland zurück. Sie trafen völlig unerwartet am 10. Mai 1651 in Sandhorst ein.

Am nächsten Tag wurde Enno Ludwig von zwei Kompanien Soldaten aus Sandhorst abgeholt und im Triumphzug nach Aurich geleitet.

Am 12. Mai versammelte Gräfin Juliane in Sandhorst ihren Kanzler und die Räte. Sie wollten miteinander beraten, was zu tun sei. Doch Enno Ludwig hatte bereits nach einer rechtlichen Abklärung mit dem

Hofrichter C.F. von In- und Knyphausen und Hofgerichts-Assessor F.J. Freitag den Drosten F.J. Freitag von Gödens beauftragt, den Geheimrat Marenholz zu verhaften.

Gräfin Juliane protestierte und verkündete, ihr Sohn sei nicht regierungsfähig. Der Titel Reichshofrat zeigte ihr sehr schnell, daß dieses Argument keines mehr war. Enno Ludwig war regierender, vom Kaiser bereits belehnter Graf von Ostfriesland.

So sah das Großreinemachen sogleich den Umzug des Geheimrates Marenholz aus den gräflichen Prunkgemächern in das Gefängnis, das über dem Viehstall eingerichtet wurde. Seine Frau wurde nach Schirum in die Verbannung geschickt. Von hier aus floh sie, weitere Racheakte des Grafen befürchtend, nach Groningen. Neue Anschuldigungen folgten recht bald. Frau Marenholz wurde des Diebstahls von Preziosen aus dem gräflichen Hause beschuldigt. Eine Durchsuchung ihrer Gemächer förderte allerdings nur 4500 Reichstaler zu Tage. Auch Oberst Ehrentreuter, der nach dem Tode des Prinzen von Oranien die Vormundstellvertreterrolle verloren hatte, ging bei Nacht und Nebel auf und davon.

Gegen den Geheimrat Marenholz wurde ein Gerichtsverfahren eröffnet, das, nach keiner Form von Gerechtigkeit oder Recht geführt, zu einem fürchterlichen Strafgericht ausartete.

Marenholz wurde vorgeflunkert, daß er seine Lage bedeutend verbessern könne, wenn er vorbehaltlos aussage. So gab er denn Dinge zu Protokoll, die seiner Verurteilung – die allerdings bereits vorher feststand – die nötige Untermauerung gaben.

Der Graf, der Marenholz vor sich führen ließ, erklärte ihm, daß er Gnade vor Recht ergehen lassen wolle, wenn er rückhaltlos bekenne. Das, was Marenholz schließlich auspackte, zeigte die Rolle der Mutter des Grafen zweifelsfrei auf, und nun mußte dieser Missetäter sterben. Als Beteiligter mußte er für immer zum Schweigen gebracht werden. Dies aber sicherte nur der Tod.

Graf Enno Ludwig hatte den Vorsitz in diesem Gerichtshof übernommen. Seine Erbitterung und Wut kannte bei den Enthüllungen des Geheimrates Marenholz keine Grenzen. Er plädierte dafür, daß ihm zunächst die rechte Hand abgehackt werde, mit der er soviel Unheil angerichtet hatte, und daß er anschließend enthauptet werden sollte.

Im Zweifel darüber, ob es ratsam sei, die Durchführung des Urteils in aller Öffentlichkeit zu vollziehen, kam man überein, daß man dem Verurteilten einen Giftbecher reichen wolle, wenn er selbst diesen für sich annehmen würde.

Geheimrat Marenholz weigerte sich, dies zu tun, denn noch immer hoffte er auf ein Wunder durch seine Geliebte Juliane oder von anderer Seite. Da auch ein Arzt Bedenken sah, dem Verurteilten den Giftbecher zu geben, und ein Geistlicher „Gewissensskrupel“ hatte, blieb es bei der Hinrichtung durch das Schwert. Lediglich das Abhauen der Hand wurde Marenholz erlassen.

Die Hinrichtung fand am 21. Juli 1651 im großen Saal der Burg zu Wittmund statt. Zugegen waren lediglich der Drost, zwei Prediger und zwei Wundärzte, die als Zeugen fungierten.

Was auch immer Marenholz angestellt hatte und wie sehr er die Zügel hatte schleifen lassen, so daß Mißwirtschaft in der Verwaltung eintrat, er hatte stets im Auftrag der Gräfin gehandelt. Er war ein Minister, der dem Lande nicht durch Eid verpflichtet war.

Was seine Geständnisse zu seinem persönlichen Verhältnis zur Gräfin anlangte, so waren ihm diese zunächst unter Androhung der Tortur abgeluchst und dann noch durch die gräfliche Gnadenversicherung im Falle eines vollen Geständnisses entlockt worden. All dies hätte ausgereicht, ihn freizusprechen. Rache war noch nie ein taugliches Instrument für die Rechtsprechung

Die Witwe des Geheimrates Marenholz reichte beim Reichshofrat in Wien einen Antrag auf Kassation des Prozesses ein. Sie bat nicht nur um eine Ehrenerklärung, sondern forderte auch eine Entschädigung.

Der Prozeß wurde in ihrem Namen gegen den Grafen, die gräfliche Kanzlei und die Landgräfin von Hessen-Butzbach angestrengt.

Der Reichsgerichtshof kam zu der Überzeugung, daß dieser Prozeß geführt werden müsse, und forderte Graf Enno Ludwig auf, die Untersuchungsakten dem Hoffiskal auszuliefern, was soviel wie die Untersuchung zur Revision bedeutete.

Graf Enno Ludwig wurde nun sehr flau zumute. Er ließ mit der Witwe Marenholz verhandeln und brachte einen Vergleich zustande, als dessen Ergebnis Elisabeth von Marenholz ihren angestrengten Prozeß zurückzog. Dafür erhielt sie den gesamten Nachlaß ihres Mannes und ihr eigenes beschlagnahmtes Vermögen zurück. Ihr wurde freigestellt, nach Ostfriesland zurückzukehren und ihrem Gatten ein ehrenvolles Begräbnis zu verschaffen.

Elisabeth ließ das, was von ihrem Mann übriggeblieben war, ausgraben und in feierlicher Prozession in der Kirche zu Hage bestatten.

Enno Ludwigs Mutter hatte noch vor der Hinrichtung des Geheimrates von Marenholz Ostfriesland verlassen und war zu ihrer Schwester nach Braunschweig gereist. Dann ließ sie sich in Westerholt im Raume Lüneburg nieder. Dort starb sie am 15. Januar 1695. Ihr Leichnam wurde zu Aurich in der Familiengruft beigesetzt.

Die von dem jungen Grafen Enno Ludwig allgemein erhofften Verbesserungen blieben aus. Die Streitigkeiten nahmen nicht ab, sondern wurden weiterhin ausgetragen.

Enno Ludwig, seit 1641 mit der damals fünfjährigen Prinzessin Henriette Katharina, einer Tochter des Prinzen von Oranien, verlobt, schien bei der inzwischen herangewachsenen Prinzessin keine Chancen zu haben, denn diese kündigte nach Bekanntwerden der ausschweifenden Lebensweise des jungen Grafen im Ausland anno 1655 ihre Verlobung mit Enno Ludwig auf.

Ein Jahr vorher, am 22. April 1554, wurde Enno Ludwig dank der unermüdlichen Arbeit seines vertrauten Ratgebers, Prof. Hermann Conring, der den Boden dazu bereitete, durch Kaiser Ferdinand III. zum Reichsfürsten ernannt. Das Diplom kostete ihn nicht weniger als 15.000 Reichsgulden, was sehr viel für ein Papier war, das nicht mehr als einen leeren Titel versprach. Enno Ludwig erhielt dadurch nicht – wie dies geborenen Fürsten zustand – Sitz und Stimme auf der Fürstenbank, er hatte damit auf den Reichstagen keinen höheren Einfluß als früher. Auch die Grafschaft Ostfriesland wurde damit nicht zum Fürstentum erhoben, denn der Wortlaut des Diploms lautete:

„Haben wir den Grafen Enno Ludwig zu Ostfriesland und nicht allein ihn, sondern auch nach dessen Ableben seinen ältesten Sohn und folgendes allzeit den ältesten von seiner absteigenden und regierenden Linie eheleiblich geborenen Grafen von Ostfriesland in Ewigkeit in den Stand, Ehre und Würde des h. römischen Reichsfürsten gnädiglich erhebet, gewürdigt und gesetzt.“ (Siehe Ostfriesisches Urkundenbuch a.a.O.)

Wenn auch ab 1667 die Fürsten Ostfrieslands doch noch Sitz und Stimme im Reichsfürstenrat erhielten, so wurde Ostfriesland dennoch nicht Fürstentum, auch wenn der Kaiser es seit dieser Zeit so nannte, weil in den Lehnsbriefen diese Bezeichnung fehlte.

Ostfriesland hat seine spätere Benennung als Fürstentum lediglich dem Gewohnheitsrecht und der Verjährung zu verdanken.

Ein Jahr nach Lösung seiner Verlobung bat Enno Ludwig um die Hand der jungen Gräfin Justina Sophia von Barby. Diese stimmte zu, und am 7. November 1656 heirateten die beiden in Aurich.

Als Justina Sophia nach Aurich einfuhr, hatte sie ein Gnadenseil an ihrer Kutsche hängen, an dem einige Verbrecher angebunden waren und mitliefen. Dadurch erlangten sie ihre Begnadigung. Das Volk der

Auricher und der übrigen Friesen schüttelte den Kopf ob dieses komischen Tüdelkrams.

Nach seiner Heirat wurde Graf Enno Ludwig etwas ruhiger. Die Saufgelage nahmen ab. Allerdings liebte er nach wie vor das Jagen, und eine solche Parfocejagd wurde ihm schließlich zum Verhängnis. Fürst Enno Ludwig hatte noch den Streit zwischen ihm und dem Hofrichter von Knyphausen geschlichtet. Dieser setzte sich für die Stände ein, wofür Enno Ludwig sich am Eigentum der Knyphausens vergriff und den Hofrichter zur Flucht zwang. Doch gab er diesem am 10. März 1660 auf dem Landtage zu Marienhafe Pardon und rief ihn in die Regierung zurück.

Im Herbst 1659 stürzte Enno bei der Verfolgung eines Hirsches vom Pferd und zog sich dabei innere Verletzungen zu, die ihn unmittelbar nach Ende dieses Landtages in Marienhafe auf das Krankenlager warfen, von dem er nicht mehr aufstand. Am 4. April 1660 starb er in Aurich. In seinem Testament vom 27. März ordnete er an, daß seine Leiche binnen sechs Tagen nach seinem Tod ohne Prunk und in aller Stille beigesetzt werden sollte. Er bestellte seine Witwe, die Generalstaaten und Herzog Rudolph August von Braunschweig-Lüneburg zu Vormündern seiner Töchter.

Seine Ausschweifungen, zu denen auch die Wollust gehörte, ließen es nicht zu, daß er sich nach dem Sturz auf der Jagd wieder erholte. Seine Witwe zog sich nach Berum zurück.

Georg Christian und die Stände

Da Enno Ludwig Cirksena keine Söhne hinterließ, wurde sein jüngerer Bruder, Georg Christian, sein Nachfolger, zunächst nur im Grafenamt, das ihm zustand. Dieser versuchte zunächst in der eigenen Regierung aufzuräumen. Sein erstes Opfer wurde der Hofrichter Frhr. von In- und Knyphausen. Dieser hatte dem Rat des Grafen, Bucho Wiarda, mitgeteilt, daß die Administration und die Ordinair-Deputierten dem neuen Herrn nicht eher huldigen würden, als die Landesbeschwerden erledigt seien.

Rat Wiarda erklärte den Deputierten, daß der Graf die Regierung bereits übernommen habe. Dennoch wurde die Deputation zur Mittagstafel eingeladen. Hierbei versäumte es der Hofrichter, Frhr. von Knyphausen, den Grafen zum Regierungsantritt zu beglückwünschen.

Die böse Stimmung des Grafen bekam als erster der Kanzleidirektor

Bluhm zu spüren, der auf Befehl des Grafen in Haft genommen und gleichzeitig aus dem Dienst entlassen wurde. Die vakante Stellung des Kanzlers erhielt Dr. Hermann Höpfner, ein zwar sehr gelehrter, aber landfremder Herr, der die ostfriesischen Belange nicht kannte.

Der vom neuen Grafen einberufene Landtag zu Aurich wurde von Emden nicht besucht. Die Administration und die Deputierten taten desgleichen. Gekommen waren nur Junker Jost von Hane und Upgant, Freiherr J.W. Freitag von Gödens, einige Abgeordnete der Städte Norden und Aurich und einige Deputierte aus den Ämtern Aurich, Norden, Berum, Leer, Stickhausen und Friedeburg. Ihnen erklärte Graf Georg Christian, daß er alle berechtigten Beschwerden abstellen und die ständischen Privilegien achten werde. Dafür verlangte er die Erbhuldigung, womit die anwesenden Stände einverstanden waren. Zwei weitere Landtage in Aurich am 17. Mai und am 18. Juni als Fortsetzung der vorhergegangenen verliefen ohne Ergebnis, weil der Versammlungsort nicht den Akkorden gemäß war.

Die Erregung steigerte sich bis hin zum beinahe ausbrechenden Bürgerkrieg. Dies lag in erster Linie an dem neuen Kanzler Dr. Hermann Höpfner. Dieser setzte eine Steuererleichterung durch, die vom dritten Stand lebhaft begrüßt wurde, während das ständische Administratorenkollegium und Emden bei der bisherigen höheren Steuer blieben.

Als dann im September Abteilungen der Emder Garnison auszogen, um die höheren Steuern einzutreiben, stießen sie schon im Amte Emden auf Widerstand, der sich in Marienhafe am 12. September zum offenen bewaffneten Widerstand steigerte, wobei es auf beiden Seiten Tote und Verwundete gab. Die Bauern des Brokmerlandes bewaffneten sich und schlugen die 100 Soldaten aus Emden in die Flucht.

Graf Georg Christian rief das gesamte Landesaufgebot zusammen. Binnen einer Woche lagerten im Amte Aurich 3000 Bauern und Hausleute, die für den Grafen und eine niedrigere Steuer kämpfen wollten. Dies zeigte einmal schlaglichtartig, daß Ostfriesland und die Herrschaft über das Land kein Traum war, der im Schlosse geträumt wurde, sondern auch Realität werden konnte, wenn man die Menschen zu motivieren verstand. Dennoch kam es in Norden zu Unruhen, als der Graf versuchte, die Huldigung der Stadt zu erzwingen. Zwar stand der dritte Stand hinter ihm, aber die Stände weigerten sich. Beide Seiten, vor allem aber die Stände versuchten in vaterländischer Sache zu machen. In die Fahnen der Stadt Emden wurde die Inschrift „Pro libertate et patria" eingestickt. Im September 1660 sah es so aus, als sei nur noch ein Bruderkrieg möglich.

Dieser Bruderkrieg blieb glücklicherweise aus. Die 3000 aufgebotenen Männer wurden auf einer Wiese vor dem Norder Tor von Aurich in Zelten untergebracht und auf Kosten des Grafen bewirtet.

Die Schlösser Esens und Wittmund wurden mit weiteren Männern belegt. Als der Graf auch die Harlinger, die ihm am 29. Juli gehuldigt hatten, zum Kampf in Ostfriesland gegen die Feinde des Grafen werben wollte, lehnten diese ab. Sie wollten ihre Grenzen tapfer verteidigen, sich aber nicht in ostfriesische Händel mischen.

Die Stände warnten Graf Georg Christian vor seinem Kanzler und den gräflichen Räten, welche danach trachteten, die Landesprivilegien zu beseitigen.

Es folgte im Oktober ein Versuch der Ständischen, den abtrünnigen Ritter Jost Hane zu fangen, der sich nach Upgant begeben hatte. In der Nacht des 5. Oktober sollte die Aktion starten. Hane wurde gewarnt und entkam den Häschern, zwar unbekleidet, aber mit heiler Haut. Kapitän Meier rückte nun mit 400 Emdener Soldaten und drei Kanonen vor Aurich. Kurz vor Erreichen der Stadt machte er halt. Inzwischen war die Sache so geklärt worden, daß man eine neue Deputation nach dem Haag entsenden wollte. Es handelte sich um Bucho Wiarda, Ritter Jost Hane und einige ständische Deputierte. Die Hoogmogenden sollten eine Entscheidung fällen. Im Haag wurden die gegeneinander streitenden Ostfriesen ermahnt, Frieden zu halten, und mit dem Versprechen zurückgeschickt, daß man einen Kompromiß erarbeiten würde.

Neben diesen Zänkereien war es im selben Jahr zu einem bösen Zwischenfall gekommen. Zunächst ging es um eine Nichtigkeit, und zwar um das Benutzungsrecht einer gemeinen, also dem Amt gehörenden Weide bei Weener, die von Bewohnern dieser Ortschaft und jenen aus Holthusen beansprucht wurde. Beide Gruppen wollten sich nicht dem gefällten Urteil unterwerfen. Danach sollte Drost Freiherr H.M. von Aylva, des Amtes Leer, mit Amtmann Wiarda und zwölf Soldaten mit Vögten, Gerichtsdienern und einer Schar erbeingesessener Bauern an Ort und Stelle dem Recht, das gesprochen worden war, Geltung verschaffen. Die unterlegene Partei hatte sich bereits vorher bewaffnet und dort aufgestellt.

Nach einem ersten Wortwechsel kam es zum Abschuß einer Waffe. Ein nervöser Soldat war versehentlich mit dem Finger an den Abzug gekommen. Das Signal zum Kampf war damit gegeben. Man kam nun voll in Fahrt.

Drost von Aylva erhielt nun einen Schlag mit einer Bauernmistgabel auf den Schädel, daß ihm das Blut über das Gesicht strömte. Er befahl den Soldaten zu schießen. Einige Holthusener wurden getötet; der Drost fiel einer verirrten oder versteckten Kugel zum Opfer.

Nun kamen die Bauern zur Sache. In dem entbrennenden Handgemenge wurden 70 Mann kampfunfähig geschlagen. Viele von ihnen erlagen ihren erlittenen Verletzungen. Weener mußte militärisch besetzt werden. Von den gefangengesetzten Warfenleuten wurde der Anführer, der ehemalige Leutnant H.J. Nachtigall, in einem Auricher Prozeß zum Tode verurteilt und auf öffentlichem Platz enthauptet. Zwei weitere „Rädelsführer“ wurden auf Lebenszeit verbannt, die übrigen zu fußfälliger Abbitte und 1000 Reichstalern Buße begnadigt.

Die Advokaten aber, die diese Verurteilten verteidigt hatten, wurden nach einem Gutachten der Universität Straßburg ihrer Advokatur für verlustig erklärt.

Da Graf Georg Christian seine Verlobte, die württembergische Prinzessin Christine Charlotte, ebenfalls als Fürst nach Aurich heimholen wollte, ersuchte er mehrfach um die Erteilung des Fürstentitels. Am 18. April 1662 kam Kaiser Leopold diesem Gesuch durch die Erteilung des Fürstentitels nach, der für den Grafen und für seine Erben und Nachfolger in der Regierung gelten sollte. Immer noch nicht erhielt der nunmehrige Fürst Sitz und Stimme unter den Reichsfürsten.

Am 8. Mai 1662 fand die Hochzeit statt, und am 31. Juli hielten die Jungvermählten Einzug in Aurich.

Auf dem folgenden Landtage in Emden, der am 10. September begann und auf dem der junge Fürst am 17. September persönlich erschien, war Georg Christian klug genug, seinen bei Volk und Ständen verhaßten Kanzler Höpfner zu entlassen. Es kam ein Vergleich zustande, der Aussicht auf Dauerhaftigkeit hatte. Er wurde am 4. Oktober 1663 durch den Finalrezeß bekräftigt.

Emden hatte dem Landesfürsten seine Huldigung zuteil werden lassen. Fürst und Fürstin waren in Wolthusen feierlich empfangen worden und hielten durch das Herrentor Einzug in die Stadt Emden, die sich bis dahin so widerborstig gezeigt hatte. In einer sechsspännigen Staatskarosse fuhr das Fürstenpaar, gefolgt von einer Reihe weiterer Kutschen, zur Burg. Hier lud der Fürst alle Deputierten zur Tafel.

Am nächsten Tage wurde eine Verständigung über die Huldigungs-Reversalien und den Huldigungseid erzielt. „Bei fürstlichen Ehren“ verpflichtete sich Georg Christian, „wahren Worten, Treu und Glauben an Eides statt, nie etwas gegen die Rechte und Privilegien der Stadt Emden zu unternehmen und sie vielmehr stets bei denselben zu schützen“.

Der Kanzler, die Räte, Landrichter und Rentmeister wurden ebenfalls auf diese Landverträge verpflichtet.

In Gegenwart von vier Bürgermeistern unterschrieb Georg Christian am 18. November den Huldigungs-Revers. Danach unterschrieben alle anderen Beteiligten. Sodann schritt die Versammlung in feierlicher Form zur Kirche. Reiterei voran, gefolgt von den Vierzigern, den Ratsherren und Bürgermeistern, dem Fürsten und seinem Bruder Edzard Ferdinand. Danach folgten die Trabanten und Bedienten. Den Schluß machten die Räte, Drosten und Edelleute.

Die Huldigung wurde in feierlicher Form vollzogen. Ein Festessen beschloß diese Feierlichkeit.

Das Jahr 1663 brachte dann noch einen seit dem Berumer Vergleich von 1600 schwebenden Streitfall zur gerichtlichen Entscheidung. Der Reichshofrat hatte angeordnet, jene 165000 Reichstaler, die seinerzeit Georg Christians Vorfahre Enno III. seinen beiden Töchtern Sabina Katharina und Agnes aus der Ehe mit Walburg von Rietberg zugesprochen hatte und die später auf 300000 Reichstaler erhöht worden waren, zu zahlen.

Es handelte sich um jenes Geld, das 1622 bereits in Fässern verpackt bereitgelegen hatte, aber von den Mansfeldern aus dem Auricher Schloß geraubt worden war.

Ostfriesland aber war zahlungsunfähig. Die Generalstaaten waren jedoch bereit, dem Fürsten einen Großteil dieser Summe zu leihen, wenn er ihnen die Dieler Schanze überlasse, welche die Ems und die Straße ins münsterische Emsland kontrollierte. Fürstbischof Christoph Bernhard von Münster, der neben Graf Anton Günther von Oldenburg mit dem Eintreiben der Schuldsumme beauftragt war, besetzte die Schanze im Dezember. Er wollte kein Geld nehmen, weil er den Besitz der Schanze offenbar vorzog.

Im Mai 1664 rückten dann die Niederländer mit einer schlagkräftigen überlegenen Truppe von 37 Infanterie-Kompanien und 20 Schwadronen Kavallerie unter dem Prinzen von Oranien heran und zwangen binnen weniger Tage die münster'sche Besatzung, die nur 360 Mann stark war, zur Kapitulation. Das Recht zur Besetzung der Dieler Schanze war in den Vertrag der Generalstaaten mit Fürst Georg Christian aufgenommen worden.

Dem Schwiegervater von Fürst Georg Christian, Herzog Eberhard von Württemberg, gelang es schließlich, mit Fürst Hartmann von Lichtenstein, dem Empfänger des Geldes, einen neuen Vergleich zu schließen. Danach sollte dieser außer den 285000 Reichstalern noch weitere 200000 Reichstaler erhalten. Dieser Vergleich wurde vom

Kaiser bestätigt und die Exekution aufgehoben. Damit war dieser Streit aus der Welt und die drohende Zerstückelung Ostfrieslands ausgeräumt.

Fürst Georg Christian stand sich gut mit den Ständen und war beliebt. Nun mußte es aufwärts gehen. Doch am 5. Juni wurde der Fürst von einem Unwohlsein befallen. 24 Stunden später war er tot. Er war nur 32 Jahre alt geworden.

Edzard Ferdinand in schwerer Zeit

Da Georg Christian bei seinem Tode noch keinen Sohn hatte, seine Frau aber schwanger war, übernahm zunächst Graf Edzard Ferdinand die interimistischen Regierungsgeschäfte. Das sollte jedoch nur vier Monate währen. Diese vier Monate waren eine schlimme Prüfung für Ostfriesland, denn die Pest grassierte wieder im Lande.

Die Fürstin zog sich nach Esens zurück, während der Regent Sandhorst als Zufluchtsstätte wählte, denn Aurich lag neben Emden im Zentrum dieser verheerenden Seuche, die allein in Emden 5518 Bestattungen im Jahr anstelle der sonst üblichen 750 notwendig machte. Insgesamt fielen in diesem Jahr 8000 Ostfriesen der Pest zum Opfer.

Der zwischen England und den Niederlanden ausgebrochene Krieg sah die Engländer, die die ostfriesische Neutralität mißachteten, auf der Jagd nach Emdener Handelsschiffen, die sie einfach als Prise wegführten. Dreizehn Schiffe aus Emden wurden so gekapert und entführt.

Bischof Bernhard von Galen, der sich wenig vorher in der Dieler Schanze festgesetzt hatte und von Kaiser Leopold geschützt wurde, um schließlich doch von den Truppen der Generalstaaten hinausgeworfen zu werden, warb nunmehr mit englischem Gelde Söldner, um sich an den Niederländern zu rächen und seine Annexionsgelüste auf das südliche Ostfriesland zu befriedigen.

Die Generalstaaten rieten Edzard Ferdinand, seine Grenzen zu sichern. Doch die Stände waren nicht bereit, dafür mehr als 25 000 Gulden zu bewilligen. Man fand, daß die Generalstaaten die Grenzen sichern sollten.

Englands Vorhaben, die Emsmündung zu kontrollieren und dazu im Norden Ostfrieslands einzudringen, und die münster'schen Angriffsvorbereitungen im Süden zwangen die Generalstaaten, 12 000 Mann braunschweigisch-lüneburgische Truppen in Sold zu nehmen. Davon wollten sie Edzard Ferdinand 1200 Mann andienen. Dieser wünschte jedoch nur 300 Mann.

Der Landtag zu Pewsum am 13. September 1665 brachte keine andere Entscheidung. Lediglich für die Verteidigung von Greetsiel wollte man 5000 Gulden aufbieten.

Fürstin Christine Charlotte und die Stände

Am 1. Oktober 1665 wurde in Esens der Erbprinz Christian Eberhard geboren. Damit ging die Zeit der Interimsregierung zu Ende, und Fürstin Christine Charlotte übernahm die vormundschaftliche Regierung. Sie wählte den Grafen Edzard Ferdinand, ihren Vater Eberhard III. von Württemberg und die Herzöge Georg Wilhelm und Ernst August von Braunschweig-Lüneburg zu Mitvormündern.

Die Fürstin holte eine Reihe Experten aus dem Auslande nach Aurich, um mit ihnen eine neue Regierung zu bilden. Dies war für die einheimischen Ritter ein rotes Tuch, denn bis dahin hatten sie als ostfriesischer Adel in diesen Stellungen gedient. Die Stände wollten ihre Edlen und Ritter am Hofe sehen und sich solcherart repräsentiert wissen.

Eine der ersten Amtshandlungen der Fürstin war die Bitte um den Einmarsch von 800 Mann braunschweigisch-lüneburgischer Truppen ins Land. Diese wurden in Greetsiel und Stockhausen stationiert. Als sich die Stände weigerten, die Unterhaltskosten für die ungebetenen Truppen zu bezahlen, schrieb die Fürstin neue Steuern aus, und die lüneburgischen Soldaten dienten ihr als Steuereintreiber.

Erst als der Bischof von Münster im Frühjahr 1666 mit den Generalstaaten Frieden schloß, entfiel die Notwendigkeit zur Truppenzusammenziehung in Greetsiel.

Die Fürstin agierte nun vor den Ständen doppelzüngig. Während sie den baldigen Abzug aller Truppen erklärte, ließ sie durch Herzog Georg Wilhelm im Mai 1666 1400 weitere welfische Soldaten nach Ostfriesland verlegen. Damit beabsichtigte sie die Abschaffung der Landesverträge. Dies fürchteten wenigstens die Stände, die sich sofort an die Generalstaaten wandten und um Hilfe baten. Die Generalstaaten mußten handeln. Sie legten sofort eine Verstärkung nach Emden, warben lautstark Söldner an und verkündeten, daß diese nach Ostfriesland gehen würden, um die Welfischen hinauszuwerfen.

Diese verbalen Kraftakte genügten den Braunschweigern, Anfang 1667 ihre Truppen aus Ostfriesland zurückzuziehen. Damit war für die

Stände der Weg frei. Nach langen, zähen Verhandlungen brachten sie die Fürstin dazu, Anfang 1668 die Landesverträge anzuerkennen, womit die ständischen Rechte gesichert waren.

Am 1. Januar 1668 war Edzard Ferdinand nach längerer Krankheit gestorben. Auch er wurde nur 32 Jahre alt. Genau einem Tag vor seinem Tode war ihm noch der zweite Sohn Friedrich Ulrich geboren worden.

Die Landesregierung führte nunmehr die Regierung nach den Akkorden. Damit waren die Versuche, die Stände zu entzweien, gescheitert. Ruhe kehrte ein, die Seuchen verschwanden, und der blanke Hans schlug auch nicht zu. 1670 konnten die Fürstin und ihre beiden Brüder, die zu Besuch nach Aurich gekommen waren, auch Emden besuchen. Sie wurden freundlich aufgenommen und auf dem Rathaus festlich bewirtet.

Der Gefahr, in den Krieg zwischen Ludwig XIV. und England verwickelt zu werden, in dem auch Kurköln und Münster auf französischer Seite mitwirkten, entging Ostfriesland. Die Besetzung durch münsterische Truppen unterblieb, weil der Angriff der Münsteraner unter Christoph Bernhard von Münster gegen Groningen nicht durchschlug und die Groninger jedem Eroberungsversuch widerstanden.

Prinz Wilhelm III. von Oranien hatte die Führung der Niederlande übernommen, und nachdem die münster'schen Truppen von Groningen aus den Rückzug angetreten hatten, war die Gefahr für Ostfriesland gebannt.

Während der Belagerung von Groningen hatte der münster'sche Bischof den Emdener Magistrat ersucht, die staatische Besatzung aus der Stadt hinauszujagen und seine münster'schen Truppen in Emden einrücken zu lassen. Der Magistrat schlug dies ab, auch wenn die Lage der Generalstaaten alles andere als rosig war.

Allerdings konnte Emden der Hilfe des Kurfürsten von Brandenburg, Friedrich Wilhelm, sicher sein, der dem Emdener Magistrat ein Schreiben sandte, daß er einen Angriff Münsters auf Emden nicht dulden werde.

Die Belagerung von Groningen hatte 4000 Mann an Toten und Verwundeten gekostet. Die Dieler Schanze, die immer noch von münster'schen Söldnern besetzt war, wurde im November 1672 durch Prinz Friedrich Kasimir von Kurland mit 18 Schwadronen Reiterei zurückgewonnen und mit einer staatischen Besatzung von 125 Mann belegt. Ihr Kommandant war Hauptmann Ausema, ein Maulheld, der laut tönte, daß er jeden Feind von hier vertreiben werde. Als sich bischöfliche Truppen der Dieler Schanze erneut näherten, gab er noch vor dem ersten Schlagabtausch die Schanze auf und floh. Die bischöflichen Truppen schleiften die Schanze und verstärkten die Langackerschanze. Diese versperrte dem Prinzen von Kurland den Weg in die Niederlande. Er setzte mit seinen 2600 Dragonern von Emden nach Delfzyl über.

Auf dem nächsten von der Fürstin ausgeschriebenen Landtag vom 4. Januar 1673 versuchte diese, weitere Kräfte für die Landesverteidigung zu erlangen. Die Fürstin hatte 200 Mann ihrer eigenen Miliz zusätzlich nach Stickhausen legen lassen, obwohl bereits 400 der von den Ständen und der Regierung angeworbenen Soldaten dort standen. Als die Verpflichtung der Soldaten erlosch, erklärten die Stände die Besatzung von Stickhausen für entlassen und wollten die nach Emden geschickten 200 Soldaten behalten. Die Räte der Fürstin aber wollten jene 200 in Emden stationierten Soldaten entlassen und die 400 in Stickhausen befindlichen für die Dienste der Fürstin behalten.

Am 30. Januar 1673 reichte die Fürstin Christine Charlotte beim Reichshofrat eine Klageschrift gegen die Stände ein, daß diese die zur Verteidigung der Nordgrenze des Reiches notwendigen Summen nicht zahlen wollten. Sie bat den Kaiser, dafür Sorge zu tragen, daß die Stände zur Zahlung gezwungen würden.

Der Notar Klein brachte dann den Ständen die Weisung des Kaisers, dem König von Dänemark Christian VII. als Grafen von Oldenburg und Herzog Christian Albrecht von Holstein das Geld zu zahlen. Diesem Gerangel um mehr oder weniger Soldaten in fürstlichem oder ständischem Dienst und Interesse bereitete der Friede vom 11. April 1674 ein Ende. An diesem Tag schloß der Bischof von Münster in Köln mit den Generalstaaten Frieden, nachdem König Karl II. von England bereits am 9. Februar 1674 den Generalstaaten den Frieden von Westminster für zwei Millionen Gulden erkauft hatte.

Ludwig XIV. hatte damit seine Bundesgenossen verloren. Es gelang ihm, König Karl IX. von Schweden dahin zu bringen, sein Heer unter dem Feldmarschall von Wrangel im Dezember 1674 in die Mark und nach Pommern einmarschieren zu lassen.

Der Große Kurfürst aber ließ sich durch diese Aktion nicht vom Reichsheer trennen; bei Fehrbellin stieß er mit seiner Reiterei am 28. Juni 1675 derartig wuchtig in dieses schwedische Heer, daß die Schweden Reißaus nahmen. Damit war die Gefahr des Einfalles der Schweden aus den seinerzeit noch schwedischen Bistümern Bremen und Verden nach Ostfriesland ebenfalls gebannt.

Die nächsten Jahre sahen Einquartierungen in Ostfriesland. So kamen in Winter 1675 und 1676 zwei dänische Regimenter ins Land und blieben bis zum Februar 1676. Anfang März tauchten drei welfische Regimenter auf, die bis Mai blieben, und im September 1676 marschierten sechs münster'sche Regimenter nach Ostfriesland. Wenn sich das Land von einem Eindringling loskaufte, folgte garantiert ein anderer nach. Die Stände ergriffen nun die Initiative und schlossen mit Kaiser Leopold einen Vertrag, nach welchem Ostfriesland für die Dauer des „Schwedischen Krieges" (Schweden war als Bündnispartner Frankreichs aktiv geworden) von aller Einquartierung befreit wurde. Dafür bezahlten die Stände den Betrag von jährlich 50000 Reichstalern.

Die Fürstin aber, die in Verhandlungen mit dem Bischof von Münster für eine Abfindung von 14000 Reichstalern den Abzug der münster'schen Truppen erkauft hatte, von denen aber acht Kompanien und zwei Schwadronen Reiterei zur Besetzung der Grenze zurückbleiben sollten, störte sich nicht an diesem mit dem Kaiser geschlossenen Vertrag der Stände.

Kaiser Leopold schickte den Grafen von Windischgrätz nach Bremen, wo ständische und fürstliche Abgeordnete vor diesem kaiserlichen Kommissar Rechenschaft ablegten und schließlich auch die Fürstin erschien. Im April 1677 entließ die Fürstin nach langem hin und her, in das sich auch die Generalstaaten einmischten, 600 Mann. Dies genügte Kaiser Leopold nicht. Er forderte die vollständige Räumung des Landes und befahl auch dem Bischof von Münster, seine Truppen zurückzuziehen.

Die münster'schen Truppen blieben dennoch und zogen für die Fürstin die Steuer ein. Als sie auch die Emdener Steuer holen sollten, bekamen sie es doch mit der Angst zu tun, und so holten sie sich das Geld aus den Herrlichkeiten Oldersum und Borssum, indem sie die dortigen Burgen besetzten, die Häuser ausplünderten und niederrissen.

Die Emdener traten nun in Aktion. Ihre Truppen eroberten die Burg von Borssum im Handstreich zurück. Der dort mit drei Offizieren und 80 Mann liegende Obrist-Wachtmeister Puling wurde gefangengenommen. Alle Gefangenen kamen nach Emden. Magistrat und Rat verstärkten die Burgen und erklärten – ein Novum in der überraschend fascettenreichen Geschichte Ostfrieslands – die Fürstin zur Feindin des Landes. Die Eroberung von Greetsiel gelang den Emdenern jedoch nicht.

Fürstin Christine Charlotte erbat von Münster weitere Hilfe. Ein Regiment wurde geschickt. Es quartierte sich in Leer ein und bezog die dortige Hanenburg.

Wieder wurde Kaiser Leopold von den Ständen bestürmt. Dieser befahl dem Bischof von Münster, Ostfriesland sofort und mit allen seinen Truppen zu verlassen. Der Fürstin wurde befohlen, die Miliz zu entlassen; falls dies nicht geschehe, werde sie mit 40 Mark Gold bestraft. Sie sollte die gewaltmäßige Betreibung der Schatzungen sofort unterlassen. Die Generalstaaten wurden abgemahnt, sich nicht in die ostfriesischen Angelegenheiten zu mischen

Auf einen nochmaligen schärferen Befehl des Kaisers hin ließ der Bischof von Münster, anstatt abzuziehen, weitere 15 Söldner-Kompanien nach Ostfriesland einrücken und durch sie am 1. Januar 1678 die Burg von Oldersum erstürmen. Dreißig Tote waren unter der 300-köpfigen Besatzung zu beklagen.

Die kaiserliche Vermittlung ermöglichte den Abzug der münster'schen Truppen am 23. April 1678 gegen eine Zahlung von 50000 Reichstalern.

Der Kaiser, der sich bereit erklärt hatte, die Stände gegen die Übergriffe der Fürstin zu sichern, ließ bereits am 18. April 1678 eine kaiserliche Kompanie unter Führung von Hauptmann Gerdes in Stärke von 200 Mann nach Leer einrücken, um die Stände in der Handhabung ihrer Rechte zu schützen. Mit den 200 Soldaten kamen 70 Frauen und „ein ungezählter Haufen Kinder“ nach Leer. Diese „Sauvegarde“ kostete jährlich 7200 Reichstaler.

Damit begann eine Entwicklung in Ostfriesland, die vom Kaiser ausging und in welcher die Generalstaaten Schritt für Schritt aus ihrer Position der wichtigsten politischen Eingreifmacht in Ostfriesland hinausgedrängt wurden. Sogar ihre Einflußnahme wurde dadurch nicht nur verringert, sondern einfach ausgeschaltet.

Aus diesem Grunde griff Wien seit 1677 mehr und mehr für die Stände in die Geschichte Ostfrieslands ein, denn diese waren politisch in die Generalstaaten eingebunden.

Um das zu untermauern, verlieh Kaiser Leopold I. den friesischen Ständen am 24. Januar 1678 ein eigenes Wappen: Das „Upstalsboomwappen“. (Siehe: Wiarda, Tieleman Dothias: a.a.O.)

Der Einspruch der Fürstin gegen ein solches mit ihrem eigenen konkurrierendes Wappen wurde abgeschmettert, denn es gab in Ostfriesland tatsächlich mit der Landesherrschaft und den Ständen zwei Träger der Souveränität, und Kaiser Leopold I. hatte diese Tatsache mit der Verleihung des Wappens anerkannt und hoffte darauf, daß dieses Entgegenkommen auch von den Ständen honoriert werden würde.

Während sich nun die Fürstin um persönliche Kontakte zum Hause

Oranien bemühte und die Generalstaaten versuchten, die Stände auf die Linie der Fürstin einschwenken zu lassen, hielten sich die Stände beharrlich an den Kaiser und machten in Reichspatriotismus, ebenso wie sie früher auf gut staatisch gemacht hatten.

Leopold I. belohnte diese Haltung mit der neuerlichen Zusicherung des kaiserlichen Schutzes für die Stände. Er beauftragte am 16. Mai 1681 die führenden Fürsten des westfälischen Reichskreises, die ostfriesische Verfassung – die ständischen Rechte also – wahrzunehmen. Die hiermit beauftragten Herren waren wieder Bischof von Münster Ferdinand von Fürstenberg, der Kurfürst von Brandenburg und der Pfalzgraf von Neuburg. Einer der drei Herren nahm sich Ostfrieslands ganz besonders an: Friedrich Wilhelm von Brandenburg, der „Große Kurfürst".

Der Große Kurfürst in Ostfriesland

Auf dem Landtag in Norden am 18. Juli 1681 beriefen sich die Stände auf ihren mit dem Kaiser geschlossenen Vergleich. Sie reichten der Fürstin eine Liste ein, in der sie „alle Drangsale und Kosten" eingetragen hatten, „mit denen das Land während ihrer siebzehnjährigen vormundschaftlichen Regierung heimgesucht worden ist." (Siehe H.F.W. Perizonius: a.a.O.)

Sie beschuldigten die Fürstin und deren Räte als Urheber aller dieser Drangsale und außerdem noch der Unterschlagung, der Bestechlichkeit und der Verschwendung der Domänen. Am Schluß der Eingabe verkündeten die Stände:

„Sollten aber Ihro Durchlaucht wider Verhoffen dieser unserer Remonstration und Bitte kein Gehör geben, so sind wir (die Stände) nunmehr genötigt, die römische kaiserliche Majestät alleruntertänigst zu bitten, den jungen Prinzen selbst in die Regierung des Landes zu setzen und bei dessen noch währender Minderjährigkeit denselben mit rechtschaffenen Räten zu versehen, damit des Prinzen eigene Domänen ihm erhalten, die Schulden abgetragen, den erschöpften Einwohnern ihre uralten Freiheiten und die mit Hand und Siegel vollzogenen Verträge und kaiserlichen Verordnungen bei dem ihnen übriggebliebenen Stück Brodes erhalten werden möge. Wir behalten uns indessen vor, den jungen Prinzen mit allen unseren Kräften zu unterstützen und die Schadensersetzung an unseren Gütern von denjenigen zu fordern, welche an der unverantwortlichen Verwaltung der herrschaftlichen Domänen und Einkünfte wie auch an der vorsätzlichen mutwilligen

Ruinierung und Verarmung des ganzen Landes schuld sind." Damit war natürlich die Verhandlung abrupt beendet.

Kurfürst Friedrich Wilhelm von Brandenburg, hatte mit seinen Vermittlungsvorschlägen bei der Fürstin kein Glück gehabt. Nunmehr wandte er sich an die Stände. Er trat zunächst heimlich mit dem Präsidenten der Ritterschaft, Dodo von Knyphausen, und mit dem Emdener Bürgermeister Andree in Verbindung. Diese sicherten ihm ihre Hilfe bei einer Blitzlandung seiner Truppen in Ostfriesland zu. Für ihn, dem im Westfälischen Frieden Stettin und Vorpommern verlorengegangen waren, kam es darauf an, im Westen einen an der Nordsee gelegenen Hafen zu gewinnen.

Da Friedrich Wilhelm von Brandenburg dank des kaiserlichen Mandates berechtigt und verpflichtet war, die Unverletzlichkeit Ostfrieslands zu überwachen, konnte ein Einmarsch aufgrund der Abwendung von Gefahren eines drohenden feindlichen Einmarsches präventiv gerechtfertigt werden.

Der brandenburgische Geheimrat von Diest führte die Verhandlungen. Es stellte sich heraus, daß Fürstin Christine Charlotte die Welfenherzöge um Truppenhilfe gebeten hatte. Ihr galt es vorzukommen.

Noch während der Einmarschplan und die Eroberung oder Inbesitznahme der ostfriesischen Burgen beschlossen wurde, bewarb sich der Große Kurfürst beim Kaiser um seine Anwartschaft auf Ostfriesland für den Fall, daß das ostfriesische Haus der Cirksena im Mannesstamm aussterben würde. Dies Verfahren war – wenn auch geheim durchgeführt – korrekt.

Am späten Abend des 1. November 1682 landete das erste brandenburgische Truppenkontingent von 300 Mann bei Greetsiel. Sein Befehlshaber, Obristleutnant von Brand, forderte den Burgkommandanten Hauptmann Nothstein auf, die Burg zu übergeben. Dies wurde verweigert. Ein schneller Bote wurde zur Fürstin geschickt. Diese forderte die 200köpfige Sauvegarde in Leer unter Hauptmann Gerdes auf, die Brandenburger zu vertreiben. Hauptmann Gerdes weigerte sich, erklärte sich aber bereit, die fürstliche Burg Aurich zu besetzen und gegen jeden Angriff zu halten. Dies wurde von der Fürstin abgelehnt, denn sie fürchtete Verrat.

In der Nacht des 5. November setzte ein brandenburgischer Stoßtrupp bei strömenden Regen über den Burggraben, kletterte durch eine Schießscharte in die Festung Greetsiel, setzte die Wache fest und nahm dieser den Torschlüssel ab. Den sturmbereiten Brandenburgern wurde die Festung geöffnet. Greetsiel war gewissermaßen im Schlaf erobert worden.

Am 8. November unterzeichneten Geheimrat von Diest und der ständische Bevollmächtigte D. von Knyphausen, D. Andree und E. ter Braak einen Vertrag, in dem der Große Kurfürst den Ständen seinen Schutz gegen alle Eingriffe in ihre Rechte und Privilegien, die Aufrechterhaltung der Akkorde und der kaiserlichen Entscheidungen zusicherte. Er wollte die Festung Greetsiel gegen alle Feinde halten und Männer und Waffen zum Schutz der Akkorde stellen.

Die Stände anerkannten den Kurfürsten als westfälischen Kreis-Direktor und verpflichteten sich, ohne sein Wissen oder das seines Mitkonservators (des Bischofs von Münster) nicht mit fremden Fürsten zu verhandeln, den brandenburgischen Truppen im Notfall beizustehen und vom 1. November 1682 an für die Dauer ihrer Anwesenheit dem Kurfürsten und dem Bischof von Münster monatlich 800 Reichstaler zu bewilligen.

Am 30. Dezember genehmigte der Landtag in Aurich diesen Vertrag, weil alle froh waren, in dem Kurfürsten von Brandenburg einen potenten Schutz zu haben.

Als Anfang 1683 die 200 Mann kaiserlicher Sauvegarde versuchten, Aurich und die Friedeburg zu erobern, wurden sie abgewiesen. Die staatischen Besatzungen, die noch immer in Emden und Leerort saßen, sahen tatenlos zu.

Ostfriesische Schiffahrt unter dem Großen Kurfürsten

Die brandenburgische Truppe, die in Greetsiel stationiert war, erwies sich schließlich als stärkste Kraft in Ostfriesland. Gegen sie trat die Fürstin auf. Seitdem die Brandenburger Anfang November 1682 bei Greetsiel gelandet waren und die Burg in Besitz genommen hatten, waren die vorher bereits vorhandenen Bindungen zu den ostfriesischen Ständen systematisch verstärkt worden. Der Große Kurfürst ging ans Werk, um die von ihm verfolgten Interessen mit jenen Emdens zu vereinen. Emden sollte nach dem Willen des weitsichtigen Fürsten der Hafen werden, von dem aus die „Afrikanische Handelskompanie" zu ihren gewinnbringenden Fahrten aufbrechen würde.

Am 2. Mai 1683 schloß der Große Kurfürst in Berlin mit den ostfriesischen Ständen einen Vertrag, mit dessen Hilfe er sich nicht nur des Hafens Emden, sondern auch der friesischen Flotte versicherte. Emden wurde offiziell Sitz der Gesellschaft, und im August 1683 traten die Stände und die Stadt Emden dieser Gesellschaft bei. Mit der

Vereinigung gleicher ökonomischer Interessen wurde zugleich auch die politische Verbindung zwischen Ostfriesland und Brandenburg enger.

Nunmehr erfolgte die Verlegung der Hauptkräfte der bei Greetsiel stationierten brandenburgischen Soldaten nach Emden. Die brandenburgische Admiralität wurde gegründet und eingerichtet. Seit dieser Zeit fuhren sämtliche Emdener Schiffe unter der Flagge des brandenburgischen Adlers. Trotz der noch immer währenden Anwesenheit der Truppen der Generalstaaten in Emden war damit klar geworden, daß Emden die längste Zeit Stützpunkt der Generalstaaten gewesen war.

Nicht nur der Umstand, daß der Große Kurfürst die weite ozeanische Schiffahrt wieder in Gang brachte, sondern auch die Tatsache, daß er den Ständen und der Stadt Emden die Verhandlungen zwischen ihm und dem Bischof von Münster über den Ausbau der Ems zusagte, damit dieser alte Transportweg einem aufblühenden Handel zwischen Westfalen und Emden diene, zeigte den Emder Kaufleuten und Schiffern, daß es mit dem Großen Kurfürsten aufwärts gehen würde. Dies war es, was sie nach der langen Zeit der Stagnation für sich und ihre Stadt wünschten.

Da Friedrich Wilhelm I. von Brandenburg die ständischen Freiheiten als weiterbestehend bestätigt hatte und sie den Ostfriesen garantierte, schlossen die Stände mit ihm ihre Abkommen, als seien sie der Souverän in Ostfriesland.

Die noch immer amtierende Fürstin von Ostfriesland resignierte nicht, sondern versuchte immer wieder, die von den Ständen eingegangenen Verträge annullieren zu lassen. So sandte sie Bittdelegationen an die Fürsten und den Kaiser. Der Kurfürst entgegnete auf ihre Anschuldigungen, daß er weder das Recht der Fürstin noch jenes ihres minderjährigen Sohnes antasten wolle. Die Verlegung seiner Afrikanischen Kompanie nach Emden sei lediglich zum Wohle Emdens und ganz Ostfrieslands erfolgt. Wenn sich die Fürstin genau über die ganze Sache unterrichte, werde sie auch besser darüber denken.

Als diese Samtpfotentaktik bei Christine Charlotte nichts fruchtete und weiter Schmähschriften gegen Friedrich Wilhelm I. erschienen, zog dieser die Handschuhe aus und forderte kategorisch in einem Brief an die Fürstin:

„Es maßen sich der verwitweten Fürstin Durchlaucht das Recht der Souveränität oder der absoluten Herrschaft über ihre Stände an, und wenn dieselben auf ihre Rechte und Privilegien provociren und ihre Klagen bei dem Reichshofrat anhängig gemachet, tractiren sie dieselben als Renitenten und Rebellen.

Sr. kurfürstlichen Durchlaucht sind kraft kaiserliches Conservatorii in alle Wege gehalten, die Stände so lange, was sie haben, besitzen und genießen, zu schützen, bis ein anderes, in foro ordinario wird anerkannt werden und haben der Fürstin Durchlaucht nicht die mindeste Ursache, sich darüber zu beschweren.

Auch hätten Se. kurfürstliche Durchlaucht die Besatzung von Greetsiel nicht weggenommen und nach Emden verlegt, wenn sie nicht die versicherte Nachricht gehabt, daß man, dem Conservatorio schnurstracks zuwider, fremde und auswärtige Miliz ins Land führen und solchergestallt nicht allein die Stände ganz opprimieren, sondern auch dem ganzen Deutschen Reich einen irreparablen Tort und besonders dem westphälischen Kreis ein großes Präjudiz Gefahr und Schaden zuziehen wollte."

Daß die Generalstaaten, die mit Afrika bereits Handelsbeziehungen unterhielten, sich diesen Konkurrenten liebend gern vom Hals geschafft hätten, versteht sich. Dies zeigte sich auch schon vorher, als die niederländische Westindische Compagnie ein brandenburgisches Schiff aufbrachte und nach Castel del Mina einbringen ließ. Allerdings mußte sie dafür 40000 Reichstaler Schadenersatz zahlen. Man konnte also, dies hatte jenes Vorkommnis gezeigt, nicht mit roher Gewalt gegen diese neue Konkurrenz auftreten, sondern mußte sich auf juristische Winkelzüge zurückziehen.

So reiste der niederländische Gesandte van Amerongen nach Berlin, um dort gegen die Westafrikanische Compagnie auf Unterlassung zu klagen. Seine Begründung, daß der niederländisch-westindischen Compagnie der Alleinhandel an der Goldküste Afrikas zugesichert sei, schlug nicht durch.

Der Große Kurfürst erklärte, daß die Generalstaaten wohl den eigenen Kaufleuten Privilegien und Freibriefe erteilen könnten, daß sie aber in keiner Weise befugt seien, die natürlichen Rechte anderer zu beschränken. Den Alleinhandel könnten die Generalstaaten für ihre Kaufleute nur an jenen Plätzen beanspruchen, wo sie – durch Waffengewalt oder durch Kauf – die volle Souveränität besitzen, oder wo die Einwohner des Landes mit ihnen Alleinverträge abgeschlossen hätten. Ein solcher Fall liege aber nicht vor, und neben der Goldküste gebe es in Afrika noch viele Gegenden, in denen frei gehandelt werden könne.

Seit dem Jahre 1681, da der Große Kurfürst das erste Schiff unter Kapitän Blonk nach Guinea geschickt hatte, wo dieser mit den dort ansässigen Häuptlingen auf dem Kap der drei Spitzen (Tres Puntas) den Vertrag abgeschlossen hatte, nach welchem diese den Großen Kurfürsten als ihren Oberherren anerkannten und die Versicherung abgaben, nur mit Schiffen unter der Flagge Brandenburgs Handel

OSTFRIESLAND UND SEINE STAATLICHEN BEZIEHUNGEN um 1685

0 50 100 150
km

Reichsgrenze

treiben zu wollen, war den Generalstaaten ein großer Konkurrent entstanden.

Die ersten Zwischenfälle veranlaßten den Großen Kurfürsten, den Major von Gröben mit 100 Mann Soldaten nach Guinea zu entsenden. Am Neujahrstag 1683 hatte der Major die brandenburgische Flagge am guinesischen Ufer zwischen dem Berg Mamfort und Axim aufgepflanzt und das Fort Groß-Friedrichsburg errichten lassen. Die Interessenten der Westafrikanischen Compagnie erhielten Freibriefe des Großen Kurfürsten, die auf 30 Jahre befristet waren.

Die Ostfriesen durften unter brandenburgischer Flagge fahren. Dies hatte der brandenburgische Geheimrat von Diest bereits mit den Ständen ausgehandelt. Ostfriesische Kaufleute standen damit unter dem Schutz der brandenburgischen Flagge, und Emden war bereit, brandenburgischen Kaufleuten, die in ihre Stadt kamen, das Bürgerrecht zu verleihen. Die Stadt versicherte, von nun an nur noch mit brandenburgischen Städten der Ostsee Handel treiben zu wollen.

Es war ein Treppenwitz der Geschichte, daß die holländische Werftindustrie dem Kurfürsten jene Fregatten baute und verkaufte, die zwar zunächst gegen Schweden eingesetzt werden sollten, dann aber zum Schutz der ostfriesischen Schiffe gegen Kaperungsversuche der Generalstaaten dienten.

Allerdings wurde letzten Endes die Westafrikanische Compagnie ein Verlustgeschäft. Der Große Kurfürst mußte den Teilhabern der Compagnie ihre Anteile 1686 auszahlen und sie selbst übernehmen. Nicht zuletzt durch die Ränke und Intrigen der niederländisch-westindischen Compagnie wurde diese Unternehmung, die auch von den Nachfolgern des Großen Kurfürsten fortgesetzt wurde, ein Fiasko. 1697 war die Compagnie mit 500000 Reichstalern verschuldet. Nun übernahmen niederländische Kaufleute die Konkursmasse und betrieben mit fünf bis sechs Schiffen jährlich von Emden aus ihren Handel mit Guinea. König Friedrich I. hob dann im Jahre 1711 die Gesellschaft auf. Seine Versuche, diese Westafrikanische Compagnie im Jahre 1714 wieder zu errichten, schlugen fehl. 1720 verkaufte Friedrich I. seine Besitzungen in Afrika der holländischen Gesellschaft für 7200 Dukaten und zwölf Neger.

Damit endete dieser erste deutsche Versuch, in Afrika Kolonien zu erwerben und Handel mit ihnen zu treiben. Doch nun zurück zu Ostfriesland und zur Fürstin Christine Charlotte und zu den Ständen.

Nachdem Fürstin Christine Charlotte in Wien am kaiserlichen Hof ihr Recht oder das, was sie dafür hielt, nicht behaupten konnte, wandte sie sich an die Generalstaaten. In Wilhelm III. von Oranien, Generalstatthalter der Staaten, und Fagel, dessen Berater, fand sie willige Helfer. Dennoch mußte sie sich auch 1683 wieder an den Wiener Hof wenden. Durch ihren Vater und die für sie sprechenden Herzöge von Braunschweig gelang es, daß der Kaiser den Freiherrn von Plittersdorf mit der Untersuchung des ostfriesischen Falles beauftragte.

Im September 1683 wurde ein Landtag nach Aurich einberufen. Die Stände sahen sich außerstande, wegen der noch anhaltenden Minderjährigkeit des Erbprinzen Verhandlungen über Dinge zu führen, die Ostfriesland insgesamt angingen.

Sie baten den Kaiser, durch ein Machtwort den in einer Art von Verbannung gehaltenen Erbprinzen nach Ostfriesland zurückkehren und ihn für volljährig erklären zu lassen. Plittersdorf richtete nichts aus. Auch die Türkensteuer, die er erbat, weil die Türken inzwischen bis vor die Tore der kaiserlichen Residenz Wien gelangt waren, wurde erst nach langen Verhandlungen in Höhe von 17000 Reichstalern bewilligt. Bedingung war, daß dann die kaiserliche Sauvegarde abziehen und daß das Harlingerland sich mit einem Fünftel der Summe daran beteiligen müsse.

„Dies war zuwenig Geld für zu viele Bedingungen", wie es Perizonius treffend formulierte.

Die Stände wandten sich nach der Abreise des Vermittlers abermals direkt an den Kaiser. Sie baten darum, den Prinzen Christian Eberhard für volljährig zu erklären. Doch der Prinz lehnte es ab, vor der Zeit durch eine Erklärung der Stände zur Regierung zu gelangen. Am 1. Februar 1684 wurden die Stände ebenso wie die Interessenvertreter der Fürstin durch kaiserliche Weisung zum Hofe nach Wien zitiert, um sich dort vor der kaiserlichen Hofkommission zur Schlichtung der Streitigkeiten einzufinden.

Dem Erbprinzen wurde die Weisung erteilt, nunmehr heimzukehren. Der Kaiser war der Ansicht, daß es dem Erbprinzen gut angestanden hätte, sich nach sechsjähriger Abwesenheit von Ostfriesland selbst über den Zustand des Landes zu informieren. Er gab der Hoffnung Ausdruck, daß durch dessen Anwesenheit in Ostfriesland die Streitigkeiten verschwinden würden. Man sandte dem Prinzen die Beschwerden der Stände, damit er über den Umfang der Unzufriedenheit informiert werde.

Nach alledem könnte der Eindruck entstehen, als sei Prinz Christian Eberhard das Karnickel und wolle gar nicht an die Regierung gelangen. Das Gegenteil davon ist jedoch der Fall. Die Fürstin, die stolz und prestigebewußt war, hatte es bis dahin immer verstanden, die Mündigkeitserklärung für ihren 1665 geborenen Sohn Christian Eberhard hinauszuzögern, denn sein Regierungsantritt würde sie in die Bedeutungslosigkeit einer Fürstinmutter zurückversetzen. So versuchte sie, ehrgeizig besessen, wie sie war, auch noch nach diesem kaiserlichen Spruch ihren Sohn von der Regierung fernzuhalten. Dazu wandte sie sich an Herzog Georg Wilhelm von Braunschweig. Dieser lehnte ab, sich für die Fürstin zu verwenden, da er dann dem ausdrücklich verkündeten kaiserlichen Willen entgegengehandelt hätte.

Im März 1684 erneuerte der Große Kurfürst zu Utrecht den mit Münster abgeschlossenen Vertrag. Doch diesmal trat der Erzbischof von Köln auf, denn der Bischof von Münster war inzwischen verstorben. Durch eine brandenburgische Besatzung und 300 Mann münster'scher Truppen, die an die Südgrenze Ostfrieslands vorgingen, wurde den Versuchen der Fürstin, dänische Hilfstruppen ins Land zu holen, vorgebeugt.

Daß die Stände in dieser Situation zu ihrer Fürstin ein mehr als gespanntes Verhältnis hatten, zeigte sich in deren dauernden Fragen nach dem Verbleib des Erbprinzen. Ein volles Jahr wußte niemand – nicht einmal der Kaiser –, wo sich Christian Eberhard befand.

Als dann die Fürstin den ständischen Generalsuperintendenten Büttner wegen einer Reihe vorgeschobener Vergehen verhaften ließ, den Prozeß dem Hofgericht entzog und Büttner in Wittmund zu 50 Jahren Verbannung und zur Zahlung von 1000 Goldgulden verurteilen ließ, obwohl die Stände erklärten, daß er keines der ihm angelasteten Verbrechen schuldig sei, stieg die Erbitterung der Stände ins Unermeßliche.

Der wahre Grund zur Entfernung dieses aufrechten Mannes aus dem Dienst war die Tatsache, daß er von der Kanzel herunter Fraktur redete. Außerdem sollte er zum Zwecke der Rückkehr mit dem Erbprinzen in Briefwechsel gestanden haben. Auch die Frau des Superintendenten wurde brutal ausgewiesen.

Das Hofgericht hob die Verbannung Büttners auf und annullierte den Prozeß.

Die Fürstin mußte nun damit rechnen, daß die ständigen Vorstöße der Stände doch endlich die Rückkehr des Erbprinzen und seine Einsetzung als Fürst von Ostfriesland erwirken würden. Da sie aber nach wie vor entschlossen war, allein weiterzuregieren, entschloß sie sich, selbst nach Wien zu reisen und ihre Sache vor Kaiser und Hofgericht zu vertreten.

Auf dem Wege dorthin konferierte sie zunächst mit dem Mitvormund ihres Sohnes, Ernst August von Hannover. Danach traf sie in Bayreuth bei ihrer Schwester mit ihrem seit sieben Jahren umherziehenden Sohn zusammen. Hier fädelte sie geschickt die Hochzeit zwischen Christian Eberhard und der bei ihrer Tante lebenden Prinzessin Eberhardine Sophia, einer achtzehnjährigen Schönen, ein.

Die Hochzeit fand am 3. März 1685 statt. Danach blieb das junge Paar ein Jahr am Bayreuther Hof seiner Tante mit der Mutter zusammen. Diese reiste im Frühjahr 1686 nach Wien weiter, wobei sie die Gewißheit mitnehmen konnte, daß ihr Sohn mehr mit der Minne als mit der Münze und der Regentschaft beschäftigt war.

In Wien waren die ostfriesischen Stände durch Burchard Freitag von Gödens vertreten. Als dieser zum Reichshofrat ernannt wurde, durfte er die ständische Sache nicht mehr vortragen. Es wird gemunkelt, daß auch hieran die Fürstin mitgedreht hatte, um so einen gefährlichen Widersacher hochzuloben und sich damit aus dessen Schußfeld zu bringen.

Auch ihren Vizekanzler Stamler verstand sie, geschickt operierend, in den Adelsstand erheben zu lassen. Dieser führte nun gemeinsam mit dem Juristen der Gräfin, Avemann, die Sache vor dem Hofgericht weiter.

Während der Verhandlungen drangen die Stände unentwegt auf die Rückkehr des Erbprinzen. Da alle Verhandlungen in immer neue Sackgassen gerieten, wurde am 1. Oktober 1688 die vorläufige kaiserliche Entscheidung verkündet, die das Recht der Fürsten, Landtage zu berufen, das Recht der Verwendung von Kollekten und Subsidien sowie das Recht über das neue Siegel, Geldstrafen und Kriminalprozesse enthielt. Alle übrigen Streitpunkte sollten zu Hause erledigt werden. Zwar berief sich diese kaiserliche Entscheidung auf die alten Akkorde der Stände, legte diese aber an mehreren Stellen zu deren Ungunsten aus.

Jede Hinwendung an fremde Mächte wurde kategorisch untersagt und mit einer Geldbuße von 50 Mark Gold belegt. Jede Garantieerklärung fremder Mächte wurde in diesem Dekret aufgehoben. Es handelte sich um Maßnahmen, die gegen die Generalstaaten gerichtet waren.

Auch der Tod des Großen Kurfürsten am 9. Mai 1688 änderte nichts am Verhältnis Ostfrieslands zum Hause Hohenzollern. Sein Sohn und Nachfolger, Kurfürst Friedrich III., der spätere König Friedrich I., bestätigte bereits am 14. Mai die zwischen seinem Vater und den Ständen Ostfrieslands beschlossenen Verträge.

Fürstin Christine Charlotte drang darauf, nach dem Tode der beiden vom Kaiser ernannten Conservatoren das Conservatorium für beendet zu erklären. Dies wurde vom kaiserlichen Hofrat anders gesehen, der mitteilte, daß diese Sache nicht an irgendeine Person gebunden sei. Allerdings erlitt die vom Großen Kurfürsten beantragte Erbfolge im Falle eines Aussterbens des Mannesstammes der Cirksena eine Verzögerung.

Christine Charlotte war als Fürstin nach Wien gereist; als sie nach Ostfriesland zurückkehrte, trug sie den Titel einer Herzogin. Sie reiste zunächst nach Bayreuth, wo Sohn und Schwiegertochter immer noch weilten, um dann mit diesen gemeinsam die Heimreise anzutreten, die für das junge Paar im Dezember 1688 in Berum endete.

Im Frühjahr 1689 war alles in Aurich zum Empfang des Fürstenpaares gerichtet. Der Reisezug, der sich Aurich näherte, bestand aus einer Vielzahl prächtiger Kutschen und Reisewagen. Voran ein von sechs spanischen Hengsten gezogener herzoglicher Staatswagen, dahinter ein zweiter von spanischen Hengsten gezogener Wagen, gefolgt von einem dritten, der von sechs Schimmeln gezogen wurde. Der vierte Wagen war mit sechs Rappen bespannt, der fünfte wiederum mit sechs Schimmelstuten. Ein sechster mit sechs Braunen machte den Schluß.

Im ersten Wagen saß die Herzogin als Regentin, aber die Stände wollten den jungen Fürsten als Herrscher sehen. Als sie erfuhren, daß die Herzogin die Regierung weiterführen wollte, blieben sie den Feierlichkeiten fern.

Auf dem am 2. April 1689 in Aurich stattfindenden Landtag, der von der Fürstin ausgerufen worden war, forderten die Stände erneut die Einsetzung des inzwischen längst mündig gewordenen Fürsten. Stamler erklärte ihnen jedoch, daß der Fürst, auch wenn er für volljährig erklärt worden sei, für sich das Recht eines Minderjährigen in Anspruch nehmen dürfe.

Wieder mußte, nun aber endgültig, der Kaiser ein Machtwort sprechen. Am 27. September 1689 erteilte er Christian Eberhard Cirksena die Volljährigkeit unter der Bedingung, daß der Fürst die Regierung sofort antrete. Christian Eberhard unterließ dies, und der Kaiser setzte ihm weitere zwei Monate Frist.

Nun war das letzte Wort gesprochen. Die Herzogin versuchte diesen Zwang zur Abdankung in einen freiwilligen Entschluß umzufunktionieren, indem sie am 14. März 1690 freiwillig auf ihre Regentschaft verzichtete und dies in dem Demissionsschreiben verkündete. Den ostfriesischen Ständen empfahl sie, auch ihrem Sohn als „angeborenen Erb-, Ober- und Landesherrn mit geziemender Untertänigkeit, Respekt, Treue und Gehorsam an Hand zu gehen."

Am 23. März legte sie die Regierung nieder. Einen Tag später berief Christian Eberhard einen Landtag nach Aurich ein.

Die Erbverbrüderung mit Braunschweig

Auf dem Landtag zu Aurich trug der Kanzler der Herzogin, Stamler, nach seiner Erhebung in den Adelsstand Edler Stamler von Stamlershausen genannt, den versammelten Ständen die Ansprüche des neuen Fürsten vor.

Dem Kanzler antwortete der Präsident der Stände, Heinrich Bernhard von dem Appelle, daß vor der Bestätigung der Landesverträge und der Abstellung der Beschwerden durch den Fürsten weder die Huldigung noch der Regierungsantritt stattfinden könne. Und wenn von dem Appelle auch den Fürsten „als den Prinzen, unseren gnädigen Herrn" vorstellte und ansprach, blieben die Stände in dieser Hinsicht eisenhart.

Damit war aus dem so lange ersehnten und schließlich auch erstrittenen Regierungsantritt des jungen Fürsten nichts geworden. Die Stände mußten erkennen, daß der Fürst nichts anderes war als eine Marionette seiner Mutter und ihres Kanzlers Stamler, der in den Dienst des Fürsten übergetreten war. Die Stände opponierten beim Kaiser, und dieser sandte einen sehr ungnädigen Brief an den Fürsten, dessen Kernsatz lautete:

„Wir befehlen Ihro hiemit gnädigst, daß sie nunmehro Ihres Orts Unserm ergangenen Decret sich gemäß bezeigen." (Gemeint war das Provisional-Dekret vom 1. Oktober 1688.)

Erst wenn dies geschehen sei, könnten die Abführung der fremden Truppen und die Aufhebung des Conservatoriums stattfinden.

Die Stände schlossen sich noch enger an Brandenburg an. Sie verpflichteten sich am 4. März 1691, ihren Beitrag von 36000 Reichstalern bis zum Friedensschluß zu leisten. So blieb Ostfriesland bis zum Frieden von Ryjswik am 29. Oktober 1697 unter brandenburgischen Schutz.

Die Ratgeber des Fürsten drängten Christian Eberhard, darauf bedacht zu sein, ein Gegengewicht zu dieser Konstellation der Stände mit dem Hause Kurbrandenburg zu errichten. Von seiner Mutter angeleitet, vereinbarte der Fürst eine Erbverbrüderung mit Herzog

Ernst August von Braunschweig. Danach würde beim Aussterben des Mannesstammes der Cirksena Ostfriesland dem Hause Braunschweig-Lüneburg zufallen. Falls das Haus Braunschweig-Lüneburg eher aussterbe, sollten Ostfriesland die Grafschaften Hoya und Diepholz zufallen.

Die kaiserliche Bestätigung dazu wurde nicht gegeben. Allerdings bedeutete dies nicht viel, denn selbst der Kurfürst von Braunschweig-Lüneburg legte gegen die Anwartschaft des Hauses Kurbrandenburg auf Ostfriesland, die im Jahre 1694 diesem Hause verliehen worden war, keine Beschwerde ein. Im Gegenteil, er arbeitete noch an dieser Erbverbrüderung mit. Demzufolge kann die vorher genannte Erbverbrüderung nicht über erste Ansätze hinaus vollzogen worden sein.

Allerdings war Ernst August von Hannover mehr daran gelegen, die Kurwürde zu gewinnen. Er legte sich deshalb nicht mit den Brandenburgern an, denn ihm lag am Wohlwollen des Kurfürsten Friedrich III., des Nachfolgers des Großen Kurfürsten, mehr als an Ostfriesland.

Nachdem der Edle Stamler von Stamlershausen 1692 gestorben war, wurden Anfang 1693 in Hannover die Unstimmigkeiten bezüglich der Nachfolge ausgeräumt. Regierungspräsident Edzard Adolph von Petkum und Vizekanzler Avemann vertraten den Fürsten, während die Ritterschaft durch Dodo von Knyphausen und Heinrich Wersabe vertreten war. Die Stände boten ihren Syndicus Roschius und Bürgermeister Arens auf, aus dem dritten Stand waren Administrator te Braek und Ihbeling von Rheden vertreten.

Am 18. Februar wurde darüber Einigung erzielt, daß der Fürst die Landesverträge bestätigte, sie zu Grundfesten der ostfriesischen Regierung erklärte und darüber hinaus bereit war, den Ständen ein Huldigungs-Reversale auszustellen. Der Huldigungseid sollte stattfinden, und die Stände wollten dem Fürsten während des Krieges 12000 und nach erfolgtem Frieden 18000 Reichstaler jährlich zahlen. Dagegen sollten alle Beschwerden durch eine ständisch-fürstliche Kommission binnen sechs Wochen nach der Huldigung erledigt werden.

Dem Großen Kurfürsten war nach seinen Verdiensten im Krieg gegen Frankreich eine fürstliche Belohnung zugesichert worden. Er hatte um die Anwartschaft auf Ostfriesland gebeten, falls der Mannesstamm der Cirksena aussterbe. Diese Anwartschaft war jedoch nicht abgesichert worden, so daß sein Nachfolger, Friedrich III., erneut darum einkommen mußte.

Am 10. Dezember 1693 wurde sie ihm durch ein kaiserliches Diplom zugesichert. Darin heißt es im „Deutsch" der Zeit:

„In Betrachtung der von dem gesammten Reich weiland Sr. Liebden

Friedrich Wilhelm versprochen Garantie geben und verleihen Wir sothane Anwartschaft hiemit dergestalt, daß sobald gemeldete Grafschaft Ostfriesland durch Abgang derer jetzigen Fürsten und Grafen zu Ostfriesland und derer männlichen Lehenserben, Uns und dem Reiche eröffnet und heimfallen wird, selbige Grafschaft mit allen dazugehörigen Pertinenzien und Dependentien von Uns als römischen Kaiser oder Unsern Nachkommen am Reich, des itzo regierenden Kurfürsten Liebden oder von dero Vaters Descendirenden männlichen Lehenserben zu einem echten Lehn würklich conferiret werden sollen." (Siehe: Ostfriesisches Urkundenbuch, a.a.O.)

Durch die Zustimmung aller Kurfürsten wurde diesem Vertrag die rechtskonstitutionsmäßige Gültigkeit gegeben. Kaiser Joseph erneuerte sie am 3. Juli 1706, Kaiser Karl VI. am 6. Nov. 1715.

Nachdem sich Brandenburg so die Anwartschaft auf Ostfriesland gesichert hatte, versuchte der Fürst, die Aufhebung des Conservatoriums zu erreichen, und forderte den Abzug der Brandenburger aus Ostfriesland. Dazu mußte er aber erst die Landesverträge bestätigen, mußte die Huldigung erfolgt und im Zuge derselben die von den Ständen verlangte Abstellung aller Landesbeschwerden getätigt sein.

Im Februar 1695 erklärte sich Christian Eberhard mit einer schriftlichen Huldigung einverstanden. Der Huldigungseid, auf den man sich schließlich einigte, lautete:

„Wir, Ritterschaft, Stände und dritter Stand, repräsentierende Stände von Ostfriesland, geloben und versprechen, den Durchlauchtigsten Fürsten und Herrn, Herrn Christian Eberhard als unseren gnädigsten Herrn zu erkennen, zu respektieren und zu gehorsamen, auch demselben treu und hold zu sein, alles nach Inhalt der Akkorde, bei wahren Worten, Treuen und Glauben, anstatt eines solennen, körperlichen Eides ohne einige Exeptionen und Einrede." Siehe H.F.W. Perizonius: a.a.O.).

Der Fürst gelobte seinerseits, „in Landessachen nur Landeskinder zu gebrauchen, die Stände bei ihren Privilegien zu beschützen und allen kaiserlichen Dekreten, Verträgen und Vergleichen pünktlich nachzukommen."

Am 30. Mai 1695 hob der Kaiser das Conservatorium auf. Doch Kurfürst Friedrich III. beließ seine Mariniers weiterhin in Emden. Der Fürst versuchte nun, deren Abzug zu erreichen, während die Stände darauf drängten, daß der Kaiser seine Sauvegarde abziehe.

Christian Eberhard hatte zu dieser Zeit eine Reihe von drückenden Verpflichtungen zu erledigen. So mußte er den seit 130 Jahren beim Reichskammergericht anhängigen Erbstreit der Gräfin Margaretha, einer Tochter Edzard des Großen, und Edzards Frau, Elisabeth von Rietberg, mit einer Zahlung von 162000 Reichstalern beenden. Hinzu kamen Forderungen des Lichtensteiner Hauses an Ostfriesland. Die beiden Töchter Enno Ludwigs hatten ebenfalls noch 54000 Reichstaler zu bekommen.

In einem Vergleich mit den Ständen am 18. Februar 1699 in Aurich versprachen diese tatkräftige Hilfe, wenn der Fürst ihre alten Rechte verbriefe. Nachdem dies geschehen war, erklärten sich die Stände dazu bereit, dem Fürsten jährlich 12000 Reichstaler zu zahlen und freiwillig jene 54000 Reichstaler zur Abfindung der Töchter Enno Ludwigs herzugeben. Einzige Voraussetzung sei, daß „Ihre hochfürstliche Durchlaucht accordmäßig regieret."

Am 16. Mai 1699 starb die seit einigen Jahren kränkelnde Herzogin Christine Charlotte in Bruchhausen, wohin sie sich zurückgezogen hatte. Das Leichenbegräbnis wurde mit allem Pomp gefeiert. An der Spitze des Leichenzuges schritten 66 Prediger mit dem Generalsuperintendenten. In der Gruppe der Haupttrauernden befanden sich neben Fürst Christian Eberhard der Graf von Knyphausen-Nienort, Hofrichter von dem Appelle, Kammerjunker von Lami und Kammerjunker von Stamler.

Erbprinz Georg Albrecht wurde von zwei Edelleuten, zwei Pagen und zwei Trabanten geführt, Prinz Karl Emanuel ebenfalls von zwei Edelleuten und von den beiden Schleppenträgern von Steinecker und von Blücher. Es folgten der Bayreuther Gesandte, der württembergische Gesandte, Vize-Hofrichter Tammena, Geheimrat Palm und Hunderte Bediensteter und Angestellter mit der Auricher Bürgerschaft. Der Zinnsarg wurde in der Fürstengruft beigesetzt.

Christian Eberhard reiste nach dem Tode seiner Mutter am 10. Oktober 1699 nach Emden. Er wurde von seinem Sohn und dem ganzen Hofstaat begleitet. Er wurde herzlich und mit allem Prunk empfangen.

Bei der gewaltigen Sturmflut vom 15. November 1699 wurde der Gerdswerder Deich weggerissen. Es entstand auch in anderen Dörfern großer Schaden.

Die brandenburgischen Truppen blieben. Um ihren Rückzug ersuchte der Fürst, unterstützt von den Städten Norden und Aurich und dem Dritten Stand, am 21. November 1699. Dies wurde im August 1700 durch Friedrich III. abschlägig beschieden, weil die unter den nordischen Staaten entstandenen Unruhen dies nicht zuließen. Mit dem Ausbruch des Spanischen Erbfolgekrieges waren denn auch die Rückführungsbestrebungen illusorisch geworden.

Am 1. Januar 1700 wurde auch jene Neuerung bekanntgemacht, die zu Mißverhältnissen in bestimmten Daten führen sollte. Und zwar wurde an diesem Tage der verbesserte Gregorianische Kalender eingeführt, in welchem dem 18. Februar 1700 gleich der 1. März folgte. Dieser Gregorianische Kalender war in der katholischen Kirche bereits im Jahre 1582 eingeführt worden und nach dem 4. Oktober 1582 der 15. als nächster Tag festgelegt worden. In der protestantischen Kirche – also auch in Ostfriesland – wurde er erst am 1. Januar 1700 eingeführt.

Am 30. Oktober 1700 herrschte im Haus Cirksena Trauer. An diesem Tage verstarb Fürstin Eberhardine Sophia im Alter von 35 Jahren in Aurich. Sie wurde am 9. Februar 1701 beigesetzt.

Bereits am 29. September 1701 schloß Fürst Christian Eberhard eine morganatische Ehe mit dem Hoffräulein Johanna Juliana von Kleinau. Nach der vollzogenen Ehe führte diesen den Titel einer Frau von Sandhorst.

Als sich Friedrich III., der Kurfürst von Brandenburg, am 18. Januar 1701 in Königsberg selbst mit der Königskrone schmückte und als Friedrich I. erster Preußischer König wurde, schickten sowohl die Stände als auch das Fürstenhaus Cirksena ihre Glückwünsche, die Geheimrat von Imhof für den Fürsten aussprach.

Ostfriesland und der „Advocatus Fisici" Brenneysen

Als König Carl II. von Spanien am 1. November 1700 kinderlos gestorben war, begann zwischen Leopold I. von Österreich und Ludwig XIV. von Frankreich zunächst der diplomatische Streit um die Thronfolge. Der französische Gesandte, Marquis von Harcourt, sicherte den Thron für Philipp von Anjou. Daraufhin erklärte Leopold I. Frankreich den Krieg, und nachdem der Reichskrieg gegen Ludwig XIV. beschlossene Sache war, wurde im Sommer 1701 der westfälische Kreis zu Dortmund zusammengerufen. Dort legte man fest, daß Ostfriesland sich mit 238 Soldaten am Feldzug beteiligen müsse.

Da aber Friedrich I. bereits diese Truppe gestellt und sich erboten hatte, Ostfriesland während des Krieges zu vertreten, mußten sich die Stände zur Zahlung des Gegenwertes verpflichten. Sie bewilligten am 12. Mai 1702 dafür jährlich 16425 Reichstaler sowie als einmalige Zahlung für Artillerie und Train 3521 Taler.

Während nun im gesamten Reichsgebiet der Spanische Erbfolgekrieg tobte, blieb Ostfriesland eine Insel der Ruhe. Offenbar war dies ein Zeichen für religiöse Wirrköpfe, nun selbst für Unruhe zu sorgen. Es ging um die Gunst der Reichung des Heiligen Abendmahls und um die verweigerte Eidesformel der Mennoniten, die nicht schworen, sondern ihre Geschäfte und alles andere durch Handschlag besiegelten. Lutheraner und Reformierte stritten sich um Kirchenbauten. Neben den Predigern der anerkannten Religionen sammelten sich in Ostfriesland mehr und mehr Sektenführer, von denen einer mit Namen Achilles aus Halberstadt kam und sich im Verein mit seiner Begleiterin, der Jungfer Jahnin, als Totenerwecker betätigte. Der Pietist Wippels fand sogar einen Platz am fürstlichen Hofe, dem wiederum der Prediger Funk, ein Mann mit kräftigem und streitbarem Zungenschlag, entgegenwirkte.

Um diese Zeit, man schrieb das Jahr 1710, trat einer der führenden Beamten des Hofes, der „Advocatus Fisici Enno Rudolph Brenneysen", hervor. Dieser war Ostfriese. Als gebürtiger Esenser kam er aus dem Harlingerland. Bereits 1697 war er als Advocatus Fisici in fürstliche Dienste getreten und 1708 zum Vizekanzler ernannt worden. Ab 1710 war er Chef des Auricher Regierungskollegiums.

Dieser geriet mit Prediger Funk über Kreuz, und Funk hatte gegen den mit allen Machtmitteln ausgestatteten Kanzler keine Chance.

Einer der Schwärmer am Hofe, der mit Brenneysens Duldung dort auftrat, war der Hofjunker Baron von Heidekamp, der zu allen Zeiten und an allen Orten das Neue Testament bei sich trug und nur ein einziges Thema kannte: die christliche Heilslehre.

Von Heidekamp war so verlogen, daß selbst der gutgläubige Fürst ihn durchschaute. Graf Friedrich Ulrich, sein jüngerer Bruder, meinte sogar: „Heidekamp hat bisher Menschen betrogen, nun will er auch Gott betrügen; da wird er aber an den rechten Mann kommen." Zehn Jahre später wurde Heidekamp in Berlin, wohin er sich nach seinem Hinauswurf aus Aurich gewandt hatte, als Teilhaber des berüchtigsten Schwindlers und Spions seiner Zeit, Clement, aufs Schafott gebracht.

Zwischen den Hofpredigern und den Pietisten, darunter auch Vizekanzler und Consistorialrat Avemann sowie Hofprediger und fürstlicher Beichtvater Dr. Heinson auf der einen Seite und den anderen Predigern dauerte der „Grabenkrieg" an. Schließlich wurde Hofprediger Heinson entlassen und ging als Prediger an die Peter-und-Paulskirche nach Hamburg.

Im Winter 1706 erkrankte Fürst Christian Eberhard schwer. Im Frühjahr des folgenden Jahres 1707 hatte diese Krankheit ein Stadium erreicht, in dem man keine Hoffnung mehr sah. Am 30. Juni 1708 starb er. Er wurde am 6. September bestattet.

Christian Eberhard, der sich bei den Ostfriesen den Ehrennamen „der Friedsame“ verdient hatte, war ein gütiger Herr gewesen. Nur gegen Wilddiebe ging er mit schrecklicher Härte vor. Die während seiner Regierungszeit ins Land kommenden Zigeuner ließ er mitleidslos verfolgen und aus dem Lande jagen. Von seinen zwölf Kindern aus erster Ehe lebten an seinem Todestage noch drei: Erbprinz Georg Albrecht, Karl Emanuel und August Enno.

Georg Albrecht, der nach ausgezeichneter Schulbildung mit abschließendem Studium in Leiden sich soeben anschickte, zu seinem Oheim Generalleutnant Graf Friedrich von Unruh zu stoßen und sein bereits 1703 angeworbenes Regiment nun auch persönlich zu führen, erhielt in Rotterdam die Nachricht vom Tode seines Vaters. Er verzichtete auf die Offizierskarriere und eilte nach Ostfriesland zurück. Da er aber erst 19 Jahre alt war, schien das alte Dilemma einer vormundschaftlichen Regierung vorprogrammiert. Doch dem war nicht so. Christian Eberhard hatte bei der Bestätigung seines Testamentes dem Erbprinzen Georg Albrecht aufgetragen, seine Majorennitätserklärung beim Kaiser zu erwirken.

Am 3. Oktober 1708 ließ der designierte Nachfolger des Fürsten den Ständen durch seinen Vizekanzler Russel erklären, daß er die Regierung selber übernehmen werde. Die Huldigung erfolgte am 21. November 1708. Es war die letzte Huldigung, die einem Fürsten aus dem Hause Cirksena dargebracht wurde.

Die Stände überreichten dem neuen regierenden Fürsten ein Geschenk von 20000 Reichstalern. Der Regierungsübergang vollzog sich reibungslos.

Seuchen und Sturmfluten – Geißeln Ostfrieslands

Die erste Amtshandlung des jungen Fürsten Georg Albrecht als Regierungschef bestand darin, durch Verordnung vom 26. Oktober 1708 die Einhaltung der monatlichen Bettage zu proklamieren. Allen Hausvätern wurde bei einer Buße von zwei Goldgulden aufgegeben, binnen dreier Monate eine Bibel für sich und eine zweite für ihre Kinder anzuschaffen. Den Geistlichen wurde die Pflicht auferlegt, bei Haussuchungen danach zu fahnden und alle Haushaltsvorstände, die über keine Bibel verfügten, zur Anzeige zu bringen. Er hoffe aber, daß jedes Haus ohnehin eine Bibel besitze, so daß es zu keiner Bestrafung kommen möge.

Seinen Hofmeister L.E. von Wurmb und seinen ersten Informator

Schleif machte er zu Regierungsräten. Vizekanzler Russel erhielt eine Bestallung zum Kanzler, und Regierungsrat Brenneysen wurde Vizekanzler.

Seine beiden Brüder Karl Emanuel und August Enno schickte er unter Führung des Hofmeisters von Münnich auf das Gymnasium zu Wolfenbüttel. Seine fünf Schwestern vertraute er verwandten Fürsten und Fürstinnen zur Erziehung an.

Am 13. Juni 1709 verlobte sich der junge Regierungschef mit Prinzessin Luise Christine von Nassau-Idstein. Die Hochzeit erfolgte am 23. September. Sein Bruder Karl Emanuel konnte nicht daran teilnehmen, denn er war am 3. August 1709 gestorben.

Am 13. März 1710 starb mit Friedrich Ulrich, Graf von Ostfriesland, ein Onkel des regierenden Fürsten, der als Offizier mit einem friesischen Regiment bei Fleury von sich reden gemacht hatte und am 29. Juli 1693 in der Schlacht bei Neerwinden als Brigadegeneral der Reiterei König Wilhelm von England das Leben rettete. Damit war der Mannesstamm der Cirksena bis auf Christian Eberhards Nachkommen erloschen.

Am 13. Oktober 1710 wurde dem Fürstenpaar der erste Sohn geboren, der bereits am 28. April 1711 starb.

Am 13. April 1713 wurde in Utrecht zwischen den Kontrahenten des Spanischen Erbfolgekrieges Friede geschlossen. Österreich und Frankreich kamen am 7. September 1714 in Rastatt und Baden nach. Ostfriesland hatte nichts weiter als Geld verloren, allerdings waren dies von 1702 bis 1715 insgesamt 583638 Gulden. Daß dennoch ein so hoher Wohlstand wie kaum jemals zuvor in Ostfriesland herrschte, war der Zeit der Verschonung von Mißernten, Seuchen und Sturmfluten zu verdanken.

Ostfriesische Heimsuchungen

Diese Zeit des Wohlstandes ging im Januar 1715 zu Ende, als sich eine aus Dalmatien und von der italienischen Halbinsel heraufziehende Seuche von Wirdum aus über Ostfriesland ausbreitete und nach genauen Schätzungen etwa 60000 Rinder vernichtete.

Hinzu kam die Fastnachtsflut vom 3. März 1715, die das gesamte Emdener Amt unter Wasser setzte und die Schüttore sprengte, so daß das Wasser drei Fuß über den Hochwassermarken der Martinsflut des Jahres 1686 in der Stadt stand. Der Petkumer Deich wurde durchbrochen, und daraus entstand der Petkumer Kolk.

Als drittes kam noch der „Amel“ hinzu, „ein kleiner schwarz-grauer Wurm, der alle Weiden kahlfraß“. Danach verheerten die Feldmäuse die Saaten. Wieviel gigantische Mengen Nahrungsmittel diese Feldmäuse für sich anlegten, zeigte die Tatsache, daß ein Bauer in Rysum unter vier Grasen Bauland, das er aufgraben ließ, 20 Tonnen Bohnen fand, welche die Mäuse hier zusammengeschleppt hatten. Auf einem anderen Bauplatz von 16 Grasen wurden drei Lasten Wintervorräte der Mäuse geborgen.

Dann aber kam das Schlimmste: die gewaltige, ungeheuerliche Weihnachtsflut des Jahres 1716, die ganz überraschend nicht etwa als Springflut, sondern im letzten Mondviertel und zur Zeit der Ebbe auftrat. Die Wogen stürzten plötzlich übermannshoch in die Deiche, rissen Häuser nieder und fegten ganze Höfe und Siedlungen hinweg, daß nichts mehr davon zu erkennen war.

Die Schreckensnacht vom 25. Dezember 1716 mit einem wüsten Orkan und anderen Kräften, die diese Flut hervorbrachten, war grauenhaft. In Bolkeweer starben Bauer und Bäuerin im Bett, während die Magd mit zwei Kindern auf den Boden des Hauses kletterte, wo man sie noch am Leben fand. Die Kinder, die sie in den Armen hielt, waren tot.

In Funnix wurden 80 Kinder in zwei Schiffe geworfen, die nach Wittmund trieben. Dort wurden die Kinder geborgen.

Die Weihnachtsflut von 1716 forderte allein in Ostfriesland 2734 Menschenleben, 2303 Pferde, 10726 Rinder, dazu viele Schafe und Schweine. Der Totalverlust dieser Sturmflut kostete 18000 Menschenleben.

Am 5., 9. und 17. März 1717 drangen neue Sturmfluten genauso tief ins Land ein wie die Weihnachtsflut.

Die Kosten für die Deicherneuerung und -verbesserung stiegen derart an, daß sie nicht beglichen werden konnten. Freiwillige arbeiteten wie besessen, um die Deiche notdürftig wieder instandzusetzen. Am 14. Dezember 1718 machte eine neue Sturmflut alle Anstrengungen wieder zunichte und riß das wieder ein, was die vorangegangenen Sturmfluten des 28. Juni und 27. Juli 1718 heil gelassen hatten.

Die nächste Sturmflut vom 12. November 1719 riß die provisorisch wieder aufgerichteten Deiche abermals fort. Der Januar und Februar 1720 sah weitere Sturmfluten, die erneut alles fortrissen.

Geheimrat Anton Günther von Münnich, dem die Deicharbeiten übertragen worden waren, konnte nur Flickwerk leisten; zu mehr reichten die Geldmittel nicht. Er hatte, als er mit dieser Aufgabe betraut worden war, für die Errichtung eines Vordeiches 150000

Reichstaler und für den Hauptdeich weitere 200000 verlangt. Diese Mittel erhielt er nicht, sondern nur insgesamt 43000 Reichstaler, die soviel wie nichts waren.

Erst nach den Fluten des Januar und Februar 1720 faßte man den Entschluß, für den Deichbau 600000 Reichstaler bei den Generalstaaten zu leihen. Dazu von Münnich:

„Hätte ich zu Anfang 190000 Reichstaler zur Verfügung gehabt und noch zur rechten Zeit 20000, so wären alle Deiche in so gutem Zustand gebracht, daß durch Gottes Gnade und Hilfe das Wasser aus dem Lande geblieben sein würde."

Von 1721 bis 1725 folgten weitere Sturmfluten. Insgesamt liehen die Generalstaaten den Ostfriesen für den Deichbau 1,2 Millionen holländische Gulden, die erst 1792, also nach 70 Jahren, restlos getilgt waren. Insgesamt mußte für die ostfriesischen Deiche in dieser Zeit die Summe von 2608335 Gulden bezahlt werden.

Wieder Kanzler Brenneysen

Im Jahre 1720 wurde Enno Rudolph Brenneysen zum Kanzler von Ostfriesland ernannt. Im selben Jahre veröffentlichte dieser die „Ostfriesische Historie und Landesverfassung", die in Aurich erschien; auf ihrem Umschlag prangte das Bild des Fürsten Georg Albrecht.

Diese in zwei Bänden gedruckte Schrift war nichts anderes als ein Angriff auf die Stände und gegen ihre noch immer im Land bewahrten Freiheitsansprüche. In diesem Werk wurde nicht nur die Herrschaft des Landesherrn zementiert, sondern ein Herrschaftsrecht für Ostfriesland festzuschreiben versucht, wie es der deutschen Territorialobrigkeit in den übrigen Ländern entsprach.

Das Werk war ein einziger Generalangriff auf die rechtliche und politische Stellung der Stände in Ostfriesland. Damit ging Brenneysen vom verdeckten zum offenen Angriff gegen die Stände über.

Dies konnte er nunmehr ungeniert tun, denn am 19. Oktober 1720 setzte Fürst Georg Albrecht ein Geheimratskollegium ein, das alle Haus- und Staatsangelegenheiten zu bearbeiten hatte. Der Vorsitzer dieses Kollegiums war Brenneysen. Ihm zur Seite standen, wenn auch nicht gleichberechtigt, die Geheimräte Matschall und Wurmb. Damit hatte Brenneysen freie Hand in allen Angelegenheiten Ostfrieslands.

Brenneysen wies alle Vorschläge und Anträge von außen zurück, wenn dies den Anschein erweckte, er sei nachgiebig oder würde damit einen Kompromiß schließen, mochten sie noch so gut für das Land sein.

Am 1. Dezember 1720 erklärte Brenneysen die Zigeuner für vogelfrei. Ihre Mörder durften deren Hab und Gut behalten.

Einen weiteren Aufschwung Emdens als reichste Handelsstadt Ostfrieslands hintertrieb Brenneysen. Als der Magistrat von Emden am 3. Oktober 1720 jene Patente herausgab, mit denen er einer soeben gegründeten Handelskompanie ein verbrieftes Recht auf 40 Jahre freien Handels von Emden aus erteilte, verbot Georg Albrecht am 8. Oktober dies Unternehmen, das größte, das jemals in der ostfriesischen Geschichte eingeleitet worden war. Es verfügte über ein Kapital von 20 Millionen Gulden in Aktien, das jeweils für 2000 Gulden ausgegeben worden war. Das fürstliche Verbot war von Brenneysen erlassen worden.

Emden stand Kopf, und auf den Demonstrationen, die in der Stadt stattfanden, wurde immer wieder der fürstliche Kanzler beschimpft. Da sich Aurich und Norden in diesem Falle auf die Seite des Fürsten schlugen, waren auch die Stände in dieser Angelegenheit gespalten.

Zwar mahnte Friedrich Wilhelm I. von Preußen die Stände und die Regierung zur Mäßigung, und auch die Generalstaaten fielen in dieses Friedensgeschrei ein. Doch sie stärkten die Stände nicht so, wie dies zur Durchsetzung ihrer Sache notwendig gewesen wäre. Allerdings waren die Besatzungen in Emden so stark, daß der Fürst nichts gegen die Stadt vermochte. Die kaiserlichen Dekrete zur Ruhe von 1721 fruchteten nicht viel, denn als sie bekannt wurden, widersprachen ihnen die Stände zu Beginn des Jahres 1722, weil sie nicht gemäß ihrem Akkord verfaßt waren.

Die Akkorde, das waren für die Stände jene unverzichtbaren Fakten, die sich mit ihrem Begriff von Freiheit und Vaterland deckten. So nahm es nicht wunder, daß der Emdener Syndikus Hesling alle jene, welche die kaiserlichen Dekrete einhalten wollten, als Verräter des Vaterlandes bezeichnen konnte.

Fürst Georg Albrecht verbot Ende Oktober 1722 die Hebung der von den Ständen zu Anfang dieses Monats einstimmig bewilligten acht Kapital- und 16 Personal-Schatzungen, die einen Betrag von 100000 Reichstalern erbringen sollten. Eine gesetzlose Lage trat ein; sie war für alle jene, die die notwendige Steuer nicht zahlen wollten, von Vorteil. Wieder verstand es Kanzler Brenneysen, unter Hinweis auf die Schlamperei der Stände und deren Profitdenken diese Widersacher zu belasten. Durch eine geschickte Formulierung brachte er es fertig, die Stände als Sklavenhalter hinzustellen. Es kam fast zum Bürgerkrieg, als die Administratoren der Stände den Befehlshaber der kaiserlichen Truppen in Ostfriesland, Oberst von der Ley, aufforderten, diese Steuern mit Gewalt einzutreiben. Der königlich-preußische Oberstleutnant Fridag von Gödens wurde ebenfalls aufgefordert, den Zwangseinzug dieser Steuern zu vollziehen. Von der Ley versuchte zwischen dem Fürsten und den Ständen zu vermitteln. Da aber Fürst Georg Albrecht nicht nachgab, schickte er einen kleinen Truppenverband nach Friedeburg, wo dieser die Steuern eintrieb.

In Aurich sollte nun der preußische Oberstleutnant Fridag von Gödens ein Exempel statuieren. Mit 120 Mann rückte er vor Aurich und hielt bei Fahne an. Fürst Georg Albrecht aber ritt mit gezogenem Schwert durch die Stadt und forderte die Bürger zum Widerstand auf. Nachdem alles aus dem Ruder zu laufen drohte, stellte Oberst von der Ley dem Fürsten eine kaiserliche Sauvegarde (Schutzwache). Damit konnte Oberstleutnant Fridags Truppen in Aurich nichts mehr ausrichten.

Der Auricher Bürgermeister Greems, Ratsherr Stürenberg und der in Aurich weilende Kommandant der staatischen Emder Truppen, Glinstra, konnten die Administratoren dazu bewegen, das Betreibungskommando unter Oberstleutnant Fridag von Gödens nach Emden zurückzuziehen.

Die Steuereintreiber stießen allenthalben auf entschlossenen Widerstand. Die Marienhafer Bewohner zogen ihnen bewaffnet entgegen und zwangen die Soldaten zum Rückzug.

In Ditzum, im Niederreiderland kam es zu Blutvergießen, als der ständische Hauptmann Nove mit 125 Mann die Steuern eintreiben wollte. Nove ließ auf die anmarschierenden Bürger das Feuer eröffnen. Ein Mann wurde getötet, mehrere andere verwundet. Der Beginn des offenen Bürgerkrieges war erreicht.

Der wiederum angerufene Kaiser proklamierte 1723 den besonderen Schutz des Fürsten. Er schickte den Kurfürsten von Sachsen und den Herzog von Braunschweig-Wolfenbüttel nach Ostfriesland, damit sie den kaiserlichen Verfügungen Nachdruck verschafften. Diese wiederum sandten im Jahre darauf Unterdelegierte nach Aurich, die auch den Gehorsam der Stände verlangten. Es kam zu einer Entzweiung der Stände, indem sich Aurich, Berum, Friedeburg, Norden und Stickhausen von den Administratoren der Stände trennten und ihnen die Gefolgschaft versagten.

Stände gegen den Fürsten – Die Steuerkollegien

Die Teilung ging nun mitten durch die Ständeschaft. Es gab nun die rechtmäßigen alten und die gehorsamen neuen Stände. Die alten

Stände wählten einen Wohlfahrtsausschuß, die „Geheime Komission", welche die landschaftlichen Geschäfte leiten sollte und mit dem Administrations-Kollegium in Übereinstimmung sein mußte. Das Wohlfahrtsausschuß-Kollegium bestand aus den Herren von dem Appelle, von Reden, Dr. Hofeld, Bürgermeister Wermelskirchen, Syndikus Hesling, Sekretär Zernemann und Landwirt Franz Fokken aus Reiderland.

Diese Kommission blieb auch bestehen, als die Städte Aurich und Norden mit den Ämtern Aurich, Berum, Friedeburg, Norden und Stickhausen das Administrationskollegium auflösten.

Als die ungehorsamen Stände am 25. Oktober 1723 aufgefordert wurden, Gehorsam zu leisten, erklärte Administrator von dem Appelle im Namen der Ritterschaft, Dr. Homfeld für die Stände und Syndikus Hesling im Namen der Stadt Emden, daß sie niemals dem Kaiser ungehorsam gewesen und auch jetzt noch bereit seien, sich den kaiserlichen Dekreten zu unterwerfen, sofern diese mit den beschworenen Akkorden und Landesverträgen übereinstimmten. Eine unbedingte Unterwerfung komme allerdings nicht in Frage.

Wenig später unterwarf sich Graf Burchard Wilhelm von Fridag, der Herr zu Gödens, unbedingt. Ihm folgten nach: Franz Ferdinand Freiherr von Knyphausen-Lütetsburg und Hofgerichtsassessor Gerhard Moritz von Closter, zwar nicht auch unbedingt, sondern im Vertrauen auf die Aufrechterhaltung der Landesverträge.

Für die unterwerfungswilligen Stände trat Ludwig Wenckebach im Namen von Norden, Bürgermeister Greems für Aurich und Dr. Matthias von Wicht auf, letzterer für die unterworfenen Ämter.

Dr. von Wicht erklärte: „Wenn in der ganzen Welt keine Treue, kein Glaube mehr wäre, so muß sie doch bei einem römischen Kaiser sein." Dieses Vertrauen habe er zu seinem Kaiser Karl VI., und „auf dieses Vertrauen gestützt haben die gehorsamen Stände die kaiserlichen Dekrete angenommen."

Eine Reihe weiterer Herren unterwarf sich den kaiserlichen Dekreten.

Die Administratoren wurden durch kaiserliche Kommissare abgesetzt, und am 23. November 1724 folgte die Beratung auf dem Auricher Landtag.

Hier wurde das Steuerkollegium von Emden nach Aurich verlegt. Die alten Administratoren und die Beamten des Steuerkollegiums wurden entlassen. Von allen ehemaligen Herren blieb lediglich Freiherr von In- und Knyphausen im Amt, weil ein neuer Administrator der Ritterschaft nur auf einem Rittertag gewählt werden konnte und nur der Freiherr anwesend war. Dieser verzichtete auf seine Stimme in diesem Landtag. Es gab nunmehr zwei Steuer-Kollegien, das in Emden bestehende und jenes in Aurich zu gründende.

Das alte Kollegium, das noch aus von dem Appelle, Paine, ter Braek und von Reden bestand, blieb nicht untätig. Unter der Führung von dem Appelle, mit Dr. Homfeld, Sekretär Zernemann und Syndikus Hesling wurde der Kern jener Partei gebildet, die gegen Brenneysen opponierte. Im Auricher Kollegium stand ihnen mit Dr. Matthias von Wicht ein beschlagener Mann gegenüber.

Diese beiden Kollegien, das durch kaiserliche Machtvollkommenheit eingerichtete und jenes akkordmäßige der Emdener, gerieten, wo immer sie konnten, gegeneinander. Während die Emdener nach ihrer Mütze die Akzise verpachteten, taten die Auricher das abermals. Beide belegten die andere Seite mit Geldstrafen. Nachdem die Emdener Truppen der ständischen Besatzung gegen Leer aufboten, um sich in den Besitz des dortigen Pachtcomtoirs zu setzen, zog am 1. Februar 1725 Oberst von Ungern-Sternberg im Auftrage des Fürsten mit 100 Mann und zwei Kanonen ebenfalls nach Leer.

Nach langen Verhandlungen kam es schließlich in der Pfefferstraße zu Leer zum Kampf zwischen Ungern-Sternberg und dem Hauptmann Cramer der ständischen Truppen. 20 ständische Soldaten wurden verwundet. Cramer räumte die Stadt und schiffte sich am Plitenberg wieder nach Emden ein.

Nunmehr erklärte Fürst Georg Albrecht jedes Kommando der Emdener Miliz, das sich außerhalb der Stadt zeigte, für vogelfrei. Die kaiserliche Kommission erteilte Emden eine scharfe Rüge und kündigte eine Buße von 1000 Goldgulden an, falls sich eine solche Befugnisüberschreitung wiederholen sollte.

Kaiser Karl VI. erklärte die noch immer Widerstand leistenden Stände in seinem neuesten Dekret vom 18. Januar 1726 als „öffentliche Rebellen im ganzen römischen Reich". (Siehe Tileman Dothias Wiarda: a.a.O.)

Bürgerkrieg in Ostfriesland

Dies half allerdings nichts, denn bereits wenige Tage später drohte das verwirrende Durcheinander abermals zu einem handfesten Bürgerkrieg zu werden. Die kaiserliche Schutzgarde des Fürsten wurde durch Bürger aus Leer und dem Oberreiderland vertrieben. Die Emdener Pächter wurden in den Besitz des Comtoirs eingesetzt. Am 6. Februar zogen der Drost Lami du Pont und der Prediger Zimmermann mit 500 Lengenern und Stickhausern in Leer ein, bemächtigten sich des Pachtcomtoirs, plünderten Häuser, schlugen Fensterscheiben ein und mißhandelten Menschen. Vier Männer, die Widerstand leisteten, wurden gefangengenommen und nach Aurich gebracht. Es war die ständische Miliz, die diesen wilden Haufen aus Leer vertrieb. Der hierher gekommene fürstliche Rentmeister wurde erwischt, gefangengesetzt und als Geisel für die Freilassung der nach Aurich geführten vier Männer festgehalten.

Inzwischen ging die zweimonatige Bedenkzeit vorbei, die der Kaiser den Widerständlern am 18. Januar gegeben hatte.

Dem Emdener Magistrat war durch kaiserliches Schreiben verkündet worden, daß der Kaiser das Land mit seiner unnötigen ständischen Besatzung nicht länger belästigen, sondern die Stadt kraft seines Amtes kassieren werde.

Am 7. April rückte der in fürstlichen Diensten stehende Oberst Staudach mit 100 Fußsoldaten und 100 Reitern gegen die ständische Besatzung Emdens nach Leer vor, wo diese lag. Hinzu kamen ein paar Tausend Freiwillige aus Aurich, Berum, Stickhausen, Friedeburg und Harlingen.

Nach einem völlig wirkungslosen Geschützfeuer beider Seiten drangen die Angreifer in Leer ein. Es kam in den Gassen der Stadt zum Kampf. Die ständischen Truppen wurden zurückgetrieben. Doch dann kamen ihnen Oberreiderländer und Oberledinger zu Hilfe, die von Emdener Miliz geführt wurden. Der Kampf ging jetzt in entgegengesetzter Richtung weiter, „bis alle fürstlichen aus Leer vertrieben waren.“ (Siehe: H.F.W. Perizonius: a.a.O.)

Die Emdener verloren 13 Mann an Verwundeten, die geschlagenen fürstlichen Truppen 211 Mann an Toten und Verwundeten und büßten noch 87 Gefangene, 2 Fahnen und 5 Trommeln ein. Dies alles sollte aber nur das Vorspiel eines ausartenden Kampfes gewesen sein.

Die Bürgerschaft von Leer protestierte zunächst in einer Eingabe an den Fürsten. In diesem Schreiben wurde dieser mit keinem Wort angegriffen, sondern immer nur der Kanzler Brenneysen als Störenfried genannt. So hieß es über diesen in der Eingabe an Georg Albrecht:

„Man ist von ihm versichert, daß er eben der Mann allein ist, welcher Jahre hindurch Land und Leute in Feuer und Flammen zu setzen und das arme Land durch seine neuerlichen Konzepte ins äußerste Verderben zu stürzen und, um seinen unersättlichen Ehrgeiz zu stillen, des so teuersten und gnädigsten Landesfürsten Herz von der landesväterlichen Zuneigung und von den unschätzbaren Friedensgedanken zu entfernen suchet." (Eingabe der Emdener Bürgerschaft an Fürst Georg Albrecht).

Bauern der Marsch schossen auf Bauern der Geest, Ostfriesen kämpften gegen Ostfriesen. Der Bürgerkrieg war zu voller Stärke entbrannt.

Die einzelnen Gemeinden formierten sich und wollten ihre ständischen Freiheiten verteidigen. Sie mobilisierten ihre Bauern und Hausleute. Nach Emden wurde Leer wehrhaft. Greetsiel folgte, und selbst in den Ämtern Stickhausen und Aurich waren gleiche Symptome zu erkennen.

So nahm es nicht wunder, daß sich Fürst Georg Albrecht im April 1726 an den König von Dänemark um Hilfe wandte. Dieser war als Graf von Oldenburg sein unmittelbarer Nachbar. Im Juni erklärte sich der Kaiser damit einverstanden, daß dänische Truppen zur Aufrechterhaltung von Ruhe und Ordnung in Ostfriesland einmarschierten.

Dies ging den Generalstaaten direkt ans Mark. Sie verstärkten unverzüglich ihre Besatzungen in Emden und Leerort und baten die preußischen, englischen und französischen Gesandten im Haag, den König von Dänemark aufzufordern, sich nicht in innerfriesische Dinge einzumischen. Friedrich IV. ließ sich jedoch nicht davon abhalten. So zog Anfang Juli 1726 die erste dänische Kompanie Soldaten in Aurich ein. Emden versuchte den Fürsten „zu einem gütlichen Vergleich zu bewegen", vergebens, denn Brenneysen führte die Politik, und dieser war gegen eine Unterwerfung unter die Aufständischen.

Mit der Auricher Einquartierung war zwar das Fürstenhaus bewacht, doch überall im Lande herrschten die „Aufständischen". In den Ämtern Aurich, Berum und Norden ging man zu den „Renitenten" über, und nur Friedeburg wollte nicht zu den Renitenten gehören und schrieb diesen auf der Aufforderung, sich für sie zu erklären:

„Wir Friedeburger suchen Frieden und bitten, daß die Herren uns als Abgelegene in Ruhe lassen."

Der vorgeschobene Grund für diese Entzweiung und den Bürgerkrieg war der Besitz der Akzise-Pachtkontore. In Wahrheit ging es um nicht weniger als um die Priorität der Akkorde oder der kaiserlichen Dekrete von 1721.

Auf den Straßen wurden Kampflieder gesungen, in denen die Fürsten gefangen, die Kaiserlichen gehangen und der Kanzler Brenneysen auf das Rad geflochten werden sollte. Doch so schlimm war es offenbar nicht, wenn man den alten Urkunden Glauben schenken soll. Die Stände wollten ihre Akkorde behalten, und Kanzler Brenneysen wollte sie ihnen entziehen; das war im Grunde alles, aber genug, um die Stimmung anzuheizen. Kanzler Brenneysen verlangte die bedingungslose Unterwerfung aller Renitenten.

Was übrigblieb, war fortdauernder Bürgerkrieg. Als Fürst Georg Albrecht die Harlinger, die Friedeburger, die Berumer und alle übrigen gehorsamen Stände zum Wehrdienst aufrief, kamen 2000 Kämpfer zusammen. Am 14. August bezog Oberst von Staudach mit ihnen bei Schott ein Heerlager.

Das gegnerische Heer, geführt von Roschius, von dem Appelle, von Reden und ter Braek, zog nach Wirdum und versuchte die fürstlichen Truppen zu umgehen. Staudach zog sich zurück, und Fürst Georg Albrecht ließ ihn wegen Feigheit verhaften.

Die in Ostfriesland liegenden Truppen von vier verschiedenen Herren verhielten sich abwartend. Während die Preußen in Emden und Greetsiel lagen, befanden sich in Emden und Leerort auch holländische Truppen. Die dänische Kompanie hatte Weisung, die fürstliche Residenz zu schützen und Aurich nicht zu verlassen. Die kaiserliche Schutzwache wurde von Ostfriesen bewacht. Diese verboten ihnen, die Unterkünfte zu verlassen, widrigenfalls sie umgebracht werden würden.

Norden war durch Staudachs Rückzug entblößt, und die ständischen Truppen nutzten die Chance; sie zogen in die Stadt ein. Die Bürgerschaft von Norden nahm auf dem Rathaus die Unterwerfung unter die kaiserlichen Dekrete zurück. Die beiden Bürgermeister Wenckebach und Wilkens wurden entlassen. An ihre Stelle traten Palms und Kettler. Während es Regierungsrat Kettler, der dem Frieden nicht traute, und dem älteren Wenckebach zu fliehen gelang, wurden Wilkens, Mesander und Schatteburg sowie 13 weitere Norder Bürger nach Emden geschafft.

Hauptmann Cramer mit seiner Kompanie und zwei Kanonen, denen sich 600 Reiderländer anschlossen, unternahm die Regelung im Norder und Berumer Amt. Die Eingesessenen nahmen ihre Unterwerfung unter das Kaiserdekret zurück und schlossen sich den Kommunen an. Bis auf das Amt Friedeburg und einige Dörfer im Amte Aurich gehörten nun alle ostfriesischen Städte und Dörfer der Kommune an, die sich „Vereinigte Ämter“ nannte. Sie ließen ein neues Siegel anfertigen mit der Inschrift „Vereinigte Stände“. Es enthielt außerdem ein großes „L“ für Libertas – Freiheit.

Im Auricher Kollegium amtierten noch der Administrator Greems, der Syndikus Dr. von Wicht, der Landesrentmeister Siefken und der Sekretär Ennen.

Das Emdener Kollegium war mit folgenden Personen besetzt: Von dem Appelle, Roschius, Palms, von Reden, ter Braek, Dr. Homfeld, Schluiter und von Wingene.

Am 7. September 1726 beantragte Emden einen außerordentlichen Landtag außerhalb von Aurich. Diesem Antrag traten am 19. September die Ritterschaft, am 4. Okt. der dritte Stand und am 10. Oktober die Stadt Norden bei. Dennoch wurde er abgelehnt. Von Seiten des Fürstenhauses wurde die bedingungslose Unterwerfung gefordert, und zu der bedurfte es keines Landtages.

Jeder Versuch der Stände und der Generalstaaten, zu einer gütlichen Einigung zu kommen, wurde von Kanzler Brenneysen im Namen seines Fürsten zurückgewiesen. Brenneysen forderte nach wie vor die Unterwerfung. Ostfriesland und die Ostfriesen waren im Jahre 1727 einer Vereinigung und einem geeinten Ostfriesland ferner denn je. Zwischen den Bauern und den Ständen oder gar der Ritterschaft klafften die Interessen derart auseinander, daß ein weiteres politisches Zusammengehen ausgeschlossen schien.

Ende März 1727 zog der fürstliche Hauptmann von Capelle mit 70 Soldaten nach Berum. Gleichzeitig wurden auch Soldaten der Kommune aufgeboten, und am 31. März marschierten die Reiderländer, geführt von Hauptmann Andree und dessen Kompanie, mit drei Kanonen in Richtung Aurich. Sie blieben aber vor Erreichen des Zieles bei Aurich-Oldendorf stehen. Ein Aufgebot von 2000 Mann unter Hauptmann Cramer, dem 150 Mann regulärer Truppen und zwei Kanonen zur Verfügung standen, ging nach Marienhafe.

Am 4. April kam es bei Nesse zu einem Gefecht. Die ständischen Truppen wurden von einer fürstlichen Abteilung geschlagen. Am nächsten Tag entbrannte der Kampf bei Hage und an der Lütetsburger Mühle. Der ständische Hauptmann de Nove wurde gefangengenommen, die ständischen Truppen geschlagen. Sie verloren neben einer Kanone und einem Mörser den gesamten Schießbedarf. Der fürstliche Hauptmann von Capelle hatte nun leichtes Spiel. Das ständische Aufgebot zerflatterte im ersten Kampf. Cramer vernagelte in Norden sieben Kanonen und zog sich nach Pewsum zurück. Palms und Kettler wurden wieder abgesetzt. Magistrat und Bürgerschaft unterwarfen sich dem Fürsten. Bei Nesse hatten die Ständischen einen Toten, 16 Mann gerieten in Gefangenschaft, vier konnten fliehen. Die Niederlage bei Hage folgte. Dennoch wollten die Ständischen das Blatt noch einmal wenden. Sie brachen am 17. April 1727, geführt von den Hauptleuten Andree und Wermelskirchen, aus dem Oberreiderland auf und kamen von Leer nach Emden, wo sie sich versammelten. Am 22. April zogen sie unter dem Befehl des Hauptmanns Andree von Widrum nach Norden.

Hier kam es zum Entscheidungskampf; er sah zunächst die Ständischen siegreich, die zwei Kanonen erobern konnten. Am 25. April fiel Hauptmann Andree beim Angriff auf die fürstliche Schanze. Sein Nachfolger zog sich nach Bargebuhr zurück.

Hauptmann von Capelle unternahm sofort einen Ausfall und brachte damit dem weichenden Gegner die entscheidende Niederlage bei.

Die Ständischen verloren ihren Amtmann Wallendorf, Hauptmann Strube, drei Offiziere, 52 Soldaten und 18 Landsleute. Cramer und Wermelskirchen flüchteten mit nur noch 29 Mann nach Grimersum.

Sofort rückten die Fürstlichen hinterher. Sie belagerten Grimersum. Als hier Hauptmann Cramer am frühen Morgen des nächsten Tages in der Burg erschossen wurde und der zweite Befehlshaber Wermelskirchen sich mit Schnaps hatte vollaufen lassen, übernahm Cramers siebzehnjähriger Sohn als Fähnrich das Kommando. Er verheimlichte den desolaten Zustand der Truppe und konnte in Verhandlungen mit von Capelle eine günstige Kapitulation abschließen.

Von Capelle, zum Major befördert, marschierte nun mit seiner Sreitmacht ins Oberledingerland und rückte, durch die Dänen verstärkt, nach Weener ein, nachdem er bei Völlen die Ems überschritten hatte.

Der Matrose J. Tromp, der das Freikorps anführte, drang als erster mit seinem Haufen in Weener ein und begann mit der Plünderung, der Capelle Einhalt gebot.

Die Dänen konnten deshalb ein Kontingent Soldaten für diese Aktion freigeben, weil kurze Zeit vorher drei weitere dänische Kompanien unter Oberstleutnant Wangelin nach Ostfriesland gekommen waren.

Nach dieser schlechten Nachricht fuhr der Befehl des Kaisers vom 23. April 1727 wie ein Blitz unter die ständischen Führer. Der Kaiser hatte den Fürsten des niederrheinisch-westfälischen Kreises, dem König von Preußen, dem Kurfürsten von Köln und dem Kurfürsten von der Pfalz befohlen, „die ostfriesische Rebellion mit bewaffneter Hand zu dämpfen." Die Renitenten wurden in diesem Dekret als „rebellische Untertanen und Bösewichter" bezeichnet und der „Verachtung kaiserlicher Gebote und Verbote, der Auflehnung, Plünderung, Brand und Mord" angeklagt.

Am 19. Mai ließ der König von Preußen auf kaiserliches Geheiß seine Marinetruppen in Ostfriesland aufmarschieren und forderte die Rebellen auf, „sogleich die zur Ungebühr gegen ihren Landesfürsten ergriffenen Waffen niederzulegen, die Tumultanten in die gehörigen Schranken zu verweisen und sich eines geziemenden Gehorsams zu befleißigen, bis die Sache gütlich beigelegt ist." (Siehe H.F.W. Perizonius: a.a.O.)

Wieder begaben sich die Ständischen nach dem Haag, um von dort Hilfe zu erlangen. Man wollte die Generalstaaten bitten, ihnen die Sicherung, Wahrung und Einhaltung der Akkorde zu garantieren, das Emdener Kollegium erhalten zu helfen und den Abzug der dänischen Truppen zu fordern. Die Generalstaaten rieten zur Unterwerfung unter die kaiserlichen Dekrete und versprachen, sich danach für alle anderen Belange der Stände verwenden zu wollen.

Die Administratoren, die Deputierten der Stände, unterwarfen sich nunmehr den kaiserlichen Dekreten unter der Bedingung, daß Ostfriesland und die Stadt Emden ihre alten Freiheiten und Akkorde behalte.

Der Zusammenhalt der Stände zerfiel. Viele Renitenten flüchteten. Andere wurden aus ihren Ämtern verbannt. So R. von Reden, H. Gryse und H. Grönevelt. Die Ritterschaft hatte sich ebenfalls unterworfen, war aber bis auf Victor von Hane aus Upgant nicht gewillt, in das Auricher Kollegium einzutreten.

Der Landtag vom 17. Juni 1727 in Aurich, auf dem es um Geldbewilligungen für den Fürsten und die Fürstin ging, verlief stürmisch. Der von den Renitenten verursachte Schaden wurde ermittelt. Die eingereichten Schäden beliefen sich auf 620000 Reichstaler. Hinzu kamen 242762 Taler Schaden des Fürsten und 71975 Taler Schaden der fürstlichen Bediensteten.

Kanzler Brenneysen war nun in seinem Element. Seinem Wahlspruch „Poena et praemia sunt fulcra rei publicae" – Belohnungen und Strafen sind die Stützen des Staates – getreu langte er kräftig zu. Die Privatbesitzungen der Renitenten-Anführer von dem Appelle und des Deputierten R. von Reden kamen unter die Zwangsverwaltung des Landes.

Der Bürgerkrieg, der nach seinem prominentesten Anführer Appelkrieg genannt wurde, war beendet. Heinrich Bernhard von dem Appelle, Häuptling zu Groß-Midlum, war damit ausgeschaltet. Die renitenten Stände waren damit hoffnungslos am Ende.

Erst im September 1729 sicherte Kaiser Karl VI. den Renitenten und der Stadt Emden sowie den Altständischen, die renitent geworden waren, seine Amnestie zu. Lediglich von dem Appelle blieb von der Amnestie ausgeschlossen. (Siehe Tilman Dothias Wiarda: Geschichte, Band VII).

Dies geschah erst, nachdem sich Emden im März 1729 bedingungslos unterworfen hatte, was nicht im Sinne Brenneysens war, weil er nun nicht mehr, wie er wollte, gegen diese Rebellen und Abtrünnigen vorgehen konnte. Am 16. März 1731 bestätigte Kaiser Karl VI. die Amnestie und entschied, daß Emden auch wieder zu den ostfriesischen Landtagen zugelassen sei.

Im Jahre 1732 erhielt König Friedrich Wilhelm I. von Preußen anläßlich eines Zusammentreffens mit Kaiser Karl VI. die eventuelle Belehnungsurkunde über Ostfriesland. Er nahm nunmehr auch Titel und Wappen Ostfrieslands an. Damit wollte er nach seinen eigenen Bekundungen lediglich die ihm verliehene Anwartschaft auf Ostfriesland begründen.

Georg Albrecht legte bei Friedrich Wilhelm I. und Kaiser Karl VI. ebenso wie bei der Reichs- und Kreisversammlung dagegen Verwahrung ein, ohne jedoch das geschaffene Faktum selbst zu bestreiten. Er nahm auf Brenneysens Rat hin für den Fall des Erlöschens des Mannesstammes der Cirksena die Nachfolge in der Regierung für die weibliche Linie in Anspruch. Dieser Protest Georg Albrechts wurde auch von dessen Sohn und Nachfolger Carl Edzard 1734 und 1738 erneuert.

Georg Albrechts Sohn Carl Edzard heiratete am 25. Mai 1734, erst 18 Jahre alt, in Berum. Wenige Tage zuvor hatte am 16. April Georg Albrecht verfügt, daß Karl Edzard in Falle seines Todes die Regierung sofort antreten solle.

Am 3. Juni hatte der seit Monaten schwächer und schwächer werdende Fürst die Bestimmungen über sein Begräbnis getroffen. Sechs Tage darauf begab er sich nach Sandhorst, wo er am 12. Juni 1734 starb. Er hatte 26 Jahre die Geschicke Ostfrieslands zu lenken versucht, wobei in der Hauptsache sein Kanzler Brenneysen die Regierungsgeschäfte führte. Er war gerade 44 Jahre alt. Am 22. September wurde er beigesetzt.

Die letzten zehn Jahre

Nachdem sich die Stände am 17. Juni 1734 mit dem Regierungsantritt des jungen Fürsten bereit erklärt hatten, waren die Tage des Kanzlers Brenneysen gezählt. Als am 22. September das Leichenbegräbnis stattfand, konnte Brenneysen nicht im Trauerzug mitgehen, weil er sich unwohl fühlte. Vom Fenster des Schlosses aus schaute er zu, wie sich der Leichenzug in Bewegung setzte. In diesem Augenblick erlitt er einen Schlaganfall und war wenige Minuten darauf tot.

Karl Edzard ernannte Regierungsrat Becker zum Vizekanzler und Chef der Justiz und Geheimrat Langeln zum Ersten Minister. An der politischen Haltung des Fürstenhauses und der Regierung änderte sich hingegen nichts. Emden, dessen Magistrat nicht offiziell vom Tode des Fürsten benachrichtigt war, verweigerte die Anerkennung Karl Edzards als Landesherrn.

Erst am 9. Januar 1738 versöhnte sich Emden mit dem jungen Fürsten, der friedensbereit war. Als Karl Edzard auf einer Schlittenfahrt nahe an Emden heranfuhr, wurde er in der Stadt herzlich willkommen geheißen. Zwar betrat er die Stadt noch nicht, versprach aber am 13. Januar wiederzukommen.

Das einsetzende Tauwetter verdarb diese zweite Schlittenpartie, und Karl Edzard besuchte Emden nie mehr. Nach 32 Jahren hätte ein Oberhaupt Ostfrieslands zum erstenmal wieder in Emden weilen können, aber es sollte nicht so sein. Die Postenjäger und Angestellten am Hofe taten alles, um eine wirkliche Befriedung zu verhindern. Das Auricher Kollegium ließ es zu, daß einzelne Agenten Wucher trieben.

In dieser Zeit der Wirren und Verwirrungen hatte im November 1739 ein fürchterlicher Winter eingesetzt. Dieser hielt bis auf kleine Unterbrechungen der Frostperiode bis zum 17. Juni 1740 an, denn an diesem Tag herrschte noch Frost; sogar am 3. August lag noch einmal Reif.

Da auch das Jahr 1739 eine Getreidemißernte gebracht hatte und kein Heu für die Viehfütterung hatte eingebracht werden können, begann sich der Hunger im Frühjahr 1740 mehr und mehr auszubreiten. Aus der Ostsee kam schließlich Getreide in vielen Schiffsladungen ins Land. Die Ernte nach dem kalten Frühjahr fiel dann doch noch befriedigend aus, und das Jahr 1741 brachte eine Rekordernte.

Eines aber war im kalten Winter 1739–40 geschehen. Die Austernbänke waren durch das Eis zerstört worden. Um diese wiederherzustellen, wurde durch das Fürstenhaus jeder Austernfang bei Strafe der Schiffsbeschlagnahme verboten.

Das Jahr 1740 war nicht zuletzt auch infolge dieses verheerenden Winters ein gutes Jahr für religiöse Eiferer, die es schon immer gewußt hatten, daß es mit Ostfriesland ein schlechtes Ende nehmen würde, wenn man nicht ihrer Sekte beitrete und Buße tue.

So trat der Bauer Heinrich Janssen, genannt der lange Heinrich von Frepsum, als Stifter einer neuen Sekte auf, die in der Hauptsache unter den Reformierten Anhänger fand. Janssen erklärte, daß sich ihm Gott immer wieder offenbare. Er verkündete schwere Strafgerichte Gottes und erweckte für sich den Anschein, gottselig zu sein. Dies brachte ihm großen Zulauf vom einfachen Volk, den „Einfältigen im Geiste", wie einer der Zeitgenossen schreibt. Seine Lehre war jener der Antitrinitarier angeglichen. Er behauptete, daß nicht drei unterschiedliche Wesen in Gott vereinigt seien. Christus habe erst zu sein angefangen, als ihn Maria empfing.

Heinrich Janssen wurde aus Frepsum ausgewiesen, doch blieb er dort, bis er mit Gewalt über die Grenze nach Groningen gebracht wurde. Er kehrte von dort wieder nach Frepsum zurück, wurde abermals gefangengesetzt und ein zweites Mal nach Groningen abgeschoben. Dort starb er im Zuchthaus.

Der Prediger Menkema aus Wirdum weigerte sich trotz fürstlicher Aufforderung, das Kind eines der ersten Anhänger Janssens, des Abbe Gerdes, zu taufen, weil es ihm nach den Gesetzen der Reformierten Kirche nicht erlaubt sei, das Kind eines Menschen zu taufen, der die Dreieinigkeit Gottes leugne und damit ein Ketzer sei.

Zur gleichen Zeit wie Janssen trat der Magister J. J. Röling als Prediger in Pogum und später in Bingum auf. Er war als Unitarier aus Jena zurückgekehrt und wollte nun auch in Ostfriesland seine Lehren predigen. Er wurde seines Dienstes enthoben und verdiente sich als Krämer in Dornum und Nesse seinen Lebensunterhalt.

Sebastian Anton Homfeld, einer der Haupt-Renitenten, war Preußens Mann in Ostfriesland. Zum Landsyndikus der Stände ernannt, seit 1733 preußischer Direktorialrat, bereitete er unter der Hand intensiv den preußischen Herrschaftsbeginn nach dem Tode des letzten Cirksena vor. Daß in Emden nach wie vor die Generalstaaten favorisiert waren, wußte er, und so mußte er mehr und mehr dazu übergehen, bei den Emdener Ständen, dem Magistrat und den Vierzigern die Stimmung umzudrehen und für Preußen zu werben.

Diese Aufgabe hatte er bis 1740 erfüllt, als Emden, nachdem Friedrich II. im selben Jahr preußischer König geworden war, mit Preußen zusammengehen wollte. Emden anerkannte zwei Jahre später das Nachfolgerecht der Hohenzollern in Ostfriesland gegen die Zusicherung der Zulassung der Stadt zu freien Landtagen, die Rückführung der Ständeadministration nach Emden und Anerkennung aller Emdener Privilegien. Die Politik Preußens lag Emdens Kaufleuten und Seefahrern.

In der Zwischenzeit versuchten die Generalstaaten zwar ihre alte Stellung zu sichern, doch dies gelang nicht. Der Kaiser gestattete nicht einmal ihre Mitwirkung am ostfriesischen Friedenswerk.

Dr. Homfeld war im allgemeinen als Vertreter des Ritterstandes nicht untätig. Der Fürst mißtraute ihm derart, daß er in aller Öffentlichkeit verkündete, sich in Dr. Homfelds Gegenwart in keine Verhandlungen einlassen zu wollen.

Am 25. Oktober 1740 starb Kaiser Karl VI. Mit ihm erlosch auch der Mannesstamm der Habsburger nach 463jähriger Herrschaft über Österreich. Der Ausbruch des österreichischen Erbfolgekrieges, der durch die Ansprüche des Kurfürsten Karl Albrecht von Bayern auf den Kaiserthron ausgelöst wurde und mit der Krönung Karl Albrechts am 12. Februar 1742 in Frankfurt zum Kaiser endete, ließ die ostfriesischen Streitigkeiten in den Hintergrund treten.

Nach langen Verhandlungen anerkannte Emden am 11. März 1744 das Successionsrecht Preußens an Ostfriesland und versprach, nach dem Erlöschen des Mannesstammes der Cirksena den König von Preußen als alleinigen und rechtmäßigen Fürsten von Ostfriesland anzuerkennen und ihm den Treueid zu schwören.

Der König, vertreten durch Dr. Homfeld, versprach im Gegenzuge, die Landesverträge zu halten, der Stadt die Gerichtsbarkeit, eigene Verwaltung, ihre Zölle und Lizenzgelder zu lassen, ihren Handel zu schützen und die Stadt nebst ihrer Herrlichkeit nicht mit Einquartierungen zu belegen.

Der Fall des Aussterbens des Mannesstammes der Cirksena trat in der Nacht zum 26. Mai 1744 ein. Karl Edzard Cirksena starb kurz vor Mitternacht des 26. Mai ohne leiblichen Erben. Sein einziges Kind, eine Tochter, war bereits im Alter von zwei Jahren gestorben.

Am 1. August 1744 wurde Karl Edzard beigesetzt. Die Herrschaft des Fürstenhauses der Cirksena war beendet. Von nun an sollte bis 1945 der preußische Adler über Ostfriesland wehen.

Preußen in Ostfriesland

Machtübernahme und Festigung der Herrschaft

Noch in der Todesnacht des Fürsten versammelte Friederike Wilhelmine, die Tochter Christian Eberhards von Ostfriesland, die in Aurich weilte, das Geheimrats-Kollegium um sich. Es waren die Männer von Langeln, Bacmeister, von Wicht und S. E. Ihering. Diesen eröffnete sie, daß sie als nächste Verwandte des verstorbenen Fürsten für sich und ihre beiden Schwestern, Christina Sophia und Maria Charlotte, die Regierung antreten werde.

Die Witwe des verstorbenen Fürsten war zu einer solchen Regung nicht fähig; sie begab sich sofort unter den Schutz Friedrichs II.

Von Wicht und Bacmeister stimmten der Prinzessin zu. Aber alle Gremien der Stände und der Ritterschaft, selbst das Hofgericht und die Regierung suchten zu Ausflüchten Zuflucht, um sich nicht festlegen zu müssen. Der Magistrat und die Vierziger von Emden sprachen sich offen dagegen aus; schließlich hatten sie ihren Vertrag mit dem König von Preußen unter Dach und Fach. Sie erklärten, daß Ostfriesland ein Reichs-Manneslehen sei, das mit dem Tode des Fürsten erloschen sei. Nunmehr würden sie Seiner königlichen Majestät in Preußen als ihrem neuen Landesherrn huldigen.

Am 26. Mai bereits wurde in Emden die vorweggenommene Huldigung veröffentlicht. Am 1. Juni zog eine preußische Truppe in Stärke von 80 Mann, aus Emden kommend, in Aurich ein, womit die Herrschaft Friedrichs II. in Ostfriesland besiegelt war. Die kaiserliche Schutzgarde löste sich auf. Die dänischen Truppen wurden abgezogen. Lediglich die niederländischen Soldaten blieben vorerst noch in Emden und Leerort.

Im Juni 1744 erschien der preußische Minister Cocceji in Aurich. Nun war auch die Zeit der Rehabilitierung von dem Appelles gekommen, der als alter ritterschaftlicher Administrator wieder ins Amt eintrat. Cocceji schaffte es, die vereinbahrten Subsidienzahlungen aus der Landeskasse an den Landesherrn von 12000 auf 24000 Taler zu verdoppeln. Als er aber auch das Recht des Landesherrn, in Ostfriesland Rekruten einzuziehen, durchsetzen wollte, biß er auf Granit. Die

Stände schlugen dieses Ansinnen rundweg ab. Sie mußten sich aber zur Ersatzzahlung von 16000 Reichstalern bequemen. Damit mußte Ostfriesland jährlich 40000 Taler an den preußischen König zahlen.

Unmittelbar nach der Machtübernahme entsandte Friedrich II. den Kriegs- und Domänenrat Caspar Heinrich Bügel nach Ostfriesland. Dieser hatte Order, sich über alle finanziellen Dinge des Fürstentums eingehende Kenntnisse zu verschaffen. Dazu richtete er die „Kriegs- und Domänenkammer" in Aurich ein. In deren Zuständigkeitsbereich fielen nicht nur alle finanziellen Fragen, sondern auch die Polizeisachen. Demzufolge wurde sie bald zur wichtigsten Behörde in Ostfriesland.

Ende Juni 1744 avancierte Dr. Homfeld zum Kanzler von Ostfriesland.

Friedrich II. garantierte den Generalstaaten im Oktober 1744 die Abzahlung ihrer Schuldforderungen, woraufhin diese, mit dem 2. November beginnend, ihre Truppen aus Emden und Leerort zurückzogen. Der Machtwechsel in Ostfriesland war vollzogen.

Nach Bügels Tode Ende April 1748 wurde der Kriegs- und Domänenrat Daniel Lentz am 7. August 1748 zum Direktor der Auricher Kammer ernannt. Bügels Gegenspieler Dr. Homfeld wurde nach Berlin zurückgerufen.

Die noch in Esens bestehende Kanzlei für das Harlingerland, das als besonderes Gebiet und Lehen Gelderns galt, wurde am 25. Oktober 1745 aufgelöst und mit der Auricher Kanzlei vereinigt. Die Harlinger Amtsgerichte in Wittmund und Esens wurden den übrigen ostfriesischen Amtsgerichten gleichgestellt.

Die Landtage der folgenden drei Jahre waren gekennzeichnet von der Abwehr einer Viehseuche, die sich mit Anfängen im Jahre 1745 zeigte und bis 1761 in Ostfriesland grassierte und 260505 Rinder forderte.

Alle Versuche der Stände, die Kammer in ihren Befugnissen zu beschneiden, verfingen nicht. Binnen kurzer Zeit hatte der neue Direktor der Auricher Kammer, Daniel Lentz, die Stadt Emden dazu gebracht, sich in das neue Staatsgebilde einzufügen. Am 10. Februar 1749 fügte sich die Stadt den Auricher Forderungen, nachdem zwei Tage zuvor „Bürger und Pöbel" das Rathaus gestürmt und die deren Annahme gefordert hatten. Die Zeit der Freiheit für Emden war zu Ende gegangen.

Die Justizreform Coccejis wurde bis zum Sommer 1750 durchgeführt, der Codex Fridericianus als Grundlage aller Prozeßverfahren eingeführt und die Konzentration der Rechtsprechung auf die Regierung zementiert. Der Preuße Christoph Friedrich von Derschau wurde im November 1751 zum ersten Regierungspräsidenten von Ostfriesland ernannt.

Bereits im Frühjahr 1751 gelangte die Nachricht nach Aurich, daß Friedrich II. sein neues Land Ostfriesland zu besuchen wünsche.

Aus Lingen kommend, traf Friedrich II. am 13. Juni 1751 in Ostfriesland ein. Auf der Grenze wurde er von einer ostfriesischen Willkommensgruppe empfangen und mußte durch einen rasch errichteten Ehrenbogen schreiten.

In Emden angekommen, hatte er 39 Ehrenbogen zu passieren. Einer von ihnen besaß die Gestalt eines preußischen Adlers. (Siehe Emder Rathaus-Archiv Fascicel 499).

Die verschiedenen Sprüche, welche die Ehrenbogen zierten, wurden von einem Spruch der Emdener Fischweiber gekrönt, der schlicht und einfach lautete: „Levv lang, gy Koning onze Vader!“ Daß um den Ehrenbogen getrocknete See- und Flußfische hingen, war ein sinniger Hinweis auf die Profession dieser biederen Frauen, „denen sich der König huldvoll zeigte“.

Vor dem Herrentor, durch das Friedrich II. Einzug in Emden halten sollte, lagen noch die Gebeine eines Missetäters auf dem Rad. Das Rad wurde rasch mit Blumen und Grün bekränzt, und so „traf kein schlechter Anblick die Pupillen des Monarchen“. (Emder Annalen).

Nach den Weisungen des Magistrats hatte sich jeder Hausvater mit den Seinen ehrerbietig vor seiner Haustür aufzustellen „aber ohne Pfeife.“

Aus 35 Kanonen wurde Salut geschossen. Der König nahm am Delft in einem alten Patrizierhaus Wohnung. Er fuhr per Schiff bis zur Knocke, der vorspringenden Landspitze an der Reede.

Alles in allem war es eine für beide Seiten befriedigende Reise.

Hier lernte Friedrich II. jenen Teil seiner rund 101000 neuen Untertanen kennen, die am eifersüchtigsten über ihre ständischen Freiheiten gewacht hatten, wie Cocceji seinem König berichtet hatte, das „wilde Volk“, „in dem der Bauernstand der mächtigste“ sei, zeigte sich nicht halb so wild. (Siehe C. Hinrichs: Die ostfriesischen Landstände und der preußische Staat)

Am 15. Juni besuchte Friedrich II. Aurich. Am Abend war er wieder in Emden, und am nächsten Tag fuhr er nach Lingen weiter.

Friedrich II. hatte zur Belebung des Emdener Handels bereits Ende 1750 die königliche Zustimmung für eine Asiatische Handelskompanie auf zehn Jahre erteilt. Die Aktien wurden in einer Gesamthöhe von einer Million Talern in Gold in Emden, Berlin und Brabant gezeichnet. Im Mai 1751 fand die erste Gesellschaftsversammlung in Emden statt.

Als Friedrich II. wenige Wochen später in Emden weilte, genehmigte er die Statuten der Handelskompanie und dehnte die Genehmigung auf einen Zeitraum von 20 Jahren aus. Er gestattete ihr, mit den Fürsten und anderen Mächten in Indien Traktate und Verträge zu schließen.

Die Waren, welche die Kompanie aus Indien und China heimbringen würde, sollten Zollfreiheit genießen. Dafür zahlte die Kompanie dem König drei Prozent der Bruttoeinnahmen. Durch die Gewährung der Zollfreiheit versuchte Friedrich II. Emden zu einem großen Markt zu machen. Wenige Monate darauf schloß sich diesem ersten Gunstbeweis das Patent an, das Emden zum Porto franco erklärte. Friedrich II. genehmigte darüber hinaus den Plan einer Paketschiffahrts-Linie Emden-London.

Im Gegensatz zum Großen Kurfürsten bei seiner Gründung der Asiatisch-Indischen Kompanie versuchte Friedrich II. zunächst mit den Nachbarn ein gutes Einvernehmen zu erzielen. Er ersuchte die Generalstaaten, die unter seiner Flagge laufenden Schiffe in ihren Häfen am Kap der guten Hoffnung und in Ostindien freundlich zu behandeln.

Man sicherte dem Preußenkönig zu, daß man seinen Schiffen das Einlaufen nicht verweigern würde. Aber es bestehe eine Holländisch-Indische Kompanie mit dem ausdrücklichen Oktroi (einem Privileg) für die Niederlande. Daraus leiteten sie das Recht her, daß Holländer, die einmal in den Diensten ihrer Kompanie gestanden hätten, nicht auf preußischen Schiffen, die nach Ostindien fuhren, anheuern dürften. Würde man solche erwischen, müßten diese mit schweren Strafen, unter Umständen mit der Todesstrafe rechnen.

Um nicht mit den Holländern zu kollidieren, wurde das erste Schiff der Kompanie, die „König von Preußen", das nach Kanton in China unter Segel ging und am 21. Februar 1752 seine Reise antrat, angewiesen, nicht am Kap der guten Hoffnung, sondern bei den Inseln des grünen Vorgebirges anzulegen und dort Trinkwasser und Nahrungsmittel zu übernehmen.

Dieses erste und auch die nächsten Schiffe wurden – da man in

Ostfriesland nicht über so große seegehende Schiffe verfügte – in England gekauft. Der „König von Preußen" kostete voll ausgerüstet 75000 Pfund. Er konnte 521 Last zu jeweils 4000 Pfund laden und hatte 180 Mann Besatzung. Seine Bewaffnung bestand in 36 Kanonen. Dies war notwendig, denn die Indienfahrer waren nach wie vor durch Seeräuber gefährdet.

Da das Schiff nach China in See stach, mußte man auf dieser Fahrt zum Einkaufen der Ladung Bargeld mitnehmen. Es waren 700000 holländische Gulden.

Fast gleichzeitig mit dem „König von Preußen" ging die ebenfalls in England gekaufte „Burg von Emden" nach China ankerauf.

Am 6. Juli 1753 erreichte der „König von Preußen" die Reede von Emden. Sie war bis unter die Lukendeckel mit Waren gefüllt: chinesische Seide, Tee, Porzellane, Drogeriewaren. Aus allen bedeutenden Städten strömten die Käufer in Emden zusammen, um auf der hier stattfindenden Versteigerung der Waren mitzubieten. Sie kamen aus Hamburg und Bremen, aus Frankfurt, Köln und aus den Generalstaaten. Erzbischof und zugleich Kurfürst Clemens August von Köln ließ sich dieses Ereignis nicht entgehen und ließ ebenfalls viele Waren kaufen.

Nun wurde ein neues großes Schiff in Holland gekauft, die „Prinz von Preußen". Als man dort erfuhr, daß es nach China gehen sollte, suchte man den Kauf zu hintertreiben. Dann aber war der Handel perfekt, und die „Prinz von Preußen" ging am 31. Dezember 1753 in Emden ankerauf. Ihr Ziel war ebenfalls Kanton. Dieses Schiff verfügte über 66 Kanonen und war bedeutend größer als seine Vorgänger.

Die „König von Preußen" stach Anfang 1754 ebenfalls in See, um zum zweiten Male auf Fernostfahrt zu gehen. Noch ehe diese Schiffe zurückkehrten, hatte sich in Emden eine neue „Bengalische Kompanie" gebildet, deren Geschäftseinlagen eine Million Taler betrugen.

Friedrich II. stellte auch dieser Kompanie die gleiche Urkunde aus wie ihrer Vorläuferin. Die Kompanie kaufte ein Schiff von 80 Last Tragfähigkeit, das 120 Mann Besatzung hatte und mit 30 Kanonen ausgerüstet war. Unter dem Namen „Prinz Heinrich von Preußen" ging es im Dezember 1754 in See.

Wenige Tage, nachdem Friedrich II. Emden im Sommer 1755 zum zweitenmal besuchte, kehrte die „Prinz von Preußen" vollbeladen aus Ostasien zurück. Unmittelbar vor dem Ziel, dicht vor Borkum, wurde das Schiff auf den Strand geworfen. Als die Mannschaft es verlorengab und die Besatzung in die Boote gehen wollte, trat der Kapitän mit einigen seiner Vertrauten an die geladenen Kanonen. Er ließ die Boote anrichten. Mit brennenden Lunten in der Hand zwang er die Ängstlichen wieder an ihre Plätze zurück.

Die wenig später einsetzende Hochflut ließ das Schiff wieder freikommen. Es war leicht beschädigt, erreichte aber dennoch wohlbehalten die Reede von Emden und brachte eine reiche Ladung mit heim.

Die Kompanie kaufte nunmehr ihr viertes Schiff und taufte es auf den Namen „Prinz Ferdinand". Es lief am 17. April 1756 mit dem Ziel Kanton aus.

Im Juni des Vorjahres waren bereits die „König von Preußen" und die „Burg von Emden" ebenfalls volbeladen mit kostbaren Waren aus Ostasien zurückgekehrt.

Um diesen auch für ihn lukrativen Zweig des Fernhandels nicht verkümmern zu lassen, hatte Friedrich II. am 11. August 1755 bereits eine Weisung erlassen, daß kein Tee und Porzellan jeder Art nach Preußen hereingelassen werde, außer mit jenen aus Emden kommenden Schiffen der Asiatischen Kompanie.

Friedrich II. machte jedoch in bezug auf Seidenwaren den Fehler, die Einfuhr aller fremden Seide zu verbieten. Das schmälerte die Emdischen Handelsherren beträchtlich, zumal die Versuche Friedrich II., die Seidenraupenzucht in Brandenburg einzuführen, scheiterten.

Als im Sommer 1756 die drohenden Schatten des herannahenden Siebenjährigen Krieges aufzogen, lagen drei Schiffe der Asiatischen Kompanie in Emden. Nur noch die „Prinz Ferdinand" war unterwegs. Frankreich und England hatten bereits ihre Flotten in See gehen lassen, die sicherlich jedes fremde Schiff kapern würden. Hinzu kam, daß ein niederländischer Steuermann mit Namen Peter Mayer den Dienst Emdens verließ, nach Holland ging und von dort aus nach und nach viele Matrosen abwarb und sie für eine erhöhte Heuer in holländischen Dienst vermittelte.

Im Herbst 1756 stand fest, daß auch Preußen in diesen Krieg hineingezogen werden würde, und die Berliner Teilhaber der Gesellschaft forderten das Zurückhalten der Schiffe, um sie nicht zu verlieren.

Friedrich II. wurde vom Emdener Magistrat gebeten, sich dagegen ins Mittel zu legen, denn ein Stillstand war gleich einem Niedergang der Kompanie.

Als sich Preußen bereits im Kriege befand, wurde im November 1756 in Emden eine Aktionärsversammlung abgehalten. Die Berliner Anteilseigner beantragten die Auflösung der Gesellschaft. Aber die anderen übernahmen deren Aktien und nahmen noch einen Kaufmann aus Antwerpen und einen zweiten aus Amsterdam in die Gesellschaft auf.

Im Frühjahr 1757 kehrte die „Prinz Ferdinand" nach Emden zurück. Das Schiff mußte jedoch seine Ladung nach England bringen, wo sie einen Preis von 600000 Pfund erzielte.

Da sich nun weiter nichts tat, löste sich die Kompanie auf. (Siehe E.R.A. Fasc. 267).

Was aber war aus der Bengalischen Kompanie geworden? Im Dezember 1757 lief deren Schiff, die „Prinz Heinrich von Preußen", unter dem Kommando des Kapitäns Matthieu Clinckaert von Emden aus. Sein Ziel war Bengalen. Im Mai befand sich das Schiff auf der Höhe von Ceylon. Anstatt nun direkt das Ziel anzusteuern und die dort vorhandenen guten und preiswerten Waren zu kaufen, begannen die Supercargos damit, einen einträglichen Nebenhandel auf eigene Faust zu betreiben.

Als der Kapitän davon erfuhr, beteiligte er sich daran. Das Schiff lief entlang der Küste Koromandel und strandete schließlich in den gefährlichen Gewässern. Damit war das große Schiff dieser Gesellschaft verloren. Ihr zweites, bedeutend kleineres Schiff, dem man den Namen „König von Preußen" gegeben hatte, lief erst gegen Ende 1760 aus und kehrte nach einjähriger Abwesenheit am 25. Januar 1762 nach Emden zurück. Die Erlöse seiner Fracht brachten 700000 holländische Gulden. Der Gewinn wurde verteilt, und auch diese Gesellschaft löste sich auf.

Damit waren die ersten Ansätze einer Wiederbelebung der von dem Großen Kurfürsten von Emden aus forcierten Seefahrt in sich zusammengefallen.

Der Kampf um Ostfriesland

Nachdem sich Friedrich II. gewissermaßen handstreichartig in den Besitz von Ostfriesland gesetzt hatte, begannen in den nächsten Jahren zwei weitere Bewerber mit ihrer Unterminierungstätigkeit. Georg II. von England, der als Kurfürst von Hannover ein Anrecht auf Ostfriesland zu haben glaubte, gab ebenso wie die Fürsten von Lichtenstein und Kaunitz-Rietberg 1751 seinen Ansprüchen durch eine Klage beim Reichshofrat in Wien Gewicht.

Friedrich II. wurde aufgefordert, in Wien zu erscheinen und sein angemaßtes Recht zu verteidigen. Er lehnte ab und bemerkte lediglich, daß er weder mit dem Fürsten von Lichtenstein noch mit Kaunitz-Rietberg vor dem Reichshofrat die Klingen kreuzen werde, weil diese dort zu großen Einfluß hätten und eine korrekte Abwicklung nicht gewährleistet sei.

Im übrigen befand sich Friedrich II. im Besitz von Ostfriesland; er war entschlossen, das Land auch bei einer Rechtsentscheidung gegen ihn nicht aufzugeben. Er lasse sich, so ließ er durchblicken, Ostfriesland nur mit Waffengewalt wieder entreißen. Dies aber vermochte weder Georg II. noch der Fürst Kaunitz.

Fürst Kaunitz, österreichischer Minister, war ein Nachkomme von Sabina Katharina, der Tochter Ennos III., und hatte sich seit jeher Herr zu Esens, Stedesdorf und Wittmund genannt. Er erhob zumindest Anspruch auf das Harlingerland.

Dieser Kaunitz setzte nun alles daran, Friedrich II. zu vernichten, indem er in Wien und Versailles alle diplomatischen Ränkespiele und Winkelzüge einsetzte, um dem Preußenkönig Ostfriesland wieder zu entreißen. Dabei handelte er offiziell im Auftrage der Kaiserin Maria Theresia, ohne seinen eigenen Vorteil bei dieser Sache außer acht zu lassen. Wenzel Anton Graf Kaunitz, seit 1764 Fürst von Kaunitz-Rietberg, hatte nach seiner Rückkehr vom Friedenskongreß in Aachen 1748 den Standpunkt vertreten, daß Preußen der Hauptgegner Österreichs sein werde und daß man zur Wiedergewinnung Schlesiens ein Bündnis mit Frankreich schließen müsse. Für dieses Bündnis wirkte er als Botschafter in Paris von 1750 bis 1753.

Als Staatskanzler übernahm Graf Kaunitz anschließend die österreichische Außenpolitik. Er hielt an dem Bündnis mit Rußland fest und schloß 1756 mit Frankreich ein Defensivbündnis, das nach Ausbruch des sieben Jahre währenden Krieges gegen Preußen in ein Offensivbündnis umgewandelt wurde.

Diese Fakten sollten in dem Landstreit um Ostfriesland ihren Anfang gehabt haben. Dies wiederum läßt den Schluß zu, daß der Siebenjährige Krieg möglicherweise nicht stattgefunden hätte, wenn Graf Kaunitz Herr in Ostfriesland geworden wäre.

Graf Kaunitz dachte, als er diesen verderblichen Bund gegen den Emporkömmling auf dem Königsthron, Friedrich II., schmiedete, nicht zuletzt an die Aussichten, die sich nach einer Niederlage Friedrichs II. für ihn in Bezug auf Ostfriesland ergeben mußten. Wenn man erst Friedrich II. wieder in die Stellung eines Markgrafen von Brandenburg zurückgestutzt hatte, dann würde es ein leichtes für ihn sein, bei seiner dankbaren Kaiserin Ostfriesland für sich zu erbitten und dieser Übereignung sogar den Anschein des Rechts zu vermitteln. Die Aussicht auf die Rückgewinnung des Harlingerlandes und wahrscheinlich ganz Ostfrieslands schien so sicher wie jene Tatsache, daß durch einen Sieg über Preußen Kaiserin Maria Theresia Schlesien zurückgewinnen mußte.

König Georgs II. Chancen waren ungünstiger, denn zum einen standen seine persönlichen Ziele der Rückgewinnung Ostfrieslands nicht im Einklang mit der politischen Lage seines Landes, denn seit 1754 verschlechterte sich das französisch-englische Verhältnis in Ostindien ebenso wie in Nordamerika.

Er mußte darauf sinnen, wo er auf dem Festland einen Bundesgenossen fand, und das konnte nur Friedrich II. von Preußen sein. Allerdings war Friedrich II. nicht sehr gut auf die englische Flotte zu sprechen, die jede Schiffahrt außer der englischen nach besten Kräften behinderte. Emdener Schiffe waren bereits mehrfach von englischen Kriegsschiffen beschossen worden. Seit 1748 forderte der Preußenkönig fünf seiner Schiffe zurück, die ihm durch die Engländer in deren Krieg mit Frankreich weggenommen worden waren. Friedrich II. hatte wegen dieser Sache die Bezahlung einer Schuld von zwei Millionen Talern an England abgelehnt und aus dieser Summe die geschädigten Schiffseigner entschädigt.

Es war natürlich keine Frage, daß der österreichische Gesandte in England den daraus entstehenden Zwist nach besten Kräften schürte. Erst nachdem Franzosen und Engländer sich in Kanada ihre ersten Gefechte lieferten und seit England 1755 daran ging, französische Schiffe zu kapern, wo immer man sie fand, war England kompromißbereit.

Friedrich II., der durch den österreichischen Dresdener Kanzlisten in den Besitz aller geheimen Aktenstücke kam, erkannte die Ränkespiele des Kaunitz. Er erhielt auch Dokumente, die zeigten, daß sich Kaiserin Katharina von Rußland dem Bund zwischen Österreich und Frankreich anzuschließen schien.

Dies ließ Friedrich II. die englische Regierung wissen; er erklärte ihr, die im September 1755 mit Rußland einen Vertrag abgeschlossen hatte, laut welchem Katharina von Rußland für die Verteidigung des englischen Hannover 55000 Mann zu stellen versprach, daß Rußland zu Englands Feinden überschwenke.

König Georg II. handelte sofort. Am 16. Januar 1756 verbürgten beide Könige einander den Besitz ihrer Staaten. Georg II. verzichtete für alle Zeit auf den Besitz von Ostfriesland. Nun würde also der Krieg zwischen Preußen und Österreich über den Besitz Ostfrieslands entscheiden.

Friedrich II. kam seinen Gegnern zuvor und führte im Spätsommer 1756 den ersten Schlag, indem er am 29. August mit 70000 Mann in Sachsen eindrang.

In Ostfriesland war zunächst nichts vom Kriege zu spüren, denn der wurde in Böhmen und Sachsen geführt. Erst als der König im Frühjahr die Rhein-Linie aufgab, Wesel räumte und die Weser-Linie bezog, war alles Land zwischen Rhein und Weser den 100 000 Soldaten des französischen Marschalls Etrée preisgegeben. Man liebäugelte zwar mit der Idee, Ostfriesland zu verteidigen, gab diese aber bald als utopisch auf. Emden mit seinen 180 Mann Besatzung würde sich nicht eine Stunde gegen eine fünfzigfache Übermacht mit großer Artillerie halten können. Lediglich die Insel Borkum sollte gegen jeden französischen Eindringling verteidigt werden.

Unter dem Marquis Dauvet überschritten 1000 Franzosen die ostfriesische Grenze und drangen am 28. Juni 1757 in Weener ein. Von hier aus rückten sie bis nach Oldersum vor. Dauvet verlegte sein Stabsquartier nach Uphusen und begann mit der Belagerung von Emden. Kalkreuth gab den Bitten des Magistrats nach und übergab die Stadt an die Franzosen.

Der Rat der Stadt sollte nunmehr der Kaiserin Treue schwören. Den Ostfriesen wurde verkündet, daß ihr Land und das Herzogtum Kleve im Namen der Kaiserin besetzt sei. Verwaltungspräsident wurde Graf von Pergen. In seinem Namen erklärte von Kinkel am 4. Juli in Aurich den drei Landeskollegien, daß er als Direktor der kaiserlichen Landesverwaltung eingesetzt sei; er berichtete weiter, daß alle Einkünfte Ostfrieslands zwischen Frankreich und Österreich geteilt werden sollten.

Nachdem zunächst Zucht und Ordnung der Truppen gut waren, zogen immer mehr Soldaten, später ungezügelte Haufen Kriegsknechte nach Ostfriesland. In Emden, Aurich, Leer und Weener wurden Lazarette eingerichtet. Von August 1757 an arbeiteten 600 Pioniere und Handwerker an der Befestigung Emdens. Material und Geräte dazu mußten von der Landschaft gestellt werden.

Nach den ersten täglichen Fourageforderungen, die zu leisten waren, forderte der Generalintendant de Luce am 31. Juli die Lieferung von je 25000 Scheffeln Weizen, Roggen und Gerste, dazu 100000 Scheffel Hafer und 4½ Millionen Pfund Heu. Das war unmöglich zu beschaffen.

Der inzwischen in Ostfriesland eingetroffene General Dumouriez machte am 9. September bekannt, daß zu den bereits im Lande befindlichen vier Bataillonen und sechs Schwadronen Franzosen noch 20 Bataillone und acht Schwadronen einrücken und in Ostfriesland Winterquatiere beziehen würden. Hierfür verlangte er bis zum 14. September 1118000 Rationen Heu zu je 15 Pfund und über eine Million Rationen Hafer. Als es dem General zu „schläfrig“ weiterging, erklärte er am 20. September:

„Binnen einer Stunde werde ich Ihnen meinen Befehl aushändigen, und dann werden die Exekutionen wie Hagel vom Himmel fallen. Für die Truppen muß gesorgt werden, und wenn auch ganz Ostfrieslnad draufgehen sollte."

Täglich mußten 500 Wagen die zu leistenden Waren ausliefern. Weitere Forderungen von de Luce kamen hinzu, darunter eine Geldforderung von 320000 Talern, Kleidung für Soldaten und Holz für Feuerung. Im Winter 1757/1758 befanden sich in Ostfriesland 68 Kompanien Reiterei und Fußvolk. Dazu rückten zehn Kompanien Österreicher am 28. Oktober 1757 in Emden ein, die von dem neuen Gouverneur, dem Grafen von Pisa, geführt wurden.

Für den Grafen Kaunitz standen die Aktien gut, sich bald Fürst von Ostfriesland nennen zu dürfen. Die Lage sah düster genug aus. Am 26. Juli war nach den Verlusten bei Kolin auch die Schlacht bei Hastenbeck verlorengegangen. Der Verlierer, der Herzog von Cumberland, gelobte in der Konvention von Kloster Zeven, seine Truppen aufzulösen. Franzosen zogen brandschatzend bis nach Magdeburg.

In Preußen jagten Kosaken- und Kalmückenschwärme über das Land. In Pommern standen die Schweden und in Schlesien die Österreicher. General Haddick drang mit 4000 Kroaten am 16. Oktober 1757 bis nach Berlin vor und brandschatzte Friedrichs Hauptstadt.

Alles schien gelaufen. Doch am 5. November, bei Roßbach, drehte sich das Kriegsglück. Bei Leuthen waren am 5. Dezember die Chancen Preußens weiter gestiegen. Das große Aufräumen begann. Der französische Dauphin suchte Frieden zu erreichen, indem er den Grafen Bernis als Vermittler zwischen Wien und Berlin amtieren ließ. Man wollte dem Kriegshetzer Kaunitz eines auswischen und Ostfriesland um den Preis einer Waffen-Union mit Dänemark verbinden. Doch kam dies nicht zustande, weil jene 6 Millionen Livres, die Dänemark außerdem für die Waffenbrüderschaft erhalten sollte, nicht gezahlt wurden.

Unter Führung des Prinzen Ferdinand von Braunschweig drangen preußische Truppen, die Franzosen zurücktreibend, im Febr. 1758 in Richtung Ostfriesland vor. Am 17. Februar brach der Prinz von Lüneburg auf, trieb die Franzosen über die Weser zurück und eroberte am 14. März Minden. Danach trieb er die Feindtruppen über den Rhein.

Die Franzosen, die zunächst so taten, als wollten sie Emden verteidigen, verließen am 19. und 20. März fluchtartig die Stadt. Sie ließen sogar die schon gebackenen Brote zurück. Am 22. März verließen die in Weener zusammengedrängten Franzosen und Österreicher auch diese Stadt und damit Ostfriesland. Sie hatten das Land etwa eine Million Reichstaler gekostet. Ferdinand von Braunschweig setzte mit den Verfolgern am 2. Juni bei Emmrich über den Rhein und schlug die Franzosen bei Krefeld vernichtend.

Nunmehr wurde untersucht, inwieweit Landesdeputierte mit den Franzosen kollaboriert hatten. Vor allen Dingen wurde die gesamte Administration und die Haltung des Präsidenten der Stände, von dem Appelle, und des Kriegsrates Hitjer „kriminell untersucht".

Am 16. Juli 1759 wurden die Administratoren freigesprochen. Von dem Appelle aber und Hitjer sollten aufgrund von Denunziationen ihre Stellungen während der Besatzungszeit zur eigenen Bereicherung mißbraucht haben. Im Bewußtsein ihrer Unschuld verzichteten die beiden auf einen Verteidiger. Am 28. Juli wurde ihnen eröffnet, daß sie per Schiff von Emden nach Stade geschafft werden würden. Dort angekommen, wurde von dem Appelle freigelassen, denn ein königlicher Befehl vom 16. Juli sprach ihn aller Schuld frei. Der Kriegsrat Hitjer jedoch wurde nach Magdeburg geschafft. Seine Richter verurteilten ihn zu lebenslänglicher Festungshaft. Er wurde nach Berlin gebracht, wo er einige Jahre in der Hausvogtei einsaß. Als die Russen im Oktober 1760 nach Berlin eindrangen, wurde er durch den russischen General Tottleben befreit und eilte nach Holland. Von dort beantragte Hitjer die Wiederaufnahme seines Verfahrens und die Erlaubnis, sich verteidigen zu dürfen. Beides wurde gewährt. Am 6. September 1763 wurde er freigesprochen. In einer folgenden Zivilklage obsiegte er ebenfalls und erhielt im April 1769 in Berlin den ehrenvollen Freispruch durch den König.

Conflans und seine Husaren

Die nächsten Jahre nach der Vertreibung der Feinde aus Ostfriesland verliefen ohne Kriegseinwirkungen. Erst als der französische Marschall Soubise bis nach Coesfeld vordrang, geriet auch Ostfriesland abermals in Gefahr.

Am 22. September 1761 erreichte der Marquis de Conflans mit seinem Husarenkorps und einigen Abteilungen Grenadiere die ostfriesische Grenze. Es handelte sich hier um ein Freikorps, in dem neben Franzosen auch Holländer und Deutsche, ja sogar Ostfriesen dienten. Bei Leerort überschritten 200 Mann dieser bunt zusammengewürfelten Truppe die Ems und quartierten sich in Leer ein.

Noch am selben Tag wurde Aurich von diesem Einfall verständigt.

Dort packte man alles Geld ein und brachte es über Emden nach Delfzyl in Sicherheit. Die Kammermitglieder flohen. Nur die Administratoren blieben. Außerdem war das Obergericht, die Regierung, dort geblieben. Dessen Präsident, von Derschau, rief am Morgen des 23. September die Regierungsräte zusammen. Zu ihnen stieß noch der Administrator Warsing. Diese bildeten nun das Kollegium.

Als dieses sich konstituiert hatte, traf auch schon aus Leer die erste Gruppe von 50 Husaren de Conflans unter Rittmeister Martin ein. Derschau begrüßte Rittmeister Martin auf dem Markt und bat um Schonung der Stadt. Rittmeister Martin sagte zu, die Plünderung und Niederbrennung der Stadt zu verhindern, wenn man ihm 200000 Taler übergebe.

Zugleich aber ließ sich Martin zum Hause des Münzjuden führen. Er beschlagnahmte sofort alles Edelmetall und allen Schmuck, auch den persönlichen Besitz des Juden. Einige Beutel Mariengroschen, die er dort vorfand, schüttete er für Kinder und Pöbel auf die Straße. Die ersten Häuser wurden von den betrunkenen Husaren geplündert.

In Emden war man noch nicht sicher, wie es aussah. Man hoffte, der Spuk werde so rasch vergehen, wie er gekommen war. Doch de Conflans Husaren erreichten am Morgen des 24. September Wolthusen. Von dort schickte er einen Parlamentär nach Emden. In Wolthusen lagen noch zwei halbe Kompanien englischer Verwundeter, die von Oberst Marshal befehligt wurden. Dieser wollte sich wehren, doch der Magistrat brachte ihn dazu, die Waffen niederzulegen. Um 12 Uhr eilten die Verhandlungsdelegationen der Stadt zu de Conflans, der sich – von 100 Grenadieren umgeben – vor dem Stadttor aufgebaut hatte. Das gesamte Korps war 300 Mann stark und führte vier Kanonen mit sich.

Emden kapitulierte. Um 15.30 Uhr marschierte Conflans Truppe durch das Nordtor in Emden ein. Über die Brückstraße, die Große Straße und am Burggraben vorbei zog sie zum Neuen Markt. Die Kanonen wurden mitten auf dem Marktplatz aufgestellt. Dann suchte die Truppe selbstständig Quartiere aus. Marquis de Conflans aber ging zum Rathaus und präsentierte dort seine erste Forderung in Höhe von 30 000 Dukaten. Dieser Betrag sei binnen 24 Stunden herbeizuschaffen; sonst würde die Stadt geplündert.

Von Emden aus brach eine Gruppe von 83 Husaren unter Oberst Thulewein nach Norden auf. Sie erreichten diese Stadt am selben Nachmittag und wurden auf dem Marktplatz von Bürgermeister Franzius und Amtswalter Damm begrüßt. Hier wurden ebenfalls 30 000 Dukaten gefordert. Oberst Thulewein gewährte eine Herabsetzung der

Summe auf 10000, die allerdings bis zum andern Morgen beigebracht sein müsse.

Am anderen Morgen wurde Amtswalter Damm festgenommen, nachdem das Amtshaus geplündert worden war. Als der Mann 14 Stockschläge erhalten hatte, drangen alle Bürger, die auf dem Marktplatz standen, auf die Soldaten ein und befreiten den beliebten Amtswalter. Der Major, der unter Thulewein führte, ließ die Husaren aufsitzen und Damm verfolgen. Doch sie fanden ihn nicht. Dafür schossen sie nicht nur hinter ihm her, sondern galoppierten durch die Straßen und feuerten auf alles, was sich bewegte; dabei erschossen und verwundeten sie mehrere Menschen.

Als diese Truppe nach Emden zurückkehrte, plünderte sie unterwegs noch Osteel und Marienhafe.

Zur gleichen Zeit herrschte im Reiderland und im Oberledingerland Chaos. Hier hauste der berüchtigte Camfort mit einer Grausamkeit, die ihresgleichen suchte. Weener wurde zur Zahlung von 15000 Dukaten, Jemgum zu einer solchen von 100000 Dukaten, Bingum zu einer von 75000 Dukaten aufgefordert. Es wurde zerschlagen, niedergebrannt, vergewaltigt und getötet, bis endlich das Maß des Grauens überlief und die geschundenen Bewohner der Dörfer zum Gegenangriff übergingen.

Fünf Husaren wurden in Holtamt erschlagen, als sie wieder dort hausten. Bei Schirum wurden zehn Conflansche Husaren erschossen und in Aurich begann sich der Gegenterror auszubreiten, als der volltrunkene Conflans aus dem Fenster seines Quartiers brüllte: „Husaren, plündert, brennt!“

Aber sosehr Conflans auch tobte und „dieses vermaledeite Geschlecht der Ostfriesen ausrotten“ wollte, er verließ Aurich und begab sich unter den Schutz starker Truppen nach Emden. Einen Tag später verließen auch seine Franzosen Aurich, denn die Bürger hatten sie eng eingeschlossen. Auf dem Wege nach Emden äscherte die Soldateska die Häuser von Haxtum ein, bei Rahe erschlug sie eine 76jährige Frau mit Gewehrkolben. Sie schnitt Menschen den Leib auf und erstach eine Frau mit dem Bajonett. Auch in Aurich hatten die fremden Soldaten schwer gewütet und zehn Menschen umgebracht sowie zwölf weitere schwer verletzt.

In Aurich sammelten sich die aufständischen Ostfriesen, die die französische Herrschaft abschütteln wollten. Unter der Führung von Hayo Cordes trafen zuerst die Bagbander und Holtorper dort ein. Danach kamen die Friedeburger, gefolgt von den Freiwilligen der Ortschaften des Amtes Aurich. Gegen Abend zogen sie hinter dem weichenden Feind her in Richtung Leer.

Am 28. September kamen Männer aus Greetsiel nach Emden, das inzwischen von den Conflanschen Truppen verlassen worden war. Diese hatten sich nach Wolthusen abgesetzt, um sich dort mit den Auricher Truppen zu vereinigen. Die Greetsieler forderten von Emden Waffen, Munition und Pulver. Als sich der Magistrat weigerte, brachen sie die Arsenale auf und versorgten sich mit dem Notwendigsten.

Die Bewohner Emdens schlossen sich den Greetsielern an. Die Stadttore wurden verschlossen, die Kanonen geladen und gerichtet. Als sich kurz darauf ein Trupp von 80 Reitern näherte und die Niedersenkung der Zugbrücke forderte, wurden sie mit Flintenschüssen empfangen. Dann sausten auch Kanonenkugeln in ihre Gruppen hinein. Die Reiter drehten ab und verschwanden.

Der Kampf tobte hin und her. Bei Loga wurden friesische Freiwillige von 500 Franzosen geschlagen. Sie plünderten die Ortschaft und verwüsteten das Innere der Evenburg. 15 Menschen wurden von den Franzosen ermordet, eine Vielzahl verletzt. Der Bauernrichter Harms wurde erschlagen, der Schuster Roden erschossen, Organist Wachtel erschlagen und der Kaufmann Schröder in Pulver gewälzt und verbrannt.

Die Friesen hatten bei Loga etwa 50 Mann verloren. Greetsieler Bauern jagten zu Pferde nach Norden und riefen dort ebenfalls zum Widerstand auf. Nordens Bürgermeister Hanß übernahm die Führung dieser Freiwilligen. Sie rückten in Emden ein und wenige Stunden darauf auch in Leer. Bei Petkum angelangt, hörten sie bereits, daß der Feind sich fluchtartig zurückziehe.

Conflans hatte jedoch nur einen taktischen Rückzug angetreten, und als die Freiwilligen heimkehrten, drang er am 1. Oktober morgens über die Ems vor und stellte bei Leerort sechs Kanonen auf. Leer wurde abermals von diesem Freikorps besetzt, und am Abend folgten über 2000 Mann reguläre französische Truppen nach, die von General Wurmser geführt wurden. Dieser übernahm auch den Befehl über das Freikorps.

General Wurmser öffnete die Kerker zu Weener und anderswo und entließ die Gefangenen. Er hielt Zucht und Ordnung. Ihm wurden am anderen Tage die Schlüssel der Stadt Emden übergeben. Am 5. Oktober gab Freiherr von Wurmser die Schlüssel Emdens an den Magistrat zurück. Am 7. Oktober verließ er mit seinen Truppen Ostfriesland und marschierte in Richtung Osnabrück ab.

Bis zum Hubertusburger Frieden vom 15. Februar 1763 sah Ostfriesland noch einige kleinere Belastungsproben und eine große. Letztere erlitt es durch jene 1762 unter Brigadier Baron de Viomesnil mit 1500 Mann ins Emsland einfallende Truppe, die 500000 Reichstaler verlangte.

Am 5. Januar 1762 starb Kaiserin Elisabeth von Rußland. Ihr Nachfolger, Peter III., schloß mit Friedrich dem Großen Frieden. Nach Peters Ermordnung bestätigte seine Witwe Katharina am 5. Mai in St. Petersburg diesen Frieden und gab alle eroberten Gebiete zurück. Der Friede mit Schweden am 22. Mai dieses Jahres in Hamburg folgte.

Nach weiteren Siegen Friedrichs gaben auch Frankreich und Österreich auf, und am 15. Februar 1763 wurde der Hubertusburger Friede geschlossen. Am 20. März 1763 verkündeten alle Kanzeln Ostfrieslands den Frieden. Die Ränke des Herrn von Kaunitz waren wie Spreu im Winde zerstoben.

Deichbau und Einpolderung zur Zeit Friedrich des Großen

Die erste große Landgewinnungsaktion Friedrichs des Großen begann im Frühjahr 1752, als auf Kosten des Königs 1800 Arbeiter angeworben wurden, um den Königspolder einzudeichen.

Von Frühling bis Herbst dieses Jahres wurde ununterbrochen an diesem großen Werk gearbeitet und ein Stück Land in der Größe von 2026 Diematen und 57 Ruten durch Eindeichung vom Meer zurückgewonnen. Davon verkaufte der König 1755400 Diemate. Der Rest wurde im Mai 1756 der Landschaft für die Summe von 240000 Reichstalern übergeben. Das Ganze wird seit diesem Tage Landschaftspolder genannt.

Nach Ende des Siebenjährigen Krieges wurde die Arbeit der Landgewinnung fortgesetzt. Bis zum Jahre 1765 war in Carolinensiel im Amte Wittmund und in Sophiensiel in der Herrschaft Jever soviel Land angeschwemmt worden, daß auf königlichen Befehl hin dessen Eindeichung vorgenommen werden sollte.

Der erste Polder erhielt den Namen „Friedrichspolder“. Er hatte eine Ausdehnung von 522 Diematen. Dieser Polder wurde am 14. Juli 1766 von den Ständen übernommen. Dafür wurden 57 420 Taler an die preußische Staatskasse gezahlt.

Neben diesen beiden großen Poldern wurde im Amte Leer im Jahre 1773 der Bunder Interessentenpolder eingedeicht. Dieser Deich wurde in den Sturmfluten der Jahre 1775 und 1776 wieder fortgerissen, aber 1795 unter der Bezeichnung Heinitzpolder wurde das Land erneut gewonnen und eingedeicht.

Im Amt Greetsiel kam 1768 der Grimersumer Polder dazu. Zwei Jahre später folgte der Hagepolder nach. Im Norder Amt konnte 1769 der Leysandpolder eingedeicht werden, 1775 folgte der Buscherpolder nach, und der bereits 1774 eingedeichte Schulenburger Polder mußte 1781 noch einmal eingedeicht werden. Der Zuckerpolder kam 1774 hinzu, und der Lorenzpolder beendete die Einpolderung im Amte Norden.

Das Amt Berum wiederum deichte 1772 den Nesmerpolder ein, 1775 folgte der Nesmer Osterhellers-Interessenten-Polder und 1775 der Boyhammpolder.

Das Amt Esens schrieb sich ebenfalls in die Geschichte der Landgewinnung ein, als es den Westerburger Polder 1771 und fünf Jahre vorher bereits den Tummelsdeichpolder eindeichte. (Siehe Frese und Wiarda).

In der zur Regierungszeit des Großen Fritz im Jahre 1754 errichteten Feuer-Societät waren in Aurich, Dornum, Emden, Gödens, Jemgum, Greetsiel, Leer, Norden, Weener und Wittmund insgesamt 4864 Häuser versichert. Die Versicherungssumme dafür betrug 1268418 Taler. Das „platte Land" kam am 1. Oktober 1767 nach. Die Versicherungssumme wuchs nun auf 5377329 Taler.

Ostfriesische Aktionen zur See
Die Heringsfischerei

Zwei Jahrhunderte vor der Regierungszeit Friedrichs des Großen war in Emden die Heringsfischerei begonnen und mit Erfolg betrieben worden. Allerdings bewegten sich die Fänge in recht bescheidenem Rahmen. Bald darauf übernahm Holland den Heringsfang, und Emdens Heringsfischer verschwanden von der Bildfläche. Am 4. August 1769 erteilte der preußische König der in Emden neuerrichteten Heringskompanie ein Octroi auf 15 Jahre mit den weitestgehenden Privilegien. Diese zielten darauf ab zu verhindern, daß die Niederländer, wie vor 200 Jahren bereits einmal geschehen, die Heringskompanie erneut vernichteten.

Unmittelbar nach Gründung dieser Gesellschaft mit dem bescheidenen Anfangskapital von 60000 holländischen Gulden ließ die niederländische Regierung im Haag die Ausfuhr aller Gerätschaften für den Heringsfang, den Bau von Fangschiffen auf niederländischen Werften und den Verkauf solcher Schiffe nach Emden verbieten. Dennoch liefen im nächsten Jahr die ersten sechs Herings-Büsen zum Fang aus. Das erste Fangergebnis betrug nur 100 Lasten, also 4000000 Pfund Heringe, doch das sollte sich bessern, und außerdem hatten 300 Handwerker durch diesen neuen Zweig der Seefahrt in Emden Arbeit erhalten.

1771 liefen bereits zehn Büsen zum Fang aus. Nun begann der Preiskrieg der Niederländer, so daß Heringe unter Fangkosten hätten gekauft werden können, wenn nicht Friedrich der Große seinem Versprechen getreu die holländischen Heringe mit acht Gutegroschen Zoll je Tonne besteuert hätte. Von dieser Steuer erhielt die Heringskompanie eine Prämie von 16 Gutegroschen für Emdener Heringe je Tonne.

Diese Maßnahmen setzten sich durch, und bis zum Jahre 1775 brachten 12 Büsen in einem Jahr ein Fangergebnis von 4260 Lasten heim.

Die Holländer verboten daher die Ausfuhr von Tonnenbändern, die aus bestimmten Weiden gefertigt wurden. In Ostfriesland wurden nun Bandweidenpflanzungen angelegt. Während der Wachszeit bezog man über verschiedene Umwege Weidenbänder aus Holland. Das Embargo war mühelos zu umgehen.

Nun zogen die Niederländer die Handschuhe aus. Sie setzten eine Prämie von 500 Gulden auf jede Büse, die weggekapert wurde. Inzwischen aber waren 167 Büsen eingesetzt, und um sie von den Heringsfangpläzen verschwinden zu lassen, mußten 83500 Gulden gezahlt werden.

Durch königlich-preußische Zollverordnung wurde die Tonne ausländischer Heringe nun mit einem Reichstaler Zoll belegt und der gesamte Betrag, der bis zu 30000 Gulden ausmachte, der Emder Herings-Kompnie zugeführt.

Das Kapital der Gesellschaft stieg bis 1783 auf 603900 Gulden an.

In den Sommermonaten fuhren über 500 Seeleute aus Emden zum Heringsfang aus. In der Stadt selbst fanden rund 1000 Einwohner einen lohnenden Broterwerb durch den Hering. Unter dem Schutz des schwarzen preußischen Adlers konnten die Emdener Büsen Jahr für Jahr einen reichen Fang heimbringen.

Um die für diesen Aufschwung benötigten Geldmittel beizubringen, wurde 1769 in Emden die erste Königliche Ostfriesische Bank gegründet.

Der Emdener Seehandel

Mit Beginn des nordamerikanischen Freiheitskampfes nahm der Emdener Seehandel einen besonderen Aufschwung. Durch den Neutralitätspakt, der von Kaiserin Katharina von Rußland mit den Staaten Dänemark, Schweden, Preußen, Österreich, Neapel, Portugal, Frankreich und Spanien geschlossen worden war, mußte man die Schiffe dieser Neutralen überall passieren lassen.

„Neutrales Schiff – Neutrales Gut!" Das war die Devise. Die Holländer hatten den richtigen Zeitpunkt zum Beitritt am 24. Dezember 1780 verpaßt, und nachdem ihnen vorher England den Krieg erklärt hatte, konnten englische Kaperkapitäne jedes holländische Schiff aufbringen und nach England führen.

Damit war die gesamte niederländische Flotte lahmgelegt. Man mußte sich nach einer neutralen Flagge umsehen, und da war mit Emden in Ostfriesland – trotz aller Rivalität – der nächste Hafen rasch gefunden. Zahlreiche niederländische Familien ließen sich dort nieder. Unter preußischer Flagge liefen niederländische Schiffe in großer Zahl aus Emden aus.

Emdens Handel erklomm mit diesem Rückenwind einen Gipfelpunkt. Die Zahl der Emdener Schiffe stieg von 200 auf 600 an. Es entstanden neue Reparatur- und Bauwerften. Zur besseren Navigation wurde die Feuerbake auf Borkum errichtet, und die verschiedensten Seetonnenwege wurden gelegt. Weitere Navigationsbaken kamen hinzu. 1782 richtete man in Emden zur Ausbildung der Steuerleute und Kapitäne eine Navigationsschule ein. Im Jahre darauf kaufte man zwei Lotsenkutter, mit jeweils fünf erfahrenen Lotsen bemannt.

Dieser Erfolg in der Nordsee bis weit nach Holland, Belgien und Frankreich hinein gab den notwendigen Impuls für die Wiederbelebung der Seeschiffahrt auf großer Fahrt.

Mit der „Prinzessin von Preußen" lief wieder ein großes Schiff aus, diesmal nach Surinam. Als es nach langer Fahrt heimkehrte, erbrachte seine Ladung einen Gewinn von 100 Prozent. Das zweite Schiff aber, das vollbeladen heimkehren wollte, geriet 1782 in einen schweren Sturm und sank bei Rottum. Im folgenden Jahr hörten die Südamerika-Unternehmungen bereits wieder auf. Kapitän Ostveen erhielt

1783 einen königlichen Paß für die „Präsident“ zu einer Fahrt nach China. Mit seiner „Präsident“ steuerte der Schiffsführer einen guten Kurs, von dem er erst zu Ende der Rückreise abwich, indem er, anstatt im Ausreisehafen Emden zu landen, nach Bremen lief und dort seine Ladung verkaufte.

Im Sommer 1782 hatte der Bremische Kapitän Cassel mit ostfriesischen Reedern eine neue asiatische Kompanie gegründet. Auch er erbat einen Seepaß vom König, erhielt diesen und ging Ende November mit der „Asia“ von der Emder Reede ankerauf. Sein Ziel war Batavia. Dies würde die erste heißerwartete Ladung ostindischer Waren sein, und Cassel hatte eine große Chance, sie rechtzeitig nach Emden zu bringen. Doch die „Asia“ ließ sich von den niederländischen Schiffen, die schneller waren, den ersten Rang ablaufen. Die Reeder schlossen diese Fahrt mit Verlust ab.

Im Dezember 1783 stach die „Prinz Friedrich Wilhelm“, ein Schiff mit 300 Last Tragfähigkeit, in See. Ziel war wiederum die chinesische Küste. Das Schiff mußte nach schwerem Sturm, der es aus dem Kurs warf, zunächst Bergen anlaufen, um dort die erlittenen Schäden zu reparieren. Es lief erst im folgenden Jahr wieder von dort aus, wurde kurz vor Erreichen von Batavia abermals von einem Wirbelsturm gebeutelt und mußte in Batavia erneut repariert werden.

Erst im Juli 1786 kehrte das Schiff nach Emden zurück. Trotz der zweimaligen Havarie und der langen Reisedauer schlossen die Beteiligten mit 25 Prozent Gewinn ab.

Noch im selben Jahr wurde die „Prinz Friedrich Wilhelm“ abermals ausgerüstet. Sie lief nach China aus und erreichte im Juli 1788 wieder den Heimathafen Emden. Auch diesmal brachte die Fahrt reichen Gewinn.

Dennoch ging die Zeit der großen Emder Schiffahrt auf der Transkontinentalstrecke zurück, und als nach dem Pariser Frieden vom 20. Januar 1783 die neutralen Flaggen nicht länger mehr wert waren als alle anderen auch, ging es mit der Emdener Seeschiffahrt wieder bergab. Zudem hatte sie durch einen der stärksten Orkane, der des 24. April 1784, schwere Schäden an Schiffen und Gebäuden erlitten. Elf ostfriesische Schiffe gingen in diesem Orkan unter.

Als am Morgen des 17. August 1786 20 Minuten nach 02.00 Uhr Friedrich der Große im Alter von 74 Jahren starb, herrschte auch in Ostfriesland Trauer. Immerhin war es Friedrich zu verdanken, daß nach einem mehrere Generationen langen Streit durch die Machtübernahme Preußens in Ostfriesland wieder geordnete Zustände Einkehr hielten. Die Stände und die Ritter waren ebenso wie der dritte Stand und das Fürstenhaus wieder einig. Der Bürgerkrieg war beendet, der stete Hader zwischen Emden und den Ständen geschlichtet. Nach der Einführung des Codex Fridericianus war auch die Gerichtsbarkeit wieder voll auf der Höhe.

Nicht zuletzt aber waren Handel und Wandel wieder in Gang gekommen, und vor allem war die Landgewinnung forciert worden. Neue Polder und auch Fehnkolonien waren entstanden. Neue Wege durchzogen das Land, die Heringskompanie hatte vielen Seeleuten und kleinen Werftbetrieben Arbeit und Brot gegeben und den Handel angekurbelt. Was aber würde Friedrichs des Großen. Nachfolger Ostfriesland bringen?

*Friedrich Wilhelm II. –
Von der Huldigung zum Preußischen Landrecht*

Nach Friedrichs Tod gelangte der Neffe des Königs, Friedrich Wilhelm II., auf den preußischen Thron, weil sein Vater, den Friedrich der Große noch bei seiner Thronbesteigung zu seinem Nachfolger erklärt hatte, bereits am 12. Juni 1758 gestorben war.

Der neue König von Preußen war 42 Jahre alt. Der Huldigungskommissar, Staatsminister Frhr. von der Reck, traf am 15. November 1786 in Ostfriesland ein. Er kam von Lingen und reiste über Weener zur Ems, setzte über den bereits zugefrorenen Fluß und traf am späten Abend in Aurich ein. Der Landtag, auf dem die Huldigungsfeier vollzogen werden sollte, war zum 17. November ausgerufen worden.

Der Huldigungseid wurde erstmals nicht schriftlich, sondern mündlich gegeben. Die ostfriesischen Beschwerden nahm Frhr. von der Reck mit nach Berlin.

Bereits im nächsten Jahr mußte Ostfriesland mit 270 Trainknechten an der preußischen Auseinandersetzung gegen Holland teilnehmen, die im September 1787 begann. Diese war wegen einer Schwester des preußischen Königs, der Gemahlin des Prinzen von Oranien, die beleidigt worden war, nach langem Zögern des Königs für damalige Begriffe notwendig geworden. Nach wenigen Monaten kehrten die Trainknechte mit Geld wohlversehen und stolz auf das holländische Abenteuer nach Ostfriesland zurück.

Versäumt wurde allerdings, den Holländern die nach damaligen Verständnis völkerrechtswidrig angelegte Festung Delfzyl wegzunehmen, die an der „deutschen Ems“ lag. Auch hätte die alte Grenze mit dem Aastrom als Markierung wieder hergestellt werden müssen. Alles dies geschah jedoch nicht.

Geschichtlich interessant sind für diesen Zeitraum vor allem die Verbesserungen auf den Gebieten der Medizin und der Hygiene. Im Jahre 1769 hatte Dr. Weis in Leer zum erstenmal die Blatternimpfung vorgenommen. Diese Vorsorge wurde verstärkt, jedoch nicht immer von der Bevölkerung angenommen, und so konnten bei der Blatternseuche des Jahres 1791 noch 285 Kinder in Ostfriesland an dieser Seuche sterben.

Der vom neuen König auf den 21. Juni 1790 einberufene ostfriesische Landtag sah sieben ostfriesische Ritter in ihren scharlachroten Uniformen, die mit Gold bestickt waren, in Aurich einreiten. Zwölf Deputierte der Stände und 80 Deputierte des dritten Standes waren vertreten. Die Verhandlungen kamen zu einem für alle Seiten halbwegs tragbaren Ergebnis.

Im Jahre darauf ging es um die Einführung neuer Zölle. Um dem König persönlich die ostfriesische Dankadresse übergeben zu können, reisten die Mitglieder der Stände, Freiherr von Knyphausen-Arle, die Bürgermeister Ibeling von Santen, J. Hoppe und der Sekretär Tilemann Dothias Wiarda nach Berlin.

Auch die wirtschaftliche Entwicklung Ostfrieslands nahm einen neuen Aufschwung auf vielen Gebieten.

Bereits 1791 beginnend und im folgenden Jahr mit Nachdruck fortgesetzt, wurde die ostfriesische Pferdezucht, die sich bereits großer Beachtung erfreute, weiter verbessert. Dazu wurden zunächst im Auftrage des Königs drei ausländische Hengste und sechs Stuten gekauft und für 250 Taler jährlich in Pflege gegeben. Für die beiden besten Hengste und die vier besten Stuten, die aus dieser Zucht hervorgingen, wurden Prämien zu 100 und 50 Talern ausgelobt.

Die Pferdezucht lebte auf und zeigte große Fortschritte und Erfolge.

Da nach den durchgeführten Umfragen jedes dreißigste Kind in Ostfriesland tot geboren wurde und man argwöhnte, daß dies durch die Kenntnisarmut der Hebammen hervorgerufen sein könnte, richtete man das erste Hebammeninstitut in Emden ein. Dafür wendeten die Stände im Jahr 5610 Taler auf. Im Jahre 1796 konnten 36 geprüfte Hebammen in die Dörfer und Städte geschickt werden.

Die Ziegelindustrie war in dieser Zeit stark gewachsen. Auch die Torfgewinnung hatte zugenommen. Die Fehnkultur, bereits durch Friedrich II. wieder in Gang gebracht, wurde weiter verstärkt. Nach dem Spetzerfehn, das 1746 unter preußischer Verwaltung gegründet worden war und 1751 privatisiert wurde, entstanden ab Ende der sechziger Jahre das Ost- und Westerrhauderfehn, 1772 das Stiekelkamperfehn und das Beningafehn, 1778 das Berumerfehn, 1780 das Ihlowerfehn. Zwischen 1750 und 1790 stieg dementsprechend die Torferzeugung um das Siebenfache an.

Diese durch die Moorkultur urbar gemachten Fehne nahmen bäuerliche Siedlungen auf. Allerdings boten die Böden keine große Auswahl an Anbaumöglichkeiten, und außer Buchweizen konnte in den ersten Jahren kaum etwas anderes mit größerem Erfolg angebaut werden.

Das preußische Urbarmachungsedikt vom 22. Juli 1765 wurde in Aurich bei dem „Königlich Preußischen privilegierten Buchdrucker" Hermann Tapper gedruckt. Dieses Edikt bot die rechtlichen Voraussetzungen zur Bildung der Fehnkolonien. Die Fehnarbeiter und Bauern waren 15 Jahre steuerfrei. Die Entwicklung der Moorkolonisierung wurde 1791 unterbrochen und erst 1803 wieder neu aufgenommen.

Der Krieg von 1792 – Ostfriesland in Gefahr

Mit der Kriegserklärung Ludwigs XVI. vom 20. April 1792 an Österreich sah sich Frankreich zunächst in dem Irrtum befangen, es werde sich Preußen auf seine Seite schlagen. Doch Friedrich Wilhelm II. schloß sich Österreich an, um die „Revolution" in Frankreich zu bekämpfen.

Am 28. April forderte Preußen von Ostfriesland die Stellung von 196 Artilleriepferden. Diese wurden am 29. Mai abgeliefert. Dafür erhielten die Pferdezüchter 13911 Taler.

Das französische Revolutionsheer war jedoch auch durch die ruhmreichen preußischen Truppen nicht zu stoppen. Die Franzosen stießen im Winter 1794 in die Niederlande hinein und trieben die dort stehenden englischen und hannoverschen Verbände nach Osten zurück. Ein Teil davon gelangte nach Ostfriesland. Ihnen folgend, erreichten französische Truppen im März 1795 das Reiderland und die Ems.

Das eroberte Elsaß und Flandern gingen bald verloren. In der Schlacht von Fleurus am 26. Juni 1794 eroberte General Jourdan Belgien, die österreichische Niederlande und die holländischen Grenzfestungen. Die holländischen Generalstaaten folgten; am 19. Januar 1795 wurde Amsterdam von den Franzosen besetzt.

Im Januar 1795 traf man in Emden auf Befehl des Generals Harcourt alle Vorbereitungen zur Aufnahme von etwa 4000 Verwundeten. Die beiden Kirchen, die Pfarrschule und das Gymnasium wurden zu Lazaretten. Ein langer Wagenzug verwundeter und sterbender Soldaten bewegte sich von Bentheim nach Meppen und von dort weiter nach Emden. Ostfriesische Kirchen waren bald die Sterbestätten für Hannoveraner, Engländer und Preußen.

Französische Truppen rückten hinterher. Die englischen Truppen westlich der Ems zogen sich über den Fluß zurück. Doch die Franzosen folgten nicht nach, so daß die Engländer schließlich wieder auf das westliche Emsufer übersetzten. Sie besetzten mit insgesamt 9000 Mann die Verteidigungslinien einschließlich der Neuschanz.

General Jourdans Truppen schlugen die Engländer schließlich in die Flucht, und am 2. März ritt General Jourdan in Weener ein, wo er sein Hauptquartier einrichtete.

General Gordon, der Befehlshaber der englischen Truppen, teilte dem Magistrat von Emden am 3. März 1795 mit, er beabsichtige, die Sieltüren zu öffnen und die Deiche zu durchstechen. Der Magistrat hatte vorher schon eine Bittschrift an den König geschickt, dies nicht zuzulassen. Am 4. März erhielt Major Fischer, der eine preußische Abteilung führte, den Befehl, dies auf alle Fälle zu verhindern.

Der Abzug der Verwundeten und der im Heer mitziehenden Frauen begann. Englische Transportschiffe wurden von einer Fregatte mit 36 Kanonen geschützt.

Inzwischen hatte am 5. April 1795 Preußen, das den Kampf finanziell nicht mehr führen konnte, in Basel mit Frankreich einen Separatfrieden geschlossen, also England und Österreich den Rücken gekehrt.

Daraus resultierend wurde am 28. April, als Hauptmann von Leipziger diese Nachricht erhielt, zwischen ihm und General Jourdan eine Konvention geschlossen, nach welcher der Kampf zwischen Preußen und damit auch Ostfriesland und Frankreich beendet war und die Schiffahrt auf der Ems wieder einsetzen konnte. Die französischen Truppen räumten gemäß dem Friedensbeschluß binnen 14 Tagen das deutsche Gebiet ostwärts des Rheins.

Vom 14. Mai an war der Handel mit Frankreich wieder freigegeben. Die ostfriesischen Fischer, die unter der französischen Kaperei gelitten hatten, atmeten wieder auf.

Am 1. Mai rückten preußische Truppen nach Ostfriesland ein und besetzten die Demarkationslinie. Sie standen unter dem Befehl des Generals von Blücher.

Da England die holländischen Häfen blockierte, traten wieder die ostfriesischen Kapitäne in Aktion. Niederländische Schiffer zogen nach Emden und Norden, um unter preußischer Flagge zu fahren. In Norden beispielsweise wurden bis Mitte 1795 111 niederländische Schiffer eingebürgert. Emden erlebte einen unglaublichen Aufschwung. 1796 wurden hier 499 Seepässe ausgestellt. Damit war die Zeit des Niederganges der Schiffahrt, die nach 1783 eingesetzt hatte, gestoppt.

Während man in Emden 1794 erst 117 Schiffe mit 598 Seeleuten gezählt hatte, war bis zum Januar 1796 eine große Zahl weiterer Schiffe hinzugekommen; und zwar insgesamt:

13 Schiffe mit Lademengen von 200 bis 300 Lasten,
75 Schiffe mit Lademengen von 100 bis 200 Lasten,
83 Schiffe mit Lademengen von 50 bis 100 Lasten und
157 Schiffe mit einer Tragfähigkeit von unter 50 Lasten.

Diese insgesamt 328 Schiffe repräsentierten einen Wert von damals 3 119 500 holländischen Gulden. Es müssen nach Schätzungen mindestens 1500, wahrscheinlich aber bereits 1800 Seeleute in Emden diesen Beruf ausgeübt haben.

England hatte sich zum „Erben der niederländischen Besitzungen in Übersee" aufgeschwungen. Englische Kaperkapitäne nahmen den Holländern auch in englischen Häfen ihre Schiffe weg, wo diese vor den Franzosen Schutz gesucht hatten. Der holländische Handel in aller Welt versiegte.

Dies wiederum ließ den Handel auf der Ems und über die Ems zu großen Dimensionen anschwellen. Die Neutralität der Ems, von allen Seiten anerkannt, sicherte einen reibungslosen Ablauf aller Handelsaktionen.

Emden aber als günstigst gelegener Hafen war darüber hinaus auch durch sein Portofrancorecht besonders für diesen Handel geeignet. Emdens Einwohnerzahl stieg rasant. Während die Stadt 1780 noch 4800 Einwohner hatte, war die Zahl ihrer Bürger im Jahre 1796 auf etwa 9000 angestiegen. 1800 wurden 10200 Einwohner in Emden gezählt.

Dasselbe gilt auch für die Bevölkerung ganz Ostfrieslands. Zwischen 1750 und 1780 hatte sich ihre Zahl ungefähr um die Grenze der 100000 gehalten. Bis zur nächsten Zählung im Jahre 1804 waren es 120000 Menschen geworden.

Mit dem Jahre 1795 begann an und für sich die rasche Verbesserung der Lebensverhältnisse in Ostfriesland, denn neben Emden waren auch die Häfen Leer und Norden ebenso wie die kleineren und kleinsten Häfen an der ostfriesischen Küste ständig gewachsen. Die Wirtschaft florierte. Die Landwirtschaft versorgte die wachsende Stadtbevölkerung.

All dies hatte mehr oder weniger direkt mit Preußen zu tun, und so nahm es nicht wunder, daß nach anfänglicher Zurückhaltung Ostfriesland mehr und mehr auf die preußische Linie einschwenkte. Dies steigerte sich bis zu jenem Beschluß der Stände-Administration im Jahre 1798, an Friedrich Wilhelm III. den Wunsch heranzutragen, daß „Ostfriesland nie vom preußischen Staat getrennt werden möge."

Ostfriesland wurde mehr und mehr zu einer preußischen Provinz. Dies hatte natürliche und neben den ökonomischen auch noch andere Gründe. Einer davon ist das preußische Staatsrecht, das im Jahre 1794 in Ostfriesland eingeführt wurde. Dieses Recht war auf Befehl Friedrichs d. Gr. bereits 1780 durch den Großkanzler von Cramer ausgearbeitet worden. Er hatte nach dem Tode des Preußenkönigs sein Werk fortgesetzt und nach sechsjähriger Arbeit die ostfriesischen Landstände 1786 aufgefordert, sechs Deputierte zu ernennen, die dieses Werk prüfen und, falls notwendig, Verbesserungsvorschläge machen sollten.

Der Entwurf zu diesem Gesetzeswerk wurde 1791 gedruckt und am 1. Juni 1794 in allen preußischen Provinzen eingeführt. Dieses allgemeine Landrecht war nach Meinung führender internationaler Wissenschaftler das vollständigste Gesetzbuch, das bis dahin in ganz Europa erschienen war.

Daß diese Einführung völlig reibungslos vor sich gegangen sein soll, stimmt nicht. Vielmehr war eine ständische Kommission bereits seit 1791 am Werk, um das ostfriesische Provinzialgesetzbuch unter Beachtung des ostfriesischen Landrechts zu bearbeiten.

Diese Bearbeitung wurde erst im Jahre 1797 fertig. Darin wurden die Erbfolge, das Rückfallsrecht in Erb- und Stammgütern, das doppelte Erbteil der Brüder gegenüber den Schwestern, das Vorzugsrecht des jüngsten Sohnes im Besitz des elterlichen Herdes, die „Beheerdischeiten" (die Erbpachten), die Zeitpachten sowie das „Weiber"-recht vor allem in Hinsicht auf den gemeinschaftlichen Gewinn der Ehe geregelt.

Eine Einigung wurde jedoch nicht erzielt. So blieb es in Ostfriesland in bezug auf diese Fakten dabei, im besonderen Bedarfsfall auf die alten Rechtsgewohnheiten des ostfriesischen Landrechts zurückzugreifen. Erst die Einführung des holländischen Gesetzbuches in Ostfriesland im Jahre 1809 schuf eine zufriedenstellende Ordnung.

Preußens Neutralität im Krieg zwischen England und Frankreich hatte also Ostfriesland großen Gewinn gebracht. Die von dem General Fürst Blücher am 1. Mai 1795 besetzte Demarkationslinie wurde im Mai 1796 verstärkt.

Holland war zu dieser Zeit zur Gänze von französischen Truppen besetzt. Mit dieser Besatzung einher ging auch der Niedergang des holländischen Walfangs. Dies brachte einige Emdener Bürger dazu, sich wieder dem bereits einmal 150 Jahre früher von Emden und vor allem von den ostfriesischen Inseln her ausgeübten Walfang zu verschreiben. Sie übernahmen mit Hilfe der Batavischen Republik im Jahre 1797 holländische Schiffe.

Die Erwerbsbriefe wurden der preußischen Kammer in Aurich vorgelegt. Diese stellte die Pässe aus, und so fuhren noch 1797 29 holländische Schiffe unter preußischer Flagge aus und kehrten mit Walen beladen unangefochten heim.

Bei den Ausfahrten des Jahres 1798 aber wurde etwa die Hälfte dieser Schiffe von englischen Kaperschiffen bereits während der Ausfahrt gestoppt und vereinnahmt. Der Rest wurde auf der Rückreise vollbeladen gekapert. Nur ein Schiff kam durch und brachte neun Wale von dieser Fangreise mit. Diese 28 gekaperten Grönlandfahrer wurden konfisziert. Von preußischer Seite erfolgte dagegen kein Einspruch.

Der Emden-Aurich-Kanal

Das Projekt eines schiffbaren Kanals von Emden nach Aurich war bereits seit 1663 immer wieder vorgebracht worden. Erst im Jahre 1796 konstituierte sich in Emden eine Gesellschaft, die 360 Aktien zu 100 Talern zeichnete, um damit den Kanalbau zu beginnen. Die Arbeit daran begann 1797, und am 3. Oktober 1799 fuhren die ersten Schuten auf dem neuen Treckfahrt-Kanal, der eine Länge von 3⅓ Meilen hatte und 42 Fuß breit war. Die Aktionäre des Kanalbaues mußten allerdings bis zum Jahre 1805 soviel Geld zur Erhaltung zuzahlen, daß sie noch 100000 Taler Schulden hatten.

Ein weiteres wichtiges Werk war die Herstellung einer neuen geographischen Karte von Ostfriesland. Zwar war bereits im Jahre 1615 die erste Karte Ostfrieslands erschienen. Sie war von dem berühmten Historiographen Ubbo Emmius nach „Augenmaß" angefertigt worden. 1730 wurde diese Karte durch den Regierungsrat Coldewey verbessert, neu herausgegeben und bei Homann in Nürnberg gedruckt. 1790 erfolgte ihre Neuausgabe von Güssfeld in Berlin. Durch die verschiedenen Bearbeitungen wurde die Karte nicht eben genauer, so daß 1797 die Stände den ehemaligen holländischen Artillerie-Hauptmann Camp mit der Herstellung einer neuen geographischen Karte Ostfrieslands und des Harlingerlandes beauftragten.

Diese Karte wurde nach genauen trigonometrischen Messungen angefertigt. Die beiden unter Camp dienenden Leutnants Bünink und van Linden halfen mit, so daß diese Karte im Jahre 1800 fertig wurde.

Sie wurde eine der schönsten Spezialkarten deutscher Provinzen. Die Kosten für dieses Werk betrugen ohne Stich 11000 Taler. Die Vermessungen ergaben, daß Ostfriesland 52,5 Quadratmeilen groß war.

Trotz des stärker werdenden Druckes auf die Seehandelsfahrten liefen in der ersten Hälfte der neunziger Jahre in Emden jährlich 570 Schiffe ein. 1797 waren es 1064 Schiffe, die in Emden anlegten. 1798 wuchs diese Zahl auf 1227 an, und 1799 machten 2151 in Emden fest, während im gleichen Zeitraum 3402 aus Emden ausliefen. Leer nahm einen ähnlichen Aufschwung, auch wenn der Leerer Handel nur etwa ein Drittel des Emdener Handels ausmachte.

Als 1800 die Blockierung der Häfen der Batavischen Republik durch England aufgehoben wurde, ging der Handel etwas zurück.

Englands Haltung, die ganz ausschließlich auf die Erringung der Seeherrschaft ausgerichtet war, wurde den nordischen Regierungen unerträglich. So ließen die Dänen und Schweden ab 1798 ihre Handelsschiffe im Konvoi auslaufen und von Kriegsfregatten durch den englischen Kanal begleiten.

Die englischen Kriegsschiffe sahen jedoch nur einige Male zu, dann griffen sie ein, und es entwickelten sich richtige Seegefechte. Die dänischen Handelsschiffe wurden mitsamt den sie begleitenden Fregatten aufgebracht.

Es kam zu einem Notenwechsel, und im August 1800 erschienen 16 englische Kriegsschiffe vor Kopenhagen und setzten durch, daß die dänischen Handelsschiffe nicht mehr von Kriegsschiffen geleitet wurden.

Als im Sommer 1800 ein mit Bauholz beladenes Schiff aus Emden vor Texel von einem englischen Kaperschiff angehalten wurde, verschlug es dieses Kaperschiff in einem Weststurm nach Cuxhaven. Hamburg wurde von Preußen aufgefordert, das Schiff herauszugeben.

Um es weder mit Preußen, noch mit England zu verderben, kaufte Hamburgs Senat dem Kaperschiff die Beute ab und leistete den ostfriesischen Eigentümern die Zahlung. Preußen ließ Truppen nach Cuxhaven einmarschieren und die Stadt am 27. November 1800 besetzen.

Weitere Entwicklung der Heringsfischerei

Als die Octroi für die Heringsfischerei im Jahre 1787 auf weitere zwölf Jahre erneuert wurde, waren 46 Büsen im Heringsfischfang beschäftigt. Bei einem normalen Fang konnten diese etwa 1000 Last

Heringe fangen. 30 Last blieben in Ostfriesland. 200 Last wurden über Stettin und 770 über Hamburg in die preußischen Provinzen geschafft.

Als die Octroi 1799 auslief, wurde das ausschließliche Privileg der Emder Herings-Kompanie, für ganz Preußen Heringe zu fangen, nicht mehr erneuert. Von nun an stand es jedem frei, Büsen für den Heringsfang auszurüsten. Eine Bedingung war allerdings damit verknüpft: die Büsen mußten im Lande selbst gebaut werden. In Ostfriesland blieb jedoch der Emdener Fang-Kompanie das Privileg erhalten, Heringe zu fangen und zu verkaufen. Die preußische Regierung versprach 1799, weiterhin für jedes Schiff, das aus Emden zum Fang auslaufe, eine Prämie von 300 Talern zu zahlen.

Die Kompanie verfügte 1799 über 55 Büsen und drei Jagerschiffe. In Berlin verlangten bestimmte Kreise die Auflösung der Kompanie. Die beiden Emder Kaufleute Bödeker und Abegg reisten nach Berlin. Als sie dort erfuhren, daß nur die Inhaber von 814 Aktien die Auflösung wünschten, veranlaßten sie 1801 die Auszahlung dieser Abtrünnigen und die Übernahme durch die übrigen Aktionäre.

Emden war schließlich nicht grundlos der Überzeugung, daß die Heringsfischerei bestehenbleiben mußte, denn dieser Erwerbszweig gab etwa 3000 Menschen der Stadt Lohn und Brot.

Ein Westfale in Ostfriesland

Nach dem Tode von Friedrich Wilhelm II. am 16. November 1797 übernahm 1797 Friedrich Wilhelm III. die Regierung in Preußen. Er ließ die ostfriesischen Stände und jene des Harlingerlandes im März 1798 auffordern, zum 6. Juli Deputierte nach Berlin zu schicken, die dort den Huldigungseid leisten sollten.

Die Deputation bestand aus den beiden Freiherren von In- und Knyphausen-Lütetsburg und Knyphausen-Leer, J. de Pottere, von Glan, Kettler und Wiarda für Ostfriesland sowie Mammen Peters und Tannen für das Harlingerland. Alles verlief normal. Die Landesbeschwerden, die vorgebracht wurden, sollten die Präsidenten von Schlechtendahl und Graf von Schwerin untersuchen. Die Huldigungs-Reversalien stimmten mit jenen des Jahres 1786 überein.

Die Furcht der Ostfriesen, daß Preußen ihr Land an irgendeinen fremden Machthaber abtreten könne, veranlaßten die Stände, sich an Friedrich Wilhelm III. zu wenden und um die Versicherung zu bitten, daß dies nicht geschehen werde. Am 15. März 1801 wurde ihnen diese Versicherung durch ein Kabinettsschreiben gegeben.

In Ostfriesland kehrte Zufriedenheit ein, zumal unter der neutralen preußischen Flagge die Handelsunternehmungen erfolgreich verliefen.

In der Nacht zum 3. November 1801 aber wurde man in Ostfriesland daran erinnert, daß das meernahe Dasein neben den Handelsbegünstigungen auch Schlimmeres bringen konnte.

Im Kanal gingen in einem Orkan etwa 800 Schiffe unter, oder sie strandeten. Dieser Orkan, der glücklicherweise mit Einsetzen der Flut nachließ, überschwemmte dennoch ganz Emden. Die Inseln wurden schwer getroffen. Die niederemsische Deichacht stand beim Wiederaufbau vor riesigen Schuldenbergen.

Nach dem Frieden von Amiens am 27. März 1802 kehrte in Europa Ruhe ein. Diese Ruhezeit war jedoch nur von kurzer Dauer. Am 18. Mai 1803 erklärte England Frankreich den Krieg. Der französische General Mortimer besetzte Hannover.

Dieser neue Krieg brachte für Ostfriesland und besonders für Emden wieder neue Hochkonjunktur. Die preußische Flagge wurde selbst von den Barbareskenstaaten der nordafrikanischen Küste respektiert. Preußische Schiffe durften ins Schwarze Meer einfahren. Auf der Reede von Emden lagen Schiffe mit allen Flaggen.

Im Sommer kam der englische Major Malket nach Emden und warb ein Bataillon ostfriesischer Freiwilliger an. Als herauskam, daß er mit betrügerischen Mitteln warb, wurden die Werbeoffiziere verhaftet und strenge Maßregeln gegen die unbefugte Freiwerbung getroffen.

Mit einem Erlaß vom 31. Oktober 1803 wurde in Preußen und auch in Ostfriesland die Blattern-Schutzimpfung eingeführt.

In diesem Monat trat ein junger Westfale in Ostfriesland sein neues Amt als oberster Chef der Kammer von Aurich an. Es war Ludwig von Vincke, der vorher Preußen als Landrat in Westfalen gedient hatte. Als Vincke einige Jahre vorher dem preußischen König vorgestellt worden war, hatte dieser noch gefragt, seit wann es denn üblich sei, daß man Kinder zu Landräten macht. Minister Stein hatte damals entgegnet: „Ja, Ew. Majestät, ein Jüngling an Jahren, aber ein Greis an Weisheit!"

Vincke traf im November 1803 in Aurich ein. Sehr rasch erwarb er sich unter den Räten der Kammer und auch unter den Ständen und im Volk begeisterte Anhänger. Die Stände trugen ihm den Plan eines Kanalbaus von Aurich nach Wittmund vor. Vincke nahm sich dieses Planes besonders an. Er war an Handel und Schiffahrt interessiert und eilte noch im Winter nach Emden, um dort alles zu prüfen und zu lernen, was er noch nicht wußte.

Die Bürger von Emden nannten ein gerade von Stapel laufendes

Schiff „Präsident Vincke". Wenig später wurde im Jahre 1804 auch ein Ostindienfahrer „Ludwig von Vincke" genannt.

Auch in Leer begrüßte man den neuen Kammerpräsidenten freudig. Dort erhoffte man von ihm Hilfe vor der Emder Bevormundung durch dessen Stapelrecht und den hohen Zoll. Emden, so argumentierten die Leerer, werde Leer nicht mehr anlaufen, sondern nach der Jade gehen. Die Leerer erbaten freie Verschiffung ausländischer Güter von Leer über die Ems wenigstens während der Zeit, wo Elbe und Weser gesperrt seien.

Magistrat und Kaufmannschaft von Emden aber beharrten auf ihrem Stapelrecht, dem Zollrecht, auf ihrem Portofranko- und Transitrecht. Man verwies darauf, daß Emden für den Seehandel bestens gerüstet sei, während Leer nur eine Ackerbauer- und Viehzüchterstadt sei. Sie erinnerten daran, daß ihnen Friedrich der Große das Zollrecht verliehen hatte und daß Emden nicht nur die Verpflichtung des Seebaues hatte, sondern auch noch die Tonnenbefeuerung unterhalten müsse und den Feuerturm auf Borkum sowie Baken und Kaapen angelegt habe. Emden berief sich auf sein ererbtes historisches Recht.

Im März 1804 erklärte von Vincke, daß das Portofranko-Recht allein bei Emden bleiben solle. Die Beschränkung der Leerer Reede auf den Eigenhandel ließ er aufheben und gab ihnen die Güterspedition ins Inland über die Ems frei. Den Emdener Zoll ließ er ermäßigen. Die Sache Leer stand gut, bis im November 1804 von Vincke abberufen wurde und Graf von Schwerin, sein Vorgänger, auch sein Nachfolger wurde.

Vinckes Abgang nach nur einem Jahr war nach der einhelligen Meinung der Stände ein Unglück für Ostfriesland. Die Administratoren wandten sich mit einem Schreiben vom 20. November 1804 an den König und baten, Vincke in Aurich zu belassen.

In Emden liefen 1804 insgesamt 1283 beladene Schiffe ein, während 1721 Schiffe beladen ausliefen. Diese Leistung setzte sich auch 1805 fort, denn in diesem Jahr waren es 1595 Schiffe, die beladen einliefen, und 1916, die beladen ankerauf gingen.

Alles in allem 368 Emdener Schiffe hatten einschließlich der Heringsbüsen eine Tragfähigkeit von insgesamt 24 000 Last (zu jeweils 4000 Pfund) und einen Wert von 3794200 holländischen Gulden.

Leer besaß nur 95 Schiffe zu 4629 Last. Aber auch auf den Sielen und Fehnen liefen Schiffe. Die Inseln Borkum, Juist und Norderney verfügten über Frachtschiffe. Auf Norderney waren es allein 36 Schiffe.

Die Heringsfischerei hatte sich noch weiter ausgedehnt. Mit 57

Büsen wurden 1236 Last gefangen. Die Planungen Emdens gingen dahin, die Heringsflotte auf 100 Büsen zu steigern und ganz Preußen mit Heringen zu versorgen.

1804 hatte Ostfriesland eine Einwohnerzahl von 120159. Es sah so aus, als sollte 1806 ein weiteres Rekordjahr werden. Doch dem war nicht so, als plötzlich die preußische Neutralität endete.

Frankreich war aus den revolutionären Wirren hinausgelangt und zum napoleonischen Kaiserreich geworden. Am 2. Dezember 1805 schlug Napoleon die Armeen Österreichs und Rußlands in der Schlacht bei Austerlitz entscheidend.

Preußen schloß am 12. Dezember 1805 ein Bündnis, laut dem es nach einem französischen Sieg Hannover übereignet erhalten würde, das mit England in Personalunion vereinigt war.

Infolge dieses Bündnisses verbot Preußen – von Frankreich gedrängt – am 15. Februar 1806 seine Häfen allen englischen Schiffen. Dabei wurde versäumt, die ostfriesischen Handelsschiffe rechtzeitig zu warnen, die im Frühjahr 1806 wieder ausgelaufen waren.

Als England am 2. April 1806 ein Embargo gegen preußische Schiffe verhängte, wurden alle ostfriesischen Schiffe gekapert. Emden verlor den größten Teil seiner Handelsflotte. Die Kriegserklärung Englands an Preußen am 11. Juni 1806 erfolgte; Ostfriesland war mit seinem Wirtschaftsleben am Ende.

Napoleons Truppen in Ostfriesland
Ostfriesland kommt zu Holland

Der Preußisch-Französische Krieg vom Sommer 1806, durch Napoleon provoziert, brachte die katastrophale preußische Niederlage vom 14. Oktober bei Jena und Auerstedt. Bereits wenige Tage später marschierten Truppen des neugegründeten Königreiches Holland, das unter Napoleons Bruder Ludwig Bonaparte aus der Batavischen Republik gegründet worden war, in Ostfriesland ein.

Ostfriesland und das Jeverland wurden von Napoleon am 11. November 1807 an Holland angegliedert. So wurde aus Ostfriesland und dem Jeverland das holländische „Departement Oost-Vriesland". Das Reiderland wurde abgetrennt und dem Departement Groningen zugeschlagen. Die ständische Landesverfassung wurde abgeschafft, und am 17. Juni 1808 wurde auch das Emdener Stapelrecht aufgehoben.

Von Berlin aus hatte Napoleon am 21. November 1806 bereits die

„Kontinentalsperre“ verkündet, mit der England vom europäischen Kontinent abgeschottet werden sollte. Damit ging auch die Ära des ostfriesischen Seehandels zu Ende.

England lieferte nun seine Waren nach Helgoland. Von dort aus wurden sie auf kleinen Schiffen in nächtlichen Schmuggelaktionen nach Ostfriesland geschafft.

Mit der Eingliederung des Königreiches Holland in das französische Kaiserreich am 9. Juli 1810 (Dekret von Rambouillet) waren die Ostfriesen ebenfalls zu „Franzosen“ erklärt worden. Der Name Ostfriesland wurde durch „Departement de l'Ems Oriental“ ersetzt, das in die drei Arrondissements Emden, Aurich und Jever unterteilt wurde. Diese wiederum waren in vierzehn Kantone aufgegliedert. Damit hatten die Ostfriesen auch die Freiheit vom Militärdienst verloren. Sie wurden vorwiegend für die französische Flotte angeworben, und im Frühjahr 1811 erfolgte durch Auslosung die erste Wehrpflicht nach französischem Muster. 600 junge Männer, die sich dieser Prozedur stellen mußten, protestierten am 11. April 1811 lautstark in Aurich. Es kam zu Schußwechseln mit französischen Streifen. Ein Bataillon französischer Infanterie rückte an, um die Lage in den Griff zu bekommen.

Zwei Anführer wurden durch die Militärbehörde am 28. Mai 1811 auf dem Kirchdorfer Feld erschossen, andere ins Gefängnis geworfen und 300 Männer aus dem Kanton Timmel deportiert. Der größte Teil von ihnen wurde nach Toulon geschafft und zum Dienst auf französischen Schiffen gepreßt. Ein kleinerer Teil kam auf die Festung Lille. Erst im Frühjahr 1812 kehrten jene, die nicht in See standen, nach Ostfriesland zurück.

Nach der Niederlage Napoleons im Winter 1812 in Rußland und dem Zerfall des napoleonischen Reiches vom Frühjahr 1813 ab, kam es zum Bruch Preußens mit Frankreich und zu einem preußisch-russischen Bündnis.

In Ostfriesland mehrten sich die Aufstände. In Friedeburg, Wittmund und Esens wurden französische Postenstellen überfallen. Aber erst im Herbst 1813 tauchten erste Truppen Preußens und Rußlands in Ostfriesland auf.

Am 8. November ritt der erste Truppenverband der Verbündeten, bestehend aus einer Kosakenschwadron, in Aurich ein. Weitere Verbände folgten, und wenige Tage darauf war ganz Ostfriesland frei.

Am 17. November 1813 nahm Preußen Ostfriesland wieder in Besitz. Die Trennung von Jever wurde wieder durchgeführt. Die Aufrufe nach Freiwilligen brachten in Ostfriesland etwa 1000 Mann auf die Beine, die zum Landsturm zusammengefaßt wurden. Dieser Landsturmverband hatte die Belagerung von Delfzyl zur Aufgabe, wo sich die Franzosen noch hielten.

Schließlich waren 3500 Soldaten aus Ostfriesland aufgestellt worden, 336 davon hatten sich freiwillig gemeldet. Allerdings setzte sich ein großer Teil der Wehrpflichtigen ins Ausland ab.

Diese ostfriesischen Landwehrverbände wurden nicht in vorderster Linie eingesetzt. Lediglich bei Ligny kamen 1815 einige Teile in den Kampfeinsatz. Andere wurden nach dem Sieg bei Waterloo zur Besetzung von Frankreich eingesetzt.

Die seit November 1813 amtierende preußische Verwaltung erweiterte die Emdener Handelskammer im Jahre 1814 zu einer Ostfriesischen Handelskammer, zu der auch Leer, Norden und Weener Vertreter entsenden sollten. Doch Emden boykottierte diese Gesamtkammer, so daß sie nicht wirksam werden konnte.

Der Abtretungsvertrag

Was Ostfriesland seit längerer Zeit gefürchtet hatte, das trat schließlich im Jahre 1815 ein. Der König von Preußen schloß mit dem König von England und Hannover am 29. Mai 1815 einen Ablösungsvertrag. Neben einigen Städten Niedersachsens wurde darin ganz Ostfriesland zu Hannover geschlagen. Dieser Abtretungsvertrag wurde durch alle am Wiener Kongreß beteiligten Mächte anerkannt und in die Wiener Schlußakte vom 9. Juni 1815 aufgenommen.

Friedrich Wilhelm III. schrieb den Ostfriesen einen pompösen Abschiedsbrief. Die Ostfriesen mußten diese gravierende Veränderung hinnehmen. Ihnen blieb keine andere Wahl.

Die Übernahme Ostfrieslands durch Hannover erfolgte am 15. Dezember 1815. Die „Besitznahmekommission" zog in Aurich ein. Sie wurde 1817 von der Provinzialregierung für Ostfriesland abgelöst und 1823 in eine Landdrostei umgewandelt. Der Landdrost war der höchste hannoversche Repräsentant in Ostfriesland. 1817 wurde die neue Justizkanzlei eingeführt.

Bereits 1816 wurde Freiherr Edzard Mauritz von Knyphausen durch den Prinzregenten und späteren König Georg IV. von Großbritannien und Hannover in den erblichen Grafenstand erhoben. Die ostfriesischen Städte erhielten neue Verfassungsurkunden, und Leer wurde am 11. Juli 1823 vom Flecken zur Stadt erhoben.

Für Ostfriesland bedeutete die Zugehörigkeit zu Hannover eine Reihe von Änderungen, die mit besonderen Verlusten verbunden waren. Alle Steuergelder, die früher für das Land mitverwandt wurden, flossen nunmehr in die Generalsteuerkasse Hannovers und waren damit verloren. Die ostfriesischen Stände wurden aller Mitspracherechte beraubt. Die zur hannoverschen Ständeversammlung kommenden friesischen Deputierten, zwei Vertreter der Ritterschaft, drei der Stände und fünf des dritten Standes, der Bauern, wollten die alten Privilegien der ostfriesischen Landschaft gewahrt wissen. Sie unterlagen in diesem Bemühen, auch wenn sie darauf verweisen konnten, daß „Hannover im Abtretungsvertrag mit Preußen 1815 die Wahrung der ständischen Privilegien Ostfrieslands zugestanden" habe. (Siehe Heinrich Schmidt: Politische Geschichte Ostfrieslands).

Die ostfriesische Landschaft erklärte 1820 ihre alte Landesverfassung als gleichrangig mit der neuen Landesverfassung, und auch die Stände und der dritte Stand wollten die „uralte Landesverfassung" wiederhergestellt wissen.

Hannover konnte in dieser Hinsicht nicht nachgeben, ohne seine eigene Verfassung und die Einheit des Staates zu gefährden. Hätte es im Falle Ostfrieslands nachgegeben, wären mit Sicherheit alle übrigen Landesteile nachgezogen.

Auf der Landschaftsversammlung des Jahres 1831 wurde die alte Landesverfassung erneut beschworen. Doch Hannover dachte nicht daran, sich selbst das eigene Grab zu schaufeln. Es hatte nach den Unruhen des Jahres 1830 ein neues „Staatsgrundgesetz" in Auftrag gegeben, das eine staatliche Einheit des Königreiches Hannover sichern sollte. Die ostfriesischen Deputierten der Ständeversammlung Hannovers sprachen diesem am 26. September verkündeten Staatsgrundgesetz die Rechtsgültigkeit ab. Der König von Hannover habe, so argumentierte man, „die Bahn des Rechts und der Gesetzmäßigkeit verlassen und die Bevölkerung ihrer verfassungsmäßigen Freiheiten hoffnungslos beraubt". (Siehe P. Klein: Verfassungskonflikt zwischen der Ostfriesischen Landschaft und dem Königreich Hannover, Diss. jur. Kiel 1973).

1837 wurde das hannoversche Staatsgrundgesetz durch König Ernst August wieder abgeschafft. An den Ergänzungswahlen im Frühjahr 1839 nahmen die ostfriesischen Städte Emden, Norden und Leer nicht teil. Gegen die so ohne ostfriesische Anteilnahme entstandene neue Landesverfassung vom 6. August 1840 erhob die Ostfriesische Landschaft ebenfalls Protest.

Bis zum Jahre 1848 war Ostfrieslands Einwohnerzahl auf 173000 angestiegen. Der überwiegende Teil dieser Menschen lebte von der Landwirtschaft. Die Torfproduktion erlebte einen Wiederaufschwung; Kalkbrennereien Mühlenbetriebe, Ziegeleien und Branntweinfabriken kamen hinzu.

Im Frühjahr 1848 begann es auch in Ostfriesland zu gären. König Ernst August von Hannover beklagte sich im April bitter, daß vor allem in Ostfriesland die Stimmung „beinahe die allerschlechteste im ganzen Land" sei.

Auch in Ostfriesland wurde eine bessere Behandlung der Landarbeiter, eine gerechtere Entlohnung aller Arbeiter und bessere Behandlung gefordert. Dies alles richtete sich jedoch mehr gegen eingesessene einzelne Herrschaften der Landbesitzer im Lande als gegen die Regierung in Hannover. In den Städten kam es zu einigen Ausbrüchen gewalttätiger Art, die allerdings die allgemeine Ruhe und Ordnung nicht gefährden konnten.

Die Forderung nach einer Volksbewaffnung fand willige Ohren. In Pewsum und Greetsiel entstanden die ersten Bürgerwehren. In Norden wurde die Gründung einer solchen Gruppe nach den im April ausbrechenden Unruhen forciert.

Als wichtigste Aufgabe im Staate wurde die Volksbildung erkannt, und in dieser Hinsicht entstand unter den Lehrern Ostfrieslands so etwas wie eine erste Standesorganisation. Diese baute auf dem bereits 1843 gegründeten Lehrerverein auf, dessen Initiator Heinrich Janssen Sundermann, Hauptlehrer in Hesel, war, der seit 1846 den „Lehrerschriftwechsel" herausgab.

Aber auch die Bauern verlangten die Verbesserung des Volksunterrichtes und der Volkserziehung sowie die Verbesserung der Lage der arbeitenden Schichten.

Erstmals seit langen Jahrhunderten fand wieder unter dem Upstalsboom die bäuerliche Volksversammlung statt. Am 6. April 1848 wurde nach Eschen bei Aurich eingeladen, wo die Union der ostfriesischen Lehrer seit 1846 alljährlich einmal tagte. Diese erste Versammlung in Eschen fand am 19. April 1848 statt. am 10. Mai wurde in einer zweiten Versammlung das Thema der Moorkolonisten behandelt. Erste Ansätze zu einer Reform des Kolonistenwesens versackten. Sundermann entwarf im Herbst 1848 den Plan zu einem neuen Friesenbund. Im „Friesenfreund", einer von ihm herausgegebenen Zeitschrift, die noch im selben Jahr wieder einging, schrieb Sundermann darüber.

Mit dem durch die deutsche Nationalversammlung Ende Dezember 1848 verabschiedeten Gesetz über „Grundrechte des deutschen Volkes“ und der am 28. März 1849 verkündeten Reichsverfassung waren Ostfrieslands Deputierte zum Teil nicht einverstanden. Drei der fünf ostfriesischen Deputierten stimmten dagegen, zwei dafür.

In Ostfriesland blieb trotz dieser Ansätze alles beim alten. Die Industrialisierung wurde 1848 durch die Gründung der Norder Eisenhütte und 1850 der Eisengießerei Schreiber in Leer nur unwesentlich vorangetrieben.

Von Preußen zum Kaiserreich – Von der Republik zum Dritten Reich

Die Preußen kehren zurück

Nachdem Hannover in der bewaffneten Auseinandersetzung zwischen Preußen und Österreich im Sommer 1866 die Partei des Deutschen Bundes und damit auch Österreichs ergriffen hatte, waren die Würfel zu einer Rückkehr Ostfrieslands an Preußen gefallen.

Bereits am 19. Juni 1866 hofften die Emdener Mitglieder des Nationalvereins, daß Preußen in diesem deutschen Bruderkrieg den Sieg davontragen werde; sie forderten, daß im Falle einer Parteinahme Norddeutschlands diese *nur für Preußen* erfolgen dürfe.

Als die erste Preußische Kavallerie-Schwadron am 26. Juni 1866 in Aurich einrückte, wurde der letzte hannoveranische Landdrost für Ostfriesland, Nieper, verhaftet. Ostfriesland optierte für Preußen, und als bekannt wurde, daß Preußen am 1. September 1866 Hannover annektiert habe, wurden die schwarzweißen Fahnen Preußens aus den Verstecken geholt und gehißt.

Noch im September 1866 besuchte Prinz Adalbert von Preußen Ostfriesland. In den ersten Deputationen, die an Wilhelm I., den neuen Landesherrn, abgingen, waren jene Männer vertreten, die für eine Angliederung Ostfrieslands an Westfalen votierten.

Dies kam nicht von ungefähr. Wirtschaftlich wäre eine solche Angliederung für beide Teile fruchtbar gewesen. Man hatte einen schiffbaren Strom gemeinsam, und die Küste war das Seetor für Westfalens Handel mit den Ländern in Übersee. Dafür hätte Ostfriesland die Häfen, die Schiffe und die Reedereien mit den Seeleuten stellen können.

Andere Gruppen wiederum wollten mit Hannover vereint bleiben. Diese Frage beschäftigte den Reichstag. Auch Graf Edzard von Knyphausen plädierte für den Verbleib bei Hannover. Er reichte nach Beratung mit fünf Landschaftsräten im Februar 1869 eine Petition ein, in welcher er seiner Sorge Ausdruck gab, daß Ostfriesland nach einer Vereinigung mit Westfalen die Selbstregierung und sogar seine Lebensfähigkeit verlieren könne. Allein in Hannover könne Ostfriesland jene solide Basis finden, die es zur Erhaltung seiner Existenz brauche.

Eine Unterschriftensammlung, die bereits im Frühjahr 1868 von Emden aus für den Anschluß an Westfalen in Gang gesetzt wurde, erbrachte 5116 Unterschriften für den Anschluß an Westfalen.

Edzard von Knyphausen sammelte ebenfalls Unterschriften und brachte es im Frühjahr 1869 auf 11540 Namen. Die Landdrostei Aurich blieb schließlich Teil der Provinz Hannover.

Der Deutsch-Französische Krieg von 1870/71 und die Reichsgründung im Jahre 1871 änderten nichts an der Lage in Ostfriesland, da es ja vorher preußisch geworden und damit nunmehr Teil des Reiches war.

Die vormaligen Landdrosteien in Hannover wurden mit dem 2. Juli 1885 zu Regierungen umgewandelt. Die regionalen Zuständigkeitsbereiche wurden Regierungsbezirke, der Landdrost avancierte zum Regierungspräsidenten.

Ein Jahr zuvor waren bereits in der Kreisordnung für die Provinz Hannover die alten Ämter aufgehoben und die neuen Landkreise Aurich, Emden, Leer mit Stickhausen, Norden, Weener und Wittmund einschließlich Esens gebildet worden.

In der hannoverschen Zeit waren die Moorkolonien, die Friedrich der Große in großem Umfang angelegt hatte, in den Hintergrund getreten. Nunmehr lebte diese Aufgabe wieder auf. Die 1870 gegründete Kommission zur Hebung der Zustände in den Moorkolonien ging an die Arbeit, um die dort herrschenden katastrophalen Verhältnisse zu bessern. Immerhin lebte ein Sechstel der Gesamtbevölkerung Ostfrieslands in solchen Moorkolonien. Dort war vor allem die Säuglingssterblichkeit besonders hoch.

Es wurden auch während der Winterzeit passierbare Straßen gebaut und Kanäle angelegt. Die Möglichkeiten zum Abtransport des Torfes waren damit geschaffen. Kunstdünger wurde herangeschafft.

Der Bau des Jade-Ems-Kanals von 1880 bis 1887 brachte zusätzliche Arbeitsmöglichkeiten. 1891 wurde die Moorkolonie Marcardsmoor gegründet, es war dies der erste Kolonisationserfolg des Unternehmens Deutsche Hochmoorkultur. Sie brachte neue Kultivierungsmethoden ein, schuf die Voraussetzungen zu einer Grünlandwirtschaft auf dem Hochmoor, welche die Existenzgrundlage der Moorbauern beträchtlich erweiterte. Die Lebensbedingungen der Moorbauern besserten sich mehr und mehr.

Die Fehnsiedlungen, die ohnehin besser strukturiert waren, gewannen weitere Attraktivität. Durch den steigenden Anteil an Steinkohle als Brennstoff und weniger Verbrauch in den Ziegeleien wurden die Grenzen des Torfabbaus aufgezeigt. Der Schiffsbestand der Fehnsiedlungen, der 1877 noch 409 Seeschiffe betragen hatte, ging rasch zurück. Die Werften der Fehnorte, die Holzschiffe gebaut hatten, wurden durch jene Werften verdrängt, die eiserne, dampfkraftgetriebene Schiffe bauten.

Durch den Ausbau der Eisenbahn ging auch die von den Fehndörfern betriebene Binnenschiffahrt rapide zurück. 1881 fuhr die erste Bahn von Emden nach Norden. 1883 wurde die Linie Georgsheil-Aurich in Betrieb genommen, und 1900 fuhr die Kleinbahn von Leer nach Aurich.

Auch den Reedereien der großen Häfen Leer und Emden fiel die Umstellung im Schiffsbau schwer. Die Dampfschiffahrt benötigte umfangreichen Kapitaleinsatz. Emden, das sich nach der Wiederangliederung an Preußen große Hoffnungen auf seinen Schiffsverkehr mit Waren aus Westfalen gemacht hatte, sah sich rasch enttäuscht. Die Schutzzollpolitik Preußens und seit 1871 des Reiches machte die Bahntarife teurer, so daß Kohle und Stahl aus Westfalen nicht mehr bis nach Emden, sondern zum nähergelegenen Rotterdam und Antwerpen geschafft und dort verschifft wurden. Hinzu kam, daß mehr und mehr Hamburg und Bremerhaven, die fortschrittlicher waren als Emden, dieser Stadt den Wind aus den Segeln nahmen.

Der Bau des Jade-Ems-Kanals, der 1880 begann, und der Bau der 1888 fertiggestellten neuen Nesserländer Seeschleuse brachte dann neuen Aufschwung für Emden. Nach dem Bau des Dortmund-Ems-Kanals, der offiziell in Dortmund am 11. August 1899 eröffnet wurde, war für Emden eine neue Ära der Schiffahrt angebrochen. Die Eröffnung des neuen Emdener Seehafens in Gegenwart Kaiser Wilhelm II. im August 1901 brachte einen weiteren rasanten Aufschwung mit sich.

Durch die Einrichtung neuer Werften, deren Bedarf an Arbeitern groß war, wuchs die Bevölkerung Emdens sehr rasch; bis 1915 erreichte die Stadt 24600 Einwohner. Die Bewohner kamen in der Hauptsache aus Ostfriesland.

Die übrigen ostfriesischen Städte konnten mit dieser stürmischen Entwicklung nicht Schritt halten. Leer, das sich sehr darum bemühte, die Hafenentwicklung voranzutreiben, sah sich vom Staat nicht so gut behandelt wie Emden. Dennoch nahm auch Leer einen, wenn auch bedeutend bescheideneren Aufschwung, nachdem der Hafen von 1901 bis 1903 modernisiert worden war.

Der große Repräsentant Ostfrieslands wurde Graf Edzard von Knyphausen. Als Kaiser Wilhelm II. ihm 1900 den Fürstentitel verlieh, war seine Autorität in Ostfriesland bedeutend gestiegen. Von seinen Anhängern wurde er „unser Fürst" genannt.

Von 1900 bis zum Ausbruch des Ersten Weltkrieges erlebte Ostfriesland eine Zeit stetiger wirtschaftlicher Entwicklung. Die Landwirtschaft in den Marschen hatte sich nach dem steigenden Fleischbedarf im Reich mehr und mehr der Viehzucht zugewandt.

In Emden wurde der große Binnenhafen fertiggestellt und die große Seeschleuse in Betrieb genommen. Die Einfuhr im Emdener Hafen steigerte sich von 1899 mit 75000 Tonnen auf 1,5 Millionen Tonnen im Jahre 1913.

Die Niederlage des Kaiserreiches

Nach dem Ersten Weltkrieg und dem Zusammenbruch der monarchischen Staatsordnung wurde bereits am 8. November 1918 in Emden ein Arbeiter- und Soldatenrat gebildet. Leer, Norden, Aurich, Esens, Wittmund und Dornum zogen nach. Weitere Orte an der Küste versuchten diesem Beispiel zu folgen. Der Arbeiter- und Soldatenrat bestand in Emden aus dem Freiherrn von Hanstein, den Heizern Kennicke und Bock, dem Geschäftsführer Thien, Joseph Hicker, dem Obmann des Arbeiterausschusses der Nordseewerke sowie dem Sergeanten Halter. Dieser Arbeiter- und Soldatenrat war jedoch nicht wie in vielen anderen Städten rot, sondern grenzte sich scharf gegenüber der kommunistischen Forderung nach der „Diktatur des Proletariats" ab.

Am 10. November 1918 wurde in Wilhelmshaven der „Freistaat Oldenburg-Ostfriesland" ausgerufen. (Siehe Grundig E.: Chronik der Stadt Wilhelmshaven, Bd. II. 1853–1945, i. MS. 1957).

Die alten staatlichen Einrichtungen erwiesen sich jedoch als stärker. Der neue „Präsident" des Freistaates, der ehemalige Oberheizer der kaiserlichen Marine Bernhard Kuhnt war einfach nicht dazu in der Lage, eine solche Situation zu meistern, wie sie sich im Winter 1918–19 einstellte.

In Ostfriesland wurde gegen diese Republik offen zu Felde gezogen. Das Leerer Anzeigenblatt brachte deutlich zum Ausdruck, was Ostfriesland fühlte: „Wir gehören zu Preußen und unterstehen der preußischen Regierung in Aurich!"

Die Arbeiter- und Soldatenräte wurden im Januar 1919 aus den Gremien der ostfriesischen Verwaltung hinausgedrängt. In Emden kam es Ende Mai 1919 zu Unruhen mit kommunistischen Parolen: „Alle Macht den Räten". Doch die Plünderungszüge der revoltierenden „Roten" zeigten den ostfriesischen Bauern und Arbeitern, daß sie nicht auf diese Karte setzen durften.

Den Auftakt der sozialistischen Bewegungen machte in Ostfriesland die Demonstration vor dem Emdener Rathaus im Januar 1919. Unter den Emdener Werftarbeitern, die größtenteils arbeitslos waren, machte im Mai die Parole „Alle Macht den Räten“ die Runde. Doch der Widerstand der Bürgerwehr war massiv und – erfolgreich.

Im Sommer 1919 etablierte sich in der Krummhörn ein Landarbeiterverband, dessen Aktivitäten im Spätherbst einsetzten und einige Jahre später, im Sommer 1923 – mitten in der Erntezeit – mit dem Landarbeiterstreik ihren Höhepunkt fanden.

Der sozialistische Stimmanteil anläßlich der Reichstagswahl von 1920 war beträchtlich, allerdings nicht in den bäuerlichen Gemeinden.

Dort konnte sich eine Partei kurzfristig behaupten, die in den Städten schon seit geraumer Zeit sehr stark war: die Deutsch-Hannoversche Partei, die für den Anschluß Ostfrieslands an Hannover plädierte und dem Welfenhaus anhing.

Doch in Ostfriesland hatte man bereits 1815 nach Bekanntwerden des Abtretungsvertrages Preußens vom 29. Mai gegen Hannover agitiert, allerdings ohne Erfolg. Diesmal jedoch stellte sich der volle Erfolg ein. Die Welfenpartei war zum raschen Untergang verurteilt.

Zu Beginn der Weimarer Republik stutzten die ostfriesischen Liberalen den hohen Stimmenanteil der „roten Parteien“ zurecht.

Im Herbst 1922 wurde zum ersten Mal in der ostfriesischen Geschichte mit Jann Berghaus ein Ostfriese zum Regierungspräsidenten in Aurich gewählt. Berghaus, ebenfalls ein Liberaler, galt als Vorbild für Ostfriesland und war selbst für die friesischen Sozialdemokraten annehmbar.

Zunächst war nach Ende des Ersten Weltkrieges in Ostfriesland mit seiner überwiegend bäuerlichen Bevölkerung alles glatt gegangen. Die Bauern konnten sich ernähren und mit ihrer Erzeugung einen offenen Markt bedienen, der alles aufnahm.

Erst die beginnende Inflation änderte dies und der bereits genannte Landarbeiterstreik des Sommers 1923 erschütterte die Bauernschaft der Marsch. Als schließlich im Herbst 1923 die Rentenmark eingeführt wurde, war der Wohlstand der Bauern dahingeschmolzen. Hinzu kam für Ostfriesland, daß der Niedergang der Industrie im Ruhrgebiet und die Ruhrbesetzung durch Frankreichs Truppen die eigene Industrie, insonderheit Schiffahrt und Schiffbau, lahmlegten.

Schiffahrt und Schiffbau waren durch den Dortmund-Ems-Kanal untrennbar mit dem Ruhrgebiet verbunden, Auf den Emdener Werften mußte ein Großteil der inzwischen eingestellten Arbeiter wieder entlassen werden.

Dies bewirkte, daß bei den Reichstagswahlen des Jahres 1924 die Deutschnationalen im Regierungsbezirk Aurich zu einem großen Erfolg kamen. Selbst in der roten Hochburg Leer errangen sie 35 Prozent der Stimmen. Die KPD profitierte von den Entlassungen auf den Emdener Werften.

Während sich also die Bauernschaft und die bäuerlichen Gemeinden durch diese Ereignisse nach rechts orientierten, vollzogen die Industriearbeiter eine Schwenkung nach links.

Durch die Folgen der Inflation, die sich bis 1928 zeigten, wurde das Ansehen der Liberalen in der bäuerlichen Bevölkerung angekratzt. Dennoch bemühte sich immer wieder Jann Berghaus, ein Liberaler, darum, durch die Modernisierung der Landwirtschaft und die Verbesserung der Entwässerung in Ostfriesland wieder geordnete Zustände einkehren zu lassen. Darüber hinaus suchte er eine neue Industrie anzusiedeln und vor allem die schwierige Situation in den Moorkolonien zu verbessern. Dies war ein schier unmögliches Unterfangen, weil die Infrastruktur des Landes fehlte, die das damit verbundene logistische Problem in den Griff bekommen hätte.

Jann Berghaus bemühte sich darum, den Ems-Jade-Kanal, jene wichtige Verbindung zwischen Dollart und Jadebusen, die bereits 1887 fertig geworden war, weiter ausbauen zu lassen. Er beabsichtigte, die Bahnverbindung Emden-Wilhelmshaven zur Hauptverkehrsader von Ostfriesland zu machen und eine breite Asphaltstraße anlegen zu lassen.

Im Wiesmoor, dem Paradestück ostfriesischer Aktivitäten, ließ er einen Flugplatz anlegen. In Wiesmoor war bereits seit 1906 mit der Moorkultivierung begonnen worden. 1907 wurde in dieser zwischen Aurich und Friedeburg gelegenen Ortschaft der erste Spatenstich zum Bau eines Kraftwerks getan, das nach seiner Fertigstellung von den Nordwestdeutschen Kraftwerken übernommen wurde. Der seit 1906 hier geförderte Torf diente als Brennstoff für das E-Werk. Eine systematische Entwässerung kam hinzu; bald wurde in Wiesmoor eine Hochmoorkultur begonnen, die einmalig war. Seit 1925 gingen – initiiert durch Jann Berghaus – die Nordwestdeutschen Kraftwerke daran, in Wiesmoor große Treibhäuser zu bauen, die mit der Abwärme des E-Werkes beheizt wurden und Sommer wie Winter Gemüse aller Art, Tomaten und Gurken erzeugten. Es dürfte sich um das erste Projekt in Deutschland gehandelt haben, das mit Abwärme betrieben wurde.

Durch alle diese Maßnahmen konnte die grassierende Arbeitslosigkeit vor allem in den Moorgebieten teilweise abgebaut werden. (Siehe: Jann Berghaus: Jann Berghaus erzählt. Lebenserinnerungen, Hrgb. S.J. Meyer-Abich, Aurich 1967).

In Leer wurde 1926 ein milchverarbeitender Betrieb der Firma Libby errichtet, und als ab 1927 auch in Emden die Werftindustrie wieder erstarkte und der Warenumschlag des Emdener Hafens anstieg, wurde die Situation besser. Die Emdener Nordsee-Werke – sie waren die größte ostfriesische Werft – steigerten ihre Beschäftigtenzahlen bis 1930 von 600 auf 2300 Arbeiter. Die kleineren Werften Ostfrieslands jedoch wurden durch den niederländischen Preisdruck am Boden gehalten.

Der Landwirtschaft ging es zunächst leidlich. Als dann aber die Getreidepreise durch den Massenanbau in den USA und deren Verkäufe weit unter dem üblichen Preis stark fielen, hatten die Landwirte schwere Einbußen zu erleiden.

Als dann im Zuge der beginnenden Weltwirtschaftskrise Bergbau und Hüttenindustrie im Ruhrgebiet abbauten, verursachte dies einen rapiden Verlust des Emdener Frachtverkehrs. Schon 1930 hatten 16 Prozent der Tonnage stillgelegen. 1931 aber waren 83 Prozent der Tonnage stillgelegt. Die Helligen und andere Arbeitsplätze der Werftindustrie wurden denkbar schwer davon betroffen. Drei Viertel der Werftarbeiter waren arbeitslos. Aus ihnen vor allem rekrutierte sich eine wachsende Zahl an KPD-Wählerstimmen.

Im Herbst 1932 wurde unter der Reichskanzlerschaft Franz von Papens – der sich auch zum Reichskommissar von Preußen hatte ernennen lassen – Jann Berghaus, der Regierungspräsident Ostfrieslands, aus dem Amt entfernt. In seinen Erinnerungen weiß er plastisch darüber zu berichten. Auch hier erwies sich der Dank des Vaterlandes als hinkender Esel, der nie denjenigen einholt, den es zu würdigen gilt.

Der Nationalsozialismus gewann in Ostfriesland in dieser Zeit mehr und mehr an Stimmen und Zulauf. Anläßlich der Reichstagswahlen 1932 wählten 44,2 Prozent der Stimmberechtigten im Regierungsbezirk Aurich die NSDAP.

Zwölf Jahre Nationalsozialismus in Ostfriesland

Am 30. Januar 1933 wurde Adolf Hitler zum deutschen Reichskanzler ernannt. Im März konnte die NSDAP in Ostfriesland 47,5 Prozent aller Stimmen auf sich vereinigen.

Unter ihrer Führung wurde das gerade erst begonnene Werk der Arbeitsbeschaffung fortgesetzt. Schwerpunkte bildeten vor allem der Deichbau, die Be- und Entwässerung, Landgewinnungsaktionen und Neusiedlungen, der Wegebau und andere Infrastrukturmaßnahmen. Die Zahlen der in den Ämtern Leer und Emden registrierten Arbeitslosen, die am 1. Januar 1933 genau 21888 betragen hatten, gingen rapide zurück.

Nach der Einführung der Allgemeinen Wehrpflicht in Deutschland im Jahre 1935 wurden Aurich, Emden und Leer Garnisonen. Zum Jahresende gab es in Ostfriesland noch 248 Arbeitslose. Die Zahl wurde bis 1938 auf 31 gedrückt. (Siehe: Jahresberichte der Industrie- und Handelskammer Emden).

Die Machtübernahme durch die NSDAP in Ostfriesland traf viele politische Gegner des neuen Regimes schwer. Sozialisten und Kommunisten wurden in Schutzhaft genommen und wanderten von dort teilweise in die Konzentrationslager. E. Kraft hat das Schicksal dieser Verfolgten in seinem Werk „Achtzig Jahre Arbeiterbewegung zwischen Meer und Moor“ eindringlich dargestellt.

In der Reichskristallnacht brannten auch in Ostfriesland die jüdischen Synagogen nieder. Die Zahl der in diesem Lande lebenden Juden ging von 2336 im Jahre 1933 auf 697 im September 1939 zurück. Ein Teil davon konnte sich durch rechtzeitige Emigration retten. Viele sind jedoch in den Konzentrationslagern umgekommen. Eine genaue Zahl darüber liegt jedoch nicht vor.

Trotz dieser Gewaltmaßnahmen, die in der Bevölkerung nicht oder nur am Rande wahrgenommen wurden, identifizierten sich die Menschen Ostfrieslands sehr rasch mit dem Nationalsozialismus. Immerhin war hier mehr als sonst üblich getan worden. An die Stelle der vielen Sprüche waren Taten getreten, die das Los der Moorbauern und aller übrigen Landwirte zum Guten veränderten. Die Bauern, bis dahin dauernd am Rande des Existenzminimums lebend – von einigen Großgütern sehen wir ab – wurden gegen die drückenden Schulden abgesichert.

An der Struktur von Ostfriesland änderte sich wenig. Lediglich die Zugehörigkeit zum Gau Weser-Ems der NSDAP deutete eine andere Gebietsstruktur an, die vor allem auf parteipolitische Dinge Auswirkungen hatte. Daß dieser Gau exakt dem seit 1920 bestehenden Reichstagswahlkreis Weser-Ems entsprach, ließ ihn in Ostfriesland ankommen.

Die internen Planungen, diesen Parteigau auch zum Landesgau zu machen, wurde durch die Einrichtung der Gauwirtschaftskammer

Weser-Ems, der Landesbauernschaft Weser-Ems und des kommunalen Zweckverbandes Weser-Ems forciert, setzten sich letztlich jedoch nicht durch.

Die bereits 1928 geforderte Aufhebung der Ostfriesischen Landschaft wurde ab 1935 wieder diskutiert. Der neue Oberpräsident Lutze berichtete dazu an das Reichsinnenministerium, daß zwar die Ostfriesische Landschaft im Bewußtsein der Ostfriesen fest verankert sei und darüber hinaus auch über die Landesgrenzen hinweg gesamtfriesische Kontakte durch sie gepflegt würden, daß aber dennoch eine solche Konkurrenz zur nationalsozialistischen Kulturarbeit nicht wünschenswert sei.

Der Gauleiter von Weser-Ems, Röver, schlug 1938 vor, die Stadt- und Landkreise des Regierungsbezirkes Aurich zu veranlassen, eine Art von Zweckverband zur Pflege der kulturellen Heimataufgaben Ostfrieslands ins Leben zu rufen. Damit hätte man gewissermaßen eine Art neuer Ostfriesischer Landschaft unter nationalsozialistischer Führung geschaffen. Der Landrat von Leer, Dr. Hermann Conring, schlug 1941 eine Verfassungsreform vor, mit welcher er die Ostfriesische Landschaft entmachten wollte. Er – als Sprecher der ostfriesischen Heimatvereine – wollte diesen Vereinen, den Gemeinden, Städten und Landkreisen und den Dienststellen der NSDAP das Vorschlagsrecht zur Wahl der 49 Mitglieder der Landschaftsversammlung zuweisen und die Funktionen dieses neuen Verbandes auf rein „heimatliche Aufgaben“ beschränken. Die von der Ostfriesischen Landschaft gegründete *und* geführte Ostfriesische Sparkasse sollte der Landschaft genommen werden, womit sie ihre materielle Grundlage verloren hätte.

Dr. Conring wurde im Mai 1942 als neuer Leiter der Ostfriesischen Landschaft eingesetzt. Im selben Monat setzte er die Selbstauflösung der Ostfriesischen Landschaft durch, um „nunmehr die veraltete Verfassung dieses Landschaftsverbandes den nationalsozialistischen Grundlagen anzupassen.“ (Siehe Bericht von Dr. Hermann Conring, zitiert im Schreiben von Gauleiter Röver an den Regierungspräsidenten in Aurich).

Man betrieb also Anpassung anstelle von Auflösung. Dies geschah nicht zuletzt im Hinblick auf Westfriesland und die Provinz Groningen, die Ostfriesland benachbart war. Man wollte praktisch Nutznießer der Zusammenarbeit zwischen West- und Ostfriesland werden.

Vor allem veranlaßten die seit 1925 existierenden Friesenkongresse Dr. Conring und die übergeordneten Machthaber dazu, in der neuen Landschaftsverfassung ausdrücklich der Ostfriesischen Landschaft die

„Pflege der kulturellen Beziehungen zu den Friesen innerhalb und außerhalb der Landesgrenzen“ ans Herz zu legen und „gut nachbarschaftliche Verbindung zu den nördlichen Niederlanden“ anzuraten. (Siehe Berghaus, W.M.: Die Verfassungsgeschichte der Ostfriesischen Landschaft, Diss. jur. Göttingen 1955, i. Ms.)

Bomben auf Ostfriesland

Der Zweite Weltkrieg und, damit verbunden, der alliierte Bombenterror gegen deutsche Städte machte auch vor Ostfriesland nicht halt.

Der Bombenangriff gegen Hannover am 27. September 1943, an dem 599 britische Bomber beteiligt waren, sah einen Teilverband über Esens. Die Bombenwürfe auf diese kleine Stadt forderten 153 Todesopfer, darunter 102 Schulkinder.

Die Stadt Emden mit den Nordseewerken und anderen Werften hatte zunächst nur einige kleinere Angriffe zu überstehen, bevor der Gegner mit aller Kraft zuschlug.

In der Nacht zum 7. Juni 1942 warfen 195 von 233 gestarteten Feindbombern 395 Tonnen Bomben auf die Stadt. Ein Teil der Altstadt und die Wohnstadt wurden getroffen. In der Nacht zum 23. Juni 1942 startete der zweite Großangriff gegen Emden. Diesmal waren 225 Bomber in der Luft, von denen wieder 195 ihr Ziel erreichten und diesmal 392 Tonnen Bomben warfen. Hohe Verluste an Toten und Verletzten sowie die Vernichtung einer Vielzahl von Häusern waren die Folgen.

Beim Angriff gegen Bremen, zu dem „Bomber Harris“, der oberste britische Bomberchef, 1006 Flugzeuge in der Nacht zum 26. Juni 1942 aufbot, kamen 713 auf Bremen zum Bombenabwurf. Mehr als 100 griffen Emden an und richteten große Verwüstungen an.

Beim Tagesangriff der 8. USAAF am 26. September 1944 wurde Emden abermals schwer getroffen. Damit war die Stadt zu 78 Prozent zerstört, die Altstadt sogar bis auf fünf Häuser völlig vernichtet. Viele ostfriesische Kulturdenkmäler wurden ein Raub der Flammen.

Im Frühjahr 1945 wurden beinahe alle ostfriesischen Ortschaften durch tieffliegende alliierte Jagdbomber angegriffen und mit Raketenbomben und MG-Salven belegt. Am 30. April drangen die ersten kanadisch-englischen Truppen in Leer ein. Bis zum 2. Mai erreichten sie Oldersum und Großefehn. Aurich wurde am 4. Mai kampflos dem Gegner übergeben, um nicht in letzter Stunde noch weitere Zerstörungen zu erleiden.

Nach der Kapitulation der Deutschen Wehrmacht in den Niederlanden und Nordwestdeutschland wurde Ostfriesland zum Internierungsgebiet für die noch westlich der Weser in Gefangenschaft geratenen deutschen Soldaten.

Ostfriesland wurde Teil der britischen Besatzungszone. Die Sieger veranlaßten, daß allerorten die noch vorhandenen Kräfte der Zeit vor der Machtübernahme wieder in ihre alten Ämter eingesetzt wurden.

Die britische Militärregierung setzte in Erfüllung dieses Grundsatzes den Sozialdemokraten und preußischen Beamten Heinrich Wilhelm Kopf, der 1933 entlassen worden war, als Oberpräsident der Provinz Hannover ein. Diese setzte sich aus den Ländern Braunschweig, Oldenburg, Schaumburg-Lippe und Hannover zusammen. Ostfriesland kam als Regierungsbezirk Aurich dazu.

Für die Bewohner Ostfrieslands war diese Veränderung jedoch in dieser aus den Fugen geratenen Zeit völlig ohne Belang, galt es doch zunächst, zu überleben und die Hungerperiode, die einsetzte, zu meistern. Und nicht nur mit dem Hunger seiner eigenen Bewohner hatte Ostfriesland zu tun. Der Autor weiß aus dieser Zeit, daß er von Dortmund nach Leer fuhr, um dann, mit der provisorischen Floßverbindung über die Ems setzend, zu den ostfriesischen Bauernschaften im Großraum Bunde-Bunderhee zu wandern, um Pferdebohnen, Erbsen und Rapssaat zu „hamstern“.

Ganze Hamsterzüge wurden in den frühen Morgenstunden eines jeden Tages in Hamm erstürmt, um in das gelobte Ostfriesland mit seinen reichen Nahrungsschätzen zu gelangen.

Ein unabsehbarer Strom von Flüchtlingen aus den deutschen Gebieten ostwärts der Oder und Neiße strömte seit dem Frühjahr 1945 auch nach Ostfriesland hinein. Die Einwohnerzahl stieg 1945 auf 1946 von 295600 auf 364500 und kletterte bis 1948 auf 387000.

Vor allem suchten Vertriebene aus Schlesien hier eine erste Bleibe und später auch eine neue Heimat. Noch 1950 betrug die Zahl der Vertriebenen in Ostfriesland 16,3% der Bevölkerung, die sich auf 385045 Köpfe eingependelt hatte. Damit lag sie zwar deutlich unter dem niedersächsischen Landesdurchschnitt, war aber für das sehr schwach strukturierte Ostfriesland, in dem Arbeitsplätze knapp waren, immer noch viel zu hoch.

Doch die Ostfriesen packten an und schufen den Schlesiern gemeinsam mit diesen selbst eine neue Heimat.

Im Herbst 1946 suchten die Niederlande das westliche deutsche Grenzgebiet an sich zu reißen. Man wollte den Dollart haben, ihn einpoldern und neues Land gewinnen. Darüber hinaus beabsichtigte man, das gesamte Emsmündungsgebiet zu annektieren und die Insel Borkum gewissermaßen als Morgengabe dazu.

Danach, so lauteten die niederländischen Geheimpläne, wollte man die Fahrwasser der Ems so verändern, daß der Emdener Hafen praktisch trockengelegt und ausgeschaltet würde. Dafür sollte dann der auszubauende niederländische Hafen Delfzijl Emdens Rolle übernehmen. Das hätte für immer das Ende der ostfriesischen Schiffahrt bedeutet. Die ostfriesische Existenz, die an Emden hing, wäre damit vernichtet, der ostfriesische Freiheitsgedanke für alle Zeit dahin.

Ostfriesland stand auf und protestierte unüberhörbar. Dennoch hätte es nichts genützt, wenn nicht weiter im Osten mit hörbarem Rasseln der Eiserne Vorhang gefallen wäre, so daß die westlichen Alliierten daran gehen mußten, die Bundesrepublik Deutschland zu errichten und diese als letztes Bollwerk gegen den Osten in das westliche Bündnis einzubinden. So wurde die Katastrophe für Ostfriesland abgewendet.

Wenden wir uns nunmehr jenem Ostfriesland zu, das sich dem Besucher darbietet, der den Küstenstrich der südlichen Nordseeküste besucht! Lassen wir im abschließenden Kapitel alles das aufscheinen, was Ostfriesland heute ausmacht!

Ostfriesland heute

Geschichtlicher Abriß

Als nach dem Zweiten Weltkrieg Schleswig-Holstein, Hamburg und Bremen Bundesländer wurden, schlug man Ostfriesland als Regierungsbezirk Aurich dem Lande Niedersachsen zu.

Niedersachsen wurde durch eine Verordnung der britischen Militärregierung vom 1. November 1946 aus der ehemaligen preußischen Provinz Hannover, den Ländern Braunschweig, Oldenburg und Schaumburg-Lippe und den am 1. Januar 1947 hinzugekommenen Teilen des Landes Bremen gebildet. Es ist seit 1949 Bundesland.

Zum Regierungsbezirk Aurich gehörten die kreisfreien Städte Aurich, Emden, Leer, Norden und Wittmund. Der ganze Regierungsbezirk umfaßte 3144 Quadratkilometern und hatte rund 402000 Einwohner.

Wie in ganz Niedersachsen so nahm auch in Ostfriesland nach 1950 die Zahl der industriellen Arbeitsplätze zu, wenn auch nicht so entscheidend wie im südlichen Teil des Landes.

Führend war im Regierungsbezirk Aurich der Industriezweig der Nahrungs- und Genußmittelindustrie.

Leer und Emden profitierten Ende der fünfziger Jahre am meisten von den Industrieansiedlungen in Ostfriesland. Sei es das Zweigwerk der „Olympia-AG", das in Leer Schreibmaschinen zu produzieren begann, oder der Zweigbetrieb der Volkswagen-Werke, der sich in Emden niederließ, sie alle brachten neues Leben in die Städte. Die Bevölkerungszahl stieg wieder und ergab bereits 1972 410500 in Ostfriesland lebende Menschen.

Hinter Bayern hat Niedersachsen den zweitgrößten Milchviehbestand und ist hinter Bayern auch zweitstärkstes Fremdenverkehrsgebiet der Bundesrepublik Deutschland.

Der weitere industrielle Aufschwung Ostfrieslands nach der ersten Aufbauphase ist gekennzeichnet durch einige spektakuläre Entwicklungen. So die Fertigstellung der Ekosfisk-Erdgas-Ladestation in Emden-Knocke und des Kernkraftwerkes Lingen an der Ems.

In Emden und Lingen wurden Erdölraffinerien errichtet. Was

jedoch Ostfriesland in den vergangenen Jahren mehr und mehr in den Blickpunkt des Interesses rücken ließ, sind die idealen Freizeit- und Ferienbedingungen an der Küste und auf den ostfriesischen Inseln, die zwar in diesem Werk ausgeklammert bleiben mußten, weil es sonst jeden kalkulierbaren Rahmen gesprengt hätte, die aber dennoch zu Ostfriesland gehörten und mehr denn je gehören.

Zu den Attraktionen dieser Ferienlandschaft gehört das meernahe Land mit seinen Vogelparadiesen ebenso wie das alte friesische Brauchtum und die friesische Sprache. All das wurde hier zu allen Zeiten in Ehren gehalten und gefördert.

Denken wir an die Theelacht zu Norden, die auch heute noch, 1100 Jahre nach ihrer Gründung, lebt und die älteste Gemeinschaft Europas darstellt!

Ostfriesland mit seiner Weite, den kleinen Dörfern mit den reetgedeckten Bauernhäusern, den wehrhaften Kirchen, deren viereckige Türme oftmals für sich allein stehen, die Schlösser, Burgen und Windmühlen, das ist ein Ferienland par exellence.

Die Weite des Landes wird durchbrochen von Mooren und Meeren. Das Ewige Meer nördlich von Aurich ist eine strenge, faszinierende einsame Idylle, während das Große Meer vor den Toren von Emden bereits eine touristische Attraktion wurde, mit Segelbooten, Windsurfern und herrlich an Stichkanälen gelegenen Wochenendhäuschen und Bootshäusern. Hier herrscht nicht nur in der Hauptsaison reges Leben. Das ihm nach Westen vorgelagerte Loppersumer Meer und die „Hieve“ sind kleiner, aber auch hier herrscht die Wochenend-Idylle. Von hier aus lohnt sich stets ein Tagesausflug nach Emden, wobei Loppersum und Osterhusen, das Uphuser Grashaus und auch die Siedlung Conrebbersweg und Westerhusen besucht werden sollten, wo ostfriesische Geschichte stattgefunden hat.

Daß auch die ostfriesischen Kirchen in schwerer Zeit als letzte Zuflucht dienten, das hat dieses Buch gezeigt; aber auch als Versteck und Aussichtspunkt für die Seeräuber wurde beispielsweise der Störtebekerturm der Kirche von Marienhafe benutzt, in dem wir auch heute noch im Anblick der Museumsstücke des legendären Störtebekers Anwesenheit erahnen können.

Die Ostfriesische Landschaft erlebte fröhliche Urständ, als Oberpräsident Kopf Jann Berghaus bereits Ende 1945 zum vorläufigen Vorsteher der Ostfriesischen Landschaft ernannte. Doch der Weg dorthin war dornig und steil. Nur dank der Tätigkeit von Jann Berghaus kam es am 25. April 1950 zur Genehmigung der neuen Landschaftsverfassung durch die niedersächsische Landesregierung. Der darin niedergelegte

Auftrag für die Landschaft lautete: „Heimatliche Aufgaben aus Vergangenheit und Gegenwart in Ostfriesland zu erfüllen und zu fördern."

Die Landschaftsversammlung, die von den Kreistagen und dem Emdener Rat gewählt wurde, gab sich selbst die Bezeichnung Kulturparlament.

Nunmehr galt es, die niederländischen und westlauwerschen Friesen wieder zu gemeinsamem Handeln zu gewinnen. Nach langen Vorbereitungen kam es im August 1955 in Aurich zum ersten Friesenkongreß, der Westfriesen, Nordfriesen und Ostfriesen unter dem Upstalsboom wieder vereinigte. Dort hielt Prof. Dr. Jelle Brouwer die Festansprache mit der abschließenden Verlesung des „Friesischen Manifestes". Darin wird kundgetan, daß alle Bestrebungen voll unterstützt werden würden, die zu einem geeinten Europa führen könnten. Hier erwies sich das allen gemeinsame Friesentum als Brücke, über die man aufeinander zugehen konnte.

Die Städte und ihre Sehenswürdigkeiten

Emden, auch heute noch wichtiger Hafen mit einigen Werften, war zur ostfriesischen Zeit ständiger Zankapfel, denn mit unbeirrbarem Patrizierstolz versuchte diese Hafenstadt selbständig zu bleiben, sich niemandem unterzuordnen.

Über Jahrhunderte war sie das stolze ostfriesische Tor zur Welt. Sie erlebte Staatische Einquartierungen und Staatische Schutztruppen ebenso wie brandenburgisch-kurfürstliche Einquartierungen und französische Besatzung, und doch blieb sie immer sie selbst.

Daß der Große Kurfürst die Emdener Seeschiffahrt belebte und die erste brandenburgisch-deutsche Handelsflotte von diesem deutschen Hafen auslaufen ließ, um mit China und Indien, Surinam und anderen ostasiatischen und südamerikanischen Ländern Handel zu treiben, rechnen die Emdener den Preußen hoch an. So wie sie auch auf Friedrich d. Gr. kein ungutes Wort kommen lassen, hat er doch ihre Schiffahrt weiter gefördert, den Heringsfang wiederbelebt und durch Schutzzölle sein Land gegenüber den billigeren holländischen Heringen abgeschirmt.

Emden, im 14. Jahrhundert Sitz des Häuptlingsgeschlechtes der Abdena, zu Anfang des 15. Jahrhunderts von Hamburg besetzt, um die Seeräuber unter Störtebeker und seinen Nachfolgern daran zu hindern, die hansische Schiffahrt zu belästigen, war seit der Gründung der Grafschaft Ostfriesland durch Kaiser und Reich 100 Jahre ostfriesische

Hauptstadt, ehe das Grafengeschlecht der Cirksena seinen Regierungssitz nach Aurich verlegte.

Mit der Verleihung des Stapelrechts durch Kaiser Maximilian I. im Jahre 1494 begann Emdens Blütezeit; im Zeitraum der niederländischen Befreiungskämpfe wurde diese Stadt zum Zentrum des Calvinismus. Die wegen ihres Glaubens aus den Niederlanden geflüchteten Menschen und die englischen Tuchkaufleute – Merchant Adventurers genannt – brachten Emden zur Hochblüte.

Emden, das war aber auch – wie in diesem Werk dargestellt worden ist – der Hauptsitz der ostfriesischen Stände und damit auch Standort der Hauptwidersacher des Grafenhauses der Cirksena. Es war selbst in der hohen Zeit des Absolutismus ein ganz besonderes Zentrum freiheitlicher Haltung germanischer Tradition.

Der Übergang von Ostfriesland im Jahre 1744 an Preußen war nicht nur durch den angemeldeten Anspruch des Großen Kurfürsten auf dieses Land, sondern auch durch den Einsatz Emdens ermöglicht worden, nachdem 1744 das Geschlecht der Cirksena im Mannesstamm ausgestorben war.

Was den heutigen Besucher der Stadt Emden erwartet, ist der größte Hafen Niedersachsens und zugleich Endpunkt des Dortmund-Ems-Kanals. Hafenrundfahrten bringen dem Besucher das große Gebiet vom Binnenhafen bis hinunter zum Vorhafen nahe.

Der alte Stadtkern ist trotz der schweren Bombardierungen des Zweiten Weltkrieges, denen auch das Alte Rathaus und die Alte Kirche zum Opfer fielen, noch erhalten, allerdings bis auf zwei Häuser nur im Nachbau. Kanäle und Zugbrücken bestimmen auch heute noch das Bild der Innenstadt.

Das Ostfriesische Landesmuseum, im neuen, 1962 eingeweihten Rathaus eingerichtet, vermittelt ein umfassendes Bild von Ostfriesland, vom Leben der Menschen, von ihren Schiffen, die in Modellen vorhanden sind. Es zeigt den goldenen Löwen von Emden; er erinnert an die erste Walfang-Expedition, die vor 340 Jahren von Emden ausging.

Das Hafentor am Ratsdelft und die Alte Kirche sind es wert, besichtigt zu werden.

Über die Störtebekerstraße von Emden nach Leer zu fahren, lohnt sich immer, zumal Oldersum auf dem Wege liegt, ein geschichtsträchtiges Dorf, und die Straße entlang der Ems reizvolle Abwechslung bietet.

Leer, wo bereits 792 der Friesenmissionar Liudger wirkte, bietet, vom Turm des Rathauses gesehen, einen faszinierenden Anblick. Von hier aus zeigt sich auch die alte Kirchwarft mit den Resten einer Kirche aus dem 12. Jahrhundert.

Die alte Waage aus dem Jahre 1714, die Häuserzeile in der Neuen Straße aus dem 17. und 18. Jahrhundert, die prächtigen Bürgerhäuser in der Mühlenstraße und in der Wörde, vor allem aber das Haus Samson in der Rathausstraße sind Zeugnisse alter Kultur. Haus Samson, 1643 errichtet, ist der Sitz einer Weingroßhandlung. In seinem Innern befindet sich eine Sammlung ostfriesischen Hausrates und Kulturgutes, die besichtigt werden kann. Daß Leer auch ein Heimatmuseum hat, das zu besuchen sich lohnt, sei am Rande vermerkt.

Das Sperrwerk in der Schleife der Leda ist eine der vielen Hochwasser-Schutzmaßnahmen, die allerorten in Ostfriesland betrieben werden müssen, wie die verschiedenen Sturmfluten auch in unserer Zeit beweisen.

In Leer wird seit 1808 im Oktober der Gallimarkt begangen. In jedem zweiten Jahr findet eine große Ostfrieslandschau statt, und wer am Nachmittag eine zünftige ostfriesische Teetafel erleben will, der möge in die Waage gehen, denn dort wird sie richtig zelebriert.

Von Leer aus lohnt sich die Fahrt als Abstecher über die Ems nach Holtgaste, auch auf den Spuren der Franzosen und der Truppen der Generalstaaten, die beide ja in Friesland zu gewissen Zeiten „wie Nordseefluten und Viehseuchen“ dazugehörten. Durch die Tiefs nach Dünkirchen zu den großen Poldern Friedrichs des Großen und seiner Nachfolger ist es nur ein Katzensprung.

Bunde mit seinen alten wehrhaften Kirchen und der Weg zur Nieuweschans durch den Charlottenpolder, der Rückweg über Landschaftspolder ins Reiderland und in einem Bogen über Ditzum, Hatzum und Jemgum nach Leerort und zur Emsbrücke sind eine Fahrt entlang einer Reihe von Tiefs, teilweise auf meerentrissenem Boden.

Von Emden *in die Krummhörn* führt der Weg über Pewsum mit seiner Burg wieder in Richtung Störtebekerstraße, die bei Groothusen erreicht wird. Zunächst aber geht es nach Larrelt mit dem als Seezeichen dienenden Kirchturm. Dieser Ort war Sitz der Allena-Häuptlinge. Von hier aus führt die Straße zur Knock (der alten Knocke). Wo vormals das alte Fort gestanden hat, befindet sich heute das größte Schöpfwerk Europas. Am Mahlbusen gibt es einen ausgezeichneten Campingplatz. Auf dem Weg von der Deichstraße zur Erdgas-Ladestation hat man einen schönen Blick auf Delfzyl. Das Groothuser Buschhaus, die Groothuser Mühle, die Kirche von Manslagt befinden sich bereits mitten in der kulturträchtigen Krummhörn. Über Pilsum wird *Greetsiel* erreicht.

Dieses Fischerdorf an der Leybucht mit dem Wahrzeichen der zwei Mühlen auf dem alten Deich, dem Hohen Haus aus dem Jahre 1619 und dem Halmeschen Haus, das 1794 errichtet wurde, bietet mit dem alten Siel von 1461 eine der ältesten heute noch in Betrieb befindlichen Schutzanlagen Ostfrieslands und viele Fotomotive.

Entlang dem *Störtebekerdeich,* der jenen Teil der *Leybucht* schützt, der dem Meer wieder abgerungen wurde, den Leybuchtpolder, führt der Weg durch eine Reihe von Poldern und über das Abdingaster Tief nach Norden.

Wer über die *Störtebekerstraße an der Küste* entlangfährt, begegnet in jedem Dorf der alten friesischen Geschichte. *Norden* ist der Sitz der Theelkammer. Seit 1969 werden hier alljährlich im Juli und August regelmäßig Vortragsabende für die Gäste der ostfriesischen Nordseeküste veranstaltet.

Darüber hinaus aber wird in Norden nicht nur der weltberühmte Doornkaat gebrannt. Im alten Rathaus befindet sich das Heimatmuseum. In Norden steht auch die alte Liudgerikirche, eine der schönsten Kirchen Ostfrieslands mit dem Grabmal des berühmten ostfriesischen Häuptlings Unico Manninga aus dem 16. Jahrhundert und ihrer berühmten Arp-Schnitger-Orgel. Wer dann schließlich vor dem Renaissancegiebel des Schöningschen Hauses steht, der weiß, was ein schönes Haus ist.

Von Norden nach *Norddeich* sind es nur wenige Kilometer. Aus Norddeich-Hafen fahren die „weißen Schwäne der Nordsee", die Bäderschiffe, nach *Norderney und Juist.* Aber auch für alle jene, die hier bleiben wollen, bieten sich der Strand, das Meerwasser-Hallenbad und der Seglerhafen an. An trüben Tagen hält das Haus des Gastes allerlei Kurzweil bereit. Für Camper ist in vorbildlicher Weise gesorgt. Die Seehund-Aufzucht-Station ist es wert, besucht zu werden, und zu Tagesausflügen laden die Dampfer zu den Inseln ein.

Wer die Fischkutter vom Fang heimkommen sehen will, braucht natürlich nicht so früh aufzustehen wie jene, die sie auslaufen sehen möchten.

Von Norddeich über Norden zurückfahrend, biegt der geschichtsbewußte Urlauber und Ferienreisende auf der Kreuzung von Horst nach Osten ein, um über Bargebur und Tidofeld nach Lütetsburg zu gelangen.

Das Lütetsburger Wasserschloß, das nach einem Brand im Jahre 1959 im Renaissancestil wiedererrichtet wurde, ist nicht nur in geschichtlicher Hinsicht eine Perle. Sein weitläufiger Park im englischen Stil ist ein Refugium der Stille und besinnlicher Wanderung.

Auf Lütetsburg lebte seit 1588 der Reichsfreiherr Wilhelm zu Inn- und Knyphausen, der einem alten Häuptlingsgeschlecht entstammte und mit Hyma, der Tochter des bekannten ostfriesischen Häuptlings Unico Manninga, verheiratet war. Ihr Sohn Dodo stand als Kapitain ab 1602 in den Diensten des Prinzen Moritz von Oranien. In der Festung von Ostende, die er gegen General Spinola verteidigte, erhielt er am 22. Dezember 1603 seine Beförderung zum General der Artillerie. Unter Enno III. von Ostfriesland wurde er 1607 Drost von Stickhausen.

Nach dieser geschichtlichen Reminiszenz zurück zur touristischen Reise über die *Störtebekerstraße* nach Osten.

Nur wenige Kilometer weiter hinter der hübschen Ortschaft *Hage* mit seiner Windmühle und der Wehrkirche aus dem 13. Jahrhundert finden wir das *Berumer Schloß Nordeck.* Hier befand sich ein alter Häuptlingssitz. Teile der Burg stehen noch. Nur wenige hundert Meter zu einem Straßen-T zurückkehrend, setzen wir unsere Fahrt in nördlicher Richtung fort, fahren durch die *Hagermarsch* bis zum Hilgenriedersiel, wo wir die Störtebeker-Küstenstraße südlich des Westerdeiches wieder erreichen und nach *Neßmersiel* gelangen, dem Ausgangspunkt der Fähre nach Baltrum.

Hart südlich des Osterdeiches weiter nach Osten haltend, gelangen wir nach *Dornumersiel,* das im Westen der Bundesrepublik auch als „Dortmundersiel“ bekannt ist, dem jüngsten Badeort der ostfriesischen Küste. Im großen Speicherbecken südlich des Deiches, das von Spaziergängern auf guten Wegen umrundet werden kann, besteht die Möglichkeit zu Schiffsausflügen; frische Kutterschollen und Krabben und ein beheiztes Meerwasser-Freibad machen es dem Gast gemütlich. Vom Seglerhafen segeln die Könner auf die Nordsee hinaus. Im Hotel Nordsee gibt es bei Herrn di Scala auch italienische Spezialitäten und erstklassige beispielhafte Gastlichkeit.

Von hier ab verlassen wir die Störtebekerstraße zu einem südlichen Abstecher nach Dornum.

Mit *Dornum* erreichen wir eine Häuptlingsstadt, deren Geschichte bis ins 13. Jahrhundert zurückreicht. Hier besuchen wir die Warfenkirche von St. Bartholomäus aus dem 13. Jahrhundert mit ihren typisch ostfriesischen abgeschlossenen Sitzgruppen in Holz, mit blauer Farbe bemalt. Die Arp-Schnitger-Orgel ist ein Wunder an Klangfülle. Von dieser und anderen Orgeln dieses Meisters (so auch von der zwischen 1682 und 1687 in der Nikolaikirche zu Hamburg erbauten) ging jene Orgelbewegung aus, die durch die Entdeckung dieser norddeutschen Meisterwerke der Orgelbaukunst aus dem 17. Jahrhundert durch Albert Schweitzer, E. Rupp und F.X. Mathias begonnen wurde.

Das Grab des Gerhard von Closter aus dem Jahre 1594 gehört ebenfalls dazu.

Die um 1400 erbaute *Norderburg* ist Ausgangspunkt örtlicher Exkursionen durch die Stadt und ihr Turm ein Wahrzeichen, das weit ins offene Land hinein sichtbar ist.

Die Wasserburg der Beninga-Häuptlinge liegt direkt im Ortskern und ist über eine schmale Seitenstraße, die Beningalohne, zu erreichen.

In der zweiten Hälfte des 14. Jahrhunderts von Hero Attena erbaut, war sie zunächst 100 Jahre im Besitz dieser Häuptlingsfamilie, gelangte durch Erbschaft in den Besitz des Kankena-Geschlechtes und fiel zu Beginn des 16. Jahrhunderts durch Heirat der Familie Beninga zu, der sie bis zu Anfang des 19. Jahrhunderts gehörte. Sie bietet einen romantischen Anblick. Der darin befindliche Restaurationsbetrieb mit Hotel im Besitz der Familie Kastrop kann wärmstens empfohlen werden. Hier findet der Gast noch echte ostfriesische Gerichte und auch ostfriesische Namen dafür.

Da gibt es beispielsweise die Toastschnitte Lütet von Nesse oder den Meeresfrüchte-Cocktail Hero Attena. Das Filetsteak Focko Ukena kann ebenso empfohlen werden wie die Matjesfilets Gode Michel oder die Seezunge der Maria Eva von Ehrentreuter. Am Ortsrand von Dornum steht eine der letzten *Bockwindmühlen* Ostfrieslands.

Kapitän Eilers vom Süderweg 9 ist allezeit bereit, Segelkurse für Anfänger und Fortgeschrittene zu veranstalten und Wattwanderungen zu Fuß ebenso wie Watt-Safaris auf seinem Kutter „Keen Tied" durchzuführen. Beides Exkursionen, die man in Ostfriesland gemacht haben muß.

Von Dornum nach *Aurich* geht es auf einer gut ausgebauten Straße. Aurich, ostfriesische Hauptstadt und Residenz der Grafen und Fürsten von Ostfriesland aus dem alten Häuptlingsgeschlecht der Cirksena, ist jedoch nicht nur ein früher Häuptlingssitz. Bereits zur fränkischen Zeit *Karls des Großen* soll es an dieser Stelle eine Siedlung mit dem Namen Aurica gegeben haben. So weiß es jedenfalls Kanonikus Wolter, ein Historiker aus der Zeit des 15. Jahrhunderts, zu berichten. Und er steht mit dieser Feststellung nicht allein. In der Chronik des Klosters Rastede wird berichtet, daß die Kirche des heiligen Lambert bereits zu Lebzeiten Karls des Großen in Aurich errichtet worden sei.

Alle diese Überlieferungen sind möglich, aber nicht gesichert. Fest steht nur, daß die Auricher Pfarrkirche durch den Grafen Johann von Oldenburg 1279 errichtet worden ist. Um 1300 wird in den Brokmer-Briefen „Lambertshove" – Aurich – genannt. 45 Jahre später erscheint in den Brokmerbriefen hierfür die Bezeichnung „auraechove".

Wie auch immer: Aurich ist ein alter Häuptlingssitz gewesen. In der Auricher *Burg* residierte Ritter Ocko II. tom Brok, Sohn des Keno tom Brok. Die Burg war ihm von Graf Moritz von Oldenburg zu erblichem Besitz überlassen worden. Sie stand dort, wo heute der Piqueurhof liegt.

Nachfolger der tom Broks war der Häuptling Fokko Ukena. Er ließ 1429 den inzwischen gebildeten Ort Aurich mit Wall und Graben umgeben, befestigte die Burg und setzte seinen Sohn Udo als Burghauptmann hinein.

Als die „meene meenten" – eine Verbindung ostfriesischer Häuptlinge und Dörfer – gegen die Ukena zu Felde zogen, wurde die Burg nach langer Belagerung erobert und geschleift.

Aurich wurde an Wibet von Esens und Edzard und Ulrich Cirksena übergeben. An die Cirksena gerichtet war auch die erste Huldigungserklärung des Auricher Landes von 1438, in der es über Aurich heißt:

„Un dar scholen se van holden in Auwerke (Aurich) een guden Man mit tween Knechten, de Schalken und Deven stüre." Das bedeutet soviel, daß es in Aurich einen Polizeimeister und zwei Polizisten geben soll, die den Schalken und Dieben wehren sollten.

Erst im Jahre 1491 wurde Aurich neben Emden und Norden als Stadt genannt, wie das Ostfriesische Urkundenbuch ausweist, in dem es unter dieser Jahreszahl heißt:

„Vorder zo sollen in alle unse Laanden und herlicheiden, buthen den drien steden Embden Aurick un Norden."

Als Ulrich Cirksena 1439 die alleinige Herrschaft in Aurich übernahm und sich zum ersten Male „Hovetling in den nyen (Norder) Lande un tho Aaurike" nannte, waren Stadt und Burg zu Aurich in feste Hände gelangt. Sie blieben es auch bis zum Aussterben des Mannesstammes der Cirksena in Ostfriesland und der Übernahme von Ostfriesland durch Friedrich den Großen von Preußen im Jahre 1744.

Von 1561 bis 1744 war die Stadt Residenz der Grafen und Fürsten von Ostfriesland, ebenso Sitz des Gerichtes und der Landesverwaltung.

Wer aus nördlicher Richtung kommend den Ostfriesland-Äquator überschritten hat, den grüßt schon aus der Ferne der *Lambertiturm.* Das *Pingelhus,* der Gebäudetrakt der Ostfriesischen Landschaft mit dem Fürstensaal und seinen Gemälden ehemaliger Fürsten und Grafen Ostfrieslands, sei der besonderen Aufmerksamkeit des Besuchers empfohlen. Im Fürstensaal sind die Stände- und Landeswappen als Dekkengemälde zu sehen. Die ostfriesischen Regenten werden in einer Bildergalerie vorgestellt. Kostbare Möbel und friesischer Hausrat sind ebenso zu sehen wie ein vollständiges Porzellan-Service aus China und Modelle ostfriesischer Häuptlingsburgen und Amsterdamer Standuhren.

Die Ostfriesische Landschaft ist übrigens aus den Ständen hervorgegangen und heute eine Art von kultureller Selbstverwaltung.

Das Regierungsgebäude mit dem Marstall und dem Schloß liegen eng beieinander.

Der Auricher Chanty-Chor ist weit über die Grenzen seiner engeren Heimat bekannt. Unbekannter ist schon, daß – zwar nicht sichtbar, aber doch vorhanden – der Meridian 7 Grad 30 Minuten, der die theoretische Zeitgrenze zwischen der Mittel- und Westeuropäischen Zeit darstellt, mitten durch Aurich verläuft.

Die Stiftsmühle kommt als Sehenswürdigkeit hinzu, und die vielen Sportanlagen sichern nicht nur geruhsame, sondern - wenn gewünscht - auch sportliche Ferien.

Von Aurich zum *Ewigen Meer* sind es nur wenige Kilometer in nördlicher Richtung. Umgeben vom *Berumerfehnermoor* und dem *Meerhusener Moor* bietet dieser Platz einen Flecken der Stille und Besinnung mit herben Landschaftsmotiven für Maler und Fotografen.

Fährt man von Aurich nach Südwesten, so erreicht man rasch den Upstalsboom-Platz mit seinem Denkmal, das an diese alte Thingstelle der Ostfriesen erinnert.

Von Aurich zur Küste zurückschwenkend erreichen wir *Esens,* einen bereits im 13. Jahrhundert bekannten Häuptlingssitz, der sich in den letzten Jahrzehnten zu einem schönen Küsten-Badeort entwickelt hat. Früher hatte Esens durch die damals noch wasserreiche Ehe und das Falstertief direkte Verbindung zum Meer und war Ausgangs- und Endpunkt mehrerer alter Handelsstraßen. Entlang dieser Straßen sind bronzezeitliche Funde gemacht worden. Die *Goldschalen von Terheide* sind davon besonders bekannt. Diese Funde lassen den Schluß zu, daß Esens *und* diese Handelsstraßen schon zur Bronzezeit besiedelt bzw. befahren waren.

Die Herrscher des Harlingerlandes, die Häuptlingsfamilie tom Brok, waren auch die Herren in Esens. Ab 1414 wurde hier Wibet von Esens als Vogt der tom Broks eingesetzt. In die Zeit des Wibet fällt auch die Errichtung der *Burg* von Esens und deren Ausbau zur *Festung.* Wibets Beauftragte nahmen auf den Märkten Esens und Umgebung neben dem „Zehntkorn" auch den „Zehntschweinen" ebenso wie die Kuhschatz ein. Später kamen noch jene Küstenorte hinzu, die heute zum Amte Esens gehören.

Über Ulrich Cirksena und Sibo Attena, der in Neapel zum Ritter geschlagen wurde und in den Kriegszügen Neapels den Orden vom goldenen Greifen errang, folgte Hero Mauritz Kankena als Herrscher in Esens. Dessen Versuche, im gesamten Harlingerland zu residieren, ohne die Lehnsansprüche der ostfriesischen Grafen erfüllen zu müssen, führten zu einer Zeit dauernder Fehden und schließlich zur Selbständigkeit des Harlingerlandes, die von Junker Balthasar, dem letzten Häuptling des Harlingerlandes, heftig verteidigt wurde.

Durch die Heirat der Gräfin Walpurgis (Walburg) mit Enno III. von Ostfriesland wurde das Harlingerland wieder mit Ostfriesland vereinigt. Enno III., der Urenkel Edzard des Großen, Enkel Gustav Wasas von Schweden und Vetter Gustav Adolfs von Schweden, wurde Regent im Harlingerland. Esens wurde zeitweise zur zweiten Residenz Ostfrieslands.

Das Esener Rathaus mit dem Ahnensaal von 1756 und die Kirche des Heiligen Magnus, dessen Gebeine durch Kreuzfahrer 1160 ins Harlingerland gebracht worden waren und in der ersten etwa um 1100 erbauten Kirche beigesetzt wurden, sind bekannte Besichtigungspunkte.

Diese Kirche, im Jahre 1540 durch Bremen zerstört, weist auch heute noch ein altes Taufbecken aus dem Jahre 1474 auf. Der Taufstein, der Sibet-Attena-Sarkophag und eine Glocke wurden von dem Esenser Häuptling Hero Omken gestiftet.

Wegen Baufälligkeit mußte die alte Kirche 1847 abgebrochen werden. Die neue Kirche wurde inzwischen 1848–54 durch den Architekten Ludwig Sellner erbaut. Sie hat 1700 Sitzplätze und ist damit die größte Kirche Ostfrieslands.

Esens hat in seinem Stadtteil *Bensersiel* einen berühmten Küstenbadeort entwickelt. Im Jahre 1954 wurde auf dem Hellergelände in Bensersiel das erste Badebecken eingerichtet. Der endgültige Ausbau erfolgte 1961. 1972 erhielt Esens-Bensersiel von der Landesregierung in Hannover das Prädikat als „staatlich anerkannter Küstenbadeort".

Der Sandstrand in Bensersiel wurde durch Aufspülmaßnahmen erweitert, in der Harlebucht ein neuer Seglerhafen gebaut. Das Meerwasser-Wellenbad mit Einschwimmhalle, Lese- und Liegeräume kamen hinzu. Kinderspiel- und Freizeitanlagen wurden gleichzeitig mit dem Kinderspielhaus „Kunterbunt" errichtet.

Darüber hinaus ist Bensersiel der Ausgangshafen für die *Langeoog*-Fahrer, die aus diesem Hafen in tidenunabhängiger Fahrt die Insel in 50 Minuten erreichen.

Wer an Regentagen – auch die soll es in Ostfriesland geben – Lust dazu hat, zünftige ostfriesische Teeabende zu bereiten, der kann dies in

Bensersiel lernen. Überhaupt ist Bensersiel *der* Geheimtip an der Nordseeküste.

Wer auf der Störtebekerstraße nach Osten weiterfährt, erreicht *Neuharlingersiel.* Dieser Kutterhafen bietet einen der schönsten Anblicke an der Küste. Von hier aus ist es möglich, auf Fischkuttern zu den Seehundsbänken zu fahren oder die große, alljährlich im Juli stattfindende Kutter-Regatta zu erleben und einem anständigen ostfriesischen Klöhnschnack zu lauschen. Bei Heini Steffens, dem Vormann des Bensersieler Rettungskreuzers, ist alles Rettungsgerät zu besichtigen.

Daß dieser Küstenbadeort erst 1693 urkundlich erwähnt ist, tut ihm keinen Abbruch. Hier besteht die Möglichkeit, große Deichwanderungen zu machen oder Kutschfahrten zu unternehmen. Von den Kutterfahrten war ja schon die Rede.

Im Hafen gibt es frische Krabben, Kutterschollen und andere „Meeresfrüchte" kommen hinzu. Das Nordsee-Schlößchen „Sielhof", ehemals Sitz des oldenburgischen Gesandten in Berlin, hat gute Sachen für die Gabel. Das Buddelschiffsmuseum ist einen Besuch ebenso wert wie das Meerwasser-Hallenbad.

Die Fähre nach *Spiekeroog* ist zwar tidenabhängig, doch dem möglichen Nichtweiterkommen kann man vorbeugen, indem man sich den Tidenkalender besorgt.

Carolinensiel setzt die Perlen an der Nordeseeküste nach Osten hin fort. Dieser Badeort bildet mit dem direkt der Küste vorgelagerten Harlesiel eine Einheit.

Von Harlesiel aus führt die Fährverbindung nach *Wangerooge.* Auch von hier aus gibt es Ausflugsfahrten auf die See, Kutschenfahrten und Busausflüge. Die Wahl der „Miß Caroline" im Sommer sieht manche holde Maid als wahre Augenweide über den Laufsteg schreiten. Die Friedrichsschleuse ist sehenswert, und am Enno-Ludwig-Groden gibt es noch die alten kleinen ostfriesischen Läden, in denen es nach der großen Ferne duftet.

Die Bundesstraße 461 führt dann direkten Weges in südlicher Richtung nach *Wittmund,* einem alten ostfriesischen Häuptlingssitz. Das Mühlenmuseum ist gediegen eingerichtet und sehenswert. Schloßpark und Wittmunder Wald laden zu Spaziergängen ein. In *Altfunnixsiel* nördlich der Stadt gibt es eine Miniaturstadt, die im Sommer geöffnet ist.

Auch die Geschichte von Wittmund ist die jener ersten Häuptlinge. Der überlieferte Ursprung reicht bis in die Zeit um das Jahr 1100 zurück. In den Fuldaischen Vergabungen, den Schenkungen reicher

Friesen an das Kloster Fulda, wird der Ort Witamuthum genannt. In den Summarien des Mönchs Eberhard, der zur Regierungszeit Kaiser Friedrichs I. (1152–1190) lebte, wirde der Ort ebenfalls genannt. Im Jahre 1162 stand in Wittmund eine Kirche, die von den Östringern im Kampfe gegen die Harlinger als „Ziel zum Verbrennen" ausgesucht wurde.

Hier errichtete Keno tom Brok, Häuptling im Brokmerland, zum Ausgang des 14. Jahrhunderts eine Burg. Nach Wittmund zogen sich – wie auch nach Marienhafe – die Vitalienbrüder zurück. Um diese Seeräuber auszuräuchern, wurde 1400 Wittmund belagert und teilweise niedergebrannt. Keno mußte seine Burg den Hamburgern ausliefern.

Der Kampf am 13. Juli des Jahres 1457 sah Graf Ulrich mit seinem Verbündeten Sibo von Esens gegen Tanne Düren aus Jever und den Häuptlingen von In- und Knyphausen siegreich.

Wittmund wurde schließlich selbständige Herrlichkeit mit eigenen Häuptlingen. Die Herrlichkeit blieb, seit Junker Sibet von Esens die Cankenaburg eroberte, mit Esens verbunden. Sibet errichtete 1461 eine neue Burg, das sogenannte Schloß. Wittmund wurde nach einigem Hin und Her von Soldaten der Maria von Jever erobert.

Am 21. Juli 1651 war das Schloß Schauplatz der Hinrichtung des Geheimrates von Marenholz, der hier auf Weisung Enno Ludwigs hingerichtet wurde.

Dem Wittmunder Schützenverein erteilte bereits Graf Enno III. am 22. Mai 1588 die ersten Privilegien.

Der heutige Besucher Wittmunds kann in dieser Stadt das „Ostfriesische Abitur" ablegen. Die beiden einzigen Fächer, die es zu bestehen gibt, sind das Melken einer Kuh und die einwandfreie Aussprache eines ganzen Satzes auf Ostfriesisch.

Von Wittmund nach Jever sind es nur einige Kilometer in östlicher Richtung. Bereits im 14. Jahrhundert wurde in diesem uralten Häuptlingssitz die erste Burg errichtet, und zwar dort, wo heute sich das Schloß erhebt.

In Jever befand sich die erste Thingstätte von Östringen; die Moneta Gavariensis – die jeverische Münze – war im 11. Jahrhundert bekannt. Interessant ist, daß man in Jever im Jahre 1850 beim Abtragen der Stadtwälle südlich des Prinzengrabens eine große Anzahl römischer Silbermünzen entdeckte. Es waren über 3000. Dazu fand man einen Silberlöffel, Werkzeuge aus der Steinzeit und Kupfermünzen aus dem Jahre 1628. Aus den untereinanderliegenden Fundstellen durfte man schließen, daß es sich bei diesem Geldfund um ein sog.

Quellopfer gehandelt hat. Die gefundenen römischen Münzen sind aus der Zeit ab 160 nach Christus unter der Regierung der Kaiser Trajan und Hadrian geprägt worden.

Aus dieser Periode haben wir also erste Kunde über Jever. Zur Normannenzeit soll sich Haroldeshem, das Heim des Harald, in Östringen bei Jever befunden haben. Harald Klak, Sohn Gottfrieds, hatte seinen Sitz in Friesland errichtet und den Osten dieses Landes in Besitz genommen. Der doppelte Ringwall in Östringen soll die Kleiburg umgeben haben, die Burg Haralds.

1415, das ist ein sicher überliefertes Datum, geriet Jever in die Hände des Sibet von Esens, des Enkels Edo Wimekens. Von diesem gewann es Ocko tom Brok nach Kampf; er übernahm die Führung in Östringen. Sibet, der sich zunächst mit Ocko vereinte, um gegen Bremen zu ziehen, verbündete sich später mit Focko Ukena. Beide erkannten den Bischof von Münster als ihren Oberherrn an. Sie drangen mit münsterschen Kriegsknechten ins Brokmerland ein und schlugen Ocko tom Brok und seine Mannen am 28. Oktober 1427 auf den Wilden Äckern.

Sibets Lohn dafür war der erneute Besitz von Östringen und Wittmund. In Jever erbaute er eine neue Burg, in die Findlinge der 1420 zerstörten Pfarrkirche eingebaut wurden.

Der spätere Häuptling von Jever, Edo Wiemken der Jüngere, setzte sich zur Wehr, als der Kaiser Ulrich I. von Ostfriesland auch mit Östringen belehnte.

Der Nachfolger Ulrichs I., Edzard I., der später der Große genannt wurde, wollte das Jeverland nun mit Gewalt in Besitz nehmen. Er zog 1495 mit 4000 Mann ins Jeverland. Es kam zum Kampf, aber Edzard mußte unverrichteter Dinge abziehen. Wie sich Edzard schließlich doch in den Besitz von Jever brachte, ist im geschichtlichen Teil abgehandelt.

Nach dieser historischen Rückblende zurück zum heutigen Jever mit seinem prächtigen *Schloß* und dessen weithin sichtbarem *Barockturm* und der *Stadtkirche,* die von Fräulein Maria wieder aufgebaut wurde. Das *Rathaus,* ein zweigeschossiger Backsteinbau, entstand 1606–1616.

Das Edo-Wiemeken-Denkmal in der neuen Stadtkirche und der Spaziergang durch den schönen Schloßpark bieten dem Auge viele sehenswerten Ruhepunkte. Das Jeversche Schützenfest, die Schloßkonzerte in den Sommermonaten und das im Schloß befindliche Heimatmuseum, das von März bis Dezember geöffnet ist, schenken dem Reisenden weiteren Augen- und Ohrenschmaus.

Viele sehenswerte Ziele sind in Ostfriesland noch zu finden. Wer zu den sieben ostfriesischen Inseln will, der kann aus allen genannten Häfen der ostfriesischen Nordseeküste dorthin fahren und sich in der Schönheit der Inselwelt einrichten. Ob auf Norderney, Borkum, Baltrum, Langeoog, Spiegeroog, Wangerooge oder Juist, überall erfährt der Gast echt ostfriesische Gastfreundschaft und genießt Inseleinsamkeit und See. Das älteste Inselbad ist Norderney. Es wurde 1797 mit Genehmigung des Preußenkönigs Friedrich Wilhelm II. gegründet. Fünfzig Jahre später wählte König Georg V. von Hannover Norderney zu seiner Sommerresidenz. Hier weilten gekrönte Häupter ebenso wie berühmte Dichter, Politiker und Künstler.

Norderney ist nicht – wie oftmals berichtet – das Sylt Ostfrieslands, sondern etwas ganz Eigenes. Hier findet der Gast alles, was sein Herz begehrt. Im Fischerhausmuseum ist echte ostfriesische Wohnkultur nachzuempfinden und eine sehr schöne, umfassende Sammlung zur Geschichte des Fischfangs und der Schiffahrt zu besichtigen. Norderney hat einen Flugplatz und die modernsten Kur- und Erholungseinrichtungen.

Von Neßmersiel aus gelangt man nach *Baltrum,* der kleinen ostfriesischen Insel. Hier muß das Auto „außen vor" bleiben, denn dies ist ein Paradies ohne Autolärm und Abgase für Familien mit Kindern, mit Inselrundfahrten per Kutsche, Spaziergängen durch die Dünenlandschaft und Wattwanderungen.

Langeoog – seit 1830 Badeinsel – mit den höchsten Dünen der Nordseeinseln und einer Strandlänge von 14 Kilometern ist ebenfalls für Autofahrer tabu. Der Reisende kann auch hier seine Benzinkutsche gegen eine echte Kutsche mit „Hafermotor" vertauschen und seinen eigenen Wagen in Bensersiel in Garagen abstellen. Dafür können aber eigene Pferde mitgebracht werden.

Von hier aus starten die Seesegler zu ihren großen *Segelfahrten und Regatten.* Die *Vogelkolonie* mit dem Vogelwärterhaus ist Brutgebiet von über 15000 Möwen, Brandgänsen, Sumpfrohreulen und anderen seltenen Seevögeln. Langeoog ist *die* Sportinsel.

Spiekeroog ist wiederum eine Insel mit Hauswäldchen, einer Besonderheit auf den ostfriesischen Inseln. Von Neuharlingersiel dauert die Fahrt zu dieser Insel etwa eine Stunde. Der Fahrplan ist hier von Ebbe und Flut abhängig.

Spiekeroog war zeitweise der Schlupfwinkel von Seeräubern. Die Insel nahm 1840, also zehn Jahre nach Langeoog die ersten Badegäste auf. Die Kirche aus dem Jahre 1696 ist das älteste Bauwerk auf der Insel. Ihre Apostelbilder stammen – eine Rarität – von einem Flaggschiff der spanischen Armada.

Wangerooge mit seinem neuen Leuchtturm aus dem Jahre 1855 als Wahrzeichen der Insel ist mit seiner heutigen Ortschaft erst im Jahre 1863 entstanden, nachdem die Insel bereits 1327 erwähnt und wenig später auch besiedelt worden war.

Das Heimatmuseum im alten Leuchtturm und die Besichtigungsmöglichkeiten des neuen Leuchtturmes vor- und nachmittags bieten neben Reit- und Schwimmkursen, Windsurfer- und Segelschule und den sehr beliebten Kutschenfahrten reiche Abwechslung. Für die Kinder steht ein Abenteuerspielplatz zur Verfügung.

Von hier aus besteht die Möglichkeit zu Ausflügen nach Helgoland und zu den übrigen ostfriesischen Inseln.

Borkum, das als siebte Insel vor der Nordseeküste von Emden aus erreicht werden kann, ist die westlichste der deutschen Nordseeinseln. Sie liegt an der Ostseite der Emsmündung und hat neben der Fährverbindung (Autofähre) auch einen nachtlandefähigen Flugplatz.

Seit 1830 Badeort, hat Borkum einige hervorragende Badestrände. Hier finden im Sommer rauschende *Strandfeste* statt. *Fischkutterfahrten, Kurkonzerte* und ein *Spielcasino* sind bereit, dem Gast Kurzweil und Vergnügen zu spenden.

Der alte Leuchtturm aus dem Jahre 1576, der vordem schon Kirchturm, Seezeichen und dann wieder Leuchtturm war, steht nahe dem Dykhus, das als Museum eingerichtet ist, in dem heimat- und volkskundliche Gegenstände der Inselgeschichte ausgestellt sind.

Das *Landschaftsschutzgebiet* „Greune Stee“ liegt im Süden der Insel. Borkum wird von Juist durch die Osterems getrennt. Diese westlichste der ostfriesischen Inseln war einstmals bedeutend größer. Sie wurde durch Sturmfluten in ein West- und Ostland zerrissen und erst nach 1860 wieder durch einen Deich verbunden.

Was die Geschichte dieser Insel anlangt: Sie war schon den Römern bekannt, wurde im Jahre 1398 zum erstenmal urkundlich erwähnt, und zwar als Besitz des ostfriesischen Häuptlingsgeschlechtes der tom Brok.

Nach den Darlegungen alter ostfriesischer Chronisten, so auch O.G. Houtrouw, soll Borkum Teil der alten Großinsel Bant gewesen sein. Houtrouw bezieht sich dabei auf Altfridus in der Vita Liudgeri, nach welcher „una insula quae dicitur Bant“ zum Fedirgugau gehört habe.

Juist und Norderney sollen ebenso, und zwar als Ostteil, zu dieser Großinsel gehört haben, während die kleine heutige Insel Bant weit im Süden lag. „Alles, was wir jetzt als Sandbänke unter dem Namen Randsel, Hamburger, Koper- Memmert-Sand kennen“, schreibt Houtrouw in seiner geschichtlich ortskundigen Wanderung durch das Fürstentum Ostfriesland, „bildete einst die große Insel Bant, was soviel wie eine Landschaft, einen Distrikt bezeichnete, in dem Borkum und Juist nur einzelne Niederlassungen waren“.

Während um 1100 die Bant als zur Diözese Münster gehörend verzeichnet wird, liest man in der Urkunde vom 11. September 1398, daß Widzelt tom Brok und Folkmar Allena, vom Herzog Albrecht von Bayern, „Borkyn“, Just, Burse (Buise) und Osterende übertragen worden sei. Dieses „Osterende“ wird als östliches Ende von Bant gesehen. 1549 wird für dieses Gebiet von Beninga zum ersten Mal die Bezeichnung „Norder-Neye-Oog“ benutzt.

Nach Houtrouw kann die Marcellusflut des Jahres 1362, die als große „Mandrak“ bezeichnet wurde, für die Aufspaltung der Insel in mehrere kleinere Teile verantwortlich sein.

Der Friesenherzog Radbod soll auf Bant eine Burg gehabt haben, auf die er sich zurückgezogen hatte, als die Franken Ostfriesland unterwarfen. Houtrouw stützt sich auch auf eine Schenkungsurkunde der reichen Friesin mit Namen Esacha an das berühmte Kloster Fulda, in der es heißt: „Ego, Esacha, filia Avonis, trado ad St. Bonifatium in insula Ganc (Bant) terram 24 pecudum.“ Was soviel bedeutete, als daß diese reiche Dame dem heiligen Bonifatius auf der Insel Bant 24 Kuhweiden übereignete:

Wie auch immer: Borkum als westlichste der Ostfriesischen Inseln ist eine Ferienreise wert, und sei es nur, um auf den Spuren der Borkumer Walfänger zu wandeln, die von hier aus nach den reichen Walgründen vor Grönland in See stachen und ihre Häuser mit gewaltigen Walkinnladen und Walrippenzäunen umgaben.

Hier wird am Sonntag vor Pfingsten noch unter dem Maibaum getanzt. Hier ist der Strand weit und der Erholungswert groß, und nirgendwo anders gibt es den bekannten Ostfriesentee in einer derart guten Zusammensetzung.

Ostfriesland und die ostfriesischen Inseln, die der Vollständigkeit halber in den abschließenden Abschnitt mit aufgenommen werden sollten, auch wenn sich dort nicht große ostfriesische Geschichte abgespielt hat, ist für Menschen von heute ein stilles Refugium, in dem sie sich an allen Plätzen, sei es auf dem Festland oder auf den Inseln, gut erholen und regenerieren können.

Allen Ostfriesenwitzen zum Trotz erleben die Binnenländer hier weltoffene Menschen, die ihrer Kultur, ihrer Heimat und ihrer Muttersprache eng verbunden geblieben sind, die ihre alten Traditionen hochhalten und darüber hinaus von einer selbstverständlichen schlichten Gastfreundlichkeit sind.

Hier wird Geschichte weitervermittelt, wie die riesige Heimatbibliothek in Aurich ebenso ausweist wie die vielen Gespräche überall in den Orten an der Küste und auf den Inseln. Hier lebt der weite Atem des Meeres, nach dem Ostfriesen immer Heimweh haben, wohin es sie auch verschlagen hat. Hier gibt es die alten Warfendörfer, die reetgedeckten Bauernhäuser, die fast schon Festungen sind, die alten trutzigen Wehrkirchen und die deftigen Burgen und schönen Schlösser.

In Ostfriesland wurde zuerst Demokratie unter dem Upstalsboom vorgelebt, in Ostfriesland fanden die ersten tiefschürfenden Religionsgespräche statt; hier lebten knorrige Schläge alter Häuptlingsgeschlechter, deren „lever dod as Slaav" noch heute spürbar ist. Hier gibt es Kirchen mit ihren reichen Schätzen, beispielsweise Orgeln von Arp Schnitger, Kanzeln und Altäre von Ludwig Münstermann, dem berühmten Hamburger Bildhauer, und alten eindrucksvollen Grabmälern. Die Heimatmuseen und die Vogelparadiese gehören dazu wie die Kutschenfahrten zu Lande und die Kutterfahrten zur See. Hier drehen sich im Wind die letzten schönen Windmühlen Deutschlands, und der ostfriesische Landwein, der Doornkaat, ist ebenso Spitzenqualität wie das Bier aus Jever und der ostfriesische Tee mit Kluntjes und Sahne.

In Ostfriesland wissen die Menschen, daß das Meer immer noch hart zuschlagen kann, und sie setzen sich dagegen zur Wehr, wie sie dies seit mehr als einem Jahrtausend getan haben. Ostfriesland, dessen Geschichte, wie das vorliegende Werk zeigt, in einem dauernden Kampf gegeneinander und gegen den Blanken Hans, gegen die Vieh- und Menschenseuchen bestand, ist es wert, uns in seiner ganzen Ursprünglichkeit erhalten zu bleiben.

Wenn dieses Buch seinen bescheidenen Beitrag dazu geleistet hat, die Besonderheit dieses Landes und seiner Menschen zu verstehen, dann wäre die Absicht *und* Aufgabe des Autors erfüllt, dem von allen Seiten in Ostfriesland nicht nur Hilfsbereitschaft, sondern tätige Mithilfe an diesem Werk zuteil wurde, für die er sich an dieser Stelle ganz besonders bedanken möchte.

Danksagung

Der besondere Dank des Autors gilt allen liebenswürdigen Helfern, die Einzeldarstellungen und Unterlagen zur Verfügung stellten, Hinweise auf Quellen und Bildquellen gaben oder dem Werk dienliche Quellen beisteuerten und ihm somit zur bestmöglichen Gestaltung verhalfen.

Insbesondere seien an dieser Stelle genannt:
Herr Gustav Awe in Dangast,
Herr O. Decker, Leiter der Kreisbildstelle in Norden,
Herr Rudolf Folkerts, Syndikus der Nordener Theelacht, Norden,
Herr F. Kastrup in Dornum,
Herr Dr. Hajo van Lengen, Landschaftsdirektor der Ostfriesischen Landschaft, und allen Mitarbeitern, die mehrfach mit Einzelhinweisen der Arbeit förderlich waren,
Herr Dr. Heinz Ramm, Landschaftsdirektor a. D., der in selbstloser Weise mit vielen Details und wertvollen Hinweisen zur Vervollkommnung beitrug,
Herr Tanno Ramm, der mit ausgezeichneten Reproduktionen und Fotos dem visuellen Verlangen der Leser Rechnung trug,
Herr Ernst Friedhelm Schilling,
Herr Schnell, Leiter des Stadtarchivs zu Leer,

Dank vor allem auch der Ostfriesischen Landschaft in Aurich, die Einsicht in das Bildarchiv gewährte und die Reproduktion der Originale gestattete.

Ohne sie und die vielen ungenannten Helfer und Freunde Ostfrieslands hätte dieses Buch nicht geschrieben werden können.

Dortmund, im März 1984
Franz Kurowski

Quellen- und Literaturverzeichnis

Abel, W.:	Agrarkrisen u. Agrarkonjunktur, Hamburg-Berlin 1966
Agena, G. M.:	Eine Studie über die verfassungs- und verwaltungsrechtlichen Verhältnisse des Niederlandes im 13. und 14. Jahrhundert, Norden 1962
Ahmels, Carl:	Die Renaissance-Kunstdenkmäler unter Fräulein Maria und ihre Entstehung, Oldb. Jahrbuch 1916/17
Allmers, Robert:	Die Unfreiheit der Friesen zwischen Weser und Jade, Stuttgart 1896
Alvensleben, U. von:	Die Lütetsburger Chronik, o.O. 1955
Antholz, H.:	Die politische Wirksamkeit des Johannes Althusius, Aurich 1955 (Vortrag)
Arends, Fr.:	Physische Geschichte der Nordseeküste, Emden 1833
ders:	Ostfriesland und Jever in geographischer, statistischer und besonders landwirtschaftlicher Hinsicht, Bd. I–III, Hannover 1822
ders.:	Erdbeschreibung des Fürstentums Ostfriesland und des Harlingerlandes, Emden 1824
Beckmeier, B. W.:	Weser-Ems, Berlin 1941
Beekmann, F. W.:	Geschichte der ostfriesischen Ziegeleien, Weener 1934
Beninga, E.:	Chronyk van Ostfriesland, Emden 1723
ders.:	Cronica der Fresen, Aurich 1961/64, Band 1–2
Bielefeld, R.:	Die Geest Ostfrieslands, Stuttgart 1906
Bippen, W. von:	Die Erhebung von Ostfriesland zur Reichsgrafschaft, in: Hansische Geschichtsblätter 1883
Bischoff, D.:	Ostfriesland in den englisch-niederländischen Seekriegen des 17. Jahrhunderts EJB 31, 1951
Bock, F.:	Friesland und das Reich, in: EJB 33, 1953
Boer, J. J.:	Ubbo Emmius en Oost-Friesland, Groningen 1935
Borchling, Prof. Dr. Conrad:	Die älteren Rechtsquellen Ostfrieslands, Aurich 1906
ders.	Poesie und Humor im friesischen Recht, Aurich 1908
ders.:	Die niederdeutschen Rechtsquellen Ostfrieslands, in: Quellen zur Geschichte Ostfrieslands, Band 1, Aurich 1908

ders. und Muuß:	Die Friesen, Breslau 1931
Borkenhagen, Helene:	Ostfriesland unter der hannoverschen Herrschaft 1815–1866, in: Abhandlungen und Vorträge zur Geschichte Ostfrieslands, 21. Heft, Aurich 1924
Brenneysen, E. R.:	Ost-Friesische Historie und Landes-Verfassung, Band I, II, Aurich 1720
Brons, Anna:	Ursprung, Entwicklung und Schicksale der Taufgesinnten oder Mennoniten, 1912
Brünink, W.:	Der Graf von Mansfeld in Ostfriesland (1622–1624) Vortrag XXXIV, Aurich 1957
Buma, W. J. und Ebel, W. (Hrgb.):	Altfriesische Rechtsquellen, Texte und Übersetzungen, Band 1: Das Rüstringer Recht, Band 2: Das Brokmer Recht, Band 3: Das Emsiger Recht, Göttingen 1963, 65, 67
Conring, W.:	Die Stadt- und Gerichtsverfassung der ostfriesischen Residenz Aurich bis zum Übergang Ostfrieslands an Preußen im Jahre 1744, Vortrag Heft XXXXIII, Aurich 1966
Cornelius, C. A.:	Der Anteil Ostfrieslands an der Reformation bis zum Jahre 1535, Aachen 1852
Cremer, U.:	Norden im Wandel der Zeiten, Norden 1955
Diekamp, W. (Hrgb.):	De Vitae sancti Liudgeri, Münster 1881
Diefenbach-Jung, Dr. S. V. D.:	Die Friesenbekehrung bis zum Martertode des hl. Bonifatius, Mödling bei Wien 1931
Elster, P.:	Heimatchronik des Kreises Leer, Köln o. J.
Emder Rathausarchiv:	verschiedene Faszikel
Emmius, Ubbo:	Rerum frisicarum Historia, Leiden 1616
ders.:	De Frisia et Frisiorum republica, Leiden 1926
Fissen, K.:	Unser gnädig Fräulein Maria und ihre Vorgänger, Zeitgenossen und Nachfolger in der Erbherrschaft Jever, Jever 1958
Flaskamp, Dr. Franz:	Die Anfänge friesischen und sächsischen Christentums, Hildesheim 1929
Folkers, J. U.:	Vom Wesen des Friesentums in: EJB 36, 1953
Freese, Johann Conrad:	Ost Frieß- und Harlingerland, Aurich 1796
Freisenhausen, E.:	Die Grafschaft Ostfriesland und ihr Verhältnis zum Stift Münster in der zweiten Hälfte des 15. Jahrhunderts, Hildesheim 1913 (Beiträge zur Geschichte Westfalens und Niedersachsens, Band 7)
Friedlaender, Dr. Ernst:	Ostfriesisches Urkundenbuch, Erster Band 787–1470, Wiesbaden 1968 (Hrgb.)
ders.:	Zweiter Band 1471–1500 nebst Nachträgen und Anhang, Wiesbaden 1968 (Hrgb.)
Garrelts, Heinrich:	Die Reformation Ostfrieslands nach der Darstellung der Lutheraner vom Jahre 1593, Aurich 1925

Giffen, A. E. van: Die Ergebnisse der Warfenforschung, Vortrag 1929
Gittermann, R. Ch.: Geographie von Ostfriesland, Emden 1842
Görlitz, Walter: Staat und Stände unter den Herzögen Albrecht und Georg, 1485–1539, Leipzig 1927
Grems, H. W.: Beschreibung der Stadt und des Amtes Norden, Norden 1735
Haak-Lübbers, Annemarie: Der Landkreis Norden, Bremen-Horn 1951
Hagedorn, Bernhard: Ostfrieslands Handel und Schiffahrt im 16. Jahrhundert, Berlin 1910
ders: Ostfrieslands Handel und Schiffahrt vom Ausgang des 16. Jahrhunderts bis zum Westfälischen Frieden, Berlin 1912
Hahn, Louis: Der Marenholz-Prozeß in: EJB 27, 1939
Halbertsma H.: Het Friese koninkrijk, in: J. J. Kalma: Geschidenis van Friesland, Drachten 1968
Hamelmann, Hermann: Oldenburgische Chronik bis 1588, Oldenburg 1940
Hassel, W. von: Geschichte des Königreichs Hannover, 1. Band, von 1898–1901, Hannover o. J.
Heck, Philipp: Die altfriesische Gerichtsverfassung, Weimar 1894
ders.: Die Entstehung der Lex Frisionium, Stuttgart 1927
Hinrichs, Karl: Die ostfriesischen Landstände und der Preußische Staat I. 1744–1748, EJB 1922
Hirsch, Ferdinand: Der Große Kurfürst und Ostfriesland 1681–1688, Vortrag Heft 18, Aurich 1914
His, R.: Das Strafrecht der Friesen im Mittelalter, Leipzig 1901
Hobbing, Hans Heinrich: Die Begründung der Erstgeburtsnachfolge im ostfriesischen Grafenhause der Cirksena, Aurich 1915
Hodenberg, Wilhelm v.: Die Diözese Bremen und deren Gaue in Sachsen und Friesland. Celle 1859
Hoekstra, J.: Die Gemeinfriesischen Siebzehn Küren, Assen 1940
Houtrouw, O. G.: Ostfriesland, eine geschichtlich-ortskundige Wanderung gegen Ende der Fürstenzeit, Aurich 1889/91 (2 Teile)
ders.: Die Reformation in Ostfriesland und ihre konfessionelle Gestaltung, Emden 1915
Hugenberg: Innere Kolonisation in Nordwestdeutschland, 1891
Harders, W.: Die Siedlungsverhältnisse in Ostfriesland, Aurich 1927
Jankuhn, H.: Die frühmittelalterlichen Seehandelsplätze im Nord- und Ostseeraum, in: Vorträge und Forschungen, Band IV, Lindau-Konstanz 1958
ders.: Haithabu. Ein Handelsplatz der Wikingerzeit, Neumünster 1973.

Jessen, Otto: Die Verlegung der Flußmündungen und Gezeitentiefe, Stuttgart 1922

Jongkees, A. G.: Het koninkrijk Friesland in de 15de eeuw. Rede. Groningen 1946

Klopp, Onno: Geschichte Ostfriesland bis 1570, Osnabrück 1854

ders.: Geschichte Ostfrieslands von 1570–1751, Hannover 1856

ders.: Geschichte Ostfrieslands, Bd. I–III, Hannover 1854–1858

Kaeber, Ernst: Die Jugendzeit Fürst Enno Ludwigs von Ostfriesland, Aurich 1911

Klugkist, Hesse H.: Menso Alting, Eine Gestalt aus der Kampfzeit der calvinistischen Kirche, Berlin 1928

Klumker, C. J.: Der friesische Tuchhandel zur Zeit Karls des Großen, in: EJB 13, 1899

Klinkenborg, M.: Die Upstalsboomer Geschworenen des 13. Jahrhunderts, ZS 1906

König, J.: Verwaltungsgeschichte Ostfrieslands bis zum Aussterben des Fürstenhauses, Göttingen 1955

König, E. (Hrgb.): Cadovius-Müller: Memoriale linguae frisicae 1691, Norden 1911

Kollegium der Ostfriesischen Landschaft: Res Frisicae – Beiträge zur ostfriesischen Verfassungs-, Sozial- und Kulturgeschichte, Leer 1978

Kohl, W.: Christoph Bernhard von Galen, Politische Geschichte des Fürstbistums Münster, 1650–1678, Münster 1964

Korte: Die Entwicklung der ostfriesischen Moorkultur, Aurich 1930

Krause, Gustav: Wasserwirtschaft in Ostfriesland, Aurich 1959

Krüger, Dr. Gerda: Der münstersche Archidiaconat Friesland in seinem Ursprung und seine rechtsgeschichtliche Entwicklung bis zum Ausgang des Mittelalters, Hildesheim 1925

Leege, O.: Werdendes Land in der Nordsee, Oehringen 1935

Loesing, Helias: Geschichte der Stadt Emden bis zum Vertrage von Delfzyl, 1595, Emden 1843

Lohse, Gerhart: Geschichte der Ortsnamen im östlichen Friesland, Oldenburg 1939

Lübbing, Hermann: Der Handelsvertrag zur Zeit der friesischen Konsulatsverfassung, OJB 31, 1927

Lüders, Karl: Kleines Küstenlexikon, Bremen-Horn 1958

Lüppkes, W.: Ostfriesische Volkskunde, Emden 1925

May Otto: Heinrich: Regesten der Erzbischöfe von Bremen, Bremen 1928

Merz, A.: Die Gezeiten der Nordsee, Nordsee-Handbuch, Berlin 1923

Möhlmann, G.: Die Begründung der Reichsgrafschaft Ostfriesland im Jahre 1464 in: „Ostfriesland“, Jgg. 1964, Heft 4 ders. und J. König: Geschichte und Bestände des Niedersächsischen Staatsarchivs in Aurich, Göttingen 1955

Müller, J. P.: Die Mennoniten in Ostfriesland, Emden und Amsterdam 1887

Nirrnheim, H.: Hamburg und Ostfriesland in der ersten Hälfte des 15. Jhdt., Hamburg 1890

Noosten, Dieke: Die Entwicklung des Deichrechtes in Ostfriesland und im Harlingerland von den Anfängen bis zur Gegenwart, Göttingen 1930

Ohling, Jannes: Die Acht und ihre Sieben Siele, Emden 1963

Ohling, Jannes (Hrgb.): Ostfriesland im Schutze des Deiches:
Bd. 1: Karl-Heinz Sindowski, Heinz Voigt, Günter Roeschmann, Peter Schmid, Waldemar Reinhard, Harm Wiemann:
Bodenkundliche, Siedlungs- und wirtschaftliche Verhältnisse.
Bd. 2: Hans Homeier, Ernst Siebert, Johann Kramer:
Deichwesen.
Bd. 3: Gerhard Siebels, Johanna Köppe:
Ostfrieslands Tier- und Pflanzenwelt.
Band 4: Gottfried Kiesow:
Kunst – Baukunst, Plastik, Malerei.
Bd. 5: Heinrich Schmidt:
Politische Geschichte Ostfrieslands.
Bd. 6: Menno Smid:
Ostfriesische Kirchengeschichte.
Bd. 7: Geschichte der Stadt Emden
(nicht erschienen).
Bd. 8: Harm Wiemann, Johannes Engelmann:
Alte Wege und Straßen in Ostfriesland.
Bd. 9: Onke Minssen:
Friedrich von Thünen, Alle Leer 1975–1978

Ohling, G.D.: Junker Ulrich von Dornum, Ein Häuptlingsleben in der Zeitwende, Aurich 1955

Pauls Theodor: Ältere Geschichte Ostfrieslands, Aurich 1909

ders.: Beiträge zur Geschichte der ostfriesischen Häuptlinge, EJB XVII, 1910

Perizonius, H. F. W.: Geschichte Ostfrieslands Bd. 1–4, Weener 1868

Philippson: Germanisches Heidentum bei den Angelsachsen, Leipzig 1929

Potratz, H. A.: Das Moorgewand von Reepsholt, Kreis Wittmund/ Ostfriesland, Hildesheim 1942

Prinz, P.: Studien über das Verhältnis Frieslands zu Kaiser und Reich, insbesondere über die friesischen Grafen im Mittelalter, Emden 1883

Proffe:	Beiträge zur Wirtschaftsgeographie von Ostfriesland, Würzburg 1937
Ramm, Dr. Heinz:	Die Ostfriesische Landschaft, in: Ostfriesland – Weites Land an der Nordseeküste, Essen 1961
ders.:	Ostfriesland – Zwischen Tide und Torf, in: Württfeuer-Post, Stuttgart 4/80
ders.:	Geschichtliche Abrisse, diverse Beiträge und Hinweise, i. MS 1983
Rehder, Carsten Heinz:	Chauken, Friesen und Sachsen zwischen Elbe und Flie, Hamburg 1941
Reimers, H.:	Eine Landesbeschreibung von Ostfriesland aus der Zeit um 1600, in EJB 17, 1910
ders.:	Edzard der Große, Vortrag, Heft 13/14
ders.:	Ostfriesland bis zum Aussterben seines Fürstenhauses, Bremen 1925
ders.:	Edzard der Große und seine Feinde, Ostfreesland-Kalender 1934
ders.:	Die Bedeutung des Hauses Cirksena für Ostfriesland, Aurich 1905
Richthofen, Karl:	Untersuchungen über friesische Rechtsgeschichte, Teil II, Bd. 1, Berlin 1882
Rogge, Elimar:	Einschiffige romantische Kirchen in Friesland und ihre Gestaltung, Oldenburg 1943
Schäfer Diedrich:	Der Stamm der Friesen und die niederländische Seegeltung in: Marine-Rundschau Heft 11, 1905
Scheel, Otto:	Die Wikinger, Stuttgart 1939
Schmidt, H.:	Edzard der Große 1462–1962 in „Ostfriesland", ZS Heft 2, 1962
Schöningh, Wolfgang:	Überblick über die Geschichte der Stadt Emden, Hannover 1960
Schmeidler, Bernhard (Hrgb.):	Adam von Bremen, Hamburgische Kirchengeschichte, Leipzig 1926
Schnath, Dr. Georg:	Ostfriesische Fürstenbriefe aus dem 17. Jhdt., Aurich 1929
Schüßler, Otto:	König Friedrichs des Großen Vertrag mit der Stadt Emden, Emden 1901
Sello, G.:	Östringen und Rüstringen, Studien zur Geschichte von Land und Volk, Oldenburg 1928
ders.:	Vom Upstalsbom und vom Totius-Frisiae-Siegel, Emder JB 21
ders.:	Radbod-Erinnerungen, in: Upstalsbomblätter der Gesellschaft für bildende Kunst und vaterländische Altertümer, X, Emden 1921/22
Siebs, Theodor:	Die Friesen und die nächstverwandten Stämme, in: Mitt. der Schlesischen Ges. für Volkskunde, Nr. 31

Swart, Friedrich: Zur friesischen Agrargeschichte, Leipzig 1910

Suur, H.: Geschichte der Häuptlinge Ostfrieslands, Emden-Aurich 1846

Strunk, H.: Die Entdeckung des Wattenmeeres durch Pytheas von Massilia, Jahrbuch der Männer vom Morgenstern, 13, Hannover 1912

Tergast: Die heidnischen Altertümer Ostfrieslands, Emden 1879

Thomas, Hermann: Ostfriesische Geschichte, Teil IV: Von 1866 bis zur Gegenwart, Leer 1951

Trilling: Die Landwirtschaft im Kreise Norden, Aurich 1931

Ubbius, H.: Beschreibung Frieslands, Hrgb. Fr. Ritter, Emder JB Nr. 18

Viers, Jan de: Altgermanische Religionsgeschichte, Berlin 1935

Vogel, W.: Die Normannen und das Fränkische Reich, in: Heidelberger Abhandlungen zur mittleren und neueren Geschichte, 14, 1906

Vries, J. F. de: Heinrich Bernhard von dem Appelle, in: EJB 7, 1887

ders. und Focken Th.: Ostfriesland. Land und Volk in Wort und Bild, Emden 1881

Wachter, F.: Ostfriesland unter dem Einfluß der Nachbarländer, Aurich 1904

Wagner, Paul: Zur Geschichte der Besitznahme Ostfrieslands durch Preußen, EJB 11, 1895

ders.: Ostfriesland und der Hof der Gräfin Anna in der Mitte des 16. Jhdt. EJB 11, 1895

Waitz, G. (Hrgb.): Annales Bertiniani. SSrer Germ. 1911

Wiarda, Tileman Dorthias: Ostfriesische Geschichte, Bd. I–IX, Aurich 1791–1798, Bd. X Leer 1817

Wicht, Matthias von: Das Ostfriesische Landrecht, nebst dem Deich- und Sielrecht, Aurich 1746

Wiemann, Harm: Tausend Jahre aus der Geschichte 800–1823 in: Leer, gestern, heute und morgen, Leer 1973

ders.: Studien zur Entstehung der Häuptlingsherrschaft, in: EJB 46, 1966

ders.: Probleme der Ständegeschichte in Ostfriesland, in: EJB 49, 1969

ders. und Reinhard Bruns: Ostfriesische Geschichte, Teil III: 1744–1866, Leer 1951

Wildvang, D.: Das Reiderland, Emden 1921

Woebcken, Carl: Deiche und Sturmfluten an der deutschen Nordseeküste, Bremen-Wilhelshaven 1924

ders.: Kurze Geschichte Ostfrieslands, Jever 1949

ders.: Die Anfänge der Herrlichkeit Knyphausen, OJB 46/47, 1943 ders.: Die Meeresbuchten an der deutschen Nordseeküste, in: Archiv für Landes- und Volkskunde von Niedersachsen, 1943

ders.: Störtebeker, in: Archiv für Landes- und Volkskunde in Niedersachsen (Sonderdruck) 1946

Woltjer, J. J.: Friesland in Herformingstijd, Leiden 1962

Zylmann, Peter: Die Normannen in Friesland, in: EJB 30, 1950

ders.: Ostfriesische Urgeschichte, Hildesheim und Leipzig 1933

ders.: Über die friesische Freiheit, NJB 1950

Abkürzungen: EJB = Emder Jahrbuch
NJB = Niedersächsisches Jahrbuch

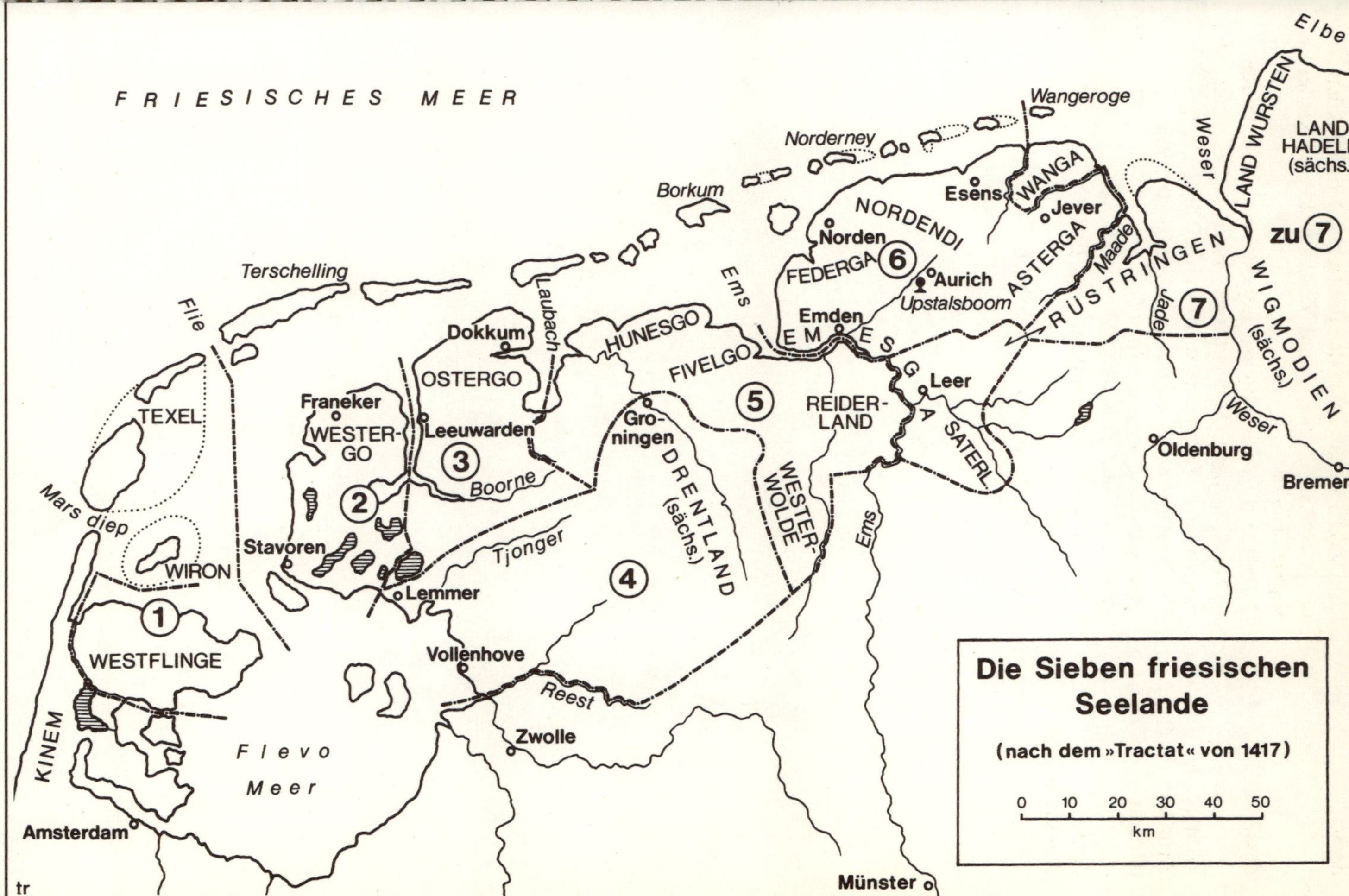
Die Sieben friesischen Seelande
(nach dem »Tractat« von 1417)
0 10 20 30 40 50
km
FRIESISCHES MEER
Elbe
LAND WURSTEN
LAND HADELN (sächs.)
zu 7
Weser
WIGMODIEN (sächs.)
Bremen
Oldenburg
Jade
7
RÜSTRINGEN
Maade
Wangeroge
WANGA
Jever
Esens
ASTERGA
NORDENDI
Aurich
Upstalsboom
6
Norderney
Norden
FEDERGA
Emden
EMESGA
Leer
SATERL
Borkum
Ems
REIDER-LAND
WESTER-WOLDE
5
HUNESGO
FIVELGO
Gro-ningen
DRENTLAND (sächs.)
4
Laubach
Dokkum
OSTERGO
Leeuwarden
3
Boorne
Tjonger
Lemmer
Vollenhove
Reest
Zwolle
Münster
Terschelling
Franeker
WESTER-GO
2
Stavoren
Flie
TEXEL
Mars diep
WIRON
1
WESTFLINGE
Flevo Meer
KINEM
Amsterdam
tr